Sorba Die große Schröpfung

W0382201

ANTAL SORBA

Die große Schröpfung

5000 Jahre Wirtschaft trotz Finanzamt

ECON VERLAG · DÜSSELDORF · WIEN

1.–6. Tausend August 1970
7.–9. Tausend Januar 1971

2. Auflage 1970
Copyright © 1970 by Econ Verlag GmbH, Düsseldorf und Wien
Alle Rechte der Verbreitung, auch durch Film, Funk, Fernsehen, fotomechanische Wiedergabe, Tonträger jeder Art und auszugsweisen Nachdruck, sind vorbehalten
Gesetzt aus der 9 auf 12 Punkt Aldus der Linotype GmbH
Gesamtherstellung: Mohndruck Reinhard Mohn OHG, Gütersloh
Printed in Germany
ISBN 3 430 18620 X

INHALT

»In ihrer Blütezeit, von Voltaire bis Acton, gedieh die westliche Geschichtsschreibung im Glauben, daß der Historiker die Wahrheit ans Licht zu bringen vermöge und daß die geschichtliche Wahrheit ihre Früchte tragen werde.
Heute ... versagt ... sie, weil sie ihre Aufmerksamkeit auf die *falschen* Objekte konzentriert und den echten Problemen bewußt aus dem Wege geht ...«

Geoffrey Barraclough
Professor für Geschichte an der Universität
London, März 1967

Nicht kaputt zu kriegen ...

Wirklich leistungsfähig ist nur, wer an die Zukunft glaubt, wer davon überzeugt ist daß es Sinn hat, zu arbeiten und zu planen, zu hoffen und sich zu behaupten. Nur das Leben bejahende Völker setzen sich durch, und nur Optimisten haben auf die Dauer Erfolg. Aber gibt es ausreichende Gründe für solch einen Optimismus? Ist nicht die Angst vor zu vielen Menschen berechtigt und vor allem vor zu viel Staat? Wurden die Ansprüche der Obrigkeiten nicht so groß, daß aus »Lohnsklaven« Steuersklaven wurden und wir dabei sind, überall auf der Welt und keineswegs nur in den kommunistischen Staaten zu Zwangsarbeitern des Fiskus zu werden?

Das zu Erwartende ist abzuschätzen an dem, was war; was voraussichtlich getan werden wird, an dem, was bereits getan wurde. Und es steht fest: Die erfinderischen und schöpferischen unter den Menschen, die echten Pioniere und Unternehmer, schufen immer wieder neue Lebensmöglichkeiten trotz aller obrigkeitlichen Ausbeutung, trotz zahlloser Naturkatastrophen und Kriege und trotz der lähmenden Gleichgültigkeit, der immensen Dummheit, des heißlodernden Hasses und des schnöden Neides der Millionen, denen sie dienten. Wirtschaften ist nicht alles. Aber es bildet die Grundlage unserer Existenz, die Wirtschaftenden bemühen sich (aus welchen Motiven immer), möglichst vielen Menschen bei stets geringer werdender Plage mehr und mehr Güter und Dienstleistungen zur Verfügung zu stellen: Und gelang ihnen das nicht in einem geradezu phantastischen Ausmaß trotz aller Gegenkräfte? Nichts und niemand war bisher imstande, den menschlichen Ur-Drang zu unterdrücken, mit geringerem Aufwand größeren Nutzen zu erzielen, das heißt, unser Leben ständig zu rationalisieren. Und so wird das wohl auch in Zukunft kaum jemanden gelingen: die Optimisten sind nicht kaputt zu kriegen.

Was allerdings nicht bedeutet, daß wir die Gefahren unterschätzen und die Möglichkeit der Selbstzerstörung außer acht lassen dürfen: Von »Lohnsklaven« wird kaum noch geredet. Aber nun werden die »Konsumsklaven« erfunden und die »Konsumgesellschaft«, von ihren Nutznießern schlechter gemacht als die ausbeuterischsten Feudalherrschaften. Nun propagiert man den »Dienst an der Gemeinschaft« so heftig, daß leicht vergessen wird, wie schwer jeder Groschen verdient werden muß, bevor man ihn ausgeben kann, gleich wofür; und daß z. B. Alexander Vinet schon 1830 wußte: »Der Staat? Das ist der Mensch – ohne dessen Gewissen!« Fünf Jahrtausende lang setzten die Wirtschaftenden sich durch trotz der wuchernden Bürokratien. Heute sind die vorweggenommenen Steuern, die Staats-Schulden weit höher als die Steuern selber. Die Finanzpolitik gewinnt eine Bedeutung, wie sie in der Intensität noch nie bestand. Und darum ist sie

das Thema dieses Buches:

Es handelt vom Fiskus und seinen Folgen, insbesondere von den Finanzmaßnahmen der Obrigkeit, die weltpolitische, weltwirtschaftliche und weltweit wirkende soziale Umwälzungen auslösten. Er ist umfangreich, weil hier erstmals zusammengefaßt wird, was üblicherweise unter etwa zwanzig Einzeltiteln erscheint. Hier ist von »Steuern« im Sinne ihrer französischen Bezeichnung »impôts« die Rede, abgeleitet von »impositum« – »das Erzwungene«, von Abgaben im weitesten Sinne des Wortes also. Es geht ebenso um Sozialbeiträge wie um Steuern und auch um Zölle, die ja nichts anderes sind als Besteuerung fremder Arbeit und erzwungene Abgaben der eigenen Verbraucher. Neben den Steuern werden auch die Staatsschulden behandelt, denn sie sind eine Finanzierungsmethode, durch die Steuererträge »vorweggenommen« werden. Hier wird der Zusammenhang zwischen Steuern und Subventionen wie zwischen Staatsausgaben und Geldentwertung klargelegt, muß von den Außenhandels- und Währungs-Problemen wie von der Rüstungs-, der Agrar-, der Lohn- und der Sozialpolitik die Rede sein; muß der Fiskus in all seinen vielfältigen Eingriffen und Wirkungen gezeigt werden, weil nur so seine weltbewegende und existentielle Bedeutung klar wird, nur so die systematische Verschleierung bekämpft werden kann, mit der die Finanzwissenschaft das Ausmaß des »legalen Raubes« tarnt, den heute wie seit jeher die Regierungen aller »Kulturnationen« treiben. Diese Arbeit umspannt fünf Jahrtausende und die ganze Welt, um die Zusammenhänge aufzudecken und die Ursachen der Fiskalmaßnahmen durch die jeweilige und sich nur allzuoft wiederholende »Interessenlage« zu enthüllen. Und es wird immer wieder gefragt, wer tat was und warum, weil heute wie seit jeher Menschen die Finanzpolitik wie alle Politik machen und wir ihre Motive kennen müssen, wenn wir eines Tages imstande sein sollen, das Allgemeininteresse über das private zu stellen und aus unseren Macht-Staaten Rechts-Staaten zu machen.

I

DIE VERKEHRTE WELT

Die marxistische Steuerpolitik des Hochkapitalismus

»Unleugbar bedeutet die Macht zu besteuern die Macht zu zerstören.«

John Marshall, 1819
Oberster Bundesrichter der USA (als deren Staatsausgaben 24 Millionen statt der 186 Milliarden Dollar des Jahres 1969 betrugen)

»Das Proletariat wird seine politische Herrschaft dazu benutzen, der Bourgeoisie nach und nach alles Kapital zu entreißen ... vermittels despotischer Eingriffe in das Eigentumsrecht ... vor allem durch:

1. Expropriation des Grundeigentums und Verwendung der Grundrechte zu Staatsausgaben;
2. starke Progressiv-Steuern;
3. Abschaffung des Erbrechtes ...«

Karl Marx und *Friedrich Engels*
im »Manifest der Kommunistischen Partei«,
London, Februar 1848

Maximalsätze der Einkommensteuern 1969:

Großbritannien	96¼ %
Vereinigte Staaten	83 %
Bundesrepublik	56 %
Tschechoslowakei	19 %
Sowjetunion	13 %

Steueranteil an Erbschaften, 1969:
Höchstsatz

Vereinigte Staaten	91 %
Großbritannien	80 %
Bundesrepublik	60 %

Sowjetunion: 1943 alle Erbschaftsteuern abgeschafft

Moskau heute, das sind – mit der näheren Umgebung – acht Millionen Menschen gegen die 800 000 des Jahres 1920 und die zwei Millionen des Jahres 1917. Moskau, das ist die drittgrößte Stadt der Erde – und so voller Besucher, daß das neue Hotel »Rossija« mit seinen 3 180 Zimmern ebenso besetzt ist wie die tausend Appartements des 29 Stock hohen »Ukraina« und das riesige Prominentenhotel »Sowjetskaja«. Schließlich kommen wir im »Alten Moskwa« am Roten Platz unter, das schon 1952 eröffnet wurde: im Speisesaal Marmorsäulen mit vergoldeten korinthischen Kapitellen, riesige Kristallüster, schwere Bronzeverzierungen. Die Speisekarte in Saffian gebunden. Die Vorspeisen nehmen vier Seiten ein.

Hier kostet das Zimmer mit Bad 140 DM pro Nacht, und lädt man jemanden zum Abendessen ein, so kommt man unter 100 Mark pro Person kaum davon. In den Moskauer Luxushotels gibt es deshalb weit mehr Russen als Fremde, denn die sowjetische Managerschicht lebt ja nicht nur auf »Spesen« wie die »Führenden« überall, sondern sie zahlt von ihren oft in die Hunderttausende gehenden Erfolgsprämien maximal 13 Prozent Einkommensteuer gegenüber den bis zu 96 1/4 Prozent, die der Fiskus im »Westen« den Höchstverdienenden abnimmt. Bekanntlich ist auch der Geldbedarf des Sowjetstaates keineswegs gering und seine Steuerpolitik (von der noch die Rede sein wird) gewiß nicht menschenfreundlicher als anderswo. Aber sie ist »unmerkbar«, hier wird Steuerpsychologie betrieben wie nirgends sonst, werden die Abgaben getarnt: Der Anteil der direkten Steuern an den gesamten Staatseinkünften der Sowjetunion sank von 1950 bis 1960 von 8,4 auf 7 Prozent, die Einkommensteuern wurden in diesem Jahr um 2 446 Millionen DM gesenkt und ihre völlige Aufhebung versprochen. Wer in der Sowjetunion viel Geld verdient, behält es selber in der Hand, und er bekommt nicht nur wie überall Zinsen von den Banken und Sparkassen, sondern er kann bei der Auslosung von Staatsanleihen steuerfrei bis zu 500 000 Rubel oder 2,2 Millionen Mark gewinnen.

Überhaupt sind ja die Zeiten, da »tschatsniki« – »Besitzer« – ein abschätziges und gefährliches Wort war, längst vorbei, gilt »Eigentumsstreben« auch amtlich als »normal und natürlich«, soweit es sich nicht auf Produktionsmittel auszudehnen versucht. Seit Stalin 1931 »die faule Praktik der Gleichmacherei« anprangerte und »Leistungsprivilegien« einführte, wird

Wohlhabenheit nicht mehr versteckt, sondern zur Schau gestellt, und es gibt zum Beispiel auch kein neues Funktionärs-Wohnhaus, das nicht einen getrennten Dienstboteneingang hätte, denn die Zahl der »in der Hauswirtschaft fremd Beschäftigten« beträgt etwa 4 Millionen oder zehnmal soviel wie 1931.

Trotz aller Beziehungen ist im Bolschoi-Theater kein Platz zu bekommen, denn dort wird »Boris Godunow« gegeben, mit einer Pracht der Ausstattung und Hunderten von Mitwirkenden, die nicht Statisten, sondern alle Künstler sind und die sich westliche Theater nie leisten könnten. Aber der Film im Rossija-Kino ist noch eindrucksvoller: Dieser Dokumentarbericht beginnt mit der Landung eines Hubschraubers auf einer Waldlichtung. Drei Sowjet-Offiziere steigen aus und gehen auf einen Holzlagerplatz zu, der sich nur durch ein besonders hohes Gitter von andern Lagerplätzen unterscheidet. Auch das Tor scheint »normal«, aber ein Brett läßt sich verschieben, und darunter wird ein elektrisches Kombinationsschloß sichtbar, eine Tastatur, die von den drei Offizieren gemeinsam betätigt wird. Das Tor öffnet sich, und sie kommen zu einem Baumstammstapel. Der rollt zur Seite, und zwei Wachen verlangen das Losungswort. Sie geben den Weg zu einem Fahrstuhl frei, der acht Stockwerke tiefer zum Kontrollraum der Interkontinentalraketen führt, die hier mit ihren Nuklearsprengköpfen abschußbereit in Betonbunkern stehen. Der Film zeigt erstmals die Wachablösung solch einer getarnten Abschußbasis. Er zeigt, wie durch einen Knopfdruck das ganze »Holzlager« zur Seite rollt, sich die Bunkerdeckel öffnen. Da werden auch die Computer und die andern elektronischen Kontrollgeräte gezeigt, dutzenderlei Sicherheitseinrichtungen, Wasseraufbereitungsanlagen, Luftfilter, Vorratsräume, alles »hyperamerikanisch«. Man verläßt das Kino nicht weniger beeindruckt als durch die sowjetischen Raumfahrterfolge oder das Tempo, in dem nun in Moskau Wolkenkratzer gebaut werden. Aber auf der Straße umringen junge Offiziere, die denen des Films zum Verwechseln ähnlich sehen, zwei ausländische Autos und bewundern den Lack. Nebenan, auf dem Tischinskij-Markt, laden unförmig vermummte Frauen Gemüse von verbeulten Lastwagen ab, die aus dem Zweiten Weltkrieg stammen. Drei Blocks weiter glaubt man sich in einem Dorf der Zarenzeit.

Aber die Sowjetunion ist heute die zweitbedeutendste Industrienation der Erde. Ihre Industriezentren bleiben winzige Inseln inmitten riesiger Gebiete, in denen sich kaum etwas verändert hat. Aber wenn es in diesem Sechstel der Erde zum Beispiel nur 328 000 Kilometer Allwetterstraßen gibt, nicht mehr als in der neunzigmal kleineren Bundesrepublik, so umfaßt das Netz der sowjetischen Luftfahrtgesellschaft »Aeroflot«, die 1923 mit den 420 Kilometern Moskau–Nischni Nowgorod, dem heutigen Gorki an der Wolga, ihren Liniendienst aufnahm, 480 000 Kilometer oder den zwölffachen Äquatorumfang. Wir wollen nach Akademgorodok bei Nowosibirsk, das als Arbeiterlager der Transsibirischen Eisenbahn entstand, 1897 knapp 2 000 Einwohner hatte und heute 2 1/4 Millionen zählt. Seit 1965 starten die Maschinen nach Sibirien und dem Fernen Osten von Domodedovo, dem dritten Flughafen Moskaus und jetzt größten Europas, der zwar 40 Kilometer vom Stadtzentrum entfernt liegt, aber (wie der Tokios) durch eine eigene Schnellbahn in 18 Minuten zu erreichen ist. Das Hauptgebäude, 200 Meter lang, aus Aluminium und Glas. Teleskop-Zugänge zu den Flugzeugen wie in Amsterdam oder New York. Stundenkapazität jetzt 3 000 Passagiere – »Aeroflot« als weitaus größte Luftfahrtgesellschaft der Erde hat 1968 mehr als 56 Millionen befördert, hundertzwanzigmal soviel Fluggäste wie im Jahre 1940 und mehr als dreimal soviel wie die nächstgrößte Gesellschaft, die amerikanische United Airlines.

Moskau–Nowosibirsk: 3 200 Kilometer. Flugzeit: 3 Stunden, 23 Minuten. Zum Unterschied von früher sind die Stewardessen hübsch. Freundlich waren sie immer. Unser Sitznachbar ist ein Tschuktsche, der regelmäßig nach Magadan am Ochotskischen Meer fliegt und als persönliches Passagiergepäck Kartons mit Gladiolen mitnimmt: Die kauft er im Süden für 90 Pfennig das Stück. In Magadan verkauft er sie für 3 DM pro Stück. Jedesmal nimmt er 5 000 Gladiolen mit und verdient so – Flugkosten und alle andern Spesen abgerechnet – pro Reise gut 8 000 DM. Die Behörden ignorieren das, denn kein Staatshandelsunternehmen findet solche Geschäfte wichtig genug, und unser Mann zahlt ja auch pünktlich seine Steuern. Den höchsten Satz: 13 Prozent.

Da gibt es außer vielen Funktionären eine Menge Arbeiter in unserem Düsenflugzeug. Zwar sind die Zeiten vorbei, da – wie bis etwa 1958 – die höchsten und die niedrigsten Löhne in der Sowjetunion wie 20 zu 1 auseinanderklafften, oder gar die Zeiten, da ein Stachanowist – wie zum Beispiel im März 1948 im Kohlenbergbau – monatlich siebenunddreißigmal mehr als ein Durchschnittsarbeiter verdienen konnte. Lag der Mindestlohn 1958 noch 190 Prozent unter den bezahlten Durchschnittslöhnen, so 1968 nur mehr 80 Prozent. Aber Unterschiede gibt es nach wie vor genug, je nachdem, wie groß das Staatsinteresse an dieser oder jener Tätigkeit ist. Der Goldtrust zum Beispiel zahlt einem Traktorführer auf den Kolymafeldern 600 bis 700 Rubel monatlich, rund 2 600 bis 3 000 DM oder fünfmal soviel, wie die gleiche Arbeit anderswo einbringt. Dreher bekommen

450 statt 150 Rubel. Und da die innersowjetischen Flugpreise nur ein Drittel der IATA-Raten betragen …

Akademgorodok, die »Akademische Stadt«, hat jetzt 36 000 Einwohner, von denen ein Drittel den Doktor- oder Professoren-Titel trägt. Hier gibt es elf Institute der Akademie der Wissenschaften, eine Universität und eine »Wunderkinder-Schule«, deren Schüler als Forschernachwuchs alljährlich aus den 40 000 Besten der ganzen Sowjetunion ausgelesen werden. Im Café »Pod Integralom«, das ursprünglich nur besuchen konnte, wer das Integralrechnen beherrschte, spielt im ersten Stock eine sehr heiße Jazzband, aber im Keller bestehen die Wände aus Schultafeln, hier wird mit Kreide und Wischlappen mathematisch-technisch diskutiert: Dieser geistige Austausch lockt immer mehr Wissenschaftler ins tiefste Sibirien und die Tatsache, daß es keinerlei Parteibevormundung gibt.

Rußlands Forscher sind heute die bestbezahlten der Welt und völlig steuerfrei wie alle geistig Tätigen: Erfinder erhalten in der Sowjetunion Lizenzgebühren wie überall, aber sie bezahlen keine Patentgebühren noch irgendwelche Abgaben von ihrem Einkommen. Schriftsteller sind mit mindestens 12,5 Prozent am Ladenpreis ihrer Bücher beteiligt. Aber ohne Umsatz- oder irgendeine andere Steuer. Wissenschaftler erhalten an Hilfsmitteln, was immer der für sie zuständige Wissenschaftsrat, der *nur* aus Fachleuten besteht und dem kein Beamter oder Parteifunktionär angehört, für nötig erachtet, und diese Hilfsmittel haben Priorität, das heißt, sie werden beschafft, bevor die Wehrmachts- oder irgendwelche anderen Staatsanforderungen erfüllt werden, sie haben auch Vorrang vor allen anderen Käufen im Ausland. Akademiemitglieder werden als solche, zusätzlich als Lehrende, zusätzlich als Behörden- oder Industrieberater, zusätzlich als Autoren bezahlt. Sie kommen leicht auf 40 000 bis 100 000 DM monatlich, nicht wenige auf weit mehr, vor allem, wenn sie für die Raumfahrt arbeiten: Besondere Verbesserungen bringen hier Prämien bis 800 000 Mark – sind steuerfrei, wie gesagt. Ebenso sind natürlich die zahlreichen Staatspreise steuerfrei, und der früher nach Stalin benannte beträgt 444 000 DM. Den Wissenschaftlern und Entwicklungstechnikern stehen wie allen höheren Funktionären Dienstwohnungen und -autos mit Fahrern zur Verfügung, welche die Kinder zur Schule bringen und für die Hausfrau Einkäufe besorgen. Das Personal stellt der Staat und ebenso die Klubräume und die Urlaubseinrichtungen. Winterferien in Sotschi am Schwarzen Meer sind so selbstverständlich wie häufige Auslandsreisen, wie ein Landhaus im Kaukasus und eine »Datscha« bei Moskau. Zu leben wie diese Kommunisten ist im Westen nur ganz wenigen Leuten möglich, denn als zum Beispiel 1831 die Ministergehälter in England mit 5 000 Pfund im Jahr festgelegt wurden, waren sie steuerfrei. Seit 1842 sind sie das nicht, seither stiegen die Preise und die Steuern so sehr, daß ein britischer Minister, um die gleiche Kaufkraft zu besitzen, brutto 462 400 Pfund erhalten müßte. Die Kabinettsmitglieder aber erhalten heute 8 500 Pfund, der Premierminister 14 000 Pfund jährlich *vor* Abzug der Steuern. Um über 2 500 Pfund jährliche Vorkriegskaufkraft – das Realeinkommen von 1938 – zu verfügen, müßte ein Engländer 1968 mindestens 7 000 Pfund netto verdienen. Dazu aber müßte sein Bruttoeinkommen 20 000 Pfund betragen, denn von den ersten 10 000 behält er 5 714 Pfund, von den zweiten 10 000 aber nur mehr 1 219 Pfund – ganze 12 Prozent. Und mehr als diese 6 933 Pfund oder rund 70 000 DM verdienen kann praktisch (und legal) niemand, denn bei mehr als 20 000 Pfund brutto kassiert der britische Fiskus 96 1/4 Prozent – »Neunzehn (Shillinge) für mich, einen für dich«, wie es im »Taxman«-Beatle-Song heißt. Die Zusatzsteuer auf Kapitaleinkommen beträgt hier bis zu 135 %: Nicht nur das gesamte Einkommen geht da an den Fiskus, sondern bewußt wird auch die Substanz angegriffen. Neid und Mißgunst – Unmoral im Gewande der Moral – bilden die Grundlage der britischen Steuergesetze, und völlig mißachtet werden alle Verantwortungsunterschiede: Wenn ein Wirtschaftsführer 50 000 Pfund Jahreseinkommen hat und sein Stellvertreter nur 30 000 Pfund, so bedeutet das nicht einen Unterschied von 20 000, um das sehr viel größere Entscheidungsrisiko zu honorieren, sondern nur von rund 2 500 Pfund. Bei »kleinen« Leuten aber ist es nicht sehr viel anders: Ein Engländer, der 100 Pfund wöchentlich verdient, kann nicht mehr ausgeben als einer, der vor einer Generation 12 Pfund bekam.

Nicht nur das brachte England in seine heutige Lage. Aber es verhindert mehr als alles andere jeden wirklich vollen Einsatz der Wichtigsten – und in den Vereinigten Staaten könnte es leicht ähnlich werden: Der Amerikaner, der mit uns zur Besichtigung des MHD-Prototyps nach Akademgorodok eingeladen wurde, des magnetohydrodynamischen Versuchskraftwerks zur umweglosen Stromerzeugung, das den doppelten Wirkungsgrad »normaler« hat und mit ionisiertem Heißgas arbeitet, in dem Asbest wie Zigarettenpapier verglimmt, war der »sehr reiche Mann«, von dem Professor Northcote Parkinson 1960 in seinem Buch »... alles von unserem Geld« sprach. Nur eine sehr komplizierte Operation eines sehr berühmten Chirurgen hatte ihm das Leben gerettet. Der Arzt hatte 4 000 Dollar Honorar verlangt, und der Geheilte fand diese 16 000 DM keineswegs zuviel. Aber er wußte, daß er brutto 44 500 Dollar verdienen mußte, um diese 4 000 Dollar ohne Einkommenseinbuße zu bezahlen – und der Chirurg wußte, daß ihm der Fiskus von den 4 000 Dollar seines Patienten nur 800 Dollar lassen würde. Und daß jemand 178 000 DM verdienen muß, damit ein anderer 3 200 ausgeben kann; daß er das Fünfundfünfzigeinhalbfache dessen aufbringen muß, was seinem Mitbürger zugute kommt; das schien unserem reichen Mann und unserem Arzt so grotesk, daß sie den Fall »freundschaftlich« regelten: Der Arzt machte mit seiner Familie auf der (über Firmenspesen betriebenen) Jacht seines Patienten eine dreiwöchige Westindien-Reise, erhielt zu Weihnachten (von der »Firma«) zwei Kisten Whisky zum Geschenk und »vergaß« die Rechnung ...

Den Fiskus kostete das 43 700 Dollar oder 174 800 DM. Aber dessen Maßlosigkeit kostet nicht nur den »Staat«, sondern die Allgemeinheit und die ganze Welt Milliarden und aber Milliarden. Denn da hatte unser »sehr reicher«, also in die oberste Steuerzahler-Klasse eingereihter Mann mit ebensolchen reichen Freunden den Erfinder eines Spezialpapiers kennengelernt und ein Projekt zur Errichtung einer entsprechenden Fabrik ausarbeiten lassen: Kapitalbedarf 30 Millionen Dollar. Jahresproduktionseinnahmen voraussichtlich 9 Millionen. Bruttonutzen 2,5 Millionen oder rund 8 Prozent. Aber da gab es die Körperschaftsteuer von einer Million, und so konnten die Teilhaber nur mit 1,5 Millionen Dollar Reingewinn rechnen. Das waren, wie gesagt, »Plutokraten«, die 75 Prozent Einkommensteuer bezahlten, zusammen also 1 175 000 Dollar. Im ersten Betriebsjahr hätte die Fabrik den 30 Millionen riskierenden Unternehmern 325 000 Dollar gebracht; ihrem weltweit gegen »Diktatur und Ausbeutung« kämpfenden Staat *ohne* jedes Risiko 2 175 000 Dollar. Und so wurde diese Fabrik nicht gebaut. Denn in den USA gibt es ja auch eine Menge Bundesstaats-, Einzelstaats- und Gemeindeanleihen, deren Zins steuerfrei ausbezahlt wird (um den privaten Kapitalsuchern – wie auch anderswo – Schmutzkonkurrenz zu machen). Ohne nennenswertes Risiko, ohne Arbeit und Verantwortung geben so 30 Millionen Dollar 1,2 Millionen Jahreszins netto, das mehr als Dreieinhalbfache dessen, was die Neugründung abgeworfen hätte. »Belohnung der Unternehmerinitiative«, das *war* einmal eine »kapitalistische Methode«. Seine Belohnung behalten kann heute nur der Sowjetwissenschaftler und zu 87 Prozent der Sowjetmanager oder Gleichgestellte in anderen »kommunistischen« Ländern. Und so herrscht nun in der Sowjetunion ein Geist wie in der amerikanischen Pionier- oder unserer »Gründerzeit«. Der Staat ist hier allmächtig. Aber nichtsdestoweniger bestimmt rücksichtsloser Individualismus alles Tun. Die Sowjetmanager machen eine harte Schule durch, sehen zahllose ihrer Kollegen auf der Strecke bleiben. Aber für den, der sich durchsetzt, lohnt sich das. Die fixen Einkommen sind relativ gering, aber es gibt »Prämien« für die Überschreitung des Plansolls, für Lohn- oder Rohstoffeinsparungen, für jede Art Kostensenkung durch Rationalisierung. Diese Prämien betragen 3 bis 4 Prozent des Mehrertrags und fallen zu mehr als der Hälfte der obersten Betriebsleitung zu. In Stahlwerken mit 8 Milliarden Tonnen Jahreskapazität oder Chemiekombinaten mit 8 Millionen DM Jahresumsatz macht das gewaltige Summen aus, aber selbst ein Manager, der nur ein Textilkombinat wie das von Iwanowo leitet, das mit 1 744 Millionen DM zu Buche steht und nur 7 000 Leute beschäftigt, kann durch den Abschluß günstiger Lieferverträge auf einem jetzt freien »Markt« wie der großen Moskauer »Allunions-Herbstmesse« leicht 200 000 DM »Bonus« verdienen. Und er weiß auch, was Verbesserungen wert sind, arbeitet eng mit allen entsprechenden Forschungsinstituten zusammen und behandelt seine eigenen Entwicklungsingenieure »liebevoller als seine eigene Frau«.

Im »Westen« hingegen haben heute die Techniker und Produktionsleiter ständig gegen ihre Finanzabteilungen zu kämpfen. Die sind an Steuerersparnissen ungleich mehr interessiert als am technischen Fortschritt, der Investitionen bedeutet, und wie es die in der Privatwirtschaft tätigen Wissenschaftler schwer haben, so die staatlich bezahlten, die meist für jede kleine Anschaffung ein halbes Dutzend Beamtenunterschriften brauchen. Eine im Oktober 1968 veröffentlichte Untersuchung des Brüsseler »Instituts für europäische Gehaltsanalysen« ergab, daß zum Beispiel das Durchschnittseinkommen eines Unternehmensleiters in der Bundesrepublik bei einem betrieblichen Jahresumsatz von über 100 Millionen DM 146 000 DM jährlich (allerdings ohne »Sonderleistungen«) beträgt, daß der oberste Leiter des Forschungswesens solcher Unternehmen aber nur durchschnittlich 82 100 DM, wesentlich weniger also als der leitende »Kaufmann«, verdient. Bei Firmen unter 20 Millionen DM Jahresumsatz bringt es der »Boß« auf durchschnittlich 83 700, der »oberste Forscher« auf 37 500 DM. Und natürlich nicht steuerfrei.

Zu den Akademiegästen in Akademgorodok gehörte ein berühmter englischer Wissenschaftler. Als Berater eines Großunternehmens verdient er sehr gut im Vorjahr 16 000 Pfund, rund 14 000 DM monatlich. Aber er hatte 80 Prozent Steuern zu bezahlen. 1967 betrug sein festes Einkommen nur 10 000 Pfund, aber da eine seiner Verbesserungen der Firma die Verdreifachung ihres Umsatzes ermöglichte, bekam er dazu 18 000 Pfund »Bonus«. Das heißt, er selber bekam 1 500 Pfund, der Fiskus 16 500 Pfund. Als Unverheirateter hatte unser Engländer besonders viel zu zahlen. Aber hätte er die Frau geheiratet, die für ihn in Frage kam, hätten sie zusammen *noch* mehr bezahlt: In England bezahlen zum Beispiel 1969 zwei Berufstätige, die je 5 000 Pfund jährlich verdienen, als Ledige zusammen 3 031 Pfund Steuern. Verheiratete jedoch 4 062 oder um rund 10 000 DM *mehr*, denn ihr Einkommen wird nun gemeinsam veranlagt. Nur weil sie geheiratet haben, kommen sie in eine höhere Steuerklasse. Die Folge ist, daß Frauen, deren Hochschulstudium oder sonstige Ausbildung nicht nur ihre Eltern, sondern auch die Gemeinschaft sehr viel Geld gekostet hat, keinen Beruf ausüben, denn das lohnt nicht: Sie müssen Personal für den Haushalt oder die Kinder bezahlen, und ihnen bleibt durch die höheren Steuern entweder gar nichts oder zuwenig von ihrem Verdienst. Wiederum wird wegen lächerlich geringer Mehreinnahmen des Fiskus die Gesamtleistung vermindert; und da es überall im »Westen« ähnlich ist, wird unser »Geistes-Potential« nicht entfernt so gut genutzt wie in den kommunistischen Ländern. Denn die geistigen Fähigkeiten sind 50 zu 50 auf Männer und Frauen verteilt. Bei uns gibt es so wenig weibliche Diplomingenieure, daß sie in den Statistiken gar nicht erfaßt werden, in der Sowjetunion machen sie aber 37 Prozent aller Hochschulingenieure aus. Heute sind in der Sowjetunion nicht nur 52 Prozent aller Frauen erwerbstätig, gegenüber 37 Prozent in der Bundesrepublik, sondern fast die Hälfte aller Akademiker sind hier Frauen; wenn die Sowjetunion 1966 über mehr als 7 Millionen Spezialisten mit Hochschulbildung verfügt hat, über vierzigmal mehr als im Jahre 1917, so *nur*, weil sie die weibliche Intelligenz ebenso nutzt wie die männliche. In den Vereinigten Staaten aber gibt es 3 Prozent weibliche Akademiker gegen die 47 Prozent in der Sowjetunion. In England weniger als 2 Prozent.

Unser Wissenschaftler (und eine bekannte Architektin) heirateten also nicht, denn das hätte sie 40 000 DM jährlich gekostet – schon jetzt und in Zukunft vielleicht noch mehr, denn in England wurde ja wiederholt auch eine besondere »Akademiker-Steuer« gefordert und argumentiert: Hochschulbildung bedeutet für die wenigen, die sie erhalten, die Grundlage hoher Einkommen. Es ist nur »gerecht«, wenn sie aus ihrem Einkommen den Gemeinschaftsaufwand für ihre Ausbildung abbezahlen ...

Nun, so weit ist es immerhin noch nicht, aber wenn unser Engländer 80 Prozent seines Einkommens abzugeben hatte, so hätte sich in Kanada der Fiskus mit 55 Prozent der gleichen Bruttosumme und in den USA der Staat mit 50 Prozent begnügt. Viele britische Forscher sind verheiratet – und da drängen vor allem die Frauen auf das Auswandern, denn in Amerika können sie selbst beim gleichen Einkommen ihres Mannes ungleich mehr ausgeben als daheim. Zwar beträgt auch in den USA der höchste Steuersatz

83 Prozent, aber erst bei mehr als einer halben Million Dollar Jahreseinkommen, d. h. bei fast zwei Millionen DM. 80 000 DM Jahreseinkommen zum Beispiel kosten in den USA nur 19 bis 32 Prozent Steuern gegenüber 36 bis 61 Prozent in England; 160 000 DM jährlich in Amerika 30 bis 50 Prozent gegenüber 57 bis 80 Prozent in England. Noch immer ein gewaltiger Unterschied gegenüber der Sowjetunion. Aber wenn die Auswanderung dorthin kaum in Frage kommt – obwohl es sie gab und gibt –, so doch in die Vereinigten Staaten, denn da wird bekanntlich die gleiche Sprache gesprochen, werden die englischen Prüfungszeugnisse anerkannt. Von Englands Doktoranden in Physik und Chemie gingen so 1958 bis 1968 vier Zehntel ins Ausland, vor allem in die USA und nach Kanada. Der »Society of British Aerospace Companies« zufolge wanderten allein 1966 rund 800 Luftfahrt- und Raumfahrtspezialisten in die USA ab. Und wenn im Durchschnitt der Jahre 1956 bis 1966 Großbritannien 7,4 Prozent seiner neu ausgebildeten Wissenschaftler und Diplomingenieure durch Auswanderung verlor, so (der OECD zufolge) die Schweiz 18 Prozent, Norwegen 16 Prozent, die Niederlande 15,8 Prozent und Westdeutschland 9,8 Prozent. Ohne Mediziner wanderten (der »US National Science Foundation« zufolge) von 1956 bis 1963 in die USA 34 572 Wissenschaftler und Diplomingenieure ein, davon 15 248 aus Europa und von diesen 4 933 aus Großbritannien und 2 804 aus der Bundesrepublik. Die heute rund dreitausend Akademiker, die alljährlich in die USA abwandern, gehören zudem nicht dem Durchschnitt an, sondern sind eine Elite, das beste Viertel der Abschlußsemester. Professor Titmuss von der Londoner Wirtschaftshochschule zufolge warben die USA von 1949 bis 1967 rund hunderttausend von anderen Staaten ausgebildete Naturwissenschaftler, Ingenieure und Ärzte an, ersparten sie so aber keineswegs nur mindestens 16 Milliarden DM eigene Ausbildungskosten: Die Welt exportiert ihre besten Gehirne nach Amerika und kauft amerikanische Patente und Lizenzen zurück: Schon 1965 waren die Lizenzeinnahmen der USA neunmal so hoch wie die entsprechenden Ausgaben. Schon die von 1953 bis 1961 abgewanderten Naturwissenschaftler und Techniker verursachten ihren Eltern, dem Staat und den Gemeinden usw. »Aufzuchtkosten« von mindestens 200 000 DM pro Kopf. Ihr »Produktionswert« beträgt das mindestens Vierfache, selbst wenn sie keine Erfindungen machen und keine Fortschritte erarbeiten. Der Verlust beträgt also 43 Milliarden DM oder das Vierfache der gesamten Marshall-Hilfe. Mit Berücksichtigung der wissenschaftlichen und technischen Fortschritte aber sind der Nutzen der Amerikaner und unser Verlust unermeßlich.

Natürlich trägt nicht nur Europas Steuerpolitik Schuld an dieser katastrophalen Entwicklung, obwohl wie die Steuersätze auch unsere Steuer-Verwendungs-Prioritäten falsch sind. Europas Industriestaaten geben weit weniger für Erziehung, Forschung und Entwicklung aus als die USA, nicht zu reden von der Sowjetunion oder Japan. Ebenso arg wie die Abwanderung unserer geistigen Elite ist die Unzufriedenheit derer, die nicht auswandern können, in ihrer Leistungsfähigkeit aber ständig durch die Verbitterung beeinträchtigt werden, die ungenügende Hilfsmittel und bürokratische Behinderungen ebenso wie die exzessive Besteuerung auslösen. Ebenso gefährlich wie die Vergrämung der Forscher und Erfinder, denen der Ertrag ihrer Arbeit weggesteuert wird, während Fußball-Toto-Gewinne und andere Glücksspielgewinne steuerfrei bleiben, ist die Vergrämung unserer Unternehmer. Zum Beispiel kommt Japan heute mit 21 Prozent seines Bruttosozialprodukts für alle Zwecke der öffentlichen Hand aus, während es in Westdeutschland über 40 und in Frankreich sogar 46 Prozent sind, und das kann ebenso gefährlich werden wie die Unterschiede zwischen der sowjetischen und der westlichen Steuerpolitik.

Der fundamentale Unterschied beschränkt sich aber nicht nur auf die Einkommensbesteuerung. Im »Westen« gilt der »Familienschutz« als »sozial wie bis vor kurzem politisch gleich wichtig«, und bei uns zum Beispiel gab es zwar kein Energieministerium, wohl aber ein Familienministerium. Es gibt (teilweise) auch Kindergelder und Steuererleichterungen für große Familien, aber unsere Erbschaftsteuern sind so konfiskatorisch wie die Einkommensteuern, und wenn die Verfassungen fast aller »kapitalistischen« Staaten das Eigentum als »Grundrecht« bezeichnen, so aber nicht das Erbrecht. Nur die Verfassung der Sowjetunion sagt paradoxerweise in ihrem Artikel 11 klar und eindeutig: »Das persönliche Eigentumsrecht der Bürger an ihren Arbeitseinkünften und Ersparnissen, am Wohnhaus und an der häuslichen Nebenwirtschaft, an den Hauswirtschafts- und Haushaltsgegenständen, an den Gegenständen des persönlichen Bedarfs und Komforts ebenso wie das Erbrecht an dem persönlichen Eigentum der Bürger werden durch das Gesetz geschützt.«

Alle Erbschaftsregelungen müssen nach Sowjetrecht notariell erfolgen, sobald es um mehr als 1 000 Rubel – heute 4 440 DM – geht, und die Notariate sind staatliche Institutionen. Die Höhe der Erbschaften ist also leicht zu überwachen, wurde aber nur ganz kurze Zeit beschränkt: Unmittelbar nach der Revolution begrenzte das Erbschaftsgesetz vom 27. April 1918 die Höchstsumme, die hinterlassen werden konnte, auf 10 000 Rubel. Im Verlauf der »Neuen Ökonomischen Politik«, Lenins NEP, wurde diese Höchstsumme schon am 15. Februar 1926 fallengelassen, und als unter

Stalin eine neue Oberschicht entstand, fielen auch die steuerlichen Begrenzungen: 1943 wurde die Erbschaftssteuer abgeschafft. Die Erben haben seither nur mehr eine bestimmte Summe – im Höchstfall 10 Prozent – für die Ausstellung der Dokumente zu entrichten. Und durch eine Verordnung vom 21. März 1945 wurde eine Bestimmung aufgehoben, nach der bis dahin nur Familienangehörige erben konnten. Jedermann kann nun in der Sowjetunion als Erbe eingesetzt werden, solange Kinder und arbeitsunfähige Familienmitglieder nicht von der Erbschaft ausgeschlossen werden.

Mit dem Aufstieg der sowjetischen Managerschicht wuchsen die vererbten Summen rapide. Chruschtschow ließ die Frage diskutieren, wie reich ein Sowjetbürger sein darf, ohne eine Gefahr für das »System« zu werden, und am 7. Juni 1959 veröffentlichte »Literatur und Leben« einen siebenspaltigen Artikel des Rechtsexperten Leschtschukow, der sich darüber beschwerte, daß das sowjetische Erbrecht die »privaten Eigentumstendenzen« fördere, und der auch darauf hinwies, daß in Iwanowo ein Erbe 15 000 Rubel (66 500 DM) Zinsen jährlich kassiere, und fragte: »Wird dieser Erbe eigene Arbeit noch als organische Notwendigkeit betrachten?« Leschtschukow zufolge behinderte das sowjetische Erbrecht »die Erziehung junger Menschen im kommunistischen Geist«. Aber Professor Ladischenskij, Vorsitzender der Revisionskommission der sowjetischen Gesellschaft für Völkerrecht, erwiderte, Erbrechtseinschränkungen würden die Arbeitslust beeinträchtigen, »und überhaupt brauchen wir sowenig Beschränkungen wie nur möglich«. Die neue Oberschicht verhinderte bis heute alle Änderungen, und die Auffassung, »wir haben schwer geschuftet, jetzt sollen wenigstens unsere Kinder leichter und sorgenfreier leben«, ist allgemein. Zu den interessantesten Einrichtungen in Moskau gehört nun das »Injurkollegija« auf dem Twerskoi-Boulevard 13: Dieses Rechtsanwaltskollegium vertritt Sowjetbürger bei vermögensrechtlichen Angelegenheiten im Ausland und ausländische Vermögensinteressen in der Sowjetunion: Nicht nur ein reicher Onkel in Amerika kann von Sowjetbürgern beerbt werden, sondern auch ein reichgewordener Sowjetverwandter von Ausländern. *Eine* Folge des Vererbens, die im Westen schwere Probleme aufwarf, gibt es in der Sowjetunion hingegen nicht: Die Einführung des Code Napoléon, der gleiches Erbrecht für alle Kinder zur Regel machte, führte zu einer Bodenzerstückelung und »Atomisierung« des landwirtschaftlichen Besitzes, der Hunderttausende und Millionen europäischer Bauernhöfe weitaus zu klein machte, um rentabel zu sein. Von den 1 182 Millionen Quadratmetern Wohnraum, die es 1964 in der Sowjetunion gab, waren 423 Millionen oder fast ein Drittel Privatbesitz, der auch vererbt werden kann. Aber landwirtschaftlich nutzbare Grundstücke sind sowenig wie Fabriken oder irgendwelche Produktionsmittel Privatbesitz, können also auch nicht vererbt werden.

Jedenfalls: Keine Erbschaftsteuern in der Sowjetunion. Bis zu 91 Prozent im »Westen«. Maximal 13 Prozent Einkommensteuer für die vom Kreml Regierten. Bis zu 96 1/4 Prozent im Königreich Großbritannien: Das *ist* eine »verkehrte« Welt, und die »Bourgeoisie« tut nun, was das »Proletariat« zu ihrer Ausrottung vorschlug. Und reinste Heuchelei, die »bolschewistische Staatswirtschaft« anzuprangern, obwohl es keinen westlichen Industriestaat gibt, in dem der Fiskus nicht mit mindestens der Hälfte an allen Geschäften beteiligt ist, ohne aber – wie in der Sowjetunion – selber irgendein Risiko zu übernehmen. Wie seinerzeit Marx und Engels sah Lenin in Steuern »ein wichtiges Instrument des sozialistischen Aufbaus; eines der schwerwiegendsten Mittel zur Aufhebung des kapitalistischen Privateigentums und eine Methode zur Brechung der Wirtschaftsmacht der Bourgeoisie«. Aber konfiskatorische Einkommen- und Erbschaftssteuern gibt es *nur* in den »kapitalistischen« Ländern, und diese verhindern die Kapitalansammlung auch durch ihre Abschreibungsvorschriften, welche die rechtzeitige Erneuerung der Produktionsmittel verhindern. Wenn Abraham Lincoln es 1850 »absurd« fand, die »Bürger zu besteuern und dann mit ihrem Geld zu tun, was sie selber besser können«, so geschieht das heute überall – und löst einen Teufelskreis aus: Zu hohe Steuern bedeuten zuwenig Privatkapital. Zuwenig Privatkapital bedeutet mehr Staatsunternehmen. Kalte Sozialisierung also. Ausbreitung des »Kommunismus« durch seine angeblichen Feinde. »Der beste Sozialisierungsminister ist der Finanzminister«, sagte der damalige deutsche Finanzminister und Initiator der Reichsfinanzverwaltung Matthias Erzberger schon 1919. Aber wenn die Gesamtausgaben der öffentlichen Hand in der Weimarer Republik 16 Prozent des Bruttosozialprodukts ausmachten, so ein halbes Jahrhundert später in der Bundesrepublik zweieinhalbmal soviel. Henry George schrieb schon 1879: »Unsere Gesetze über die Staatseinkünfte verdienen insgesamt die Bezeichnung: ›Verordnungen, erlassen zur Beförderung der Verderbtheit der Beamten; zur Unterdrückung der Rechtschaffenheit; zur Belohnung des Meineides und zur Anstiftung zu demselben‹.« Aber damals betrugen die Bundesausgaben der Vereinigten Staaten 320 Millionen Dollar, während es 1969 fünfhundertsechsundsiebzigmal soviel waren, sage und schreibe 184 400 Millionen Dollar oder 737,6 Milliarden DM.

Im Grunde gibt es nur zwei Besteuerungsmethoden: Man kann die Einkommens-*Verwendung* besteuern – und so den Verbrauch in Grenzen halten und die Investitionsbedürfnisse sicherstellen, wie das heute in der Sowjetunion und den andern kommunistischen Ländern geschieht. Oder man kann die Einkommens-*Erzielung* besteuern wie im »Westen« und so die Initiative drosseln, den Leuten die Lust am Verdienen und damit am Schaffen neuer Werte nehmen, die Einkommen »umverteilen« und so die Schaffenskraft lähmen, die Steuervermeidung und die Steuerhinterziehung anregen. Den Westen »kapitalistisch« zu nennen ist deshalb längst falsch, denn hier wird ständig Privateigentum enteignet, nicht nur während einer Revolution. Und nicht nur durch Geldentwertungen, sondern auch durch konfiskatorische Steuerprogressionen. Hier bleibt zwar die Kuh im Stall des Besitzers, und er hat die Mühe mit ihr, den größten Teil der Milch aber muß er abliefern. Schon wenn »nur« ein Drittel des Volkseinkommens an Steuern abgeführt wird – und in der Bundesrepublik sind es, wie gesagt, mehr als vier Zehntel –, heißt das, daß jeder Arbeitende vom 1. Januar bis zum 10. Mai nicht für sich selber, sondern für den Staat tätig ist. Er ist »dienstverpflichtet«, verbringt ein Drittel seines Lebens als »Zwangsarbeiter«, und das »freie Marktwirtschaft« zu nennen oder gar »soziale Marktwirtschaft« ist bitterer Hohn.

Und so stellt sich die Frage: Wird die Finanzpolitik des »Westens«, der heute das Marx-Engelsche Programm des »Kommunistischen Manifests« von 1848 erfüllt, dem Kommunismus zum Sieg verhelfen?

Werden Europas Steuerpolitik und die Steuerprivilegien in den Vereinigten Staaten so verhängnisvolle Folgen haben wie bisher alle Steuerexzesse und Steuerungerechtigkeiten?

Überhöhte Steuern brachten Landflucht und Hunger, Räuberunwesen, Revolutionen und Krieg, ließen Kolonien abfallen und große Kulturen untergehen, weite Landstriche veröden und Millionen zu Analphabeten werden. Schon die Laster und das Luxusbedürfnis von Fürsten und Königen brachten unvorstellbares Elend über die Welt, aber was war deren Geldbedarf im Vergleich zum heutigen Geldhunger der Staaten?

Wie unsere Steuern die Arbeitslust ersticken, so verfälschen sie das ganze »freie« Wirtschaftssystem. Sie untergraben den Besitzinstinkt, lösen den Trend zum Mieten aus, weil man Mietkosten von der Steuer absetzen kann, verleiten zum Schuldenmachen, weil auch Zinsen als »absetzbare Kosten« gelten. In England bedeuten 1969 zum Beispiel 10 Prozent Zins für den Schuldner real weniger als 6 Prozent und 6 Prozent in Wirklichkeit nur dreieinhalb. Die Differenz zahlen andere Steuerzahler, und das entwertet keineswegs nur die Diskontpolitik der Notenbanken. Denn durch die steuerliche Zinsverbilligung sinkt überall der Anteil des Eigenkapitals, wächst das Interesse an der Inflation, die »schleichend« nicht weniger als »galoppierend« die kleinen Sparer ohne Sachbesitz enteignet. Ungeheure Summen wurden und werden für den »Kampf gegen den Kommunismus« ausgegeben. Aber gleichzeitig wird die »Verwirklichung« des Kapitalismus unmöglich gemacht, denn sie ist am besten durch breite Vermögensstreuung zu erreichen und die wiederum am rationellsten durch Massenbeteiligung am Aktienkapital unserer Großunternehmen. Denn der Hauptunterschied zwischen Dividenden und Zinszahlungen ist: Zins ist stets zu bezahlen, gleich, ob das geliehene Kapital Produktionssteigerungen brachte oder nicht, ob er aus Gewinnen bezahlt wird oder die Verluste erhöht. Dividenden werden nur bei Gewinn ausgeschüttet, dann erst, wenn das Kapital nachweisbar Nutzen gebracht hat. Steuerlich aber wird das Aktienkapital heute diskriminiert. Die Gesellschaften zahlen (in der Bundesrepublik bis 55 Prozent) Körperschaftsteuer, die einzelnen Aktionäre (bis 56 Prozent und anderswo bis 69 Prozent) Einkommensteuer. Doppelbesteuerung also. Andererseits gab und gibt es zwar staatlich festgelegte Höchstgrenzen für Dividendenzahlungen, aber keinen Zwang, Dividenden auszuschütten, und so hat die Selbstfinanzierung sehr zugenommen, bestimmen nicht länger die Aktionäre, was mit dem Gewinn geschehen soll, sondern die Verwaltungen. Heute gilt fast allgemein, was der Bankier Fürstenberg schon vor drei Generationen sagte: »Dividende ist der Teil des Gewinns, den man dem Aktionär nicht verheimlichen kann.« Da die Steuerpolitik das »Zwangssparen« der Anteilebesitzer, die »Selbstfinanzierung« der Unternehmen fördert, wächst die Macht der Manager. Aber auch der Produktionsapparat wächst rascher als die private Kaufkraft. Das zwingt zu Milliardenausgaben für die Werbung, die den Konsum zur »Weltanschauung« erhebt und auch die Verbraucher immer mehr Schulden machen läßt. Die steile Progression wiederum läßt die Staatseinnahmen rascher als das Bruttosozialprodukt wachsen, gibt der öffentlichen Hand die Mittel für *unnütze* Ausgaben – und läßt sie zugleich den steuerzahlenden Privatunternehmer Konkurrenz machen. Die heutigen westlichen Steuern schützen die Monopole der Supergroßen, denn die wurden groß, bevor Steuern die Kapitalbildung immer schwieriger machten, geben den »Kleinen« keine Chance hochzukommen. Schon 1960 zahlten die Amerikaner für ihre »Gemeinschaftsbedürfnisse« mehr als für Nahrung, Kleidung, Gesundheit und Kultur zusammengenommen, und dennoch war die Staatsschuld der USA größer als die Summe aller übrigen Staatsschulden der Welt. Seither wuchs sie weiter. Und *muß* das nicht im Chaos enden? *Muß* ein System, das auf der individuellen Arbeitsfreude beruht, nicht zusammenbrechen, wenn bis zu 96 1/4 Prozent der Einnahmen der Verfügungsgewalt derjenigen entzogen werden, die sie erarbeiteten? *Muß* eine Wirtschafts-»Ordnung«, die den Leistungswillen bestraft, nicht in lebensgefährlichen Rückstand gegenüber rein leistungsausgerichteten Systemen wie dem sowjetischen und dem japanischen geraten? Verbleibt heute im »Westen« einem Produzenten beim gleichen Verkaufspreis und bei der gleichen Güte des Erzeugnisses mehr Gewinn als seinem Konkurrenten, so wird er höher belastet, und zwar progressiv. Die Folge ist, daß niemand mehr tut, als er muß, und schließlich entsteht gegenüber dem Staat eine Einstellung ähnlich der der Arbeiter gegenüber den Unternehmern während der Klassenkampfzeit. Obwohl die Steuerträger in ihrer Summe selber den Staat repräsentieren, fühlen sie sich als seine ausgebeuteten Feinde: Die Einzelzelle haßt den Gesamtorganismus. Genau wie beim Krebs, der bekanntlich mit der allgemeinen Auflösung endet. Ihre Steuerpolitik hat nicht wenige Könige das Leben gekostet. Die Steuerpolitik der »Demokratien« aber unterminiert die Lebenskraft der Völker. Und so ist es nicht »tote Geschichte«, wenn man den Leidensweg der Steuerzahler zurückverfolgt und nüchtern feststellt, was alles schon geschehen ist, weil die Mächtigen nicht Maß halten können. Es ist höchste Zeit, daß an historischen Beispielen nachgewiesen wird, wie lebenswichtig stets und überall das Finanzwesen gewesen ist, das nur deshalb als »viel zu kompliziert für den Durchschnittsbürger« gilt, weil nur so der »legale Raub«, wie Thomas von Aquin im 13. Jahrhundert die Steuereintreibung genannt hat, reibungslos durchzuführen ist.

II

FÜNF JAHRTAUSENDE KAMPF GEGEN DEN FISKUS

Von Ägyptens Blüte und Niedergang zur heutigen »Pyramiden-Mentalität«

»Boni pastoris esse tondere pecus, non deglubere« – »Ein guter Hirt schert seine Herde; er zieht ihr nicht die Haut ab.«

Tiberius
14 vor bis 37 nach Christus Kaiser von Rom

»Es gibt einen Zustand, der fast noch schlimmer ist als Skaverei, nämlich der, wo die Abgaben so groß sind, daß dem freien Arbeiter bei übermäßiger Anstrengung keine geistigen Genüsse und nur so viele leibliche übrigbleiben, als absolut notwendig ist, um nicht zu verhungern. Solche Entbehrungen verkrüppeln Geist und Körper.«

Friedrich List, 1827

»Das größte Wunder der Geschichte ist die Geduld, mit der Männer und Frauen die Lasten tragen, die ihnen ihre Regierungen unnötigerweise aufbürden.«

William H. Borah im US-Senat, 1908

»Der Staatshaushalt ist ein biblisches Wunder: Alle nehmen davon, und doch wird er Jahr für Jahr größer!«

Senator *Robert Kennedy*, 1968

Schon Benjamin Franklin wußte vor zwei Jahrhunderten: »Völlig sicher sind auf dieser Welt nur zwei Dinge: Man stirbt und man zahlt Steuern.« Kaum jemand aber weiß, was das Wort »Steuer« eigentlich bedeutet, und am allerwenigsten diejenigen, die sie vorschreiben: Bei uns ist es vom althochdeutschen »stiura« abgeleitet, und das bedeutet »Unterstützung«. Könige und Fürsten besaßen jahrtausendelang keinerlei Recht, Steuern einzutreiben. Sie hatten ihre Ausgaben mit dem Ertrag der Krongüter und des Feudalbesitzes zu decken. Nur ausnahmsweise bewilligten die Stände ihren Landesherren die »Bede« – die »Bitte« –, und erst seit dem 12. Jahrhundert zahlten einige deutsche Städte dem Kaiser regelmäßig Beiträge, weil ihre Bürger von allen Fronpflichten befreit wurden.

Das älteste bekannte Wort für Steuer stammt aus dem dritten vorchristlichen Jahrtausend und wurde durch das chinesische Schriftzeichen »Fu« ausgedrückt. Es setzt sich aus den Zeichen »Be« (»Muschel«) und »Wu« (»militärisch« oder »gewaltsam«) zusammen: Gewaltsam abgeforderte Kaurimuscheln bildeten die frühesten Geldsteuern. Seit jeher waren Krieg, Rüstung, Militär und Steuern untrennbar miteinander verbunden – und so blieb es bekanntlich. Wenn die Offenbarung des Johannes den Staat »das schreckliche Tier« nennt und Thomas von Aquin im Jahre 1274 Steuern den »legalen Raub«, so hat auch heute die Mehrzahl aller Steuerzahler das Gefühl, zuviel des Erarbeiteten abgeben zu müssen und betrogen zu werden. Seit Jahrtausenden ist es das gleiche: Dem Volk wird Angst um seine Existenz gemacht. Krieg droht oder Krieg bricht aus, und so wird jede Last getragen. Aber danach sinken die »außerordentlichen« Ausgaben nicht wieder auf das Friedensniveau. Plötzlich gibt es so viele »unausweichliche« neue Staatsaufgaben, daß auch ohne Krieg die Steuerlast die gleiche bleibt, ganz abgesehen davon, daß kein Krieg durch Steuern allein zu finanzieren ist, zur Aufnahme von Schulden zwingt und schon die Zinsen für diese Schulden radikale Steuersenkungen unmöglich machen: Während des bisherigen Bestehens der amerikanischen Bundesstaatsverwaltung zum Beispiel, von 1790 bis 1969, stieg deren Geldbedarf auf das 37 200fache. Allein von 1932 bis 1968 kletterten die Militär- und Rüstungsausgaben der Vereinigten Staaten von 797 auf 77 800 Millionen Dollar, innerhalb einer einzigen Generation auf das mehr als 97fache – und mit dieser Steigerung konnten selbst die amerikanischen Steuern nicht Schritt halten: Von 1929 bis 1969 wuchs die Bundesschuld von 16 auf 344 Milliarden Dollar und erforderte die Zinsbelastung im Jahre 1913 rund 25 Millionen Dollar, so heute 14 000 Millionen Dollar jährlich oder 40 Millionen täglich. Großbritannien gab für Staatsschuldzinsen 1968 das Zehnfache der britischen Gesamtstaatsausgaben des Jahres 1900 aus. Zwischen 1725 und 1965 waren diese Schulden von 52 auf 30 441 Millionen Pfund gestiegen, und für Zinsen und Amortisationen mußten nun 1 065 statt 2,5 Millionen Pfund aufgewendet werden; rund 12 Milliarden DM jährlich kostet die heute lebenden Engländer das Weiterschleppen von Lasten, die ihre Eltern nicht zu tragen vermochten und die sie selber – vervielfacht – ihren Kindern und Kindeskindern vererben.

Und das ist das Grundproblem: Entscheidend ist nicht, *daß* wir hohe Steuern bezahlen, sondern *wofür* sie verwendet werden. Der amerikanische Bundesrichter Oliver Wendell Holmes definierte 1930 Steuern als »das, was wir für die zivilisierte Gesellschaft bezahlen«. Und so könnte es sein. Aber die weitaus größten Staatsausgaben erfolgen heute für »Unternehmen« wie den Vietnam-Krieg oder für »Subventionen«, die allein die Umverteilung der Einkommen bezwecken, wie unsere extrem progressiven Einkommensteuern nicht der Finanzierung von Gemeinschaftsaufgaben dienen, sondern der Machterhaltung der herrschenden Gruppen. Mehr als alles andere bedroht heute die Unersättlichkeit des Fiskus unsere Zivilisation; immer mehr Produktive entmutigt, daß sie ein Danaiden-Faß zu füllen haben: Im Hades, im griechischen Mythenreich der Toten, schöpfen die Danaiden ihres Gattenmordes wegen unaufhörlich mit tönernen Krügen Wasser in ein Faß ohne Boden, und ihre Strafe ist so furchtbar wie die des Sisyphos, der mit ungeheurer Mühe einen Felsblock einen Berg hinaufrollen muß, der stets von neuem in die Tiefe stürzt. Das waren verdiente Strafen, und es gab einen Sisyphos und nur 50 Danaiden. Heute gibt es schon in der kleinen Bundesrepublik allein an Lohnsteuerpflichtigen 23 Millionen, und bleibt Sisyphos' Felsblock ewig der gleiche, so wachsen unsere Lasten unaufhörlich, wuchsen sie schon bisher in einem Ausmaß, das phantastisch scheint:

Der Geldbedarf der Staaten

entwickelte sich folgendermaßen:

		Staatsausgaben in Millionen Mark/DM	Mark/DM pro Kopf, rund
		Athen	
zur Zeit des Aristoteles, um 350 vor Christus, etwa 1 000 Talente		5,5	22,0
Griechenland 1966		4 090,5	454,5
		Deutschland	
Preußen unter Friedrich II.	1770	69,0	13,4
Preußen	1847	201,0	12,6
Deutsches Reich	1875	634,5	15,1
Deutsches Reich	1913	3 425,0	50,3
Deutsches Reich	1935/36	11 493,0	169,0
Bundesrepublik	1950	14 700,0	312,7
Bundesrepublik	1969	82 400,0	1 374,0

Staatsausgaben-Steigerung also innerhalb zwei Jahrhunderten auf das rund 1200fache, innerhalb eines halben Jahrhunderts auf das 27fache.

		Vereinigte Staaten	
Bundesausgaben	1790	20,0	5,0
"	1870	1 240,0	32,0
"	1939	36 840,0	280,0
"	1969	737 600,0	3 660,0

Staatsausgaben-Steigerung auf das 37 200fache innerhalb sechs Generationen.

		Großbritannien	
Unter Heinrich VIII. (1509–1547)		8,0	3,2
Im Durchschnitt der Jahre	1739–1748	251,0	38,0
Im Budget für	1848/49	605,0	28,8
	1948/49	24 660,0	503,0
	1967/68	108 433,0	2 004,0

13 554fache Ausgaben, aber immerhin gesteigert im Verlauf von 15 Generationen.

		Frankreich	
Unter Ludwig XII. (1498–1515)		15,4	1,0
Unter Ludwig XVI.	1789	488,0	19,0
	1969	122 800,0	2 456,0

Ausgabensteigerung auf das 7 973fache. Seit der Revolution, die bei 19 Mark pro Kopf ausbrach, auf das rund 130fache.

Bei all diesen Zahlen handelt es sich allein um die Staats-, nicht auch die Länder- und Gemeindeausgaben, heute selten mehr als die Hälfte dessen, was die »öffentliche Hand« beansprucht. Dabei blieben auch die Sozialbeiträge unberücksichtigt, obwohl sie Zwangsabgaben sind wie alle andern. Selbst so aber stieg

die Steuerbelastung pro Kopf der Bevölkerung

innerhalb einer Generation – zwischen 1938 und 1969 – in DM umgerechnet

	von	auf
Deutschland	274	1 374
Vereinigte Staaten	263	3 660
Großbritannien	264	2 004
Japan	14	620

Im Jahre 1913 waren es in den drei westlichen Industrienationen 50, 92 und 62 Mark gewesen. Mit diesem Steuerwachstum hielt das der Gesamtwirtschaftsentwicklung natürlich *nirgends* Schritt: Auf dem Gebiet der heutigen Bundesrepublik Deutschland wurden 1913 insgesamt (also einschließlich Länder- und Gemeindesteuern sowie an Sozialbeiträgen) 2,9 Milliarden Mark bezahlt oder 11 Prozent des Nettosozialprodukts. 1966 aber 112,7 Milliarden DM oder, wie gesagt, 40,2 Prozent, das heißt 2 590 DM pro Kopf. In den Vereinigten Staaten wuchsen im gleichen Zeitraum die Gesamtabgaben von 8,8 auf 1 012 Milliarden Mark – und das waren nun 34 statt 6 Prozent des Bruttosozialprodukts, rund 5 000 DM pro Kopf im Jahre 1968 statt acht Mark im Jahre 1886. Im Durchschnitt hat nun jeder dreißigjährige Bürger der Vereinigten Staaten für den Rest seines Lebens Steuerverpflichtungen von rund 280 000 DM, für jeden Arbeitstag, den er im Durchschnitt noch zu erwarten hat, 28 DM.

Natürlich blieb auch überall die Bevölkerungsvermehrung weit hinter dem Geldbedarf der Staaten zurück, und so klingt es heute wie ein Märchen, wenn man liest, daß Königin Viktoria von England sich 1850 schwere Sorgen darüber machte, ob 3,33 Prozent Einkommensteuer »tragbar« seien – um so mehr, als sie sich selber von der Steuerpflicht nicht ausschloß. Von 1870 bis 1877 wurden dann auch in Großbritannien nur ein Prozent Einkommensteuer bezahlt statt vorher 2,5 Prozent. Nicht weniger unglaublich klingt es, daß der preußische Einkommensteuersatz im Jahre 1906 sage und schreibe 0,62 bis maximal 4 Prozent betrug. Damals sah eine Veranlagung zum Beispiel folgendermaßen aus: Jahreseinkommen 2 800

Mark (in heutiger Kaufkraft rund 8 000 DM). Geschuldete Steuer 52 Mark. Knapp 2 Prozent also. Verdiente der Staatsbürger damals 19 000 Goldmark jährlich, so hatte er 570 Mark zu bezahlen: 3 Prozent. Bei 67 000 Mark Einkommen stieg der Satz auf 3,5 Prozent, betrug die Einkommensteuer 2 345 Mark. Und schließlich gab es für die allerhöchsten Einkommen 4 Prozent, und das war das Ende der Progression. Einschließlich Gemeindezuschlägen, Kirchensteuer usw. zahlte niemand mehr als 10 Prozent Steuern, auch die indirekten Abgaben berücksichtigt. Aber so blieb es eben nicht.

Die Maximalsätze der Einkommensteuer

in Prozent des zu versteuernden Jahreseinkommens betrugen:

	bei Einführung der Steuer	im Jahre 1968
Großbritannien, 1842	2,5	96 1/4
Deutschland, 1891	4,0	56
Österreich, 1896	5,0	61
Vereinigte Staaten, 1913	6,0	83
Frankreich, 1914	5,0	57

Wobei die Höchstsätze ursprünglich nur bei Einkommen eingehoben wurden, über die ganz wenige verfügten: In den USA zum Beispiel bei Einkommen über eine halbe Million Dollar, in Frankreich bei mehr als einer Million Goldfranken.

Stiegen die Steuersätze gewaltig an, so aber auch die Zahl der Steuerzahler. Bei Einführung der Einkommensteuer in den Vereinigten Staaten hatten 1913 insgesamt 357 600 Bürger Steuererklärungen abzugeben. Ein halbes Jahrhundert später waren es 66 Millionen. Auch 1939 – 27 Jahre nach Einführung dieser Steuer – unterlag ihr nur jeder 32. amerikanische Staatsangehörige. 1943 bereits jeder dritte. 1939 zahlten Leute, die nur 11 Prozent des Gesamteinkommens bezogen, 90 Prozent aller Steuern der USA. Heute entkommt hier dem Fiskus praktisch niemand mehr, und ähnlich ist es überall: Direkte Steuern zahlten 1968 in der Bundesrepublik von 58 Millionen Einwohnern rund 47 Millionen. In Großbritannien wuchs die Zahl der Einkommensteuer Zahlenden allein von 1925 bis 1950 von 4,6 auf 20,2 Millionen, und überall wird die Zahl der Steuerzahler weiterwachsen, denn jede Lohnaufbesserung und Gehaltserhöhung läßt ja Leute das steuerfrei bleibende Einkommensminimum überschreiten, und die Steuerprogression sorgt zugleich dafür, daß ohne Satzerhöhung jemand, der 20 Prozent seines Einkommens abgab, still und unauffällig 30 Prozent zu zahlen hat, sobald er auch nur ein wenig mehr als bisher verdient.

Aber was ist dagegen zu tun, und warum vor allem nimmt der Fiskalismus immer groteskere Ausmaße an?

»Fiskus« ist lateinisch und bedeutete ursprünglich »Geldkorb«. In der römischen Kaiserzeit wurde so das Krongut benannt, und heute bezeichnet Fiskus den Staat als Vermögenssubjekt des privaten öffentlichen Rechts – und da Staat und Fiskus identisch sind, gibt es keine Steuerpflicht für den Staatsbesitz. »Fiskalismus« ist von »fiskalisch« abgeleitet, und das wird als »das Bestreben der staatlichen Finanzwirtschaft« definiert, »möglichst hohe Einnahmen zu erzielen, ohne dabei Rücksicht auf die Gesamtwirtschaft zu nehmen«. Das Grundproblem war und ist, daß durch die Finanzwirtschaft aller Staaten (auch der kommunistischen) alles auf den Kopf gestellt wird und wir in allem in einer verkehrten Welt leben: Seit es Menschen gibt, hängt ihre Lebenshaltung vom Ausmaß der Produktion ab, zu der sie imstande sind. Aber wenn das »selbstverständlich« scheint, so galt es nie und gilt es heute weniger denn je für *alle* Menschen. Denn während in der Privatwirtschaft die Einnahmen die Ausgaben bestimmen, fordert das fiskalische Prinzip die Unterwerfung des Steuersystems unter den öffentlichen Finanz-»*Bedarf*«, das heißt, der Voranschlag für die öffentlichen Ausgaben bestimmt die Einnahmen. Dem »Bedürfnis« der öffentlichen Hand entsprechend werden die Steuern festgesetzt, und die »Ergiebigkeit« dieser oder jener Steuer entscheidet über ihre Höhe und Eintreibung, nicht ihre volkswirtschaftliche Zweckmäßigkeit. Wenn Fréderic Bastiat im Jahre 1850 erklärte: »Die Steuerzahler arbeiten, um die Bedürfnisse der Beamten zu befriedigen«, so war das gewiß übertrieben. Aber daß die »Bedürfnisse« der von den Beamten verwalteten Staaten heute das Primäre sind und *nicht* die Bedürfnisse der Staatsbürger, ist evident, und das »Etat-Recht«, das Alleinrecht der Parlamente, den »Haushaltsplan« aufzustellen, ist praktisch zu einem reinen Kontrollrecht geworden: Die Bürokratie meldet (meist mit entsprechenden Zuschlägen für zu erwartende Etatkürzungen) ihren Geldbedarf an, und die Volksvertreter bewilligen oder beschneiden ihn. Wie groß auch immer ihre Einnahmen sind, stets haben die Staaten heute »dringende« zusätzliche Bedürfnisse und fragen kaum je, ob sie sich die leisten können. Ist das Geld nicht durch Steuern aufzutreiben, werden eben Schulden gemacht – und diese durch systematische Geldentwertung »gelöscht«. Denn natürlich braucht der Fiskus nicht »Geld«, sondern Arbeitsleistungen und Güter, deren Menge naturgegeben begrenzt ist, und wenn die vorhandenen Produktionskapazitäten voll ausgelastet sind, kann jede weitere Erhöhung des öffentlichen Bedarfs nur durch Verminderung des nichtstaatlichen Konsums – oder eine zwangsläufige zur Inflation führende Schuldenwirtschaft gedeckt werden. Diese unbestreitbare Tatsache müßte die Grundlage jeder Finanzpolitik bilden, und so schrieb Friedrich List auch schon im Jahre 1820: »Die Quelle des Staatseinkommens ist das Einkommen der Nation, nämlich derjenige Teil desselben, welcher den einzelnen Staatsmitgliedern über Bestreitung ihrer Notdurft übrigbleibt. Aber auch die Ersparnisse der Nation muß der Staat mit möglichst geringen Forderungen in Anspruch nehmen; denn alles, was er nimmt, wird in der Regel konsumiert, wohingegen das meiste, was der Nation verbleibt, wieder in Gewerbe und Handel und Ackerbau produktiv angelegt wird, also das Nationalvermögen und das Nationaleinkommen vermehrt. Je weniger der Staat dem einzelnen an seinen Ersparnissen übrigläßt, desto mehr verfehlt er sich gegen die Grundsätze eines guten Haushalters …«

Die wichtigste aller denkbaren Steuerreformen würde also darin bestehen, daß der Staat, die Länder und Gemeinden wie jeder Private ihre Ausgaben den Einnahmen anpassen und nicht umgekehrt. Der Fiskus müßte feststellen: Soundso groß ist das Sozialprodukt. Soundso viel kann die Gemeinschaft gerechterweise in Anspruch nehmen, ohne die Verbrauchs- und Investitionsbedürfnisse zu beeinträchtigen. Und absolute Priorität bei der Verwendung dieses Staatsanteils am Gesamtprodukt hat, was die Produktivität und damit das Gesamteinkommen steigert.

Das zu fordern scheint utopisch. Aber das ist es nicht, denn nach solch logischen Überlegungen wurde in Zeiten kultureller und wirtschaftlicher Hochblüte wiederholt verfahren. So handelte zum Beispiel auch Amenemhet III. vor 3 800 Jahren, und so gut wie unter seiner Herrschaft ging es den Ägyptern nie wieder, so nützlich für seine Umwelt war das Niltal seither nicht mehr.

Amenemhet war der Sohn Sesostris III., der Nubien und Äthiopien dem ägyptischen Reich eingliederte und 38 Jahre lang ein Gebiet regierte, das etwa zehnmal so groß wie Westdeutschland war und dessen Achse 1 500 Kilometer weit das Niltal bildete. Sesostris hatte das Land zur Blüte gebracht, indem er den Würdenträgern verbot, prunkvoll ausgestattete Grabstätten zu errichten, und auch selber alle Kräfte fast ausschließlich produktiv einsetzte. Er hatte seinen Sohn früh zum Mitregenten gemacht und für seine Aufgabe geschult, und als dieser im Jahre 1844 vor Christus als Amenemhet III. Pharao wurde, kannte er alle Schwierigkeiten und Möglichkeiten seines Amtes. Und er brachte das Land vor allem dadurch zur höchsten Blüte, daß er die Steuern nicht seinen und den Staatsbedürfnissen gemäß erhob, sondern sie von der Gesamtproduktion abhängig machte und diese ständig steigerte. Amenemhet III., der bis 1797 vor Christus regierte, wurde schon dadurch nicht nur zu einem der bedeutendsten Herrscher der 12. Dynastie, sondern zu einem der bedeutendsten Staatsmänner aller Zeiten, war aber auch der König, der Ägyptens Einfluß auf das Abendland begründete: Unter ihm kam es zu engen Beziehungen zwischen dem Reich am Nil und Kreta, das damals die führende Seemacht des Mittelmeers war, kam es zu Wechselwirkungen zwischen der ägyptischen und mykenischen Kultur. Um seinen ausgedehnten Handel zu finanzieren, schuf der Pharao neue Gold- und Kupferbergwerke auf der Halbinsel Sinai, rationalisierte er die bestehenden, und zwar, indem er bei der Verbesserung der Arbeitsbedingungen begann: Arbeiterwohnungen wurden gebaut, die der großen Sommerhitze Rechnung trugen und deren Ruinen bei Sarbut-el Chadem raffinierte Lüftungssysteme erkennen lassen. Technisch vollendete Zisternen wurden angelegt und Pflanzungen, die für Frischgemüse sorgten. Die Transporte von und zu der Bergwerkskolonie erfolgten nicht länger durch die Wüste, sondern zu Schiff über den Golf von Suez. Und Metallbarren aus der Schmelzhütte, die Amenemhet errichten ließ, wurden in vierzig verschiedenen Ländern gefunden.

Vor allem aber schuf Amenemhet III. die Vorbedingungen für die dichte Besiedlung des Niltals und baute seit 1830 vor Christus Kanäle und Staudämme, die der Wüste mehr neues Ackerland abrangen, als je zuvor und je wieder gewonnen werden konnte. Diese großen Bewässerungsarbeiten begann Amenemhet damit, daß er am zweiten Katarakt, in der Festung Semne in Oberägypten, alljährlich die höchsten Nilfluten an einer in den Fels geschlagenen (noch heute erhaltenen) Skala registrieren ließ, so den ersten Wasserstandsmesser schuf und mit dessen Hilfe die Ernten vorausberechnete. Diesen Ernten, der »Zahl der Garben« entsprechend und nicht der Bodenfläche, gemäß wurden die Steuersätze festgesetzt, Amenemhets Staatsbudget war so stets auf das zu erwartende Volkseinkommen abgestimmt. Dann regulierte der Pharao den Nilarm, der ins »Fajum« führt, eine etwa 60 Kilometer lange und ebenso breite Senke der libyschen Wüste hundert Kilometer oberhalb der Südspitze des Deltas, die durch eine Lücke im westlichen Höhenzug mit dem Niltal verbunden ist: Durch eine 40 Kilometer lange Staumauer aus Felsquadern, Erdreich, Faschinen und Holzgerüsten machte Amenemhet diese Senke zu einem Staubecken, das in guten Jahren 3 Kubikkilometer Wasser faßte und 39 Jahrhunderte lang der größte Stausee der Welt blieb. Dieser »Mörissee« (so genant, weil Amenemhet später unter seinem Vornamen Nemastre verehrt wurde, woraus die Griechen

Marres und Moiri machten und schließlich Möris wurde) faßte mehr Wasser als der von Garstin 19 Jahrhunderte nach Christus durch den ersten Assuan-Damm geschaffene Stausee, und er wurde erst 1936 durch das Hoover-(oder Boulder-)Staubecken am Colorado River in den USA übertroffen. Heute auf den seichten Karun-See zusammengeschrumpft, hatte Amenemhets Staubecken den Strandlinien-Studien und Flinders Petries Ausgrabungen zufolge eine Tiefe von 95 Metern, und schon Herodot schrieb: »Obwohl das Labyrinth ein wahres Wunder ist, so ist der in der Nähe liegende Mörissee doch noch ein viel größeres, denn sein Umfang ist so groß wie die Länge der ganzen Meeresküste Ägyptens ... und daß er Menschenwerk ist, läßt sich leicht erkennen, denn in seiner Mitte stehen zwei Steinsäulen mit entsprechenden Inschriften, die so tief unter das Wasser wie über den Seespiegel ragen ... Das Wasser kommt nicht aus der Erde, weil die ganze Gegend dort völlig wasserlos ist, sondern wird aus dem Nil hergeleitet. Sechs Monate lang fließt es in den See, und sechs Monate fließt es wieder heraus in den Nil ...«

Da Ägyptens Steuern nicht in Geld, sondern in natura bezahlt wurden, waren alle Zwischenstufen und Handelsgewinne ausgeschaltet, und die Bauern zahlten so wirklich 20 Prozent und mußten nicht, um diese 20 Prozent bar zur Verfügung zu haben, wie später 40 oder 50 Prozent ihrer Ernten in den Handel bringen. Amenemhet führte Erbschaftsteuern ein, beschränkte dafür aber radikal die Arbeitsdienstpflicht seiner Untertanen und die Abgaben an die Tempel. Aus der Zeit dieses Pharaos sind gewaltige Profanbauten erhalten, aber nur ganz wenige Kultstätten. Es gab das »Weiße Haus«, ein Zentralschatzamt, das zugleich Ägyptens Grundbuchbehörde war und ein Katastersystem entwickelte, wie es noch heute die meisten Entwicklungsländer nicht besitzen. Es gab ein Arbeits- und Bauministerium und überall königliche Viehhöfe, Mustergüter und staatliche Gewerbebetriebe, die Lehrlinge ausbildeten. Kunst und Wissenschaft wurden gefördert, und aus der Zeit Amenemhets stammt der jetzt im Britischen Museum aufbewahrte Papyrus Rhind, das »Rechenbuch des Aahmesu«. Diese »Vorschrift, zur Kenntnis dunkler Dinge zu gelangen«, die auch Pythagoras auswertete, gibt Beispiele arithmetischer und geometrischer Reihen, zeigt, wie die Fläche von Dreiecken, Trapezen usw. – der Flächeninhalt unregelmäßiger Feldstücke also – berechnet werden kann und wie der Rauminhalt von Speichern festzustellen ist. So wurde (in Ägypten ebenso wie in Ur) die Geometrie entwickelt, und man bildete Landvermesser aus, um Steuern eintreiben zu können. Diese Kenntnisse wurden auch dazu benutzt, das Weltall auszumessen, und aus der Geometrie entwickelte sich die Astronomie.

Überhaupt hatten Steuern stets auch ihr Gutes: Sie zwangen zur Entwicklung der Statistik und zur Durchführung der ersten Volkszählungen, denn wie sollte anders die Kopfsteuer erhoben und die Fronarbeit organisiert werden? Blaise Pascal war zum Beispiel der Sohn des Steuereinnehmers von Rouen und mußte bei der Buchhaltung helfen. Um sich die Arbeit zu erleichtern, konstruierte er 1642 die erste brauchbare Rechenmaschine und schuf so die Voraussetzung zur heutigen Datenverarbeitung. Inwieweit das ein Vorteil war, ist umstritten, aber immerhin entwickelte sich auch unsere Volkswirtschaftslehre aus der »Kameralistik«, der Lehre von der »einträglichsten Verwaltung der Finanzeinnahmen des Staates«. Und wenn diese Einnahmen heute zum größten Teil vergeudet werden, kann man das von der achtundvierzigjährigen Regierungszeit Amenemhets III. nicht behaupten. Da herrschte Frieden, und Ägypten gedieh wie nie zuvor, weil der Pharao alle Kräfte für das Allgemeinwohl einsetzte, den Einfluß der Priester zurückdrängte und es ablehnte, den Totenkult seiner Vorgänger durch neue Pyramidenbauten zu übertrumpfen.

Aber was Imhotep dem um die Wende des dritten vorchristlichen Jahrhunderts regierenden Pharao Zoser eingeredet hatte und was König Cheops veranlaßte, die Pyramide bei Giseh zu bauen, wirkte dennoch weiter. Diese unzerstörbaren Ruhestätten für die Herrscher hatten so viele Arbeitskräfte erfordert, daß sie in Ägypten allein nicht aufzutreiben waren, und schon Snofru hatte Negersklaven aus Nordnubien geholt. Immer mehr Neger waren ins Niltal gekommen. Amenemhets Vater hatte ganz Nubien unterworfen, und die Neger brachten die Hakenwurm-Seuche ins Land. Sie unterhöhlten – wie später in Rom – die herrschende Schicht auch wirtschaftlich und sozial. Zwei Generationen nach Amenemhet III. begann ein Abstieg, der auf die Dauer nicht aufzuhalten war. Zwar fiel der Höhepunkt der äußeren Macht Ägyptens in die Zeit der 18. Dynastie zwischen 1555 und 1530 vor Christus, aber dieses »Neue Reich« lebte vor allem von Tributen, nicht mehr aus eigener Kraft. Aus den Sklaven wurden schließlich die Herren, Ägypten wurde von äthiopischen Königen, schließlich von Griechen, Römern und Mohammedanern beherrscht und versank seit dem 13. Jahrhundert im Chaos. Erst Mehemmed-Ali erkannte wieder Amenemhets Bedeutung, ließ 1833 bei Kaliub die erste moderne Nil-Staumauer bauen und wurde zum Schöpfer des modernen Ägypten durch die Erneuerung dessen, was Amenemhet III. 120 Generationen vor ihm geschaffen hatte.

Aus Ägyptens Geschichte aber können wir sehr viel lernen. Denn wie hier gewaltige Kulturleistungen im Wüstensand versanken, weil eine winzige Schicht ihr Gruppeninteresse ohne Rücksicht auf das Allgemeinwohl durchsetzte, so sind wir heute in Gefahr, durch Nachgiebigkeit gegenüber Gruppeninteressen unsere Existenzgrundlage zu verlieren.

Oft heißt es, das Ägypten der Pharaonen sei an seiner Religon zugrunde gegangen, ähnlich wie Indien heute so lange nicht zu helfen sei, als der Hinduismus das Denken und Tun von 450 Millionen Menschen beherrsche. Aber nicht an seinem Glauben, sondern an seinen Priestern ging Ägypten zugrunde – und nicht anders ist es in Indien, nicht anders bei uns, denn nicht unser Wirtschaftssystem ist schlecht, sondern diejenigen, die es mißbrauchen. Im alten Ägypten waren es die Tempelpriester, die es verstanden, sich zur »ersten Kaste« zu machen (während die Krieger die zweite und das Volk die dritte bildeten), und die schließlich durchsetzten, daß die Pflege des Kultus die wichtigste aller Staatsaufgaben wurde – während heute die »Verteidigung« als die wichtigste gilt. Um ihre eigene Macht und ihren eigenen Reichtum zu mehren, machten Ägyptens Priester Höllenfurcht und Himmelshoffnung zu den lebensbeherrschenden Gefühlen – nicht anders, wie Jahrtausende später Angst vor dem Kommunismus in manchen Ländern der westlichen Welt zielstrebig genutzt wird.

Nicht wenige ägyptische Herrscher widersetzten sich dieser Politik ihrer »Berater«: Als im Jahre 1375 vor Christus Amenophis IV. auf den Thron kam, suchte er die Herrschaft der Amon-Priester zu brechen und dem Sonnengott Re – auch Aton genannt – den Vorrang zu verschaffen, einem Gott, »der für die Menschen sorgt, auf die Tugend und den inneren Wert des Menschen blickt, nicht auf seine äußere Frömmigkeit«. Der neue Pharao verlegte seine Residenz nach Amarna, weihte diese Stadt Re und ließ dessen Priester erklären, ein seliges Jenseits hänge nicht von Zaubersprüchen ab und nicht von riesigen Grabmälern, sondern von einem tugendhaften Lebenswandel im Diesseits. Aber Amenophis IV., der sich selber Echnaton nannte, vermochte sich nicht durchzusetzen, sein Schwiegersohn und Nachfolger Tutanchamon unterwarf sich der Amon-Priesterschaft, und nach der Unterdrückung der »Ketzerei« wurde deren Macht schließlich so groß, daß um 1100 vor Christus der Oberpriester des Gottes Amon sich selber die Krone aufs Haupt setzen konnte, der oberste Priester zugleich Pharao und die Theokratie absolut wurde. Schon ein Papyrus aus der Zeit Ramses III., der von etwa 1200 bis 1168 vor Christus regierte, beschreibt die Ausschmückung eines Tempelwagens mit 106 Kilo Gold und 230 Kilo Silber – »den Steuern Frommer«. Aus amtlichen Listen geht hervor, daß damals 169 Städte Ägyptens Tempelbesitz waren und von etwa 6 Millionen Ägyptern 120 000 den Tempeln als Sklaven dienten. Die »Heiligtümer« verfügten nun über ein Sechstel allen kulturfähigen Bodens. Während ursprünglich aller Boden als Besitz des Pharao galt, unverkäuflich und unbelastbar war, besaßen sie auch mehr als eine halbe Million Stück Vieh. Ihnen gehörten 88 Handelsschiffe und 53 Gewerbebetriebe. Und natürlich waren alle Tempel und alle Priester von allen Steuern befreit.

Vor allem aber verbrauchten die Priester nicht nur den Großteil der Produktion, sondern hemmten sie: Der von Ramses III. eingeführte neue Festkalender zeigt, daß jeder dritte Tag dem »Dienst Amons« vorbehalten war und daß das alljährliche »Fest von Opet« 27 Tage dauerte. Während die Staatsbeamten und Staatsarbeiter nicht bezahlt werden konnten, barsten die Tempelspeicher, nahmen aber vor allem die Getreide- und Fleischopfer, die Amon dargebracht wurden, immer groteskere Ausmaße an. Wie ja überhaupt nie so sehr der Verbrauch der Priester- und Beamtenkasten, sondern die Gütervernichtung und die Vergeudung der Arbeitskraft, die sie forderten, zum Ruin führten – und heute nicht die stets wieder in Umlauf gelangenden Rüstungs-*Gewinne*, sondern der Rüstungs-*Schrott* sich am verheerendsten auswirkt. Der Geldhunger der ägyptischen Priester wie später der Päpste war arg genug. Aber zugrunde gerichtet wurde Ägypten durch den Pyramidenbau – und auch heute ist die »Pyramiden-Mentalität« leider keineswegs überwunden. Als »größter aller Nationalökonomen« gilt John Maynard Keynes, der 1929 erklärte, daß unter Umständen »auch der Bau von Pyramiden den Volkswohlstand heben« könne. Und was sind die Kosten der Pyramiden im Vergleich zu unseren Rüstungskosten?

Die heute noch existierenden Pyramiden Ägyptens gehen auf einen der größten Ingenieure aller Zeiten, den Baumeistersohn Imhotep zurück, der um 2970 vor Christus das erste aller großen Steinbauwerke der Welt errichtete, »Oberster über alle Arbeiter« und Kanzler des Pharao Zoser, zugleich aber auch »erbadliger Hoherpriester« war. Bis Imhotep wurde in Ägypten mit an der Sonne getrockneten Lehmziegeln gebaut wie bis zum Mittelalter im größten Teil Europas mit Ziegeln und Holz. Imhotep aber entwarf Hebewerkzeuge und Schlitten zum Steintransport, er ließ feuchte Schnüre mit Quarzsand imprägnieren und machte sie so als Steinsägen verwendbar, zeigte, wie Felsen mit Hilfe von Keilen gespalten werden können. Denn nur steinerne Grabdenkmäler schienen ihm das Fortleben nach dem Tode zu sichern.

Der Brauch, durch reiche Stiftungen die Darbringung von Totenopfern für so lange wie möglich zu sichern, findet sich in allen Kulturen, besteht auch heute in Form der Seelenmessen und war stets unentbehrlich für das wirtschaftliche Gedeihen der Priesterkasten. In Ägypten aber forderte die Religion nicht nur Tempel und Opfergaben, sondern auch »unzerstörbare«

Grabstätten. Sie waren den Gläubigen verständlicherweise wichtig, und so widmete kein anderes Volk seinen Grabdenkmälern so viel Kraft und Geschick wie die Ägypter. Praktisch alle technischen Fortschritte wurden in den Dienst der Toten statt der Lebenden gestellt – so lange, bis hier der Tod über das Leben siegte.

Das begann, als seit der ersten Blütezeit des Niltals und der Erfindung des Kalenders etwa 1200 Jahre vergangen waren und mit König Zoser die 3. Dynastie an die Macht kam. Zosers Hauptratgeber war Imhotep, und er überzeugte seinen Herrn, daß das bisher für Grabdenkmäler verwendete Material seiner nicht würdig war: In der Wüste hinter Memphis entstand ein riesiger, sechsstöckiger Terrassenbau, die schließlich 58 Meter hohe Stufenpyramide von Sakkara, die erste Pyramide Ägyptens und der erste große Steinbau überhaupt.

Was Zoser begann, glaubten seine Nachfolger fortsetzen zu müssen. König Snofru holte sich aus Nordnubien 7000 Sklaven. Sie mußten helfen, die Pyramide bei Medum zu bauen, die 7 Terrassen hatte, deren Zwischenräume an den 7 Stufen ausgefüllt wurden und so die Pyramidenform bildeten, wie wir sie heute sehen. Um Zoser zu übertrumpfen, ließ Snofru noch eine zweite Pyramide errichten, und auch seine Beamten waren nicht mehr mit den einfachen Ziegelgräbern ihrer Ahnen bei Abydos zufrieden. Sie errichteten jetzt ebenfalls prachtvolle Steinmausoleen. Und alle bedeutenden Grabstätten bekamen natürlich (was Imhoteps Hauptzweck gewesen war) einen eigenen, neuen Tempelbezirk, und so mußte das Volk außer den Pyramidenbauern auch mehr und mehr Priester erhalten.

Auf König Snofru folgte um 2550 vor Christus König Cheops, und unter ihm wurde die Errichtung ungeheurer, undurchdringlicher und unzerstörbarer Ruhestätten für den Leib des Herrschers zur Hauptaufgabe des ganzen Staates. Die Pyramide, die er bei Giseh gegenüber dem heutigen Kairo errichtete, ist 148 Meter hoch. Sie besteht aus 2,3 Millionen Steinblöcken, von denen jeder rund zweieinhalb Tonnen wiegt. Herodot berichtet, daß der Bau 20 Jahre lang 100000 Menschen beschäftigte. Bereits die Errichtung einer Steinrampe vom Niltal zum Bauplatz im Hochland dauerte 10 Jahre, allein der Transport der Steinblöcke aus den weit entfernten Brüchen stellt eine gewaltige Leistung dar. Aber diese Leistungen saugten das Land aus. Rund ein Zehntel der werktätigen Bevölkerung Ägyptens war unmittelbar beim Pyramidenbau beschäftigt, unzählige andere mußten arbeiten, um das Arbeiterheer zu ernähren und zu kleiden, um die Nilschiffe, die Straßen und die Barackenlager zu bauen. Die fast 6 Milliarden Kilo Steine, die sich zum Grabmal des Cheops türmten, erschöpften Ägypten mehr als alle Kriege.

Die Zeit des Niedergangs, die folgte, schien von König Amenemhet und von Herrschern wie Amenhotep, Seti und Ramses überwunden, die um 1400 vor Christus einen Kanal nach dem heutigen Zagazig bauten und erstmals eine Verbindung zwischen dem Mittelmeer und dem Roten Meer schufen, das damals vom Bittersee noch nicht getrennt war. Aber aus dem Jahre 1250 vor Christus sind Mumien erhalten, in denen Eier des Hakenwurms, des Erregers der Blutharnruhr, festzustellen sind. Wahrscheinlich hatte sich schon, als Amenemhet III. seine gewaltigen Bewässerungsanlagen baute, still und lange unmerkbar die Hakenwurmseuche ausgebreitet, die den Sudanesen selber keinen besonderen Schaden zugefügt hatte, die die Fellachen Ägyptens aber immer mehr schwächte. 1930 schätzte das Rockefeller-Institut, daß von den damals 12 Millionen Einwohnern des Niltales gut 6 Millionen unter den von diesem Saugwurm hervorgerufenen Blutungen litten und nicht nur körperlich geschwächt, sondern auch apathisch wurden, jeder Fremdherrschaft fügsam. Erst seit 1935 gibt es im Fuadin eine durchgreifende Kur gegen die Bilharzia oder Blutharnruhr. Und erst seit der Revolution von 1952 wird sie energisch angewandt.

Dennoch scheint der Pyramiden-Irrsinn »längst« überwunden, ähnliches in unserer »aufgeklärten« Zeit unmöglich und so diese Reminiszenz überflüssig. Aber nach dem Zweiten Weltkrieg verging kein Jahr, in dem auf der Welt weniger als 100 Milliarden Dollar für Rüstung ausgegeben wurden, und in manchen waren es 200 Milliarden. Und 500 Milliarden DM jährlich sind das, was heute 100 Millionen gutbezahlte Industriearbeiter netto verdienen. 100 Millionen Menschen, nicht wie zur Zeit Cheops 100 000. Opfern wir heute nicht das Vieltausendfache dessen, was Ägyptens Tempelpriester forderten, völlig Unproduktivem? Der Geist Imhoteps lebt weiter, denn auch unsere Rüstung wird durch »Staatsreligionen« verursacht, durch die Identifizierung der Sowjetunion mit der kommunistischen Partei, deren Funktionäre über die marxistischen Dogmen nicht minder mörderisch wachen wie seinerzeit die Baals-Priester. Und durch die Identifizierung des »Westens« mit dem antikommunistischen »Kapitalismus«. Auch heute also »Totenkult«. Und ob unsere Kultur um so vieles fester gefügt ist, als die Ägyptens es war oder die des antiken Griechenlands?

Durch unser Wettrüsten erzeugen wir wissentlich Schrott. Und nicht wenige unserer »Führenden« meinen, der »Westen« könne es sich einfach nicht »leisten«, auf die Rüstungsmilliarden zu verzichten, die seine Wirtschaft »befruchten« und auf so hohe Touren bringen, daß sie immer höhere Steuern zu zahlen vermag. Denn sie meinen, es gebe nicht nur einen Geld-, sondern auch einen Wirtschaftskreislauf. Das aber ist falsch. »Ewig Neues läßt die Natur entstehen aus anderer Dinge Verwesung.« Aber wir vermögen Totes nicht in Lebendes zurückzuverwandeln. Nichts an Energie geht je verloren. Aber das gilt für das Weltall, nicht für uns; die Nutzbarkeit der Energievorkommen für den Menschen ist beschränkt, was an Verbrennungswärme ausgestrahlt wird, ist für uns so unwiederbringlich verloren wie die ungeheuren Eisenerzmengen, die die Amerikaner binnen zwei Generationen in »Kriegsgewinne« verwandelten.

Und wie es keinen Energiekreislauf, sondern nur einen Energiestrom gibt, so keinen »Wirtschaftskreislauf«: Es sind nicht die gleichen, sondern immer neu durch Arbeit geschaffenen Güter und Leistungen, die angeboten werden. Beim Eingang in den Verbrauch, beim Verschwinden vom Markt wird jede Ware sozusagen »vernichtet«. Das ist ihre natürliche Bestimmung, wie es die Bestimmung unserer Nahrung ist, verdaut und »assimiliert« zu werden. Echten Wert erhält jede Ware erst durch ihre Konsumtion, wenn sie als »Ware« verschwindet und sich in Lebenswerte umsetzt. Und deshalb können Arbeitslose oder Soldaten nie wieder »einholen«, was sie als Produzenten versäumten. Kriegszerstörungen wirken ewig weiter, und ebensowenig ist es gleichgültig, ob wir Pyramiden bauen oder die Lebenskräfte Förderndes. Der Aufwand, den Krieg und Rüstung fordern, wird produktiven Leistungen für immer entzogen. Daß Verluste des einen Gewinne für andere bedeuten »müssen«, ist ein allgemein verbreiteter Irrglauben: Plus und minus heben sich auf, ergeben null. Und bei Vollautomatisierung noch weit rascher als zur Zeit Imhoteps. Aber das kümmerte damals und das kümmert heute all diejenigen nicht, die bereit sind, ein Haus niederzubrennen, nur um sich ein paar Eier zu braten: Ein Vieltausendfaches dessen, was ihnen selber zugute kam, wurde zur Zeit Cheops verschwendet, weil das im Interesse der Priesterkaste Altägyptens zu liegen schien. Ungeheure Kraft wird heute vergeudet, weil eine winzige Minorität in der Rüstung oder der Raketentechnik »die großen Verbraucher« sieht und nicht fähig ist, die Verteilung unserer Güter ohne deren periodische Entwertung der durch die Maschinen vervielfachten Produktion anzupassen. Der Anteil der öffentlichen Hand am Gesamtwirtschaftsprodukt der Welt wuchs ins kaum Faßbare, schon weil es 1968 insgesamt 144 »souveräne« Staaten auf der Welt gab, gegen die nur 12 des Jahres 1800 und die 68 des Jahres 1945. Ungleich mehr aber, weil diese Staaten heute Konjunkturpolitik betreiben müssen, die Steuern längst nicht nur der Finanzierung der Gemeinschaftsbedürfnisse dienen, sondern zur Lenkung der Wirtschaft verwendet werden: Auch in den großen westlichen Industrienationen beanspruchte der Staatshaushalt im 19. Jahrhundert kaum mehr als ein Zehntel des

Bruttosozialprodukts. Schon von 1913 bis 1928 wuchsen in Deutschland die öffentlichen Ausgaben von 16 auf 28 Prozent des Volkseinkommens und in Großbritannien von 12 auf 25. Von 1956 bis 1965 aber stiegen Steuern und Sozialabgaben (der OECD zufolge) in Schweden von 31,7 auf 44,2 Prozent des Bruttosozialprodukts; in Frankreich von 38,7 auf 45,5 und in Westdeutschland von 37,4 auf 40,2 Prozent. Das bedeutet: Solange der Staatsanteil bescheiden blieb, wirkten sich Wirtschaftskrisen kaum auf den Steuerertrag aus. Heute ist die Staatswirtschaft mit der Privatwirtschaft so eng verbunden wie siamesische Zwillinge, und so fordern die Finanzwissenschaftler, daß während einer Hochkonjunktur die Steuern erhöht, gleichzeitig die Staatsausgaben gesenkt und staatliche Finanzreserven angelegt werden sollen. Kommt es zu einer Rezession, so können die Steuern gesenkt, diese Reserven in Form von Staatsaufträgen wieder in die Wirtschaft zurückgepumpt werden.

Kein moderner Staat jedoch sammelte (außer die Bundesrepublik kurzfristig unter Schäffer) je Reserven an, im Gegenteil, ihre Schulden wachsen immer phantastischer, auch die härteste Besteuerung genügt den »Bedürfnissen« des Fiskus nicht mehr, denn wie die Generale ihren Einfluß behielten, so nutzen nun die Wählermassen ihre Macht, um immer mehr »Sozial«-Vorteile zu erringen. In Krisenzeiten die Staatsausgaben zu senken ist schon deshalb unmöglich, weil dann Arbeitslose unterstützt werden müssen, ganz abgesehen davon, daß auch die »fixen Kosten« der Staaten immer höher werden, Kosten, die weiterlaufen, ganz gleich, wie die Einnahmen sich gestalten: die Kosten des Militärs, der Bürokratie und die Zins- und Amortisationskosten der Staatsschulden vor allem.

Die Wirtschaftslenkung durch Steuererhöhungen und Steuersenkungen blieb also weitgehend Theorie. Aber Konjunkturpolitik durch immer gewaltigere Einkommensverlagerungen wurde und wird nun überall gemacht. Da nahmen (wie noch im einzelnen geschildert werden wird) die staatlichen Subventionen geradezu unvorstellbare Ausmaße an, werden Steuern immer mehr zu »Transfer-Ausgaben«. Jean Baptiste Says Behauptung des Jahres 1803: »Was der Staat verbraucht, ist für jedermann verloren«, ist heute völlig überholt, denn wie laut auch das Lob der »freien Marktwirtschaft« gesungen wird, werden immer mehr Aufträge und immer mehr Hilfe der »öffentlichen Hand« gesucht. »Freies Unternehmertum« bedeutet nun vor allem in den USA mehr und mehr, daß man frei von Eigenrisiko in mit Staatsgeldern gebauten oder innerhalb fünf Jahren abschreibbaren Fabriken Staatsaufträge ausführt oder Schiffe, die mit Steuergeldern bezahlt wurden, zum eigenen Nutzen fahren läßt und zugleich den

Großteil der Mannschaftskosten als Subvention einstreicht. Das bedeutet, daß man auf Regierungskosten Forschungs- und Entwicklungsprogramme durchführt und alles dabei »anfallende« privat Verwertbare privat verwertet. In der Bundesrepublik fließen heute, wie gezeigt, vier Zehntel, in Frankreich fast die Hälfte des Bruttoeinkommens der öffentlichen Hand zu – und das bedeutet praktisch eine immer weitergehendere Entmündigung der Völker: Intensiver denn je wird gearbeitet. Aber der Betrag, über den die Arbeitenden selber verfügen können, wird anteilmäßig immer geringer. Da auch die raffiniertesten Werbemethoden die private Verschwendung nicht auf das gewünschte Ausmaß bringen, niemand sein Auto gegen einen Baum fährt, nur um dem Händler einen zusätzlichen Verkauf zu ermöglichen, und niemand sich mehr als satt essen kann, wird immer mehr private Kaufkraft den Staaten zur »Verteilung« übertragen.

Die könnten tun, was Amenemhet III. tat: Technisch sind wir heute in der Lage, Meerwasser rentabel zu entsalzen. Drei Viertel der Erde sind von Meeren bedeckt, und diese stellen ein ebenso riesiges Fruchtbarkeitskapital dar wie die Atmosphäre, deren Stickstoff wir chemisch zu binden gelernt haben und die uns so hilft, unsere Felder ewig fruchtbar zu halten. Rund 33 Millionen Quadratkilometer auf der Erde sind heute Wüsten und Trockengebiete, allein die Sahara ist so groß wie die Vereinigten Staaten. Wo immer sich Wasser findet, gibt es Oasen, deren Fruchtbarkeit die unserer Äcker bei weitem übertrifft. Gebiete, hundertdreißigmal größer als Westdeutschland, könnten in Agrarland verwandelt, ganz Nordafrika völlig verändert und so ein Reserveraum für Europa geschaffen werden, der nicht seinesgleichen hätte. Ähnlich große Möglichkeiten bieten sich in der Arktis. Überall auf der Welt bleibt ungeheure Arbeit ungetan, denn nur die Hälfte der festen Erdoberfläche wird heute genutzt, die Hälfte bleibt praktisch menschenleer, weil sie als »Ödland« gilt [1].

Aber diese Erschließungsarbeiten würden neue Organisationsformen erfordern, setzen echte Führerpersönlichkeiten voraus und Unternehmer von Weltformat, nicht subventionsbedürftige Pfründensucher. Und so wurde die Krise der dreißiger Jahre nicht durch Staats- und Steuerreformen überwunden und nirgends zu tun versucht, was Amenemhet III. schon 19 Jahrhunderte vor Christus tat, als er Wüsten in Fruchtland verwandelte, sondern der Fiskus rettete sich durch Rüsten, Krieg und Inflation, und in Amerika geschah genau das gleiche wie im »Dritten Reich«: Der dritte Band der Memoiren Ex-Präsident Herbert Hoovers zum Beispiel trägt den alles ent-

[1] Siehe dazu Anton Zischka: »Deutschland in der Welt von Morgen«, Oldenburg 1969.

hüllenden Titel: »Die große Krise 1929 bis 1941«. Hier wird offen zugegeben, daß erst Amerikas Eintritt in den Zweiten Weltkrieg seine Wirtschaft »gesund« machte. Da heißt es: »Am Ende wandte sich Roosevelt vom ›New Deal‹ ab und der internationalen Politik zu. Da überdeckte er das völlige Debakel seiner ›gelenkten Wirtschaft‹ mit der Umhüllung des Krieges ...« Ähnliche Geständnisse »Führender« gibt es Dutzende, und auch über den Koreakrieg der Jahre 1950 bis 1953 schrieb Professor Sumner S. Slichter von der Harvarduniversität erstaunlich offen: »Diese Verschärfung des ›kalten Krieges‹ wirkte sich wohltätig auf die Wirtschaft aus. Erst sie ermöglichte jene hohen Staatsausgaben, denen das amerikanische Volk in normalen Zeiten ungern zustimmen würde ...«

Diese »hohen Staatsausgaben« brachte das amerikanische Volk auf. Aber sie belasteten jeden deutschen, jeden europäischen und jeden Haushalt irgendwo auf der Welt ebenso wie jeden amerikanischen: Der »stagnierende« Weizenpreis, der Mitte 1945 auf 168 Cents stand, stieg auf 267. Der Koreakrieg trieb den Kupferpreis von 1945 rund 10 Cents das Pfund auf 37 Cents, ließ so die Elektrifizierungskosten der Bundesbahn wie Kraftwerksbauten überall teurer werden. Der Baumwollpreis stieg von 8,8 auf 44,6 Cents. Diese nomale Hausse machte ein paar Spekulanten reich und Tausende Textil-Lieferungsverträge zu Verlustgeschäften. Während die Frachtraten ungeahnte Höhen erklommen, gab es auch überall Lohnforderungen und Streiks. Vor allem aber: Korea wirkte als eine Art zweites Pearl Harbour. 1950 war in den USA eine große Debatte darüber im Gang, ob ein Militäretat von 14, 15 oder 16 Milliarden Dollar für das Land »tragbar« sei. Der Koreakrieg brach aus (oder »wurde ausgebrochen«), und sofort bewilligte der Kongreß mit 348 gegen 2 Stimmen 60 Milliarden – das Vierfache – und inklusive der militärischen »Auslands-Hilfe« 74 Milliarden Dollar. Dank der »Korea-Krise« war wieder einmal eine drohende Wirtschaftskrise überwunden. Hatten die Vereinigten Staaten 1950 »nur« allwöchentlich soviel für ihre Wehrmacht aufgewendet wie alle Schulen und alles mit der Volkserziehung Zusammenhängende im ganzen Jahr kostete, so gaben sie 1951 ein Viertel des Gesamtnationalprodukts für sie aus.

Das entsprach dem Bau von fünf Cheops-Pyramiden jährlich: Dieses Bauwerk erforderte etwa 8,7 Milliarden Arbeitsstunden, auf 20 Jahre verteilt. 1950 bis 1951 betrug der amerikanische Industrie-Durchschnittslohn 1,75 Dollar die Stunde. 74 Milliarden Dollar entsprachen also 42 Milliarden Arbeitsstunden. Und sie entsprachen dem Zweihundertfachen der Baukosten des Panama-Kanals. Sie entsprachen den amerikanischen Gesamtausgaben für Kleidung und Schuhe von dreieinhalb Jahren, entsprachen vier Jahren Miete und Wohnungsunterhalt, 14 Jahren Transportausgaben.

Später wurden dann Krieg und Rüstung durch die »Raumfahrt« als »Umverteilungs«-Mittel der Steuererträge ergänzt. Die »Raumfahrt-Ära« begann am 4. Oktober 1957 mit dem sowjetischen »Sputnik«, dem ersten aller künstlichen Erdsatelliten, der 83,6 Kilo wog und dem am 31. Januar 1958 der 13,8 Kilo schwere amerikanische »Explorer I« folgte. Diese Satelliten bieten unter anderem enorme nachrichtentechnische Möglichkeiten und bedeuteten einen echten Fortschritt. Aber nur zehn Jahre später umkreisten drei amerikanische Astronauten in »Apollo 8« den Mond, und allein dieser Weihnachtsflug kostete rund 1 200 Millionen DM. Insgesamt wurden für das »Apollo-Programm« – Landung von zwei Astronauten auf dem Mond bis Ende 1969 – 24 Milliarden Dollar oder 96 Milliarden DM aufgewendet, und die Kosten des sowjetisch-amerikanischen Wettlaufs werden auf insgesamt mindestens 320 Milliarden DM geschätzt.

Schon die künstlichen Satelliten waren »das teuerste Material aller Zeiten«: Ein Kilo »Explorer« kostete 1958 bereits 860 000 Dollar, rund 3,6 Millionen DM oder das 722fache dessen, was damals für ein Kilo Gold bezahlt wurde. Wog der »Explorer IV« 17,5 Kilo, so der »Sputnik III« bereits 1 327 Kilo – und das war erst ein schwacher Beginn. 1966 nahm die Raumfahrtindustrie der USA bereits den (nach der Automobilindustrie) zweiten Platz aller Industrien ein. Sie beschäftigte rund 700 000 Leute, darunter 70 000 Wissenschaftler und Ingenieure.

Auch in den USA fragen sich viele, ob das sinnvoll ist, und Senator J. W. F. Fulbright (der Vorsitzende des Außenpolitischen Ausschusses des US-Senats) erklärte zum Beispiel im Dezember 1963: »Der Unterschied zwischen Kolumbus und unseren Weltall-Entdeckern ist vor allem der, daß die Amerika-Reisen fast ausschließlich mit privaten Mitteln finanziert wurden und daß Kolumbus ganz konkrete Ziele, nämlich die Verkürzung der Handelswege, besaß. Ob es eine geschichtliche Tragödie gewesen wäre, wenn man Amerika statt im Jahre 1492 im Jahre 1550 oder im Jahre 1600 entdeckt hätte, ist fraglich. Fest steht, daß die Neue Welt Spanien nur sehr kurze Zeit Ruhm und Reichtum brachte, denen vier Jahrhunderte politischen und wirtschaftlichen Niedergangs folgten.«

Mit Recht hat Senator Fulbright seinen Kollegen schon 1963 gesagt: »Wenn wir jetzt wieder 20 Milliarden Dollar bewilligen sollen, müssen wir uns klar darüber sein: Davon kommen vielleicht 2 Milliarden der Wissenschaft zugute. 18 Milliarden sind ›Prestige-Kosten‹. Und nicht zuletzt:

Forscher und Entwicklungs-Ingenieure, die die produktive Wirtschaft dringend braucht, werden durch das Weltraum-Programm gebunden. Wenn wir in diesem Jahr mit einem Zuwachs von 27 000 dieser Leute rechnen, so werden gut 25 000 davon durch die Raumfahrt-Behörde und Raumfahrt-Industrie beansprucht, und das kann sich katastrophal auswirken ...«

Das war nicht nur Senator Fulbright klar, sondern allen scheuklappenfrei Denkenden. Aber natürlich setzten sie sich nicht durch, denn noch mächtiger als die Atomenergie-Lobby ist heute die der Raumfahrtindustrie, denn sie ist fast immer mit der Rüstungsindustrie identisch: Die gleichen Raketen tragen die Astronauten in den Weltraum, die geschaffen wurden, um Nuklearsprengköpfe »interkontinental« in das Land des Gegners zu tragen. Die Computer, die heute der Mondfluglenkung dienen, wurden für die Lenkung der Zerstörungswaffen entwickelt: Nicht die Raumfahrt »befruchtete« die elektronische Datenverarbeitung, sondern sie wurde durch die Computer möglich, die im Zweiten Weltkrieg für ballistische Zwecke entwickelt wurden. Aber wen kümmert das schon? Auch die europäischen Spitzenfachleute nicht, die nach Amerika geholt werden, um den »brain drain« durch die Raumfahrt wettzumachen. Und schon gar nicht die amerikanischen (und andern) Lobbyisten.

»Lobby« heißt »Wandelgang«, und gemeint sind damit die gelbmarmornen Wandelgänge und Vorzimmer des Senats und des Repräsentantenhauses in Washington, die dem Publikum zugänglich sind und wo man die Volksvertreter ansprechen kann, um ihnen die Gesetzgebung betreffende Wünsche vorzutragen. »Lobbyisten« sind die berufsmäßigen Vertreter dieser oder jener Einzelinteressen (die es schon in Athen und im antiken Rom gab) und gegen die nichts einzuwenden ist, solange sie die Abgeordneten nur informieren, denn wie sollten diese sonst über die besonderen Bedürfnisse der mehr als dreißigtausend Berufe und Wirtschaftssparten Bescheid wissen, in denen heute die Staatsbürger ihr Brot verdienen? Aber längst hat die »Lobby« natürlich andere Aufgaben. »Interessenvertretung« bedeutet heute in Washington (und natürlich nicht nur dort) den Steuerertrag, den Dutzende Millionen Steuerpflichtige aufbringen, den Auftraggebern der Lobbyisten zugute kommen zu lassen. Sie bedeutet, wie das Senator Paul H. Douglas 1950 ausdrückte, »das Zerfallen des Volkes in rücksichtslos konkurrierende Gruppen, die ihr Eigeninteresse höher als das nationale Interesse einschätzen ... das Zerfallen der USA in Haufen von um die Beute Raufender«. Schon 1913 klagte Präsident Woodrow Wilson, man könne »keinen Stein mehr in Washington werfen, ohne einen Lobbyisten zu treffen«, und seit 1946 gibt es ein Gesetz, das die

Registrierung aller Interessenvertreter vorschreibt. Aber als 1958 ein Senatsausschuß, dem auch der spätere Präsident John F. Kennedy angehörte, eine Ausweitung dieses Gesetzes verlangte, um exakt feststellen zu können, wer wieviel und wie ausgab, um den Erlaß oder die Verhinderung welcher Gesetze zu beeinflussen, und als dieser Entwurf mit Dutzenden Beispielen anonymen Einflusses belegt wurde, fiel er nicht nur lautlos unter den Tisch, sondern heute sind auch die entsprechenden Drucksachen »vergriffen«. 1963 versuchte Senator McClellan die Lobby-Diskussion wieder zu beleben, indem er nachwies, daß die »American Medical Association« Präsident Kennedys staatliche Gesundheits-Fürsorgemaßnahmen systematisch hintertrieb und daß die »American Farm Bureau Federation« jede Reform des Agrar-Subventionswesens verhinderte. Aber er erreichte nicht nur nichts, sondern die Interessenvertreter setzten nun auch durch, daß seither alle Lobby-Ausgaben – und das sind sogar in den registrierten Fällen durchschnittlich 1 200 Millionen DM jährlich – von der Steuer abgesetzt werden können. Nur 13 Senatoren wagten gegen diesen Antrag zu stimmen, denn heute gibt es in den USA über viertausend »nationale Organisationen« mit über 80 Millionen Mitgliedern, die Lobbyisten in Washington unterhalten, und natürlich nicht nur Firmen und Vereine, sondern auch Gewerkschaften.

Eine von John L. McClellan geleitete Senatsuntersuchung der Raumfahrt- und Rüstungsindustrie hatte im Juli 1962 ergeben: Die hundert wichtigsten Lieferanten des Pentagon beschäftigten 728 ehemalige hohe Pentagon-Beamte und Angestellte. Die Raumfahrt- und Rüstungsindustrie unterhielt ebenso viele registrierte »Kontakt-Leute« beim Verteidigungsministerium und der NASA, als es Kongreßmitglieder gab.

Besteht also sehr wenig Aussicht, daß die »Pyramiden-Mentalität« sich ändert und der Fiskalismus produktiver Finanzplanung Platz macht?

Das Reich der Pharaonen ging unter, aber Überlegungen wie die Amenemhets III. stellten auch andere Herrscher immer wieder an. Sie lagen schließlich sogar einer neuen Religion zugrunde, dem Islam. Und ebenso wie christliche Erneuerungsbewegungen gibt es mohammedanische. Zwei Drittel der rund 600 Millionen Mohammedaner leben heute in selbständigen Staaten. Und ist es nicht denkbar, daß Anhänger von Glaubensgemeinschaften wie der Ahmadiya an die Macht kommen, die sich berufen fühlen, »die Kultur der Menschheit zum zweitenmal zu retten« – wie es zum erstenmal im 7. und 8. Jahrhundert geschah, als die Araber das verlorengegangene Wissen und Denken der Antike wiederbelebten und die mittelalterliche Dogmatik überwinden halfen – und die es als ihre Hauptaufgabe ansehen, die Interessen des freien einzelnen und der Staaten auf den gleichen Nenner zu bringen? Keine wahrhaft große geistige Erneuerung wurde zur Zeit ihres Entstehens als solche erkannt, der Konfuzianismus sowenig wie das Christentum, der Buddhismus sowenig wie der Islam. Und ist es ausgeschlossen, daß auch heute wieder geistige Erneuerungen im Gange sind, ohne daß wir es merken? Hat der Fiskus die Schraube so sehr überdreht, daß es trotz aller Sonderinteressen zu umwälzenden Neuerungen kommt?

III

MOHAMMEDS GENIALSTE IDEE

Die islamische Steuerertrags-Beteiligung

»Wenn du vernimmst, daß ein Berg versetzt worden ist, so glaube es; aber wenn du hörst, daß ein Mensch seinen Charakter geändert hat, so glaube es nicht!«

Arabisches Sprichwort, um 600 nach Christus

»Vor Allah ist derjenige der Edelste, der seine Mitmenschen-Pflichten am genauesten erfüllt.«

Sure 49,13 des Koran, um 650

»Das Problem besteht darin, sicherzustellen, daß Entscheidungen im allgemeinen Interesse und nicht nur im privaten Interesse der die Entscheidungen Treffenden erfolgen ... Niemand schadet es, falls diese Interessen identisch sind ...«

George Bernard Shaw, 1893

Heute wie vor Jahrtausenden bleibt die große Aufgabe, die Interessen des einzelnen mit denen der Gemeinschaft zu verschmelzen, aus dem uralten Gegeneinander ein Miteinander zu machen. Der Erfolg aber ist in weiterer Ferne denn je. In einer Urteilsbegründung des Österreichischen Verfassungsgerichtshofes zum Beispiel heißt es: »... Das Recht schützt den einzelnen, es gewährleistet die Herrschaft des Volkes, es verteilt die wirtschaftlichen Güter in sozialem Geiste, und es integriert die verschiedenen Interessen...« Zwei dieser vier Funktionen gehörten ursprünglich keineswegs zum Begriff des »Rechtsstaates«. Er hatte die individuellen Freiheitsrechte vor allem durch Unterlassungen zu garantieren, erst in neuester Zeit trat zum Freiheitsschutz die Daseinsfürsorge, entwickelten sich die Staaten zu »Wohlfahrtsverbänden«, in denen der einzelne immer weniger Wirkungsmöglichkeiten hat. In manchen alten Firmen gibt es noch eine Tür, an der in vergoldeten Lettern »Privatkontor« steht. Wer da sitzt, war einmal »Herr im eigenen Hause«, längst aber sind seine Entschlüsse nun nicht mehr »privat«; auch wenn er seine Firma hundertprozentig »besitzt«, ist der Unternehmer ein »Funktionär der Gemeinschaft«. Er muß zahllose Fragebogen ausfüllen, muß Betriebsräte anhören und Gewerkschaftsvertreter empfangen, in seinem »Privatkontor« gehen die Beamten des Finanzamts ein und aus, obwohl, so unglaublich das scheint, in den Niederlanden zum Beispiel erst seit 1915 der Steuerbehörde Bucheinsicht gewährt werden muß. »Privat« ist ja aber so gut wie gar nichts mehr, wir alle haben zahllosen Vorschriften der »Obrigkeit« nachzukommen und Pflichten, denen gegenüber die früheren »Servitute« harmlos erscheinen. »Privat« heißt »zum Eigentum des einzelnen gehörend«. Aber wie der Staat immer mehr vom Privateinkommen für sich beansprucht, die Privatwirtschaft reglementiert und so die Privatinitiative lähmt, so engt er mehr und mehr die »Intimsphäre«, das Privatleben überhaupt, ein. Schon am 12. Dezember 1966 erklärte zum Beispiel William Douglas als Mitglied des Obersten Gerichtes der USA: »Wir nähern uns rapide dem Zeitpunkt, da die Regierung alles von jedermann wissen will. In geometrischer Progression nehmen heute die Übergriffe zu, gegen die es keinen ausreichenden richterlichen Schutz gibt, das amtliche Abhören von Telefongesprächen zum Beispiel wie das geheime Beobachten durch Fernsehgeräte, die in Schlafzimmern ebenso wie in Büros und Konferenzräumen installiert werden. Bei Personaleinstellungen wird nun versucht, die geheimsten Gedanken der Kandidaten zu enthüllen, ihr Geschlechtsverhalten wie ihre religiösen und politischen Anschauungen ...«

Wie dem einzelnen Bürger geht es dem Einzelunternehmer. Unabhängig von Parolen und Programmen, Regierungsformen und Ideologien wurde und wird überall die »Privatsphäre« zurückgedrängt, auch wo es keine »volkseigenen Betriebe« gibt, »Volk« und »Staat« werden praktisch gleichgesetzt und Produktionsmittel »vergesellschaftet«. Direkt oder durch Steuern und Abgaben indirekt ist der Staat an allem beteiligt, was von irgend jemandem geschaffen wird, und meist weit ausgiebiger als der Schaffende selber.

Aber bilden wir nicht auch alle selber den Staat?

»Der Staat«, erklärte Alexander Supan 1918, »ist ein aus zwei Grundbestandteilen, Boden und Volk, zusammengesetzter Naturkörper. Und so bilden tüchtige Bürger einen tüchtigen Staat, und nicht umgekehrt.« Dadurch aber scheint es nicht unlogischer, alle Bürger am Steuerertrag zu beteiligen, als den Staat zum Teilhaber aller Bürger zu machen. Und das gab es. Und *daß* das getan wurde, veränderte die Welt, ließ nicht nur den Islam zu einer Religion werden, der heute ein Sechstel der Menschheit anhängen und die zeitweilig von den Pyrenäen bis zum Pamir als alleinseligmachend galt, sondern Mohammeds Finanzpolitik trug auch entscheidend zur Entstehung des heutigen »Abendlandes« und unserer technisch-wissenschaftlichen Zivilisation bei; sie schuf die Grundlagen der heutigen westlichen Besteuerungsmöglichkeiten.

Arabisch »Gehorsam« oder »Ergebung« bedeutend – nämlich in den Willen Allahs, des absoluten Weltherrschers –, entstand der Islam bekanntlich im 7. Jahrhundert in den Wüsten Arabiens, das zwar Europa, Asien und Afrika verbindet, aber unberührt vom Glanz seiner Nachbarn blieb, weil sich hier seit undenklichen Zeiten halbwilde Stämme gegenseitig ausrotteten. Jeder hatte seinen eigenen Gott, seine eigene Vergangenheit und seine eigenen Sitten, außer der Familie gab es keinerlei Zusammenhalt. Aber dadurch verbaute auch nichts Bestehendes dem Neuen den Weg, konnten Mohammeds Träume Wirklichkeit werden.

Dieser Abdul Kasim Ibn Abdallah, den wir heute »Mohammed«, den »Gepriesenen«, nennen, wuchs als Schafhirte auf und lernte nie lesen und schreiben. Aber er arbeitete sich vom Kameltreiber zum Geschäftsführer einer reichen Kaufmannswitwe in Mekka empor, kam so in die blühenden, naturbegünstigten Nachbarländer der arabischen Wüsten. Schließlich heiratete er die um sechzehn Jahre ältere Frau und hing mehr und mehr seinen Träumen nach, die dem galten, was es damals in Arabien nicht gab: einem einigen, starken Volk, das über fruchtbare Felder und reiche Städte verfügte, in dem König und Bettler dem gleichen Gesetz unterstanden, es keine Priesterschaft gab, keine Trunkenheit und kein Glücksspiel, keinen Wucher und keine Not. Mohammed dachte sich ein Paradies aus, wie es sich auch der reichste Araber nicht schaffen konnte: duftende Gärten voll sprudelnder Quellen und himmlisch schöner Frauen, die niemals alt werden und die Männer ewig jung erhalten. Er schilderte seinen Freunden aber auch die irdischen Paradiese rings um Arabien, die fruchtbaren Ebenen Mesopotamiens und des Niltales, die Reichtümer Persiens und Ophirs. Sie sollten diese zum Ruhme Allahs erobern, statt ihre eigenen Oasen zu plündern, predigte Mohammed schließlich den Wüstenstämmen und gab ihnen ein gewaltiges Ziel: die Eroberung der Welt. Und als Lohn verhieß er ein Leben im Paradies statt in ihren kargen Steinwüsten, wenn nicht in einem irdischen, so mit Sicherheit in einem jenseitigen ...

Was Mohammed schuf, war eine Volksreligion und eine neue Lehre, aber als er Botschaften an alle großen Könige sandte und sie einlud, diese neue Religion anzunehmen, hielt man ihn für einen harmlosen Verrückten. Und größenwahnsinnig schien er tatsächlich. Denn in der Schlacht von Bedr im Jahre 624 nach Christus, als die junge Gemeinde Mohammeds ihre Existenz gegen die Priester und die Aristokratie von Mekka verteidigte, verfügte sie über 306 Mann, 70 Kamele und zwei Pferde, während die Mekkaner 950 Mann mit 700 Kamelen und 110 Pferden einsetzten. 15 Jahre später jedoch hatten die Armeen dieses Unbekannten die mächtigsten der Nachbarreiche Arabiens unterworfen: Bereits 638 eroberten die Araber Jerusalem, 642 fiel Ägypten, zwischen 640 und 642 ganz Persien. 649 war Zypern von den Mohammedanern besetzt worden, der wichtigste Flottenstützpunkt der Byzantiner, und die Wüstennomaden begannen zur Seemacht zu werden. In weniger als einem Jahrhundert eroberten die Anhänger Mohammeds die halbe damals bekannte Welt, flatterte die grüne Fahne des Propheten vom Süden Frankreichs bis zum Indus und an die Grenzen Chinas, über einem Reich, das weit größer war als das Alexanders von Makedonien und weit größer als heute die Vereinigten Staaten. Das Wüstenland Arabien besaß kaum Nahrung genug, um einige wenige Nomadenstämme am Leben zu erhalten. Jahrelang bildete eine Höhle des Berges Hara unweit Mekkas Mohammeds »Welt«. Aber sein Wille und seine Phantasie weitete sie bis zu den Alpenpässen aus, nur der Sieg Karl Martells bei Tours und Poitiers bewahrte im Jahre 732 ganz Europa vor der Islamisierung. Spanien aber blieb bis ins 13. Jahrhundert weitgehend den Mohammedanern untertan, und die Türken standen bekanntlich noch im Jahre 1683 vor Wien. In der Provence, unweit Toulon, hatten die Mohammedaner eine Flottenbasis errichtet, das heutige Garde-Frainet, das erst 975 zurückerobert werden konnte; erst im Jahre 960 waren sie wieder vom Großen Sankt Bernhard vertrieben worden, und große Teile des Mittelmeers wurden bis weit ins 19. Jahrhundert von mohammedanischen Korsaren beherrscht.

Was aber ermöglichte diesen Siegeszug?

Der Islam begnügt sich nicht mit Jenseitsversprechungen und der Festsetzung von Moralregeln, durch deren Befolgung das Paradies errungen wird, sondern regelt vor allem das irdische Leben. Er begründet seine Vorschriften so logisch, daß zum Beispiel nur die Mohammedaner seit nun 1200 Jahren die Alkoholgesetze des Propheten befolgen, während in Amerika das nur wenige Jahre geltende Alkoholverbot auch mit dem Aufwand Dutzender Milliarden und einem Gangsterabwehrapparat von Heeresdimensionen nicht durchzusetzen war. Der Islam ist eine soziale Religion mit praktischen Zielsetzungen, die Rassen-, Klassen- und Reichtums-Gegensätze auszugleichen suchen, und der Koran ist ein für den Alltag bestimmtes Handbuch des gesunden Menschenverstandes. Mohammed lehrte, daß es weder auserwählte einzelne noch auserwählte Völker oder Rassen gebe, sondern nur »Gerechte« und dem Teufel Dienende. Er schuf eine totalitäre Religion, in der es keinen Unterschied zwischen Theorie und Praxis gibt, aber wenn im Koran das »Taklid« gefordert wird, die unbedingte (mosaische) Gesetzestreue, so auch das »Ischtihad«, die (griechisch-sophistische) Anpassung der Vorschriften an Ort und Zeit. Mohammed predigte nicht christliche Demut und Ergebenheit, sondern Eintracht und Einigkeit, Mut und Ritterlichkeit. Mohammed küßte die schwieligen Hände eines Steinmetz und erklärte, ein wertvoller Mensch sei, was immer er tue, jener, der Nützliches für seine Mitmenschen schaffe. Er forderte Fleiß, aber auch gerechte Entlohnung des Fleißes. Eine Armensteuer von zweieinhalb Prozent zu bezahlen galt als religiöse Verpflichtung, und waren Sklaven nach römischem Recht eine »Sache«, über die die Besitzer uneingeschränkt verfügen konnten, so waren sie für Mohammed Menschen, die menschenwürdig behandelt werden mußten ebenso wie alle im Kampf Unterlegenen.

Der Islam war also schon 600 n. Chr. sehr »modern«. Nie aber hätte sich Mohammed durchzusetzen vermocht, wenn er neben dem Glaubenseifer und dem sozialen Gewissen nicht auch den Egoismus seiner Anhänger mobilisiert hätte. Und vor allem dadurch, daß er sie am Steuerertrag der unterworfenen Gebiete beteiligte.

Schon als Mohammed im Jahre 622 mit den »Mohadschir«, seinen Fluchtgenossen«, von Mekka nach Medina zog, erließ er Beuteverteilungs- und Grundbesitz-Vorschriften, legte er die Abgaben an den Staat fest, den er mit ihnen gründen wollte. Das Gebiet dieses Staates mußte erst erobert werden, und was dabei an beweglichem Gut erbeutet wurde, sollte zu vier Fünfteln den Gemeindemitgliedern (und zwar nach Maßgabe ihres Anteils an den kriegerischen Unternehmen) zufallen, ein Fünftel der Staatskasse abgeliefert werden. Grund und Boden war den Besiegten zur Bebauung zu belassen. Aber während die Grundsteuer der »Gläubigen« daheim ein Zehntel der Ernten betrug, hatten die Besiegten als »Grundsteuer der Unterworfenen« die Hälfte des Naturalertrages abzuliefern. In den eroberten Gebieten Grundbesitz zu erwerben war dagegen den Mohammedanern verboten, denn das hätte ihren kriegerischen Geist geschwächt und zum Raub von Produktionsmitteln verleitet. Statt am Bodenbesitz aber wurden die Gemeindeglieder am Bodenertrag beteiligt: Alle Überschüsse der Staatskasse wurden am Ende des Jahres unter sie verteilt. Und so war zugleich jeder daran interessiert, daß sparsam gewirtschaftet, die Bürokratie am Wuchern gehindert, die Steuereinnahmen nicht wie heute in Form von Subventionen an Privilegierte »rückvereitelt« wurden.

Mohammeds Eroberungspolitik erhielt den Namen »Heiliger Krieg«, und der Prophet überzeugte seine Anhänger davon, daß jeder, der in solch einem Krieg das Leben verlor, unmittelbar ins Paradies kam. Er dachte aber vor allem an die Überlebenden und gab ihnen den klaren Auftrag: »Bekämpfet die Ungläubigen, bis sie euch demütig die Steuer bezahlen!« Dadurch vor allem wuchs Mohammeds Anhängerschaft lawinenartig an. Und aus raubhungrigen Beduinen wurden kluge Verwalter, denn je höher der Ertrag eines eroberten Gebietes war, desto höher die Kassenüberschüsse und desto höher die Steuerbeteiligung der »Rechtgläubigen«: Nie wieder wurde Spanien so fruchtbar wie zur Zeit der »Mauren«-Herrschaft. Das Gebiet des Irak, der heute neun Millionen Einwohner hat, war zur Abassidenzeit von mindestens 35 Millionen Menschen bewohnt. Damals war »ein Hahn, der in Mosul krähte, in Basra zu hören«, und wenn diese 1 200 Kilometer in der Luftlinie etwas viel für einen Hahnenschrei scheinen, so war damit gemeint, daß alles Land zwischen diesen Städten bebaut war, daß bis zur Küste des Persischen Golfs ein Hahn den andern zum Krähen brachte.

Um das Jahr 750 führten die Araber im Welthandel, und noch im 11. und

12. Jahrhundert stellten nur sie Papier und Baumwollwaren ebenso wie die feinsten Seidenstoffe her, war ihr Waffenstahl so berühmt wie ihre Lederwaren. Die Paläste wurden aus Marmor gebaut, der von weit her herangeschafft werden mußte, erhielten Türen aus Ebenholz mit Goldblechbeschlägen. Kostbare Möbel standen auf erlesenen Teppichen, chinesisches Porzellan war so selbstverständlich wie silberne Kandelaber und orientalische Lackarbeiten.

Alles das war nur möglich, weil Mohammed wie Amenemhet in der Produktivitätssteigerung das A und O jeder gesunden Finanzwirtschaft sah und seine Anhänger am Budget-Überschuß beteiligte, gleichzeitig alle Staatsschulden streng verbot. Die Ausgaben mußten den Einnahmen angepaßt werden, nicht wie heute umgekehrt, und das gelang so gut, daß zum Beispiel Mansur, der 754 bis 775 Kalif war (und Bagdad gründete), einen Staatsschatz von 1 920 Millionen Mark hinterließ, Harun al Raschid, der »Rechtgeleitete«, der 786 bis 809 regierte und mit Karl dem Großen in freundschaftlichem Kontakt stand, ebensoviel.

Wie Mohammed streng alle öffentlichen Schulden verbot, so unterband er die private Verschuldung, indem er jede Form des Zinses für Gelddarlehen untersagte, Termingeschäfte und jeden Gewinn zugunsten des Geldgebers überhaupt, der sich aus Preisunterschieden zur Zeit des Kaufes und der Lieferung ergab, verbot. Jede Art Preistreiberei wurde streng geahndet, dagegen war Gewinnbeteiligung von »Kommanditisten« erwünscht. Auch Genossenschaften mit beschränkter und unbeschränkter Haftung wurden gefördert, stets aber dem tätigen Unternehmer, nie dem Geldgeber, die Leitung gesichert. Ausdrücklich verboten waren auch Verbrauchsabgaben, alle Handelshemmnisse überhaupt. In allen eroberten Gebieten wurden die Zölle abgeschafft und ein einziges, riesiges Freihandelsgebiet geschaffen. Neben der Bodenertragsteuer gab es eine Kopfsteuer der Besiegten, die in Ländern mit Goldwährung wie Ägypten oder Syrien in heutigem Geldwert etwa 120 Mark im Jahr betrug, in Ländern mit Silberwährung wie Persien oder Mesopotamien 60, 120 und 240 Mark, je nachdem, ob der Besteuerte als »Armer«, »Mittelständler« oder »Reicher« galt. Zur Kontrolle wurden Bleiplomben um den Hals getragen. Da es in Ägypten acht Millionen Kopfsteuerzahler gab, in Babylonien 5,5 Millionen und schließlich insgesamt über 100 Millionen, waren sowohl die Staatseinnahmen wie die zu verteilenden Überschüsse alles andere als gering, die Belastung der Besteuerten aber im Vergleich zu den römischen und byzantinischen Abgaben ungleich leichter, und bei der Steuereintreibung gab es kaum Unregelmäßigkeiten. Nicht zuletzt, weil die kommunale und regionale Verwaltung den

Besiegten belassen wurde, die auch die Polizeikräfte stellten. Die »Rechtgläubigen« kontrollierten nur – sie forschten aber auch, sorgten für die Anwendung neuer technischer Methoden, leiteten den Bau von Bewässerungsanlagen und handelten ganz im Geiste Amenemhets III.: Der Steuerertrag sollte durch die Erhöhung der Produktion steigen, nicht durch die Erhöhung der Belastung. Als es zum Beispiel im Jahre 639 Mißernten in Arabien und Syrien gab, ließ Omar I. in 14 Monaten den Kanal erneuern, den Ramses II. gebaut hatte und der seit 1250 vor Christus das Rote Meer mit dem Mittelmeer verband, durch den Untergang des Pharaonen-Reiches verfiel und erst 1869 als Suezkanal wieder Weltbedeutung erlangte. Getreide aus Ägypten konnte so rationell nach Medina gebracht werden, das bis 661 der Sitz der Zentralregierung war. Vor allem der sicheren Brotversorgung wegen wurde dann Damaskus die Hauptstadt, im Jahre 750 schließlich Bagdad.

Je größer das Reich wurde, desto wichtiger wurden natürlich auch rasche und sichere Nachrichtenverbindungen, und so schuf Omar I. eine »Reichspost«, die 931 Stationen zählte, und die arabischen Postkursbücher wurden unsere ersten geographischen Werke. Ebensoviel Mühe wie auf die Rationalisierung der Transporte wendeten die Araber auf die künstliche Bewässerung der Felder. Der Staat gab zinsfrei Verbesserungskredite, schulte Agronomen auf staatlichen Mustergütern und gab Kalender heraus, die gratis verteilt wurden und in denen die Termine der verschiedenen landwirtschaftlichen Arbeiten angegeben wurden.

Wer die einfache Formel: »Es gibt nur einen Gott, und Mohammed ist sein Prophet« sprach und die im Koran festgelegten Verpflichtungen übernahm, konnte »Klient« eines arabischen Familienoberhauptes werden. Der Besiegte wurde so in die Gemeinschaft der Mohammedaner aufgenommen; wurde, wenn er Kriegsdienste leistete, an der Kriegsbeute beteiligt und partizipierte auf alle Fälle am Überschuß der arabischen Staatskasse. Zugleich wurde er von der Kopfsteuer befreit, mußte aber – wie alle Araber – auf eigenes Grundeigentum verzichten, das im Interesse der Steuererträge an seine bisherigen Religions- und Staatsgenossen fiel. Die gleichen Regeln, die für die »Freien« der eroberten Länder galten, galten auch für die Sklaven. Gezwungen aber wurde niemand, zum Islam überzutreten.

War schon die Beteiligung am Steuerertrag an sich eine geniale Idee, so verhinderte aber die Aufnahme immer neuer Gläubiger in die Gemeinschaft der Mohammedaner, daß diese zu reich wurden, und zugleich floß der Führungsschicht immer neues Blut zu. Als Organisator des islamischen Weltreichs führte Kalif Omar I. eine hervorragende Staatsbuchhaltung ein, wurde ein in Stämme und Familien, Klienten und Sklaven unterteiltes Volksregister geschaffen, und an Hand dieser Listen wurden die Staatsdotationen verteilt. Und wurde der Anteil an der Kriegsbeute, wie gesagt, je nach dem Anteil an den Kämpfen bestimmt, so hingen die Dotationen von den jeweiligen »Verdiensten um den Islam« der einzelnen ab.

Die Jahresgehälter der Witwen des Propheten betrugen so als höchste und die Zuteilung an den Kalifen übersteigende Zahlung etwa 200 000 bis 240 000 Mark, die der Teilnehmer an der Schlacht von Bedr 100 000 Mark jährlich. Es gab Dotationen von 80 000, 60 000, 40 000, 10 000 und 6 000, und schließlich bekam jedes Kind an der Mutterbrust 2 000 Mark jährlich und ebensoviel jeder »rechtgläubige« Sklave. Den Soldaten stand neben dem festen Sold von 4 000 Mark jährlich – gegen die 160 bis 240 meist aber nicht ausbezahlten Löhne der byzantinischen Soldaten – der Anteil von vier Fünfteln der Beute zu, und nach dem Sieg über die Perser bei Kadesia zum Beispiel wurde der Beutewert amtlich mit 1 800 Millionen Mark veranschlagt, und jeder arabische Kämpfer erhielt 24 000 Mark.

Natürlich gab es neben diesen Beuteanteilen und Dotationen die Staatsgehälter: Ein Provinzgouverneur erhielt unter Omar I. nur 24 000 Mark jährlich. Aber im Lauf der Zeit stieg dieses Gehalt auf 2,4 Millionen. Der Leibarzt des Kalifen Harun al Raschid bekam 240 000 Mark jährlich plus Wohnung, Dienerschaft und freier Haushaltsführung, konnte auf Staatskosten alle Bücher kaufen, die er kaufen wollte, ein Labor mit Hilfskräften unterhalten und bekam dazu regelmäßig üppige Geschenke. Das Richtergehalt in Kairo betrug im Jahre 827 bar 96 000 Mark. Noch weit großzügiger wurden Künstler und Baumeister, Forscher und Techniker bezahlt – und ohne sie wäre auch unser heutiges Leben undenkbar, denn ihnen verdanken wir die Wiedererweckung des antiken Wissens, und wenn unser Wort »Ziffer« vom arabischen »sifr« abgeleitet ist, so weil die Araber es waren, die uns das indische Zahlensystem übermittelten, eine der Grundlagen unserer ganzen Wirtschaft und Technik, denn vor den »arabischen« gab es ja nur die römischen Zahlzeichen, keine Null und keinen Dezimalpunkt. Aufnahmefähig wie kaum ein Volk vor ihnen sammelten die Araber aus allen Kulturen, mit denen sie in Berührung kamen, das in die Zukunft Weisende. Sie befreiten das Lebendige vom traditionalistischen Moder und machten das aus Griechenland und Persien, Indien und Byzanz stammende Wissen dem Alltag nutzbar. Der theoretischen Spekulation wenig geneigt, pflegten die Araber vor allem Geographie und Mathematik, Chemie und Medizin. Wie »Algebra« und »Alchimie« arabisch sind, so aber auch »Scheck« und »Admiral«. Mohammed gebot, »Kenntnisse zu suchen selbst in China«, und der Koran fordert in seiner Sure 29,19: »Bereise die Welt, und du wirst sehen, wie sie entstand.« Und so brachten uns die Araber aus China das Papier wie den Kompaß – ohne den unsere Entdeckungsreisen so undenkbar gewesen wären wie ohne die astronomischen Kenntnisse, welche die Mohammedaner aus Griechenland und Mesopotamien, Ägypten und Indien übernahmen. Stets nutzten die Araber alles Wissen: Über Sizilien und Spanien vermittelte der Islam dem Abendland die Baumwollindustrie, und Cordoba beschäftigte zur Zeit der maurischen Hochblüte 130 000 Menschen in den Seidenwebereien. Aus dem Orient wurden unsere ersten Wasser- und Windmühlen übernommen (zwar hatten auch die Römer Wasserräder aus dem Schwarzmeergebiet eingeführt, aber dieses Wissen ging mit dem Römischen Reich unter). Auf den Erfahrungen von Tyrus beruhte später Venedigs Glasindustrie. Die Araber übermittelten uns den Anbau des Zuckerrohrs, durch sie lernten wir Musselin aus Mosul und Damast aus Damaskus kennen, ebenso die »Damaszener-Klingen«.

Vor allem aber zwang der Islam das Abendland auch zur Reaktion – und glücklicherweise nicht *nur* zu den Kreuzzügen. Im Jahre 622 beschränkte sich der Einfluß des Propheten auf eine Stadt von weniger als 20 000 Einwohnern. Innerhalb weniger Generationen aber wurde der Herrschaftsbereich des Islam so groß, daß er Europa die alten Handelswege nach Afrika und Asien sperrte – und so die Seewege nach Indien und Amerika gesucht werden mußten: Mohammeds Steuerertragsbeteiligung schuf im wahrsten Sinn des Wortes eine »Neue Welt«, verhalf der Neuzeit zum Durchbruch ...

Seine großen Siege errang der Islam, solange die Lehre klar und eindeutig blieb und die Befehlsgewalt der Kalifen als »Stellvertreter« und »Nachfolger« Mohammeds über die Gesamtgemeinde unbestritten war. Aber damit war es schon 24 Jahre nach dem Tod des Propheten vorbei: 656 wurde Ali Ibn Abi Talib vom Volk von Medina zum Kalifen gewählt. Und nur frei gewählte Kalifen sind rechtmäßige Nachfolger Mohammeds, behaupten bis heute die Sunniten. 661 kam der erste Omaijade, Moawija, an die Macht, und er erklärte das Kalifat für erblich; nur die legitimen Nachkommen Fatimas, der Tochter des Propheten, sind rechtmäßige Kalifen, lehren bis heute die Schiiten. Der Bruch des Jahres 656 konnte so wenig überwunden werden wie das christliche Schisma und die Folgen der Reformation, und aus den zwei islamischen Sekten wurden Dutzende. Nachdem schon im 7. Jahrhundert Gegenkalifen in Persien und Arabien aufstanden, erklärten auch mehr und mehr Statthalter ihre Würde für erblich, entstanden weltweit Vasallendynastien. Unter diesen Herrschern gab es hervorragende, und es gab verabscheuungswürdige, und so war die Entwicklung in den verschiedenen Reichsteilen höchst unterschiedlich, setzte der Verfall keineswegs überall gleichzeitig ein. Aber eine starke Zentralgewalt gab es de facto nur kurz, die Kalifen mußten sich bald damit begnügen, daß ihre Namen im öffentlichen Gebet und auf den Münzen vermerkt wurden, und auch das machten ihnen schließlich die Fatimiden in Ägypten und die Kalifen von Cordoba in Spanien streitig.

Vor allem aber wurden Mohammeds wichtigste Finanz- und Wirtschaftsgesetze abgeschafft. Omar I. hatte in seinem Testament verfügt: »Die Verträge mit den Ungläubigen müssen strikt eingehalten werden, und niemand soll sie mit unbilligen Steuern belasten. Nur blühende Länder sind ertragreich, niemand vermag Wüsten Ernten abzuzwingen, daran müssen alle Araber stets denken...« Unter Umgehung seines eigenen Sohnes schlug Omar den Koreschiten Othman zu seinem Nachfolger vor, und dieser wurde auch Kalif. Aber als er den Statthalter von Ägypten daran erinnerte, daß der Prophet die Trennung von Regierung und Steuereinheben vorschrieb, antwortete der: »Wenn hier ein anderer die Steuer einzieht, dann bin ich in der Lage eines Mannes, welcher die Kuh an den Hörnern festhält, während ein Fremder sie melkt.« Der Statthalter von Ägypten war ein verdienter »alter Kämpfer«, hatte selber das Land dem Islam gewonnen. Und so ließ ihn Othman gewähren. Er ließ sich auch bereden, seinen Vetter Moawija zum Statthalter von Syrien zu machen. Als dieser die Erträge der dortigen Staatsdomänen nicht an die Staatskasse ablieferte, begnügte er sich mit Mahnbriefen. Und als Moawija die Staatsgüter zu seinen Privatgütern machte, tat er noch immer nichts, obwohl dadurch eines der wichtigsten aller Gesetze Mohammeds aufgehoben wurde, das Verbot, als Gläubiger außerhalb Arabiens Grundbesitz zu erwerben. Beim »Fall Moawija« blieb es natürlich nicht, das Beispiel machte Schule wie das Amrs, des Statthalters von Ägypten, der selber die Steuern einhob, und so war der Tag nicht fern, an dem die Staatskasse leer war und die Dotationen an die Gläubigen nicht länger bezahlt werden konnten. Der Kalif Othman wurde ermordet und im Jahre 656 der strenggläubige Schwiegersohn des Propheten, der erwähnte Ali Ibn Abi Talib, zum Kalifen ausgerufen. Aber den erkannten Moawija und Amr natürlich nicht an. Es kam zu einem fünf Jahre dauernden, blutigen Bürgerkrieg, und in ihm siegten nicht die »Rechtgläubigen«, sondern die Geschäftemacher. Moawija wurde Kalif, und nun setzte die Regierung die Steuern fest, die jede Provinz aufzubringen hatte. Der Irak zum Beispiel war Moawija zufolge durchaus in der Lage, außer der Kopfsteuer weitere 200 Millionen Mark jährlich zu zahlen, und die Folge war, daß die Steuerkassen durch Vermögenskonfiskationen aufgefüllt und ähnliche Erpressermethoden angewendet wurden, wie sie zum Untergang des Römischen Reiches geführt hatten. Dem Tod Moawijas im Jahre 680 folgten zwölf Jahre Bürgerkrieg zwischen Strenggläubigen und Raffgierigen, und wieder siegten die Omaijaden, die nun Medina zerstörten, ihre Gegner ermorden ließen. Die Finanzen kamen derart in Unordnung, daß es nicht nur keine verteilbaren Budgetüberschüsse mehr gab, sondern auch die Soldzahlungen stockten. Und so wurde das Verbot des außerarabischen Grundbesitzes allgemein durchbrochen, statt Geld Boden verteilt, den die Araber aber nicht selber bebauten, sondern an die früheren Besitzer verpachteten: Da sie selber nur 10 Prozent Ertragsteuer bezahlten und die Pächter 50 Prozent abliefern mußten, hatten sie ein arbeitsloses Renteneinkommen von vier Zehnteln des von den Bauern herausgewirtschafteten Ertrags. Da die Bodenfläche beschränkt ist, wurde aber auch das Gebot durchbrochen, neu zum Islam Übergetretene als Brüder zu betrachten und ihnen gleiche Rechte einzuräumen. Sie bekamen keinen Boden zugeteilt. Und um zu verhindern, daß Neubekehrungen dem Fiskus Einnahmen kosteten, wurde im Jahre 700 auch bestimmt, daß durch den Übertritt zum Islam keinerlei Änderung der Steuerpflicht mehr eintrat, weder die Befreiung von der Kopfsteuer noch die Senkung der Ertragsteuer von 50 auf 10 Prozent.

Omar II. versuchte Reformen, aber er war nur weniger als zwei Jahre lang, von 718 bis 719, Kalif. Er entfernte allen Prunk aus der Moschee von Damaskus, verbot erneut den Grundbesitz von Arabern, befahl den Statthaltern, alle anderen als die vom Propheten eingeführten Steuern sofort abzuschaffen. Diese taten das nicht, berichteten aber an die Staatszentralkasse: »Die Steuerabschaffung ließ die Einnahmen derart sinken, daß sie knapp die lokalen Ausgaben decken, weitere Überweisungen unsererseits sind unmöglich.« Einzelne Statthalter verlangten sogar Staatszuschüsse für ihre Provinzen. Und Omars eigene Verwandten, die keine einträglichen Vorrechte mehr genossen, vergifteten ihn.

All das zerrüttete nicht nur die Moral und das Wirtschaftsleben, sondern natürlich auch die Staatsfinanzen: Hatten die Einnahmen der Zentralkasse im Durchschnitt der Jahre 775–786 nach heutigem Geldwert 822 Millionen Mark betragen, so sanken sie bis zum Jahre 845 auf 470 Millionen, und 916 waren es ganze 48 Millionen. Wie sich die genialen Finanzvorschriften Mohammeds in einen ausbeuterischen Fiskalismus übelster Art verwandelten, so wurde aber auch aus den Ehevorschriften, welche die völlig ungenügende Bevölkerung Arabiens vermehren sollten, eine Haremswirtschaft, welche die führenden Schichten körperlich wie geistig ruinierte. Die Preise für besonders exotische Schönheiten oder raffinierte Christinnen wurden auf 200 000 Mark und mehr hinaufgetrieben. Während Paläste gebaut wurden, deren Luxus fast märchenhaft scheint, wuchs die Not des Volkes – und natürlich auch die Zahl der Steuern. Im Jahre 786 zum Beispiel gab es in einzelnen Teilen des Reiches vier verschiedene Grundsteuern, acht Stufen von Vermögensteuern, 10 Prozent Abgabe auf alle Handelsgeschäfte und statt des ursprünglichen Freihandels Zölle und Mautgelder, die jeder Statthalter nach Belieben erhob. Da gab es die alte Kopfsteuer und eine neue Münzgebühr, eine Salz- und eine Fischereisteuer, Getreidemahlgebühren und Fabrikationsabgaben, eine Grundrentensteuer für die Benutzung öffentlicher Plätze und eine Luxus- und Konsumsteuer. Die Zentralregierung bestand zur Zeit der Abassiden-Kalifen aus der Kanzlei für Buchhaltung und Ausgaben; der Kanzlei der Truppen; der Kanzlei der Staatsgüter; der Kanzlei der Klienten und Sklaven; der Generalpostdirektion (die zugleich die CIA der damaligen Zeit, die oberste Spionagebehörde, war); dem Obersten Rechnungshof und der Zentralstelle der Steuern. Und sie war die wichtigste der sieben Hauptkanzleien, und ihr Vorsteher war seit etwa 750 zugleich »Wesir«, eine Art Premierminister der Kalifen.

Die Wesire wurden zwangsläufig sehr rasch die wahren Herren, und in den Araberreichen geschah, was in Rom geschehen war: zu ständigen Steuererhöhungen traten immer öfter Münzverschlechterungen. Um den immer häufigeren Hungersnöten zu begegnen, wurden staatliche Getreidemonopole eingeführt. Die römischen Proskriptionen lebten wieder auf, Kaufleuten wurden ihre Waren weggenommen und das Volk gezwungen, sie zu exorbitanten Preisen vom Staat zurückzukaufen. Die Methoden des Sultans Nassir, der 1293–1294 Ägypten beherrschte, waren allgemein, und von ihm hieß es: »Der Sultan mästet seine Emire, bis sie recht fett sind, dann schlachtet er sie, und alles von ihnen Verschlungene gehört ihm.«

Eine Zeitlang schien es, als ob die Türken den Islam erneuern, die Osmanen-Herrschaft zu den früharabischen antifiskalistischen Methoden zurückfinden würde. Aber der »Eiserne Vorhang«, den der Islam bildete, hatte Europa gezwungen, neue Handelswege zu suchen. Nach 8 Jahrhunderten der Trennung durch die Mohammedaner erhielt Europa durch Vasco da Gamas Reise im Jahre 1497 wieder unmittelbaren Zugang zu Asien. Die enormen Zwischengewinne der mohammedanischen Kaufleute versiegten, und das erst 1453 von den Türken eroberte Konstantinopel verlor seine internationale Bedeutung. Hinzu kam, daß auf Soliman »den Prächtigen« Selim II. »der Säufer« gefolgt war und die Harems- und Eunuchenwirtschaft jeden der auf Soliman folgenden 26 Kalifen des Reichs ein wenig mehr dem Abgrund zutreiben ließ. Wie der Reichtum verfiel, so der Glauben, und wenn das Papsttum sich hielt, so wurde das Kalifat schließlich im Jahre 1924 von Atatürk abgeschafft. Einen »Stellvertreter« Mohammeds gab es damit nicht mehr. Und um wenigstens ein eigenes Staatsoberhaupt zu haben, drängten die Mohammedaner Britisch-Indiens auf die Gründung Pakistans, kam es 1947 zur Teilung des indischen Subkontinents. Nicht *nur* als Folge des Fiskalismus natürlich. Aber wie Mohammeds Beteiligung der »Rechtgläubigen« an den Steuererträgen entscheidend zum Siegeszug des Islams beitrug, so die Geldgier und Lokalpolitik seiner Nachfolger zum Untergang der arabischen und türkischen Staatsgründungen.

IV

STEUERN AN STAAT UND KIRCHE

Die Übermacht der »Toten Hand« vom Frühchristentum bis zu den großen Säkularisierungen

»Solange sich das alte Christentum mit hölzernen Altären begnügte, waren goldene Zeiten. Heutzutag' wird der abscheuliche Wust von Sünden mit Marmor und Alabaster bedeckt und die schwarzen Gewissensflecken mit kostbaren Altarblättern verhüllt.«

Abraham a Santa Clara
Augustiner-Barfüßer und Hofprediger
in Wien, 1678

»Ist es nicht sonderbar, daß die Menschen so gerne für die Religion fechten und so ungerne nach ihren Vorschriften leben?«

Georg Christoph Lichtenberg, 1789

»Religion ist wie ein Nagel: Je härter man ihn auf den Kopf schlägt, desto tiefer dringt er ein.«

Anatolij Wassiljewitsch *Lunatscharskij*
sowjetischer Unterrichtsminister, 1923

»Christentum ist entweder sozial, oder es ist kein Christentum.«

Manuel Larrai, Bischof von Talca, Chile
Präsident der Iberoamerikanischen
Bischofskonferenz, 1967

Welchem Gott auch immer sie dienen, Priester sind Menschen, die wie die Laien materielle Bedürfnisse haben, und der Bau von Kirchen kostet ebenso Geld wie die Unterstützung der Armen. Kirchenbesitz und Kircheneinnahmen sind von der Religionsausübung nicht zu trennen. Aber seit Jahrtausenden sind der Umfang der Kirchengüter und die Höhe der Einkommen umstritten und noch mehr, ob die Gläubigen zu Kirchensteuern gezwungen werden dürfen oder ob die Kirchen von Spenden zu leben haben. Schon im fünften vorchristlichen Jahrhundert (als er »säkularisiert«, das heißt »verweltlicht« wurde) schien der Schatz der Tempelpriester von Delphi, der damals 53 Millionen Goldmark wert war, den Zeitgenossen zu groß. Daß im 16. Jahrhundert der kirchliche Grundbesitz in Deutschland mindestens ein Drittel der Gesamtfläche ausmachte, führte ebenso zur Reformation wie der Ablaßhandel. Und daß heute in den Vereinigten Staaten das Kirchenvermögen noch rascher wächst als seinerzeit in Mexiko, das dieses Vermögens wegen hundert Jahre Bürgerkrieg zu erdulden hatte, macht auch führenden protestantischen Geistlichen Sorge.

Das Anwachsen der kirchlichen Finanzkraft aber wurde *nie* allein durch die menschliche Geld- und Machtgier verursacht, denen Päpste und Erzbischöfe ebenso zum Opfer fielen wie Fürsten, Bankiers oder Minister, sondern das liegt vor allem an den völlig verschiedenen Wachstumsvoraussetzungen, denen das kirchliche und das Laieneigentum unterliegen, und an den verschiedenartigen Funktionen, die Kirche und Staat auszuüben haben: Stets und überall hatten und haben die Laien Steuern zu zahlen und nicht erst heute sehr oft so hohe, daß sie kein Vermögen zu bilden vermögen. Wie in Ägypten und der Antike das Tempelgut steuerfrei war, so gewährte Konstantin IV. Pogonatos (griechisch »der Bärtige«) als Kaiser von Byzanz auf dem Ökumenischen Konzil, das 680–681 in Konstantinopel tagte, der christlichen Kirche völlige Steuerfreiheit; und diese Kirche erhob seit 779 im Frankenreich selbst regelmäßig Steuern, vor allem in Form des »Peterspfennigs«, seit 786 in England und spätestens seit dem 9. Jahrhundert praktisch überall in Europa. Und was in den Besitz der Kirche gelangte, blieb in ihrem Besitz, denn das Kanonische Recht verbietet jederlei Verkauf von Kirchengut: Vermögen besitzende öffentliche Körperschaften oder Stiftungen von unbegrenzter Dauer, vor allem aber Kirchen und Klöster, werden zu Recht als »Tote Hand« bezeichnet, denn was sie einmal haben, ist für die Allgemeinheit sozusagen »abgestorben«; diese Vermögen sind nicht nur der Veräußerung, sondern auch der Erbteilung und der Nachlaßbesteuerung entzogen; sie können also normalerweise nicht ab-, sondern nur zunehmen. Ob ein kleiner Bauer stirbt oder ein Multimillionär, auf ihr Erbe erhebt – heute bis zu neun Zehnteln – nicht nur der Staat Anspruch, es wird auch unter den leiblichen Erben geteilt. Auf kein privates Vermögen ist die Zinseszinsrechnung anzuwenden, wohl aber auf das Kirchengut, und Zinseszins ist »das wunderbarste aller Geldvermehrungsmittel«. Durch seine allgemeine Anerkennung im 12. und 13. Jahrhundert erhielt das Geld eine sonst nur Lebendigem innewohnende Wachstumskraft.

Wie der Kirchenbesitz wird Staatsbesitz nicht geteilt und besteuert, aber diesen Besitz übersteigen längst fast überall ungeheure Schulden, die Zinsen kosten, statt welche zu bringen, denn immer wieder führten die Staaten Kriege, und selbst wenn sie das nicht taten, hatten und haben sie ganz andere Aufgaben und damit Ausgaben als die Kirchen, die weder Straßen bauen noch Richter und Polizisten unterhalten und deren Krankenhäuser und Wohlfahrtseinrichtungen längst nicht mehr mit den staatlichen zu vergleichen sind.

Das war bekanntlich nicht immer so. Wie noch heute bei den Naturvölkern die »Medizinmänner« mit Hilfe der »Geister« heilen, so sind überall die ersten Ärzte zugleich Priester gewesen, und die antike Naturphilosophie ist die Grundlage der Medizin. Die griechischen Krankenhäuser waren die über das ganze Land verstreuten Tempel des Äskulap, und wenn seit der Völkerwanderungszeit die Krankenpflege fast ausschließlich auf die Familien überging, so waren auch die ersten »Hospitäler« religiöse Einrichtungen. Von »hospes« – »Gast« – abgeleitet, waren es »Gästehäuser« für kranke Pilger und Reisende, welche die Klöster unterhielten, und auch heute gibt es noch rund 20 000 katholische und evangelische Missionskrankenhäuser auf der Welt. Aber Nachwuchs für »Barmherzige Schwestern« ist immer schwieriger zu finden, insgesamt gibt es zum Beispiel in Ghana nur 3 000 Krankenschwestern für fast 9 Millionen Menschen, und in Frankreich fehlen gut 40 000. Überall muß der Staat nun praktisch allein alle irdischen Gemeinschaftsbedürfnisse erfüllen, und stets war die Seelenbetreuung billiger.

Der fundamentale Unterschied zwischen »weltlichem« und »geistlichem« Besitz ist also: hier ständig wiederholte Erbteilung, dort »ewige« Unteilbarkeit. Hier (heute konfiskatorische) Erbschaftsteuern, dort Steuerfreiheit. Hier ständig wachsende Fremdausgaben, dort Einkommensverwendung für eigene Zwecke. Und Zersplitterung gegen Einheit lange auch auf staatlicher Ebene; Teilung von Reichen wie zum Beispiel dem Reich Karls des Großen, während die Kirche jahrhundertelang ihren Herrschaftsbereich bewahrte und auch der Abfall der Ostkirchen und die Reformation die Zahl der Gläubigen, über die der Papst herrscht, nicht verringerten: Um 1350 gab es etwa 100 Millionen Katholiken. Allein durch die Entdeckung Amerikas kamen bis heute in Iberoamerika rund 250 Millionen und in Nordamerika 60 Millionen hinzu, und insgesamt rechnet man jetzt bei einer Milliarde Christen mit 600 Millionen Katholiken, und die katholische Kirche stagniert nach wie vor keineswegs: In den Vereinigten Staaten zum Beispiel kam im Jahre 1800 ein Katholik auf je 53 Einwohner. 100 Jahre später 1 auf 5. Bereits im Jahre 1872 schätzte Friedrich Kapp das Vermögen der katholischen Kirche in den USA auf mindestens 1 000 Millionen Dollar. 1889 wurde in Rom das erste, äußerst bescheidene amerikanische Priesterkolleg gegründet, und damals gab es in den Vereinigten Staaten höchstens 2 500 katholische Priester, ein halbes Jahrhundert später waren es 45 000 und 130 katholische Diözesen statt der 30 des Jahres 1860. Innerhalb von 90 Jahren wurden in den USA über 15 000 katholische Kirchen gebaut, 31 000 Seminare und 8 000 Pfarrschulen gegründet. Und schließlich wurde – was undenkbar schien – 1960 ein militanter Katholik Präsident der Vereinigten Staaten.

Wie in Amerika breitete sich der Katholizismus auch in England aus: Zwischen 1850 und 1950 verzwanzigfachte sich die Zahl der katholischen Frauenorden von 53 auf 1 075. Die Zahl der Männerorden wuchs in der gleichen Zeit von 10 auf 70. Über die ganze Welt verteilt, wirkten nun rund 363 000 katholische Priester, und der Papst war Herr einer Kirche, die 369 Erzbischofs- und 964 Bischofssitze umfaßte, 479 Apostolische Delegationen, Vikariate und Präfekturen. Als 1962 zum erstenmal seit 92 Jahren wiederum ein Konzil abgehalten wurde, kamen fast 3 000 Kardinäle, Erzbischöfe und Bischöfe, Äbte und päpstliche Diplomaten nach Rom. Und sie werden ebenso wie die Geistlichen der 214 im »World Council of Churches« zusammengefaßten protestantischen, anglikanischen und orthodoxen Kirchen so gut wie ausschließlich mit Steuergeldern unterhalten, auch wenn diese nicht mehr »Kirchenzehnten« heißen.

Die ursprüngliche kirchliche »Zehnten«-Forderung stützte sich auf das Alte Testament: Zahlreiche Bibelstellen, vor allem Exod. XXXIV, 26, erklären, was dem »Haus Jahves« zusteht, und so forderten auch die Kirchenväter im zweiten nachchristlichen Jahrhundert ein Zehntel der Ernten. Vorerst als »freiwillig geleistetes Werk der Liebe«, schon im dritten Jahrhundert aber als Pflicht, und nun wurde mit dem Bann bedroht, das heißt aus der Kirchengemeinschaft ausgeschlossen, wer nicht zum Unterhalt der Priester beitrug. In den frühchristlichen Gemeinden hatte sie es nicht gegeben, da gab es nur »Presbyter« – »Älteste« – und später »Episkopi« – »Vorsteher«, denn da galt Jesu Wort: »Wo zwei oder drei versammelt sind in meinem Namen, bin ich mitten unter ihnen.« Aber aus den Gemeindevorstehern wurden »Vertreter Gottes« und aus diesen ein besonderer Stand, der »Klerus«, und diesen definierten die Kirchenväter als »von den Laien grundsätzlich verschieden und mit göttlichen, nicht von den Gläubigen oder dem Staat erteilten Machtbefugnissen«. Und vorerst brauchten die Armen zum Unterhalt der »Kirchenbürokratie« nicht beizutragen, doch seit dem 6. Jahrhundert waren alle Christen, gleich ob arm oder reich, zum Zehnten verpflichtet, und es gab lange Zeit keinerlei kirchliche Steuerbefreiung mehr.

Diese Forderung wurde erstmals in England im Jahre 786 staatlich sanktioniert. Von ihren Beichtvätern bedrängt, dehnten die Könige Ethelwolf und Eduard der Bekenner den Zehnten auch auf den gesamten Agrarertrag aus, und schließlich galt die Abgabepflicht auch für alle Arbeitslöhne und Gewerbeeinkünfte. Im Frankenreich machte Karl der Große zu Beginn des 9. Jahrhunderts den Zehnten obligatorisch, und war ursprünglich nur von einem Zehntel des Getreideertrages die Rede, so wurde nun auch hier der »Feldzehnt« eingehoben, der neben Getreide Garten- und Baumfrüchte sowie Wein einschloß. Hier wurde auch der »Blutzehnt« sanktioniert, Abgaben an Tieren und tierischen Produkten, auch Eier und Butter und Honig waren abzuliefern. Weil er das vorschrieb, heißt Kaiser Karls Sohn bis heute »Ludwig der Fromme«.

Der Kirchenzehnt wurde erst im 19. Jahrhundert aufgehoben oder für ablösbar erklärt, und zwar in Preußen durch ein Gesetz vom 2. März 1850, obwohl das »göttliche Recht« des Zehnteneinhebens John Selden schon 1618 mit unwiderleglichen Argumenten bestritt. Aber wie er von der »Sternkammer« gezwungen wurde, seine Meinung abzuschwören, so wurden seine zahlreichen Nachfolger ignoriert oder mundtot gemacht. Das Trientiner Konzil 1545–1547 beschloß erneut die Exkommunikation aller Nichtzahler, und wenn es heute nominell keinen »Zehnten« mehr gibt, so leiten die Finanzämter Zwangsverfahren ein, sobald jemand seine Kirchensteuer nicht bezahlt. Und was heute »allen Religionsgemeinschaften mit öffentlich-rechtlichem Charakter« zusteht, ist keineswegs so gering, wie manche meinen. Als zum Beispiel in Österreich 1959 der Oberbuchhalter der Finanzkammer der Erzdiözese Wien vor Gericht stand, weil er rund

3 Millionen DM unterschlagen hatte, fragten sich viele, wie er solche Beträge in die Hand bekommen konnte. Aber das Budget dieser Erzdiözese ist höher als das mancher österreichischen Bundesländer. Es erreichte 1960 rund 60 Millionen DM, denn zu den Kirchenbeiträgen, die wie Steuern eingehoben werden, kommen Gebühren und Taxen für Taufen, Trauungen und Begräbnisse und der Ertrag des kirchlichen Vermögens. Der »Umsatz« der evangelischen und katholischen Kirche der Bundesrepublik betrug 1967 rund 3,3 Milliarden DM, und neun Zehntel dieser Einnahmen sind »automatisch« von den Finanzämtern eingehobene Kirchensteuern (die bis 10 Prozent der Einkommen- und Lohnsteuern betragen), Bundes- und Länderzuschüsse.

Wie hoch der Ertrag an westdeutschen Kirchensteuern ist, wird seit 1965 vom Statistischen Jahrbuch der Bundesrepublik nicht mehr verzeichnet, 1963/64 betrug er 2 286,5 Millionen DM, wovon die evangelische Kirche 1 313 Millionen erhielt und die katholische 973,5 Millionen. Von den 22 autonomen Diözesen und den 20 evangelischen Landeskirchen waren die reichsten das Erzbistum Köln mit 162 Millionen DM Kirchensteuereinkommen und das Erzbistum München-Freising mit 76 Millionen, die reichsten evangelischen Landeskirchen die des Rheinlandes mit 234,7, die Westfalens mit 151,8 und die Hannovers mit 142,7 Millionen DM.

Gegenüber diesen rund 2,3 Milliarden DM brachte die Kirchensteuer 1940 in Gesamtdeutschland nur rund 270 Millionen. Und die Staatszuschüsse betrugen im Jahre 1937 insgesamt 128 Millionen (wovon 72 an die evangelische und 56 Millionen an die katholische Kirche gingen). Zusätzlich zu den Kirchensteuern erhielten die Kirchen 1959 vom Bund 164,4 und 1962 rund 206 Millionen DM, und dazu kamen die Länderbeiträge. Pro Kopf der Bevölkerung betrugen diese 1966 in DM:

Rheinland-Pfalz	9,23
Baden-Württemberg	6,83
Bayern	6,50
West-Berlin	3,89
Niedersachsen	3,76
Hessen	3,74
Schleswig-Holstein	2,25
Saarland	2,17
Nordrhein-Westfalen	2,05
Hamburg	0,29
Bremen	kein Zuschuß.

Der Gesamthaushalt der Kirchen konnte so in Westdeutschland auf das etwa Zehnfache dessen steigen, was 1940 im ungeteilten Deutschland plus Österreich zur Verfügung stand (das Gesamtbudget der evangelischen Kirche betrug damals 287 Millionen Mark, von denen die Besoldung der Pfarrer etwa 130 erforderte), während es zum Beispiel in Großbritannien solche Steuern nicht gibt, obwohl die »Church of England« und der Staat eng verbunden sind. Aber der Staat besoldet nur die Feldkaplane und leistet im übrigen – wie auch in Frankreich – keinerlei aus Steuern stammende Beiträge zu den Religionskosten und zieht keinerlei Kirchensteuern ein: Die »Church of England« lebt von ihrem Vermögen und von Spenden.

Daß auch in Deutschland Kirchensteuern immer problematischer werden, ergibt sich aus der Tatsache, daß zwar 51 Prozent der Gesamtbevölkerung als Protestanten und 44 Prozent als Katholiken in den amtlichen Registern eingetragen sind, aber höchstens 20 Prozent der Katholiken regelmäßig Kirchen besuchen, in Bayern und Württemberg nur etwa 10 Prozent und in Hamburg 2,6 Prozent der Protestanten. 95 Prozent der Bundesdeutschen als »Christen« zu bezeichnen ist nicht minder reine Theorie wie die Parteibezeichnung »Christ-Demokraten«, und die Geistlichen wissen das. Obwohl Bischöfe durchschnittlich 4 000 DM Monatseinkommen haben und Seelsorger etwa 1 600, herrscht Priestermangel; auf jeden katholischen Pfarrer kommen jetzt im Durchschnitt 1 600 Gläubige, auf jeden Pastor in manchen evangelischen Gemeinden 5 000 Kirchenmitglieder.

Wenn die deutschen Kircheneinnahmen auch beträchtlich wuchsen, so schrumpfte allerdings der Kirchenbesitz durch den Verlust der Ostgebiete. Im Jahre 1937 betrug dieser rund eineinhalb Millionen Hektar, davon etwa 850 000 parzelliert verpachtet. Der evangelischen Kirche gehörten davon etwa 400 000 Hektar im Wert von 560 Millionen Mark. Über die heutigen Verhältnisse gibt es keine amtlichen Ziffern. Aber der »Allgemeine Hannoversche Klosterfonds« zum Beispiel, in dem – als größter derartiger Stiftung Norddeutschlands – 1818 »das von den vormaligen Klöstern und ähnlichen Stiftungen herrührende, zu einer abgesonderten Masse vereinigte Vermögen von den übrigen öffentlichen Kassen gänzlich getrennt« wurde, besaß auch 1968 noch Güter und Forsten, Steinbrüche und Mineralquellen im Wert »nicht unter 300 Millionen DM, wahrscheinlich höher«.

Bleibt dieses wie alles Kirchenvermögen und alle Kircheneinnahmen steuerfrei, so zahlen in Deutschland die Priester und Pastoren (in der Bundesrepublik 1965 insgesamt 14 275 protestantische Pastoren und 1 049 Vikare und 20 204 katholische Weltgeistliche) Einkommensteuern. Aber nicht in allen Ländern ist das so, und in Griechenland zum Beispiel bezogen die Bischöfe ein steuerfreies Bareinkommen von durchschnittlich 16 000 DM, verfügten dazu über ihre kostenlose Residenz und das Recht, zollfrei Automobile zu importieren. Es standen ihnen weiterhin steuerfrei 3 Prozent aller Gebühren für Taufen, Heiraten und Begräbnisse in ihrem Amtsbereich zu und 5,20 DM für jedes Zeugnis der Heiratsfähigkeit, das sie ausstellten. Der orthodoxe Erzbischof von Athen kam so auf ein Durchschnittseinkommen von 280 000 DM jährlich – und das hatten viele andere griechische Bischöfe nicht. Sie forderten deshalb die Aufhebung der Regel, daß ein Bischof auf seinem einmal eingenommenen Posten zu sterben hat. Die griechische Bischofsversammlung ließ 17 reiche Diözesen unbesetzt, um sie eines Tages »gerechter« zu besetzen; und als die Regierung das tat, kam es im November 1965 zu schweren Unruhen: 700 Polizisten wurden aufgeboten, um die 36 revoltierenden der 51 Bischöfe aus der Kathedrale fernzuhalten.

Zukünftige Geschichtsschreiber werden diesen Streit kaum für wichtig halten. Aber immer wieder machten kirchliche Geldansprüche und die staatlichen Reaktionen, die sie auslösten, Weltgeschichte. Wie es ohne die Säkularisierung der Kirchengüter durch Heinrich VIII. niemals zum Weltmachtaufstieg Englands gekommen wäre, so ohne die Reformation nicht zur Renaissance und damit zur heutigen technisch-wirtschaftlichen Entwicklung der Welt. Seit Jahrtausenden sind die Finanzpolitik der Kirchen und die Finanzpolitik der Staaten untrennbar miteinander verbunden, und wie die Religion die Wirtschaftsgesinnung beeinflußt und damit die finanziellen Möglichkeiten der Staaten, so bestimmen die wirtschaftlichen und politischen Anschauungen der Theologen und Kirchenhäupter die Religionen und das Leben überhaupt.

Daß das Chaos der Völkerwanderung ebenso überwunden werden konnte wie die frühchristliche Mentalität der Entsagung, hatte vielerlei Gründe, aber entscheidend trugen dazu die Stiftung des Klosters Monte Cassino im Jahre 529 und die Lehren Benedikts von Nursia bei, des Begründers des Benediktinerordens. Einer altrömischen Landadelsfamilie entstammend, hatte er in Rom die Rechte studiert, war Abt des Klosters von Subiaco geworden und hatte erkannt, daß nicht Askese, sondern nur tätige Arbeit den allgemeinen Verfall aufhalten konnte. Von Monte Cassino aus christianisierte Benedikt die teilweise noch heidnische Bauernbevölkerung der Umgebung, lehrte sie aber vor allem, ihre Felder in Ordnung zu bringen und vergessene Handwerke wiederaufzunehmen. Er behielt in einer Zeit völligen kulturellen und wirtschaftlichen Verfalls den Glauben an die Schöpferkraft des Menschen, lehnte die Lehrstreitigkeiten der orientalischen Priesterseminare ebenso ab wie das »Heils-Leben« der Eremiten und die »Benedicti Regula Monachorum«, sah nicht nur täglich sechs Stunden Lesen und Unterrichten vor, sondern auch vier Stunden körperliche Arbeit. Benedikt von Nursia verschmolz in seiner Ordensregel das christliche Sendungsbewußtsein mit dem altrömischen Ordnungs- und Militärgeist. Seine Erziehungsziele hießen Ehrbarkeit, Genügsamkeit und Tätigkeit. Sein Schlagwort war »Ora et labora« – »Bete und arbeite«: Glauben und Zivilisation mußten vereint werden, schufen erst zusammen ein »Opus Dei«. Und Benedikt wußte auch, was noch heute viele UNESCO-Spezialisten nicht wissen: Lehrer müssen in Neuländern Pioniere und Praktiker sein. Sie müssen nicht nur Lesen und Schreiben, sondern auch Handfertigkeit, rationelle Ackerbau- und Viehzuchtmethoden, die Grundregeln der Hygiene lehren. Die Mönche, die von Monte Cassino aus zu den Burgundern und den Angelsachsen zogen, das heutige Deutschland missionierten und bis Polen vordrangen, rodeten mit den Neubekehrten die Wälder, legten Sümpfe trokken, unterwiesen sie im Hausbau. Die Mönche brachten ihnen bessere Pflüge, lehrten sie Wind- und Wassermühlen bauen und Bergwerke anlegen. Die Benediktinerklöster, von denen es heute mehr als dreihundert überall auf der Welt gibt, waren zugleich Mustergüter und Wirtschaftszentren, von denen neues Wissen und neuer Lebensmut ausstrahlte.

Das war für ganz Europa ein Segen, blieb es aber nicht lange, denn das meiste neu urbar gemachte Land wurde Kloster- und Kirchenbesitz, und so gehörte schon zur Merowingerzeit ein Drittel allen Kulturbodens Frankreichs der »Toten Hand«, und allein die Abtei St-Germain de Prés zum Beispiel (heute ein Pariser Stadtbezirk) besaß im 8. Jahrhundert 442 150 Hektar Felder und Wälder und 10 026 Hörige. Um das Jahr 1000 war die Hälfte allen Ackerlandes in England Kirchenbesitz, und für die deutsche Entwicklung war das Kloster Fulda typisch: Hier schenkte im Jahre 744 König Pippin einem Schüler des heiligen Bonifatius das riesige Waldgebiet zwischen der Röhn und der Fulda, und Kaiser Karl dehnte den Besitz des Benediktinerklosters auf 15 000 Hufe aus, das heißt die für 15 000 große Bauerngüter nötige Fläche. Dazu kamen aber schon in den Jahren 750 bis 800 zufolge der erhaltenen Urkunden 155 Landschenkungen durch Freie, die für sich oder ihre Eltern damit ein »Seelengut« erkaufen wollten, und im 9. Jahrhundert sind 441 solcher Schenkungen an das Kloster Fulda registriert. Denn die Kirche lehrte: »Der besitzt seine weltlichen Güter mit rechtem Nutzen, der mit der hinfälligen die ewig dauernde Gegengabe erkauft.« Die Mönche galten als die von Gott anerkannten Verwalter ihres durch Frömmigkeit und Gebet angesammelten »Gnadenschatzes«, und wer ihnen sein irdisches Gut übertrug, kaufte sich damit in die ewige Seligkeit ein. Die Schenkungen machten »die Seele im Diesseits sorglos, im Jenseits selig«. Und wie es in Schenkungsurkunden Kaiser Karls »zum ewigen Lohn« und »zum Heil unserer Seele« heißt, so in denen von Bauern, die ihr gesamtes Hab und Gut dem Kloster vermachten: »Damit wir hierfür verdienen, in Zukunft ein Heil für unsere Seele zu haben.« Oder: »Für das Heil der Seele meines Bruders Hiltwini.« Hunderte Male ist da zu lesen »pro anima« – »für die Seele« und in Schenkungsurkunden Adeliger oft auch »plenam fraternitatem«, in voller Brüderschaft mit den Mönchen auch im Tode, das heißt Beisetzung des Spenders im Kloster selber, um mit den Mönchen als Fürsprechern vor dem Jüngsten Gericht zu erscheinen. Manche Bauern sicherten sich wenigstens auf ihre und ihrer Frauen Lebenszeit die Nutznießung der verschenkten Güter. Aber ihre Kinder mußten Dienstleute werden, während das Kloster nur die »Teilhaberschaft an den ewigen Gütern« zu gewähren brauchte.

So wuchs der Klosterbesitz ins fast Unglaubliche, so wuchs aber auch die Macht der Äbte, denn Fulda zum Beispiel hatte bereits Ludwig III. im Jahre 878 von der Gerichtsbarkeit der Gaugrafen befreit, der Abt war seither nicht nur sein eigener Bischof in geistlichen Dingen, sondern zugleich weltlicher Oberrichter seiner Untertanen. Im Jahre 1019 erhielt Fulda von Heinrich II. das Münzrecht und das Marktrecht in der gleichnamigen, beim Kloster entstandenen Stadt, und damit war aus dem Kloster ein Fürstentum geworden.

Ein Wirtschaftszentrum war es – wie auch Sankt Gallen, Corvey oder Reichenau – längst, und so konnte es nicht ausbleiben, daß die Äbte dem Gelderwerb sehr bald ungleich mehr Zeit und Energie widmeten als der Volkserziehung. Sie waren im Lauf der Zeit Bergwerksbesitzer ebenso wie Domänenbesitzer geworden, Bankiers und große Handelsherren ebenso wie Erzieher und Priester. Schließlich verfielen die Klosterschulen, interessierte sich ein Kloster wie Lützel in der Schweiz nur mehr für seine Eisenhütte, ein ehemals so berühmtes Kulturzentrum wie Einsiedeln nur mehr für seine riesigen Wälder und seine Pferdezucht, für seine Tuchweberei und seine Färberei. Die Klöster wurden zu reich, und zwar aus dem erwähnten und sehr einfachen Grund, daß sie keiner Erbteilung unterlagen, daß hier in einer Hand blieb, was im Privatleben immer wieder unter die Kinder verteilt wurde – und daß sie keine Steuern zahlten. Im Jahre 1505 besaß das Kloster Monte Cassino an unbeweglichen Gütern: 4 Bischofssitze, 2 Fürstentümer, 21 Grafschaften, darin 444 Dörfer, 336 Landgüter, 23 Hafenplätze, 207 Mühlen und 1 662 Kirchen. Das Kloster Maulbronn besaß 1508 im heutigen Württemberg 60 Ortschaften, in Baden 40 und in der Rheinpfalz 17. Dazu Güter in Worms, Kolmar und Lüneburg. Sehr wertvoll war auch das klösterliche Recht, jährlich ein Schiff zollfrei den ganzen Rhein befahren zu lassen. Ähnliche Reichtümer besaßen schließlich Tausende Klöster – und so trat das epikuräische Ideal an die Stelle des ursprünglich stoischen: Der Hang zu Wohlleben und Faulheit nahm überhand, und die große Masse der Mönche bestand schließlich aus Ignoranten, die den Aberglauben pflegten.

Schuld an dieser Entwicklung war der erwähnte grundsätzliche Unterschied zwischen »weltlichem« und »geistlichem« Besitz, aber natürlich auch das Bestreben der weltlichen Herrscher, das Christentum in ihren Dienst zu stellen, und der fast ein Jahrtausend dauernde Kampf zwischen dem Papsttum und den Kaisern, der sich daraus ergab und der damit endete, daß wir heute Staats- *und* Kirchensteuern zahlen. Das Christentum hätte sich völlig anders entwickelt, wenn es nicht schon durch Kaiser Konstantin im Jahre 324 zur römischen Staatsreligion gemacht worden wäre. Damit hörte das Kreuzeszeichen auf, ein Symbol des Friedens zu sein: Aus Märtyrerakten wie christlichen Verordnungen und vor allem aus den Schriften des Origines geht eindeutig hervor, daß das frühe Christentum den Krieg in jeder Form ablehnte und zur Verweigerung des Militärdienstes aufrief. Im Jahre 314 jedoch beschlossen die Bischöfe, die Konstantin in Arles, in Gallien, zusammenrief, fortan alle desertierenden Soldaten zu exkommunizieren. Immer mehr wurde das Christentum nun zu einer Gewalt und Krieg bejahenden, zu einer kämpferischen Religion wie der Islam. Was Konstantin einleitete, führte zu den Kreuzzügen wie zur Segnung der Bombenflugzeuge im Zweiten Weltkrieg.

Was seither »Christliches Abendland« genannt wird, entstand durch das Zusammenwirken der verschiedensten Faktoren und im Verlauf vieler Jahrhunderte, und das ist ohne den Islam so wenig denkbar wie ohne die heidnischen Germanen, die seit 180 nach Christus in den römischen Reichsverband aufgenommen wurden. Aber seit das Christentum als Staatsreligion anerkannt war, wurde die Entwicklung der Kirche durch das Vorbild Roms bestimmt, und die Entwicklung der Nachfolgestaaten des Römischen Reiches verlief parallel zur Kirchenentwicklung. Die Kirche übernahm die römischen Organisationsformen, besaß aber auch ein eigenständiges Wirtschaftsprogramm, das vor allem der Bischof von Hippo Regius in Nordafrika, Aurelius Augustinus (353–430 n. Chr.), in 22 Büchern über den »Gottesstaat« (»De civitate Dei«) formulierte. Augustinus nannte den antiken Staat »eine

Räuberbande, die seßhaft wurde«, forderte eine revolutionär neue Gesellschaftsordnung, die statt auf Raub und Wucher auf ehrlicher Leistung zu beruhen hatte. Arbeit schien ihm Pflicht für jedermann, auch für den Klerus und die Mönche, Zins zu nehmen, galt Augustinus als Todsünde, und darum verbot es auch Karl der Große, der den »Gottesstaat« zu verwirklichen versuchte. Schon wer mehr Getreide zurückforderte, als er verliehen hatte, galt als Wucherer, und allen Geschäften in Notzeiten wurde ihre Rechtsgültigkeit abgesprochen, wenn Leistung und Gegenleistung ungleich waren. Natürlich hatte Augustinus auch alles nicht selber erarbeitete Kirchenvermögen abgelehnt und alles Kirchengut mit »Armengut« gleichgesetzt: Es hatte außer zum Unterhalt der Gotteshäuser einzig und allein der Wohltätigkeit zu dienen.

Aber dabei blieb es natürlich nicht. Aus dem »Kirchengut« wurde sehr rasch das »Bischofsgut«, die einzelne Gemeinde verlor die Verfügungsgewalt. Aber auch die Bischöfe behielten sie nicht, die Kirchenväter sprachen – wie später auch Thomas von Aquino – von »Christi Gut«, und da der Papst sich als Stellvertreter des Heilands auf Erden ausgab, wurde aus dem »Armengut« das »Papstgut«. Schon auf dem Konzil von Nicaea hatte Kaiser Konstantin ein Vorrecht für die Bischöfe von Rom beansprucht, und wenn ursprünglich alle Bischöfe »Papst« hießen – vom lateinischen »papa« – »Vater« abgeleitet – und im Morgenland auch zahlreiche Äbte, so galt seit dem 6. Jahrhundert »Papst« als Titel des Oberhaupts der Kirche.

Heute ist der Papst in Rom der oberste aller Bischöfe, weil nicht nur die Kirche das Erbe des Römischen Reiches antrat, sondern auch die Germanen. Seit dem fünften Jahrhundert brachten die Franken große Teile Europas in ihren Besitz; auch die Karolinger suchten die Kirche zur Festigung ihrer Herrschaft zu benutzen, und diesmal gewannen die Päpste das Übergewicht, weil weder Karl der Große noch seine Söhne die Besonderheit der »Toten Hand« in Rechnung stellten und das im Jahre 321 von Konstantin der Kirche gewährte Recht zu erben *nie* durch eine Teilungs- oder Abgabepflicht ausgeglichen wurde.

Während die Sachsen und Angeln das heutige England besetzten und die Bayern (die sich aus Markomannen und Quaden gebildet hatten) nach Oberösterreich und über den Brenner vordrangen, hatten die Franken um 460 Köln und die heutige Rheinprovinz in ihre Gewalt gebracht und mit der Eroberung Galliens begonnen. Der endgültigen Beendigung der römischen Herrschaft durch die Schlacht von Soissons im Jahre 486 folgten Kämpfe zwischen den westgermanischen Franken und den ostgermanischen Burgundern und Westgoten, und die Niederlage der Burgunder bei Dijon und der Westgoten bei Vouillé unweit Poitiers im Jahre 500 machte Chlodwig II. (aus dessen Namen später im Französischen Clovis und Louis wurden) zum Herrn des Frankenreiches.

Chlodwig war nicht nur ein hervorragender Krieger, sondern auch ein kalt realistischer Politiker. Er sah, daß das Arianertum der übrigen Germanenstämme keine Aussicht hatte, heiratete 493 die römisch-katholische burgundische Königstochter Chlotilde und ließ sich am Weihnachtstag 496 selber taufen. Damit wurde die katholische Kirche, die im Westen bisher auf die unterworfenen Romanen beschränkt gewesen war, zur Kirche der Herrschenden. Chlodwig sicherte sich aber auch als erster Germanenführer die Unterstützung der christlichen Missionare, Äbte und Bischöfe, und er brachte einen Bund zwischen der Kirche und dem Staat zustande, eine Interessengemeinschaft, die ihm half, nicht nur das Gebiet zwischen der Somme und der Loire zu erobern, sondern auch die Ripuarier und 496 die Alemannen zu unterwerfen und sein Gebiet vom Main bis zu den Alpen auszudehnen. Chlodwig trieb die Westgoten von Südfrankreich nach Spanien, und Mitte des 6. Jahrhunderts herrschten die Franken von den Pyrenäen und dem Atlantik bis zur Unstrut und dem Böhmerwald. Zwar verfiel Chlodwigs Reich unter seinen Erben, aber Karl Martell erneuerte es, und unter Karl dem Großen erreichte es 768–814 seine höchste Blüte.

Die Bischöfe von Rom hatten diese Entwicklung genutzt: Anfang des Jahres 754 reiste Stephan II. ins Frankenreich, besprach sich mit König Pippin dem Jüngeren und unterbreitete ihm dabei ein Dokument, das sich später als Fälschung erwies, nichtsdestoweniger aber mehr Einfluß auf die Weltgeschichte nahm als Hunderte von echten Verträgen. Wer diese sogenannte »Konstantinische Schenkung« erfand, ist bis heute nicht genau bekannt. Auch von allen katholischen Forschern unbestritten ist, daß es sich um eine Fälschung handelt – aber Pippin betrachtete das Dokument als echt. Und hier wurde nicht nur behauptet, Konstantin der Große habe sich zum Christentum bekehrt, sondern auch, der Kaiser habe dem römischen Bischof alle kaiserliche Macht im Westen des Römischen Imperiums übertragen. Konstantin habe bestimmt, »die Stadt Rom wie alle römischen Provinzen des Abendlandes einschließlich aller Inseln« sollten fortan dem römischen Bischof untertan sein. Und er habe erklärt, er werde in Zukunft auch selber nicht in Rom bleiben, weil hier *nur* der Nachfolger Petri zu herrschen habe. Zum Zeichen der neuen Macht habe der Kaiser dem Papst alle seine Machtsymbole überreicht: Zepter, Lanze und Reichsapfel, den Purpurmantel und die kaiserliche Schärpe. Er habe dem Papst auch die Krone aufsetzen wollen. Aber der Papst habe sie ihm zurückgegeben.

Das wurde später dahin interpretiert, daß der eigentliche Inhaber aller weltlichen Macht der Papst sei. Daß er diese Macht den weltlichen Herrschern nur »leihweise« überlasse und daß er sie auch jederzeit zurücknehmen könne. Wenn der Papst durch die Menge getragen wird, heißt es auch heute noch: »Viva il papa-re!« – »Es lebe der Papst-König!« Seine Tiara ist nach wie vor eine dreifache Krone, und in allen katholischen Ländern haben seine Botschafter den Vortritt vor allen andern Mitgliedern des diplomatischen Korps.

Bei den Verhandlungen Stephans II. mit Pippin ging es noch nicht um diesen Weltmachtanspruch, der natürlich auch das Alleinbesteuerungsrecht oder zumindest ein Besteuerungsvorrecht der Kirche bedeutete. Das gefälschte Dokument diente nur zum Beweis, daß nicht die Langobarden, die den byzantinischen Gouverneur aus Ravenna und Rom verjagten, Anspruch auf diese Gebiete hätten, sondern er, der Papst. Und Pippin konnte die angebliche Schenkung nur recht sein: Sie entwertete zugleich den Anspruch der byzantinischen Kaiser auf die Herrschaft auch im abendländischen Teil des ehemaligen Römischen Reiches. Er schenkte deshalb der Kirche die kaiserlichen Gebiete von Ravenna, die Pentapolis und Rom, und machte diese »Pippinsche Schenkung« des Jahres 754 zwei Jahre später praktisch wirksam, als er die Langobarden durch einen Feldzug zur Kapitulation zwang – und bis 1870 blieb dieser »Kirchenstaat« im Besitz der Päpste. Ursprünglich mit etwa 48 000 Quadratkilometern so groß wie das heutige Niedersachsen, wurde er durch die militärischen Eroberungen Alexanders VI. und Julius II. zum größten Staat der Apenninenhalbinsel und erstreckte sich vom Mittelmeer bis zur Adria. Alle hier Wohnenden wurden natürlich von den Päpsten nicht nur besteuert, der Vatikan gab für den Kirchenstaat auch eigenes Geld aus. Nur daß die Münzen hier mit frommen Inschriften versehen wurden. Unter Innozenz XIII. zum Beispiel: »Ut detur« – »Um gegeben zu werden«. Unter Benedikt XII.: »Solatium miseris« – »Zum Trost der Unglücklichen«. Da stand auf den Münzen Klemens' IX.: »Nolite thesaurizare« – »Ihr sollt es nicht horten«, und auf denen Innozenz' XI.: »Quod habeo, tibi do« – »Was ich habe, gebe ich dir«; Klemens XIII. forderte: »Ne obliviscaris pauperum« – »Vergeßt nicht die Armen«.

Für die Franken hatte sich das Bündnis mit der Kirche vorerst als ebenso vorteilhaft wie für die Päpste erwiesen. Durch die klösterlichen Urbarmachungen war die Kirche der wichtigste Wirtschaftsfaktor, der Klerus zugleich aber auch die gebildetste Schicht der Bevölkerung, und so stellte er unter Karl dem Großen, Pippins Sohn, den Papst Leo III. im Jahre 800 zum

Kaiser krönte, auch die meisten Beamten. Der Mönch Alkuin führte für den Herrscher eine Schriftreform durch, richtete zahlreiche Schreibschulen ein und in Aachen eine Zentralverwaltung, die Musterpläne für alle Bauten, genaue Vorschriften für die Errichtung und den Betrieb der Reichsgüter, Mustertexte für Urkunden usw. in alle Teile Europas sandte. Karls Reich erstreckte sich schließlich vom Ebro bis zur Elbe und von der Nordsee bis zur Adria, faßte alle zum damals bekannten Europa gehörenden Völkerschaften zusammen. Es war ein »christliches« Reich ohne nationale Schranken, und wie sich Karl der Große als »Erneuerer Roms« den Titel »Imperator Augustus Pacificus« gab, so erneuerte er die Politik Kaiser Konstantins und sah in der Kirche seinen wichtigsten moralischen Helfer: Mit dem Schimmer des Heiligen umgeben, stellte sie Lohn und Strafe in Aussicht, zwang sie Fürsten wie Äbte und Leibeigene zum Wohlverhalten gegenüber der staatlichen ebenso wie der geistlichen Obrigkeit. Für den Kaiser waren Staat und Kirche wiederum eins, und so erweiterte er im Jahr 781 nicht nur den Kirchenstaat, sondern ermöglichte während seiner Regierungszeit den Bau von 400 Klöstern, die er nicht nur mit riesigem Grundbesitz ausstattete, sondern deren Gebäude er auch auf Staatskosten errichtete. Manche dieser gewaltigen Klosterkomplexe wurden noch reicher ausgestattet als die Kaiserpfalzen von Aachen und Ingelheim. Von weit her wurde Marmor herangebracht, aus Venedig holte man Orgelbauer und verpflichtete die besten Buchmaler und Goldschmiede. Die gewaltigen Summen blieben den Klöstern für immer, denn sie behielten ja ihren Besitz und dehnten ihn durch Erbschaften und Schenkungen immer mehr aus, während Karls Reich sehr bald geteilt wurde. Und so gehörte schließlich nicht nur fast die Hälfte allen Bodens im Fränkischen Reich der Kirche, sondern sie errang auch politisch das Übergewicht.

Vor allem durch den dritten Sohn Karls des Großen, Ludwig I., »den Frommen«, der im Jahre 814 auf den Thron kam und den schon zwei Jahre später, bei der Kaiserkrönung in Reims, der Papst wie seinen Diener behandelte. Ludwig teilte 817 das Frankenreich unter seine drei Söhne, wie ein Bauer seinen Hof teilt, und ebnete mit dem Vertrag von Verdun vom 11. August 843 den Weg, der das Karolingerreich in einen östlichen, westlichen und mittleren Machtbereich gliederte und die Einheit des Abendlandes zerstörte.

Einheit der Kirche, Zersplitterung der Staatsgewalt, das bestimmte natürlich auch die Finanzpolitik: Alle Versuche, eine Reichssteuer einzuführen, scheiterten. Heinrich IV. sowenig wie Otto IV. erreichten in den Jahren 1066–1215 mehr, als daß einzelne Reichsstädte sich bereit fanden, Pauschalsummen zu zahlen, und sie mußten jedes Jahr neu ausgehandelt werden. Von den Fürsten bekamen die Kaiser nur »Ehrengeschenke«, und einen Glücksfall wie die Gefangennahme des englischen Königs Richard Löwenherz, der Heinrich VI. im Jahr 1194 rund 20 Millionen Mark Lösegeld brachte und damit die Mittel, das Königreich Sizilien zu erobern, gab es nur einmal. Papst Innozenz III. hingegen gelang es damals, der ganzen Christenheit eine regelmäßige Geldsteuer aufzuerlegen, und Ende des 13. Jahrhunderts war das Jahreseinkommen des Vatikans mit etwa 32 Millionen Mark mehr als zehnmal so groß wie das Kaiser Friedrichs II. Aus den 22 000 Hektar, die der Grundbesitz der Päpste um das Jahr 600, zur Zeit Gregors des Großen, umfaßte und der noch dazu als Streubesitz in Afrika und Kleinasien wie in Gallien, Illyrien und Italien lag, war nicht nur der Kirchenstaat geworden, sondern es gab seit dem 9. Jahrhundert den »Peterspfennig«, den zuerst England dem Papst zahlte, sehr bald auch Dänemark, Schweden, Norwegen, Polen und die Gebiete des Deutschen Ritterordens.

Da dieser »Peterspfennig«, der ursprünglich ein Dreißigstel der Pachteinnahmen der Grundbesitzer betrug und später als »Herdgeld« von allen Christen eingehoben wurde, für die Finanzierung der Kreuzzüge nicht genügte, schuf Papst Innozenz III. im Jahre 1199 die »Päpstliche Kreuzzugsabgabe« als kombinierte Vermögen- und Einkommensteuer: Vom Grundbesitz wurde ein Prozentsatz des Einkommens, vom mobilen Besitz ein Prozentsatz des Wertes erhoben. Besondere Kirchensteuer-Kataster wurden angelegt, die Steuern vorerst aber nicht regelmäßig, sondern nur im Bedarfsfall eingehoben. Die Bemessung oblag dem Papst, und prinzipiell hatte er dabei völlige Freiheit. Und er war auch nicht an den ursprünglichen Steuerzweck gebunden. Zwar protestierten die Domherren und Patrone der Kirchengüter wiederholt gegen diese Auslegung. Aber der Papst drohte mit Exkommunikation und Einziehung ihrer Ämter, und am 5. Juli 1328 zum Beispiel wurden in Avignon 1 Patriarch, 5 Erzbischöfe, 31 Bischöfe und 46 Äbte exkommuniziert, weil sie mit ihren Zahlungen an den Papst im Rückstand waren.

Schwieriger als das Erzwingen des kirchlichen Gehorsams war allerdings die praktische Einhebung der päpstlichen Steuern. Finanzämter, die heute die Kirchensteuern einheben, gab es ja nicht, und in vielen Ländern war die Geldwirtschaft noch wenig entwickelt, waren nur Naturalsteuern einzutreiben. Das Münzwesen war ungeordnet, und so stellten die Päpste »Kollektoren« an, die meist aus norditalienischen Kaufmannskreisen stammten. Sie übernahmen die Naturalien für eigene Rechnung zum lokalen Preis, verwerteten sie auf geeigneten Märkten und schrieben den Ertrag – abzüglich der Provision – Rom gut. Ebenso rechneten die »Kollektoren« den Metallwert der verschiedenen eingehenden Münzen in Gold um, übergaben diesen Goldwert dann päpstlichen Generalvertretern in London, Paris und Venedig. Die Kollektoren gaben auch Vorschüsse – und die Zinsen waren nicht gering. Als päpstliche Steuereinnehmer reich und mächtig wurden unter anderen die Medici in Florenz und die Fugger in Augsburg.

Der finanzielle Ertrag der Kreuzzugssteuer war gewaltig. Er war im letzten Drittel des 13. Jahrhunderts in Frankreich zum Beispiel mindestens um die Hälfte höher als die gesamten damaligen Staatseinnahmen. Obwohl die Kreuzzüge keinerlei dauernde Erfolge brachten, wurde die Steuer weiter eingehoben und von den Päpsten vor allem zur Finanzierung der französischen Könige gegen die Hohenstaufen benutzt. Aber wenn die Päpste das Geld für andere Zwecke verwendeten als ursprünglich vorgesehen, so taten das natürlich auch die Fürsten, die Kreuzzugsgelübde ablegten und die vom Papst gezahlten Hilfsgelder dann für ihre eigenen Zwecke verwendeten. Und natürlich war es unausweichlich, daß früher oder später die Könige verlangten, daß die Kleriker, die dem Papst gegenüber steuerpflichtig waren, auch ihnen steuerpflichtig wurden.

Das geschah, als Philipp IV. von Frankreich 1294 Krieg gegen Eduard I. von England führte und zur Kostendeckung auch das Kirchenvermögen heranzog. Der Papst war damals Bonifatius VIII., ein in Anagni geborener ehemaliger Kanonikus aus Lyon, der sich zwei Dutzend Astrologen hielt, einen Ring trug, in den angeblich ein hilfreicher Dämon gebannt war, und ein Messer, das vor Gift schützte. Ein Riese von Gestalt und voll unbändiger Lebenskraft, ritt Papst Bonifaz auf einem kostbar aufgezäumten Schimmel zur Kirche, den der König von Ungarn und der Herzog von Apulien führten. Wie diese beiden verachtete er aber alle Laien, die, wie er bei jeder Gelegenheit erklärte, »den Priestern todfeind sind, solange die Geschichte Zeugnis ablegt«. Im Grunde verachtete er alle Menschen, und seine höhnische Kälte veranlaßte den Franziskaner Jacopone, den er nach der Bedeutung eines Traumes fragte, in dem er eine große Glocke ohne Klöppel sah, zu antworten: »Das bedeutet dich selber: den Menschen ohne Herz!«

Als Antwort auf die Steuermaßnahmen Philipps IV. erließ Papst Bonifaz VIII. im Jahre 1296 die Bulle »Clericis Laicos« und erklärte unter Strafe des Bannes: Ohne päpstliche Bewilligung dürfen Kleriker keinerlei Gaben und Steuern an Laien entrichten, die Fürsten und Beamten sie weder fordern noch nehmen. Und an den König schrieb er: »Bonifaz an Philipp, König von Frankreich! Fürchte Gott und halte seine Gebote! Du sollst hiermit wissen, daß Du uns in allen weltlichen ebenso wie in allen geistlichen

Angelegenheiten unterworfen bist! Andersdenkende betrachten wir als Ketzer!«

Aber in der Antwort mehr als ein Jahr später hieß es: »Philipp, von Gottes Gnaden König von Frankreich, an Bonifaz, der sich für den Papst ausgibt! Wenig oder gar keinen Gruß. Maxima tua fatuitas – Du Erzdummkopf solltest wissen, daß Wir in weltlichen Dingen niemandem unterworfen sind. Andersdenkende halten Wir für einfältige Narren!« Und der König führte die Devisenbewirtschaftung ein, verbot jede Ausfuhr von Gold und Silber ohne besondere Erlaubnis. Er verbot ebenso die Lebensmittel- und Viehausfuhr ohne Sondergenehmigung und allen Fremden den Aufenthalt und das Handeltreiben ohne seine Einwilligung: Damit waren dem Papst alle Einnahmen aus Frankreich gesperrt, die Tätigkeit der »Kollektoren« lahmgelegt.

Bonifatius nahm daraufhin seine Bulle gegen Frankreich zurück, versuchte es aber am 5. Dezember 1301 mit einer zweiten, »Ausculta fili«, die jeden zum Ketzer erklärte, der nicht glaube, daß die Könige dem Papst in weltlichen ebenso wie in geistlichen Dingen unterworfen seien.

Philipp IV. berief einen Reichstag nach Paris ein, ließ im April 1302 erstmals auch bürgerliche Vertreter der Städte neben dem Adel und den Prälaten zu, und dieses »Parlament« erklärte, es sei außer Gott nur dem König unterworfen, und dieser trage seine Gewalt von niemandem zu Lehen. Das löste wiederum die Bulle »Unam sanctam« vom 18. November 1302 aus, in der der Papst zusammenfaßte, was jemals zur Unterbauung des römischen Machtanspruchs gesagt worden war, und erklärte: Die geistliche Gewalt ist befugt, die weltliche Gewalt einzusetzen und, wenn sie nicht gut ist, zu richten; es ist heilsnotwendig, zu glauben, daß alle menschliche Kreatur dem Papst unterworfen ist, denn nur so gründet sich die Autorität im Ewigen, beruht sie nicht auf irdischen Zufällen und auf der Willkür der jeweiligen Machthaber. Ist die Lebensform der Christenheit die Kirche, dann kann die ganze Christenheit, Fürsten und Könige inbegriffen, auch nur ein Haupt haben, und zwar den Papst als Stellvertreter Christi auf Erden.

Dieser Theorie folgte die Praxis: Bonifatius VIII. setzte Philipp als König von Frankreich ab und sprach den Bann über ihn aus. Aber das störte diesen wenig, vielmehr ließ er den Papst in Italien überfallen und gefangennehmen, und dieser Schock war für Bonifaz so groß, daß er bald darauf starb. Sein Nachfolger Benedikt XI. lebte auch nicht lange, und inzwischen gelang es Philipp IV. durch Bestechung, den Erzbischof von Bordeaux als Klemens V. auf den päpstlichen Thron zu setzen. Dieser verlegte seine Hofhaltung von Rom nach Avignon, hob den Kirchenbann gegen Philipp auf und erklärte die Bullen Bonifatius' VIII. für ungültig.

Was nun folgte, nennen die Kirchenschriftsteller das »Babylonische Exil« der Päpste: Siebzig Jahre lang, von 1309–1378, hatten sie ihren Sitz in Avignon, und daraus entstanden weltweite Konsequenzen: Nicht nur das Recht der Päpste, allein Steuern zu erheben, ging verloren, sondern – zumindest zeitweilig – auch die Steuerfreiheit des Klerus und der Kirchengüter den Staaten gegenüber. Wie Frankreich begannen England, bald auch Aragonien, Sizilien und Böhmen, Steuern von den Klerikern einzuziehen, und König Philipp IV. soll der Kirche Frankreichs innerhalb zehn Jahren 420 Millionen Mark abgenommen haben. Für den Papst blieb nichts übrig, und ähnlich war es anderswo, ganz abgesehen davon, daß Fürsten und Bischöfe nun fast überall ihre Zustimmung geben mußten, bevor Geld nach Avignon und später nach Rom ging. Und so suchten die Päpste andere Einnahmequellen, traten immer neue Abgaben neben die Kirchensteuern, und nun wurde vor allem systematisch der Aberglauben als Geldquelle mobilisiert, ein schwunghafter Handel mit Reliquien getrieben und Rom zum größten aller Wallfahrtsorte gemacht.

Wallfahrten hatte es bereits im Altertum gegeben, denn sie entstehen durch den »Glauben an die Bevorzugung bestimmter Orte für das außerordentliche Wirken Gottes oder der Götter«. Auch der Islam forderte zu Wallfahrten nach Mekka und Medina auf und erklärte sie zu »heiligen Städten«. Aber im Jahre 1300 hatte Papst Bonifatius VIII., schwer durch die französische Zahlungssperre getroffen, einen »Jubelablaß« verkündet und erklärt, wer in diesem Jahr nach Rom pilgere und auf dem Altar des heiligen Petrus in der Peterskirche eine Spende niederlege, dem würden alle Sünden vergeben. Das lockte mehr als 2 Millionen Gläubige in die Ewige Stadt. Tag und Nacht konnten (wie Augenzeugen es schilderten) »zwei Priester das Geld mit großen Rechen in Säcke sammeln«, und der Ertrag dieses Jahres wurde auf 52 500 Kilogramm Feingold veranschlagt, allein dem Goldwert nach rund 280 Millionen DM. Dante schilderte, wie riesige Völkerscharen nach Rom zogen, Kranke auf Wagen, alte Leute auf den Schultern ihrer Kinder, und wie an den »Apostelgräbern« ein schwunghafter Reliquienhandel blühte. Die Idee, die Gläubigen selber ihre Abgaben nach Rom bringen zu lassen, so die teure Vermittlung des lokalen Klerus und der »Kollektoren« auszuschalten und den Fürsten jede Konfiskationsmöglichkeit zu nehmen, erwies sich für die Macht des Papsttums als entscheidend wichtig.

Sollte solch ein »Jubelablaß« ursprünglich nur alle hundert Jahre verkündet werden, so wurde die Frist bald auf 50, dann auf 33 und schließlich auf 25 Jahre verkürzt – und diese »Jubeljahre« blieben bis heute zugkräftig, obwohl im Mittelalter kaum weniger Pilger nach Santiago de Compostela als nach Rom zogen und seit 1858 bekanntlich Lourdes ein berühmter Wallfahrtsort ist, der nun gut eine Million Gläubige jährlich anzieht. Aber nach Rom kamen im »Jubeljahr« 1950 mindestens 5 Millionen.

War der Aufruf zur Wallfahrt in seinen schädlichen Allgemeinauswirkungen relativ harmlos, so wurden die neuen »regelmäßigen« Einnahmen, welche die Nachfolger Papst Bonifatius' VIII. schufen, um so belastender: 1316 als Johannes XXII. Papst geworden, erklärte der frühere Kanzler Roberts von Neapel und Erzbischof von Avignon am 22. November 1323 durch seine Bulle »Cum inter nonnullos« die franziskanische Lehre von der Armut Christi (und die dementsprechend geforderte Armut der Kirche) für häretisch. Gleichzeitig führte er eine »Verwaltungsreform« durch: Alle einträglichen Kirchenämter wurden bei ihrem Freiwerden vom Papst »einbehalten« und nur demjenigen übertragen, der zuerst die halbe Einnahme des ersten Jahres, dann die des ganzen und schließlich der zwei ersten seiner Amtsjahre als »Annaten« an Rom bezahlte. Weiter beanspruchte der Vatikan nun »Spoliengelder«, Anteile am Vermögen aller verstorbenen Kleriker, das heißt hohe Erbschaftsteuern, und Johannes XXII. (der Dante zufolge nicht Petrus und Paulus verehrte, um so mehr aber den heiligen Johannes – weil dessen Bild damals dem Florentiner Gulden eingeprägt war) begann nicht nur altehrwürdige Bischofssitze zu verkaufen, sondern schuf auch zahlreiche neue Prälaturen und Abteien, erfand die »Commenden«, zahlungspflichtige Anwartschaften auf Kirchenämter, die nur durch immer neue Zahlungen verlängert wurden, und brachte so die Jahreseinnahmen der Kurie auf 230 000 Goldgulden jährlich. Zu je 3,5 Gramm Feingold zwar nur 805 Kilo, aber kaufkraftmäßig nicht etwa 5, sondern mindestens 500 Millionen heutiger Mark.

Was unter Johannes XXII. begann, nahm rasch geradezu unglaubliche Ausmaße an, und die nach dem Zauberer Simon (der den Aposteln den Heiligen Geist abkaufen wollte) benannte »Simonie« wurde schließlich der Kirche zum Verhängnis: Ursprünglich war beim Ableben eines Bischofs das frei gewordene Amt von den Stifts- und Domherren neu besetzt worden, indem sie aus ihrer Mitte den würdigsten wählten. Dann aber beanspruchten die Päpste das Recht, die frei gewordenen Stellen neu zu besetzen; nur wenn der Vatikan einem lokal Gewählten das »Pallium« übersandte, einen togaähnlichen Überwurf, der den angeblich vom Apostel Petrus getragenen weißen Mantel symbolisierte, wurde er von Rom anerkannt. Und wurde das »Pallium« bis zu Beginn des 8. Jahrhunderts kostenlos verliehen, so mußte es nun gekauft werden. Es schrumpfte auf ein 4 Finger breites, mit schwarzen und roten Kreuzen besticktes Band zusammen, die Preise aber kletterten rasch auf überaus bedeutende Summen. Das Erzbistum Cambrai zum Beispiel kostete im 13. Jahrhundert bereits 6 000, Mainz, Trier und Salzburg je 10 000 Goldgulden, gleich je 35,5 Kilo Feingold oder nach dem heutigen Goldwert 220 000 DM. Im 16. Jahrhundert kostete Mainz 30 000 Goldgulden, und da dieses Erzbistum 1505, 1508 und 1513 frei wurde, hatte die Bevölkerung innerhalb 10 Jahren 2 Millionen aufzubringen. Dazu kamen die erwähnten »Annaten«, die jeder neue Erzbischof dem Papst überlassen mußte und die sich für Mainz zum Beispiel auf 175 000 Goldgulden oder rund 3,8 Millionen DM beliefen.

Im Jahre 1311 hatte es auf dem Konzil von Vienne geheißen: »Göttlichen und menschlichen Gesetzen gemäß soll an ein und dieselbe Person nur ein kirchliches Amt vergeben werden. Jetzt aber werden vier bis fünf, bisweilen sogar zehn bis zwölf Ämter an eine Person, und zwar oft eine durchaus unfähige, vergeben, so daß dieselbe alle Einkünfte und Ehren empfängt, die 50 bis 60 wohlvorbereiteten und gut geschulten Männern reichliche Beschäftigung geben könnten.«

Papst Johannes XXII. schuf »Abhilfe«: Er bestimmte, daß jeder Person nur die Einkünfte *eines* Amtes zustanden. Die aller übrigen mußten nach der Bulle »Execrabilis« vom 30. Juli 1322 dem Papst überwiesen werden, der, wie der damalige florentinische Staatsmann und Historiker Villani berichtete, 18 Millionen Goldgulden bar und weitere 7 Millionen in Form von Wertgegenständen hinterließ, also ein Vermögen von gut 1 Milliarde DM einbrachte.

Unter Klemens VI., der 1342–1352 in Avignon residierte, wurden alle Pfarreien an den Meistbietenden vergeben, und mehr als 100 000 Interessenten fanden sich während der Regierungszeit dieses Papstes an seinem Hof ein, um an dem Schacher teilzunehmen. Von den Kardinalshüten bis zu den Pfarrertiteln mußen alle kirchlichen Ämter gekauft werden, so zum Beispiel auch die der Türsteher, die mit 300 Dukaten im Jahr besoldet wurden und für ihre Stelle 2 000 zu bezahlen hatten. Natürlich erklärte fast jeder neue Papst die von seinem Vorgänger besetzten Stellen für »vakant«. Hadrian VI. annullierte zum Beispiel die seines Vorgängers Leo X. im Jahre 1522 in 2 260 Fällen durch einen Federstrich, und so war damals unter anderen Kardinal Cibo, der 10 Bistümer erworben hatte, ruiniert. Die Ausgaben für alle durch Simonie erlangten Ämter mußten zurückverdient werden, und so wurden die Dispensationsgebühren immer höher: Die Gläubigen konnten sich vom Fasten loskaufen; sie mußten aber auch zahlen, wenn sie heiraten wollten, denn Ehen zwischen Blutsverwandten bis zum 14. Grad waren verboten, und auf diese Art war praktisch jeder mit jedem verwandt. Die Kirchensteuern selber machten schließlich nur einen geringen Bruchteil der Lasten aus, die das Volk zu tragen hatte.

Natürlich gab es auch innerhalb der katholischen Führungsschicht Männer, die gegen diese Mißbräuche auftraten. Der Apostolische Sekretär und Berater Calixtus' III., Lorenzo Valla, hatte schon um 1455 in seiner Schrift »De Donatio Constantini magni« die »Konstantinische Schenkung« als Fälschung nachgewiesen und die Geldgier der Päpste als »so unchristlich wie unklug« angeprangert. Ulrich von Hutten, der einem alten fränkischen Reichsrittergeschlecht angehörte und sich im Kloster Fulda auf die Priesterweihe vorbereitete, verließ es, weil ihn die Scheinheiligkeit seiner Lehrer abstieß. Die Enthüllungen Vallas (die 1517 deutsch erschienen) überzeugten ihn davon, daß die römische Kirche »ein reines Erwerbsunternehmen geworden« sei, welches »das fromme Volk gewissenlos auspreßt«. Er reiste nach Erfurt, wo Humanisten wie Crotus Rubeanus und Eobanus Hessus gegen den Papst auftraten und Dr. Rufus Mutianus schon 1506 erklärte: »Die Theologen heißen uns hoffen, um uns zu betrügen. Während sie uns den Himmel versprechen, eignen sie sich unsere irdischen Güter an.« Hutten nahm Beziehungen zu dem Chronisten Eberling von Günsburg auf, der die Ausbeutungspolitik der Kirche mit den Worten kennzeichnete: »Es erleichtert der Papst die deutsche Nation jährlich um 300 000 Gulden und durch boshafte Rechtshändel, durch Lösen und Binden um noch viel mehr, als man berechnen kann. Mönche und Kurtisanen fressen alle gute Weide ab.« Hutten selber schrieb 1508: »Seht die große Scheuer dieses Erdkreises, darinnen zusammengeschleppt wird, was in allen Ländern geraubt und geplündert worden ist, und in der Mitte jener unersättliche Kornwurm, der ungeheure Haufen Frucht verschlingt, umgeben von seinen Mitfressern, die uns zuerst das Blut ausgesogen und dann das Fleisch abgenagt haben, jetzt aber an das Mark gekommen sind, um das innerste Gebein zu zermalmen und zu zerbrechen, was noch übrigbleibt.« Ulrich von Hutten schrieb auch: »Du kannst vom Plündern leben, morden und Gotteshäuser schänden ... aber sobald du Geld nach Rom bringst, bist du eine hochgeachtete Person. Tugend und himmlischer Segen sind hier zu Kauf. Und du kannst sogar Ablaß für zukünftige Sünden erwerben.«

Das aber wurde Rom schließlich zum Verhängnis. Längst war die Schraube überdreht worden. Der Ablaßhandel jedoch wurde so schamlos betrieben, daß er die Reformation auslöste – und damit die deutschen Bauernkriege und den Dreißigjährigen Krieg. Der Ablaßhandel leitete nicht nur eine neue Epoche der Kirchengeschichte ein, sondern eine neue Ära der Weltgeschichte. Denn in der ganzen Christenheit bis Luther galten die Entscheidungen des Papstes als unumstößlich, und blieben damit auch das Amerikamonopol, das Alexander VI. Spanien, und das Asienmonopol, das er 1493 bis 1494 Portugal erteilte, unangefochten, so begannen mit dem Aufhören der päpstlichen Autorität die jahrhundertelangen Kolonialkämpfe, stieg durch den Abfall von Rom vor allem England zur Weltmacht auf.

»Ablaß« hieß ursprünglich nur der Nachlaß von Bußleistungen: Die priesterliche Lossprechung in der Beichte tilgt ja der katholischen Lehre zufolge nur die ewig dauernden Sündenstrafen, die zeitlich begrenzten müssen (wenn sie nicht im Fegefeuer gebüßt werden sollen) im diesseitigen Leben gebüßt werden, und seit dem 7. Jahrhundert brachte die angelsächsische Kirche »Bußbücher« in Umlauf, die in Tabellenform die Möglichkeiten des Nachlasses solcher Strafen zeigten. Almosen, Fasten, Psalmengesang oder Gebete konnten die Qual des Fegefeuers vermeiden oder verkürzen, vor allem aber auch das Stiften von Totenmessen oder frommes, klösterliches Leben.

Schon das hatte zu gefährlichen Auswüchsen geführt: In Köln zum Beispiel gab es im Jahre 1500 nicht weniger als 22 Klöster, 11 Stifte, 19 Pfarrkirchen und 106 Kapellen; täglich wurden rund tausend Messen gelesen. Eine »kleine« Kirche wie die Hauptkirche Braunschweigs hatte 26 Altäre, vor denen 60 Geistliche ministrierten. Zu den unzähligen geistlichen kamen halbgeistliche Einrichtungen wie die der »Beghinen«, eine fromme Genossenschaft, die in Basel 30, in Straßburg 60, in Köln allein 100 Häuser besaß. In Kirchen, Klöstern und Kapellen wurde nun auf »Vorrat« gebetet, genau Buch über die »Gnadenschätze« geführt, jedes Vaterunser oder Ave Maria hatte seinen bestimmten Wert, gab für soundso viele Tage Ablaß, machte für soundso viel Zeit straffrei: Eine Kölner Bruderschaft besaß im Jahre 1495 notariell beglaubigt einen Vorrat von 6 455 Messen, 3 550 Psaltern, 630 Millionen Vaterunser. Der Kurfürst von Brandenburg hatte im gleichen Jahr einen Vorrat von Gebeten und Messen, der ihm Ablaß für 39 245 120 Jahre sicherte …

Auch Messen kosteten und kosten bekanntlich Geld, aber aus der ursprünglichen Ablaßlehre hatte sich auch die entwickelt, daß Sündenstrafen ersatzweise getragen werden können, nämlich aus dem »Schatz«, der von den unendlichen Genugtuungen des Heilands und den überreichlichen Genugtuungen der Heiligen der Kirche – und zwar repräsentiert durch den Papst – zur Verfügung steht. Und daran änderte auch das Konzil von 1965 nichts. Nach wie vor bringt zum Beispiel das Küssen eines Bischofsringes 50 Tage Fegefeuernachlaß, das Küssen des Papstringes 300 Tage Ablaß.

Seinerzeit gewährte der Papst Ablaß, um Krieger für die Kreuzzüge zu gewinnen. Als diese zu Ende waren, trat die Wallfahrt nach Rom an ihre Stelle. Und seit 1477 konnte man auch für Tote Ablaß erwerben. Der Papst konnte den »Genugtuungsschatz« öffnen, indem er erklärte, dieses oder jenes Werk oder Gebet komme soundso vielen Jahren Buße gleich, wer es leiste, erhalte diesen oder jenen Strafnachlaß. So tilgten »vollkommene Ablässe« alle Sündenstrafen, und schon unter Sixtus VI. war der »vollkommene Ablaß«, den es nur im Jubeljahr in Rom gegeben hatte, auf alle ausgedehnt worden, die der Kirche ein Drittel der Reisekosten in die Heilige Stadt spendeten. Außerdem konnte man die Wallfahrt im Auftrag von Freunden machen und auch für sie den Totalablaß erlangen – falls man für jeden von ihnen bezahlte. Da beim besten Willen nicht alle Christen nach Rom pilgern oder Vertreter entsenden konnten, kamen schließlich »Päpstliche Kommissarien« zu ihnen. Sie wurden vom Rat der Städte, der gesamtem Priesterschaft, den Mönchen und Schulmeistern mit ihren Kindern feierlich eingeholt. Auf einem Samtkissen wurde die päpstliche Ablaßbulle zur Kirche getragen, inmitten von Fahnen und Kreuzen und mit Gesang an einem roten Kreuz im Gotteshaus niedergelegt. Alle Glocken läuteten. Des Papstes Panier schmückte die Häuser. Und dann wurde der Ablaß verkauft.

Dieser entzog den Ländern bald so viel Geld, daß manche Landesfürsten den Ablaßpredigern den Zutritt verboten. Aber schon Papst Martin V., der 1417–1431 regierte, bedrohte sie dafür mit dem großen Kirchenbann, und seine Bulle »In coena Domini«, die schreckliche Flüche enthielt, wurde an jedem Gründonnerstag feierlich von allen Kanzeln verlesen. Papst Leo X. bestätigte diese Bulle ausdrücklich, und unter ihm wurde der Ablaßhandel zum größten aller Geschäfte seiner Zeit.

Schon als siebzehnjähriger Kardinal war dieser zweite Sohn Lorenzo Medicis des »Prächtigen« als Nachfolger Julius II. im Jahre 1513 Papst geworden. An Theologie völlig uninteressiert, übermäßig den Tafelfreuden ergeben und auch dem schönen Geschlecht alles andere als abgeneigt, ein passionierter Jäger und Freund frivoler Witze, hatte Giovanni de Medici als Kardinal seiner Familie die Wiedergewinnung der 1494 verlorengegangenen Herrschaft über Florenz ermöglicht, dann Frankreich und die Habsburger entzweit, um beide aus Italien vertreiben zu können. Als Papst, der Raphael und Michelangelo förderte, wollte er die damals höchst unscheinbare Peterskirche in Rom in einen »Wunderbau« verwandeln, der an Größe und Pracht alle andern Kirchen der Christenheit übertreffen sollte. Zur Finanzierung schrieb er einen »besonderen« Ablaß aus, der gegen entsprechende Geldspenden nicht nur alle von den Priestern über sündige Gläubige verhängte Strafen aufhob, sondern für bereits begangene sowohl wie für noch zu begehende Sünden die Fegefeuerstrafen strich und bereits im Fegefeuer befindliche Seelen befreite. Der Vertrieb dieses alle bisherigen weit übertreffenden Ablasses wurde »Generalkommissaren« übertragen, die entsprechende Vorschüsse bezahlten und am Ertrag beteiligt wurden.

Der erfolgreichste dieser Generalvertreter war Albrecht von Brandenburg, dem als damals dreiundzwanzigjährigem Papst Leo X. im ersten Jahr seines Pontifikats die Würde eines Erzbischofs von Magdeburg und Administrators des Bistums Halberstadt verkauft hatte und den er 1514 zum Erzbischof von Mainz ernannte. Das kostete – wie üblich – 30 000 Gulden, die Albrecht von Brandenburg aber nicht besaß, sondern die er von Jakob Fugger lieh und die ihn 20 Prozent Zins jährlich kosteten. Um diese Kosten wieder hereinzubringen und zugleich das Geld für einen Kardinalshut zu verdienen, wurde der Erzbischof Ablaßvertreter und stellte den Dominikanermönch Johann Tetzel an, der sich als Wanderredner bewährt hatte und der durch seine Schamlosigkeit rasch alle Konkurrenten aus dem Feld schlug. Tetzel arbeitete Preislisten aus, ermöglichte es nicht nur einzelnen und Familien, sondern auch ganzen Städten und Landkreisen, sich von allen Sündenfolgen loszukaufen und das Fegefeuer zu vermeiden, das er zu schildern vermochte wie niemand vor ihm. Nicht nur Ehebruch und Diebstahl, sondern auch Brandstiftung und Vatermord wurden durch die entsprechende »Spende« ein für allemal gesühnt, und vor allem Tetzels »Slogan«: »Sobald das Geld im Kasten klingt, die Seele aus dem Fegfeuer springt!« verschaffte ihm riesigen Zulauf. Das wurde in ganz Deutschland zum geflügelten Wort. Überall verteilte Tetzel auch gedruckte Ablaßzettel, und bald hieß es in allen Beichtstühlen: »Wir haben keine Sünden. Wir haben Ablaß gekauft.« Der große, eisenbeschlagene Geldkasten Tetzels aber füllte sich. Den Schlüssel dazu besaß der Fugger-Vertreter in Leipzig, Andreas Mattstedt, und dieser schrieb je die Hälfte Erzbischof Albrecht und Papst Leo X. gut.

Bekanntlich empörte das Martin Luther derart, daß er am 31. Oktober 1517 in Wittenberg seine »Fünfundneunzig Thesen« veröffentlichte, deren sechste lautete: »Der Papst kann keine Schuld vergeben!«, und wo es unter 27 und 28 hieß: »Die predigen Menschentand, die da vorgeben, daß, sobald der Groschen in den Kasten geworfen klinget, von Stund an die Seele aus dem Fegefeuer fahre. Gewiß aber ist, alsbald der Groschen im Kasten klinge, daß Gewinnst und Geiz kommen, zunehmen und größer werden; die Hilfe aber oder die Fürbitte der Kirche stehet allein in Gottes Willen und Wohlgefallen.«

Papst Leo X. tat das – und bis zu seinem Tode die ganze Reformationsbewegung – als »Mönchsgezänk« ab, bestätigte die scholastische Lehre vom Ablaß und erklärte den Ablaßhandel in einer Bulle vom 9. November 1518 ausdrücklich und feierlich für rechtmäßig. Das aber war der Tropfen, der den Krug zum Überlaufen brachte. Denn nun wurde die Reformation zu einer Volksbewegung, weil sich mit dem Kampf gegen den Ablaßhandel folgerichtig der gegen die Überschreitung des Zehnten verband und es in den 1525 veröffentlichten »Zwölf Artikeln« der deutschen Bauernschaft hieß: »Nachdem der rechte Zehnte aufgesetzt ist im Alten Testament... wollen wir den von unserem Korne geben. Auch sind wir willens, einem Pfarrherrn und den Seinen einen ziemlichen und genugsamen Aufenthalt zu gewähren, aber was übrigbleibt, soll man armen Dörflingen mitteilen. Und den Zehnten vom Vieh wollen wir nicht geben, denn Gott der Herr hat das Vieh dem Menschen frei geschaffen.« Als Papst Leo X. im Jahr 1521 Luther exkommunizierte, war es zu spät. Luther erwiderte, niemand könne selig werden, der nicht die Herrschaft des Papstes ablehne. Der Mönch exkommunizierte den Papst – und hatte Erfolg, denn nun war die Zeit reif geworden für die Lehren John Wiclifs, der 1356 Master des Balliol College in Oxford geworden war, als der beste Kenner der Kirchenväter galt und die päpstliche Oberherrschaft »auf Grund des göttlichen Gesetzes der Heiligen Schrift« abgelehnt hatte. Um 1366 schrieb dieser Engländer seine »Determinatione de dominio«, in der er König Eduard III. darin bestärkte, dem Papst keinen Lehenstribut zu zahlen, und trat drei Jahre später für die Besteuerung der Kirchengüter durch die Krone ein. Schließlich stellte er 1376 in seiner Schrift »De civile dominio« die für die damalige Zeit unerhörte Behauptung auf, die Fürsten hätten von Gott ebenso viele Rechte erhalten wie die Kirche.

Waren die Machtansprüche der Päpste bisher nur von Fürsten wie Friedrich II. von Hohenstaufen oder einzelnen französischen Königen bestritten worden, so war Wiclif der erste »Intellektuelle«, der gegen Rom aufstand und zugleich durchgreifende Reformen der Kirche forderte: Nationale und von den Gläubigen selber geschaffene Gemeinschaften sollten die von fremden Priestern beherrschten Kirchen ersetzen. Zwar kam es dazu vorerst in England nicht, aber bereits 1403 übernahm der Prager Magister Jan Hus Wiclifs Lehren, und wenn Hus 1415 in Konstanz verbrannt wurde, so änderte das nichts mehr daran, daß immer mehr Reformatoren aufstanden und immer lauter Wiclifs Ansicht vertreten wurde, die Kirche besitze keinerlei weltlichen Rechte, und das Eigentum in den Händen des Klerus sei Sünde. Gottes Beauftragte in irdischen Dingen sind Wiclif und Hus zufolge die Diener des Staates – und diese sollten die Geistlichen enteignen, die ihren religiösen Pflichten nicht nachkommen. Mehr noch als für Wiclif bedeutete für Jan Hus »Reformation« nationale Erneuerung und soziale Gerechtigkeit ebenso wie Kampf gegen die Übergriffe des Papsttums – und er fand in dem böhmischen Edelmann Jan Zischka von Trocnov eine »gepanzerte Faust«, den Hussitenführer, der am 14. Juli 1420 Kaiser Sigismund auf dem Witlowberg bei Prag und erneut am 8. Januar 1422 bei Deutsch-Brod besiegte und nicht weniger als 9 Kreuzheere in die Flucht schlug. Zischka befreite die Leibeigenen seines Hofgutes unweit Schweinitz in Südböhmen, stellte sich an die Spitze der unzufriedenen Bauern und setzte auf ihre Fahnen den Meßkelch: Den Priestern stand im Sakrament Brot und Wein zu, nicht anders im Sakrament des Volkes. Der Klerus sollte keinerlei Vorrechte haben. Die von der Kirche durch ihre eigene, dem Volk unverständliche Sprache wie durch die Liturgie geschaffene »wesensmäßige« Kluft zwischen Geistlichen und Laien sollte verschwinden.

Jan Zischka starb 1424 an der Pest. Zwölf Jahre später konnten Kaiser und Kirche die Hussitenbewegung ersticken. Aber in den deutschen Bauernkriegen ging es um die gleichen Forderungen, und daß Martin Luther nicht wie Wiclif und Hus dachte, erwies sich als verhängnisvoll: Luther weigerte sich 1521 auf dem Reichstag zu Worms, seine Lehre zu widerrufen, aber er weigerte sich auch, die politischen Konsequenzen aus ihr zu ziehen.

Luther war damals der populärste Mann Deutschlands. Aber seine »Staatstheologie«, welche die bedingungslose religiöse Autorität der Obrigkeit wie das »göttliche Recht des Krieges« sanktionierte, verriet die Bergpredigt an den Staat, die Liebe an die Gewalt. Luther zitierte Röm. 13, eine Bibelstelle, die politische Selbsthilfe für unberechtigt erklärt, verfaßte das Flugblatt: »Wider die räuberischen und mörderischen Rotten der Bauern«, sprach einem ganzen Stand das Recht ab, um Mitverantwortung am öffentlichen Wohl und um seine eigene Zukunft zu kämpfen. Er predigte einen Untertanengehorsam, den die Deutschen bis heute nicht völlig abzulegen vermochten, und schrieb während der Bauernkriege: »Die Leibeigenschaft ist nicht wider das christliche Wesen, und wer es sagt, der lügt!«

Aber wenn in Deutschland die politischen und sozialen Möglichkeiten der Reformation nicht genutzt wurden, so doch in England, und vor allem bildete überall die religiöse Erneuerungsbewegung einen Höhepunkt der »Säkularisationen«, der Enteignungen von Kirchengut durch die Staaten, obwohl diese nicht neu waren: Schon Karl Martell hatte im Jahre 688 seinen Kampf gegen die Araber mit beschlagnahmtem Kirchengut geführt. Die Reichsgüter, die Otto der Große der Kirche schenkte, erweckten den Neid der Fürsten wie mancher Städte, und bereits im 13. Jahrhundert wurde vereinzelt »verweltlicht«. Natürlich wurde in Böhmen aller Kirchenbesitz die Beute der Hussiten. Aber erst die Reformation brachte Säkularisationen für ganze Herrschaftsbereiche, und wie der Augsburger Religionsfrieden die von den protestantischen Fürsten vorgenommenen »Einziehungen« für rechtsgültig erklärte, erhielten weltliche Fürsten, »um sie für anderweitige Verluste zu entschädigen, 1648 durch den Westfälischen Frieden die Geistlichen Stifte Magdeburg, Halberstadt, Bremen und Minden. Selbst in katholischen Ländern blieb schließlich der Kirchenbesitz nicht unangetastet. Wie Kaiser Karl V. 1528 das Bistum Utrecht seinen Niederlanden »einverleibt« hatte, so enteigneten katholische Herrscher 1773 bei der Auflösung des Jesuitenordens dessen ausgedehnten Besitz. Vollständig »säkularisiert« wurde in Frankreich 1789, und durch die Revolutionskriege kam es 1803 zum »Reichs-Deputations-Hauptschluß«, der die geistlichen Fürstentümer und den größten Teil der deutschen Klöster und Kirchengüter weltlicher Herrschaft übertrug. In Italien wurden 1860 fast der gesamte Klosterbesitz und 1870 der Kirchenstaat »verweltlicht«; nach dem Ersten Weltkrieg wurde der Kirchenbesitz in den kommunistischen Ländern schließlich restlos verstaatlicht. Aber all das hatte nur lokale Bedeutung. Weltbedeutung bekam nur die Übernahme des katholischen Kirchenvermögens und die Auflösung der 376 reichsten Klöster Englands durch Heinrich VIII., denn er finanzierte mit diesem Geld seinen Flottenbau, machte mit den durch die Einziehung des Kirchengutes verdoppelten Staatseinkünften England zur führenden Seemacht und Seehandelsnation.

Als Heinrich VIII. im Jahre 1509 den Thron bestieg, war England erbärmlich arm. Es hatte nur etwa zwei Millionen Einwohner, zwar ebenso viele wie damals die Niederlande, aber während diese durch Handwerk und Handel reich waren und mit dem größten Teil der bekannten Welt in Verbindung standen, während sie in Kunst und Wissenschaft eine führende Rolle spielten, war England völlig unbedeutend, und alle britischen Handelshäuser zusammengenommen verfügten damals nur über den zwölften Teil des Kapitals der Fugger. Immer wieder trat in London die Pest auf, und alle paar Jahre gab es Bauernrevolten. Schottland war unabhängig und bedrohte England im Rücken. Die Iren bedrohten es in der Flanke. Und gegenüber auf dem Festland stand Frankreich, der »Erbfeind«, mit einer siebenmal stärkeren Bevölkerung.

Arthur, der Bruder Heinrichs VIII., versuchte deshalb, in eine mächtigere und reichere Familie einzuheiraten, und gewann Katharina, die Tochter Ferdinands von Aragon und Isabellas von Kastilien. Damit war ein Band zur habsburgisch-niederländischen Monarchie hergestellt, und als Arthur starb, ehelichte Heinrich die Witwe, um diese wertvolle Beziehung aufrechtzuerhalten. Aber sie war damals nur für England wertvoll. Als Heinrich VIII. als Verbündeter Karls V. am spanisch-französischen Krieg teilnahm und nach der Schlacht von Pavia die Teilung Frankreichs vorschlug, wurde er ausgelacht.

Da die Heirat mit Katharina von Aragon Heinrich keine Vorteile brachte, wollte der König sie auch nicht aufrechterhalten, sondern eine Hofdame, Anna Boleyn, heiraten. Der Papst verweigerte die entsprechende Dispens und schuf sich so einen gefährlichen Feind, denn wie Heinrich unmäßig in allem war, besaß er auch eine gewaltige Arbeitskraft, war er klug und völlig skrupellos.

Dem Adel mißtraute er, und seine engsten Mitarbeiter stammten aus den untersten Volksschichten: Thomas Wolsey war der Sohn eines ewig betrunkenen Fleischers aus Ipswich; sein Hoftheologe Thomas Cranmer, der spätere Erzbischof von Canterbury, war ein obskurer Laienprediger. Aber sie halfen dem König, England groß zu machen. Und nicht zuletzt, weil sie ein für allemal die Rivalität zwischen Kirche und Staat beseitigten: Im Jahre 1531 brachte der König eine Kirchenversammlung dazu, ihn als den obersten Herrn der neugegründeten »Church of England« anzuerkennen, einer von Rom unabhängigen Kirche. Wie er das Parlament veranlaßt hatte, alle Zahlungen an Rom zu verbieten, so beschloß das Parlament 1535, ihn durch den »Act of Supremacy« zum »alleinigen irdischen Oberhaupt der Kirche von England, die den Namen Anglicana Ecclesia führt«, zu bestimmen, und seither krönt der Erzbischof die britischen Monarchen, die das Oberhaupt der Kirche sind; Englands Bischöfe sitzen im Oberhaus, aber der Premierminister bestimmt die neuen Bischöfe.

Vorerst bedeutete dies einen gewaltigen Fortschritt, denn natürlich hatte Heinrich VIII. nur dadurch seine eigene Kirchengründung durchsetzen können, weil in England seit Jahrhunderten gegen den Machtanspruch des Papstes und vor allem auch seine Geldansprüche gekämpft worden war. Das Parlament trat schon zur Zeit John Wiclifs dagegen auf, daß der Papst zum Beispiel im Jahre 1380 fünfmal so hohe Abgaben aus England erhielt wie der König. Denn Johann ohne Land hatte im Kampf um den Thron die Unterstützung des Papstes gewonnen, als er im Jahre 1213 seine Krone von ihm zu Lehen nahm und Innozenz III. einen jährlichen Tribut von 1000

Pfund Silber versprach. Zwar hatte er nie bezahlt, aber der Rechtsanspruch Roms bestand seither, und 1316 forderte Papst Johannes XXII. 14 neue Abgaben. Bereits 1366 weigerte sich Eduard III. von England, die damals seit 33 Jahren rückständigen Vasallentribute an Rom zu leisten, und um nicht seine anderen Einnahmen aus England zu gefährden, verzichtete der Papst im Jahre 1374 auf den »Tribut«, nicht aber auf den »Peterspfennig« und die Zahlungen der englischen Klöster an ihn, und so ging es um mehr und immer mehr Geld.

Und natürlich ging es auch Heinrich VIII. vor allem anderen um Geld. Gustav Schmollers »Historische Betrachtungen über Staatenbildung und Finanzentwicklung« zufolge betrug der Staatshaushalt Englands bei Heinrichs Thronbesteigung nur etwa 8 Millionen Goldmark, 3 Mark 20 pro Kopf seiner Untertanen im Jahr. Auch wenn die Kaufkraft das Vielfache der heutigen betrug, so war es sehr wenig und jedenfalls nur ein Fünftel dessen, was zum Beispiel 1547 Franz I. von Frankreich zur Verfügung stand, und weniger als ein Fünfzigstel des britischen Staatshaushaltes im Jahre 1755. Da Englands Wirtschaft damals noch äußerst primitiv war und auch die reichsten Kaufleute kein nennenswertes Vermögen besaßen, war ihnen durch Steuern nichts abzunehmen. Die Kirche aber war in England sehr reich geworden, Klöstern gehörte nicht nur ein Drittel Londons, sondern sie besaßen die ertragreichsten aller Güter, besaßen Bergwerke und fast alle Wassermühlen, besaßen große Horte an Gold und Silber. Darin sah der König Englands Chance. Diesen Reichtum mobilisierte Heinrich VIII., indem er die »Säkularisierung« des Kirchengutes verfügte und sie durch seinen Finanzberater Thomas Cromwell durchführen ließ.

Cromwell, der Sohn eines Gastwirts aus Putney, war als Söldner in die Niederlande gekommen, hatte dort seinen Kameraden gegen Wucherzinsen Geld geliehen und mit dem so erworbenen Kapital in den oberitalienischen Handelsstädten gute Geschäfte gemacht. Nach England zurückgekehrt, trat Cromwell in die Dienste Kardinal Wolseys, und dieser empfahl ihn dem König.

Die Säkularisation begann damit, daß Cromwell Agenten in den kleineren Klöstern unterbrachte, die haarsträubende Berichte über die sittlichen Zustände lieferten. Daraufhin wurden diese Ordenshäuser aus »moralischen Gründen« aufgehoben und ihr Besitz eingezogen. Das ging nicht überall glatt: Fromme Katholiken halfen den Mönchen, sich zu widersetzen. Am 9. Oktober 1536 brach in Yorkshire und Lincolnshire ein Aufstand gegen den »Klosterraub der Ketzer« aus, und unter Führung von Robert Aske und mit Hilfe des Erzbischofs wurde York besetzt. Aber zu viele Abteien waren nun schon in Adelssitze verwandelt worden, zu viele Untertanen Heinrichs hatten sich an der Säkularisation beteiligt, und so brach der Aufstand nicht nur rasch zusammen, sondern lieferte, da nicht nur der Erzbischof von York, sondern auch zahlreiche Äbte der größten und reichsten Klöster an ihm beteiligt gewesen waren, dem König einen guten Grund, 376 riesige Klostergüter zu enteignen. Schließlich mußten sich über 9 000 Mönche eine neue Existenz suchen. Aber sie bekamen Abfindungen, viele heirateten Nonnen, und nicht wenige wurden Priester der Staatskirche. Der Adel unterstützte Cromwell, denn auf diese Art kam er billig zu Land. Schließlich hatte Cromwell viele Tausende Verbündete, und was 1536 begann, war vier Jahre später beendet, auch das letzte Kloster war aufgehoben und der gesamte Kirchenbesitz, der immer noch rund ein Viertel aller Äcker und Weiden des Landes umfaßt hatte, beschlagnahmt. Die Herden und Vorräte, die Bücher und Altargeräte waren verkauft – und wenn das dem König genug Geld brachte, um die modernste Kriegsflotte seiner Zeit zu bauen, so wurde auch der »Stellvertreter des Königs in Sachen der Religion«, Thomas Cromwell, nicht ärmer dabei und ebensowenig dessen Stellvertreter Richard Williams, ebenfalls ein Gastwirtssohn aus Putney, der Cromwells Schwester geheiratet hatte und später den Namen seines Gönners annahm. Richard Williams hatte enteigneten Kirchenbesitz zu so »günstigen« Preisen übernommen, daß er schließlich neben der Zisterzienserabtei Saltrey im Kreis Huntingdon, die etwa 4 000 Pfund Einkünfte jährlich ergab, die Priorei der Augustiner Unserer Lieben Frau mit 5 000 Pfund Jahreseinkommen, das große Ordenshaus St. Neots mit 6 000 Pfund Jahreseinkünften, einen Teil der Franziskanerbesitzungen in Stamford und vor allem die Abtei Ramsey in Ostanglien besaß, deren Reichtum sprichwörtlich gewesen war und die allein an Pachten 50 000 Pfund im Jahr einnahm. Richard Williams bekam die Tochter des Lordmayors von London zur Frau und wurde schließlich Rentmeister der königlichen Güter. Er wurde geadelt und aus dem »Cromwell alias Williams« Sir Richard Cromwell. Als er 1546 in dem ehemaligen Nonnenkloster Hinchinbrooke unweit Huntingdon starb, war er einer der reichsten Männer Englands. Sein Sohn Henry bewirtete wiederholt Königin Elisabeth I. und war der oberste Verwaltungs- und Gerichtsbeamte des Bezirks, saß im Parlament und heiratete ebenfalls die Tochter eines Londoner Bürgermeisters, der nicht arm war. Und schließlich wurde ein Cromwell »Lordprotektor des Commonwealth« – nachdem er 1649 (wie noch geschildert werden wird) König Karl I. köpfen ließ ...

Wie die Cromwells wurden durch die Plünderung kirchlicher Stiftungen Dutzende »neue« Familien reich und politisch mächtig. Die »Säkularisation«

veränderte die Sozialstruktur Englands von Grund auf und brachte eine »Umverteilung« von Bodenbesitz und Geldvermögen in Gang, die entscheidend dazu beitrug, daß hier die »Bürgerlichen« rasch mächtiger als der Adel wurden. Und die vorerst natürlich auch die Macht der Tudors festigte, denn wenn hier die katholische Kirche je wieder Einfluß erlangte ...

Die Krone selber hatte Grundbesitz »erworben«, der gut 100 000 Pfund jährlich einbrachte, und aus Verkaufserlösen flossen ihr rund eineinhalb Millionen Pfund zu, für die damaligen Verhältnisse eine gewaltige Summe und in heutiger Kaufkraft etwa 1,2 Milliarden DM. Und mit diesem Geld, dem mindestens Hundertfachen der laufenden staatlichen Jahreseinnahmen, schuf Heinrich VIII. Englands Flotte und damit die Voraussetzung für dessen Weltmachtaufstieg.

Schon die Unterwerfung Englands durch Wilhelm den Eroberer im Jahr 1066 war eine teilweise »seemännische« Unternehmung gewesen, und die Kriegsschiffwerft Portsmouth wurde bereits im Jahr 1212 gegründet. Eine »königliche Flotte« als erste ständige Marine schuf Heinrich VII. Tudor, der Vorgänger Heinrichs VIII. auf dem Thron, aber erst dieser ließ das erste »richtige« Kriegsschiff Englands bauen, die 1512 vom Stapel gelaufene »Henri Grâce-à-Dieu« oder »Great Harry«, das erste Segellinienschiff der Welt, das 1 000 Tonnen verdrängte und mit 27 Kanonen bestückt war. Und diese waren nicht wie bisher üblich vorn und hinten auf hohen Kastellen aufgestellt, sondern an den Breitseiten: Die »Great Harry« war statt für den Enterkampf für den »Landkrieg zur See«, für den Artilleriekampf auf Entfernung gebaut und bedeutete damit eine revolutionäre Neuerung in der Seekriegsgeschichte.

Aber die Baukosten dieses Schiffes war Heinrich schuldig geblieben, und besonders seetüchtig war es auch nicht. Den Engländern fehlte es damals im Schiffbau an Hochsee-Erfahrung, und so ließ Heinrich VIII., als er endlich über genug Geld verfügte, Schiffbauer aus den Hansestädten und den Niederlanden nach England holen, und diese bauten kleinere, aber überaus wendige und auf die neue Art bestückte Schiffe.

Heinrich VIII. besaß die modernste Flotte seiner Zeit und England damit die materielle Voraussetzung für seine Kolonialära. Der Bruch des Königs mit dem Papst hatte die »völkerrechtliche« Grundlage für die weitere Entwicklung geschaffen, denn Papst Alexander VI. bestätigte am 4. Mai 1493 Spaniens Erwerbungen in Amerika, teilte die »Neue Welt« durch »eine Linie vom Nordpol bis zum Südpol« zwischen Portugal und Spanien und verlieh ihnen ein Handelsmonopol mit den Worten: »... Und gebieten allen Personen, sie mögen was immer für eine Würde (sei es auch die kaiserliche und königliche), Rang, Stand und Ansehen bekleiden, unter der Strafe des Bannes, die jeden Übertreter auf der Stelle treffen soll, daß sie sich nicht unterstehen, die aufgefundenen oder noch zu findenden, die entdeckten und noch zu entdeckenden Inseln und Festlande... um Waren zu holen oder unter einem anderen Vorwande zu betreten, ohne besondere Erlaubnis Eurer Person und Erben und Nachfolger...« Spanien und Portugal hatten 1494 im Vertrag von Tordesillas die päpstliche Weltteilung anerkannt, nur die Trennungslinie um einige hundert Meilen weiter nach Westen verlegt – so daß später Brasilien portugiesisch wurde.

Heute können wir uns schwer vorstellen, welche Wirkung im 15. und 16. Jahrhundert die Drohung mit dem »Bann« hatte. Aber diese feierliche Ausschließung aus der Kirchengemeinschaft oder Exkommunikation bedeutete keineswegs nur Ausschluß vom Sakrament und die Unmöglichkeit, einen Toten zu begraben, weil es ja nur katholische Friedhöfe gab, sie bedeutete lange und in nicht wenigen Ländern völlige Rechtlosigkeit – und auf alle Fälle ewige Verdammnis, die zahllose Gläubige mehr fürchteten als Gefängnis, Ämterverlust und selbst Folter im diesseitigen Leben. Kein Engländer aber konnte nun vom Papst mit dem Bann belegt werden, und so waren neben den protestantischen Niederländern die Engländer diejenigen, die den größten Nutzen aus den sogenannten »Religionskriegen« zogen.

So konnte die Tochter Heinrichs VIII., Elisabeth I., die von 1558 bis 1603 England regierte, das Fundament der britischen Weltmacht vollenden. Und zwar aus dem gleichen Grund, der ihren Vater getrieben hatte: Seit dem Jahr 1215 (der »Magna Charta«, deren Zustandekommen und Folgen noch geschildert werden) konnten Englands Könige nicht mehr frei über die Staatsgelder verfügen. Das ließ sie intensiv nach einem eigenen Vermögen trachten und nach Einnahmequellen, die von Parlamentsbeschlüssen unabhängig waren. Dieses Streben war einer der Hauptgründe für die Säkularisation der Kirchengüter gewesen. Vorwiegend Finanzüberlegungen waren es auch, die Königin Elisabeth I. dazu trieben, sich an den Abenteuern von Sir Francis Drake zu beteiligen, schwer einzutreibende Steuern durch das Gold und Silber zu ersetzen, das er den Spaniern und Portugiesen abnahm, und sich mit ihrem Anteil an der »Levante-Kompanie« zu beteiligen, aus der die »East India Company« hervorging, die »Gründerfirma des britischen Empire«.

Daß Elisabeth I. Englands glänzendste und erfolgreichste Königin wurde, war allerdings reiner Zufall: Sie hatte vier Stiefmütter, die sie haßten. Als Kind lebte sie verstoßen auf einem abgelegenen Schloß und wurde nach der Hinrichtung ihrer Mutter, Anna Boleyn, im Jahre 1536 für illegitim erklärt. Jahrelang schwebte Elisabeth in Lebensgefahr, aber als sie als Fünfundzwanzigjährige auf den Thron kam, erwies sie sich als so phantasiebegabt und so rücksichtslos zum Erfolg entschlossen wie die tüchtigsten ihrer Untertanen.

Zur Zeit Elisabeths I. waren Spanien und Portugal die Weltmächte, und England spielte politisch zunächst keine Rolle. Da die Spanier und Portugiesen die Weltmeere beherrschten, verfügten sie über die unermeßlichen Schätze Indiens und Amerikas. Die Entdeckungsreise Cristobal Colóns, den wir Kolumbus nennen, hatte 8460 Mark gekostet. Eine einzige Generation später berichtete Hernando Pizarro, der Bruder des Eroberers von Peru, an den Gerichtshof von Santo Domingo: »Als der Inkakönig Atahualpa bemerkte, daß die Spanier kleine Mengen Goldes sammelten und sorglich hüteten, da meinte er, das sei nicht der Mühe wert. Er wolle den Spaniern gerne zehntausend goldene Platten geben und noch soviel Gold dazu, daß sein Zimmer mitsamt dem daran anschließenden Korridor bis zur doppelten Höhe eines Mannes damit angefüllt würde. Der Raum war 18 Fuß breit und 35 Fuß lang ...«

Diese etwa 160 Kubikmeter Gold wurden herbeigeschafft. Sie bedeuteten den Tod Atahualpas und das Ende des Inka- und Aztekenreiches. Diese etwa 4750 Tonnen Gold, die heute amtlich 22800 Millionen DM wert wären, außerdem das Silber Perus und alle die Edelmetalle, die ihnen folgten, brachten eine der bedeutendsten Wirtschaftsrevolutionen aller Zeiten zustande, denn die gesamte Gold- und Silbermenge – und das bedeutete damals die gesamte Geldmenge –, die es in Europa vor der Entdeckung Amerikas im Jahre 1492 gab, wird nur auf 800 Millionen Mark geschätzt, etwa 8 Mark pro Kopf der Bevölkerung. Dieses Überseegold veränderte den Wert des Bodens, der Häuser und der Arbeit, brachte das endgültige Ende der Naturalwirtschaft. Es bedeutete aber auch, daß England nun die vielfachen Finanzierungsmöglichkeiten wie zur Zeit Heinrichs VIII. besaß, denn das »Elisabethanische Zeitalter« war ja das Sir Walter Raleighs, dessen Wahlspruch »Tam Marti quam Mercurio« lautete, »Dem Kriege und dem Erwerb«. Wenn Raleigh heute eine Raubflotte befehligte, so hatte er morgen ein hohes Staatsamt inne und umgekehrt. Er war ebensowenig ein Privatmann wie Sir Francis Drake und handelte nicht nur mit der Duldung, sondern im Auftrag und unter direkter finanzieller Beteiligung der Königin. Elisabeth stand auch selber ihren Freibeutern nicht nach. Als ein spanisches Schatzschiff mit einer für den Herzog von Alba bestimmten Goldladung im Wert von 20 Millionen Mark vor französischen Kaperern in den Hafen von Plymouth flüchtete, ließ die Königin das Gold in den Tower bringen und gab es nicht mehr heraus. Alba beschlagnahmte daraufhin den britischen Besitz in den Niederlanden, Elisabeth den weit wertvolleren Besitz der Spanier in England – und baute mit dem mitten im Frieden »konfiszierten« Vermögen Schiffe. Auch die britischen Zoll- und Steuereinnahmen wurden weitgehend für den Ausbau der Flotte verwendet, und damit begann schon damals – und nicht erst durch progressive Einkommensteuern – die staatliche »Umschichtung« der Vermögen und Einkommen: Alle zahlten für die Flotte, die so gut wie ausschließlich dem Handel und dem Handelsschutz diente; und nur einige wenige machten Handelsgewinne. Die Handels- und »Kolonialpioniere« verwickelten das englische wie andere Völker in Feindschaften und Kriege, durch die sie dann immer größere »Verteidigungs«-Lasten zu tragen hatten.

Auch England bezahlte diese Entwicklung später sehr teuer. Aber vorerst hießen nicht nur Englands Überseekaufleute, sondern auch seine Seeräuber »Gentlemen Adventurers«, und der Hochadel – der Earl of Derby zum Beispiel oder der Earl of Rothwell – beteiligte sich ebenso an diesen Geschäften wie Schiffbauer und Bankiers. Das wichtigste dieser »Geschäfte« war der systematische Raub der spanischen Silberflotten und Schatzschiffe: Francis Drakes großer Raubzug von 1577 bis 1580 brachte seinen Teilhabern 4700 Prozent Gewinn, der Königin persönlich 278000 Pfund bar und dazu eine reiche Edelsteinbeute. »Krieg, Handel und Piraterie, dreieinig sind sie, nicht zu trennen«, sagte Goethe, und diese Kombination machte England groß: Als Elisabeth I. den Thron bestieg, umfaßte ihr Königreich mit 132000 Quadratkilometern nicht viel mehr als die halbe Fläche der heutigen Bundesrepublik Deutschland. Aber 1583 wurde als erste Kolonie das (von dem Italiener Caboto entdeckte) Neufundland britisch. 1584 gründete Raleigh das nach seiner »jungfräulichen« Königin benannte Virginia, und 1597 eroberte er für sie die Inseln Trinidad und Fayal. Vieles mußte zusammentreffen, aber Englands Aufstieg war nun nicht mehr aufzuhalten.

Diese Entwicklung begann mit der Säkularisation der englischen Kirchengüter durch Heinrich VIII. Allerdings schien es bereits Ende des 16. Jahrhunderts mit dem britischen Aufstieg und mit diesem »Ketzernest« überhaupt wieder vorbei: Im Jahr 1559 war Pius IV. zum Papst gewählt worden. Durch das Trienter Konzil reorganisierte er die katholische Kirche, und sie beschloß, die durch die Reformation verlorenen Positionen zurückzuerobern. Der Vatikan verband sich mit Philipp II. von Spanien, dem kapitalkräftigsten und mächtigsten Monarchen der damaligen Welt, und dieser befahl 1568 den überwiegend protestantischen Niederländern, die Autorität des Papstes *und* die seine anzuerkennen. Er drohte im Fall des Widerstandes das Land derart zu verwüsten, »daß weder die Einheimischen darin wohnen können noch sonst jemand Verlangen danach trage«.

Philipp II. ging es um die Einheit der Kirche, gleichzeitig aber auch um die Vorherrschaft Spaniens in Europa. Wie die Niederlande sollte deshalb auch England erobert werden, um so mehr, als Elisabeth die Aufständischen in den Niederlanden tatkräftig unterstützte. Herzog Alba, der 1567 mit 20 000 spanischen Elitesoldaten die Niederlande besetzte, hatte dort einen »Blutrat« eingerichtet, der 18 640 »Rädelsführer« zum Tode verurteilte. Er hatte aber auch eine Umsatzsteuer von 10 Prozent für unbewegliche und von 5 Prozent für alle beweglichen Güter sowie eine Vermögensteuer von einem Prozent eingehoben, und diese uns heute lächerlich gering erscheinenden Sätze empörten die damals Besitzenden derart, daß die reichen flandrischen Wollfabrikanten nach England und Frankreich flohen, zahllose Kaufleute, Reeder, Schiffbauer und Handwerker die Niederlande verließen. Die Steuervorschriften wurden so allgemein sabotiert, daß 1573 die spanischen Truppen seit 28 Monaten keinen Sold mehr erhalten hatten, denn eine Goldsendung aus Spanien selber wurde ja, wie berichtet, von Königin Elisabeth konfisziert.

Die Soldaten hielten sich daraufhin durch Plünderungen schadlos, raubten allein in Antwerpen etwa 168 Millionen Mark und töteten dabei 8 000 Bürger. Vor allem diese Plünderungen ließen den Aufstand der Niederlande allgemein ausbrechen. Und wie England den Aufständischen Waffen lieferte, so taten sich nun britische und holländische Freibeuter zusammen und überfielen gemeinsam immer mehr spanische Schatzschiffe.

Philipp II. rüstete deshalb die »Armada« aus, eine Flotte von 130 Kriegsschiffen, deren Baukosten etwa 350 Millionen Mark und deren tägliche Unterhaltskosten 175 000 Mark betrugen. Sie war aber der britischen Flotte technisch unterlegen und noch zwei Generationen nach der »Great Harry« für den Enter- statt den Artilleriekampf ausgerüstet. Es kam gar nicht zum eigentlichen Kampf, weil die 2 630 Kanonen der Armada zum Großteil schon in der See versanken, bevor sie den ersten Schuß abgeben konnten. Spaniens großer Seeheld Alvaro de Bazan war 1588 gestorben. Den Befehl über die »Armada« erhielt der Herzog von Medina-Sidonia, ein Verwaltungsbeamter, der den tückischen Kanal sowenig wie die Küste Schottlands kannte und nach einem Geplänkel mit Drake vor Calais beschloß, das katholische Schottland anzulaufen, um dort seine Flotte kampfbereit zu machen. Schwere Stürme kamen auf. Der Plan, das »Ketzernest« ein für allemal »auszuräuchern«, wurde aufgegeben, und als die Armada schließlich über die Orkneyinseln heimkam, hatte sie mehr als die Hälfte ihrer Schiffe und über 10 000 Menschen verloren, während im Kampf nur 1 500 getötet wurden und die Engländer insgesamt 100 Tote hatten.

Der spanische König wie der Papst verzichteten deswegen keineswegs auf ihre Rekatholisierungspläne. In Nord- und Mitteleuropa traten sich die »Union« der evangelischen und die »Liga« der katholischen Fürsten entgegen, beide als »Verteidigungsbündnisse«. An einem lokalen Konflikt, dem Böhmischen Aufstand, brach im Sommer 1618 der Dreißigjährige Krieg aus, in dessen Verlauf Dänemark und Schweden, Frankreich und Spanien in die innerdeutschen Verhältnisse eingriffen und der Verwüstungen mit sich brachte wie kein Krieg zuvor. Aber England blieb nicht nur dieser Krieg erspart – und England wurde nicht nur dadurch immer mächtiger, weil die andern sich gegenseitig schwächten –, sondern mit dem Untergang der Armada war auch das letzte Hindernis der britischen Kolonialentwicklung gefallen.

Welche ungeheuren Reichtümer in Ostindien auf ihre »Nutzung« warteten, hatte schon das Kapern eines portugiesischen Handelsschiffes durch John Hawkins im Jahre 1587 gezeigt. Aber England war nicht nur seit dem 13. Jahrhundert mit Portugal verbündet, nach der Vereinigung Portugals mit Spanien mußte auch auf Madrid Rücksicht genommen werden. Nun war die Bahn frei, und das nutzten die Brüder William, Thomas, Robert und Hugh Myddelton.

William Myddelton war Schriftsteller und Übersetzer gewesen, und das hatte ihn natürlich nicht reich gemacht. Er war aber auch ein Freund Raleighs und erhielt durch diesen die Chance, auch selber Kaperfahrten zu unternehmen. Seine Brüder schlossen sich ihm an, organisierten zum Unterschied anderer Freibeuter selber den Verkauf der erbeuteten Güter und wurden so reich genug, um am 22. September 1599 zusammen mit 57 anderen Kaufleuten (von denen ein Drittel zugleich Mehrheitsteilhaber der »Levante-Kompanie« waren) die »East India Company« gründen zu können und »für eine beabsichtigte Fahrt nach Ostindien« ein Kapital von 30 133 Pfund 6 Shilling und 8 Pence zusammenzubringen.

Zu den Aktionären gehörten der Bürgermeister von London und sieben Ratsherren, vor allem aber durch zwei Mittelsmänner auch »Ihre Majestät, die Königin«. Und das war entscheidend. Denn die Gesellschaft, die »zu Ehren des Heimatlandes und zur Förderung des Warenhandels im Reiche England ... Fahrten nach Ostindien und anderen Inseln und Ländern jener Gegend unternehmen« wollte, brauchte »ein allgemeines Privileg für so viele Jahre wie nur möglich und Befreiung von Zöllen und anderen Steuern«. Diese Privilegien erhielt die Firma am 28. September des Jahres 1600 auf »vorerst 15 Jahre«. Das lohnte sich; eine auf Amboina für 2 948 Pfund gekaufte Ladung Gewürznelken zum Beispiel brachte in London einen Erlös von 36 827 Pfund, und weniger als 150 Prozent Nutzen ergab kaum eine Reise. Königin Elisabeth I. war nur finanziell an diesem Geschäft beteiligt, aber Königin Viktoria wurde bekanntlich Kaiserin von Indien. Inzwischen war die »Ostindien-Kompanie« zur »Gründergesellschaft des britischen Weltreiches« geworden, und beinahe wäre es außer zu Britisch-Indien auch zu Britisch-China gekommen, doch brach durch das indische Opiummonopol der »East India Company« der Opiumkrieg aus ...

Die Gründung der englischen Staatskirche hatte also weltweite und viele Jahrhunderte dauernde Wirkungen, und König Heinrichs Säkularisationspolitik bedeutete zugleich einen neuen Höhepunkt der Finanzierungsmethoden des Staats, die schon das Römische Reich angewendet hatte: Der Staat kann die Arbeit und das Vermögen der eigenen Bürger besteuern. Er kann durch Zölle Einnahmen aus der laufenden Arbeit Fremder ziehen. Immer wieder aber gab es auch »Vermögensübertragungen« von Staat zu Staat, die Ausplünderung Besiegter. Und es gab die »Tribute«, die Steuerzahlungen Unterlegener an fremde Sieger.

Auch »Tribut« heißt wörtlich nichts anderes als »Abgabe« oder »Steuer«, und »tributum« wurden die Beiträge genannt, die im alten Rom die eigenen Bürger zur Kriegsfinanzierung zu leisten hatten. Aber das Wort bekam rasch den heutigen Sinn, und zwar nämlich »Leistung unterworfener Völker an ihre Besieger«, denn schon 272 vor Christus, als sie Tarent eroberten, »ergänzten« die Römer die Leistungskraft ihrer eigenen Steuerzahler durch die fremder (und mit dem Silber von Tarent wurde die römische Silberwährung des Jahres 269 vor Christus geschaffen). Die ersten großen Tributzahlungen brachte dann Roms Sieg über Karthago. Im Jahre 202 vor Christus mußten die Karthager für 50 Jahre Tribute von jährlich 200 Talenten oder 6 684 Kilo Silber zugestehen und Antiochus III. von Syrien im Jahr 190 vor Christus 1 000 Talente jährlich – 33 420 Kilo Silber – versprechen. Philipp von Makedonien hatte jährlich 50 Talente zu leisten – das heißt nicht er natürlich, sondern seine Steuerpflichtigen –, und im Jahr 167 vor Christus konnte die Besteuerung der römischen Bürger abgeschafft werden, weil Lucius Aemilius Paulus nach der Schlacht von Pydna nun auch den Staatsschatz der Makedonier nach Rom brachte. Solche »Vermögensübertragungen« gab es immer wieder. Pompejus zum Beispiel gewann 66 vor Christus durch seinen Sieg über Mithridates VI. Eupator von Pontus Gold und Silber im Wert von 60 Millionen Goldmark, ließ in seinem Triumphzug mit Silber beladene Maulesel mitführen, die 200 Millionen Sesterzen – etwa 40 Millionen Goldmark – trugen, und in Talaura, einer Residenz des Besiegten, hatte allein die Inventur der Gold- und Silbergefäße 40 Tage gedauert, und es waren über 2 000 Onyxschalen erbeutet worden.

Der »Transfer« von Staatsschätzen bedeutete der Gewinn fremder angesammelter Steuerleistungen und das Einziehen von Tributen laufende Steuerzahlungen Fremder. Natürlich wurde auch stets die Arbeitskraft der Besiegten unmittelbar »übernommen«, indem man Fremde als Sklaven ins eigene Land brachte. Zu Sklaven gemachte Kriegsgefangene bauten die Städte Babyloniens, wie sie auf den Ruderbänken phönizischer Handelsschiffe saßen, das persische Straßennetz anlegten oder Griechenlands Äcker bestellten. Und schließlich wurden sie so zahlreich, daß zum Beispiel Lucullus, der nur als Feinschmecker berühmt wurde, aber auch einer der erfolgreichsten Feldherren Roms war, seine Kriegsgefangenen im Jahre 66 vor Christus um drei Mark pro Stück verkaufen mußte, während sie im Reich der Sumerer durchschnittlich 20 Sekel – 32 DM – und in Athen als gelernte Handwerker bis zu 300 Mark wert gewesen waren. Reiche Gefangene konnten sich loskaufen, und Lösegelder blieben eine gute Einnahmequelle der Staaten. 1962 zahlten die USA für die Ausreiseerlaubnis von Regimegegnern Fidel Castros aus Kuba in Form von Arzneimittel- und Lebensmittellieferungen 53 Millionen Dollar, 47 600 Dollar oder 190 400 DM pro Kopf. Von der Bundesrepublik wurden 1964 bis 1966 aus der DDR rund 2 600 politische Häftlinge »ausgelöst« und für sie im Rahmen des Interzonenhandelsabkommens Kaffee, Butter, Zitrusfrüchte usw. geliefert; insgesamt wurden 24 Millionen Dollar oder pro Kopf bis zu 40 000 DM Lösegeld gezahlt.

Die Römer hatten riesige Vermögens- und Arbeitskraft-»Transfers« organisiert, und auch Karl der Große »übernahm« von seinen Feinden angesammelte Steuern, um die eigenen mageren Einkünfte zu ergänzen: Jeweils im März kamen im Fränkischen Reich die Großen zusammen, um eine Heerschau abzuhalten, über Krieg und Frieden und neue Gesetze zu beraten, und bei dieser Gelegenheit erhielten die Frankenkönige und später der Kaiser von ihren Vasallen Geschenke: Rosse, Waffen, Schmuck. Dem Kronschatz flossen außerdem alle Straf- und Bußgelder zu, aber die Haupteinnahmequelle bildeten die Krongüter, und wenn es keine feste Hauptstadt, sondern zahlreiche Kaiserpfalzen gab, so weil der ganze Hofstaat mit allen Beamten herumreiste und, was sich hier oder dort während eines Jahres an Nahrungsmittelvorräten, Kleidungsmaterial und allen möglichen anderen Naturalien angesammelt hatte, an Ort und Stelle verbrauchte.

Diese »naturalwirtschaftliche Misere« herrschte auch zu Beginn der Herrschaft Karls des Großen. Einhard wie andere Chronisten der Zeit berichten, daß die Franken »noch sehr arm« waren. Erst im Jahre 790 wurde das Schatzamt des Kaisers gegründet, und erst um 800 errichtete man die erwähnten große Bauten – und zwar dank der Awarenkriege. Denn wurde die Beute früherer Kriegszüge stets sofort unter den Gefolgsleuten des Kaisers verteilt, so kam sie diesmal als Staatsschatz nach Aachen. Dieser den Awaren abgenommene Schatz aber wird auf mindestens 30 000 Kilo Gold geschätzt, denn Byzanz mußte seit Beginn des 7. Jahrhunderts den Awaren, einem tatarischen Volk, das aus dem Gebiet nördlich des Kaukasus nach Westen zog und um 570 ein Reich im heutigen Ungarn gründete, bis 200 000 Goldsolidi jährlichen Tribut bezahlen. Die Awaren besaßen keineswegs nur riesige Viehherden, sondern hatten Edelmetalle, Pelze und Seide gehortet und ihren Reichtum durch immer neue Kriegsbeute vermehrt. Sie besaßen große Mengen gemünzten Geldes, hatten weder Verbündete noch Beamte oder Geistliche zu bezahlen, und als Karl der Große den »Ring«, die Residenz des Ka-Khans der Awaren, eroberte, fiel ihm die größte Kapitalansammlung der damaligen Welt in die Hände. Und er eignete sich diese – wie Einhard berichtet – »mit vollem Recht an, da sie awarisches Raubgut war« und der Krieg »ein christlicher Kreuzzug«.

Mit diesem Awarenschatz finanzierte Karl die »karolingische Renaissance« – und mit fremden Steuerleistungen und Staatskapitalansammlungen wurden immer wieder »Großstaaten-Aufstiege« finanziert. Heinrich VIII. übertrug den von der Kirche angesammelten Steuerertrag auf England. Elisabeth I. machte aus dem spanischen Staatseinkommen britisches Einkommen und tat damit nichts anderes, als die Spanier selber getan hatten. Sie machten den Staatsschatz der Inkas zu dem ihrigen, »transferierten« das Steuergold Atahualpas nach Europa. Und Europa revanchiert sich heute auch: Ein Teil seiner Steuererträge fließt als »Entwicklungshilfe« in die ehemaligen Kolonialgebiete ...

Die amerikanischen Indianerreiche hatten den »Transfer« seinerzeit bekanntlich nicht überstanden, in England aber bedeutete die Enteignung der katholischen Kirche nicht, daß ihre Nachfolgerin, die »Church of England«, in Armut leben mußte. Sehr rasch gewann auch sie Macht und Reichtum – und gerechter als früher wurden ihre Einnahmen auch nicht verteilt. Gustav

F. Steffen, Professor der Universität Stockholm, analysierte 1889 ihre Finanzverhältnisse und schrieb: »England hat zwei Erzbischöfe und 24 Bischöfe. Sie sind kraft ihres Amtes Mitglieder des Hochadels und üben eine privilegierte politische Macht durch den Sitz aus, der ihnen im Oberhaus zusteht. Sie wohnen in großartigen mittelalterlichen Burgen, und der Erzbischof von Canterbury bezieht jährlich 300 000 Mark ... der Erzbischof von York und der Bischof von London haben jeder 200 000 Mark, der Bischof von Durham 160 000 Mark und der von Winchester 140 000 Mark Jahresgehalt ... Die nächstniedrigen kirchlichen Grade gehen auch nicht leer aus. Die Dompröpste beziehen in der Regel 22 000 Mark Gehalt, und die sogenannten Kanoniker, deren es an jeder Domkirche gewöhnlich vier gibt, erhalten ungefähr halb soviel. Was die Pfarrstellen betrifft, wechselt deren Einträglichkeit natürlich sehr bedeutend. Zuweilen nähern sie sich dem Einkommen eines Dompropstes, übertreffen es sogar gelegentlich und werden von dem jüngeren Sohn eines Marquess nicht verschmäht, denn der Priesterberuf ist in England, soweit er ein großes Einkommen gewährt, das Monopol des Adels und der höchsten Mittelklasse. Er bietet eine glänzende soziale Laufbahn und ist überdies wenig anstrengend; denn die eigentliche Arbeit wird in der Regel von Adjunkten verrichtet, die oft arm sind und erbärmlich bezahlt werden. Eine Pfarrstelle zu bekommen ist oft ein reines Handelsgeschäft oder hängt von verwandtschaftlichen Beziehungen ab, denn etwa die Hälfte der Pfarrämter Englands steht zur freien Verfügung der Bodenmagnaten ...«

Nun hat das »House of Lords« heute keine große politische Bedeutung mehr, aber dafür wuchs das Vermögen der »Church of England« ständig. Allein das Aktienkapital, das sie 1966 besaß, war amtlichen Angaben zufolge 2 Milliarden DM wert, und die »Church Commissioners« gehörten zu den vier wichtigsten Kunden der Londoner Börse. Mit 68 000 Hektar sind sie nach der Krone auch die größten Besitzer landwirtschaftlich genutzten Bodens, und ihr Hausbesitz stand 1966 mit 53 Millionen Pfund zu Buch, während die Kirchenbeteiligung an Entwicklungsprojekten, vor allem dem Bau von Bürohäusern, mit 21 Millionen Pfund bewertet wurde. Die Gesamtaktiva der »Church of England« betrugen 3 307 Millionen DM.

1966 brachten sie rund 230 Millionen DM Jahreseinkommen oder das Dreifache von 1948. Denn damals wurde eine Stiftung der Königin Anna aus dem Jahr 1704, die »Queen Anne's Bounty« für bedürftige Priester, die ursprünglich 17 000 Pfund Jahreseinkommen brachte und nun 2,3 Millionen Pfund, mit andern Vermögenswerten verschmolzen. Zahlreiche Obligationen waren verkauft und dafür Industriepapiere angeschafft worden.

Aus 64 wurden so 148 Millionen Pfund, und gleichzeitig wurde der Hausbesitz instand gesetzt, der städtische Grundstücksbesitz von 50740 auf etwa 7000 Objekte verringert und der Ertrag rentabler angelegt. Unter anderem in acht neuen Büroblocks unweit der Londoner St.-Pauls-Kathedrale. Wie überall kommen in England zum Einkommen aus dem Kirchenbesitz zahlreiche Spenden und Erbschaften, und 1964 erhielt die »Church of England« zum Beispiel auch 230 Stunden gratis Radio- und Fernsehsendezeit, für die sie normal ca. 300 Millionen DM hätte bezahlen müssen.

Allerdings verblassen diese Spenden und Zuwendungen im Vergleich zu den amerikanischen. Wie groß das Kirchenvermögen heute in den Vereinigten Staaten ist, weiß niemand, denn die letzte amtliche Übersicht stammt aus dem Jahr 1926. Damals betrug es angeblich nur etwa 12 Milliarden Mark – 2984,3 Millionen Dollar –, von denen 837 auf die römisch-katholische Kirche entfielen, auf die fünf wichtigsten protestantischen Denominationen 2047 und auf jüdische Glaubensgemeinschaften 100 Millionen Dollar. Die Statistiker gaben selber zu, daß sie nur »höchst unvollkommene Unterlagen« besaßen, und schätzten das tatsächliche Vermögen auf »mindestens 10 Milliarden Dollar« oder 40 Milliarden Mark.

Das Jahreseinkommen von 25 protestantischen Kirchen in den USA betrug 1929 rund 581 Millionen Dollar und sank durch die Krise bis 1932 auf 378 Millionen. 1965 aber erhielten – dem »National Council of Churches« zufolge – die 44 wichtigsten protestantischen Kirchengemeinschaften hier 3300 Millionen Dollar an Spenden, die katholische Kirche und andere dazu weitere 2200 Millionen. Und zu diesen Spenden von zusammen 22 Milliarden DM kam der Vermögensertrag der Kirchen. Als reichste Gemeinde gilt die »Trinity Corporation«, der die 1697 gegründete »Trinity Church« an der Ecke Wallstreet und Broadway in New York gehört. Deren Grundbesitz stand 1934 mit 63,6 Millionen Dollar zu Buch, 1964 mit 811 Millionen. Ihr Einkommen betrug 1933 rund 1,8 Millionen, 1968 über 34 Millionen.

Einer der hervorragendsten amerikanischen Geistlichen, der frühere Vorsitzende des Weltkirchenrates und Geschäftsführer der Vereinigten Presbyterianischen Kirchen der USA, Dr. Eugen Carson Blake, fand diese Entwicklung alarmierend. Er forderte die Aufhebung der kirchlichen Steuerfreiheit und setzte am 3. August 1959 in der protestantischen Zeitschrift »Christianity Today« auseinander, alle der Kirche gehörenden Unternehmen müßten die gleichen Steuern wie andere bezahlen und auch die gleichen Grund- und Gebäudesteuern entrichten, weil sonst die Gefahr bestehe, daß es eines Tages zu revolutionären Enteignungen komme. »Steuerbefreiung war berechtigt«, erklärte Dr. Blake, »solange die Kirchen klein, arm und schwach waren. Seit sie groß und reich wurden, besteht die Gefahr, daß sie eines Tages das gesamte Wirtschaftsleben beherrschen, denn für sie gibt es ja Erbschaftsteuern sowenig wie die 52 Prozent Körperschaftsteuer oder irgendwelche Belastungen ihres Grundstückvermögens ... Daß der wachsende Reichtum der Kirchen in England bereits im 16. Jahrhundert und in Frankreich im 18. Jahrhundert zu Enteignungen führte, in Italien im 19. Jahrhundert und in Mexiko, der Sowjetunion, Ungarn oder der Tschechoslowakei im 20. Jahrhundert, scheint nur natürlich ... und keine Regierung mit Steuersorgen kann auf die Dauer die Hände von den Kirchen lassen. Enteignungen gehen aber stets mit Antiklerikalismus und Atheismus Hand in Hand ...«

Dr. Blake beklagte, daß Kirchen Unternehmen zum Kauf angeboten werden, deren Personal sie unverändert übernehmen und deren Leitung sie reichliche Gehälter zahlen. Diese sind nun nicht mehr offiziell Besitzer, haben aber praktisch die gleiche Verfügungsgewalt wie früher – und verdienen mehr, weil sie die Konkurrenz auf Grund ihrer Steuerbefreiung schlagen. Und viel ärger ist, daß der wahre Sinn der Kirchen verlorengeht und daß durch die Steuerbefreiung auch die Trennung von Kirche und Staat untergraben wird. Denn Steuerbefreiung bedeutet ja im Grunde staatliche Subvention der Kirchen.

Ähnliche Überlegungen wurden in Amerika bereits vor einer Generation angestellt. Schon im Dezember 1933 hatten Bischof Francis John McConnel, Dr. John Haynes und Rabbi Stephen S. Wise eine Revision der Steuerbefreiungsvorschriften verlangt, »weil sie schamlos mißbraucht werden«. Damals waren etwa ein Viertel der 20 Milliarden Dollar steuerbefreiten Vermögens Kirchenbesitz, darunter allein 210 914 Kirchengebäude. Im Januar 1934 erklärte Reverend Charles Stelzle, ein Presbyterianer, der sich als Soziologe einen hervorragenden Ruf erworben hatte, es sei mit der Forderung nach Religionsfreiheit nicht vereinbar, wenn man durch Steuerbefreiungen der Kirchen Millionen Steuerzahler belaste, die diesen Kirchen nicht anzugehören wünschen. Und das Argument »Kirchen vermindern die Steuerlast, weil sie die Zahl der Verbrechen verringern« sei wohl nicht haltbar. Aber wie man Stelzle als »exaltiert« abtat, so ein Vierteljahrhundert später Dr. Blake. Alles blieb und alles bleibt beim alten, obwohl die Neger der USA eines Tages nicht minder gefährlich werden könnten, wie Mexikos Indios es für die Kirche wurden und Mexiko auch ein Schulbeispiel dafür ist, wozu ein zu großer Kirchenbesitz führen kann, und auch die Verhältnisse in Mexiko wirkten sich international aus.

Dieses ehemalige Aztekenreich wurde von Fernando Cortez erobert, und als er 1547 starb, gehörten ihm in Mexiko 22 Städte und 114 200 Hektar Ackerland mit 115 000 Leibeigenen. Drei Jahrhunderte später besaßen seine Erben, die Herzöge von Monteleone, die in Neapel lebten, 89 Haziendas und 119 Ranchos mit zusammen 442 000 Hektar, und sie bezogen aus Mexiko pro Kopf 435 000 Mark Jahresrente. Aber im Vergleich zur Kirche waren sie arm: Nach Alexander von Humboldt betrug der Wert der mexikanischen Güter, die bei ihrer Vertreibung aus den spanischen Besitzungen im Jahre 1767 allein den Jesuiten gehörten, 55 Millionen amerikanische Dollar, während damals (J. C. Stamp zufolge) Englands gesamtes Volksvermögen etwa 8 000 Millionen Dollar gleichkam. Im Jahre 1789 brachte der Grundbesitz in 6 der 30 mexikanischen Diözesen jährlich 18,4 Millionen spanische Piaster oder rund 80 Millionen Mark ein, während 1790 das Bundesbudget der USA 20 Millionen Mark betrug. Als 1810 die mexikanischen Haziendas – die Großgüter – gezählt wurden, gab es 3 749. Über sechs Zehntel gehörten der Kirche. Keines dieser Güter war kleiner als 1 000 Hektar, 336 umfaßten mehr als je 10 000 und 51 mehr als je 50 000 Hektar. Insgesamt gehörten der Kirche rund acht der damals zehn Millionen Hektar landwirtschaftlich genutzten Bodens in Mexiko (der heute rund 30 Millionen Hektar umfaßt), keineswegs aber nur Landgüter. Die Kirche besaß auch riesigen städtischen Grundbesitz, zahllose Mühlen und Gewerbebetriebe. Das Vermögen der »Toten Hand« war so gewaltig angewachsen, daß auch die spanischen Könige wiederholt versuchten, es zu vermindern, vor allem durch eine »Real Cedula« vom 26. Dezember 1804, denn die Staatseinnahmen sanken damals katastrophal, während die Kircheneinnahmen ständig weiterwuchsen. José L. Mora (dessen »Gesammelte Werke« 1837 in Paris erschienen) schätzte das Kirchenvermögen bei der Loslösung Mexikos von Spanien im Jahr 1821 auf 179 Millionen Pesos, damals rund 716 Millionen Goldmark, allein die Pachteinnahmen auf 8 Millionen Pesos oder rund 32 Millionen Goldmark bei damals insgesamt 3 000 Angehörigen des mexikanischen Klerus. Dieser Klerus und etwa 11 000 andere Großgrundbesitzer meist spanischer Herkunft besaßen praktisch alles, die damals acht Millionen anderen Mexikaner so gut wie nichts. Neben den gold- und silberstrotzenden Kirchen standen die erbärmlichen Lehmhütten der Indios. Und Kirchen gab es unzählige, in Cholula zum Beispiel, nicht weit von Mexico City, wurde eine besondere Kirche für jeden Tag im Jahr gebaut.

Die Besitzverhältnisse waren schon längst unerträglich geworden, und vor allem hatte sich auch die Mentalität des Klerus seit der »Conquista«

hier ebenso grundlegend verändert wie in Europa zwischen den Klostergründungen Benedikts von Nursia und der Vorreformationszeit. Fray Juan de Zumarraga zum Beispiel hatte 1535 die erste Papiermühle Amerikas gegründet, 1538 in Mexiko-Stadt die erste Druckerei des Kontinents. Dieser Franziskaner und erste Bischof Mexikos gründete über 300 Schulen und drei große Spitäler, ließ auf eigene Kosten 30 spanische Weberfamilien nach Amerika kommen, um Indios anzulernen, zog maurische Seidenspezialisten ins Land und importierte Zuchtesel, um durch Lasttiere das Los der Indianer zu erleichtern. Zumarraga brachte die ersten Merinoschafe in die Neue Welt, akklimatisierte spanische Weinreben und Obstbäume und sorgte schließlich dafür, daß seine Arbeit fortgeführt wurde, indem er Vasco de Quiroga als Bischof von Michoacán einsetzte. Dieser schuf Ackerbaugemeinschaften, gab den Indios Boden und errichtete landwirtschaftliche Fachschulen. Er bildete tüchtige Handwerker aus und sorgte in Europa für den Absatz dessen, was sie erzeugten. Ganz im Geist Zumarragas und Quirogas wurde 1552 auch die Universität Mexiko gegründet.

Aber im Klerus wie in der Zivilverwaltung gerieten die Aufbauenden rasch in die Minderheit. Wiederholt waren die Erzbischöfe von Puebla zugleich Vizekönige von Mexiko, und wenn sie dreimal Reformen durchzusetzen versuchten, so waren die 30 Bischöfe, die es schließlich gab, immer mehr darauf aus, die Macht und den Reichtum der Kirche zu stärken. Da geschah, was schon im alten Ägypten geschehen war: Die religiösen Feste wurden immer üppiger und dauerten immer länger. Immer mehr Wallfahrtsorte wurden gegründet, und neben den 52 Sonntagen gab es schließlich 79 andere kirchliche Feiertage in Mexiko. Nur die Kirche unterhielt nach wie vor Schulen. Aber das Niveau sank erschreckend ab, und auch im Jahre 1900 waren noch mindestens 78 Prozent aller Mexikaner Analphabeten. Selbst der Priesternachwuchs konnte auf die Dauer nur mehr im Ausland gefunden werden, vor allem in Spanien.

Der erste, der das zu ändern versuchte, und der erste moderne Führer der amerikanischen Urbevölkerung überhaupt war ein mexikanischer Priester, Miguel Hidalgo y Costilla, der 1753 geborene Sohn eines Kreolen (eines im Lande geborenen Weißen) und einer Indianerin. Bei den Franziskanern erzogen und Latein- und Theologielehrer am Priesterseminar von San Nicolas, hatte Hidalgo die reiche Pfarrei von Dolores erhalten, die ihm ein Bareinkommen von 9 000 Pesos oder damals 36 000 Mark jährlich brachte, kaufkraftmäßig heute mindestens 50 000 DM monatlich. Und dieses Rieseneinkommen empörte ihn. Er verteilte es nicht nur unter die

Armen, sondern zugleich predigte Hidalgo eine Art Urchristentum, und als die Absetzung König Ferdinands VII. von Spanien durch Napoleon im Jahr 1808 auch in Iberoamerika Unabhängigkeitsbewegungen auslöste, veröffentlichte er am 16. September 1810 den »Grito de Dolores«, den »Freiheitsschrei von Dolores«: Da Spanien nun von den Franzosen unterworfen sei, könne es nicht länger die Herrschaft über Mexiko beanspruchen. Hidalgo erklärte die Unabhängigkeit seines Landes – und beschlagnahmte sofort auch fünf Kirchengüter und zwei Güter von Weißen, die er unter die Indios aufteilte. Innerhalb von zehn Tagen sammelten sich rund 20 000 Indianer und Mestizen um seine Standarte der Muttergottes von Guadelupe, der »braunen« Schutzheiligen Mexikos (deren Namenstag, der 12. Dezember, noch heute ein Nationalfeiertag in Mexiko ist), und an ihrer Spitze eroberte Hidalgo die Stadt Celaya, wo er zum »General des mexikanischen Amerika« ausgerufen wurde. Der revoltierende Priester ließ aus Kirchenglocken Kanonen gießen, besetzte die reichsten Silbergruben Mexikos und besiegte am 30. Oktober 1810 bei Mote de los Cruces die spanischen Regierungstruppen. Schon am 19. Oktober hatte er – ein halbes Jahrhundert vor Lincoln – die Sklaverei abgeschafft, und seine Anhängerschaft wurde immer größer. Aber Hidalgo war ein echter Christ. Die Morde, zu denen es im Verlauf der Revolution kam, entsetzten ihn, die Schlachten, die er schlagen mußte, stürzten ihn in Verzweiflung, und statt die Hauptstadt zu erobern, verschanzte sich Hidalgo in der Bergstadt Queretaro. Er sah, daß die Indianer für seine Pläne noch nicht reif waren und daß er die Wut der Massen nicht zu zügeln vermochte, gab den Kampf auf, noch ehe er verraten, den Spaniern ausgeliefert und am 31. Juli 1811 erschossen wurde.

Aber die Revolution war nicht mehr aufzuhalten. Der Priester Morelos trat an die Stelle Hidalgos, und als auch er im Dezember 1815 hingerichtet wurde, führte Agustin de Iturbide den Kampf weiter. Schließlich räumten die Spanier 1825 das Land. Aber der Katholizismus blieb Staatsreligion, die Kirche behielt ihre Macht, und so kam das Land nicht zur Ruhe. Als der Diktator Santa Ana 1847 den Kirchenbesitz zwangsweise hypothekarisch belastete, wurde er gestürzt. Erst als sich Benito Juarez durchsetzte, ein Indianer, der Vorsitzender des Obersten Gerichts geworden war und damit zugleich Vizepräsident der Republik, schien die Zeit reif für Reformen. Denn kaum von Spanien frei geworden, hatte Mexiko sich gegen den Nachbarn im Norden verteidigen müssen, hatten die Vereinigten Staaten 1846 bis 1848 Mexiko fast eineinhalb Millionen Quadratkilometer, die heutigen Bundesstaaten Kalifornien, Texas und Neu-Mexiko, abgenommen. Die Mexikaner erkannten, daß sie ohne durchgreifende Systemänderung auf die Dauer nichts von ihrem Land behalten würden. Im Januar 1858 wurde Juarez zum Präsidenten gewählt, und am 12. Juli 1859 erließ er ein Gesetz, das die Kirche vom Staat trennte, die Klöster aufhob und die Kirchengüter zum Nationalbesitz erklärte. Religiösen Körperschaften wurde verboten, Schulen zu unterhalten, politische Versammlungen zu organisieren und wirtschaftliche Tätigkeiten auszuüben. Nichtmexikanische Geistliche durften auch ihr Amt nicht länger ausüben, und jeder Bodenerwerb war Priestern wie Klöstern und Kirchen streng untersagt, ebenso jede Verwaltung von Grundbesitz.

Mit dem Erlös der Kirchengüter wollte Benito Juarez die zerrütteten Finanzen Mexikos in Ordnung bringen, aber da das natürlich Zeit erforderte, erließ er auch ein zweijähriges Moratorium für alle Auslandsschulden. Das gab Mexikos Kirche wie dem Vatikan die Möglichkeit, gewaltsam die Enteignung zu verhindern: Der »starke Mann« Mexikos war lange General Santa Ana gewesen. Dieser wurde davon überzeugt, daß ein europäischer Fürst als Kaiser von Mexiko dem Land nicht nur den inneren Frieden, sondern auch den Schutz der Großmächte vor weiteren Übergriffen der Vereinigten Staaten bringen würde. Und als diese durch den Sezessionskrieg gelähmt wurden, kam es 1864 zur Errichtung des »Kaiserreiches Mexiko«.

Für diesen letzten der Versuche, eine europäische Kolonie in Amerika zu errichten, hatte sich vor allem Kaiserin Eugénie von Frankreich eingesetzt, eine geborene Spanierin und eine der treuesten Töchter der Kirche. Sie gewann Napoleon III. für den Plan und begeisterte auch ihre Freundin Charlotte, die Tochter des Königs von Belgien, für die »heilige Sache«. Diese hatte 1858 den Erzherzog Maximilian geheiratet, den jüngeren Bruder Kaiser Franz Josephs von Österreich, und ihn veranlaßt, als Gouverneur von Venetien und der Lombardei zurückzutreten, weil dort der Adel ihre Bigotterie verlachte. Und nun überzeugte sie ihn, daß es seine Pflicht sei, die heilige Kirche in Mexiko wieder in ihre Rechte einzusetzen und der Herrschaft der Gottlosen dort eine Ende zu bereiten.

Frankreich, England und Spanien hatten schon am 31. Oktober 1861 einen Vertrag geschlossen, daß sie Mexiko zur Zahlung der von Präsident Juarez vorläufig zurückgehaltenen Zinsen der Auslandsschulden zwingen wollten. Vera Cruz wurde besetzt, und es wurden Truppen gelandet. Nachdem sie in Wien feierlich gekrönt worden waren, schifften sich Maximilian und Charlotte als Kaiser und Kaiserin von Mexiko am 14. April 1864 in Triest auf einem österreichischen Kriegsschiff nach Amerika ein. Unterwegs wurde Civita Vecchia angelaufen, der Hafenplatz des Kirchenstaates, wo Papst Pius IX. den neuen Herrschern seinen apostolischen Segen erteilte. Am 28. Mai 1864 ging Maximilian in Vera Cruz mit seinem Hofstaat an Land.

Aber wie gläubig die Mexikaner auch geblieben waren, einen fremden Kaiser wollten sie so wenig wie die Alleinherrschaft der Kirche. Das Volk stand gegen die Fremden auf. Juarez organisierte im Norden des Landes zusammen mit seinem Nachfolger Tejada und dem späteren Diktator Porfirio Diaz einen Freiheitskampf, der mit der Gefangennahme Maximilians, dessen Verurteilung zum Tode und seiner Hinrichtung in Queretaro am 19. Juni 1867 endete. Die historische Legende machte aus Maximilian einen Helden, der nach Mexiko ging, nur um das durch Parteienkämpfe zerrissene Land zu befrieden, der von den Franzosen verraten wurde und als Unschuldiger elend starb. In Wirklichkeit ging Maximilian an seiner eigenen Unfähigkeit und der Unersättlichkeit seiner klerikalen Hintermänner zugrunde. Napoleon III. verriet ihn nicht, sondern wurde durch die Entwicklung in den Vereinigten Staaten gezwungen, seine Kolonialpläne aufzugeben, denn der Bürgerkrieg war bereits 1865 zu Ende gegangen und nicht, wie man in Paris meinte, erst »nach Jahrzehnten des Kampfes«. Maximilian nahm aus Eitelkeit eine Mission an, deren klarer Zweck die Wiedereinsetzung der Kirche in ihre Güter war – und mußte scheitern, wie sehr bald auch der Papst selbst seine weltliche Herrschaft verlor. 1870 wurde der Kirchenstaat aufgelöst.

In Mexiko war mit der Hinrichtung in Queretaro ein drei Jahre dauernder blutiger Bürgerkrieg beendet. Dennoch konnte Juarez, der 1867 und 1871 wiedergewählt wurde, seine Finanz- und Schulreformen nicht durchführen. Das Volk war des Kämpfens müde, die Regierung nicht in der Lage, die Kirchengesetze anzuwenden. Wo sie nicht offen sabotiert wurden, half sich der Klerus damit, daß er den Besitz verläßlichen Laien überschrieb, und erst 1914 ließ Präsident Carranza schlagartig die Bücher der Kirchenkanzleien beschlagnahmen und feststellen, unter welchen privaten Namen dieser eingetragen war. Grundstücke im Wert von damals vierzig Millionen Mark wurden eingezogen und schließlich am 1. Mai 1917 in Queretaro ein Grundgesetz erlassen, das die Bestimmungen Juarez' bestätigte und verschärfte. Nur Mexikaner wurden als Priester zugelassen, und sie durften nur dann ihr Amt ausüben, wenn ihnen die weltlichen Behörden das ausdrücklich erlaubten. Für jeden Bezirk wurde eine Höchstzahl von Priestern festgelegt.

Wiederum blieben diese Bestimmungen vorerst auf dem Papier, denn damals gab es nicht nur den alten Kampf zwischen den Liberalen und den Klerikern Mexikos, sondern auch einen erbitterten Kampf zwischen amerikanischen und britischen Ölkonzernen um die Bodenschätze des Landes. 1918 intervenierten Truppen der Vereinigten Staaten in Mexiko, und erst im Februar 1926 fühlte sich Präsident Plutarco Elias Calles stark genug, den Kampf mit Rom erneut zu beginnen: Rund 1 000 der 4 000 Priester Mexikos waren damals Ausländer. Sie wurden verhaftet und deportiert, weil sie ihr Amt gesetzwidrig ausübten. Die Vorschrift, die Priesterzahl auf »das tatsächlich Notwendige« zu beschränken, wurde dahin ausgelegt, daß hier ein Priester für 20 000, dort aber auch einer für 100 000 Gläubige genügte. Und nun wurde energisch mit der Einziehung des Kirchenbesitzes begonnen.

Der Papst antwortete mit dem Interdikt: Am 1. August 1926 trat die Kirche Mexikos in den »Streik«. Es wurden keine Messen mehr gelesen, keine Taufen, Eheschließungen und Begräbnisse von katholischen Geistlichen vorgenommen. Öde und verlassen lagen alle Kirchen da. Nachts aber kamen Priester zu den Sterbenden und erteilten ihnen die Letzte Ölung, und im geheimen wurde die Kommunion genommen. Der Papst hatte den Mexikanern erlaubt, zu jeder Tages- und Nachtstunde und ohne vorheriges Fasten zu kommunizieren. Mexikos Bischöfe bedrohten nun jeden mit der Exkommunikation, der sich aktiv am Leben der Republik beteiligte, und rieten den Gläubigen, ihre Bankguthaben abzuheben, denn ein so gottloser Staat wie Mexiko müsse bankrott gehen, um so mehr, als die Kirche auch zu einem Steuerstreik aufrief. Das mexikanische Episkopat wandte sich an Rom und an »alle Christen der Welt« um »tätige Hilfe«.

Im April 1926 hatte das auch der Erzbischof von Baltimore getan, und die »Knights of Columbus« hatten als Vorkämpfer des Katholizismus in den USA begonnen, Freiwilligenverbände aufzustellen. Während in Washington immer lauter der Abbruch der Beziehungen zu Mexiko gefordert wurde, setzte Präsident Calles das Gesetz vom 27. Mai 1926 durch, das die Nationalisierung aller Bodenschätze Mexikos erklärte und das schließlich dazu führte, daß im März 1938 die angloamerikanischen Ölfirmen in Mexiko enteignet wurden. Als am 17. Juli 1928 ein religiöser Fanatiker den gerade neugewählten Präsidenten Alvaro Obregon ermordete, brach erneut ein Bürgerkrieg aus, und um ihn beizulegen, kam es zu einer Art Waffenstillstand: Der Papst hob im Juni 1929 das Interdikt auf, und die mexikanische Regierung stellte die Parzellierung der Kirchengüter ein. 1935 gab es noch 12 mexikanische Bundesstaaten, die keine Priester zuließen, und im Staat Vera Cruz nur 14 Priester für eine Million Einwohner. Aber im Jahr darauf ließ Präsident Cárdenas Calles verhaften, zu einem Flugzeug bringen und in die USA abschieben, wo er bis 1941 im Exil lebte, 1945 dann in Mexiko starb. Der Präsident nahm am Palmsonntag an einer Messe teil, um das Ende des mexikanischen »Kulturkampfes« zu demonstrieren, und an zahllose Wände und Haustüren wurde »Viva Christo Rey!« geschrieben, »Es lebe Christus der König!« Aber rund 11 Millionen Hektar Großgrundbesitz waren nun verteilt und in Mexiko die Übermacht der »Toten Hand« gebrochen.

Aber nur in Mexiko. Und dessen Kirchengeschichte ist leider nicht »tote« Geschichte, sondern höchst aktuell. Mexiko zeigt, was wir aller Voraussicht nach und in naher Zukunft noch überall in Iberoamerika zu erwarten haben, in allen Republiken, in denen das Triumvirat der Priester, des Militärs und der Großgrundbesitzer noch ungebrochen ist. »Kirchenfragen« als »bedeutungslos geworden« abzutun, kann vor allem für Deutschland ein sehr kostspieliger Irrtum werden, denn Ende 1967 waren dort 2 230 Millionen DM Privatkapital aus der Bundesrepublik investiert. In der Unabhängigkeitserklärung von Texas hieß es am 2. März 1836 unter anderem: »... wenn die Verfassung eines Landes, die den Schutz des Volkes garantieren soll ... in einen militärischen Despotismus verwandelt wird, der die Interessen aller geringachtet, außer jenen der Armee und der Priesterschaft, diese beiden ewigen Feinde der bürgerlichen Freiheit, dieser immer bereiten Günstlinge der Macht, die üblichen Instrumente der Tyrannen ..., dann ist das Volk sowohl berechtigt wie – gegenüber seinen Kindern – verpflichtet, solche Regierung abzuschaffen ...«

Das taten die Texaner und schließlich die Mexikaner – und das wird früher oder später überall geschehen. Mexikos Einwohnerzahl sank von 1910 bis 1921 von 15,2 auf 14,3 Millionen. Mehr als eine Million Menschen verloren während der Revolution das Leben, aber eine neue Startmöglichkeit wurde geschaffen und wird auch in den andern Republiken geschaffen werden. Wie der Kirchenkampf in Mexiko zugleich ein Kampf gegen den Einfluß der Fremden war und zur Enteignung der ausländischen Ölgesellschaften ebenso wie zu der der Kirche führte, so sind heute in allen iberoamerikanischen Staaten Kirchen- und Großgrundbesitz, Militärherrschaft und ausländische Kapitalinteressen derart eng miteinander verflochten, daß die revolutionären Bewegungen sich gegen alle vier richten. Hidalgo und Morales waren Priester, und auch heute kämpfen wieder junge Priester in den Reihen der Guerillas, die es überall in Iberoamerika gibt.

Mit 20 Millionen Quadratkilometern ist dieser Kontinent zweieinhalbmal so groß wie die Vereinigten Staaten, achtzigmal so ausgedehnt wie

Westdeutschland. Aber nur weniger als 5 Prozent des Gesamtareals werden heute land- oder forstwirtschaftlich genutzt, und selbst in Venezuela, das durch seinen Ölreichtum ebenso gute Möglichkeiten wie Mexiko hat, werden meist nur 120 bis 130 Kilo Mais je Hektar geerntet gegenüber den 4 300 auf guten Farmen in den USA. Soll die Bevölkerung Iberoamerikas halbwegs ausreichend ernährt werden, muß – der FAO zufolge – die Agrarproduktion bis zum Jahre 2000 vervierfacht werden, denn bis dahin wird sich die Bevölkerung, die 1960 rund 212 Millionen betrug, auf mindestens 570 Millionen vermehrt haben. Das aber ist bei den heutigen Bodenbesitzverhältnissen ausgeschlossen. Denn in Argentinien zum Beispiel besitzen weniger als 6 Prozent der landwirtschaftlichen Betriebe 74 Prozent der gesamten Nutzfläche und in Brasilien 1 Prozent 47 Prozent des Bodens. In Kolumbien gehören 3,5 Prozent der Landwirtschaft Treibenden 66 Prozent des Bodens, in Ekuador 2,1 Prozent der Besitzer 72 Prozent und in Paraguay 1,1 Prozent über 87 Prozent der Nutzfläche. Und das nehmen die Indios nirgends mehr als »gottgewollt« hin, nirgends mehr lassen sie sich auf das Jenseits vertrösten, und wenn der Anteil der Katholiken in den verschiedenen Ländern Iberoamerikas mit 96, 93 oder 90 Prozent angegeben wird und nirgends weniger als 86 Prozent beträgt, so sieht die religiöse Wirklichkeit auch dort längst anders aus. Schon auf dem »Interamerikanischen Katholikentag«, der 1953 in Chimbote in Peru stattfand, wurde die »Entchristlichung der Gesellschaft« festgestellt und berichtet, daß teilweise nur mehr 5 Prozent der Bevölkerung die Beicht- und Fastengebote einhalten und kaum irgendwo mehr als 20 Prozent regelmäßig die Messe besuchen. Da nun überall Kirche und Großgrundbesitz identifiziert werden, müssen erzwungene Bodenreformen wie in Mexiko mit Säkularisationen Hand in Hand gehen – und dabei werden zugleich die »Imperialisten« enteignet werden. Iberoamerika wird voraussichtlich noch lange eine Belastung für die Welt bleiben statt einer möglichen Quelle des Reichtums.

Wir können kaum etwas dagegen tun. Aber wir sollten gewisse parallele Entwicklungen sehen: Entscheidend war stets und bleibt überall das Verhältnis der Produktiven zu den Unproduktiven innerhalb einer Gemeinschaft. Bei den Priesterkasten Ägyptens wie beim katholischen Klerus war es wie heute beim Militär: Nicht was sie kosteten, bedeutete die schwerste Belastung, sondern was sie nicht leisteten. Viel schwerer zu tragen als die Kirchensteuern oder die Vermögensübertragungen an die »Tote Hand« war das Überhandnehmen der Zahl der Priester, Nonnen und Mönche, welche die Produktiven miterhalten mußten und die ein Arbeitsergebnis verbrauchten, das anders hätte neu investiert werden können. Staaten wie das Königreich Beider Sizilien, in dem im 18. Jahrhundert auf je 16 Erwerbstätige ein Priester, ein Mönch oder eine Nonne kamen, gibt es in Europa nicht mehr. Aber sind unsere Soldaten produktiver, als der Klerus es war? Und unsere Beamtenheere produktiver als die Mönche? Steuern mußten (und müssen zum Teil noch immer) für den Staat und die Kirche bezahlt werden. Heute scheinen die Kirchensteuern gering gegenüber den Staatssteuern, aber die Zahl derjenigen, welche die Völker »betreuen«, nahm keineswegs ab, und die Bürokratie kann ebenso gefährlich oder noch gefährlicher werden als der Klerus, auch sie fühlt sich ja den »Laien« weit überlegen und als besonderer Stand. In der Bundesrepublik gibt es heute nur noch rund 36 000 Geistliche, einen auf je 727 Erwerbstätige. Aber jeder zwanzigste Bundesbürger steht in öffentlichen Diensten. 1967 gab es ohne Bundesbahn und Bundespost bei insgesamt 26,2 Millionen »Erwerbspersonen« 2,13 Millionen für den Bund, die Länder und Gemeinden Tätige, kam ein öffentlich Bediensteter auf je 12 Erwerbstätige. Staatsbeamte und Geistliche waren sehr lange identisch, schon weil nur der Klerus halbwegs gebildet war. Natürlich sind Beamtentum und Bürokratie zwei völlig verschiedene Dinge, und die notwendige Verwaltung ist eine der wichtigsten Dienstleistungen, die es gibt. Aber wie die Kirchendiener so zahlreich wurden, daß sie den Glauben erstickten, so wuchern heute die Staatsdiener so sehr, daß sie die Freiheit zu ersticken drohen. Es ist zu einem Übermaß an Macht der Behörden gekommen, wie es zu einem Übermaß an Macht der Päpste und der Kirche überhaupt gekommen war. Allmächtige und alles durchdringende Bürokratien aber kennzeichnen die Verfallszeit des hellenistischen Ägyptens wie seit dem 2. Jahrhundert die des Römischen Reiches und schließlich von Byzanz. Und wird nicht auch heute wiederum die Bremswirkung lebensgefährlich, die ein Beamtenapparat bedeutet, der sich gegenseitig Arbeit schafft und seine Existenzberechtigung durch eine immer weitergehende Komplizierung unseres Lebens unter Beweis zu stellen trachtet? Nicht die Kosten der Bürokratie selber sind das Entscheidende, sondern die Kosten, die sie der Wirtschaft indirekt verursacht, und es kann sich verheerend auswirken, daß die Rechtsklarheit zum Wirrwarr wird, die Verwaltung so kompliziert, daß niemand sie mehr zu überblicken, kein Parlament mehr sie wirklich zu kontrollieren vermag. Zwangsläufig müssen der Bürokratie innerhalb vager Rahmengesetze immer mehr Verordnungsrechte zugestanden werden, und aus dem Verfassungsstaat wird so der Exekutivstaat und die feste Norm zur Willkür. Dann wird die Verwaltung zum Selbstzweck und aus den Dienern der Herr – genau wie es in den Religionsgemeinschaften geschah.

V

DIE HERRSCHENDEN DIENER

Das Weltproblem der Bürokratie: »Sachwalter der Gemeinschaft« oder »wucherndes Krebsgeschwür«?

»Die Freiheit beruht ungleich mehr auf der Verwaltung als auf der Verfassung.«

Barthold Georg Niebuhr,
ehemals preußischer Staatsbeamter, 1808

»Mit schlechten Gesetzen läßt sich immer noch regieren, bei schlechten Beamten helfen uns die besten Gesetze nichts.«

Otto Fürst von Bismarck, 1872

»Das größte Problem, nicht nur in Rußland, sondern auf der ganzen Erde, ist dieses: Wie können wir den Bürger schützen vor dem modernen Staat?«

Ex-Präsident *Herbert Hoover*
als Vorsitzender der Verwaltungs-Überprüfungs-Kommission der US-Regierung, 1955

Wenn es beim Steuerzahlen nur um das Geld ginge, wäre das heute schon übel genug, denn in keinem westlichen Industrieland begnügt sich die öffentliche Hand mit weniger als einem Drittel der volkswirtschaftlichen Gesamtleistung, und meist beansprucht sie vier bis fünf Zehntel. Aber es geht um weit mehr: Wir bezahlen mit unserem Geld immer drückendere Fesseln – und nur allzuoft unsern eigenen Tod, denn die Hälfte der Steuern und oft mehr werden in den meisten »zivilisierten« Staaten für vergangene, gegenwärtige oder zukünftige Kriege eingehoben. Sie dienen der Rüstung, der Kriegsschulden-Verzinsung oder sind andere »Verteidigungs«-Ausgaben. Was Thomas Campanella im Jahre 1602 schrieb, gilt mehr denn je: »Und was am wunderbarsten ist am Volke: Es bindet und knebelt sich mit eigener Hand; es gibt sich Tod und Krieg für Münzen, die man seinem eigenen Vorrat stahl...« Immer wieder auch erwies sich: Der Weg in die Sklaverei kann über Ämter und Behörden führen – mitten in der schönsten Formal-Demokratie. Auch unter Aktendeckeln und Karteikarten kann man ein Volk ersticken, wie Werner Sombart schon 1933 sagte: »Wo der Kapitalismus zurücktritt, stellt der Bürokratismus, sein schwerfälligerer Bruder, sich ein. Unter seiner Herrschaft aber ist die Einzel-Seele nicht minder zur Verdammnis verurteilt.«

Es hat seinen guten Grund, daß von »Verwaltungsapparaten« gesprochen wird, von gefühllosen Maschinerien also. Und die Bürokratie ist heute nicht nur nicht-menschlich, sondern oft unmenschlich. In der Bundesrepublik zum Beispiel teilte die Alliierte Hochkommission im Juli 1953 dem Bonner Außenamt die Bereitschaft der ungarischen Regierung mit, die noch im Lager Tiszalök befindlichen deutschen Kriegsgefangenen zu entlassen, falls die Bundesrepublik sie aufnehme und Pässe ausstelle. Eine Namenliste lag bei.

Eine »Paßangelegenheit« also, und so wurde die Mitteilung an das Bonner Innenministerium weitergeleitet. Zur Paßausstellung braucht man bekanntlich »Unterlagen«. Die Behörde suchte also die Angehörigen der Heimkehrer, aber nicht etwa durch den gut eingespielten Suchdienst des Roten Kreuzes, sondern selbständig. Mit dem Erfolg, daß nur 46 betroffene Familien »eruiert« wurden. Und so erhielten die Hochkommissare die Pässe für 46 und nicht für die zum Heimtransport vorgesehenen 111 Heimkehrer. Als die ungarische Lagerverwaltung das den Gefangenen mitteilte, glaubten diese das natürlich nicht. Sie waren überzeugt, es handle sich um eine neue bolschewistische Perfidie. Es kam zu einem Wutausbruch der seit neun Jahren auf ihren Rücktransport Wartenden, und fünf Deutsche wurden von den Wachmannschaften erschossen...

Was natürlich nicht als »typisch« gelten darf und natürlich nichts daran ändert, daß noch *nie* ein gut organisierter Beamtenstand und eine allein nach sachlichen Gesichtspunkten arbeitende Verwaltung wichtiger war als heute und ihr Mangel das Problem Nummer eins der Entwicklungsländer ist.

Kein Staat konnte je ohne verantwortungsbewußtes Beamtentum gedeihen; stets bildeten Treue und Pflichtbewußtsein, Gehorsam und selbstloses Bescheiden im Persönlichen der Staatsdiener das Rückgrat aller geordneten Gemeinschaften. Preußens Aufstieg wäre undenkbar gewesen ohne Beamte, die untadeligen Charakter mit hohem Fachwissen vereinten, die Zivilcourage besaßen, sich auch dem König gegenüber für die Unabhängigkeit ihres Amtes einsetzten und nicht nur Akten erledigten, sondern – wie zum Beispiel der Freiherr vom Stein –, auf lange Sicht planend, umwälzend neue Entwicklungen einleiteten und Meister in der »Kunst des Möglichen« waren. Aber dieses echte, sorgfältig ausgebildete und durch Tüchtigkeit und Gewissenhaftigkeit aufsteigende Beamtentum wird und wurde stets nur von einer begrenzten Elite gebildet, die sich aus ihren eigenen Kreisen heraus erneuerte und im alten Preußen so exklusiv wie dessen Garderegimenter war. Bürokratie ist die *Vermassung* dieser Elite. Sie verliert ihre Tugenden, sobald Tausende und aber Tausende Beamte werden, die dazu nicht geschaffen sind, in ihrem Amt – wie das ja auch beim Klerus geschah – nicht die verantwortungsvolle Aufgabe, sondern lediglich ein Mittel des Broterwerbs – oder gar der Macht sehen. Schon in einem Bericht des Reichsfreiherrn vom Stein an den Kronprinzen Friedrich Wilhelm von Preußen heißt es am 5. November 1822: »... Es sei die zentralisierende Bürokratie eingerichtet, wie sie wolle... so liegen in ihr wesentliche unzertrennliche Unvollkommenheiten, nämlich Kostbarkeit, Einseitigkeit und Systemsucht; Schwerfälligkeit und Lähmung der Unterbehörden; Vernichtung des Gemeingeistes durch Regierungssucht. Kostbarkeit, sage ich; denn statt daß vieles durch die Mitglieder der Gemeinde, durch die wohlhabenden Eingesessenen des Kreises, der Provinz geschah und geschehen konnte, so wird alles besoldeten fremden Beamten übertragen, deren Gehälter dennoch nie im Verhältnis sein können zu den wahren oder vermeintlichen Bedürfnissen ihres Standes...«

»Eine zweite Unvollkommenheit der unbedingten, reinen Bürokratie ist Einseitigkeit. Zum Beispiel eine aus 10 oder 12 Personen bestehende Provinzialregierung soll die öffentlichen Angelegenheiten, so 400 000 bis 500 000 Seelen betreffen, von der Geburt bis zum Kirchhof, von der Hebamme bis zum Gottesacker, erkennen, verwalten, leiten, entscheiden. Da dieses nun durchaus gründlich unmöglich ist, so entsteht ein Aufgreifen einzelner Gegenstände, die allein mit Gründlichkeit und Besonnenheit behandelt werden können, in Ansehung der übrigen aber eine Schein- und Papiertätigkeit ohne irgendeinen wahren Wert ...«

»Die reine Bürokratie wird ferner dadurch hauptsächlich verderblich, daß sie den Gemeingeist lähmt, der nur durch unmittelbare Teilnahme am öffentlichen Leben sich bildet, zunächst aus der Liebe zur Genossenschaft, zur Gemeinde, zur Provinz entspringt und sich stufenweise zur Vaterlandsliebe erhebt ...«

Steins großes Ziel war der Ausgleich zwischen dem Staatsinteresse und der individuellen Freiheit. Er brachte eine neue Gesinnung zum Durchbruch, die der passiven Unterwürfigkeit, zu der die Landesväter wie die Kirche ihre Untertanen in Jahrhunderten erzogen hatten, ein Ende machte. Er weckte die freiwillige Mitarbeit am öffentlichen Leben, predigte nicht Freiheit *vom* Staat, sondern Freiheit *im* Staat und zeigte durch seine Preußische Städteordnung vom 19. November 1808, wie durch kommunale Selbstverwaltung die Staatsverwaltung dezentralisiert und dadurch zugleich humanisiert werden kann. Bis 1808 hatte der Staat ein willkürliches Eingriffsrecht in die Angelegenheiten der Gemeinden besessen. Freiherr vom Stein beschränkte es auf ein Aufsichtsrecht und leitete damit eine bis heute segensreiche Entwicklung ein. Aber die Vermassung des Beamtentums vermochte er so wenig aufzuhalten wie die Vermassung überhaupt. *Nur* die Gemeinden blieben überblickbar und so eine unentbehrliche Schule jeder echten Demokratie. Daher sagte 1949 auch der Artikel 28 des Grundgesetzes der Bundesrepublik: »Den Gemeinden muß das Recht gewährleistet sein, alle Angelegenheiten der örtlichen Gemeinschaft im Rahmen der Gesetze in eigener Verantwortung zu regeln.« Professor Theodor Heuss schrieb als erster Bundespräsident der Stadt Wiesbaden ins Gästebuch: »Gemeinden sind wichtiger als der Staat!« Aber dieser kassiert die wichtigsten Steuern, und obwohl zwei Drittel aller Gemeinschaftsinvestitionen von den Gemeinden vorgenommen werden müssen, die Schulen und Krankenhäuser ebenso zu bauen haben wie Straßenbahnen, Abwasserreinigungsanlagen, Theater und dutzenderlei anderes, erhielten sie 1913 noch 37,2 Prozent des deutschen Gesamtsteueraufkommens, 1967 aber nur mehr 10,8 Prozent. Die heute 24 438 Gemeinden Westdeutschlands hätten echte Demokratie bringen können. Aber mehr noch als die Könige bekämpfte stets die Bürokratie alle Bestrebungen zur Selbstverwaltung, und so gibt es nun auch in den »freiesten« Staaten »Autokratie durch Bürokratie«. Überall besteht die Gefahr, daß nur gehandelt wird, wenn eine gedruckte Dienstanweisung vorliegt, überall dringt der Glauben vor, nur das amtlich Abgestempelte und ordentlich Registrierte habe ein Lebensrecht. 1955 ergab zum Beispiel eine »Entrümpelungsaktion« in Nordrhein-Westfalen, daß rund 10 000 Erlasse als »völlig überholt« aufgehoben werden konnten, allein im Bereich der Kriminalpolizei 509 von 620 Erlassen. Damals galten allein für die Gewerbeüberwachung dieses einen Bundeslandes 1 164 Gesetze und Verordnungen, davon 217 für den Milchhandel. Das verkomplizierte nicht nur die Verwaltung, sondern lähmte auch die Entscheidungsfreudigkeit der Beamten. Und es war eine inhärente Folge des bürokratischen Systems.

Nüchterne amtliche Ziffern bestätigen diesen Trend überall: In England wurde unter anderem die Binnenschiffahrt verstaatlicht, und 1952 zählte die Verwaltung der »British Waterways« 637 Beamte, die 518 Kanalschiffer betreuten. 1962 gab es 770 Beamte für 323 Schiffer.

Die Britische Admiralität zum Beispiel verwaltete 1908 die damals mächtigste Flotte der Welt. Allein 60 Schlachtschiffe waren zu betreuen und Marinestützpunkte in fünf Erdteilen, aber dazu genügten ein Staatssekretär und 33 leitende Beamte. Fünf Jahrzehnte später gab es zwei Marinestaatssekretäre, 29 stellvertretende Staatssekretäre und 34 leitende Admiralitätsbeamte – und *ein* Schlachtschiff, dazu allerdings nun auch 12 Flugzeugträger. Von 1914 bis 1928 war die Zahl der Schlachtschiffe von 62 auf 20 gesunken, die der Offiziere und Matrosen von 146 000 auf 98 000, die Zahl der Admiralitätsbeamten aber von 1 980 auf 3 469 gestiegen. Auch Kriegsschiffe wurden technisch komplizierter. Aber so sehr, daß die reinen Verwaltungsbeamten der britischen Marine um acht Zehntel vermehrt werden mußten, während die Schiffzahl um zwei Drittel und die Mannschaftszahl um ein Drittel vermindert wurde?

England ist das Mutterland der Selbstverwaltungs-Körperschaften, und erst der »Local Governement Act« von 1888 ersetzte die ehrenamtliche Lokalverwaltung durch Berufsbeamte, die von den gewählten Grafschaftsräten ernannt werden. Das von Robert Peel geschaffene Innenministerium, das »Home Office«, beschäftigte 1815 insgesamt 18 Beamte, und erst seit 1829 gibt es eine englische statt der Gemeindepolizei. 1853 gab es 16 000 »Civil Servants«, Beamte im öffentlichen Dienst, im Jahre

1900 insgesamt 100 290, und damals war London bekanntlich das Zentrum eines Weltreiches von rund 30 Millionen Quadratkilometern Ausdehnung mit 400 Millionen Menschen. Im Jahr 1948 jedoch waren es 715 000 Staatsdiener ohne die Beamten und Angestellten der verstaatlichten Industrien. 1942 hatte zum Beispiel allein der Kohle-Rationierungs-Plan 40 000 Beamte erfordert. Sie sparten jeder 75 Tonnen Kohle ein – während jeder zusätzliche Bergarbeiter die mindestens vierfache Produktion gebracht hätte. Dann wurde 1947 der britische Kohlenbergbau verstaatlicht, und obwohl nun England Kohle einführen mußte, gab es in der Bergbauverwaltung 22 000 Leute, die je Tonne geförderter Kohle 1 Shilling 8 Pence kosteten, während 1935, als England 35 Millionen Tonnen Kohle exportierte, 15 000 Beamte für die Zechenverwaltung genügt hatten, die 2,5 Pence je Tonne kosteten. 1947 betrug der Papierverbrauch der Ämter Großbritanniens 51 180 Tonnen statt der 24 640 im Durchschnitt der Jahre 1931 bis 1938. Und wenn die Zahl der »Civil Servants« auch wieder abnahm, 1954 oder ein Jahrhundert nachdem Englands Bürokratie ganze 16 000 Leute umfaßte, sah (dem britischen Arbeitsministerium zufolge) der Staatsapparat folgendermaßen aus:

	Millionen Beschäftigte	gleich % aller Erwerbstätigen
Zentralregierung einschließlich Wehrmacht	1,97	8,5
Lokalbehörden einschließlich Polizei	1,49	6,5
Staatsbetriebe und andere Unternehmen der öffentlichen Hand	2,71	11,5
Insgesamt im öffentlichen Dienst	6,17	26,5

1968 gab es im britischen Staatsdienst allerdings nur mehr 460 000 Beamte – aber wie in der Bundesrepublik vor allem deshalb, weil nun viele Beamte de jure nicht mehr als Beamte galten, sondern »Vertragsangestellte« und dergleichen waren. Das größte aller britischen Ämter ist natürlich das der »Inland Revenue«, die Steuerbehörde, die im Jahre 1900, die Zollbeamten inbegriffen, 5 390 Angehörige hatte und jetzt 65 714 zählt, das mehr als Dutzendfache, während die Bevölkerung Großbritanniens auf das wenig mehr als Eineinhalbfache zunahm. Aber (mit Erhebungskosten von 852 Millionen DM) kassierten diese 1967/68 auch 5 743 Millionen Pfund direkter Steuern statt der 78 Millionen des Jahres 1900/01, das rund 74fache also. Und dazu kamen 3 717 Millionen Pfund Verbrauchsteuern. Insgesamt sorgten 1967/68 Englands Steuerbeamte dafür, daß rund 95 Milliarden DM in die Staatskassen kamen, jeder für fast eineinhalb Millionen. Nummer zwei unter den britischen Ämtern war nun das »Ministry of Social Security«, das zentrale Wohlfahrtsamt, das rund 60 000 Beamte zählte, etwa zweiunddreißigmal so viele wie im Jahre 1900.

Allerdings ist diese Entwicklung harmlos im Vergleich zur amerikanischen: In den Vereinigten Staaten wuchs die Bevölkerung zwischen den Jahren 1800 und 1940 auf das 25fache – vor allem durch die europäische Einwanderung eine einmalige Zunahme. Die Zahl der Bundesbeamten aber stieg *siebenhundertmal* rascher, war nun sage und schreibe 17 950mal so groß wie 140 Jahre zuvor.

Als Präsident Adams den Umzug aller Ämter aus Philadelphia in die »neue« (1791 gegründete) Hauptstadt vorschrieb und diese im Jahre 1800 in Washington ihre Tätigkeit aufnahmen, zählten zum Beispiel das Heeresministerium, das »Army Department«, 18 und das Marineministerium 15 Angestellte. Andere Wehrmachtsteile gab es nicht, und so bildeten insgesamt 33 Leute »das Gehirn der Landesverteidigung«. Am 1. Januar 1960 aber saßen genau tausendmal so viele Offiziere und Zivilisten im Pentagon, um rund 3 000 mehr als General Washington während des Befreiungskrieges jeweils auf einmal an Soldaten zum Kampf gegen England zusammenzubringen vermochte.

Das »Department of State«, das Außenministerium der Vereinigten Staaten, verfügte beim Umzug nach Washington, am 15. Juni 1800, über sechs Angestellte. Bei seiner Gründung im Jahre 1781 hatte das Außenamt der USA zwei Zimmer in einem kleinen Holzhaus bezogen, und der »First Secretary«, der amerikanische Außenminister, hatte vier Mitarbeiter und ein Gesamtbudget von 6 500 Dollar jährlich, und diese 26 000 Mark genügten immerhin, um die Unabhängigkeit der 13 Kolonien Englands in Nordamerika vorzubereiten und im Frieden von 1783 dauernd zu sichern. Fünf Generationen später (1952) beschäftigte das »State Department« 20 219 Leute, und allein von 1939 bis 1959 stieg das Personal der Auslandsvertretungen der Vereinigten Staaten von 7 000 auf 92 000. 1959 wurde erstmals nach dem Zweiten Weltkrieg Generalinventur gemacht. Dem »State Department« gehörten 1 216 Gebäude in 202 Städten, und es hatte außerdem 2 704 Bürogebäude gemietet.

Ähnlich war es bei allen Ministerien. Als nach zwei Jahren Arbeit eine Kommission zur Verwaltungsreform unter Vorsitz des früheren Präsidenten Herbert Hoover im Juni 1955 dem Kongreß Bericht erstattete, ergab sich, daß mehr als sechseinhalb so viele Amerikaner im unmittelbaren Staatsdienst standen als 1933. Statt 570 Ministerien und Regierungsämtern gab es nun 2 135. Natürlich ist auch die aufgeblähteste Bürokratie nicht *völlig* unnütz. Aber zahllose Einzelheiten zeigen den allgemeinen Trend: Die Marine hatte zum Beispiel für 61 Jahre reichende Würstchenkonserven eingelagert und für jedes ihrer 886 000 Pfund konservierten Fleisches viereinhalb Liter Catchup gekauft. Die Wehrmacht hatte in rund 2 500 eigenen Betrieben über 60 Milliarden DM angelegt, um Dinge zu erzeugen oder zu verteilen, die sie weit billiger von der Privatwirtschaft beziehen konnte.

Sie unterhielt zum Beispiel auch vier Luftlinien, welche die Steuerzahler jährlich über 800 Millionen DM kosteten und die 3,9 Millionen »reguläre« und 4,8 Millionen »mitgenommene« Passagiere beförderten, aber keine einzige Strecke beflogen, die nicht schon von privaten Gesellschaften beflogen worden wäre – und welche die Regierung nicht subventioniert hätte. Der »Military Sea Transport Service« kostete die Regierung jährlich etwa 2 640 Millionen DM – und konkurrierte mit der schwer subventionierten privaten Schiffahrt. Die Kommission prüfte 17 »Regierungsfunktionen«. Und dabei stellte sie fest, daß zum Beispiel Transportfragen von 22 und Versicherungsfragen von 102 verschiedenen Ämtern bearbeitet wurden. Insgesamt hätten, wie Ex-Präsident Hoover feststellte, 200 Ämter reichlich genügt, um zu tun, wozu es damals 2 135 gab, weniger als ein Zehntel also. Mindestens ein Fünftel aller Steuern – damals rund 83 von 415 Milliarden DM – wurden sinn- und zwecklos ausgegeben.

Natürlich sind inzwischen auch diese Feststellungen längst überholt. 1960 rechnete der demokratische Senator Randolph Collier den Steuerzahlern Kaliforniens vor, daß sie in diesem Jahr allein die Kaffeepausen der Beamten dieses Bundesstaates 76 Millionen Dollar kosteten oder das Dreifache der gesamten Bundesausgaben des Jahres 1820 und mehr als das Fünfzehnfache der gesamten Staatsausgaben der USA des Jahres 1790. Bereits 1965, nur zehn Jahre nach dem Hoover-Bericht, gab es in den USA 2,85 Millionen zivile Bundesangestellte und Arbeiter – das Fünffache von 1930 – plus 1,7 Millionen in der militärischen Verwaltung Tätige. Es gab nun 4,6 Millionen im öffentlichen Dienst der Einzelstaaten, Kreise und Gemeinden: zusammen 9,2 Millionen von den Steuerzahlern bezahlte US-Bürger statt 20 Jahre zuvor 3,3 Millionen. Der »Man-Hour«-Bedarf – der Arbeitsstunden-Bedarf der Gesamtbürokratie –, der 1947 bereits 11 770 Millionen betragen hatte, betrug 1967 mit 24 100 Millionen nicht nur mehr als das Doppelte, sondern der Zeitaufwand für das Regieren und Verwalten betrug nun fast zwei Fünftel der 64,3 Milliarden Arbeitsstunden, die auf die gesamte Gütererzeugung der USA, auf die Landwirtschaft, die Industrie und das Bauwesen zusammengenommen entfielen.

Und das war natürlich nur die in den Amtsstuben selber verbrachte Zeit, nicht auch die der »Hilfsbetriebe« und natürlich schon gar nicht die den »Verwalteten« abgenommene Zeit. Allein um die bürokratischen Hilfsmittel, die »Hauswirtschaftsbedürfnisse des Staates« zu beschaffen, wurde 1949 die »General Services Administration« in Washington gegründet, die nun zum Beispiel die 5 590 dem Bund gehörenden Gebäude verwaltet, für Schreibpapier, Farbbänder oder Büroklammern (die allein jährlich 548 000 DM kosten) ebenso sorgt wie für Feuerwerkskörper, mit denen die Regierung den Eskimos Alaskas hilft, die Wölfe von den Renherden fernzuhalten. Rund 12 000 Artikel werden regelmäßig beschafft und gelagert, und wenn diese 1950 etwa 431 Millionen Dollar kosteten, so 1968 über 2 712 Millionen. Allein für Papierbecher und Papierhandtücher »mußte« nun mehr ausgegeben werden, als der gesamte Regierungsapparat einschließlich aller Gehälter usw. im ersten Präsidentschaftsjahr George Washingtons kostete. Rund acht Millionen Bestellungen der verschiedenen Amtsstellen jährlich muß nun die »General Services Administration« erledigen – und deren Bearbeitung kostet im Durchschnitt 10 Dollar, verursacht also jährlich 320 Millionen DM Bürokosten. Diese Verwaltung verkauft auch das Altpapier und allen übrigen »Abfall«, zu dem ebenso aufgegebene Flugplätze gehören wie unmodern gewordene Büstenhalter des weiblichen Wehrmachtspersonals. Die Beschaffung von Rüstungsmaterial aber bleibt natürlich dem Pentagon vorbehalten. Für die Bedürfnisse der Diplomatie sorgt das »State Department« selber, und auch der CIA kommt ohne die Hilfe der »General Services Administration« aus.

Diese Art Bürokratie, die es natürlich auch anderswo gibt, ist heute die gefährlichste: die immer zahlreicheren »unsichtbaren« Staatsdiener in den Geheimdiensten, denn die CIA zum Beispiel machte bekanntlich weit aktiver »Weltpolitik« als die Beamten des »State Department« oder die Generäle des Pentagon. Diese »Central Intelligence Agency« hatte 1966 ein offizielles Budget von 506 Millionen Dollar bei insgesamt 3 000 Millionen zugegebenen Geheimdienstausgaben der US-Regierung und (der »New York Times« zufolge) rund 15 000 Beschäftigte, von denen (wie Arthur Schlesinger erklärte) etwa 6 600 als amtliche US-Vertreter im Ausland getarnt waren, als Botschafts-, Konsulats-, Schatzamtsmitarbeiter usw. galten. Der westdeutsche Bundesnachrichtendienst – eine von drei Geheimdienststellen der Bundesrepublik – besaß 1968 rund 5 000 Mitarbeiter und einen (sichtbaren) Jahresetat von 103 Millionen DM.

Das dürfte allerdings nur ein kleiner Bruchteil dessen sein, was die Sowjetunion für ähnliche Zwecke ausgibt oder was eine »Nebenregierung«

wie die kommunistische Partei die UDSSR kostet, die ja nie eine politische (oder gar proletarische) Partei im üblichen Sinn, sondern stets eine Art »Intelektuellen-Orden« war, eine Art Offizierskorps mit ausgeprägtem Hang zur Selbstrekrutierung. Aber wenn sich der Westen eine Zeitlang in der Hoffnung wiegte, Stalins Geheimdienst-Hypertrophie, die Partei oder die Sowjetbürokratie überhaupt werde den Bolschewismus im Chaos versinken lassen, irrte er sich.

Zweifellos stellte der »Sowjetapparat« Widersinnsrekorde genug auf und verursachte zum Beispiel auch ganz neue Wortbildungen: Die unfähigen, unverantwortlichen und uninteressierten neuen Machthaber wurden »Funkzionalka« genannt und ihre Redeweise »Boltologia«, abgeleitet von »boltatsch« gleich leerem Geschwätz. »Otschkowtiratelij« hießen nun die Leute, die anderen eine besonders gefärbte Brille aufsetzten, ihren Vorgesetzten und dem Publikum blauen Dunst vormachten. Aber die Sowjetunion brach bekanntlich nicht zusammen, von ihr gilt abgewandelt, was von Brasilien gesagt wurde, nichts kann dieses Riesenland ruinieren, selbst die bürokratische Befehlswirtschaft nicht, die es jahrzehntelang gab: Ursprünglich umfaßten die Planvorschriften für den Bau eines mittleren Stahlwerkes zum Beispiel 91 Bände mit 70 000 Seiten. Die Plazierung eines jeden Lichtschalters und Wasserhahns wurde von Moskau genau vorgeschrieben – über die Wirtschaftlichkeit der Anlage aber kein Wort verloren. Planerfüllung brachte Prämien, sobald die Quantität stimmte. Über die Qualität wurde nicht geredet und so zum Beispiel die Leitung einer Knopffabrik prämiert, obwohl ein Fünftel der Knöpfe keine Löcher für das Nähgarn hatten. Diese Dinge sind heute überwunden, der »administrative Dogmatismus« ist ebenso unerwünscht wie der »Marktdogmatismus«. Aber 1968 hatte das Moskauer Planungsamt nichtsdestoweniger eine Million Unternehmen zu berücksichtigen, darunter alleine 200 000 des Bauwesens, über 100 000 Transportorganisationen und 50 000 Industriekombinate. Die Entwicklung der 12 000 Staatsfarmen sollte mit der der 37 000 Kolchosen koordiniert werden, und es waren 800 000 Groß- und Einzelhandelsorganisationen und ihre Geschäfte zu überwachen. Rund neun Millionen Preise werden jetzt in der Sowjetunion staatlich festgelegt. Und wie es nach wie vor den »Gosplan« gibt, suchten die andern kommunistischen Staaten nicht nur zu planen (was sich inzwischen überall als unentbehrlich erwies), sondern die Pläne auch dirigistisch zu verwirklichen, eiferten überall im Ostblock die Bürokratien der sowjetischen nach: Die Preßburger »Pravda« zum Beispiel berichtete im Juni 1964, daß sich in der Tschechoslowakei damals allein 47 000 Beamte mit der Registrierung und Analyse volkswirtschaftlicher Daten befaßten, daß diese Daten aber in so verschiedenartigen Meßziffern ausgedrückt wurden, daß niemand aus ihnen klug werden, geschweige denn aus ihnen Schlüsse ziehen konnte. 35 000 bis 40 000 dieser Beamten waren der »Pravda« zufolge »nicht nur völlig überflüssig, sondern ein Hemmschuh jeder Art von Rationalisierungsbestrebung«. Aber den »Vorsprung« der USA auf dem Gebiet der Bürokratie vermochten die Kommunisten dennoch so wenig einzuholen wie den auf vielen anderen Gebieten, und der seit 15 Jahren systematisch geführte Kampf gegen die »Papier-Anbeter« hat in der Sowjetunion erstaunliche Erfolge aufzuweisen.

Amtlich und höchst energisch begann dieser Kampf am 25. Januar 1954 mit einem Artikel der Moskauer »Prawda« über die Fragebogen der Provinzialen Moskauer Landwirtschaftsverwaltung, die bis zu 5 000 Paragraphen umfaßten und durch die Anforderung »dringender Berichte« ergänzt wurden, die bis zu 82 Fragen stellten. Es wurde angeprangert, daß die Traktorenstationen damals im Tagesdurchschnitt 36 Direktiven erhielten und ihre Leiter nicht nur täglich Berichte schreiben, sondern alle zehn Tage ihren Regionalvorgesetzten auch mündlich berichten mußten. 1958 schaffte Chruschtschow die Traktorenstationen ab. Schon im Mai 1957 wurden 21 Moskauer Ministerien liquidiert, und seither hörten die »Anti-Bürokratie-Bemühungen« in der Sowjetunion nicht mehr auf, und man bekämpfte nicht nur die Auswüchse der Bürokratie mit Erfolg, sondern veränderte auch ihre Struktur.

Durch den Ersten Weltkrieg, die Revolution und den Bürgerkrieg sank (wie der Sowjetstatistiker Strumilin feststellte) die Zahl der Arbeiter und Angestellten in Rußland und der Sowjetunion von rund 13 Millionen im Jahr 1913 auf 7,3 Millionen 1917 und etwa 3 Millionen 1920. Und nun gab es 1 028 000 Staatsbeamte und dazu 322 000 Personen in den öffentlichen Ernährungsämtern. Im Jahre 1966 hingegen betrug die Zahl der Arbeiter und Angestellten 80 Millionen, und die amtliche Moskauer Statistik weist für die Staatsverwaltung nur 1,36 Millionen aus. Natürlich ist in kommunistischen Staaten die Unterscheidung zwischen Bürokratie und Wirtschaftsführung schwierig, aber wenn Ende 1963 in der Sowjetindustrie 25,5 Millionen Arbeiter und Angestellte tätig waren und in der Landwirtschaft 27,8 Millionen, so umfaßte der »Sektor Führung, Kontrolle und Partei« insgesamt 10,4 Millionen. Vor allem der Parteiapparat ist in der Sowjetunion weitaus kleiner, als man meist annimmt. Die letzten amtlichen Zahlen sind die für das Jahr 1958, und da gab es:

Apparat der Zentrale und der Republiken	2 250
Regional-Komitees	9 000
Stadt- und Bezirksausschüsse	200 000
Hauptamtliche Sekretäre von Grundorganisationen	29 000
	240 250

Die KP-Ausschüsse der Gebiete und Republiken waren am 26. März 1956 angewiesen worden, ihren Apparat um 25 bis 30 Prozent zu verringern. Und seither wuchs er nicht wieder.

Vor allem aber wuchs der Anteil der in der Industrie und dem Bauwesen der Sowjetunion Beschäftigten an der Gesamtzahl der Erwerbstätigen von 1913 bis 1966 von 9 auf 36 Prozent, und im gleichen Zeitraum sank der Anteil der in den staatlichen Verwaltungsbehörden, in der Verwaltung der Genossenschaften und »gesellschaftlichen Organisationen« Beschäftigten von 4 auf 2 Prozent. Die gesamte Bürokratie ging den Moskauer Zahlen zufolge von 1953 bis 1963 von 13,8 Prozent aller Beschäftigten auf 9,2 Prozent zurück – oder auf 2 Prozent weniger, als sie jetzt in der Bundesrepublik beträgt. Zwar wuchs die Zahl der Betriebsleiter zum Beispiel 1939 bis 1959 von 757 000 auf 995 000, doch sank die Zahl der Leiter staatlicher sowjetischer Verwaltungsorgane von 445 000 auf 392 000.

Allerdings sind sowjetische Zahlen stets schwierig zu interpretieren. Aber wer seit dem Zweiten Weltkrieg wiederholt die Sowjetunion besuchte, konnte feststellen, daß der bürokratische Apparat unzweifelhaft rascher und glatter funktioniert, die amtlichen Behinderungen sehr wesentlich abnahmen – während leider für die Vereinigten Staaten das Gegenteil gilt. Hier wird nicht nur die Bundesverwaltung immer kopflastiger, sondern wachsen auch die Verwaltungsmaschinerien der 50 Einzelstaaten und der 80 000 Kommunalverwaltungen. Daneben gibt es zum Beispiel 24 534 autonome Schulverwaltungen, und niemand weiß mehr, wer was zu tun hat. Durch das rapide Wachstum großer Agglomerationen kam es dazu, daß auf der linken Seite einer Straße andere Polizeivorschriften und Feuerschutzregeln gelten als auf der rechten. Steuern können in einem Stadtteil höher oder niedriger sein als in einem andern. 1957 wurde deshalb zum Beispiel die »Miami Metropolitan Area« geschaffen, welche die Grenzen des »Dade County« bekam und 26 Gemeinden umfaßte, die nun gemeinsam Vorschriften aufstellten und vor allem ihre finanziellen Hilfsmittel zusammenlegten. Aber das blieb eine Ausnahme, und mehr noch als bei den Gemeinden oder in den Einzelstaaten hapert es bei der Koordination der Bundesaktivitäten. Es gibt zum Beispiel 172 verschiedene Bundeshilfsprogramme (die jährlich 56 Milliarden DM kosten), die von 21 Ministerien und Agenturen mit 152 Bundesbüros und 400 Regionalverwaltungen verwaltet werden – und zwar ohne zu wissen, wie viele Hilfsbedürftige es gibt. Denn die oberste Volkszählungsbehörde, das »Bureau of the Census« in Washington, mußte am 5. Juni 1967 zugeben, daß bei der amerikanischen Volkszählung von 1960 »etwa fünf Millionen Einwohner der USA nicht mitgezählt« wurden, und angesehene Demographen der USA glauben, daß die Zahl der »Übersehenen« noch viel höher war. Das »Census«-Büro gab zu, etwa zwei Millionen Neger zuwenig gezählt zu haben. 1960 gab es nicht 18,87 Millionen Neger, sondern mindestens 21 Millionen oder 12 Prozent der Gesamtbevölkerung – und daß man jemand nicht helfen kann, von dessen Existenz man gar nichts weiß, ist klar.

Von der US-Wirtschaft usw. müssen jährlich 4 516 (und bis 1965 sogar 5 192) verschiedene amtliche Fragebogen ausgefüllt werden, und die US-Regierung gibt jährlich rund 600 Millionen DM allein für den Druck von 4 500 täglich, wöchentlich, monatlich, vierteljährlich und jährlich veröffentlichten statistischen Daten aus. Aber was können diese wert sein, wenn im Zeitalter der elektronischen Datenverarbeitung fünf Millionen Bürger »vergessen« werden? So viele (ohne die Ausländer), wie die Schweiz überhaupt Menschen zählt? Ganz abgesehen davon, daß das US-Budget wie die US-Zahlungsbilanz von der Regierung wissentlich »frisiert« werden und durch die Mitberechnung von Militär und Polizei das Volkseinkommen zum Beispiel 1948 um 19,5 Prozent und 1956 sogar um 33,7 Prozent höher angegeben wurde, als der Wirklichkeit entsprach.

Das ändert nichts daran, daß Statistiken jeden Tag wichtiger werden und stets entscheidend wichtig waren, weil sie ja die Grundlage jeder stichhaltigen Prognose, jeder privaten und jeder staatlichen Planung und Fehlerkontrolle bilden. Aber leider waren sie seit jeher auch ein bevorzugtes Tätigkeitsgebiet der Bürokratie, und so wußte zum Beispiel 1959 die amtliche Statistik Österreichs mitzuteilen, daß im Staatsgebiet der Republik 2 265 Murmeltiere abgeschossen – aber nicht, wie viele Wohnungen in diesem Jahr gebaut wurden. Fragebogen entwerfen und Fragebogen »auswerten« ist heute eine der Hauptbeschäftigungen aller Beamten. Ganz besonders natürlich auch des Fiskus, und da zum Beispiel in Österreich die Ertragsanteile der Länder an den Bundesabgaben nach dem Bevölkerungsanteil berechnet werden, berechnet die Finanzverwaltung (um auch den letzten Schilling zu erfassen) diese Anteile auf sechs Dezimalstellen »genau«: Die Bevölkerung des Landes Salzburg macht nicht etwa 5 Prozent oder 4,7 Prozent der österreichischen Gesamtbevölkerung aus, sondern

4,719303 Prozent. Der Haken ist nur, daß Volkszählungen alle zehn Jahre durchgeführt werden. Und daß sie nicht nur in den USA alles andere als »völlig exakt« sind.

Die französische Regierung hatte zum Beispiel ihre Zweifel, ob die Insel Korsika wirklich 301 000 Einwohner zähle, denn die Gemeinden erhalten ihre Zuschüsse von Paris pro Kopf. Spezialisten wurden auf die Insel entsandt, und diese meldeten im Januar 1969 insgesamt 180 000 Einwohner, für Bastia 49 880 statt 57 000, für Ajaccio rund 42 000 statt 46 000. 362 Gemeinden hatten sich »leicht geirrt«. Und ähnliche »Irrtümer« gibt es leider überall. Und so ist heute die größte Gefahr der mit elektronischen Hilfsgeräten arbeitenden »modernen Bürokratie« die Errichtung komplizierter mathematischer Gebäude auf völlig unsicherem statistischen Untergrund. Das »Globale Wiener Verkehrsmodell« des Jahres 1961 zum Beispiel wurde mit Hilfe von Elektronenrechnern erstellt – aber die eingegebenen Daten stammten von einer Postkartenbefragung von Autofahrern aus dem Jahre 1958, die weniger als 40 Prozent verwertbare Antworten ergeben hatte: Datenverarbeitung und Datengewinnung klaffen immer mehr auseinander. Es wird »ausgewertet«, was gar nicht »erhoben« wurde. Statistik wurde »die Kunst, so zu lügen, daß jeder es glaubt«, genannt. Die Bezeichnung ist vom italienischen »statist« abgeleitet, was »Staatsmann« heißt, und Staatsmänner verwendeten Statistiken stets zu politischen und kaum je zu Informationszwecken. Sir Roy Harrod zum Beispiel, der während des Zweiten Weltkrieges Privatsekretär Sir Winston Churchills war, berichtet, daß sein Chef kriegswirtschaftliche Vorschläge stets so überreich mit Zahlen belegte, daß seine Ministerkollegen einfach erschlagen waren. Als Harrod einwendete, diese Statistiken seien doch falsch oder überhaupt frei erfunden, erwiderte Sir Winston: »Bevor meine Gegner die Unrichtigkeit dieser Zahlen nachzuweisen vermögen, vergeht so viel Zeit, daß die eingeleiteten Maßnahmen nicht mehr rückgängig gemacht werden können ...«

Natürlich werden von Privatangestellten ebenso Fehler gemacht wie von Staatsbeamten, und nicht nur Politiker und Staatsmänner, sondern auch Unternehmer stellen die Dinge in »ihrem Sinn« dar. Aber sie haben nicht die Macht, ganze Völker ins Elend zu stürzen – und sie zahlen für krasse Irrtümer mit dem eigenen Vermögen und nicht mit Steuergeldern. Privatangestellte verlieren ihren Posten, während Beamte praktisch unkündbar sind, höchstens pensioniert werden können. Und schon bei einem Regierungsrat summiert sich das Ruhegehalt in der Bundesrepublik bei normaler Lebenserwartung auf bis zu 250 000 DM.

Und die Bundesrepublik Deutschland und nicht die Vereinigten Staaten ist heute das »intensivst regierte Land des Westens«. Denn nach dem Grundgesetz von 1949 ist hier »die Ausübung der staatlichen Befugnisse und die Erfüllung der staatlichen Aufgaben Sache der Länder, soweit die Verfassung keine andere Regelung trifft oder zuläßt«. Dementsprechend gibt es in der Bundesrepublik elf Parlamente, elf Regierungen und elf Verfassungsgerichte.

Im Deutschen Reich gab es 1930 insgesamt 80 Minister, eine Generation später in der Bundesrepublik 152, davon 20 Bundesminister und allein in Bonn 108 Ministerialdirektoren, 410 Ministerialdirigenten, 700 Ministerialräte und rund 500 andere höhere Beamte. Das Reichswirtschaftsministerium kam im Jahr 1939 mit rund 1 800 Beamten und Angestellten aus, zehn Jahre später beschäftigte allein das Bayrische Wirtschaftsministerium über 2 000 Leute, und insgesamt arbeiteten nun in den Wirtschaftsministerien der Länder rund 13 000 Menschen. Das Auswärtige Amt in Berlin hatte beim Amtsantritt Ribbentrops 2 385 Beschäftigte, das Bonner Außenamt beim Amtsantritt Brentanos 4 285. Dieses Amt errichtete im Ausland so viele Botschaften wie nur möglich. Aber es gibt auch elf Vertretungen der Länder beim Bund in Bonn, über denen die verschiedenen Landesflaggen wehen. Hier residiert »der Bevollmächtigte des Landes Baden-Württemberg beim Bund« wie »Bevollmächtigte« mit allen Attributen von »Gesandten« aller anderen von Ministerpräsidenten regierten und eigenen (zusammen 2 668) Parlamentariern gesetzgeberisch betreuten Länder. Angeblich haben diese »Bevollmächtigten« dafür zu sorgen, daß »die rechtzeitige Mitwirkung der Länder bei der Gesetzgebung« gesichert wird. Aber das widerspricht den Artikeln 50 und 53 des Grundgesetzes, die diese Aufgabe dem Bundesrat zuweisen. Tatsächlich dienen diese Vertretungen allein der »Repräsentation«, gemütlichen Bierabenden zum Beispiel im Keller des Bayern-Hauses; nur daß keine dieser Vertretungen weniger als 30 Beamte des gehobenen und höheren Dienstes beschäftigt.

Diese Bonner »Länderbotschaften« mit ihren »Schmalspurdiplomaten« stellen einen grotesken Auswuchs dar, und kaum ein Steuerzahler ist sich darüber klar, wie undenkbar ein »Bundesministerium für das Post- und Fernmeldewesen« oder ein »Bundesminister für Angelegenheiten des Bundesrates und der Länder« unsern Vätern erschienen wäre – und daß das Deutsche Reich während seiner Blütezeit nur drei Ministerien besaß, deren Beamtenzahl lächerlich klein war.

Heute hingegen? Zum Beispiel wuchs allein der Verwaltungsapparat des

Bundestages 1966/67 von 887 auf 920 Bedienstete, darunter nun drei Ministerialdirektoren, 10 Ministerialräte und 28 Regierungsdirektoren. Da durchschnittlich 500 Abgeordnete nur durchschnittlich 150 Tage im Jahr im Bundestag »arbeiten«, bedeutet das 3,7 »Verwalter« je Volksvertreter. Und wie die Zahl der Beamten wuchs, so natürlich auch die der Gesetzgeber selber: Dem konstituierenden Norddeutschen Reichstag, der am 12. Februar 1867 gewählt wurde, gehörten insgesamt 297 Abgeordnete an. Der am 3. März 1871 gewählte erste Deutsche Reichstag hatte 382 Mitglieder – der heutige Bundestag hat bekanntlich 518.

Dementsprechend wuchsen die Kosten. Zwar gibt es bereits seit 1952 einen »Bundesbeauftragten für Wirtschaftlichkeit in der Verwaltung«, aber deren Haushalt betrug statt damals 20 Milliarden, 1969 schon 83 Milliarden. Wozu natürlich noch die Länder- und Gemeindeausgaben kommen, so daß die »öffentliche Hand«, die 1913/14 mit 7 128 Millionen Mark auskam, auf dem weniger als halben Gebiet mit rund 10 Millionen weniger Einwohnern 1966 bereits 154 652 Millionen brauchte, 2 592 DM je Einwohner statt 1952 erst 838 DM und vor Ausbruch des Ersten Weltkrieges 104 Mark.

Im Jahre 1907 hatte es im Hof-, Reichs-, Staats- und Gemeindedienst sowie in der Rechtspflege des damals 541 000 Quadratkilometer mit 62 Millionen Einwohnern umfassenden Deutschen Reiches 390 005 im Hauptberuf erwerbstätige Personen gegeben – auf je 159 Einwohner einen im öffentlichen Dienst.

Im Jahre 1925 waren es 754 708, davon 91 232 weiblich. Im einzelnen damals:

Reichs-, Länder- und Gemeindeverwaltung	506 761
Heeres- und Marineverwaltung	5 524
Post- und Telegraphenwesen	135 959
Reichsbahn	106 464

Bei damals rund 63 Millionen Deutschen auf 471 000 Quadratkilometern kam ein öffentlich Bediensteter also auf je 83 Einwohner, und insgesamt kosteten die »Zivilbesoldungen« rund 517, die »Militärbesoldungen« 143 Millionen Mark.

Im Jahre 1955 umfaßte Westdeutschland 248 000 Quadratkilometer mit 50 Millionen Menschen. Das Personal der öffentlichen Verwaltung bestand nun *ohne* Bahn und Post aus 1,37 Millionen Bediensteten, davon in Tausenden:

Länder	580
Gemeinden	470
Bund	110
West-Berlin und Hanse-Städte	210

Die Bundesrepublik 1967 war nicht größer, aber (einschließlich West-Berlin gab es nun 59 Millionen zu »Betreuende«, und nun unterhielten die Steuerzahler 2 958 794 Vollbeschäftigte, und jeder zwanzigste Bundesbürger stand in öffentlichen Diensten, und zwar in Tausenden:

Bundesverwaltung	280,4
Länder (einschließlich West-Berlin)	1 067,1
Gemeinden	627,1
Wirtschaftsunternehmen ohne eigene Rechtspersönlichkeit	161,7
Bundesbahn	421,7
Bundespost	400,8

Um zusammenzufassen: 390 005 öffentlich Bedienstete im Jahre 1907, gleich einer auf 159 Einwohner des Deutschen Reiches. 1967 in der Bundesrepublik 2,96 Millionen oder einer auf 20 Einwohner: Bei insgesamt 26,7 Millionen Erwerbstätigen 11 Prozent im öffentlichen Dienst gegen nur 10 Prozent in der Land- und Forstwirtschaft, der Viehhaltung und Fischerei. Kosten der gesamten öffentlichen Verwaltung 1913 im Deutschen Reich, das ein Weltreich war, dessen Flagge über Kiautschau und den Salomonen wie über Südwest- und Ostafrika wehte, pro Kopf 104 Mark. In der Bundesrepublik 1966 das rund Fünfundzwanzigfache. Denn die öffentlichen Personalausgaben (ohne Pensionskosten) betrugen 1966 in Westdeutschland 38 349 Millionen DM (gegen 6 Jahre zuvor 26 Milliarden), wovon auf den Bund 7 832 Millionen entfielen, auf die Länder 20 197 und auf die Gemeinden 10 321 Millionen DM. 1952/53 hatten die Personalausgaben des Bundes (einschließlich der Pensionen usw.) 656,8 Millionen ausgemacht, etwas mehr als ein Zwölftel. Auch 1968 waren in den obersten Bundesbehörden nur rund 17 000 Beamte beschäftigt, aber ihren Dienstverkehr untereinander regelte die über 200 Seiten starke »Gemeinsame Geschäftsordnung der Bundesministerien«, die auf die »Gemeinsame

Geschäftsordnung der Reichsministerien« aus dem Jahre 1926 zurückgeht, die wiederum Vorschriften aus dem Kaiserreich übernommen hat und in der es zum Beispiel in Paragraph 54 des »Besonderen Teiles« heißt: »Die Datumangabe in der Überschrift ist, mit Großbuchstaben beginnend, in einer neuen Zeile unter dem Text der Gesetzesbezeichnung vorzubereiten.« Da zwingt das Abzeichnungsreglement zur Vorlage auch der unwichtigsten Schriftstücke, so daß die Akten wochenlang vom Hilfsreferenten zum Referenten, von diesem zum Unterabteilungsleiter, weiter zum Abteilungsleiter und schließlich zur Spitze des Ministeriums gelangen. Und da allein das Innenministerium zum Beispiel 90 Referate hat...

Aus der Verwaltung Westdeutschlands ist durch den »Wildwuchs« von zwei Jahrzehnten ein undurchdringlicher Dschungel geworden und der Kompetenzenwirrwarr in der Bundesrepublik fast einmalig. Die Aufblähung des bürokratischen Apparats ist natürlich keineswegs nur an dem Ansteigen des Besoldungsaufwands abzulesen, denn – wie überall – mehr Beamte bedeuten natürlich auch mehr Büroraum, und der Ausbau Bonns zur »provisorischen Hauptstadt der Bundesrepublik« zum Beispiel wurde und wird nicht unter Verwaltungskosten verbucht. Als im Dezember 1949 der Bundestag mit 200 gegen 176 Stimmen diesen »Hauptstadtbeschluß« faßte, wurde amtlich erklärt, insgesamt werde das »höchstens 9,5 Millionen DM« kosten, denn es gebe Kasernen, die zu Ministerien umgebaut werden könnten, und zahlreiche andere Gebäude, die nur »adaptiert« zu werden brauchten. Aber innerhalb von zehn Jahren waren 237 Millionen DM Bundesmittel »investiert«. Die Stadt Bonn hatte in 15 Jahren außerdem 149 Millionen DM Schulden gemacht. Und natürlich wurde weiter gebaut, ein 29stöckiges Abgeordnetenbürohaus zum Beispiel, Bonn brauchte eine neue Rheinbrücke und eine Untergrundbahn, und die Landesregierung von Nordrhein-Westfalen beschloß endlich, Bonn zum »Ballungszentrum der westdeutschen Verwaltung« zu machen und durch die Eingemeindung von Bad Godesberg, Beuel und sieben anderen Gemeinden die Einwohnerzahl »Groß-Bonns« von 150 000 auf 300 000 zu bringen. Was aber natürlich nicht hinderte, daß zum Beispiel auch in der »Landeshauptstadt« Düsseldorf zu einer Zeit, da noch 40 000 Menschen in Baracken und Bunkern vegetierten, ein neues Regierungsviertel entstand, das »vorerst« 40 Millionen DM kostete. Die Düsseldorfer Stadtverwaltung ließ ein Rathaus entwerfen, dessen Turm mit 165 Metern den Kölner Dom überragen sollte und für das 70 Millionen vorgesehen wurden. Überall mußte für mehr Beamte mehr Raum geschaffen werden, und es wurde nicht nur immer mehr, sondern auch immer teurer gebaut und ohne Berücksichtigung der

Unterhalts- und Bewirtschaftungskosten. In Hannover zum Beispiel ergab 1965 eine Untersuchung des Bundes der Steuerzahler, daß das Sozialministerium mit Bewirtschaftungskosten von 199,54 DM je Bedienstetem und 16,73 DM je Quadratmeter auskam, das Justizministerium aber 903 und 42 DM brauchte.

Aber nicht die Steigerung der Kosten der von den Behörden Beschäftigten von 1955 rund 11 auf 1966 über 38 Milliarden oder um über 200 Prozent also, während die Bevölkerung der Bundesrepublik nur um 12 Prozent zunahm, ist das gefährlichste. Nicht die Bürokratie selber ist das größte Übel, sondern die Energievergeudung, die sie erzwingt, der ständige Kampf, der von den Produktiven gegen sie geführt werden muß. Typisch dafür ist schon die Steuererhebung, denn der Fiskus verlangt ja keineswegs nur Geld, sondern schon durch die Steuerbuchhaltung und das Ausfüllen der Steuererklärungen einen gewaltigen Arbeitsaufwand. Es gibt in der Bundesrepublik zum Beispiel nicht nur den Bund der Steuerzahler e. V. in Stuttgart, sondern auch die Bundeszentrale der Verbände der Steuerberater und Helfer in Steuersachen e. V. in Wiesbaden, die Bundessteuerberater-Kammer in Köln und den Bundesverband der Steuerbevollmächtigten e. V. in Bonn. Steuerexperten sind bekanntlich nicht billig und können das nicht sein, weil unsere Steuervorschriften längst zu einem Irrgarten wurden und die Berater nicht nur eine lange und kostspielige Ausbildung, sondern auch sehr viel Erfahrung brauchen und überaus angestrengt arbeiten müssen.

Ursprünglich war die Komplikation der Steuervorschriften oder die Unkenntnis der Steuerpflichtigen gewollt: Der römische Kaiser Caligula soll um 40 nach Christus den Trick erfunden haben, Steuergesetze an so unzugänglichen Stellen und so unauffällig zu veröffentlichen, daß die Pflichtigen sie übersahen und so zu hohen Steuerbußen herangezogen werden konnten. Heute ist die Veröffentlichungstechnik perfekt, aber das »Steuerlatein« so hoch entwickelt, daß zum Beispiel 1967 von neun westdeutschen Länder-Finanzministern nur zwei ihre Steuererklärungen selber auszufüllen vermochten und praktisch niemand mehr ohne Steuerberater auskommt. 1953 erklärte der damalige Bundesfinanzminister Schäffer, die Steuerformulare seien »für normale Menschen unlesbar« geworden, aber er sowenig wie seine Nachfolger waren imstande, den Steuerzahlern einen Weg aus dem Fiskallabyrinth zu weisen. Heute gelten zum Beispiel in Frankreich 3 252 Steuergesetze. Manche stammen noch aus der Zeit Ludwigs XIV., und neben den Umsatzsteuern und Zöllen gibt es zahllose Registrierungs- und Zulassungsgebühren, Stempelabgaben und Sondersteuern. Schon 1937 verkaufte zum Beispiel der amerikanische Futtermittelhändler Max M. Nowak aus Hammond, Indiana, sein von seinem Urgroßvater stammendes Geschäft, nicht weil er 22 000 Dollar Steuern zu zahlen hatte, sondern weil er sie außer an die Bundesregierung an 28 Einzelstaaten abführen und dazu 1 160 Steuererklärungen ausfüllen mußte. Die Leute, die ihm bei der Steuerbuchhaltung halfen, kosteten ihn 7 800 Dollar im Jahr, aber er allein blieb verantwortlich, und die Angst, einen Fehler übersehen zu haben und sich so nicht nur Geldstrafen, sondern auch dem Gefängnis auszusetzen, machte ihn buchstäblich krank. Ähnlich ist es heute praktisch überall, und die Steuervorschriften mußten immer komplizierter werden, denn würden unsere Gesetze ungemildert angewendet, so hätten sie den Leistungswillen längst völlig vernichtet und die Wirtschaft zum Erliegen gebracht. Darum gibt es zahllose Ausnahmeregelungen, Freibeträge, abziehbare Werbekosten usw. – und diese machen die Vorschriften derart kompliziert, daß es längst nicht nur Steuerberater gibt, sondern Spezialisten für die Erbschaftsteuer, die Körperschaftsteuer, die Umsatzsteuer usw. Wir reden von Steuer-»Systemen«. Aber systematisch aufgebaut oder logisch aufeinander abgestimmt ist nichts. Zahllose innere Widersprüche zwingen zu immer neuen, höchstrichterlichen »Interpretationen«. Unser Steuerrecht gleicht einem riesigen Gebäude, das in den verschiedenartigsten Stilarten zusammengestoppelt wurde und dessen Inneres ein derartiges Gewirr bildet, daß nur Abbruch und Neubau Abhilfe schaffen könnten. Aber gegen jede durchgreifende Reform wehren sich die Nutznießer der Kompliziertheit, zu denen die »Steuerexperten« ebenso gehören wie deren Kunden, für die sie einträgliche Auswege entdecken. Die Steuerbeamten dagegen verlangten wiederholt Vereinfachungen. Aber als zum Beispiel im September 1968 der Vorsitzende des 53 000 Mitglieder zählenden Bundes Deutscher Steuerbeamter, Fredersdorf, erklärte, er werde in seinem Kampf um Steuervereinfachung und Steuergerechtigkeit auch nicht davor zurückschrecken, unter Bruch des Steuergeheimnisses besonders krasse Fälle bekanntzugeben, wurde von Bonn aus ein Kesseltreiben gegen ihn eröffnet. Auch sein eigener Parteigenosse, der sozialdemokratische Finanzminister von Nordrhein-Westfalen, griff ihn heftig an, obwohl in echten Demokratien, wie etwa in Schweden, selbstverständlich alle Steuerlisten offen ausgelegt werden und es nicht unmoralisch ist, Steuerungerechtigkeiten aufzudecken, wohl aber, sie zu vertuschen.

Dieses Vertuschen aber wird immer allgemeiner, nicht nur, weil zum Beispiel 1968 im westdeutschen Bundestag 28,7 Prozent aller Abgeordneten Beamte oder Angestellte des öffentlichen Dienstes waren, sondern weil sich die Funktion der Parlamente in das Gegenteil ihrer früheren verkehrte: Der

Parlamentarismus entwickelte sich als Schutz der Produktiven vor dem Geldhunger der Regierenden. Durch die »Magna Charta« des Jahres 1215 wie durch die »Bill of Rights« 1689 wurde das Prinzip der politischen Vertretung der Steuerzahlenden durchgesetzt, und Hauptaufgabe aller Volksvertretungen blieb es bis Ende des 19. Jahrhunderts, die Staatsausgaben so niedrig wie möglich zu halten. Aber dann wurde der Budgetumfang zum Maßstab der »Entwicklung« eines Staatswesens. Je mehr ein Staat ausgab, desto »reicher« und »mächtiger« schien er. Als die Fürsten verschwanden, wurden die Parlamentarier und die Bürokratie allmächtig, und um wiedergewählt zu werden, geben die Abgeordneten nun allen Wünschen der Massen oder einflußreicher Interessenten nach. So sind die »Wohlfahrtsstaaten« entstanden, die ihre Bürger von der Wiege bis zum Grabe betreuen, und heute sind die Parlamente die Hauptantreiber der ständigen Ausweitung der Staatsausgaben. Heute führt vor allem auch die absurde, »sozial« begründete Einkommensteuer-Progression dazu, daß die Staatseinnahmen rascher als das Sozialprodukt wachsen – und so die Ausgaben der öffentlichen Hand stets den Einnahmen entgegenwachsen können.

Dennoch kann nicht oft genug wiederholt werden: Diese Kosten sind nicht das Entscheidende, sondern der bleierne Mantel, der sich mehr und mehr um unsere politischen Freiheiten legt und einen seit Jahrtausenden geführten Kampf gegen den Fiskus illusorisch zu machen droht. Was wir mit unseren Steuern bezahlen, ist eine immer mächtigere anonyme Macht, die unser Menschsein weit mehr bedroht als die vielverschriene Wirtschaftskonzentration. Es kann für den »Westen« tödlich werden, daß die Elefantiasis der Verwaltung jede echte Kontrolle unmöglich macht und gewisse Kreise daran interessiert bleiben, die Verwirrung der Steuerzahler zu fördern.

Die öffentlichen Finanzen spiegeln das Schicksal wider, das ein Staatsvolk als politische Gemeinschaft zu bestehen hat. Sie sind der zahlenmäßige Niederschlag seiner Erwartungen und des Erfolges oder Mißerfolges seiner Regierungen. Aber neun Zehnteln der Betroffenen gilt die Finanzpolitik als reines Fachgebiet, als zu kompliziert und zu »hoch«, um hier mitzudenken und mitzuhandeln, und diese völlig falsche Meinung wird von Interessenten aller Art genährt. Fragen der Weltraumforschung oder der Nuklearphysik werden »popularisiert«, niemals aber klar und einfach über das Geld- und Währungswesen, über Zins- oder Steuerfragen gesprochen. Nur wenn die Wähler den Unterschied zwischen gesamtwirtschaftlichen und partikularen Interessen erkennen und sich über alle Finanzfragen exakt informieren, können gruppenegoistische Einflüsse zurückgedrängt, die

Steuern gerecht verteilt und auf das wirklich Nötige beschränkt werden. Aber dieses Wissen zu erlangen ist heute schwer. Denn Steuern und Staatsschulden werden zum Beispiel *nie* in Zusammenhang gebracht, obwohl nur die Steuerzahler deren Zinsenlast tragen und sie nur durch sie zurückbezahlt werden können. Zum Beispiel wird zwischen »Zöllen« und »Steuern« unterschieden, obwohl es keinen realen Unterschied gibt und die Zolltarife ebenso gesetzlich festgelegt werden wie die Steuersätze. Die obligatorischen Sozialversicherungsbeiträge gelten, wie erwähnt, nicht als »Steuern«, und die OECD-Experten setzten erst nach einem erbitterten Kampf mit den Regierungen 1966 durch, daß sie seither in den »National Account Statistics« als Steuern verbucht werden, obwohl auch das vom Staat erzwungene Zahlungen sind, für welche die Bürger keineswegs immer einen entsprechenden Gegenwert erhalten und zumindest die Arbeitgeberbeiträge auf keinen Fall diesen selber zugute kommen. Die Sozialversicherungsbeiträge aber machten 1966 zum Beispiel in Frankreich über 17 Prozent des Bruttosozialprodukts aus und in Westdeutschland 11,7 Prozent. Die Einnahmen von Staatsmonopolen werden nicht als Steuern verbucht, obwohl deren Gewinne meist weit über die normalen Handelsspannen hinausgehen, und die Einnahmen sind zum Großteil nichts anderes als Abgaben der Verbraucher ohne Gegenleistung.

Vor allem aber sind die gängigen »Definitionen« falsch: Als »direkte Steuern« gelten solche, »die nicht abgewälzt werden können«. Aber das gilt nur für die Steuerzahler, denen die Steuern an der Quelle abgezogen werden, für die Arbeiter und Angestellten vor allem. Nicht jedoch für Industrielle, Kaufleute und Hausbesitzer, denn diese setzen ihre Preise unter Berücksichtigung ihrer Steuerpflichten fest. Hier entscheidet nur die Marktlage darüber, inwieweit die Last voll auf die Käufer abgewälzt wird oder nicht. Wie der Hausbesitzer seine Zinszahlungen bei den Mieten einkalkulieren muß, so müssen alle andern Selbständigen ihre »direkten« Steuerzahlungen berücksichtigen, weil sie sonst sehr rasch in Konkurs gerieten. Die Grunderkenntnis aller Wähler müßte sein, daß nur Menschen Steuern zahlen können, eine Aktiengesellschaft so wenig selber etwas »besitzt« wie der Staat, daß die Aktionäre oder die Kunden oder beide zahlen müssen und nicht die rein abstrakte »Firma«.

Wie aber soll der »Normalbürger« das alles wissen und sich über die ungeheure Bedeutung klarwerden, die Steuer- und Finanzfragen seit Jahrtausenden für den Ablauf der Menschheitsgeschichte haben?

Die Beamten wie die »Volksvertreter« sind nur selten daran interessiert, das Publikum so zu informieren, daß es sich selber eine objektive und begründete Meinung bilden kann; die Regierungen noch weniger. Einseitige deutsche und europäische Handelszugeständnisse an die Vereinigten Staaten zum Beispiel nannte der Bundeswirtschaftsminister im April 1968 die »asymmetrische Verwirklichung der Kennedy-Runde«. Und da sich darunter kaum jemand etwas Konkretes vorstellen konnte, blieb der Regierung jede Kritik erspart. Allgemein lautet der Etatgrundsatz »Wahrheit und Klarheit«. Aber was wirklich mit seinem Geld geschieht, weiß heute praktisch *kein* Steuerzahler, denn die systematische Verdunkelung beginnt schon bei der Aufstellung des Budgets, und wenn ein Privatunternehmer Buchhaltungstricks anwenden würde, die dabei in allen »Kulturstaaten« üblich sind, käme er aus dem Gefängnis nie mehr heraus.

Vom altfranzösischen »boulgette« – »Geldbeutel« – abgeleitet, ist das Budget der Voranschlag über Einnahmen und Ausgaben eines Staates oder einer öffentlichen Körperschaft mit dem Ziel des Gleichgewichts. Dieser Staatshaushalt, der die Grundlage jeder geordneten Wirtschaftsführung bildet, wird auf Grund von Teilvoranschlägen der einzelnen Verwaltungszweige aufgestellt, muß vom Parlament gebilligt werden, das auch die eventuellen Überschreitungen gutzuheißen hat, und ein unabhängiger Rechnungshof soll die Einhaltung des Budgets kontrollieren.

Seinen Ursprung hat das Budget im Steuerbewilligungsrecht des englischen Parlaments (dessen weltweite Folgen im nächsten Kapitel geschildert werden), das im 17. Jahrhundert die Form jährlicher Finanzgesetze annahm. In Preußen aber wurde erst 1850 ein Budgetrecht eingeführt, und in den Vereinigten Staaten gibt es erst seit dem 10. Juni 1921 das »National Annual Budget System« und das »Federal Bureau of the Budget« als Teil des Finanzministeriums, das allein dem Präsidenten untersteht. Dieser ernennt auch den »Budget Director«, und ein unabhängiger »Audit of Government Accounts« kontrolliert die Einhaltung.

Der Haken ist nur, daß es in Amerika zwei sehr unterschiedliche Budgets gibt: Was vom Weißen Haus dem Kongreß vorgelegt und von der Presse diskutiert wird, ist das »administrative Budget«. Wonach jedoch wirklich gewirtschaftet wird, ist das »Kassen-Budget«; und das »Apparent(Administrative)-Budget« und das »Real(Cash)-Budget« klaffen weit auseinander. Das der Öffentlichkeit vorgelegte »Verwaltungs-Budget« enthält keinerlei aus »Fonds« bezahlte Ausgaben. Der ganze Sozialaufwand zum Beispiel gilt als »Versicherung« und wird auch nicht durch »Steuern«, sondern durch »Beiträge« finanziert. Zahlreiche Straßenbauausgaben, die überaus kostspielige Versorgung der Veteranen usw. erscheinen aber auch nicht im »Buchhaltungs«- oder »Verwaltungs-Budget«. Wenn 1966 das

US-Budget 99,7 Milliarden Dollar betrug, so in Wirklichkeit um 32,9 Milliarden mehr, das »Cash-Budget« belief sich auf 132,6 Milliarden Dollar, ein »kleiner Unterschied« von 131,6 Milliarden DM oder das Doppelte des damaligen westdeutschen Gesamthaushaltes. Da standen aber nicht nur unter »Health, Labor and Welfare« im diskutierten Budget 8,3 Milliarden Dollar und im »Kassen-Budget« 34,1 Milliarden, sondern auch die Rüstung kostete 900 Millionen mehr, die Landwirtschaftsförderung 200 Millionen mehr, als »öffentlich« ausgewiesen. Und natürlich fielen auch bei der amtlichen amerikanischen Schuldenberechnung die gesamten Sozialversicherungsverpflichtungen unter den Tisch: Was würde man von einer Versicherungsgesellschaft sagen, die die Prämienzahlungen für laufende Ausgaben benutzt, ihren eigenen Schuldschein in die Kasse legt und obendrein den Betrag von ihrer Verschuldung abzieht – mit der Begründung, daß ja lediglich »eine Tasche der andern schuldet«? Genau das aber geschieht in den USA, und zwar in diesem Fall durch das Handelsministerium, das alljährlich die Gesamtverschuldung des Landes berechnet und schon 1961 die Sozialfondsverpflichtung von 43 Milliarden Dollar – 172 Milliarden DM – nicht verbuchte.

Der Unterschied zwischen dem realen und dem fiktiven US-Budget wächst ständig. 1955 betrug er erst rund 8 Milliarden Dollar, zehn Jahre später 32 Milliarden. Das Bundes-Budget 1949/50 der USA umfaßte bereits 1,6 Millionen Worte und begründete bis ins einzelne, warum das »Bureau of Indian Affairs« für einen gewissen Zweck 114 Dollar und 53 Cents ausgab. Für über eine Milliarde Ausgaben der »Veterans Administration« aber genügten die drei Worte »Salaries and Expenses« – »Gehälter und Unkosten«. Zehn Jahre später füllte das Budget 512 Kleindruckseiten, aber auch 1 236 Seiten »Anhang«, und das »Bürokratie-Chinesisch« war inzwischen derart vervollkommnet worden, daß niemand mehr aus den einzelnen Posten klug werden kann. Da ist zum Beispiel ein Betrag für soundso viele »Gebrauchsfahrzeuge, 1/2 Tonne, vier zu vier, M-38 A-1« eingesetzt. Und wer weiß, daß das ganz gewöhnliche Jeeps sind? Da betrug 1967/68 das Luftwaffenbudget der USA 132,4 Milliarden DM. Dieses wurde von drei Mitgliedern des Budgetausschusses des Kongresses »geprüft«, die zusammen mit einem Schreiber das »Luftwaffen-Unter-Komitee« dieses Ausschusses bilden. Diese 132 Milliarden Jahresausgabe setzen sich aus Einzelposten zusammen, die auf 1790 Druckseiten aufgeführt sind. Und nun sollen drei Volksvertreter in wenigen Wochen entscheiden, ob die verlangten Grundstückspreise für Dutzende von Flugplatzerweiterungen berechtigt sind, ob die für Militärbegräbnisse eingesetzten Beträge stimmen und die Abfindungssummen für 150 557 Reservisten. Sie müssen die Summen gutheißen, die für die Entwicklung von Triebwerken ausgegeben werden sollen, und ebenso die, die der Freizeitgestaltung dienen. Sie haben einfach keine Möglichkeit, Fragen nach dem Sinn all dieser Ausgaben zu stellen, und sie können nicht beurteilen, welche der Tausende Einzelposten guten Glaubens budgetiert wurden und welche allein der Förderung dieser oder jener Einzelfirma dienen. Der Regierungsapparat der Vereinigten Staaten nahm Ausmaße an, die aber nicht nur jede echte Kontrolle unmöglich machen, sondern dem Volk auch jeden Begriff für die Höhe der Ausgaben nehmen. Hunderttausende vermag der Durchschnitts-Steuerzahler noch mit seinen eigenen Maßstäben zu messen. Aber das US-Militär-Budget 1969 betrug 76,5 »Billionen« Dollar, denn die Amerikaner nennen ja bekanntlich tausend Millionen nicht richtig eine »Milliarde«, sondern »a billion«, haben also noch weniger eine reale Vorstellung von diesem Betrag als die Europäer.

Amerika hält alle Ausgaben- (und Schulden-)Rekorde, aber viel besser ist es auch anderswo nicht. »Frisiert« werden die Budgets *überall*, und auch in einem so angesehenen Handbuch wie dem »Statesman's Yearbook« finden sich unter dem Titel »Budget der Vereinten Nationen« nur die Sekretariatskosten (1969: 560 Millionen DM), nicht aber die weit höheren Kosten der acht Unterorganisationen der UNO, wie zum Beispiel der Weltgesundheits- oder der Welternährungs-Organisation, weil sie de jure »selbständig« sind, aber natürlich ebenso von internationalen Steuerbeiträgen leben wie der New Yorker Hauptsitz des neuen Völkerbundes. In den einzelnen Nationalbudgets werden Luftschutzkosten meist sowenig unter »Verteidigung« verbucht wie strategische Bahn- und Straßenbauten. Es gibt tausenderlei Möglichkeiten, Geld für andere Zwecke auszugeben, als der Steuerzahler glaubt. Als Bundesfinanzminister Strauß am 9. August 1968 den Haushalt 1969 mit 82,2–82,4 Milliarden DM statt der 80,6 des Jahres 1968 angab, wies er darauf hin, daß »die neue Zahlenangabe infolge einer geänderten Rechenmethode niedriger« sei, als sie bei Fortsetzung der alten Methode gewesen wäre. Denn überall werden die staatlichen Buchhaltungstricks ständig verbessert, lernt die Bürokratie ständig zu.

All das ist, wie gesagt, nicht zu ändern, solange wir nicht unser parlamentarisches und unser Parteiensystem ändern, und das gilt ganz besonders für Deutschland, denn wenn in England und den Vereinigten Staaten eine strenge Trennung zwischen Staatsämtern und Parlamentsmandaten besteht, so gibt es in der Bundesrepublik *beamtete* Parlamentarier und *gesetzgebende* Beamte. Die Wählbarkeit der Beamten war in Deutschland bis 1933 praktisch überhaupt nicht eingeschränkt und ist es auch heute nur sehr wenig: Bundesbeamte treten am Tag der Annahme ihrer Wahl in den Ruhestand und erhalten ihre Ruhebezüge, werden aber nicht – wie früher – automatisch weiterbefördert und tun auch keinen Dienst mehr. Bei ihrem Ausscheiden aus dem Bundestag werden sie in ihr früheres Dienstverhältnis übernommen. Das gleiche gilt für in den Bundestag gewählte Länderbeamte. Aber in den Landtagen können aktive Bundes- und Gemeindebeamte sitzen und tun das auch in immer größerer Zahl. Als 1958 die Bezüge der Abgeordneten mit denen der Beamtenschaft gekoppelt wurden, war ein Gipfelpunkt der Hypokrisie erreicht. Denn seither werden nicht nur im Innenministerium die Besoldungsvorlagen von Beamten für Beamte gemacht, sondern wenn der Bundestag über sie abstimmt, stimmt er zugleich in eigener Sache ab.

Natürlich sind längst auch bei uns und überall und nicht nur in Amerika die Interessen der Bürokratie und die der Parteien und Parlamentarier dadurch verquickt, daß die Vetternwirtschaft selbstverständlich wurde. Der Parlamentarismus führte nicht nur indirekt, sondern auch unmittelbar zur Aufblähung der Bürokratie. Die siegreiche Partei besetzt keineswegs nur die Ministerposten und die Ämter der politisch Verantwortlichen, sondern das Parteibuch entscheidet heute bekanntlich auch darüber, wer Krankenhausdirektor oder Direktor eines verstaatlichten Betriebes wird, wer diese oder jene Aufsichtsratsposten in Unternehmen erhält, die dem »Volk« gehören oder an denen es beteiligt ist. Und das sind bekanntlich nicht wenige. In England wurde 1968 allein der Wert der industriellen Staatsunternehmen auf 105 Milliarden DM geschätzt. Ihre Neuinvestitionen – von denen die Steuerzahler durchschnittlich die Hälfte aufbringen – betragen jährlich etwa 15 Milliarden DM, genausoviel wie die gesamten privaten Industrieinvestitionen, und sie beschäftigen jeden vierzehnten aller britischen Erwerbstätigen. Kein Privatbetrieb und kein Haushalt kann auf die Dienste dieser verstaatlichten Unternehmen verzichten, schon weil sie ja das Monopol der Gas- und Stromversorgung besitzen und die Eisenbahnen usw. staatlich sind. In der Bundesrepublik betrug 1968 der Umsatz der Bundesgesellschaften ohne die teilprivatisierten Werke 6 Milliarden DM. Sie beschäftigten 144 000 Leute, und außerdem besaßen die Bundesländer 478 Wirtschaftsbetriebe. In England gibt es das berühmte Nachschlagewerk »Who's Who«, aber kein Handbuch »Wer ernennt wen«, und die Macht des »British Civil Service« beruht weitgehend darauf, daß er selber unter seinen Mitgliedern die Schlüsselstellungen verteilt und auch weitgehend über die Besetzung der zahlreichen Posten in den verstaatlichten Industrien usw. entscheidet. Das »Appointment Secretariat« im Premierministeramt wie das im Amt des Lordkanzlers schlägt nur Kandidaten vor – aber wenn diese übergangen werden, riskieren die Minister, der Parteibuchpolitik oder der Vetternwirtschaft beschuldigt zu werden. Dem Unterhaus werden Listen vorgelegt, aber die professionelle Eignung wird von der Bürokratie festgestellt.

Brachte also auch in England selber der hier schon im 13. Jahrhundert begonnene Kampf um das Mitspracherecht der Besteuerten bei der Steuereinhebung und der Steuerverwendung keine wirklichen Fortschritte? Kam es nur zu einer Verschiebung der Macht und nicht einer realen Machtbeschränkung der Regierenden?

Die moderne Demokratie entsprang der Kontrolle der Staatsausgaben. Diese aber wurden so hoch, daß von echter Demokratie immer weniger die Rede sein kann: Waren demnach die Bemühungen von zwanzig Generationen erfolglos?

Vor allem die Steuer-»Umverteilung« durch Subventionen brachte neue »Privilegien«, und schon die steile Progression der Einkommensteuer schuf mehr Ungerechtigkeit als während des absolutesten Absolutismus. Aber ohne den Kampf um Steuergerechtigkeit und ohne den Kampf um das Mitspracherecht der Besteuerten sähe unsere Welt heute völlig anders aus, auch wenn wir erneut um echte Demokratie und gegen die Auswüchse der Bürokratie ebenso wie seinerzeit gegen die des Klerus kämpfen müssen. Schon bisher war der Kampf um diese oder jene Finanzpolitik eine geschichtsbildende Kraft wie kaum eine andere. Mit der »Magna Charta« des Jahres 1215 begann die Gestaltung unserer Welt.

VI

STEUERGELD REGIERT DIE WELT

Von der »Magna Charta« zur britischen »Exklusiv«-Demokratie

»Die Macht des Geldes lenkt alle anderen Autoritäten.«

John Wade, London 1833

»Aus den natürlichen Anlagen seiner Bevölkerung entwickelte England im Lauf der Jahrhunderte eine Ordnung, die dreierlei verband, was andern Völkern oft unvereinbar schien: straffe Verwaltung, öffentliche Kontrolle und persönliche Freiheit.«

George Macaulay Trevelyan, London 1926

»Demokratie ist ein Herrschaftsauftrag auf Frist; ein System der gewaltlosen und unblutigen Macht-Ablösung. Demokratie ist nicht ›Selbstregierung‹ und ›Macht der Mehrheit‹ ... sondern Einverständnis der Regierten mit den Regierenden, Kontrolle der Entscheidungen. Falls die Entscheidenden nichts taugen, können sie entfernt werden ...«

Bundespräsident *Theodor Heuss*, 1959

Als »Geburtsstätte der Demokratie« – wörtlich der »Volksherrschaft« – oder der »Staatsform, in der die Staatsgewalt vom Volk ausgeht«, gilt meist das antike Athen. Aber das war, wie alle griechischen Stadtstaaten, ein von einer hauchdünnen Schicht Aristokraten beherrschter Sklavenstaat. Um 350 vor Christus gab es hier 21 000 Bürger, denen 400 000 Sklaven gehörten. Rund neunzehn Zwanzigstel des »Volkes« waren also nicht nur nicht wahlberechtigt, sondern das Eigentum anderer, die über sie frei verfügen konnten.

Damals gab es allerdings bereits viele ideale Staatstheorien. Die anonyme Streitschrift »Politeia Athenaion« – »Die Verfassung der Athener« – stammt aus dem Jahre 425 vor Christus, und Xenophons »Staat der Spartaner« wurde um 400 vor Christus geschrieben. Da gibt es Platons um 380 entstandenen staatswissenschaftlichen Werke und eine Schrift des Aristoteles 50 Jahre später, in der die 11 Verfassungen Athens und 158 Verfassungen anderer griechischer Staaten dargestellt werden. Aber all das war und *blieb* bis heute reine Theorie. Praktisch kam es zum Mitspracherecht der Regierten durch das Geld, das alle Regierenden seit jeher zum Regieren brauchen und das sie nur in Ausnahmefällen wie dem Amenemhet III. selber verdienten. Der Mailänder Staatsmann und Marschall Gian-Jacopo Trivulzio tat im Jahr 1500 den berühmt gewordenen Ausspruch: »Zum Kriegführen sind drei Dinge nötig: Geld, Geld und nochmals Geld.« Aber auch im Frieden kosteten Leibgarden und Polizei, Beamte und Propagandisten seit jeher relativ nicht weniger Geld als heute unsere staatlichen Rundfunkeinrichtungen oder Verfassungsämter. Immer wieder nahmen die Herrschenden, was sie brauchten, ohne ihre Untertanen zu fragen. Aber schließlich ergab sich eine besondere Situation, in der sich die Steuerzahler das nicht länger gefallen zu lassen brauchten, und da das in England geschah, heißt das britische Unterhaus mit Recht die »Mutter der Parlamente«.

Das heutige Großbritannien wurde von keltischen Stämmen besiedelt, und nach einem dieser Stämme, den Briten, die sich in Sussex festsetzten und mit denen im Jahre 55 die Römer in Berührung kamen, wurde die Insel »Britannien« genannt. Die Römer dehnten ihre Herrschaft bis zur jetzigen Grenze Schottlands aus. Aber im Unterschied zu Gallien wurde die Bevölkerung hier nicht romanisiert. Man baute nur Straßen und gründer Städte, und im 3. und 4. Jahrhundert wurden die ersten Germanen als Militärkolonisten angesiedelt.

Nach der Abberufung der römischen Legionen im Jahre 410 begannen Angeln, Sachsen und Jüten die Insel zu erobern, die aus Schleswig-Holstein und dem unteren Elb- und Wesergebiet kamen. Es entstanden Teilkönigreiche, die seit dem 6. Jahrhundert von Irland aus christianisiert wurden, und im 9. Jahrhundert begannen die Einfälle der norwegischen Wikinger und der Dänen, für die das »Dänen-Geld«, eine Barsteuer, erhoben wurde.

Für die Zukunft entscheidend aber wurde die normannische Eroberung: Wilhelm, der Herzog der Normandie, war als Gast des kinderlosen Königs Eduard des Bekenners nach England gekommen und hatte durch seine gewaltige Körperkraft wie durch seine Erfindungs- und Organisationsgabe den König derart beeindruckt, daß er ihn zum Erben seiner Krone einsetzte. Graf Harold, der mächtigste Mann am Hofe Eduards, leistete einen Eid auf diese Entscheidung, aber als Eduard 1066 starb, bestieg Harold selber den Thron.

Der Herzog der Normannen nahm das nicht hin. Mit viel Mühe überredete er seine Vasallen zu einem Kriegszug gegen den Eidbrüchigen. Er landete in Sussex, und in der Schlacht von Hastings verlor Harold am 14. Oktober 1066 Krone und Leben. Obwohl sich vorerst nur der Südosten Englands den Normannen unterwarf, wurde der Herzog zu Weihnachten in Winchester als Wilhelm I., »der Eroberer«, zum König gekrönt. Er unterwarf rasch das ganze Land und schuf einen festgefügten Einheitsstaat, wie er damals in Europa nicht seinesgleichen hatte. Denn *seine* Gefolgsleute bekamen nun das Land zu Lehen. Wilhelm I. brauchte auf einen alteingesessenen Adel keine Rücksicht zu nehmen und nicht mit dem Stammesstolz mächtiger Fürsten zu rechnen. Für die Kelten waren die Angelsachsen und für diese die Norweger und Dänen ebenso fremde Machthaber gewesen wie die Normannen. Diese aber sorgten nun für Ordnung und Sicherheit. Und so erhielten schließlich Wilhelms »Legati«, Königliche Kommissionen, welche die entlegendsten, in waldigen Buchten versteckten Weiler an der Küste Cornwalls ebenso aufsuchten wie alle Dörfer Yorkshires oder die Fischer der Inseln, Auskünfte über alles, was es im ganzen Lande gab. Schließlich verfügte der König über Statistiken, wie sie damals kein anderer Herrscher besaß. 1085–1086 wurde ein »Reichsgrundbuch« geschaffen, das nach dem angelsächsischen »domesdaeg« – »Tag des Gerichts« – benannte »Domesday-Book«, in dem nicht nur alle dem König geschuldeten Leistungen – vor allem die Grundsteuerbeträge, das »geldum« – genau verzeichnet sind, sondern das gesamte Vermögen der damals etwa eineinhalb Millionen Inselbewohner, das Nationaleinkommen und sogar das Leistungspotential Englands. Ein angelsächsischer Chronist klagte: »So genau ließ dieser König das Verzeichnis anlegen, daß nicht das kleinste Stück Feld fehlt, ja – man schämt sich, es zu sagen, aber er schämte sich nicht, es zu tun – jeder Ochse, jede Kuh, jedes Schwein war darin aufgezählt...«

Und so war es. In dem heute im Londoner Public Record Office aufbewahrten (und 1783 in zwei Foliobänden gedruckten) lateinisch abgefaßten »Domesday-Book« ist zu lesen: »Land des Grafen Mortain in der Hundertschaft Tring: Dem Grafen gehört Berkhamstead. Es wird auf 13 Königshufen (zu je etwa 45 Hektar) geschätzt, die Anbaufläche beträgt 26 Carrucae (das sind Ackerstücke, die ein Gespann in einem Jahr bestellen kann). Die herrschaftliche Domäne umfaßt 6 Hufen und hält 3 Paar Ochsen zum Pflügen. Um alles pflügen zu können, würde man 6 Paar brauchen. Im Dorf leben 1 Priester, 14 Hörige und 15 kleine Leute. Sie haben zusammen 12 Gespanne zum Pflügen. Für die ganze Fläche wären 8 Gespanne ausreichend. Es gibt 6 Sklaven. Ein Mann, der Erdwerke anlegt (der Festungsbaumeister der Gegend), hat eine halbe Hufe. Im Marktflecken dieses Gutsbezirkes wohnen 52 Bürger, die jährlich 4 Pfund Silber Marktgeld zahlen. Sie haben eine halbe Hufe und betreiben 2 Arpends (einen halben Hektar) Weingarten und 8 Carrucae Wiesen als gemeinsamen Weidegrund und Eichenwald für 1 000 Schweine und mit einem Holzertrag von 5 Shilling im Jahr. Das ganze Gut ist 16 Pfund Silber wert. Als der Herr es bekam, war es 20 Pfund wert, zur Zeit König Eduards 24. Edmar, ein Gefolgsmann König Harolds, war früher der Besitzer dieses Gutes (ehe es nämlich zugunsten des Grafen von Mortain von seiner Majestät eingezogen wurde).«

Dieses Grundbuch stellte nicht nur eine Steuerrolle dar. Es zeigte dem König das genaue Ausmaß seiner Macht und die Möglichkeiten seiner Vasallen, und aufgrund dieser Bestandsaufnahme wurde die gesamte Staatsverwaltung organisiert. Niedrigste Verwaltungseinheit wurde der Gutsbezirk, und die Gutsbezirke wurden in den Grafschaften zusammengefaßt. Grundsatz war »nulle terre sans seigneur« – »kein Land ohne Herr« –, und der Lehnsherr war dem König unmittelbar verantwortlich. Auch für die Steuerzahlung, die nun erstmals auf exakten Angaben beruhte (und diese wurden den Kommissionen Wilhelms I. gegenüber von je 12 Geschworenen, die Hälfte Normannen, die Hälfte Angelsachsen, als Vertreter aller Grundherrschaften, Dörfer und Städte feierlich beschworen). Der König wußte nun genau, womit er rechnen konnte, und die Barone hatten kein Interesse, ihr Lehen, »für dessen Wohlergehen sie persönlich hafteten«, auszubluten, weil sie ja auf Gedeih und Verderb mit ihrer Grafschaft verbunden waren. Auch konnten sie Steuergelder weder unterschlagen noch mehr Steuern, als vorgeschrieben, erheben, ohne daß die Zentralgewalt das früher oder später merkte und dann hart zuschlug.

Schon das »Domesday-Book« stellte eine umwälzende Verwaltungs- und Fiskalverbesserung dar, doch Wilhelms jüngster Sohn, der als Heinrich I. König von England wurde, erkannte auch das gemeinsame Interesse von Krone und Lehnsherrn und ließ bei seiner Krönung im Jahre 1100 einen »Freibrief« ausstellen, in dem er versprach, keinerlei absolutistischen Mißbrauch seiner Macht zu dulden. Heinrichs Enkel, Heinrich II., beschnitt 1164 in den »Konstitutionen von Clarendon« die Macht der Kirche und des Papstes und schuf zwei Jahre später die ersten Schwurgerichte. Heinrich II. zog Gelehrte an seinen Hof, stand mit fast allen Höfen Europas in engem Kontakt und war weltaufgeschlossen wie kaum einer seiner Zeitgenossen. Er ließ seinen Schatzkanzler Richard Fitz Neal eine Währungsreform durchführen, durch die seit 1180 das »Pfund Sterling« in ganz Europa Geltung bekam; schon 1167–1168 hatte er die Universität Oxford gegründet. Unter ihm wurde Englands Staatsverwaltung zur rationellsten der Zeit.

Mit seinen Söhnen jedoch hatte Heinrich II. kein Glück. Sie haßten einander, und die beiden ältesten, Heinrich und Geoffroy, starben vor dem Vater. Der dritte, Richard I., genannt »Löwenherz«, zettelte im Einvernehmen mit Philipp II. August von Frankreich eine Verschwörung gegen den eigenen Vater an, und als er diesem im Jahr 1189 auf den Thron folgte, wurde »ein herumirrender Ritter der Nachfolger eines großen Staatsmannes«, ein ganz seinem ausschweifenden Luxusleben ergebener Abenteurer der Erbe eines Reiches, zu dem damals noch der größte Teil Frankreichs gehörte.

Indirekt allerdings geriet das – langfristig gesehen – England zum Segen: Während hier die beiden ersten Kreuzzüge keinen einzigen »Großen« veranlaßt hatten, an der »Wiedereroberung des Heiligen Landes« teilzunehmen, und die wenigen, die es versprachen, sich loskauften (der Erzbischof Giffard zum Beispiel registrierte, daß eines seiner Beichtkinder 5 000 Pfund Silber zu entrichten hatte, »als Hilfeleistung für die Wiedereroberung des Heiligen Landes, sobald der Papst es von ihm verlangt«), so nahm Richard I. am Dritten Kreuzzug persönlich teil. Er eroberte Zypern (das er dem Templer-Orden verkaufte) und im Juli 1191 die Festung Akko. Das »Heilige Grab« wurde nicht befreit, aber Richard machte sich rasch durch seine Anmaßung und Grausamkeit verhaßt. Als er vom Sultan Ägyptens und Syriens, Saladin, kein Lösegeld für seine mohammedanischen Gefangenen bekam, ließ er sie hinrichten. Und seine fürstlichen Mitkämpfer behandelte er derart, daß ihn Herzog Leopold V. von Österreich auf seinem Rückweg nach England gefangennehmen ließ und Kaiser Heinrich VI. auslieferte, gegen den Richard konspiriert und den er tödlich beleidigt hatte.

Der Kaiser verlangte 100 000 Pfund Lösegeld, das doppelte Jahreseinkommen der britischen Krone. Um dieses aufzubringen, verlangten Richards Statthalter im Jahre 1193 eine allgemeine Vermögensabgabe von einem Viertel, oder, falls das höher war, ein Viertel des Einkommens aller Ritter, Laien und Kleriker. Der Kirche wurde ihr Silbergeschirr und ihr Juwelenschatz abgefordert, den Klöstern der Ertrag der Schafschur eines Jahres. All das reichte nicht für die geforderte Summe von etwa 20 Millionen Goldmark, nur 12 kamen zusammen. Aber König Richard verpflichtete sich durch Handschlag, den Rest nachzubezahlen, und wurde freigelassen.

Nach seiner Heimkehr schrieb Richard sofort neue Steuern aus, um die Normandie zurückzuerobern, in die sein Freund Philipp August von Frankreich eingefallen war, während er gefangensaß. In den Kämpfen fiel Richard. Am 6. April 1199 starb er an einer vereiterten Pfeilwunde, ein »schlechter Sohn, schlechter Bruder und schlechter König«. Aber für Englands Geschichte wurden seine Abenteuer entscheidend wichtig, denn vor allem durch die Eintreibung des Lösegelds verloren die Könige hier ihr wichtigstes Recht, das »Budgetrecht« oder die selbständige und eigenmächtige Verfügung über den Staatsschatz und die Staatseinkünfte und -ausgaben, ohne die auch die Kommandogewalt über das Heer (die erst Cromwell 4 Jahrhunderte später dem König von England nahm) praktisch bedeutungslos wurde.

Englands Adel zwang Richards Nachfolger, Johann »ohne Land«, zum Verzicht auf dieses Recht. Dieser Johann war ein großer Jäger und Frauenverführer, ein geschickter Diplomat und auch keineswegs dumm, aber zugleich auch einmalig niederträchtig. Er verriet als jüngster Sohn Heinrichs II. seinen Vater an die Franzosen, versuchte den Kreuzzug seines Bruders Richard Löwenherz dazu zu benutzen, diesen der Krone zu berauben, und ließ seinen Neffen, den Thronanwärter Arthur von der Bretagne, vergiften. Johann verbündete sich mit dem Papst und zwang seine Nachfolger zu drei Jahrhunderten Kampf mit Rom, weil er England von Innozenz III. »zu Lehen« nahm. Er verbündete sich auch mit Kaiser Otto IV. und verriet sie beide, und als ihn sein französischer Lehnsherr Philipp August wegen des Mordes an Arthur vor Gericht zitierte, versprach er alles und hielt nichts.

Das führte dazu, daß er all seiner Güter in Frankreich verlustig erklärt wurde. Wie mit dem König von Frankreich geriet er mit der Kirche in Streit, setzte Stefan von Langton als Erzbischof von Canterbury ab und beschlagnahmte alle erzbischöflichen Güter. Daraufhin belegte der Papst das König-

Informieren Sie mich künftig bitte kostenlos und unverbindlich über Neuerscheinungen der Verlage Claassen, Econ, Marion von Schröder.

Ich interessiere mich besonders für Bücher folgender Gebiete:

- ☐ Betriebsführung/Handel/Wirtschaft
- ☐ Verkauf/Werbung/Marketing
- ☐ Bildbände/Fotografie/Kunst
- ☐ Fremde Länder und Völker
- ☐ Geschichte/Kulturgeschichte
- ☐ Politik/Zeitgeschehen
- ☐ Nachschlagewerke/Wörterbücher
- ☐ Medizin
- ☐ Naturwissenschaft/Technik/Raumfahrt
- ☐ Romane/Lyrik
- ☐ Biographien

Diese Karte ist aus dem Buch

....

☐ das ich geschenkt erhielt ☐ entliehen ☐ gekauft habe im ☐ Buchhandel ☐ Kaufhaus ☐ Versandhandel, aus ☐ Berufsinteresse ☐ Privatinteresse ☐ als Pflichtlektüre ☐ weil ich andere Werke des Autors kenne

Aufmerksam wurde ich darauf durch:

☐ Verlagswerbung ☐ Prospekt/Anzeige ☐ Schaufenster ☐ Besprechung in der allgem. Presse ☐ in Fachzeitschriften ☐ im Rundfunk ☐ im Fernsehen ☐ Empfehlung durch Bekannte ☐ des Buchhändlers

Senden Sie mir bitte über die Buchhandlung

....

folgendes Werk ....

Zuname: ....

Vorname: ....

Beruf: ....

Wohnort: ....

Straße: ....

Nehmen Sie bitte auch diese Adresse in Ihre Informationskartei auf:

....

....

....

Bitte als
Postkarte
frankieren

Abteilung Kundeninformation der Verlage

Claassen · Econ
Marion von Schröder

D - 4000 Düsseldorf 1

Postfach 1102

reich England mit dem Interdikt: Die Glocken verstummten, die Toten blieben unbegraben, über Johann selber wurde der Bann ausgesprochen und Philipp August von Frankreich vom Papst ermächtigt, einen »Kreuzzug« gegen England zu führen. Es kam zur Schlacht von Bouvines, und im Juli 1214 wurde Johann so vernichtend geschlagen, daß er als »Johann ohne Land« in die Geschichte einging. Darüber hinaus verlor Englands Adel die Geduld, kündigte ihm in aller Form die Lehnstreue, belagerte ihn im Schloß Windsor und forderte von Johann die Unterzeichnung der »Magna Charta«, durch die es mit dem absoluten Königtum in England für immer vorbei war, wie sehr seine Nachfolger sich auch bemühten, sie außer Kraft zu setzen.

Der geistige Vater dieses »Großen Freibriefes« war Stefan von Langton. Schon 1213 hatte er die mächtigsten Barone des Reiches nach Canterbury eingeladen und ihnen den in Vergessenheit geratenen Freibrief Heinrichs I. vorgelesen. Im Verlauf der nächsten zwei Jahre wurden 61 Paragraphen ausgearbeitet, die nicht von »Menschenrechten« oder subtilen Verfassungstheorien handeln, sondern praktische Regeln für die Regierung des Landes aufstellten. Als grundlegendes Prinzip wurde die Rechtsgleichheit aller Engländer verlangt und festgelegt, daß auch der König der geltenden Rechtsordnung unterworfen ist und jeder Rechtsbruch der Krone die Vasallen zum bewaffneten Aufstand legitimiert. Die Rechtsprechung sollte fortan im ganzen Lande einheitlich sein und allen Bürgern die Möglichkeit offenstehen, vor den Gerichten Recht zu suchen. Sanktionen für Rechtsverletzungen sollten für alle in gleicher Weise gelten, und kein einzelner und keine Klasse sollte über oder unter der gültigen Rechtsordnung stehen oder irgendeine besondere Art der Rechtsprechung in Anspruch nehmen können. Entscheidend war der Artikel 12: »Die Besteuerung muß durch die Besteuerten selber erfolgen. Keinerlei Abgaben dürfen vom König eingehoben werden, denen nicht allgemein zugestimmt wurde.«

Das hieß damals »Zustimmung der Barone«. Und an einem Montagmorgen, dem 15. Juni 1215, versammelten sich diese zusammen mit den Prälaten Englands auf dem weiten Grasfeld von Runnymede, auf halbem Weg zwischen Staines und Windsor und etwa 35 Kilometer von London entfernt. Die Stimmung war schlecht. Viele, die zu kommen versprochen hatten, waren nicht erschienen. Die hier um einen kleinen, für den König errichteten Thron versammelten Ritter wußten, daß ihr Leben an einem Faden hing, obwohl in einiger Entfernung ihre gepanzerten Leibwachen kampfbereit zu Pferde saßen. Denn der König konnte Söldner vom Kontinent herbeigeschafft, er konnte im letzten Augenblick neue Verbündete gefunden haben. Aber Johann kam nicht mit einem Heer, sondern nur begleitet vom Erzbischof von Canterbury, dem päpstlichen Legaten und einer Handvoll Getreuer. Er hatte alles versucht, Geld aufzutreiben, aber niemand lieh ihm auch nur 100 Dukaten. Und so wurde die »Magna Charta« verlesen: Artikel 17, 18 und 19 ordneten die Rechtsprechung neu. Bisher bereiste ein Königlicher Gerichtshof das Land. Jetzt wurden Gerichte mit festem Sitz und vom König unabhängigen Richtern geschaffen und in Artikel 20 zugleich bestimmt, daß alle Geldstrafen dem Vermögen der Verurteilten angemessen sein mußten, keine die Existenz des Verurteilten vernichten durfte. Die Artikel 28 bis 31 verboten jede Art Requisition von Arbeitskraft, Nahrung, Pferden »oder was immer« ohne sofortige Barzahlung, und das fast mit den gleichen Worten, die heute im »Fifth Amendment« der heute gültigen US-Verfassung »gerechte Kompensation« vorschreiben. In Artikel 40 verpflichtet sich der König: »Niemandem werden wir Recht verkaufen, niemandem Gerechtigkeit verweigern und nie und nirgends Recht verzögern.« In Artikel 39 heißt es: »Kein Freier darf verhaftet oder sonstwie seiner Freiheit beraubt werden, seine Rechte oder sein Eigentum verlieren, zum Auswandern gezwungen werden, und keinerlei Gewalt darf gegen ihn angewendet werden außer durch einen Gerichtshof Ebenbürtiger in einem öffentlichen Verfahren.« Was hier 574 Jahre vor der Französischen Revolution schwarz auf weiß gefordert wurde, gilt auch heute noch keineswegs überall. Aber König Johann unterschrieb das Dokument, und Erzbischof Langton half ihm, das Siegel zu befestigen. Je zwei Vertreter der Krone und des Adels wurden benannt, die den »Rat der Fünfzehn« zu wählen hatten, den der König als seine Regierung anerkennen mußte. Treibende Kraft dieses Rates wurde schließlich Simon de Montfort, Earl of Leicester, und dieser berief am 20. Januar 1265 das erste »Parlament« nach London ein, an dem Vertreter der Städte ebenso wie des Landadels teilnahmen.

Allerdings gab es schon bald Widerstände gegen diese Entwicklung. Papst Innozenz III. erklärte die »Magna Charta« für ungültig, weil sie seine »Rechte als Lehnsoberherr Englands« verletzte. Schon im Jahre 1216 starb König Johann, und nun erhob sich die Frage, inwieweit seine Nachfolger durch den Vertrag gebunden waren. 1215 nahm Heinrich III. eine »Neue Fassung« an, und die »Magna Charta« wurde schließlich achtunddreißigmal erneuert. Mehr als fünf Jahrhunderte lang wehrten sich Englands Könige gegen den Artikel 12, und der Kampf um das britische Besteuerungsrecht veränderte die Welt. Um andere als nur die vom Parlament bewilligten Einnahmen zu haben, schuf Heinrich VIII. die englische Staatskirche. Mit dem Erlös der Säkularisation baute er Englands Flotte, die Elisabeth I. dann benutzte, um das britische Kolonialreich zu schaffen. Hampdens Steuerstreik-Bewegung hinderte England an der Teilnahme am Dreißigjährigen Krieg, und wegen der Steuerbewilligung kam es zur Hinrichtung König Karls I. und zur Republik Cromwells, zu dessen »Navigationsakte« und all ihren weltweiten Folgen. Das Ringen um das »Budgetrecht« war langwierig und erbittert, aber immer wieder siegte der Geist der »Magna Charta«, weil sich immer wieder Männer in England fanden, denen Gerechtigkeit wichtiger war als die eigene Macht und der eigene Reichtum.

Seinen Höhepunkt erreichte der Kampf um das Steuerbewilligungsrecht im frühen 17. Jahrhundert. Unter Jakob I., dem Sohn Maria Stuarts und Nachfolger der »großen« Königin Elisabeth I., der von 1603 bis 1625 regierte, geriet England an den Rand des Staatsbankrotts, weil die finanzielle Mißwirtschaft des Hofes geradezu unvorstellbare Ausmaße annahm. »Ein Abgrund sittlicher Verkommenheit« tat sich auf. Für das Luxusbedürfnis des Königs und seiner Günstlinge wurden Unsummen vergeudet, und alles war nun käuflich, Ämter und Würden und Frauen und vor allem Monopole für den Betrieb dieses oder jenes Gewerbes, den Verkauf dieser oder jener Ware. Der Ausschluß der Konkurrenz ließ die Preise ins Untragbare steigen. Zahllose Handwerker und Kaufleute gingen zugrunde, und Betrug und Korruption wurden allgemein. Als Jakob I. starb, war das Ansehen des Königtums dahin und zugleich das der Anglikanischen Kirche, denn weder die Erzbischöfe von Canterbury und York noch die 24 andern »geistlichen Lords« des Oberhauses hatten etwas gegen die Mißstände am Hof getan.

Als Karl I. als Fünfundzwanzigjähriger den Thron bestieg, standen sich die Anhänger des Gottesgnadentums und die des Parlaments kampfbereit gegenüber. Als Reaktion auf die Ausschweifungen der Hofgesellschaft und die »Toleranz« der Kirchenfürsten war es zur Ausbreitung des Puritanertums gekommen, das zwar schon Mitte des 16. Jahrhunderts die »Reinigung« der Anglikanischen Kirche gefordert hatte, aber erst jetzt nicht nur die streng kalvinistisch gesinnten Protestanten und die Presbyterianer umfaßte, welche die Gleichberechtigung zwischen Laien und Geistlichen sowie die Eigenverwaltung der Einzelgemeinden forderten, sondern auch zahlreiche »liberale« Kaufleute und Parlamentarier. Schon 1630 berichtete Peter Paul Rubens, der nicht nur Hofmaler war, sondern sich in diplomatischer Mission am Hofe Karls I. aufhielt, an Philipp IV. von Spanien, de facto befänden sich die Puritaner bereits im Aufstand, und die Mehrheit der Nation sympathisiere mit ihnen. Zehn Jahre später, im »Langen Parlament«, hatten sie dann auch die politische Macht.

Entscheidend aber wurde, daß der neue König mehr als 1 Million Pfund Privatschulden geerbt und gemacht hatte und das Parlament sich 1625 weigerte, sie zu bezahlen. Nur 150 000 Pfund wurden ihm bewilligt und jeweils nur für ein Jahr das Geld für die Hofhaltung. So verpfändete Karl I. für 300 000 Pfund in Holland die Kronjuwelen und versuchte es mit verfassungsrechtlichen Tricks. Als Eduard I. im Jahr 1297 bestätigte, daß er ohne Zustimmung der Stände keine Steuern einheben oder Zölle erhöhen dürfe, behielt er sich ein »Notstandsrecht« vor und durfte »bei unmittelbarer Gefahr« Mittel zum Schutz des Landes erheben, das heißt Englands Hafenstädte und Küstenlandkreise in Kriegszeiten zur Stellung von Kriegsschiffen und Flottenbesatzungen heranziehen. Dazu kam es nur selten, aber als 1588 Spaniens »Große Armada« nach England unterwegs war, hatte Elisabeth I. keine Schwierigkeit, neben Naturalleistungen auch »Schiffsgelder« einzutreiben, und mit solchen »Schiffsgeldern« suchte nun Karl I. seine Finanznöte zu überwinden.

Nur rechnete er dabei nicht mit Sir Edward Coke. Dieser war 1552 als Sohn eines Rechtsanwalts in Mileham in Norfolk geboren und auch selber wieder Rechtsanwalt geworden. Er hatte seine Karriere als Sechsundzwanzigjähriger mit »einem Pferd, einem Degen, zehn Pfund und einem Ring mit drei Diamanten« begonnen, war aber 1582 durch seine erste Heirat ein sehr reicher und als Witwer durch seine zweite Heirat, 1598, nicht nur der reichste Nichtadelige Englands, sondern auch ein sehr einflußreicher Mann geworden, denn nun war er der Gatte einer Cecil und Enkelin des großen Lord Burghley, und Lady Elizabeth Hatton setzte ihn zum Alleinerben ihres riesigen Vermögens ein. Sie sorgte dafür, daß Königin Elisabeth Coke 1594 zum Generalstaatsanwalt ernannte.

Edward Coke trat als Ankläger in so berühmten Prozessen wie denen gegen Lord Essex, gegen Raleigh oder gegen die »Pulververschwörer« auf, die versucht hatten, das Parlament in die Luft zu sprengen. Aber stets ging es ihm nur um das Recht und sonst nichts, und als König Jakob I. den ordentlichen Gerichtshöfen Fälle, die er selber entscheiden wollte, zu entziehen versuchte, verhinderte Coke das im Jahr 1607. Ebenso wies er die Ansprüche kirchlicher Gerichtshöfe zurück. Er erkannte keinerlei Sonderrechte an und erklärte: »Falls ein Parlamentsbeschluß dem gemeinen Recht oder dem gesunden Menschenverstand widerspricht, haben die Gerichte ihn für ungültig zu erklären.«

Jakob I. hatte Coke zu kaufen versucht, indem er ihn zum höchsten aller Richter Englands, zum »Lord Chief Justice«, ernannte. Da das keinerlei Erfolg hatte, wurden Coke alle Richterämter entzogen, aber er war schon 1589 Parlamentsmitglied geworden und drei Jahre später Sprecher des Unterhauses. Seiner Parlamentsreden wegen kam Coke 1620 neun Monate lang in den Tower. Aber das Parlament beschloß: »Niemand darf seiner Gedanken wegen bestraft werden!« Und schließlich zwang das Parlament Jakobs Nachfolger Karl I. zur Annahme der von Edward Coke verfaßten »Petition of Rights«, die bis heute die Grundlage der britischen Verfassung bildet und auf die sich 1765 die Bürgerversammlung von Massachusetts berief, als sie die damals von England eingeführte Stempelsteuer »der Magna Charta und dem englischen Bürgerlichen Recht und darum Lord Coke zufolge als ungültig« erklärte.

In dieser »Bitte um Recht« heißt es: »Die im Parlament versammelten geistlichen und weltlichen Herren und Gemeinen berufen sich gegenüber ihrem souveränen Herrn, dem König, auf Bestimmungen der Magna Charta und die dadurch ererbten Freiheiten der Untertanen, die neuerdings vielfach verletzt worden sind, und bitten darum untertänigst Eure Majestät, daß niemand hinfort gezwungen werden solle, irgendeine Abgabe, ein Darlehen, eine Leistung, Steuer oder ähnliche Last zu geben ohne allgemeine Bewilligung durch Parlamentsbeschluß und daß niemand aufgefordert werden solle, sich zu verantworten ... vor Gericht zu erscheinen, verhaftet zu werden oder sonst in bezug auf dergleichen oder wegen einer Weigerung deshalb belästigt oder beunruhigt werden solle ...«

»Belästigt und beunruhigt« aber wurde seit Karls Thronbesteigung ganz England. Da es ihm nicht zu Willen war, löste der König das Parlament bereits am 15. Juni 1626 kurzerhand auf und schrieb eine Zwangsanleihe aus. Die höchsten Richter verweigerten diesem Erlaß ihre Unterschrift. Aber wer nicht zahlte, wurde eingekerkert, verbannt, seines Vermögens beraubt. Auch das Volk hatte nur die Wahl, zu zahlen oder sich zum Soldaten- und Matrosendienst pressen zu lassen. Aber nach wie vor war der Geist der »Magna Charta« lebendig, und Edward Coke setzte sein Ansehen und sein Vermögen ein, um die »Grundrechte der Untertanen gegenüber der Krone« jedem kleinen Bauern wie jedem Kaufmann und jedem Offizier klarzumachen: »Niemand darf ohne Zustimmung des Parlaments zu Steuerzahlungen, Darlehen, Geschenken oder Bewilligungen gezwungen werden. Niemand darf willkürlich verhaftet und kein Privathaus darf als Truppenquartier benutzt oder ohne richterlichen Befehl durchsucht werden!« Und so blieb trotz aller Zwangsmaßnahmen des Königs das Ergebnis der Anleihe völlig ungenügend. Karl I. mußte Geld haben, und so ließ er das Parlament wieder zusammentreten, und als ihm fünf »Subsidien« von zusammen 300 000 Pfund versprochen wurden, unterschrieb er am 7. Juni 1628 Cokes »Petition of Rights«. Freudenfeuer flammten in ganz England auf, und alle Glocken läuteten. Dieses Dokument erhielt weltgeschichtliche Bedeutung.

Denn wenn die Freude auch verfrüht schien, der König nur scheinbar nachgab und, kaum daß er die 300 000 Pfund hatte, am 10. März 1629 das Parlament erneut auflöste und nun 11 Jahre allein regierte – am Dreißigjährigen Krieg konnte er nicht teilnehmen, Coke und Hampden ersparten England das Schicksal Deutschlands, das in diesen von 1618–1648 dauernden Kämpfen unvorstellbare Verwüstungen erlitt und in manchen Landesteilen sieben Zehntel seiner Bevölkerung verlor. Als der Westfälische Frieden geschlossen wurde, waren nicht nur das Reich restlos erschöpft, sondern auch Schweden und Frankreich entscheidend geschwächt, Spanien als Großmacht ausgeschaltet. Englands Volksbestand und Produktionskraft hingegen waren erhalten geblieben, es vermochte Holland zu überflügeln und sein Weltreich aufzubauen ...

Vorerst allerdings schien das Land hilflos seinem eigenen König ausgeliefert. Karl I. war ein Musik- und Kunstliebhaber, förderte van Dyck und Rubens und wollte selber sowenig wie möglich mit Regierungsgeschäften »belästigt« werden. Er behielt den verhaßten Ratgeber seines Vaters, den Herzog von Buckingham, und geriet später völlig unter den Einfluß des Erzbischofs von Canterbury, William Laud. Auch seine Feinde gaben zu, daß er kein schlechter Mensch war, aber noch leichtsinniger und womöglich noch verschwenderischer als sein Vater. Nach den Aufzeichnungen John Kirkes, Karls »Gentleman of the Robes«, gab der König von September 1630 bis 1631 für seine persönliche Garderobe 3 900 Pfund aus, in heutiger Kaufkraft mindestens 800 000 DM, davon über 150 000 DM allein für Seidenstrümpfe. Die Hofhaltung wurde so teuer wie die Ludwigs XIV., und vor allem schreckte Karl I. nicht davor zurück, Geld durch willkürliche Verhaftungen zu erpressen und alle ihm mißliebigen Parlamentsmitglieder einzusperren. Als Karl I. am 11. Februar 1628 die Zahlung von 173 000 Pfund »Schiffsgeld« gefordert hatte, wies ihn der Earl of Banbury als Gouverneur von Berkshire so energisch ab wie Lord Northampton als Gouverneur von Warwickshire, und darüber hinaus die gesamte Kaufmannschaft und alle Parlamentarier. Im Oktober 1634 jedoch verlangte der König 180 000 und am 4. August 1635 sogar 208 000 Pfund »Schiffsgeld«, obwohl von einer »Bedrohung« Englands keine Rede sein konnte, und nun bekam er sie, weil er nicht nur den Grundbesitz, sondern auch die bewegliche Habe aller Engländer zur Deckung dieser Steuern heranzog und der König seine Forderung »legalisierte«, indem er 10 der 12 Richter der Obersten Schatzkammer an dem Raub beteiligte. Diese erklärten, die Krone sei nicht nur in den Hafenstädten, sondern überall im Lande berechtigt, aus eigener Machtvollkommenheit »Schiffsgeld« einzuheben, »falls sie die Nation in Gefahr befindlich erachte«, und nur der »Oberste Kriegsherr« sei imstande, »diese Gefahr rechtzeitig zu erkennen«.

Von Gefahr konnte nicht die Rede sein, als Karl I. am 9. Oktober 1636 erneut einen Steuererlaß siegelte, und ebensowenig 1639, als er weitere 70 000 Pfund forderte. Aber das Geld wurde eingetrieben. Und das wurde nun nicht länger hingenommen. Ebensowenig die »Pfund- und Tonnen-Gelder«, die der König verlangte, Außenhandelsabgaben, deren Nichtbezahlung mit der sofortigen Beschlagnahme und schließlich der Einziehung der Güter und Schiffe beantwortet wurde und die ihm 618 000 Pfund brachten. Schon gar nicht wurde toleriert, daß der König, als er 1640 dringend Geld für seinen Feldzug gegen die Schotten brauchte, die Münze beauftragte, 300 000 Pfund in Schillingen zu prägen, die nur einen Silberwert von 3 Pence, von einem Viertel Schilling also, haben sollten. Die Kaufleute holten ihre Waren mit Gewalt zurück, und die Grundbesitzer, die unter den fadenscheinigsten Vorwänden zu so hohen Strafzahlungen verurteilt worden waren, daß sie sie nicht zahlen konnten und ihre Güter bei den Zwangsversteigerungen verloren, nahmen sie mit Gewalt zurück. Die Monopolwirtschaft hatte unter Karl I. derartige Ausmaße angenommen, daß Handel und Gewerbe praktisch nur noch dem Hof dienten, aber nun weigerten sich die Hoflieferanten, anders als gegen bar zu liefern, und die Alleinherstellungsrechte wurden nicht mehr respektiert. Sir Edward Coke (der 82 wurde) war schon 76 Jahre alt geworden, als Karl die »Petition of Rights« annahm – und sofort sein Wort brach –, aber andere führten den Kampf fort, und zwar schließlich mit Methoden, die Weltgeltung erlangten und 3 Jahrhunderte später beim Unabhängigkeitskampf Indiens eine ebenso große Rolle spielten wie bei dem der Iren. Und so scheiterten auch Karls I. Alleinherrschaftsansprüche.

Das Land, das der König vor allem von 1630 bis 1637 ohne jede Mitwirkung des Parlaments regierte, hing etwa zur Hälfte unmittelbar oder mittelbar vom Meer und der Seefahrt ab, zur andern Hälfte von seinem Boden. Es gab große Gelehrte wie William Harvey, der den Blutkreislauf entdeckte, John Napier, den Schöpfer der Logarithmen, oder den Philosophen Thomas Hobbes. Aber die Industrie spielte noch keine Rolle, und den Ton gaben die Landedelleute an. Diese waren nun so unzufrieden wie ganz England, und aus ihrer Mitte erstand Karl I. ein Gegner, der ihn schließlich aufs Schafott brachte: John Hampden, der Erfinder des Steuerstreiks und Initiator der »Great Rebellion«, des englischen Bürgerkrieges.

Von normannischer Abkunft, gehörte Hampden einer Familie an, die in Buckinghamshire große Güter besaß. Er verlor schon als Dreijähriger seinen

Vater und erbte eines der bedeutendsten Vermögen Englands. Seine Mutter Elisabeth Cromwell war die Tante des späteren Lordprotektors und Gründers der englischen Republik, und sie wollte ihn als Mitglied des House of Lords, des Oberhauses, sehen. Unter Jakob I. war das einfach. Man brauchte nur zu bezahlen, was der König verlangte, und die Hampdens konnten praktisch jede Summe bezahlen, ohne es zu spüren. Aber John Hampden lehnte das ab und ließ sich statt dessen nach seinen Studien in Oxford und seit 1613 als Jurist im Londoner »Inner Temple« mit fünfundzwanzig Jahren ins Unterhaus wählen.

Hier wurde Hampden bald zum Führer der Opposition. Er trat gegen Jakob I. auf, bekämpfte die anglikanischen Bischöfe, die die Zustände am Hof hinnahmen, und war einer der Verfasser des am 18. Dezember 1621 angenommenen Protestes gegen die Schmälerung der Parlamentsrechte. Wie Jakob I. versucht hatte, Edward Coke zu kaufen, so versuchte es Karl I. bei Hampden, dem er alle möglichen Ämter anbot. Aber Hampden war nicht nur wie Coke sehr viel reicher als der König, sondern wie Coke ein Rechtsfanatiker. Und nachdem er 1629 England und Schottland bereist hatte und überall die Not des Volkes und die Unzufriedenheit mit der Steuerpolitik des Königs feststellte, organisierte Hampden den »gesetzlichen Widerstand gegen die Tyrannei«, organisierte er als erster einen »Steuerstreik« und gab selber das Vorbild. 1634 sollte John Hampden als »Schiffsgeld« 20 Schilling bezahlen. Er weigerte sich und forderte alle Engländer auf, sich ebenfalls zu weigern, und tat das so laut und so oft, daß der König schließlich nicht anders konnte, als Anklage gegen ihn erheben zu lassen.

Der Prozeß gegen Hampden dauerte 6 Monate. Die zwei berühmtesten Anwälte der Zeit, Oliver St. John und Robert Holborne, verteidigten ihn, und ihre Plädoyers nahmen 13 Tage in Anspruch. Der Ausgang des Prozesses stand von vornherein fest, denn der König hatte »vorgebaut«, sieben der zwölf Richter gekauft, und diese sprachen Hampden schuldig. Aber das machte ihn zum Volkshelden, zum »Vater des Vaterlandes« und zum »Lotsen, der das Schiff im Sturm durch alle Klippen leiten wird«. Nie hatte Hampden, der weder ein großer Redner noch sonst irgendwie ein »Volkstribun« war, Ruhm gesucht, aber er wurde berühmt durch die Konsequenz, mit der er die Überzeugung seiner Zeitgenossen vertrat. Karl I. verlor durch diesen Prozeß, bei dem erstmals in der Geschichte Englands (und der Welt) offen die Frage erörtert worden war, ob dem König die absolute Gewalt zustehe oder nicht, den letzten Rest seines Ansehens. Er erkannte die drohende Gefahr, berief am 13. April 1640 das »Kurze Parlament« ein, das er zwang, zahlreiche seiner Kreaturen aufzunehmen, und das seine Finanzpolitik sanktionieren sollte. Statt dessen erklärte die puritanische Mehrheit jeden zum vogelfreien »Reichsfeind«, der beim Einziehen illegaler Steuern und Abgaben mithalf. Nach drei Wochen wurde auch dieses Parlament heimgeschickt. Aber nun begann der König um sein Leben zu fürchten und mußte am 3. November 1640 das »Lange Parlament« zusammentreten lassen, das sofort das Urteil gegen Hampden annullierte.

Erneut Führer der Opposition, leitete dieser 1641 die parlamentarische Überwachungskommission, die Karl I. nach Schottland begleitete, um ihn an einem Staatsstreich zu hindern. Hampden veranlaßte vor allem im November 1641 die »Große Remonstranz« von York, in der das Parlament Kontrolle über alle Beamten, den Oberbefehl über das Heer und die Auflösung der Episkopalkirche forderte (deren Bischöfen der König 1633 erhöhten weltlichen Einfluß verschafft hatte). Noch einmal versuchte der König, seinen gefährlichsten Gegner zu beseitigen. 1642 ließ er Hampden zusammen mit vier anderen Unterhausmitgliedern auf Grund gefälschter Dokumente des Hochverrats anklagen und wollte ihn mit Hilfe eines gekauften richterlichen Befehls verhaften lassen. Die Stadt London aber stellte Hampden unter ihren bewaffneten Schutz. Hampden war ein Gegner der Gewalt, verabscheute sie und versuchte immer wieder, sie zu vermeiden. Aber als der König das Recht immer rücksichtsloser mißbrauchte und 4 000 seiner Wähler aus Buckinghamshire vor das Parlament zogen, gab Hampden nach und stellte ein Regiment auf, dessen Fahne die Inschrift »Gott mit uns!« trug – und das machte den Bürgerkrieg unausweichlich.

Daß dieser anders verlaufen wäre und andere Folgen gehabt hätte, wenn – wie vorgesehen – Hampden Oberbefehlshaber des Parlamentsheeres geworden wäre, ist möglich. Aber entscheidend war wohl, daß weder die Hofgesellschaft noch die Puritaner das »Volk« bedeuteten, sondern nur eine kleine Minderheit, und daß 95 Prozent der Bevölkerung Englands an der »Revolution« nicht teilnahmen. Die »Rundköpfe« kämpften gegen die »Kavaliere«, die »Nonkonformisten«, denen vor allem Akademiker und Kaufleute anhingen, gegen die absolutistisch eingestellten »Royalisten«. Aber beide zusammen machten höchstens ein Zwanzigstel der Bevölkerung aus. Wie der König Gewaltherrschaft ausübte, mußte schließlich Cromwell die »Freiheit mit Gewalt schützen«, weil er keinen genügenden Anhang im Volk hatte. Und ob es unter Hampden anders gewesen wäre, der zwar ein Puritaner war, aber nie in die geistige Enge der Leute verfiel, die nun an die Macht kamen; der stets tolerant und weltgewandt blieb? Hampden entschied mit seinen »Grünröcken« den Sieg von Edge Hill und rettete die Streitkräfte des Parlaments bei Turnham Greene, aber im Gefecht von Chalgrove unweit Oxford zerschmetterten ihn am 19. Juni 1643 zwei Kugeln die Schulter, und eine Woche später starb er.

Ganz England trug Trauer um den Mann, der, wie Clarendon sagte, »einen Geist, der alles erkannte; eine Zunge, die alle überzeugte; und einen Arm, der alles ausführte«, besaß, aber es war nicht Hampdens Geist, der die kommenden Ereignisse bestimmte, sondern der seines Vetters Oliver Cromwell, den David Hume einen »verschlagenen Heuchler« nannte, von dem aber Carlyle, der ihn unter seine »Helden« aufnahm, sagte: »Napoleon scheint mir keineswegs ein so großer Mann wie Cromwell.« Und Gladstone meinte: »Ich liebe ihn nicht, aber er war ein mächtig großer Kerl!«

In Huntingdon, in Mittelengland, 1599 geboren, führte Oliver Cromwell bis zu seinem vierzigsten Lebensjahr das einfache und nüchterne Leben eines Landwirts. Auch seine Familie war reich, und er war der Alleinerbe der großen Besitzungen an der Ouse, weil seine neun Geschwister schon im Kindesalter starben. Er war ein Urenkel Thomas Cromwells, der die Säkularisation des Kirchenbesitzes unter Heinrich VIII. mit durchführte und wegen seiner Härten gegen die Klöster »Mönchshammer« hieß. Oliver Cromwell hatte die Rechte studiert und vertrat seit 1626 die Grafschaft und die Stadt Huntingdon im Parlament. Aber mehr als für die Politik hatte er sich für seine Herden und seine Brauereien interessiert, und das wichtigste Ereignis war für ihn der jährliche Viehmarkt gewesen. Er »lebte in der Finsternis und liebte die Finsternis«, wie er seiner Kusine schrieb, war »ein Sünder und Vorbild von Sündern«. Aber dann kam der »Geist« über ihn, er schor sich das Haar, machte den »Rundkopf« zum Symbol des Puritanertums, während die Königstreuen ihr Haar bis auf die Schultern herabfallend trugen.

Noch im »Langen Parlament« kümmerte sich kaum jemand um diesen Abgeordneten im bäurisch zugeschnittenen Tuchrock und mit schweren Reiterstiefeln, dessen Wäsche nicht nur grob, sondern auch unsauber war und der mit rauher, mißtönender Stimme heftig über Belanglosigkeiten redete. Aber das war der Cromwell des Jahres 1642, durch den am 22. August in Nottingham die Kämpfe zwischen den »Rundköpfen« und den »Kavalieren« begannen.

Drei Jahre später war er der größte Feldherr seiner Zeit, stampfte er Armeen aus dem Nichts, unterwarf er drei Königreiche. Denn gerade die Härte seines groben roten Gesichtes, gerade seine große warzige Nase und seine Steifheit gefielen denen, die in Schönheit und Eleganz die Fangstricke des Bösen sahen. Cromwell galt den Massen als das strafende Werkzeug Gottes und war vor allem felsenfest davon überzeugt, daß das englische das von Gott auserwählte Volk sei. Die Politisierung der Religion, die er zustande brachte, ist einmalig, aber das hinderte ihn nicht, die Möglichkeiten Englands exakt zu analysieren und trotz seines scheinbaren Mißerfolgs für sein Land mehr zu tun als Dutzende von Königen. Und wenn er als bisher einziger Diktator Englands seine Macht rücksichtslos anwandte, so nur, um das Volk zu zwingen, seine Möglichkeiten zu nutzen.

Vorerst allerdings war Cromwell nur einer unter vielen Führern der Parlamentstruppen gewesen. Während die Kaufleute ihr Silber spendeten, die Reeder Schiffe zur Verfügung stellten und auch die Kriegsmarine zu den »Rundköpfen« überging, damit der König keine Waffen vom Kontinent erhalten könne, stellten die puritanischen Grundbesitzer Truppen auf. Als reicher Mann und vor allem auch als Vetter Hampdens rüstete Cromwell eine kleine Truppe geharnischter Reiter aus und machte in kurzer Zeit die schwächste Waffe des Parlaments, die Reiterei, zur besten. Er nahm nur religiöse Männer auf, die nicht fluchten und tranken, meist junge Bauern, hielt sie in strenger Zucht, ließ ihnen aber zum Unterschied von andern Presbyterianern in ihren religiösen Anschauungen Freiheit. Als Kern der »Independenten« entschieden Cromwells »Ironsides« am 2. Juli 1644 die Schlacht von Marston Moor gegen die royalistische Kavallerie des Prinzen Ruprecht von der Pfalz, und Cromwells 67. Schwadron brachte schließlich bei Naseby dem Parlament den endgültigen Sieg, denn während ihre Gegner (und nicht minder andere »Rundkopf«-Abteilungen) zechten und Beute suchend herumstreiften, blieb sie dicht zusammen.

Damit war Cromwells militärische Führerschaft anerkannt, und lange fühlte er sich nur als Soldat. Aber mehr und mehr wurde er in die Rolle des Politikers gedrängt, denn er sah es als seine Pflicht an, für Ordnung zu sorgen, und das schien ihm schließlich nur möglich, wenn das Königtum abgeschafft, an die Stelle des korrupten Hofes eine Regierung gesetzt wurde, die das Vertrauen der Mehrheit genoß. Und dazu wiederum – forderte die Armee – mußte der König verurteilt und hingerichtet werden.

Cromwell wußte, daß den meisten Engländern ein König als »unantastbar« galt, wie groß auch immer seine Mißwirtschaft sein mochte. Er wußte aber auch, daß Karls absolutistische Theorien weite Kreise der damals Führenden »infiziert« hatten und selbst Cromwells höchster Offizier, der Earl of Manchester, gesagt hatte: »Wenn wir den König auch neunundneunzigmal besiegen, so bleibt er doch der König und seine Nachfolger ebenso!« Cromwell erwiderte: »Und warum haben wir dann die Waffen ergriffen?« In der Bibel hatte das Gottesgnadentum keinerlei Grundlage, und ebenso schien es ihm »zutiefst unenglisch«. Gott erwählte ein Volk – das englische natürlich –, nicht einen einzelnen Menschen, und so war Karl I. ein »Usurpator«, und um zu verhindern, daß er Nachfolger seiner Art fand, mußte nicht nur er, sondern das Königtum überhaupt beseitigt werden. Dennoch zögerte Cromwell lange. Aber Karl I. konspirierte mit Frankreich, und er konspirierte mit der Kirche, und als 1645 Erzbischof Laud auf Grund eines Parlamentsbeschlusses hingerichtet wurde, floh er nach Schottland, um dort eine Armee gegen das Parlament aufzustellen. Die Schotten verkauften den König für 400 000 Pfund an die »Rundköpfe« und lieferten ihn im Januar 1647 aus. Cromwell ließ ihn auf die Insel Wight entkommen. Doch der König gab den Kampf nicht auf, und so mußte schließlich das Parlament beschließen, das Königtum durch eine Republik zu ersetzen, und verkünden: »Der erste und große Urheber der Wirren, der König, in dessen Auftrag, um dessentwillen und in dessen Interesse all unsere bürgerlichen Kämpfe mit ihrem Jammer begonnen haben, soll schleunigst vor Gericht gestellt werden: wegen Hochverrats, des Blutvergießens und des Elends, an dem er schuld ist.« Cromwell seinerseits erklärte: »Der Ursprung aller Gewalt unter Gott liegt beim Volk. Dem vom Volk gewählten Parlament allein steht die höchste Gewalt in der Nation zu.« Und er fügte hinzu: »Ich wollte eigentlich einen Antrag auf Schonung des Königs stellen. Aber da fühlte ich plötzlich, wie meine Zunge am Gaumen festklebte. In diesem übernatürlichen Zeichen mußte ich eine Antwort des Himmels auf meine inbrünstigen Gebete sehen. Dieses Zeichen gab mir zu erkennen, daß Gott selber den König verwarf!«

Damit stand der Ausgang des Prozesses gegen den »Scheinheiligen, der 24 Jahre lang das Land in Unruhe hielt«, fest. Der Außerordentliche Gerichtshof, dem Karl I. vorgeführt wurde, entschied: »Karl Stuart wird als ein Tyrann, Verräter, Mörder und Feind des Volkes durch Enthauptung vom Leben zu Tode gebracht.« Und am 30. Januar 1649 wurde er im Londoner Whitehall-Palast geköpft, obwohl sich noch um zehn Uhr morgens des Hinrichtungstages kein Henker gefunden hatte. Jedem von 38 Unteroffizieren waren 100 Pfund und rasche Beförderung versprochen worden, aber keiner fand sich bereit, »nicht für die ganze Stadt London«, wie einer sagte. Der bestallte Henker hatte 200 Pfund abgelehnt und war fest geblieben, obwohl man ihm mit dem Scheiterhaufen drohte. Wer den König köpfte, ist bis heute nicht bekannt, so dicht vermummt waren er und seine Helfer. Der König sagte: »Ich vertausche meine befleckbare Krone gegen eine unbefleckte Krone. Ich werde nur ein kurzes Gebet sprechen, und wenn ich dir ein Zeichen gebe, schlag zu.« So geschah es, Soldaten verkauften Haarsträhnen des Königs und Holzstücke des Richtblocks, und Leute zahlten dafür, ihre

Taschentücher in das Blut Karls I. tauchen zu dürfen. Aber Cromwells Sorgen begannen jetzt erst. Das Oberhaus bestand fast ausschließlich aus Königstreuen. Es wurde vier Wochen nach der Hinrichtung des Königs abgeschafft, und die Regierungsgewalt ging in die Hände eines aus 33 Mitgliedern bestehenden Staatsrates über, den Cromwell und General Fairfax beherrschten. Cromwell schlug die rebellischen Südiren nieder und wurde am 26. Juni 1650 vom Staatsrat zum »Generalkapitän und Obersten Befehlshaber aller Streitkräfte des Commonwealth of England« (wie jetzt die Republik hieß) ernannt, ehe er auszog, um auch Schottland zu erobern, das Karl I. zwar verkauft hatte, das jetzt aber dessen Sohn als König anerkannte. Cromwell schlug die Schotten bei Dunbar und die Königstreuen bei Worcester, und Karls Sohn floh nach Frankreich. Cromwell zog als Triumphator in London ein und schlug sein Hauptquartier im Palast von Hampton Court auf.

Aber nun wurden Cromwells eigene Anhänger ihm immer lästiger. Es kam zu Puritanismus-Exzessen. Zu seinen Mitkämpfern gehörte der Feldprediger Richard Baxter, der einer der wirkungsvollsten Theoretiker des Puritanismus wurde, und sein Sekretär war der Dichter John Milton, der die Pressefreiheit in England durchsetzte. John Bunyan hatte bei Cromwells »Ironsides« gedient, ein Zinngießer und Kesselflicker, dessen im Gefängnis geschriebenes Buch »The Pilgrim's Progress« eines der meistgedruckten Bücher der Weltliteratur wurde. Cromwell selber schützte und förderte die Universitäten, ehrte Gelehrte wie Hobbes oder Harvey. Aber während er Schlachten schlug, verkauften die »Nur-Puritaner« die Kunstsammlungen Karls I. ans Ausland, verboten sie das Theaterspielen und forderten die Aufhebung der Hochschulen, weil ihnen »die unbewußten Eingebungen frommer Laien« wichtiger schienen als »zum Hochmut verführendes Wissen«. Das Parlament entsandte politische Kommissare zur Armee, die »die christliche Aufhebung aller sozialen und wirtschaftlichen Unterschiede zwischen den Menschen« propagierten, und da sie die Mehrheit hatten, schafften die Puritaner schließlich durch einen Parlamentsbeschluß sämtliche kirchlichen und weltlichen Feiertage ab und machten dafür den Mittwoch zum allgemeinen Fasttag. Als 1644 der Christtag auf einen Mittwoch fiel, wurden alle Weihnachtsfeiern verboten. Schließlich wurde 1652 das Weihnachtsfest überhaupt abgeschafft, weil nichts in der Bibel es rechtfertigt (und es ursprünglich ja auch tatsächlich ein germanisch-heidnisches Fest war).

Cromwell wußte, wie unsinnig das alles war und wie es das Volk gegen das Regime aufbrachte. Er war dabei, England ein Ansehen in der Welt zu verschaffen, wie es sich niemand erträumt hatte. Obwohl es kaum 5 Millionen Einwohner zählte, wurde es der Verbündete oder der Feind von Monarchien, die vier- oder fünfmal mehr Untertanen hatten und ungleich größere Machtmittel. Und es begann sein Kolonialreich rascher auszubauen als irgendein Volk zuvor, besetzte Gibraltar wie Jamaica. Denn wenn Cromwell selber nur ein mäßig gebildeter Landedelmann war, so verstand er es, hervorragende Berater zu gewinnen, und darunter nicht zuletzt John Selden, den Hugo Grotius »den Ruhm Englands« nannte, der als Advokat so berühmt wurde wie als Orientalist und Bibliophile und der seit 1623 als Unterhausmitglied einer der eifrigsten Bekämpfer des königlichen Absolutismus war.

Während der Jahre 1629–1631 von Karl I. eingekerkert und der Kirche so verhaßt wie der Krone, weil er 1618 in seiner »History of Tithes« den göttlichen Ursprungs des Rechts auf den Zehnten bestritten hatte und alle Kirchensteuern ablehnte, veröffentlichte Selden 1635 eines der wirkungsreichsten Bücher aller Zeiten, sein »Mare Clausum«. Dieses vor allem wurde unter Cromwell wegweisend für die englische – und damit für die Weltpolitik. Als Selden aufwuchs, war zwar bereits Spaniens »Unbesiegbare Armada« vernichtet und Spaniens Seeherrschaft gebrochen, aber nicht England hatte das spanische Erbe angetreten, sondern die Niederländer. 1635 hielten rund 500 holländische Fahrzeuge den Verkehr zwischen England und dem Kontinent aufrecht – gegen nur 48 britische. Die Holländer besaßen damals eine siebenmal größere Handelsflotte als das Inselreich, und schon im Jahr 1615 hatten ihnen etwa 16 000 der 20 000 Handelsschiffe gehört, die es damals auf der Welt gab. Wie Englands Schiffahrt spielte in der ersten Hälfte des 17. Jahrhunderts sein regulärer Überseehandel keine Rolle.

Der Theoretiker der niederländischen See- und Handelsmacht war Hugo de Groot gewesen – Hugo Grotius –, der 1609 in seinem »Mare Liberum« die Freiheit der Meere und ein internationales, diese Freiheit sicherndes Seerecht gefordert hatte. Dagegen setzte nun Selden 1635 den britischen Anspruch auf unumschränkte Herrschaft über alle umliegenden Meere als »ein unabdingbares Lebensrecht«. Selden schilderte, wie England, das bisher am Rande der Welt lag, durch Kolumbus' Entdeckungen des Jahres 1492 zum Mittelpunkt der ganzen westlichen Erdhalbkugel wurde, wie der Atlantik nun »das englische Mittelmeer« sei und wie die Engländer nur genügend Schiffe zu bauen brauchten, um Deutschland, Skandinavien und Rußland ebenso wie Italien »blockieren« zu können.

Cromwell erkannte, welche Möglichkeiten das bot. Innenpolitische sowohl wie außenpolitische, denn ohne die Unterstützung der Kaufleute und der Reeder konnte er sich nicht halten, und so kam es zu der berühmten »Navigationsakte«. Am 9. Oktober 1651 nahm das Parlament ein Gesetz an, in dem es heißt: »Um die Zunahme der Seemacht zu fördern und die Schiffahrt dieser Nation zu ermutigen, die unter der gütigen Fürsorge und im Schutze Gottes ein so großes Mittel der Wohlfahrt und Sicherheit dieses Gemeinwesens ist, wird ... verfügt, daß vom 1. Dezember 1651 an Güter oder Waren welcher Art immer, die aus Asien, Afrika oder Amerika stammen, sowohl von englischen wie von andern Kolonien, in die englische Republik auf keinem andern Schiff eingeführt werden sollen als nur einem wirklich dem Volke dieser Republik zugehörigen und wovon Kapitän und Matrosen zum größten Teil Engländer sind, unter Strafe des Verlustes aller Güter ... als auch des Schiffes ... Und es wird weiter verordnet, daß keine Waren, die aus Europa stammen ... nach England eingeführt werden auf irgendeinem Schiff, es sei denn wirklich englisch, ausgenommen solche fremde Schiffe, die dem Volke des Landes gehören, aus dem die Güter stammen, und das unter der gleichen Strafe ...«

Das war der Sieg des »geschlossenen« über das »freie Meer« und eine Politik der Diskriminierung, wie die Welt sie noch nicht gesehen hatte – und die bekanntlich Schule machte. Die Holländer wehrten sich natürlich. Aber Cromwell besaß in Robert Blake auch den Mann, der Seldens Theorien in die Praxis umsetzte und der der »Navigationsakte« durch seine Seesiege über die Holländer Geltung verschaffte.

Aber wenn Oliver Cromwell entscheidend die von Heinrich VIII. und Elisabeth I. geschaffenen Grundlagen der britischen Weltgeltung und des Reichtums festigte und erweiterte, die dann im 18. und 19. Jahrhundert England allen andern Nationen überlegen machten, gab es diesen Reichtum zu seiner Zeit noch nicht. Wenn Steuern immer wieder Geschichte machten, so verursacht auch Geschichte Steuern. König Karls Absolutismus war beseitigt, und der Kronschatz, die königlichen Schlösser und der gesamte Besitz der königlichen Familie wurden zum Eigentum der Nation erklärt, ebenso wie alle von den »Rundköpfen« eroberten Güter der Royalisten und aller »Delinquenten-Besitz« überhaupt. Aber das war ein Tropfen auf einen heißen Stein, und die Belastung, die das stehende Heer und Cromwells Flotte für die Besitzenden wie für die Bauern und Handwerker bedeuteten, wurde rasch untragbar. Die Löhnung pro Mann und Pferd betrug in heutiger Kaufkraft rund 800 DM monatlich. Rittmeister bezogen sechs- bis achtmal soviel wie einfache Soldaten, und ein Oberst als Regimentskommandeur bekam etwa 40 000 Mark im Jahr. Die Regimenter aber bestanden damals nur aus sieben Schwadronen zu je 60 Säbel, aus 420 Mann also. Die normalen

Steuereinnahmen genügten bei weitem nicht, und so kam es zu den »monthly asessments«, den »Monatsumlagen« Cromwells, einer Einkommen- und Vermögensteuer, die monatlich zu bezahlen war. Sie erfaßte Mobilien und Immobilien, Besoldung wie persönlichen Erwerb – und wurde ergänzt durch die »Mahlzeitsteuer«. Jeder ohne Unterschied mußte wöchentlich den Betrag abliefern, den eine Mahlzeit kostete. Und wer von der Verwaltung etwas wollte, mußte Sondergebühren bezahlen, denn die neuen Steuern reichten praktisch nur für Cromwells Militär. Die Staatsausgaben wurden mit 2 201 540 Pfund beziffert. Davon bekamen die Armee 1 323 140 Pfund und die Marine 453 486 Pfund – rund 80 Prozent. Der Haushalt des Lordprotektors kostete 105 650 Pfund. Und 60 000 Pfund kamen in einen »Geheimfonds«.

Die Steuerlasten waren also durch die Abschaffung des Königtums nicht geringer geworden. Die Unzufriedenheit wuchs erneut, und so suchten die »Independenten« einen Ausweg durch ihren Kampf gegen den Kirchen-Zehnten. Das religiöse Bedürfnis sollten freie Gemeinden Gleichgesinnter befriedigen, die selber ihre Kosten trugen. Cromwell wurde eine Bittschrift überreicht mit dem Verlangen, »die Zehnten aller Art abzuschaffen, damit diese jüdische und antichristliche Bürde, die auf dem Gut und dem Gewissen der wahrhaft Frommen lastet, aufhöre und wir nicht länger in der Schlinge gefangen bleiben, für den Unterhalt der Geistlichen aufzukommen«. Milton nannte den Zehnten »Mietlingssold und Gift der Wahrheit«, verwarf jede Steuer, die zum Zweck des Kultus eingehoben wurde, und forderte die Einziehung des gesamten Kirchengutes – also des Besitzes der »Church of England« – zugunsten der Gründung von Volksschulen und Volksbibliotheken.

Natürlich traten Geistliche wie Patronatsherren diesen Bestrebungen entgegen, und Cromwell hatte neue Gegner. Hinzu kamen alle, die Angst vor den »Schwarmgeistern« und den vielen fanatischen Sekten bekamen. Die »Leveller« – die »Gleichmacher« – und die Prediger des »Fünften Reiches« machten sich unangenehm bemerkbar. Nach den vier Dynastien Englands sollte nun ein »fünftes Reich« kommen, durch das sich das englische Volk als »das auserwählte Volk Gottes« erwies. Cromwell versuchte immer wieder zu mäßigen, dem gesunden Menschenverstand zum Durchbruch zu verhelfen. Aber schließlich verlor er die Geduld. Nachdem er schon 1648 die verbohrtesten Presbyterianer aus dem Parlament entfernt hatte, tat er, was vor ihm niemand, auch kein englischer König, je gewagt hatte. Am 20. April 1653, einem Mittwochmorgen, erhob er sich von seinem Parlamentssitz links neben dem Sprecher, unterbrach die Verhandlungen mit einer leidenschaftlichen Anklage der führenden Abgeordneten, rief die Soldaten herein, die draußen gewartet hatten, und entfernte das Zepter als Symbol der Parlamentsautorität. Von seinen Anhängern ließ sich Cromwell am 16. Dezember 1653 »zum Wohle des Volkes« als »Lordprotektor« die »höchste legislative Gewalt des Gemeinwesens von England, Schottland und Irland sowie der Kolonien« übertragen und zugleich das Recht, »unter Zuziehung des Staatsrates« die zur Kriegführung nötigen Steuern auszuschreiben. Die Erhebungsstellen der Gemeinden wurden beseitigt und eine zentrale Schatzkammer gegründet. Der Finanzabsolutismus, den es nun gab, übertraf alles, was man in England für möglich gehalten hatte. Die »Magna Charta« wie die »Petition of Rights« waren außer Kraft. Jetzt wurden – was selbst die Stuarts nicht gewagt hatten – »Akzisen« – Verbrauchssteuern – eingeführt, Bier, Apfel- und Birnwein, Branntwein und Fleisch, Salz und Hopfen besteuert, ebenso aber auch Eisen, Kupfer, Blei, Glas und Glaswaren, Öl und Seife, Seiden- und Wollwaren. Cromwell erhöhte die Zölle, und so gab es allgemeine Preissteigerungen. Um so mehr, als während des Bürgerkrieges Zerstörungen entstanden waren. Viele Äcker lagen brach, Mühlen waren niedergebrannt, und in manchen Teilen des Landes zwangen Räuberbanden die Gutsbesitzer, ihre Häuser in Festungen zu verwandeln. Die Bauern organisierten einen Selbstschutz, die »Knüppelmänner«, die nun immer öfter auch gegen die Steuereinnehmer vorgingen. Denn allein die Sondersteuern wurden unter Cromwell achtmal so hoch wie sämtliche Steuern, die unter Karl I. bezahlt wurden.

Die Geldforderungen des Königs hatten zur Revolte der führenden Kaufleute und der Großgrundbesitzer geführt. Jetzt aber ging es nicht mehr um ungerechte, sondern um untragbare Steuern, und diese wurden immer mehr zu einem politischen Kampfmittel. Cromwell ließ eine »Sühneabgabe« von allen einheben, die für den König Waffen getragen hatten – und diese betrug 10 Prozent des Einkommens. Nur wer sie bezahlte, hatte eine Chance, aus dem Gefängnis zu kommen – obwohl längst eine »allgemeine Amnestie« erlassen worden war. Diese »Malignanten«-, das heißt »Übelgesinnten«-Steuer hatten die »Generalmajore« einzutreiben, und diese schätzten Einkommen und Vermögen, Grundstücks- und Geschäftswert, und so konnten 10 Prozent leicht 100 Prozent des Besitzes bedeuten. Theoretisch konnte an ein Sondertribunal appelliert werden. Aber verglichen mit dessen Richtern waren die Karls I. Wohltäter gewesen; erbarmungslos plünderten sie alle Wohlhabenden aus.

Die Folge war eine »Widerstandsbewegung«. Zwischen Radikalen und Royalisten wurden Fäden gesponnen. Cromwells Geheimpolizei wurde verstärkt und arbeitete auf Hochtouren. Wer Cromwell »Tyrann« nannte oder gar gegen ihn predigte, wurde von »Volksgerichtshöfen« wegen »Hochverrat« zum Tod verurteilt. Die überall aufflackernden Aufstände wurden blutig unterdrückt. Eine scharfe Zensur wurde eingeführt, und bald gab es auch wieder Verhaftungen ohne Angabe von Gründen. Die Verfassung, die der Generalmajor John Lambert 1647 ausgearbeitet hatte und die dem Staatsrat die entscheidende Machtbefugnis übertrug, war nur ein Fetzen Papier. Lambert war von Cromwell zu seinem Nachfolger ausersehen gewesen. Aber dann ließ er sich dazu überreden, seinen eigenen Sohn Robert als Thronfolger einzusetzen, die Würde des »Lordprotektors« erblich zu machen. Aber der Sohn Cromwells war ein Schwächling, der sich nur 8 Monate zu halten vermochte. Die Puritaner waren ausgezogen, die Steuertyrannei des Königs zu brechen und das Reich Gottes auf Erden zu errichten. Aber sie verfielen dem gleichen Absolutismus, und die »Republik Gottes« brach ebenso unter einer zu schweren Steuerlast zusammen wie das Königtum. Die Steuerlast aber wurde untragbar, weil Cromwell den Frieden nicht zu erhalten vermochte, weil der innere Kampf wie äußere Kriege das Land ausbluteten wie so viele vorher und nachher. Verbittert und an Leib und Seele gebrochen starb Cromwell als Achtundfünfzigjähriger während eines Wirbelsturmes, von dem die Royalisten behaupteten, der Teufel habe ihn entfacht, als er ihn holen kam. Es war der 3. September 1658, Cromwells »Glückstag«, und es war 4 Uhr nachmittags, die gleiche Stunde, zu der er seine zwei bedeutendsten Siege errang, den über die Schotten bei Dunbar und den über die Royalisten bei Worcester. England war auf dem Weg zur Weltmacht. Aber Cromwells Anhänger wußten nicht, wie sie das großartige Leichenbegängnis bezahlen sollten, das sie planten, denn noch nie in der Geschichte Englands stand es so schlecht um die Staatsfinanzen wie damals.

Als Cromwell kaum tot war, brach unter den militärischen Führern der »Rundköpfe«, den wahren Machthabern, Streit aus. Robert Cromwell trat zurück, um Blutvergießen zu vermeiden, und schon 1660 kam es zur Restauration der Stuarts. Der Sohn des geköpften Königs bestieg als Karl II. den Thron. Cromwells Leichnam wurde aus dem Grab gezerrt, durch die Straßen Londons geschleift und an den Galgen von Tyburn gehängt, der halbverweste Kopf des »Königsmörders« auf einen Pfahl gespießt und am 12. Jahrestag der Hinrichtung Karls I. in Westminster Hall ausgestellt. Er wurde gestohlen und tauchte erst nach einem abenteuerlichen Schicksal 1957 wieder auf. Zehn Cromwell-Anhänger wurden am gleichen Tag in Charing Cross gevierteilt, und mit der »Revolution« und ihren Reformen schien es für immer vorbei.

Aber der Geist Cokes und Hampdens wirkte weiter, und bedeutsam war vor allem auch, was Cromwell verhinderte, nicht nur, was er erreichte. Denn ohne ihn wäre es zweifellos zu einem Gottesgnadentum wie dem der französischen Könige gekommen, und nur eine blutige Revolution wie die französische und Kriege wie die Napoleons hätten den Grundsätzen der »Magna Charta« wieder Geltung verschaffen können. Unter Karl II. folgte der puritanischen »Herrschaft der Tugend« die Lebensform eines entfesselten Karnevals. Jungfräulichkeit und eheliche Treue wurden zum Inbegriff des Lächerlichen, und die Ausgaben der Hofgesellschaft wuchsen erneut ins Unerträgliche. Nell Gwyn, Lucy Walters oder Louise de Keroville waren wie die zahllosen anderen Mätressen des Königs kaum billiger als die Pompadour. Karl II., der durch General Monk, einen Unterführer Cromwells, auf den Thron kam, wurde von Ludwig XIV. abhängig, dem er 1662 das von Cromwell eroberte Dünkirchen verkaufte, und war auch sonst kein königliches Vorbild. Aber er versuchte nicht einmal mehr, den Absolutismus durchzusetzen. Das Budgetrecht errang kein englischer König wieder, und keiner hatte das Recht, seine Unterschrift unter Parlamentsbeschlüsse zu verweigern, und sie mußten die Thronreden halten, die ihre Minister ihnen vorlegten. Es ist kennzeichnend, daß es im Englischen kein Wort für »Majestätsbeleidigung« gibt und das französische »lèse-majesté« übernommen wurde. Ebenso, daß »Royal« – »Königlich« keine gesetzlich geschützte Bezeichnung ist, daß es ebenso ein »Royal Victoria Hotel« gibt wie das »Royal Theatre Haymarket«, ohne daß die Monarchen das guthießen.

Auch unter Karl II. gab es noch genug Finanzabenteuer, die unter anderem zu der (in einem andern Kapitel geschilderten) Gründung der Bank von England führten. Doch war nun durchgesetzt, daß die Engländer nur Steuern zu zahlen hatten, die ihre Vertreter im Parlament guthießen, und das war gewiß nicht wenig. Aber Englands Demokratie blieb »exklusiv«, war sozusagen nur für den Hausgebrauch geschaffen worden, und schon die »Magna Charta« des Jahres 1215 zum Beispiel sollte nur für England gelten, nicht aber auch für Schottland, das im Jahre 1292 König Eduard I. von England als Lehnsherrn anerkannt hatte. Die Steuern, die dieser verlangte, waren so hoch, daß der Stammesfürst William Wallace 1297 einen britischen Steuereinnehmer erschlug, seine Haut zu Streifen schnitt und sie an seinen Schwertknauf band. Wallace unterstellte je 4 Mann seiner Anhänger einem 5., je 9 einem 10., je 19 einem 20., und es war ausgemacht, daß Ungehorsam gegen jedweden dieser Führer den Tod bedeuten solle. Unter Robert the Bruce, der 1306 Wallaces Nachfolge antrat, wurden die Engländer am Bannockburn so vernichtend geschlagen, daß Schottland vier Jahrhunderte unabhängig blieb und es erst unter dem erwähnten Jakob I., der als Jakob IV. König von Schottland war, zu einer Personalunion und erst 1707 zur heutigen politischen Union kam.

Aber daraus hatten Englands Regierende nichts gelernt. Und so verloren sie ihre 13 amerikanischen Kolonien, die nicht zuletzt durch die Wirren der Regierungszeit Karls I. und vor allem den Kampf zwischen den Puritanern und der Staatskirche ihre Einwohnerzahl vervielfacht hatten. Sie verloren sie, weil sie ihre erkämpften Rechte nicht auch ihren fremden Untertanen zugestehen wollten. Und schließlich wandte sich auch in Irland und Indien Hampdens Taktik *gegen* sie.

VII

ÜBERALL: »KEINE STEUERN OHNE POLITISCHE VERTRETUNG?«

Die Folgen der britischen Kämpfe um das Budgetrecht in Amerika, Irland und Indien

»England hat kein Recht, Zölle oder irgendwelche anderen Abgaben in diesem unserem Amerika einzuheben, denn seit der Magna Charta oder seit mehr als einem halben Jahrtausend gilt, als unabdingbares Grundrecht das der Besteuerten, über die Steuern mitzubestimmen . . .«

James Otis
vor dem Obersten Gericht von Massachusetts
Februar 1761

»Eine vom Bund getragene Staatsschuld . . . wird sich für uns als nationaler Segen erweisen . . .«

Alexander Hamilton
am 30. April 1781 an den Bankier
Robert Morris

Seit durch Kolumbus' Entdeckungen des Jahres 1492 die Spanier die »Neue Welt« zu nutzen begannen und der Atlantik zum »Meer der Entscheidungen« wurde, versuchten auch die Franzosen, Holländer und Engländer auf dem Festland Amerikas Fuß zu fassen, und die bedeutendste nichtspanische Kolonie wurde »Neu-Frankreich«, das Cartier und Champlain vom Sankt-Lorenz-Golf aus erschlossen. Die erste britische Niederlassung hingegen, Walter Raleighs 1584 nahe dem Kap Hatteras an der Küste Nordkarolinas gegründetes »Virginia«, hielt sich nur ein Jahr. Erst von der Festung Jameson aus, die John Smith 1607 baute, konnte das Gebiet besiedelt werden, und um ein Haar wäre auch dieser zweite britische Kolonisationsversuch fehlgeschlagen. Im Juni 1607 zählte Jamestown 104 Einwohner. Als im Januar des nächsten Jahres neuer Proviant aus England ankam, lebten noch 38.

Aber die hielten sich, denn ihr Führer John Rolfe heiratete die Tochter des Indianerhäuptlings der Gegend, Pocahontas, und verschaffte sich 1611 durch Bestechung Tabaksamen aus Spanisch-Amerika, und das erwies sich als so profitabel, daß sogar die meisten Straßen und Plätze der Stadt mit Tabak bepflanzt wurden. Die Verfolgung der Katholiken, Calvinisten und Puritaner durch die englische Staatskirche und die Erpessungen unter Jakob I. und Karl I. veranlaßten mehr und mehr Engländer zum Auswandern, und mindestens eine Viertelmillion ging im 17. Jahrhundert nach Amerika. Nicht erst die Steuer- und Zollgesetze unter Georg III., sondern schon der Geldhunger der Stuarts bereiteten den Boden für das Entstehen der Vereinigten Staaten.

Die Keimzelle der Vereinigten Staaten, die fünf ältesten der später dreizehn Kolonien Englands, waren private Gründungen gewesen, denn wie es seit Jahrtausenden Steuerpächter gibt, so entwickelte der Fiskus auch Methoden, Private auf deren Risiko die Grundlagen neuer Besteuerungsmöglichkeiten in fremden Ländern schaffen zu lassen. Die Geschichte der Kolonisation im 17. und 18. Jahrhundert bestimmten die sogenannten »Chartered Companies«, Gesellschaften, die aus dem Zusammenschluß risikobereiter Kaufleute entstanden und ihren Namen von königlichen Freibriefen, »Royal Charters«, haben. Diese »Charters« wurzeln im mittelalterlichen Lehnsrecht. Der Herrscher, der von vornherein die formelle Oberhoheit über alles Land hatte, das von seinen Untertanen erworben wurde, belehnte durch seinen Freibrief Privatgesellschaften mit diesen Landgebieten und gewährte ihnen Privilegien wie Handelsmonopole, Zollfreiheit für ihre ins Mutterland gebrachten Waren und meist auch Steuerfreiheit. Dazu erhielten die Chartergesellschaften administrative Rechte; sie erhoben Steuern in den von ihnen eroberten oder gepachteten Gebieten, und die Rechtsprechung lag in ihren Händen. Das wichtigste war natürlich das Handelsmonopol, das gegen In- und Ausländer mit Waffengewalt verteidigt wurde. Welche Bedeutung diese Handelsgesellschaften für die Ausbreitung des europäischen Einflusses hatten, geht daraus hervor, daß es im 18. Jahrhundert nicht weniger als 55 gab und daß die britische »East India Company« ihr Handelsmonopol in Indien bis 1833 aufrechterhalten konnte und dieses Riesenreich bis 1858 regierte.

In Amerika hielten sich – außer der »Hudson-Bay-Company«, die erst 1869 ihre Hoheitsrechte an Kanada verkaufte und noch heute eine Wirtschaftsmacht ist – die meisten privaten Erschließungsgesellschaften weit kürzer, denn als sich ihre Kolonien günstig zu entwickeln begannen, wurde 1689 die Verwaltung dem Londoner Parlament übertragen. Und das war kein Vorteil für die Bewohner Britisch-Amerikas. Mehr und mehr hatten Kaufleute und Industrielle im Unterhaus Einfluß gewonnen, und sie sorgten dafür, daß die Industrialisierung und jede wirtschaftliche Eigenständigkeit Amerikas systematisch unterbunden wurden. Schon 1699 kam es zum Beispiel zum »Woolen Act«, der die Ausfuhr von Wollstoffen aus den Kolonien verbot, selbst die von einer Kolonie in die andere, und den Export von Rohwolle nur nach England zuließ. Das Mutterland wollte zwar Roheisen in Amerika kaufen, aber die Kolonien als Markt für Eisenwaren nicht verlieren, und so wurde 1750 die Errichtung von Gießereien und Walzwerken, das Aufstellen von Fallhämmern und die Herstellung von Stahl »bei Strafe von 200 Pfund und Zerstörung der Einrichtungen« verboten. Auf allen anderen Gebieten war es ähnlich. Schon 1651 hatte Oliver Cromwell, wie geschildert, die »Navigations-Akte« erlassen. Wie aus Asien und Afrika durften auch aus Amerika Waren nur auf englischen Schiffen nach England gebracht werden, und 1660 wurden die Vorschriften dadurch verschärft, daß diese Schiffe nicht nur britische Offiziere und Besatzungen haben, sondern auch in England gebaut sein mußten. Durch ein Gesetz des Jahres 1663 schließlich wurde der Direkt-Import europäischer Waren durch die Kolonien ebenso unterbunden wie der Direkt-Export ihrer Güter. Alle Waren mußten über England geleitet und dort verzollt werden, ehe sie – auf englischen Schiffen – ihren überseeischen Bestimmungsort erreichten. Als

Ergänzung dieser Vorschriften gab es seit 1733 außerdem das »Melasse-Gesetz«, das den überaus einträglichen »Dreiecksverkehr« Neu-Englands unterbinden sollte: Von dort gingen Holz, Fische und andere Nahrungsmittel in die westindischen Kolonien Spaniens, Frankreichs und Hollands. Diese bezahlten teilweise in Gold und Silber, zum Großteil aber in Melasse. Aus ihr wurde in Neu-England Rum gemacht, dieser nach Afrika gebracht und gegen Sklaven eingetauscht. Diese Sklaven verkaufte man wiederum in Westindien und zum Teil auf dem amerikanischen Festland. Für die Sklavenhändler von Liverpool bedeutete das eine unangenehme Konkurrenz.

Aber alle diese Gesetze wurden ständig gebrochen, und der Schmuggel blühte. Unter Cromwell wurde er stillschweigend geduldet, »die 13 Kolonien erfreuten sich einer gesunden Vernachlässigung«, und während des Siebenjährigen Krieges hatte England natürlich andere Sorgen. Aber gerade er trieb die Dinge auf die Spitze. Wie in Europa um die Hegemonie gerungen wurde, ging es von 1689 bis 1763 in Nordamerika darum, ob dieser Halbkontinent französisch oder englisch werden solle. Immer wieder folgten kurzen Perioden des Friedens Kämpfe, in die beide Seiten auch die Indianer verwickelten. Als 1756 der Siebenjährige Krieg ausbrach, hatte Frankreich in Kanada weitaus zu wenige Truppen stehen, um das riesige Gebiet zu verteidigen. Da England die Seewege beherrschte, konnten keine Verstärkungen herangebracht werden, und so gewann James Wolfe am 13. September 1759 die Entscheidungsschlacht von Quebec. Ein Jahr später mußte die französische Armee bei Montreal kapitulieren, und im Frieden von Paris fiel 1763 Kanada an England.

Damit brauchten die britischen Kolonien in Nordamerika keine Angst mehr vor den Franzosen zu haben und konnten auf den britischen Schutz verzichten. England war durch den Siebenjährigen Krieg (und nicht zuletzt durch sein Bündnis mit Preußen) aus einem Kleinstaat zur Weltmacht geworden, aber nur weil William Pitt Menschen und Geld ohne jede Rücksicht einsetzte. Wenn im Jahr 1727 Großbritanniens Staatsschuld 52 Millionen Pfund betragen hatte und Zinsen und Amortisationen 2,4 Millionen jährlich erforderten, so betrug die Schuld 1764 den für die damalige Zeit riesigen Betrag von 147 Millionen Pfund, und die jährlichen Zinszahlungen erforderten nun die Hälfte der gesamten Staatseinnahmen. Und dazu kosteten die britischen Besatzungstruppen im ehemals französischen Kanada und in Louisiana 400 000 Pfund jährlich.

Englands König war damals der Hannoveraner Georg III., der zum Unterschied von seinem Sohn, einem zügellosen Wüstling, und seinen mehr als lebenslustigen Vorgängern ein braver und frommer Bürger war, aber gefährlich pedantisch und beschränkt und von an Geiz grenzender Sparsamkeit besessen. Georg III., der im Jahr 1810 das Augenlicht verlor, war geistig stets blind gewesen, und sein Starrsinn war krankhaft. Das zeigte sich 1811, als er in offene Geisteskrankheit ausartete. Aber während der kritischen Jahre der anglo-amerikanischen Geschichte galt er als regierungsfähig, und zwischen 1770 und 1782 setzte er sogar sein »persönliches Königtum« durch, indem er zahlreiche Parlamentssitze kaufte und durch Bestechung von Politikern seine eigene Partei, die »Königsfreunde«, stärkte, obwohl unter seinen Fenstern ein Leichenwagen auf und ab geführt wurde, auf dem ein maskierter, ein Beil tragender Henker ihn an das Schicksal Karls I. erinnern sollte. Georg III. drängte 1761 den älteren Pitt aus der Regierung und ersetzte ihn durch seinen Erzieher und Günstling Lord Bute, obwohl der Adel diesen ebenso ablehnte, wie ihn der Londoner Pöbel auspfiff, weil er der Geliebte der Königinmutter gewesen war und noch dazu ein Schotte. Der König und Bute waren der Meinung, man müsse die Amerikaner endlich »hart anpacken«, denn »derentwegen vor allem« war in Amerika gegen die Franzosen gekämpft worden, und sie zahlten nach wie vor jährlich nur 100 000 Pfund »Kontributionen«, die außerdem nicht nach London überwiesen wurden, sondern zur Verteidigung Amerikas selber bestimmt waren.

Deshalb wurde durch die »Proklamation von 1763« Nordamerika zuerst einmal in vier Generalgouvernements eingeteilt, die Verwaltung der 13 Kolonien scharf zentralisiert und zugleich deren Bewohnern jede Niederlassung östlich des Alleghanygebirges verboten, die Freibriefe für »Gebiete von Meer zu Meer« kurzerhand für ungültig erklärt und der Handel mit den Eingeborenen von Sondergenehmigungen abhängig gemacht. Der Handel der Kolonisten wurde teilweise überhaupt unmöglich gemacht oder auf das Niveau des Tauschhandels herabgedrückt, als 1764 allen amerikanischen Kolonien verboten wurde, Papiergeld auszugeben.

An Zahlungsmitteln aber hatte es in Amerika stets schon gefehlt. Silber- und Goldbergwerke gab es hier bis zum 19. Jahrhundert nicht, die meisten Kolonisten besaßen kein Barkapital, und da die Handelsbilanz chronisch passiv war und der Einfuhrüberschuß aus England von 1750 bis 1770 durchschnittlich 700 000 Pfund im Jahr betrug, blieben die wenigen spanischen und portugiesischen Münzen, die durch den Handel mit Westindien in Umlauf kamen, selten länger als 6 Monate im Land, ehe sie nach London gingen. In der ersten Zeit war allgemein »Wampum« als Geld verwendet worden, durchbohrte Muscheln, die die Indianer als Schmuck trugen und zur Bezahlung von Pelzen annahmen, und bis 1634 waren Musketenkugeln gesetzliches Zahlungsmittel. Um die Soldaten zu bezahlen, die am Feldzug in Kanada teilnahmen, gab Massachusetts deshalb im Jahre 1690 Kreditnoten aus, und die andern Kolonien versuchten diesem Beispiel zu folgen. Aber nun wurde das verboten, und so kursierten in Virginia und Maryland Quittungen der öffentlichen Lagerhäuser über Tabakvorräte als Geld, in Neu-England ähnliche Empfangsbestätigungen über Mais, Weizen oder Biberfelle.

Kein Handel mit den Indianern, Lähmung des Binnenhandels und schließlich auch Ende des Westindien-Handels durch den Versuch, die Einhaltung des »Melasse-Gesetzes« von 1733 zu erzwingen. Dieses wurde 1764 verschärft, und man verzehnfachte die Zollstrafen. Und alles das blieb nun nicht wie früher auf dem Papier, sondern wurde durchgesetzt. Schon 1760 hatte die Zollfahndung in Amerika das Recht erhalten, jedes Gebäude bei Tag und Nacht nach Schmuggelware zu durchsuchen, und nun wurden Aufsichtsbeamte entsandt, die an den Zollstrafen beteiligt wurden und die zu bestechen deshalb nicht mehr möglich war.

Die Kolonisten hatten dagegen nicht nur laut protestiert, sondern auch beim Obersten Gericht von Massachusetts Klage erhoben. Den Standpunkt der Krone mußte der Generalstaatsanwalt, James Otis, vertreten. Aber er legte sein Amt nieder und trat statt dessen als »Anwalt des Volkes« auf. In der Bostoner Gerichtsverhandlung vom Februar 1761 sprach er England nicht nur das Recht ab, Haussuchungen durchführen zu lassen, sondern auch das Recht, Zölle oder irgendwelche anderen Abgaben einzuheben.

London ignorierte das nicht nur, sondern versuchte sogar noch, neue Steuern einzuführen, denn Lord Bute wie Lord North, der im Jahr 1770 Premierminister wurde, mußten etwas gegen die katastrophale Finanzlage Englands tun, und Charles Townshend, ein Freund Lord Butes, der dessen Generalzahlmeister und später dessen Finanzminister wurde, versuchte das zwar auf neue Art und in England selber, scheiterte aber.

Townshend war der Stiefvater des Herzogs von Buccleugh und hatte Adam Smith, der damals an der Universität Glasgow Moralphilosophie lehrte, als dessen Hauslehrer und Reisebegleiter angestellt und ihm eine sehr hohe, lebenslängliche Rente ausgesetzt. Smith und sein Zögling besuchten auf einer ausgedehnten Europareise auch Voltaire, Quesnay und Turgot. Nach der Rückkehr schrieb er sein Buch »Natur und Ursachen des Volkswohlstandes«, das ihm den Ruf des Begründers der »klassischen« Nationalökonomie eintrug. Smith berichtete dem Minister von Turgots Versuch, das französische Steuerwesen zu reformieren, und riet Townshend, eine Bodenertragsteuer zur Haupteinnahmequelle des Königreichs zu machen. Dieser ließ Gesetze ausarbeiten, die den Bodenwert auf Grund des Ertrags bestimmten und 4 Schilling je Pfund Bodenwert – 20 Prozent also – vorsahen.

Damit waren die Kaufleute, Reeder und die aufsteigenden neuen Industriellen einverstanden, nicht aber natürlich die Landedelleute und schon gar nicht der König. Townshend konnte diese neuartige Bodenbelastung nicht durchsetzen und wurde sogar noch zu einer Verringerung der geltenden Sätze gezwungen. Daher suchte er »bequemere« Finanzquellen in Amerika, wie das auch schon sein Vorgänger George Grenville getan hatte, und sagte bei der Debatte über ein Stempelsteuergesetz im März 1765 im Unterhaus: »Durch unsere Sorge gepflanzt, durch unsere Nachsicht und Pflege zu Wohlstand und Kraft gelangt, durch unsere Waffen geschützt, sollen unsere amerikanischen Kinder ihr Scherflein dazu beitragen, die schwere Last zu erleichtern, die auf uns ruht.«

Townshend meinte es ernst, wie sechs Generationen später Winston Churchill es ernst meinte, als er von dem ungeheuren Dienst sprach, den England durch seine Herrschaft Indien leistete. In den amerikanischen Kolonien aber wurde diese Rede als Hohn empfunden, und die Stempelsteuer machte alle Anwälte zum Feind Londons. Keine Urkunde sollte ohne den Regierungsstempel gültig sein, der zwischen einem halben Penny und 10 Pfund kostete. Für alle Vollmachten, Kaufverträge, Schenkungen und Testamente war er vorgeschrieben, und in einigen Kolonien kam das Wirtschaftsleben praktisch zum Stillstand, weil niemand die Stempelmarken kaufte. In andern läuteten die Kirchenglocken am Tag des Inkrafttretens der Steuer wie zu Begräbnissen. Kisten mit Stempelpapier wurden verbrannt, und ein Bund, der sich »Söhne der Freiheit« nannte, organisierte den Boykott der Stempelsteuer und sehr bald auch der englischen Waren. Er forderte, als patriotische Tat alte Kleider zu tragen, um den britischen Tuchhandel lahmzulegen.

Wie Amerikas Anwälte machte die Stempelsteuer vor allem aber auch Amerikas Presse zu Englands erbittertem Feind, denn die Abgabe war auch für alle Zeitungen, Broschüren, Kalender und sonstigen Druckerzeugnisse zu entrichten und ihr Zweck offensichtlich der gleiche wie seinerzeit in England. Die Stempelsteuer sollte die Auflagen klein halten, die Pressefreiheit beschränken und mißliebige, nicht mit Subventionen der Regierung bedachte Verleger ruinieren. Seit 1643 hatte John Milton die Pressefreiheit gefordert, und sie war in England 1693 amtlich anerkannt worden. Aber sobald der Einfluß der Presse spürbar wurde – und ihre Gesamtauflage 44 000 erreichte –, führte die Regierung 1712 eine Zeitungsstempel-Gebühr ein, die zuerst nur 1 Penny pro Bogen betrug, unter Pitt im Jahre 1800 aber 3 Pence oder die Hälfte des Verkaufspreises von Blättern wie der »Morning Post« erreichte. Schon im Jahr ihrer Einführung hatte die Zeitungssteuer den »Spectator«, den Joseph Addison berühmt gemacht hatte, zum Einstellen des Erscheinens gezwungen; der »Guardian« vermochte die Belastung nur bis Mitte 1713 zu tragen, und alle Zeitungen wurden für die Massen unerschwinglich. Der zuerst rote, dann schwarze Stempel auf der ersten Seite wurde das »Kainszeichen der Presse« genannt, aber erst am 15. Juni 1855 abgeschafft. Jetzt konnte die »Penny-Presse« entstehen, als erste Massenzeitung der »Daily Telegraph«.

Immer wieder hatte es natürlich Proteste gegeben, und in den 1769 bis 1772 im »Public Advertiser« erschienenen »Junius-Briefen« zum Beispiel heißt es: »Schreibt es in eure Seele und prägt es euren Kindern ein: Die Freiheit der Presse ist das Palladium aller bürgerlichen, politischen und religiösen Rechte... Der König, die Lords und das Parlament... sind die Beauftragten, nicht die Eigentümer des Staates, das Lehen ist unser – und darüber zu wachen hat die Presse.«

Praktisch das gleiche aber predigte nun in Amerika Samuel Adams, der Gründer der ersten »Gesinnungszeitung« und Organisator der »Boston Tea Party«, der vielen als »der Vater der amerikanischen Revolution« gilt.

Samuel Adams wurde 1722 in Boston geboren und war ein Neffe John Adams', des zweiten Präsidenten der USA. Er hatte in Harvard die Rechte studiert und war dann Steuereinnehmer in Massachusetts geworden. Und zwar mit der Absicht, die englischen Steuergesetze zu sabotieren, denn er hatte sich schon als Achtzehnjähriger für Edward Coke und dessen »Petition of Rights« begeistert und setzte später in der Bürgerversammlung von Massachusetts die zitierte Entschließung von 1765 durch, die jede Besteuerung ohne Zustimmung der Besteuerten ablehnte und sich ausdrücklich auf Coke berief. Sehr bald zeigte sich natürlich, daß Samuel Adams kein guter Steuereinnehmer war, und er wurde wegen »Nachlässigkeit und Untreue im Dienst« angeklagt und entlassen. Aber inzwischen hatte er eine Brauerei geerbt, die er ausbaute und schließlich so erfolgreich betrieb, daß er 1755 die »Boston Gazette« gründen konnte, in der er den Kampf gegen die britische Finanzpolitik fortführte. Adams machte die Redaktion seiner Zeitung zum Hauptquartier einer Bewegung, die durch immer neue Ideen Anhänger gewann und die Grundsätze entwickelte, auf denen die Verfassung der Vereinigten Staaten beruhen sollte. Adams war es auch, der durch seine Zeitung 1773 in aller Form den ersten Kongreß der 13 britischen Kolonien einberief, dem er 1774–1782 angehörte. Die Unabhängigkeitserklärung Jeffersons hatte Adams mit unterzeichnet, und er war auch einer der Hauptagitatoren gegen die Stempelsteuer gewesen und hatte die Delegiertenversammlung einberufen, die am 7. Oktober 1765 in New York zusammentrat, um gegen das Stempelgesetz als »Eingriff in das Alleinbesteuerungsrecht der örtlichen Legislaturen« zu protestieren, und die erklärte: »Es ist das unabdingbare Freiheitsrecht eines Volkes, ohne eigene Einwilligung keine Steuern zu bezahlen, nur die gesetzlichen Vertreter des Volkes können verfassungsmäßig gültige Steuervorschriften erlassen ...«

Diese »Declaration of Rights« veranlaßte William Pitt zum Eingreifen. Seit seinem vom König erzwungenen Rücktritt hatte der alte Staatsmann (von dem Georg III. sagte, er bilde sich wohl ein, allein den Patriotismus gepachtet zu haben) in Bath gelebt, von der Gicht derart geplagt, daß er nicht ohne Krücken gehen und keine Gabel mehr halten konnte. Nun aber kam er nach London und erklärte dem König: »Es heißt, Amerika sei im Aufruhr. Aber ich freue mich über den Widerstand ... und fürchte einen Sieg mehr als unsere Niederlage ... denn wenn Amerika fiele, würde es wie Simson fallen; es würde die Säulen des Tempels umklammern und die Verfassung mit in den Ruinen begraben. Die Amerikaner haben nicht immer klug gehandelt, aber es war unsere Ungerechtigkeit, die sie zu Torheiten trieb. Wollen Sie sie für die Torheiten büßen lassen, deren Urheber Sie sind?«

Das Stempelgesetz wurde im März 1766 aufgehoben und Pitt erneut die Regierung angeboten. Aber er war nun halb wahnsinnig vor Schmerzen, gelähmt, unfähig, sein Amt auszuüben. Das Parlament hatte die Aufhebung des »Stamp Act« mit der »formellen und feierlichen« Erklärung begleitet, es habe »das gesetzliche Recht, für jeden nur denkbaren Fall Gesetze mit bindender Kraft auch für alle Kolonien zu erlassen«. Und 1767 setzte Townshend im Unterhaus die »Revenue-Akte« durch: Um die Gehälter der Kolonialbeamten und Richter in Amerika zu bestreiten, sollten auf alle in amerikanischen Häfen gelöschten Glas- und Porzellanwaren, auf Bleiweiß und Mennige sowie auf Papier und Tee Abgaben erhoben werden, deren Ertrag auf jährlich 40 000 Pfund veranschlagt wurde.

Diese Zölle – bei Papier mit dem gleichen Zweck wie die Stempelabgaben erhoben – traten im Mai 1767 in Kraft, und am 4. September des gleichen Jahres starb Townshend. Sein Nachfolger als Finanzminister wurde Lord North, den Georg III. auch zum Premierminister machte. Lord North war nicht nur bereit, weitgehend auf all diese Abgaben zu verzichten und sie nur mehr für Tee zu verlangen, sondern er hatte die Absicht, die Teesteuer (deren Ertrag mit 16 000 Pfund jährlich auf etwa 3 Millionen DM heutigen Geldwertes geschätzt wurde) sogar in einen »Bonus« zu verwandeln. Die bereits in England auf Tee erhobenen Abgaben sollten den Amerikanern »rückerstattet« werden. Da diese höher waren als die amerikanischen Einfuhrzölle, hätten die Amerikaner Tee billiger als die Engländer kaufen können. Aber dafür sollten sie das »Prinzip« der »Revenue-Akte«, das heißt das Recht Londons anerkennen, Steuern einzuheben, ohne daß die Kolonisten im britischen Parlament vertreten waren.

Das wollten die Amerikaner um keinen Preis, und sie empfanden den Vorschlag von Lord North als einen »schnöden Bestechungsversuch«. Am 22. September 1768 trat in Boston ein Protest-»Konvent« zusammen, bei dem 96 Städte und 8 Distrikte vertreten waren, und da zufällig am 28. September auch eine neue britische Artillerieabteilung und drei Infanteriebataillone in Boston an Land gegangen waren, kam es zu Zwischenfällen.

Das waren an sich harmlose Schimpfereien und Raufereien, aber die Spannung wuchs, und so kam es am 5. März 1770 zum »Boston Massacre«: Englische Soldaten gerieten untereinander in Streit. Das lockte Neugierige an, gegenseitigen wüsten Flüchen folgten Steinwürfe der Kolonisten, und obwohl ein striktes Schießverbot bestand, schossen schließlich sieben Soldaten, die Angst um ihr Leben bekamen, in die Menge, töteten dabei drei Amerikaner und verwundeten acht. »Blutbad von Boston« oder »Bostoner Metzelei«, wie es in den amerikanischen Geschichtsbüchern heißt, ist also leicht übertrieben. Aber der Vorgang wurde zum »Symbol der britischen Tyrannei« aufgebauscht, und Samuel Adams hielt in der Kirche von Old South eine Massenversammlung ab, erschien am nächsten Tag beim Gouverneur und forderte »im Namen von 3 000 Bürgern« den Abzug des Militärs aus Boston und gleichzeitig die Aufhebung des 1765 erlassenen »Quartering Act«, der die Kolonisten verpflichtete, für die in den verschiedenen Bezirken stationierten britischen Truppen Unterkunft, Heizung und Licht zu stellen.

London seinerseits wollte »Symbole des Gehorsams«. Zwar hatten die Amerikaner ihren Boykott eingestellt, und England konnte 1771 für 4,2 Millionen Waren in Amerika verkaufen, aber darunter war nicht ein Pfund Tee gewesen. In Amerika wurde nur geschmuggelter, unverzollter Tee getrunken, und der Zollkreuzer »Gaspee«, der in Rhode Island einen Teeschmuggler aufbrachte, wurde von »Patrioten« geentert und verbrannt. Am 28. November 1773 lief ein Teeschiff der »East India Company« im Hafen von Boston ein, mit dem ein Exempel statuiert werden sollte. Es wurde von zwei Kriegsschiffen begleitet, um die Verzollung zu erzwingen, 3 Pence pro Pfund. Aber nun rief Samuel Adams seine Anhänger erneut in der Old-South-Kirche zusammen, und als Indianer verkleidet enterten 51 junge Amerikaner am 31. Dezember 1773 das Teeschiff, erbrachen 340 Kisten und warfen Tee im Wert von 18 000 Pfund ins Meer. Es gab praktisch keinen Widerstand. Die Kriegsschiffe merkten nichts oder wollten nichts merken, und einige tausend Kolonisten, die sich in den zum Hafen führenden Straßen und am Hafen selber ansammelten, blieben völlig ruhig. Um neun Uhr abends war alles vorbei, und die »Indianer« wie die Zuschauer gingen friedlich nach Hause.

Aber nun mußte die englische Regierung wohl oder übel »hart« reagieren und die Folge des Bostoner »Teesturms« waren fünf »drakonische« Gesetze, die das Parlament erließ: Der Hafen von Boston wurde geschlossen und eine strikte Blockade verfügt. Der Freibrief von Massachusetts wurde revidiert, die der Kolonie 1691 gewährten Selbstverwaltungsprivilegien wurden aufgehoben. Alle an dem »Aufruhr« beteiligten Kolonialbeamten sollten sich vor einem englischen Gerichtshof verteidigen. Das Garnisonsgesetz von 1775 wurde verschärft. Und das »Hinterland« von Virginia und New York, Connecticut und Massachusetts, das ganze Gebiet zwischen dem Ohio und den Großen Seen wurde »vorsorglich« dem autokratisch regierten und katholischen Quebec – also dem britischen Kanada – unterstellt und angegliedert.

Die erste Reaktion in Amerika war, daß alle Kolonien mit dem »bestraften« Massachusetts sympathisierten. Diese Kolonien waren untereinander höchst verschieden. Die Ansiedler in Neu-England waren Puritaner. Hier ließen sich bekanntlich die »Pilgrim Fathers« nieder, die als Glaubensflüchtlinge 1620 auf der »Mayflower« nach Amerika kamen. Maryland war 1632 von Lord Baltimore als römisch-katholische Kolonie gegründet worden, und die meisten Siedler Virginias waren Aristokraten und Royalisten, die während der Revolution Cromwells England verließen. Auch die wirtschaftlichen Möglichkeiten waren höchst unterschiedlich; es gab praktisch keine Verkehrswege und erst seit 1710 einen Postverkehr. Im Grunde war das einzige Band der dreizehn Kolonien ihre Abgeschiedenheit von der übrigen zivilisierten Welt und ihre Abneigung gegen die Englische Staatskirche und die englischen Steuereinnehmer. Bei Ausbruch des Siebenjährigen Krieges 1756 hatten sie sich nicht einmal zur gemeinsamen Verteidigung gegen die Indianer verbunden. Nun aber wurde am 5. September 1774 in Philadelphia der erste »Kontinentalkongreß« einberufen, auf dem 50 Abgeordnete alle Kolonien außer Georgia vertraten. Sie wollten »den jetzigen Zustand der Kolonien beraten ... alle richtigen und weisen Maßnahmen zur Wiedererlangung der ihnen gebührenden Freiheiten ergreifen ... und die Wiederherstellung der Eintracht zwischen Großbritannien und den Kolonien, von allen rechtschaffenen Menschen heiß begehrt, erreichen ...«

Nichts von »revolutionärem Geist« also. Aber König Georg III. sah in diesen Delegierten eine »Verschwörerbande« und befahl, Samuel Adams und John Hancock als Hochverräter nach London zu bringen. Adams war damals der gefährlichste Publizist Amerikas, und der ungeheuer reiche Bostoner Großkaufmann und Bankier Hancock war die treibende Kraft der wirtschaftliche Selbständigkeit fordernden amerikanischen Unternehmerkreise, und er war seit 1768, als sein Schiff »Liberty« samt seiner kostbaren Ladung – angeblich ungerechtfertigt – vom britischen Zoll beschlagnahmt worden war, ein erbitterter Feind der Engländer. Obwohl ihn das selber schwer schädigte, forderte vor allem Hancock, daß der Kongreß am 26. Oktober 1774 ein Verbot aller Ausfuhren nach und aller Einfuhren aus England erließ, falls bis zum 1. Dezember die Kolonisten nicht »gebührend angehört und alle Strafmaßnahmen rückgängig gemacht würden«. Da das Londoner Parlament daraufhin die Kolonie Massachusetts am 10. Februar 1775 als »im Aufruhr befindlich« erklärte, wurde die Boykottierung wahr gemacht, und die britische Einfuhr sank in zwölf Monaten von 2,6 Millionen auf 200 000 Pfund.

London sperrte den Fischern aus Neu-England die Neufundlandbänke und erließ schließlich Ende des Jahres einen Gegenboykott. Jeder Handel mit den amerikanischen Kolonien wurde untersagt. Das und die Blockade des Bostoner Hafens schien das Ende der Revolte, denn die Hauptstadt von Massachusetts lebte praktisch allein vom Handel und der Schiffahrt und schien dem Untergang geweiht, wenn nicht Abbitte geleistet und Schadenersatz bezahlt wurde.

Nun aber wirkte sich die Propaganda Samuel Adams aus. Die entlegensten Walddörfer sandten Lebensmittel in die Stadt, und von überallher kamen Geldspenden. Die Kolonie Massachusetts organisierte eine Miliz, die »Minuten-Leute«, die bereit sein sollten, »jeden Augenblick unter Waffen zu treten«. Concord, 24 Kilometer nordwestlich von Boston, wurde zum Zentrum des Widerstandes, und der britische Gouverneur beschloß, das dortige Waffenlager auszuheben und zugleich auf halbem Wege, in Lexington, John und Samuel Adams und John Hancock festnehmen zu lassen, die sich dort bei Freunden aufhielten und gegen die nicht nur ein Steckbrief aus London lief, sondern die für den 19. April auch vor das Admiralitätsgericht in Boston geladen worden waren, um sich wegen Schmuggel und Zollhinterziehung von 506 000 Dollar zu verteidigen.

Spätabends am 18. April 1775 wurden also von Boston aus 800 englische Soldaten in Marsch gesetzt. Aber weit rascher als diese erreichte der dadurch zum Volkshelden gewordene Silberschmied Paul Revere Lexington, und die Miliz wurde aufgeboten. Als am nächsten Morgen die Engländer eintrafen, wurde ihnen der Weg versperrt. Salven krachten, und es gab sieben Tote und neun Verwundete. Die Engländer erkämpften sich den Weg nach Concord, aber dort waren nun natürlich keine Waffen mehr zu beschlagnahmen. Dennoch wurden die Gebäude niedergebrannt, in denen man sie vermutet hatte, und damit erreichte erneut eine Steuertragödie ihren Höhepunkt. Der Marsch nach Concord löste den amerikanischen Unabhängigkeitskrieg aus. Als die Engländer den Rückmarsch nach Boston antraten, gerieten sie in einen Hinterhalt nach dem andern. Die Milizen von 23 Gemeinden verfolgten sie. Die Kolonisten von Connecticut und New Hampshire schickten Verstärkungen, und 300 Engländer verloren das Leben. Keuchend liefen die restlichen »Rotröcke« zurück in ihre Kasernen.

Da diese »Schmach gesühnt« werden mußte, wurde aus dem Gefecht von Lexington ein acht Jahre dauernder Krieg. Am 10. Mai 1775 eroberten die Amerikaner die Festungen Ticonderoga und Crown Point. Damit beherrschten sie die Verbindung zwischen New York und Kanada. Am gleichen Tag trat in Philadelphia der zweite Kontinentalkongreß zusammen, der den »Schmugglerkönig« Hancock zum Vorsitzenden wählte, die Schaffung einer »Kontinentalarmee« beschloß und diese dem Pflanzer George Washington unterstellte. Die Amerikaner belagerten Boston, und ein neuer britischer Oberbefehlshaber, William Howe, organisierte mit über 10 000 Mann den Entsatz. Am 17. Juni kam es zu den Kämpfen um Bunker-Hill, bei denen die Kolonisten unterlagen, weil ihnen das Pulver ausging. Aber der Kampf war nun nicht mehr aufzuhalten, und rasch wirkte er sich auch auf Europa und Deutschland aus. König Georg III. ließ 20 000 Soldaten bei deutschen Landesfürsten anwerben und gegen die Kolonisten kämpfen. Und ein Adjutant Friedrichs des Großen, Friedrich Wilhelm von Steuben, ging nach Amerika, um Washingtons Heer zu organisieren. 48 der 72 Namen, die Jeffersons Unabhängigkeitserklärung vom 4. Juli 1776 trägt, waren deutsch. In Pennsylvanien gab es zum Beispiel so viele deutsche Kolonisten, daß 1790 nur mit einer Stimme Mehrheit (und natürlich einer deutschen, der des Pastors Friedrich August Conrad Mühlenberg) Englisch statt Deutsch zur Staatssprache erklärt wurde.

Den durch die »Unabhängigkeitserklärung« vom Kongreß gefaßten Beschluß, endgültig mit England zu brechen, hatte vor allem Thomas Paine durchgesetzt. Paine war ein Quäker, der als Sohn eines Korsettmachers 1737 in Thetford in Norfolk geboren wurde, 1774 auf Veranlassung von Benjamin Franklin nach Philadelphia auswanderte und im Jahr darauf sein Pamphlet »Common Sense« veröffentlichte, von dem eine halbe Million Exemplare abgesetzt wurden, als die USA wenig mehr als drei Millionen Einwohner hatten, das also eine Auflage erreichte, die heute mindestens 25 Millionen entsprechen würde. Seit 1776 Presse- und Propagandachef George Washingtons, »demokratisierte Paine die Demokratie-Propaganda«, indem er allgemeinverständlich schrieb, meisterhaft die Instinkte gegen die »Tyrannen« anstachelte und im Stil der »Räuber« erklärte: »Das Blut der Erschlagenen, die weinende Stimme der Natur schreien nach Lostrennung.« Schon am 10. Januar 1776 war Thomas Paine aber auch sicher, daß die Kolonisten dabei waren, »eine große amerikanische Nation zu bilden, die sich über den ganzen Kontinent verbreiten und die der Welt das Beispiel eines Volkes geben wird, das sich von den knechtischen Überlieferungen der Monarchie und der niedrigen Politik der Alten Welt befreit...« Paine schrieb: »Da heißt es, die Kolonien befänden sich in vollem Aufruhr. Aber sie hören nicht auf, den König ihrer Treue zu versichern. Ist es nicht Zeit, den Schleier abzuwerfen und sich vor aller Welt dazu zu bekennen, daß man dabei ist, eine neue gewaltige Nation zu bilden, und zwar eine Republik?«

Ohne fremde Hilfe hätten sich die amerikanischen Freiheitskämpfer jedoch nie durchzusetzen vermocht. Die Unabhängigkeit der 13 nordamerikanischen Kolonien Englands wurde nicht auf den Schlachtfeldern von Saratoga und Yorktown erkämpft, sondern war die Folge der Rivalitäten europäischer Höfe und der diplomatischen Geschicklichkeit Benjamin Franklins und John Adams während der acht Jahre, die der Schießerei von Lexington folgten. »Beispiel eines Volkes, das sich von den knechtischen Überlieferungen der Monarchie und der niedrigen Politik der Alten Welt befreit...«: Vom ersten Tag an dankten die Amerikaner dieser »niedrigen Politik« ihre Existenz und scheuten sich keinen Augenblick lang, sie zu nutzen. Jefferson und Washington sind allbekannt, niemand erinnert sich mehr an den Grafen Charles de Vergennes, aber dieser vor allem war es, der die Vereinigten Staaten zustande brachte.

Vergennes wurde 1717 in Dijon geboren und war französischer Botschafter in Konstantinopel und in Stockholm gewesen, ehe er nach der Thronbesteigung Ludwigs XVI. Außenminister wurde. Frankreichs einziger wirklicher Feind schien ihm England, und »um England mit den gleichen Methoden zu schaden, mit denen es uns immer wieder schadete«, sandte er bereits im Sommer 1775 einen Geheimagenten nach Amerika, der den Feinden Englands Hilfe versprach, und er überzeugte zu Weihnachten 1775 den König, daß die Aufständischen mit Geld, Waffen und Munition und schließlich mit französischen Hilfstruppen unterstützt werden mußten. Vergennes veranlaßte Katharina II. von Rußland, Schweden und die Holländer im Kampf zwischen England und den nordamerikanischen Kolonisten neutral zu bleiben, und er gewann Karl III. von Spanien als Anhänger der Amerikaner. Als Mittelsmann benutzte der Außenminister vor allem Pierre Augustin Caron de Beaumarchais, der nicht nur der erfolgreichste Lustspieldichter des 18. Jahrhunderts, sondern auch ein überaus geschickter Geheimdiplomat war, und im Mai 1776 sorgte dieser dafür, daß die amerikanischen Revolutionäre die erste Million Livres französische Hilfsgelder erhielten, in heutiger Kaufkraft etwa 12 Millionen DM. Karl III. von Spanien zahlte – von Vergennes gebeten – ebensoviel. Wie (dokumentarisch erwiesen) die Regierung Kaiser Wilhelms II. von 1915 bis 1918 mindestens 55 Millionen Goldmark an die russischen Revolutionäre zahlte und ein Hocharistokrat wie Graf Brockdorff-Rantzau zu den Initiatoren dieser Politik gehörte, so finanzierten Europas Könige die amerikanische Revolution.

Sie taten das schon, bevor Jeffersons Unabhängigkeitserklärung vom 4. Juli 1776 unterzeichnet wurde und bevor Benjamin Franklin im Dezember 1776 nach Frankreich ging, hielten das allerdings vorerst geheim. Als aber im Dezember 1777 die Nachricht vom Sieg der Amerikaner bei Saratoga eintraf, entschloß sich Vergennes, offen den Revolutionären Hilfe zu leisten. Im Januar 1778 erklärte König Ludwig XVI., er sei bereit, einen Handels- und Bündnisvertrag mit den Amerikanern zu schließen, und am 6. Februar 1778 wurde dieser in Paris unterzeichnet. Als der Bürger Franklin am 20. März 1778 beim König zur Audienz erschien, wurde er von den Höflingen aller Etikette zuwider mit lauten Hochrufen begrüßt, und vor dem Schloß jubelte die Menge. Vergennes veranlaßte auch die Spanier, den Amerikanern immer offener Hilfe zu gewähren, und 1779 kam es dadurch zum Krieg zwischen Spanien und England. Schließlich weitete sich die amerikanische Revolte zum »Weltkrieg« aus, denn ihrer Neutralität wegen wurden auch die Holländer von London als Feinde betrachtet und ihnen 1780 der Krieg erklärt. Frankreich konnte daher auch in Holland Geld leihen, das weiter nach Amerika ging.

Der Operationsplan der Schlacht von Yorktown, die am 17. Oktober 1781 den Unabhängigkeitskrieg entschied, war von Steuben ausgearbeitet worden, doch wurden die Engländer hier nicht von den 2 000 Mann besiegt, die General Washington befehligte, sondern von den 4000 Franzosen unter dem Grafen von Rochambeau, die die französische Flotte unter dem Comte de Grasse in der Chesapeake-Bucht gelandet hatte. Frankreich schenkte den »Rebellen« insgesamt 6 Millionen Livres, und sie bekamen weitere 28 Millionen an französischen Krediten, zusammen etwa 300 Millionen DM heutigen Wertes, damals etwa 22 Millionen Golddollar – und was das bedeutete, ergibt sich daraus, daß 1790 die gesamte Bergwerks- und Industrieproduktion der USA nur 20 Millionen Dollar wert war und das gesamte amerikanische Volksvermögen 1790 auf 620 Millionen Dollar geschätzt wurde. Daß – wie Mirabeau es behauptete – »Frankreich Amerika die Freiheit gab«, ist keine Übertreibung. Ebenso unleugbar ist allerdings, daß Amerika entscheidend dazu beitrug, Frankreich die »Freiheit« zu bringen. Denn wie die kaiserliche Förderung der Revolution in Rußland 1918 entscheidend zur Revolution in Deutschland beitrug, so trug die französische Förderung der Revolution in Amerika entscheidend zum Sturz und Tod Ludwigs XVI. bei, der als »Wiegengeschenk für die neue Gemeinschaft« auf die 5 Prozent Zins verzichtete, die für die Amerikaanleihen vereinbart worden waren, obwohl ihn der Zins der eigenen Anleihen längst auffraß. Die französischen Hilfstruppen, die 1783 heimkehrten, waren »infiziert«. Zwei Jahre Amerika hatten sie überzeugt, daß das absolute Königtum sich »überlebt« hatte, und der aus Amerika zurückgekehrte General Lafayette setzte in der Nationalversammlung 1789 die Erklärung der »Menschenrechte« durch, die er teilweise wörtlich der am 12. Juni 1776 proklamierten »Bill of Rights« von Virginia entnahm und die mit den Worten: »Alle Menschen sind von Natur gleichermaßen frei und unabhängig ...« beginnt. Wenn Frankreichs Revolutionäre auch sehr bald von Kaiser Napoleon I. abgelöst wurden, so stärkte auch dieser die amerikanischen »Rebellen« wie kaum ein anderer, denn 1803 verkaufte er ihnen – wiederum Englands wegen – für 15 Millionen Dollar Louisiana, den gesamten »Mittelwesten« der USA, aus dem vierzehn der heutigen Bundesstaaten gebildet wurden.

Daß es damals die Vereinigten Staaten überhaupt noch gab, war allerdings wiederum nicht dem »Freiheitsdrang des Volkes« oder den begeisternden Menschenrechtsaufrufen Jeffersons zu danken, auch nicht der Staatskunst General Washingtons, sondern dem Finanzrealismus des 1757 als Sohn eines Schotten und einer Französin auf der Antillen-Insel Nevis in Britisch-Westindien geborenen Juristen Alexander Hamilton und des Großkaufmanns und Bankiers Robert Morris. Als London am 3. September 1783 im Frieden von Versailles die Unabhängigkeit der Vereinigten Staaten anerkannte, hatte Englands kurzsichtiger Fiskalismus das Werden einer neuen Weltmacht ausgelöst. Aber bis zur Weltmacht war es 1783 noch sehr weit, und vorerst war das neue Staatswesen bankrott; und wenn die Amerikaner keine Steuern an England bezahlen wollten, so ebensowenig an ihre eigene Regierung. Die »Whisky-Rebellion« von 1794 ist typisch dafür: Als von den Whiskybrennern des Alleghany-Gebirges Abgaben erhoben werden sollten, griffen sie zu den Waffen, und ganz Pennsylvanien geriet in Aufruhr. Ohne Geld zu regieren vermag aber bekanntlich niemand, welch hohe Ideale auch immer er vertreten mag. Und Voraussetzung auch der berechtigsten Steuer ist, daß es etwas zu besteuern gibt und daß die Besitzenden und Arbeitenden sich besteuern lassen – und um beides stand es schlecht, als sich die amerikanischen Kolonien selbständig machten. Denn wenn im »Metropolitan District« von New York heute über 15 Millionen Menschen leben, so hatte die Stadt im Jahre 1770 noch keine 20 000 Einwohner, und Philadelphia, die »Hauptstadt der Rebellen«, zählte 1753 insgesamt 14 563. Der Grundsteuerwert der City of New York, der 1947 mit rund 17 Milliarden Dollar festgesetzt wurde, betrug zwei Jahrhunderte zuvor weniger als eine Million, und für 1790 schätzte Mulhall das Volksvermögen der Vereinigten Staaten (das 1964 amtlich 2 200 Milliarden Dollar betrug) auf 620 Millionen. Theoretisch waren das 165 Dollar oder 660 Mark pro Kopf. Aber die überwiegende Mehrheit der Kolonisten besaß außer einer Blockhütte und ein paar primitiven Ackergeräten oder außer ein paar Fallen zum Pelztierfang nichts; relativ »reich« waren nur die wenigen über Sklaven verfügenden Pflanzer wie George Washington oder die Großkaufleute der Handelsstadt Boston. Die Kosten des Revolutionskrieges wurden amtlich auf 1 030 Millionen Dollar geschätzt, und das macht 1 080 Mark pro Kopf, weit mehr, als der Gesamtbesitz der »Rebellen« betrug, von ihrem Einkommen nicht zu reden. Die erwähnte »Auslandshilfe« war lebenswichtig, aber sie genügte natürlich auch bei weitem nicht.

Die vom ersten, am 5. September 1774 in Philadelphia zusammengetretenen »Kontinentalkongreß« diskutierten Bündnisbedingungen, die dann am 15. November 1777 als »Konföderationsartikel« bekanntgemacht wurden, hatten die Bundesregierung ermächtigt, Anleihen aufzunehmen und das für die Kriegführung Nötige in den einzelnen Kolonien zu requirieren. Die Einzelstaaten allein behielten das Recht, Steuern einzuheben, aber als 1777 bis 1779 der Kongreß von diesen Einzelstaaten 10,6 Millionen Dollar verlangte, brachten diese nach langem Hin und Her nur knapp 1,6 Millionen auf, und zwar nicht nur, weil die Besteuerungsgrundlage so schmal war. Amerikas Befreiungskampf ging um das Recht der Selbstbesteuerung und später um die Selbstregierung der Kolonien, schließlich aber auch um die Frage, wer hier regieren solle: die reichen Kaufleute der Küste und die Großgrundbesitzer und Sklavenhalter oder die Kolonisten und »Hinterwäldler«? Die Propaganda gegen die englischen Steuereinheber wirkte sich auch in Amerika selber aus, »keine Steuern ohne politische Vertretung« aber war ein zweischneidiges Schwert, denn 1790 waren ja nicht nur ein Fünftel der Bevölkerung Negersklaven, sondern (Woodrow Wilsons »Geschichte des amerikanischen Volkes« zufolge) von den damals rund 4 Millionen Einwohnern der USA hatten auch nur 120 000 das Wahlrecht, und von wirklicher Gleichberechtigung aller Bürger kann bekanntlich noch heute nicht die Rede sein. Während der Kolonialzeit hatte das »Volk« hier überhaupt nichts und während der Unabhängigkeitskämpfe nur sehr wenig zu sagen, und dementsprechend gering war die Steuerwilligkeit. Außerdem lebte damals die überwiegende Mehrheit der amerikanischen Bevölkerung zerstreut auf isolierten Farmen, und jeder war für den Schutz seines Lebens und seines Eigentums auf sich selber und die nächsten Nachbarn angewiesen. Vom »Staat« war kaum etwas anderes zu erwarten, als daß er in irgendeiner weit entfernten Stadt Gerichte unterhielt. Straßen oder Schulen baute er so wenig wie Kirchen. Warum also Steuern zahlen, und noch dazu in Bargeld, das hier stets äußerst rar war? Und wer sollte die Steuern einziehen? Es gab keinerlei Fiskalorganisation in den unendlichen Weiten des »Hinterlandes« der Handvoll amerikanischer Städte

Da die Kriegskosten durch Steuern nicht aufgebracht werden konnten, blieb also nur, Schulden zu machen, und das wiederum war praktisch nur durch das Drucken von Papiergeld möglich. Am 22. Juni 1775 beschloß der Kongreß die Ausgabe von 2 Millionen Dollar in »Kreditscheinen«. Bis zum 29. November 1779 bewilligte er insgesamt 42 Papiergeldausgaben von zusammen 241,6 Millionen Dollar, und daneben gaben 11 Einzelstaaten Papiergeld im Wert von 209,5 Millionen Dollar aus.

Nennwert natürlich. Denn da diesem Papier keine entsprechende Produktion gegenüberstand und die Auslandshilfe nicht genügte, entsprach im März 1780 ein Papierdollar nur mehr 2,45 Cent eines »echten« silbernen. 1781 kostete ein Faß Mehl 1 575 Dollar, ein Bushel Mais 40 Dollar, da war ein Paar Schuhe nicht unter 150 Dollar zu haben und kein Anzug unter 2 000: galoppierende Inflation also. »Keinen Dollar wert« war ein Synonym für »völlig wertlos« geworden. Ebenso wertlos waren natürlich alle Schatzscheine, Staatsschuldverschreibungen oder Requirierungsbestätigungen. Und als 1783 Frieden geschlossen wurde, waren die Kolonien völlig am

Ende ihrer Kraft. Die Truppen hatten seit langem keinen Sold mehr erhalten, und wenn der Kongreß den Offizieren lebenslangen halben Sold oder vollen Sold für eine Anzahl Jahre zusicherte, so blieb das reine Theorie, weil keiner der Einzelstaaten diese Versprechen einhielt und der Bund selber ja über keinerlei eigene Einnahmen verfügte, die Zinsen für seine Schuld längst nicht mehr bezahlen konnte, und von irgendeiner Amortisation war nicht zu reden. Nach endlosen Debatten hatte man sich darauf geeinigt, dem Bund die Territorien westlich und nördlich des Ohio zu übertragen. So verfügte er über 1,12 Millionen Quadratkilometer, deren Gesamtwert damals auf 200 Millionen Dollar geschätzt wurde und die der Deckung der Kriegskosten und der Bestreitung der dringendsten laufenden Ausgaben des Bundes dienen sollten. 1785 wurde ein Grundbuch dieses öffentlichen Besitzes angelegt, und man schuf Rechtecke von je 1 554 Hektar, die wiederum in je 36 »Sections« – »Abschnitte« – unterteilt und zum Verkauf angeboten wurden. Vorerst fanden sich so gut wie keine Käufer, auch im Jahre 1801 brachten Landverkäufe Washington erst 168 000 Dollar ein und selbst 1819 erst 3,27 Millionen. Außer dem Papiergeld betrugen 1783 die Bundesschulden 52 Millionen Dollar, die der Einzelstaaten 27 Millionen, aber als der Kongreß Bundeszölle vorschlug, damit wenigstens die Zinsen bezahlt werden konnten, lehnten die Einzelstaaten das ab. Sie allein besaßen jede Art Steuerhoheit, also auch das alleinige Recht der Zolleinhebung – und nutzten das gegeneinander aus.

Kaum war der Unabhängigkeitskrieg gewonnen, nahm das Gezänk unter den ehemaligen Kolonien immer groteskere Formen an. Die Uneinigkeit war weit größer als heute in Europa. Pennsylvanien zum Beispiel bekämpfte Siedler aus Connecticut, die sich im Wyoming-Tal niedergelassen hatten, als ob es sich um Indianer handelte. New York und Connecticut stritten um Vermont – und auch dabei blieb es nicht bei Worten. 1787 erhob der Staat New York Einfuhrzölle auf landwirtschaftliche Produkte aus New Jersey, kein Kohlkopf kam frei über den Hudson River. Darauf belegte New Jersey den von New York gebauten Leuchtturm auf Sandy Hook, der für seinen Schiffsverkehr unentbehrlich war, mit 1 800 Dollar Jahresabgabe. Es gab zahllose ähnliche Bosheiten, und so schien es, bevor sie richtig zu existieren begonnen hatten, mit den Vereinigten Staaten schon wieder vorbei. Denn auch der Welt hatten sie damals ja praktisch nichts zu bieten. Wenn 1968 der Ausfuhrwert der USA 33 800 Millionen Dollar oder rund 135 Milliarden DM betrug, so 1791 insgesamt 19 Millionen Dollar oder 76 Millionen Mark. Und erzielten sie 1964 (als bisher höchsten) einen Außenhandelsüberschuß von 27 Milliarden DM, so waren 1784 nur

80 Prozent der amerikanischen Einfuhr durch Exporte gedeckt, der Außenhandelsumsatz war vor allem deshalb minimal, weil John Adams von 1785 bis 1788 in London vergeblich einen Handelsvertrag zustande zu bringen versuchte und die mit Frankreich 1778 und Holland 1782 unterzeichneten Verträge nicht auf Gegenseitigkeit beruhten. Nur Schweden 1783 und Preußen 1785 hatten den Amerikanern die gleichen Rechte zugestanden, die sie selber verlangten.

Daß die junge Republik das alles überstand, verdankt sie Alexander Hamilton, dem hervorragendsten aller Verwirklicher innerpolitischer Ziele mit Hilfe von Finanzmaßnahmen und einem der hervorragendsten Staatsmänner überhaupt. Da sein Vater auf der Antillen-Insel St. Christopher als Kaufmann Bankrott machte und seine Mutter starb, als er elf Jahre alt war, kam Hamilton 1769 als Lehrling in das Bankhaus Nicholas Cruger auf St. Croix und gewann nicht nur intime Einsichten in die Wirtschaftszusammenhänge der damaligen Zeit, sondern lernte auch die Mentalität der Geldleute genau kennen. Als Cruger ins Ausland ging, leitete Hamilton das Geschäft, und obwohl er praktisch ganz auf Selbstbildung angewiesen war, zeigten schon die Briefe des Halbwüchsigen hohe Intelligenz und für sein Alter gewaltiges Wissen. Nachdem Verwandte ihm 1772 den Besuch des Colleges von Elizabethville in New Jersey ermöglicht hatten, kam Hamilton als Achtzehnjähriger auf das Kings College in New York, die heutige Columbia-Universität, und diese Studien unterbrach der Unabhängigkeitskrieg. Hamilton reiste nach Boston und schloß sich den »Rebellen« an. Zwei Pamphlete, die er hier schrieb, fielen durch ihre Logik und ihren Sarkasmus, durch die Rechtskenntnisse des Autors wie ihre kraftvollen Formulierungen auf und beeindruckten General Washington derart, daß er Hamilton im März 1777 in seinen Stab aufnahm. Im Rang eines Oberstleutnants diente er dem Oberbefehlshaber vier Jahre lang als Privatsekretär und Geheimadjutant. Er führte die Korrespondenz mit dem Kongreß, wollte aber auch Waffenruhm erringen und zeichnete sich schließlich bei Yorktown aus, wo er die Amerikaner führte, die das erste englische Fort stürmten.

Bereits 1780 hatte Hamilton die Tochter General Philip Schuylers geheiratet und war so Mitglied einer der angesehensten Familien New Yorks geworden. Er begann eine starke Zentralregierung zu propagieren, sah aber als Kongreßmitglied in den Jahren 1782 bis 1783, daß das mit Hilfe des Parlaments nie durchzusetzen war, und eröffnete eine Praxis als Rechtsanwalt in New York. Als Gegner der »verschwommen-humanitären Ideen Jeffersons« schrieb Hamilton die meisten Beiträge des »Federalist« der

Jahre 1787 bis 1788, der »Republikaner«-Zeitschrift, an der auch Madison und Jay mitarbeiteten – und doch so keimkräftige Ideen enthielt, daß zum Beispiel Lionel Curtis, der Organisator des Londoner »Royal Institute of International Affairs«, 1939 erklärte, aus dem Jahr 1787 stammende Artikel des »Federalist« hätten ihn und seine Mitarbeiter bei der Ausarbeitung der Verfassung Südafrikas davon abgebracht, einen Bund von vier souveränen Einzelstaaten zu schaffen, wie sie es ursprünglich vorhatten, und statt dessen eine starke Zentralgewalt und schwache Provinzen.

Hamiltons Bestreben war es, der amerikanischen Konföderation »Macht und Kontinuität« zu geben, und er versuchte das zu erreichen, indem er die Begüterten gewann, die am meisten durch einen Staatsbankrott, durch Chaos und Ziellosigkeit zu leiden hatten. Hamilton war wie der englische Philosoph David Hume überzeugt, daß »die Menschen nur durch Gewalt oder ihre eigenen Interessen in Bewegung gebracht werden«, und verabscheute die Gewalt, »weil sie keine langfristigen Erfolge zu erzielen vermag« Hamilton sah als erster, daß nur die Entwicklung eines starken »Nationalgefühls« die höchst unterschiedlichen amerikanischen Bundesstaaten zusammenhalten konnte und daß eine feste Hand die einzelstaatlichen Legislativen in Zaum halten mußte. Schon 1776 forderte er deshalb eine zentrale Steuerverwaltung und die direkte Erhebung von Bundessteuern durch »Federal Agents«. Hamilton glaubte nicht an das »Volk«, weil dessen »Meinungen ebensosehr oder mehr auf dem Schein beruhen als auf Realitäten«. So versuchte er seit 1781 einen »Bund der Interessenten« zustande zu bringen, indem er vorschlug, der Bund solle alle Schulden der Einzelstaaten übernehmen. Alle Amerikaner in allen Bundesstaaten, die Kriegsanleihen gezeichnet oder Schatzscheine erworben hatten, denen der Staat Requisitionen oder Pensionen schuldete, waren so am Wohlergehen dieses Bundes interessiert. Wie das Papiergeld waren alle Staatspapiere, wie gesagt, seit 1780 praktisch wertlos. Alexander Hamilton aber versprach ihre Einlösung zum vollen Wert.

Er hatte das vorerst nicht öffentlich versprochen, sondern nur gewissen einflußreichen Leuten und vor allem dem Bankier und Vorsitzenden des Finanzausschusses im Kongreß, Robert Morris, der 1781 in Philadelphia die »Bank of North America« gegründet hatte. Während der Jahre 1789 bis 1795 war Morris auch der maßgebende Finanzsachverständige im Senat und unterstützte die Pläne Hamiltons. Er setzte vor allem durch, daß Hamilton im September 1789 Finanzminister der Vereinigten Staaten wurde, und dieser verfaßte nun zwei amtliche Berichte über den Staatskredit und 1791 einen über die Förderung der Industrie. Sie mobilisierten, wie er erwartet hatte, die bis heute stärkste »politische Formungskraft«, das Gewinnstreben der Einflußreichen. Hamilton war selber kein »Berufspolitiker« und kein Spekulant, aber er wußte schon 1789 (als in Frankreich gerade der Bankier Necker den französischen »Volksaufstand« organisierte), was 1956 der Amerikaner H. L. Mencken in seinem »Minority Report« in die Worte faßte: »Die meisten Amerikaner sehen in der Geschichte ihres Landes einen Kampf der Ideen. In Wahrheit war sie – und ist es immer gewesen – ein Kampf zwischen rivalisierenden Banden von Plünderern und Ausbeutern...« Kaum sechs Wochen nachdem Hamilton Finanzminister geworden war, gab es in New York, Boston und Philadelphia bereits drei Konsortien, die gegen geringe Beträge Hartgeld das (natürlich unverzinsliche) Papiergeld und die Schatzanweisungen der Einzelstaaten und des Bundes aufkauften. Als Hamilton im Januar 1790 den Kongreß aufforderte, die schwebenden Papierschulden im vollen Nennwert in verzinsliche Goldanleihen umzuwandeln und zugleich aus den Schulden der Einzelstaaten eine Bundesschuld zu machen, wurden aus den drei Konsortien Hunderte. Im Binnenland, das praktisch immer noch isoliert von den großen Städten lebte, wußten viele nichts von den Vorschlägen, und wo man sie kannte, nahm man sie nicht ernst. Für 15–20 Gold-Cent je Papierdollar waren noch immer jede Menge Staatsanleihen zu haben – und die Skeptiker schienen recht zu behalten. Am 11. März 1790 wurden die Anträge Hamiltons mit zwei Stimmen Mehrheit abgelehnt. Leute wie Robert Morris, der dem New Yorker »Daily Advertiser« zufolge an den Gesetzen 18 Millionen Dollar verdient hätte, Jeremiah Wadsworth, der mit 9 und Gouverneur Clinton, der mit 5 Millionen rechnete, schienen ruiniert. Aber im Juni 1790 kehrte Außenminister Thomas Jefferson aus Frankreich zurück. Es kam zu einem Kuhhandel. Jefferson sorgte dafür, daß die eine Stimme im Senat und die fünf Stimmen im Abgeordnetenhaus, die nun den Anhängern der Hamilton-Vorschläge fehlten, »richtig« abgegeben wurden, und so gab es seit dem 4. August 1790 eine Bundesschuld von 79,2 Millionen Dollar, und alle aufgelaufenen Zinsen wurden in Gold-Bonds bezahlt.

Damit begann der Aufstieg der Vereinigten Staaten. Wenn diese Transaktion auch einigen Spekulanten riesige Gewinne brachte und durch die Verzinsung und Amortisation der Bundesanleihen eine Belastung derjenigen bedeutete, die ihre Schuldverschreibungen verkauft hatten, so hatte Hamilton nur so die Finanzbasis für die Entwicklung der Vereinigten Staaten schaffen und zugleich ihren politischen Zusammenhalt sichern können. Der Finanzminister hatte kalt mit dem Gewinnstreben der »Mächtigen«

gerechnet. Aber Privat- und Staatsinteressen liefen hier parallel. Nur das in allen Bundesstaaten den Wohlhabenden gemeinsame Interesse am Erfolg des Bundes gab der Regierung in Washington reale Handlungsmöglichkeiten, denn zwangsläufig ergab sich ja aus der Bundesschuld die Notwendigkeit, dem Bund eigene Einnahmen zuzugestehen. Der Bund erhielt nun die vordem verweigerte Zollhoheit, und Hamilton verwendete einen Teil der Zolleinnahmen zur Industrieförderung. So machte er nicht nur alle Besitzer von Anleihen, sondern auch alle Fabrikbesitzer zu seinen Verbündeten. Zölle sind »unmerkliche« Steuern. Sie waren von Anfang an in den USA auch so hoch, daß sie höhere Löhne als in Europa ermöglichten und auch die »Massen« an Hamiltons Finanzpolitik interessierten. Wie dieser seine Industrieförderung als zentrales Planungsinstrument benutzte, das den Lokalinteressen entzogen war, so benutzte er die 1791 zugestandene Nationalbank zur Festigung der Zentralgewalt. Vom Kontinentalkongreß am 6. Juli 1785 als gemeinsame Währungseinheit eingeführt, wurde der Dollar stabilisiert und 1,6 Gramm Gold oder 24,05 Gramm Silber gleichgesetzt, das alte Papiergeld 100 : 1 eingetauscht. Und die von Hamilton auf Grund des Währungsgesetzes vom 2. April 1792 ausgegebenen Noten blieben bis zum Sezessionskrieg stabil. Erstmals nach dem Unabhängigkeitskrieg waren die USA nun wieder kreditfähig und nutzten das rasch durch Anleihen im Ausland. Wie Talleyrand Hamilton »größer als Napoleon« nannte, so schrieb Guizot mit Recht: »In der amerikanischen Verfassung findet sich kein Element der Ordnung, der Stärke und der Dauer, zu dem nicht Hamilton entscheidend beigetragen hätte.« Amerikaner wie der Oberste Bundesrichter Marshall sprachen Hamilton »die nach Washington zweitgrößte Bedeutung« zu, und obwohl von ganz anderem Temperament, hatte Washington selber den kleinen, zierlichen Mann mit den tiefliegenden, dunklen Augen, die mit seinem hellen Haar und seiner rosigen Haut kontrastierten, überaus geschätzt. Hamiltons offene Warmherzigkeit gewann ihm rasch Freunde, die er auch als Freunde behielt, und selbst Jefferson, sein erbittertster politischer Gegner, gab seine Qualitäten zu, eisernen Willen vor allem und unermüdlichen Fleiß, Mut und Selbstlosigkeit. »Enthusiastisch agressiv«, stets aber logisch und klar im Denken, erfaßte Hamilton rasch alle Einzelheiten, verlor aber nie die große Linie und das Gesamtbild aus den Augen. Heuchelei haßte er – und machte so auch keinen Hehl aus seiner Abneigung gegen die »Demokratie-Übertreibung«. Reich wurden *nur* seine Freunde, nicht er selber – und auch Robert Morris brachten schließlich seine Riesengewinne keinen Segen. Er sah den »Drang nach Westen« zu früh voraus, liquidierte seine Bank- und

Handelsinteressen, um alles Geld in Land anzulegen, aber wie der Bund wurde er es vorerst nicht los und saß zeitweilig in Schuldhaft. 1806 starb er. Hamilton wurde 1804 von Aaron Burr in New York in einem politischen Duell getötet. Er hinterließ sieben mittellose Kinder, die auch nichts von seinen Geistesgaben erbten. Sein zwanzigjähriger Sohn fiel 1801 in einem Duell am gleichen Ort, an dem auch Hamilton drei Jahre später tödlich verwundet wurde.

Aber die finanziellen Grundlagen der Vereinigten Staaten waren nun geschaffen, und der »Bund der Interessenten« brachte den Bundesstaat durch alle Fährnisse. Es gab noch genug davon. Als die Amerikaner die Napoleonischen Kriege zum Ausbau ihrer Handelsflotte und ihres Europahandels benutzten und ihr Außenhandelsvolumen von 1798 bis 1807 von 48 auf 355 Millionen Dollar stieg, kamen sie erneut mit England in Konflikt, und dem »kalten Krieg« von 1807 folgte bekanntlich 1812 ein »heißer«. Als dritter Präsident beantwortete Thomas Jefferson die Durchsuchung amerikanischer Schiffe durch die Engländer mit einem »Embargo« und erklärte: »Nachdem wir Europa schon so viele nützliche Lektionen erteilten, werden wir nun eine weitere hinzufügen und ihnen zeigen, daß es auch friedliche Mittel gibt, um Ungerechtigkeiten aus der Welt zu schaffen.« Er verbot den Export amerikanischer Baumwolle nach England, und zahlreiche Spinnereien im Lancashire mußten schließen. Der Baumwollpreis, der 1802 durchschnittlich 19 Cent pro Pfund betrug, stieg in England auf 50 und mehr, und Jefferson triumphierte. Aber auf die Dauer dachten die Farmer der Südstaaten und die amerikanischen Baumwollhändler genauso wenig daran, sich ihr Geschäft stören zu lassen wie die Schiffsbesitzer. Sie durchbrachen das Embargo, England bekam zuerst auf Umwegen und seit 1810 direkt so viel Baumwolle, wie es wollte, verschärfte seine Konterbande-Bestimmungen, und 1812 kam es zum offenen Krieg, in dem von den Engländern unter anderem das Weiße Haus in Washington niedergebrannt wurde. Zwar errangen die Amerikaner zu Weihnachten 1814 durch den Frieden von Gent auch zum zweitenmal ihre Unabhängigkeit, doch machte dieser Krieg bereits deutlich, daß Hamilton nicht alle Bundesstaaten durch die Interessen ihrer reichen Leute aneinander gebunden hatte. Schon Jeffersons Embargo-Politik scheiterte am Gegensatz zwischen Nord und Süd, und schließlich kam es vor allem deshalb zum Sezessionskrieg, weil die handelspolitischen Interessen der Südstaaten denen des Nordens entgegenstanden. Der Süden erzeugte 1850 sieben Achtel aller Baumwolle der Welt. Er war auch der wichtigste Tabaklieferant der Erde – und wollte den Freihandel, um so billig Fertigwaren importieren zu können. Der Norden war Amerikas Industrieregion geworden und damals ohne Zollschutz nicht existenzfähig – und von den Zolleinnahmen hing die gesamte Maschinerie der Bundesregierung ab. Denn wie erwähnt, waren und blieben »sichtbare« Steuern in den USA unbeliebt, und so stammten noch 1910 mehr als 96 Prozent aller Bundeseinnahmen aus Zöllen und der Tabak- und Alkoholsteuer. Erst am 3. Oktober 1913 trat eine progressive Einkommensteuer in Kraft (die zeitweilig von Lincoln eingehobenen Einkommensteuern waren reine Kriegssteuern gewesen), und die Struktur des Staatseinkommens, wie Hamilton sie geschaffen hatte, blieb mehr als ein Jahrhundert lang gültig, weil jede direkte Besteuerung, die nicht ausgesprochen örtlichen Zwecken diente, undurchführbar war.

Zölle sind genauso Steuern wie alle andern indirekten Abgaben, und auch in Amerika ging natürlich von Anfang an der Streit darum, wie hoch sie sein sollten, und unzweifelhaft wurde der Süden der USA durch die von Hamilton eingeleitete Politik des Schutzzolls geschädigt. In seinem »Bericht über die Industrie« vom 5. Dezember 1791 war Hamilton davon ausgegangen, daß die wirtschaftliche Unabhängigkeit Amerikas ebenso wichtig war wie die politische, der Kampf gegen England sinnlos, wenn man »nach wie vor jedes Hufeisen und jeden Nagel« dort kaufen mußte. Und so wurden die Zolltarife von 1790, 1792 und 1794 klar darauf ausgerichtet, die Papiermühlen von Pennsylvanien, die Glasfabriken von Maryland, die Eisenwerke von Neu-England und die Brauereien von New York und Philadelphia zu schützen, und durch hohe Zölle auf Fertigkleidung und Schuhe, Nägel und alles mögliche andere wurde das Handwerk begünstigt.

Da diese Zölle nur 7,5 bis 15 Prozent und kaum je mehr als 20 Prozent des Wertes ausmachten, protestierten die Vertreter der Südstaaten nicht. Vor allem aber wurde auch die Baumwollindustrie besonders geschützt, und die Spindel-Zahl der USA stieg allein zwischen 1811 und 1815 von 80 000 auf 500 000, und für diese wurden nun 90 000 Ballen Baumwolle gebraucht statt der knapp 500 des Jahres 1800. Die Baumwollproduktion jedoch wuchs derart rasch, daß der Binnenmarkt bald keine Rolle mehr spielte. Die meisten der durch die Napoleonischen Kriege und die Blockade während des Krieges mit England 1812 bis 1814 entstandenen amerikanischen Fabriken waren gegen die europäischen nicht konkurrenzfähig, und so wurden die Zölle 1816 von durchschnittlich 15 auf 25 Prozent erhöht, 1824 auf durchschnittlich 30 Prozent des Wertes und für »Luxusgüter« (wie sie vorwiegend der Süden aus Frankreich und England importierte) auf 100 Prozent. Nur drei Abgeordnete der Südstaaten hatten das gutgeheißen, und seither verschärfte sich der Zollkonflikt zwischen Nord und Süd immer mehr. Denn allein von 1816 bis 1824 war die Baumwollausfuhr der USA von 60 auf 200 Millionen Pfund gestiegen, und ein Pfund, das im Jahr 1799 durchschnittlich 44 US-Cent gebracht hatte und 1814 noch 21, ließ sich 1826 nur mehr für 9 bis 12 Cent verkaufen. Zehn der Bundesstaaten sind »Baumwollstaaten«: Nord- und Südkarolina, Georgia, Alabama, Tennessee, Mississippi, Louisiana, Oklahoma, Texas und Arkansas, und schon von 1791 bis 1830 stiegen die Baumwollernten von rund 13 300 auf 1 039 000 Ballen, auf das Siebenundsiebzigfache, und so betrug 1841 der Eigenkonsum der USA nur 18 Prozent, die Ausfuhr 82 Prozent. Die Baumwolle wurde billiger, die Industrieerzeugnisse aber wurden teurer. Die Pflanzer brauchten große Mengen Kleider für ihre Sklaven ebenso wie Ackerbaugeräte, und als Rückfracht ihrer Baumwollschiffe hätten sie *alle* Fertigwaren in Europa billiger kaufen können als im Osten des eigenen Landes. Die Südstaaten waren im Kongreß zu schwach vertreten, um die Schutzzölle zu verhindern, und so kam es zu einer Abwandlung des Unabhängigkeitsslogans »Keine Steuern ohne politische Vertretung« in »Keine Zölle ohne politisches Mitspracherecht«. John C. Calhoun, Vizepräsident der Vereinigten Staaten und unter Präsident Monroe 1817 bis 1825 Kriegsminister, überreichte 1832 der gesetzgebenden Versammlung in Charleston eine Denkschrift, in der zwischen »Zöllen« und »Schutzzöllen« scharf unterschieden und in der das Zollgesetz von 1828 und seine Ergänzung von 1832 als »verfassungswidrig und für die Südstaaten unverbindlich« erklärt wurde. Denn »der Kongreß darf nur Zölle einheben lassen, die ausgesprochen und ausschließlich den Zweck verfolgen, der Union Einkünfte zu sichern. Schutzzölle hingegen sind eine Überschreitung der Kompetenz und anti-national, bevorzugen einzelne Regionen zum Nachteil anderer, und der Süden hat zwei Drittel der Zollasten zu tragen, während er im Repräsentantenhaus nur über ein Drittel der Stimmen verfügt...«

Das führte im November 1832 zur »Nullification Ordinance«, der Nichtigkeitserklärung des Zolltarifs von 1828, durch die gesetzgebende Versammlung von Süd-Karolina, die zugleich seine Anwendung in allen Häfen des Bundesstaates untersagte. Und sie drohte mit dem Austritt aus der Union, falls diese Maßnahmen behindert werden sollten. Aber wenige Wochen zuvor war Andrew Jackson Präsident der Vereinigten Staaten geworden, und dieser beantwortete die Anti-Schutzzoll-Erklärung Süd-Karolinas, der sich Nord-Karolina, Alabama, Georgia und Mississippi anschlossen, mit der Entsendung von Truppen. Admiral Ferragut wurde mit Kriegsschiffen nach Charleston geschickt und setzte die Bevölkerung von

Süd-Karolina davon in Kenntnis, daß jeder Widerstand gegen Bundesgesetze gebrochen werden würde. Die Folge war ein Kompromiß. Die Anhänger der Annullierung erhielten einige Konzessionen und wurden um Geduld gebeten – und so der Bürgerkrieg noch 28 Jahre lang hinausgeschoben. Aber die Interessengegensätze wurden jedes Jahr tiefer. Immer neue Fabriken entstanden in den Oststaaten. Im Jahr 1830 gab es in den USA insgesamt 52 Kilometer Eisenbahnen, dreißig Jahre später über 49 000 Kilometer. Seit 1850 bis 1855 verbanden die »New York Central«, die »Erie«, die »Pennsylvania« und die »Baltimore & Ohio« die Atlantikküste mit den Großen Seen. Städte wie Chicago und Milwaukee, Buffalo und Cleveland nahmen einen ungeahnten Aufschwung, das nördliche Mississippibecken, das vorher nur mit dem Golf von Mexiko in Verbindung stand, wurde auch an die Oststaaten angeschlossen, und gegen 1860 lebte schon mehr als die Hälfte der Gesamtbevölkerung der Union jenseits der Alleghanyberge. Bereits 1850 überschritt der Wert der amerikanischen Industrieproduktion den der Agrarerzeugnisse. Die Union war zum Industriestaat geworden.

Der »Walker-Tarif«, das Zollgesetz von 1846, spiegelte das durch Zollsätze von bis zu 150 Prozent wieder, zahlreiche Artikel wurden nun mit 40 Prozent des Wertes belastet, und im Durchschnitt betrugen die Zollsätze 26,5 Prozent. In den Jahren 1854 bis 1856 überstiegen die Zolleinnahmen die Bundesausgaben. Aber der »Morill-Tarif« vom 2. März 1861 war prohibitiver denn je und führte schließlich zum Sezessionskrieg. In den über 7 000 Büchern, die bisher über Abraham Lincoln geschrieben wurden, wird er als »Befreier der Negersklaven« gefeiert und als »der Präsident, der die Union vor der Selbstzerstörung bewahrte«, aber in kaum einem wird über die wirklichen Ursachen des Kampfes geredet, obwohl sie seinerzeit allgemein bekannt waren und zum Beispiel auch der amerikanische Generalkonsul und diplomatische Vertreter der USA in Ägypten, Edwin de Léon, in seinem 1862 in Paris erschienenen Bericht »La Verité sur les Etats Confédérés d'Amérique« sagte: »Die Frage der Sklaverei ist für den amerikanischen Bürgerkrieg völlig nebensächlich, obwohl der Norden sie geschickt als Kriegsgrund hinstellt. Die echte Ursache sind rein wirtschaftliche Gegensätze, die Tatsache, daß der Norden industrialisiert ist und der Süden eine Agrarregion blieb ...« Auch heute wagt kein ernstzunehmender Geschichtsschreiber zu behaupten, der Sezessionskrieg sei der Sklaven wegen geführt worden, aber »Onkel Toms Hütte« wurde und wird eben mehr gelesen als historische Analysen und daher nicht nur von den Amerikanern nach wie vor geglaubt, »ein Kampf der Ideen« habe die USA geformt. Bruce Catton aber sagt in seinem 1965 erschienenen Buch »Never Call Retreat« klar und eindeutig: »Die Nation wurde nicht durch ihren Wunsch in den Krieg getrieben, die Sklaven zu befreien, sondern sie wurde durch den Wunsch zu siegen zur Sklavenbefreiung gezwungen. 1861 hatte Lincoln dem Kongreß darin zugestimmt, daß ›niemals und nie die Verfassung derart geändert werden könne, daß eine Einmischung in die Institution der Sklaverei möglich werde‹. Vier Jahre später zwang er der Nation das ›dreizehnte Amendment‹ der Verfassung auf – aber auch der Führer der Südstaaten, Jefferson Davis, unterschrieb in Richmond ein Gesetz, das alle Negersklaven befreite, die für den Süden die Waffen ergriffen.« Und vor allem blieb auch nach dem Sezessionskrieg richtig, was schon John Adams, der Nachfolger Washingtons als Präsident der Vereinigten Staaten, dem Kongreß offen gesagt hatte: »Ob ihr eure Leute Freie oder Sklaven nennt, ist völlig belanglos. In manchen Ländern werden die arbeitenden Armen freie Männer genannt, in andern Sklaven, aber der Unterschied besteht nur in der Einbildung: Was macht es aus, ob ein Gutsbesitzer, der zehn Arbeiter auf seiner Farm angestellt hat, ihnen jährlich gerade genug Geld gibt, damit sie sich Lebensmittel kaufen können, oder ob er ihnen die Lebensmittel direkt gibt?«

Nichtsdestoweniger wurde der Sezessionskrieg zwischen den »Nordstaaten« und den »Sklavenstaaten« ausgetragen, obwohl die drei »Sklavenstaaten« Kentucky, Maryland und Missouri auf seiten des »Nordens« und nicht der Konföderierten kämpften und von den damals rund 6 Millionen Einwohnern der Südstaaten nur 300 000 Sklaven besaßen und nur 40 000 Plantagen mehr als 20 Arbeitskräfte brauchten, während zwei Generationen später auf etwa 2 Millionen Baumwollplantagen 1,8 Millionen Pächterfamilien mit zusammen 9 Millionen Menschen als »share-cropper« weit schlechter als Leibeigene lebten. 1865 bedeutete ein Sklave durchschnittlich 2 000 Dollar »Kapital«, und »freie« Arbeiter erfordern bekanntlich keinerlei Eigeninvestition.

Auch der Sezessionskrieg war also vorwiegend ein Steuerkrieg, der schon lange schwelte. 1860 kam er durch den Wahlsieg der »Republikaner« zum Ausbruch, denn seit Bestehen der Vereinigten Staaten traten die »Republikaner« für eine zentralistische Regierung und die Wirtschaftsinteressen der »Besitzenden« ein. Sie vertraten die Fabrikanten und Händler, während die »Demokraten« stets die Rechte der Einzelstaaten und die Agrarinteressen hervorhoben. Abraham Lincoln war für die Südstaatler das rote Tuch, und am 8. Februar 1861 bildeten Alabama, Florida, Georgia, Louisiana, Mississippi, Süd-Karolina, Texas und Tennessee die »Konföderierten Staaten von Amerika« und erklärten ihre Unabhängigkeit unter General Jefferson Davis als Präsident. Virginia, Arkansas und Nord-Karolina schlossen sich den »Konföderierten« an. Süd-Karolina hatte sofort nach der Sezession die Räumung der drei den Hafen von Charleston beherrschenden Forts durch die Bundestruppen verlangt. Die Besatzungen räumten zwei, zogen sich auf die dritte Befestigung, Fort Sumter, zurück und wurden hier belagert. Präsident Lincoln befahl, das Fort zu entsetzen. Und als die Südstaatler am 12. April 1861 das Feuer eröffneten, war der Krieg da, der zu einem der blutigsten der Geschichte wurde und die Nation (David A. Wells zufolge) mindestens 9 Milliarden Dollar kostete. Er zwang die Bundesregierung in vier Jahren zu größeren Ausgaben als während der gesamten vorangegangenen Geschichte der USA. Auf beiden Seiten wurden »glorreiche« Siege errungen und unbeschreibliche Greuel verübt. Die Südstaaten verteidigten sich zäh, aber der Ausgang des Krieges konnte kaum zweifelhaft sein. Lincoln stand die doppelte Bevölkerungszahl und eine zehnfach überlegene industrielle Kapazität zur Verfügung. Die Nordstaaten kontrollierten die Seewege, und sie konnten diplomatisch ihre »Legalität« nutzen. Keine europäische Macht erkannte die Regierung der Südstaaten an, obwohl Napoleon III. mit ihr sympathisierte und in England die Liberalen wie die Konservativen genau die wirtschaftlichen Ursachen des Kampfes kannten und die schweren Gefahren für die britische Baumwollindustrie sahen, die vor Kriegsausbruch 10 bis 12 Cent für das Pfund Baumwolle zahlte und 1865 durchschnittlich 189 Cent. Aber Königin Viktoria wünschte strikte Neutralität, und überall war das Volk »gegen die Sklaverei«.

Für die Union nahmen rund 2,5 Millionen Soldaten am Krieg teil, für die Südstaaten 1,3 Millionen. Der Norden zählte 360 000 Gefallene, der Süden 250 000, aber mehr als 400 000 Amerikaner starben an Seuchen. Mit über einer Million Menschen kostete dieser Bruderkampf die USA weit mehr Opfer als der Zweite Weltkrieg. Und da fünf Tage nachdem General Lee am 9. April 1865 mit der Südstaatenarmee kapituliert hatte, Präsident Lincoln ermordet wurde, folgte diesem Krieg ein »Raubfrieden«. Die Südstaaten wurden ausgeplündert wie kaum ein besiegtes Land zuvor. Der »Kriegstarif« vom 30. Juni 1864, der Zölle von durchschnittlich 47 Prozent des Importwertes vorsah, blieb auch während der nächsten zwanzig Friedensjahre in Kraft, und da ließ die Industrie der Oststaaten die Abnehmer in den Südstaaten ungleich mehr bezahlen als ihre Kunden im Ausland. Der »New Yorker Staatszeitung« zufolge kosteten zum Beispiel 1866 in Südamerika aus den USA stammende landwirtschaftliche Maschinen oft nur die Hälfte dessen, was sie in den eigenen Südstaaten kosteten, ein »Advance«-Pflug 9 statt 18 Dollar, ein Heuwender 30 statt 45 Dollar und eine Mähmaschine 40 statt 65 Dollar.

Die besiegten Südstaaten wurden systematisch ausgeplündert. Aber durch den Sezessionskrieg stand die gesamte Union erneut vor dem Zusammenbruch, denn wenn die Bundeseinnahmen von 1861 bis 1865 (beide inklusive) 771 Millionen Dollar betrugen, so die Ausgaben 3 415 Millionen. Die Staatsschuld stieg von 61 auf 2 846 Millionen Dollar, damals rund 11 Milliarden Goldmark, oder von etwa 8 auf 312 Mark pro Kopf. Wie erwähnt, waren die Zölle weiter erhöht und Luxussteuern eingeführt worden, und obwohl es der Verfassung widersprach, ließ Lincoln 1861 eine Einkommensteuer erheben, die zuerst nur 3 Prozent aller Einkommen über 800 Dollar jährlich betrug, 1865 aber alle Einkommen zwischen 600 und 5 000 Dollar mit 5 Prozent und alle höheren mit 10 Prozent belastete. 1862 wurde ein Papiergeldgesetz erlassen. Lincolns »Greenbacks« mußten angenommen werden, und deren Wert sank im Juli 1864 auf 34 Cent Silber. Aber alle diese Schwierigkeiten und noch zahlreiche andere wurden überwunden, und zwar vor allem, weil die Napoleonischen Kriege, die revolutionäre Unrast in Europa und nicht zuletzt die europäische Freihandelspolitik immer mehr Europäer zum Auswandern veranlaßten und so die Bevölkerung der Vereinigten Staaten, die 1830 weniger als 13 Millionen betragen hatte und 1860 rund 31 Millionen, eine Generation später (1890) bereits 63 Millionen zählte und die USA nicht nur »kostenlos«, das heißt ohne eigene »Aufzucht-Ausgaben«, Arbeitskräfte erhielten, sondern auch Dutzende Milliarden europäisches Kapital. Nun konnte Amerikas Aufstieg zur Weltmacht nichts mehr aufhalten – und das bedeutete Englands Abstieg. Aber immer noch hatten Englands Regierende nichts aus dieser Entwicklung gelernt. Und so verloren sie wie ihre amerikanischen Kolonien auch Irland und wie Irland schließlich Indien.

Aber war es nicht auch für die Inder zu spät, als sie 1947 ihre Unabhängigkeit errangen? Machten Englands Kolonialmethoden und der britische Fiskalismus nicht auch ganz Asien zu einem Krisenherd, indem China durch den Opiumkrieg zur Erneuerung gezwungen und Indien durch die Herrschaft der »East India Company« derart geschwächt wurde, daß es heute kein Gegengewicht gegen das kommunistische China bildet?

Indien war lange das reichste aller Länder der Erde und unter Kaiser Aschoka im dritten vorchristlichen Jahrhundert eines der bestregierten und kulturell höchststehenden aller Zeiten. Heute zählt es zu den ärmsten und zurückgebliebensten Länder. Die Gründe dafür liegen in der Entartung des Hinduismus und des Kastenwesens und nicht zuletzt darin, daß Reichtum Räuber anlockt, und Indien immer wieder gegen Eindringlinge zu kämpfen hatte und schließlich bis 1833 im unbeschränkten Besitz einer Kolonialgesellschaft blieb, die nicht nur immer mehr Geld verdienen wollte, sondern die das Land durch die Art ruinierte, durch die ihre Gewinne gemacht wurden. Selbst Adam Smith schrieb 1770: »Mancher ist bereit, sich eine Aktie der ›East India Company‹ zu kaufen, nur wegen des Einflusses, den er dadurch zu gewinnen erwartet. Die Aktie gibt ihm zwar noch keinen Anteil an der Plünderung Indiens selbst, wohl aber bei der Auswahl der Plünderer. Vermag er entsprechenden Einfluß auszuüben und so eine Anzahl seiner Freunde in den Dienst der Gesellschaft nach Indien zu bringen, dann liegt ihm wenig mehr an der Dividende. Gar nichts aber liegt ihm am Glück oder Ruin Indiens.«

Die Engländer waren natürlich nicht die ersten, die durch Indien reich werden wollten. Die Eroberung dieses Subkontinents versuchte bekanntlich schon Alexander der Große im Jahre 327 vor Christus, und Plinius beklagte den jährlichen Devisenabfluß von (in heutiger Kaufkraft) etwa 200 Millionen DM, den Rom durch die Einfuhr indischer Edelsteine, Drogen und Textilien erlitt, und verlangte (militärische) Abhilfe. Aber dann versperrten die Mohammedaner Europa den Weg zu den Schätzen Asiens, und erst Vasco da Gama umsegelte 1497 bis 1498 das Kap der Guten Hoffnung und eröffnete die direkte Verbindung mit Indien. Drei Jahre später gab es bereits einen portugiesischen Vizekönig an der Ostküste des Landes und zahlreiche portugiesische Handelsniederlassungen. Rasch jedoch überflügelte der holländische Handel den portugiesischen, und die Holländer wiederum wurden von den Engländern verdrängt. Wie geschildert gewährte Königin Elisabeth I. im Jahr 1600 der »East India Company« ein Handelsprivileg. Beim Handel aber blieb es nicht, und vor allem deshalb, weil König Karl II. ebenso unter ständigem Geldmangel litt wie sein geköpfter Vater. Auch ihm sah das Parlament allzusehr auf die Finger, und er versuchte, sich nicht nur wie Karl I. in Irland Einnahmequellen zu schaffen, sondern er erweiterte – gegen entsprechende Zahlungen natürlich – im Jahr 1661 entscheidend die Charter der Ostindien-Kompanie. Zum Handels-Monopol kam nun ein Münzprivileg. Sie durfte Söldner anwerben und Kriegsschiffe ausrüsten, »wo immer nötig« das Kriegsrecht verhängen und »Bündnisse und Verträge mit jedwedem Volk schließen, außer mit christlichen«. Durch seine Heirat mit Katharina von Braganca hatte Karl II. die Insel und den Hafen Bombay erhalten, und gegen eine Jahresrente übertrug er diese 1669 der Kompanie.

Damit war die »Administration« und nicht länger der Handel die wichtigste Einnahmequelle der »East India Company«. Bereits 1680 stellte als deren Gouverneur Sir Josiah Child, ein Londoner Goldschmied und Bankier, als Programm auf: »Unsere Pflicht ist es, die Einnahmen der Gesellschaft zu erhöhen ... und dazu müssen wir in Indien ein Staat werden ... müssen unsere Einnahmen als Zivil- und Militärmacht hier so groß werden, daß sie die Grundlagen der britischen Herrschaft über Indien für alle kommenden Zeiten bilden ...« Und so geschah es: In der Abschlußbilanz der »East India Company«, deren Herrschaftsbereich am 1. November 1858 die britische Krone übernahm, heißt es: »Die indischen Besitzungen dieses Landes sind gewonnen und verteidigt worden aus den Mitteln dieser Besitzungen selber, ohne die geringsten Kosten für die britische Staatskasse.«

Die Pläne Childs waren systematisch verwirklicht worden. 1690 besetzte Job Charnock das Gebiet, auf dem heute Kalkutta liegt. 1698 wurde die Ostindien-Kompanie Steuerpächter des Nabob von Bengalen und erhielt Feudalrechte in Gebieten, die etwa viermal so groß waren wie das heutige Westdeutschland. Aus ihren drei befestigten »Präsidentenschaften« – Fort St. George, Fort William und Bombay Castle – wurden die drei heutigen Millionenstädte Madras, Kalkutta und Bombay. In diesen drei Haupthäfen Indiens hob die Kompanie alle Zölle ein, und ihr mußten nicht nur alle andern Kaufleute hohe Abgaben entrichten, sondern auch die indische Bevölkerung. Als nach dem Tod Aurangzebs im Jahr 1707 das Mogul-Reich zerfiel und die Nachfolgekämpfe chaotische Formen annahmen, eröffneten nicht nur immer mehr Inder Geschäfte in den britischen Niederlassungen (wie später die Chinesen das in den europäischen »Konzessionen« ihrer Hafenstädte taten), sondern diese wurden die alleinigen Machtzentren. Im Jahr 1765 wurden die Regierungsfunktionen der Kompanie in Bengalen dadurch legalisiert, daß sie vom nominellen Herrscher die »diwani« erhielt, die gesamte Finanzverwaltung. Das bedeutete damals einen Steuerertrag von (in heutiger Kaufkraft) etwa 2 000 Millionen DM. Davon gingen die Regierungskosten und der Tribut an den Mogul ab, die Gehälter der Kompaniebeamten, von denen zum Beispiel der Gouverneur von Bengalen 25 000 Pfund oder das Fünffache der britischen Vorkriegs-Premierminister und nach heutiger Kaufkraft gut 10 Millionen DM bezog, die sechs nächsthöchsten Beamten je 6 000 bis 10 000 Pfund. Aber bis zu jährlich 1 000 Millionen Mark konnten an die Aktionäre in England überwiesen werden – auch 1769 bis 1770, als es eine Hungersnot in Indien gab, die etwa 10 Millionen Menschen das Leben gekostet haben soll – und die nicht die erste in der Geschichte der Kompanie war und nicht die letzte unter britischer Herrschaft blieb. Zwischen 1858 und 1900, als die Königin von England zugleich Kaiserin von Indien war, gab es acht Hungerkatastrophen.

Männer wie Robert Clive und Warren Hastings hatten jeden Widerstand der Inder gebrochen. Sie setzten sich auch gegen die Franzosen durch, die in Indien Kolonien gegründet hatten. Während 1778 sich der englische General Bourgoyne bei Saratoga den aufständischen Amerikanern ergeben mußte und drei Jahre später Lord Cornwallis vor den Truppen Washingtons kapitulierte, errang Hastings in Indien die entscheidenden Siege. In Amerika waren dreieinhalb Millionen eigene Kolonisten nicht im Zaum zu halten gewesen, in Indien unterwarfen sich damals mehr als 200 Millionen der Fremdherrschaft, und England gewann hier zweieinhalb Millionen Quadratkilometer, während die dreizehn Kolonien nur eine halbe Million umfaßten.

Indien hätte also ein gewaltiger »Amerika-Ersatz« und ein weit mächtigeres Reich werden können, als je ein Engländer es sich erträumte – und zum Segen beider Länder. Schon 1783 forderte Edmund Burke im Unterhaus die Auflösung der Ostindien-Kompanie mit den Worten: »Der Tataren-Einfall war verderblich; aber unser ›Schutz‹ Indiens bedeutet seinen völligen Ruin... Vom Himalaya bis zum Kap Komorin gibt es in Indien keinen einzigen Fürsten, Staat oder Machthaber, der, wenn er mit der Kompanie in Berührung kam, von ihr nicht gegen Geld verraten wurde... es gibt keinen einzigen von der Kompanie geschlossenen Vertrag, den sie nicht brach... und niemanden, der ihr vertraute, der dadurch nicht ruiniert wurde...«

Daran änderte sich auch nach 1858 nur sehr wenig. Indien blieb ein britisches Ausbeutungsobjekt, und als 1947 der Subkontinent geteilt und die Indische Union und Pakistan unabhängig wurden, gab es hier 675 »Souveräne« von Englands Gnaden, die Steuern einhoben und zahlreiche andere Hoheitsrechte besaßen, wie England selber aber praktisch nichts für das Volk taten. 1947 gab es in Indien 86 Prozent Analphabeten und Grundschulen nur für zwei Fünftel der schulpflichtigen Kinder. Es gab nach Feststellungen der »Rockefeller-Foundation« einen Arzt auf je 11 000 Menschen, keinerlei öffentlichen Gesundheitsdienst in drei Viertel aller indischen Städte und für ein Gebiet, zwanzigmal größer als Westdeutschland, insgesamt 6 500 Krankenschwestern. Das Durchschnitts-Pro-Kopf-Einkommen betrug 228 Mark im Jahr, in den rund 600 000 Dörfern Indiens aber kaum je mehr als 70 Mark oder 20 Pfennig täglich. Vier Zehntel allen Bodens befanden sich in der Hand ehemaliger Steuerpächter, denen die Bauern bis zu zwei Dritteln ihrer Ernten abliefern mußten, während die Abgaben dieser »Samindari« an den Fiskus nur ein Zwanzigstel bis ein Zehntel des Bodenertrags ausmachten. Steuerlast und Bodenbesitzverteilung wirkten – und wirken größtenteils noch heute – in Indien derart zusammen, daß die Masse der Bevölkerung (die zwischen 1881 und 1967 von 215 auf 512 Millionen stieg) unvorstellbar arm blieb und einige wenige unvorstellbar reich wurden. Im Jahre 1956 zum Beispiel bezahlten nur eine halbe und 1968 nur 1,4 Millionen Inder Einkommensteuern, alle anderen verdienten weniger als das steuerpflichtige Minimum.

Historisch entwickelten sich die indischen Steuer- und Bodenbesitzverhältnisse aus der Anschauung, daß die Herrscher (oder der Staat) Alleineigentümer allen Grund und Bodens seien und für deren Nutzung Abgaben einheben durften, den Sanskritbüchern zufolge ein Sechstel des Ernteertrages. Aber mit 16 Prozent Steuer begnügte sich die Regierung auf die Dauer natürlich auch hier nicht, und Kaiser Akbar, der von 1556 bis 1605 regierte, führte das »Samindari-System« ein, ernannte »Bodenhalter« als Regierungsagenten, die in ihren Bezirken für den Eingang von 25 bis 40 Prozent zu sorgen hatten. Diese Samindari besaßen keinerlei Eigentumsrechte am Boden. Aber das Amt des Steuereinnehmers wurde rasch erblich, und durch die »Permanent Settlement Regulation« des Jahres 1793 billigte die britische Ostindien-Kompanie den Steuervögten zuerst in Bengalen, bald aber überall volle Eigentumsrechte zu. Aus den früheren Beamten wurden Großgrundbesitzer, aus den selbständigen Bauern besitzlose Pächter.

Neben den Samindari gab es die Jagirdari, adelige Großgrundbesitzer vor allem in den Fürstenstaaten, die den Boden und die ihn bebauenden Menschen als Leibeigene besaßen; sie gab es schon vor der britischen Herrschaft, aber deren Zahl wurde von den Engländern vervielfacht, weil sie Land und Jagirdari-Rechte als Belohnung für geleistete Dienste verteilten. In einigen Gebieten war das Mahalwari-System üblich und die Dorfgemeinde für die Steuerzahlungen haftbar (ähnlich wie im zaristischen Rußland die »Mir«), Steuereinnehmer war der Dorfälteste. Auch hier waren die Bauern praktisch an den Boden gebunden, sonst aber die Freiesten und Wohlhabendsten Indiens.

Schließlich gab es noch die »Ryotware« oder »Pächter«, die ihr Land unmittelbar vom Staat erhielten, es verkaufen und vererben und in allem als ihr Eigentum behandeln konnten – solange sie pünktlich die Grundsteuer zahlten. Nichtzahlung bedeutete Rückfall des Besitzes an den Staat. Die meisten Ryotware gaben ihr Land an Unterpächter weiter, und diese hatten natürlich weit mehr zu bezahlen als die »Ryots«. Auch fast alle

Samindari und Jagirdari lebten in der Stadt und beauftragten Mittelsmänner mit der Aufsicht über ihren Besitz. Diese wieder beauftragten eigene Untergebene, und in Bengalen gab es so bis zu 50 Zwischenglieder zwischen den Großgrundbesitzern und den arbeitenden Bauern, die *allen* etwas zu verdienen geben mußten.

Das Rückgrat der Finanzwirtschaft Britisch-Indiens bildeten die festen, meist auf 30 Jahre nicht erhöhbaren und in Bengalen auf »ewig gleich festgesetzten« Abgaben der Samindari, die selber aber frei waren, aus den Ärmsten der Armen herauszupressen, so viel sie nur wollten und konnten und unter welchem Vorwand immer. Aus Oudh zum Beispiel berichtete Indiens späterer Premierminister Jawaharlal Nehru 1920: »Neben der Pacht gibt es eine Unzahl ungesetzlicher Erpressungen ... Die Samindari lassen die Pächter für die Kosten der Erziehung ihrer Söhne im Ausland zahlen, für Heiraten in ihrer Familie, für die Anschaffung eines Autos oder die Bewirtung des Gouverneurs oder anderer hoher Beamter. Diese Erpressungen haben eigene Namen, ›Ihathauna‹ zum Beispiel heißt der Zuschlag für den Kauf eines Elefanten ...«

Daß England diese Ausbeutung duldete, hatte seinen guten Grund. Angeblich wünschte sich London in keinerlei »althergebrachte« Gebräuche einzumengen, de facto waren all die Besitzenden Verbündete und an der »Aufrechterhaltung der Ordnung« ebenso interessiert wie die Kolonialmacht, die so im Jahr 1900 mit 6 000 englischen Beamten (neben 218 000 indischen) auskam, 1939 bei nun rund 400 Millionen Indern mit 3 000 Engländern und eineinhalb Millionen indischen Beamten und mit nur 65 000 britischen Soldaten oder weniger als der Armee Belgiens oder Schwedens.

Die Ablieferungen der Samindari stellten lange vier Zehntel der gesamten Staatseinnahmen Indiens dar, sanken aber dann während des Ersten Weltkrieges auf etwa 15 Prozent, weil nun durch die Bevölkerungszunahme und die Erhöhungen die Verbrauchssteuern immer wichtiger wurden. Die Belastung der Bevölkerung durch die Salzsteuer zum Beispiel wuchs von durchschnittlich 30 auf 90 Pfennig pro Jahr. Was kein nennenswerter Betrag scheint, bei 400 Millionen Menschen aber 360 statt 120 Millionen Mark bedeutete.

Diese »Salzsteuer« war eine Monopolabgabe und in Indien jede Salzeinfuhr so streng verboten wie jede private Salzgewinnung. 1877 beschrieb Sir John Strachey in seiner Budgetrede die Zollmauer, die des Salzes wegen geschaffen wurde und die er mit der Chinesischen Mauer verglich: »2 472 Meilen (3 955 km) lang und von 13 000 Mann bewacht ... besteht sie hauptsächlich aus undurchdringlichen Hecken von dornigen

Bäumen und Büschen, nebst Steinmauern und Gräben, über die kein menschliches Wesen und kein Lasttier hinüber kann, ohne aufgehalten und durchsucht zu werden... infolge des Ausfuhrzolls auf Zucker bieten sich für den Verkehr in umgekehrter Richtung die gleichen Hindernisse...«

Nur auf Salz und Spirituosen gab es seit 1882 Einfuhrzölle, und als 1896 auf eingeführte Baumwollwaren eine Abgabe von 3,5 Prozent erhoben wurde, glich man – als Maßnahme zugunsten Lancashires – diese Belastung durch eine gleich hohe Abgabe auf alle in Indien hergestellten Baumwollwaren aus. Wie die Steuer- und Bodenpolitik war die Handelspolitik Britisch-Indiens völlig auf die Interessen des »Mutterlandes« ausgerichtet und ebenso die Wehrpolitik. Die Inder mußten eine Armee bezahlen, die nicht nur der Aufrechterhaltung der Fremdherrschaft im eigenen Land diente, sondern auch Englands imperialen Zwecken überall auf der Welt. Indische Truppen kämpften für England von Afghanistan bis Zypern, in Ägypten wie in Ostafrika, Persien oder China. Bei Ausbruch des Ersten Weltkrieges war die Armee Indiens als einzige sofort einsatzbereit – und 985 000 Inder nahmen als Soldaten, 472 000 als Frontarbeiter an diesem Krieg teil. Dazu leistete Indien einen finanziellen »Kriegsbeitrag« von amtlich 145 Millionen Pfund, durch Sachlieferungen und »Spenden« aber von mindestens 300 Millionen, damals 6 Milliarden Goldmark. Im Zweiten Weltkrieg erklärte der Vizekönig 1939 Indien als im Krieg mit Deutschland befindlich. Die Kongreßpartei bestritt ihm das Recht dazu, aber die indischen Fürsten stellten England rund zweieinhalb Millionen Soldaten zur Verfügung, und von 1943 bis 1947 organisierte General Wavell als Vizekönig den »entscheidend wichtigen, indischen Kriegsbeitrag«. Und damit leistete er, wie maßgebende Engländer das sahen, den Indern einen »einmaligen Dienst«. Winston Churchill zum Beispiel schrieb 1950 in seinen Memoiren: »Keine von den großen Bevölkerungsgruppen der Welt wurde vor den Schrecken und Gefahren des Weltkrieges so wirksam beschirmt wie die Völker Indiens. Sie wurden auf den Schultern unserer kleinen Insel durch die Wirren des Kampfes hindurchgetragen. Aber... gewaltige Beträge... britischer Schulden an Indien häuften sich auf. Ohne ausreichende Kontrolle und Rechnungsbelege belastete man uns mit fast einer Million Pfund täglich dafür, daß wir Indien vor dem Elend einer Invasion schützten, unter dem so viele andere Länder seufzten. Am Schluß des Krieges... waren wir Indien einen Betrag schuldig, der fast so groß war wie die Summe, die wir den Vereinigten Staaten nach dem Ersten Weltkrieg schuldig blieben...«

Daß England 1945 ein verschuldeter Kleinstaat und nicht länger eine

Weltmacht war, trug zum Abfall Indiens bei, aber die entscheidende Rolle spielte (obwohl sich zum Beispiel auch in einer so berühmten »Geschichte Indiens« wie der von Sir George Dunbar kein Stichwort »Steuern« oder »Zölle« findet) die britische Finanzpolitik. Seit im Jahr 1776 das Spinnen und Weben von Baumwolle streng verboten und die einstmals berühmte indische Heimtextilindustrie systematisch ruiniert wurde, um diesen Riesenmarkt für Englands Industrie zu gewinnen, verarmte Indien, und trotz eines gewaltigen Bevölkerungswachstums betrugen die Staatseinnahmen im Jahr 1858 nur 720 Millionen Mark gegen 440 Millionen, die bereits 1553 in die Kassen Akbars flossen. Im Jahr 1910 waren es dann 1 490 Millionen Mark, aber 820 Millionen oder 74 Prozent dieser 1 119 Millionen Rupien waren reine Abgaben an die Fremdherrschaft. Die Zinszahlungen für in England aufgelegte Anleihen erforderten 26 Prozent der Gesamteinnahmen oder 287 Millionen Rupien, während damals für die Bekämpfung der Hungersnot nur 15 und für Bewässerungsarbeiten 47 Millionen zur Verfügung standen. Der Unterhalt der anglo-indischen Armee kostete 308 Millionen und die an Engländer zu zahlenden Beamtengehälter und Pensionen 225 Millionen.

Die Masse des Volkes wußte das nicht, Indiens Intelligenz aber sehr wohl, und schon 1905 hatte zum Beispiel Gopal Krishna Gokjale als Präsident des Indischen Nationalkongresses in Benares gesagt: »... Unser Ziel ist, Indien endlich im Interesse der Inder regiert zu sehen. Dies ist die 21. Versammlung des Nationalkongresses, Jahr um Jahr seit 1885 vereinigen wir uns, um unsere Forderungen zu verkünden und unsere Wünsche zu formulieren ... aber immer noch und seit Jahrhunderten ist Indien für die Herrschenden ein Land, in dem man ein Vermögen macht, das man dann fortnimmt und anderswo ausgibt ... Ein riesiger, zerstörerischer Abfluß von Vermögen und Wohlstand geht weiter, der Überschuß der Ausfuhr gegenüber der Einfuhr während der letzten 40 Jahre ist zu einer Summe angestiegen, die nicht weniger als 1 000 Millionen Pfund Sterling beträgt. Die beständige Zunahme der Sterblichkeitsziffer von durchschnittlich 24 pro Tausend in den Jahren 1882 bis 1884 auf heute 34 pro Tausend ist ein schrecklicher und eindeutiger Beweis für die beständige Verelendung unserer Volksmassen ...«

So blieb es und so heißt es auch im indischen »Unabhängigkeitsmanifest« vom 26. Januar 1930: »Indien ist wirtschaftlich zugrunde gerichtet worden. Die aus unserem Volk erzielten Staatseinnahmen stehen in keinem Verhältnis zu unserem Einkommen. Unser Durchschnittseinkommen beträgt sieben Paisa (damals rund 17 Pfennige) pro Tag, und von den hohen Steuern, die wir bezahlen, entfallen 20 Prozent auf die von den Bauern erhobene Grundsteuer und 3 Prozent auf die Salzsteuer, die am schwersten die Armen trifft... Zölle und Währung werden so gehandhabt, daß dem Bauern weitere Lasten aufgebürdet worden sind. Britische Fabrikerzeugnisse machen die Hauptmasse unserer Einfuhr aus, und der Zolltarif verrät klare Parteilichkeit für britische Fabrikate. Die Zolleinnahmen werden nicht verwendet, um die Belastung der Massen zu lindern, sondern um eine im höchsten Maße verschwenderische Verwaltung aufrechtzuerhalten. Noch willkürlicher ist die Handhabung des Wechselkurses gewesen, die dazu führte, daß Millionen aus dem Lande abgezogen wurden... Wie wirtschaftlich wurde uns politisch, kulturell und geistig Unheil zugefügt... und wir halten es als ein Verbrechen gegen Menschen und Gott, uns noch länger in die Fremdherrschaft zu fügen... Wir wollen uns deshalb zur Gewinnung unserer Freiheit bereit machen ... indem wir der britischen Regierung jede freiwillige Beteiligung entziehen, und wollen uns vorbereiten auf bürgerlichen Ungehorsam, einschließlich Nichtbezahlung von Steuern. Wir sind überzeugt, daß, wenn wir... nur die Zahlung von Steuern einstellen können, ohne selbst unter Provokationen Gewalt zu üben, das Ende dieser unmenschlichen Herrschaft sicher ist...«

Und dazu kam es bekanntlich: Unbewaffnete, unterernährte Analphabeten siegten durch das, was sie unterließen, nicht durch das, was sie taten. Sie zahlten keine Steuern, kauften keine britischen Waren, saßen im Finstern, um dem Staat die Einnahmen aus den Abgaben für das Leuchtpetroleum zu entziehen. Sie rauchten und tranken nicht, und allein der Alkoholboykott ließ die Provinzialeinnahmen um ein Viertel sinken. Die Nationalisten organisierten einen passiven Widerstand, gegen den sich das Britische Weltreich als machtlos erwies.

Mohandas Karamtschand Gandhi, »der Staatsmann im Bettlergewand«, der wie kein zweiter dieses »Schwert der Selbstaufopferung« schmiedete und die schon von Lao-tse gepredigte und von Paulus von Tharsos angewandte christliche Taktik der Gewaltlosigkeit mit der von den amerikanischen Kolonisten und 1879 in Irland gegen Captain Boycott angewandten Kampfmethode kombinierte, war 1869 in Porbandar, einer Stadt des Staates Kathiawar an der indischen Westküste, geboren worden. Er entstammte einer reichen Kaufmannsfamilie, die einer der höchsten Kasten angehörte, und sein Vater war Premierminister von Kathiawar. Aber beide Eltern waren auch Anhänger der »Ahimsa«, einer Hindusekte, die asketisches Leben und völlige Gewaltlosigkeit fordert, rückhaltlose Nächstenliebe und Hingabe an gute Werke.

Als Neunzehnjähriger in London, wo er die Rechte studierte und die Prüfungen ablegte, die zur Zulassung bei höheren Gerichten berechtigten, ließ sich Gandhi 1891 als Advokat in Bombay nieder. In einer Rechtssache fuhr er zwei Jahre später nach Pretoria und blieb mit kurzen Unterbrechungen bis 1914 in Südafrika, wo damals etwa 150 000 Inder lebten, deren Diskriminierung er zu beseitigen suchte. 1915 bis 1918 lebte Gandhi in Ahmedabad und wurde durch das »Blutbad von Amritsar« zum Führer der indischen Unabhängigkeitsbewegung. Im April 1919 ließ der englische General Dyer mit Maschinengewehren in eine Demonstrantenmenge schießen, die die Einhaltung der Versprechen zur Selbstregierung forderte, die London während des Krieges den Indern gegeben hatte. 379 Menschen wurden getötet, 1 200 wurden verwundet, und London berief den General ab. Die in Indien lebenden Engländer aber sammelten daraufhin 26 000 Pfund als »Ehrengeschenk« für Dyer.

Mit Recht nannten auch britische Historiker (wie 1967 zum Beispiel Michael Edwardes) das einen »Wendepunkt in den britisch-indischen Beziehungen«, und empört ging Gandhi daran, aus dem »Nationalkongreß«, der 1885 mit Zustimmung Englands als eine Art nobler Debattierklub gegründet worden war, eine politische Organisation zu machen, die den Massen Indiens »die Furcht vor der britischen Regierung wie vor den eigenen Großgrundbesitzern und der Macht des Geldes« nehmen sollte. Es gelang ihm, fast 50 verschiedene Bewegungen, die Indiens Unabhängigkeit propagierten, mit dem jetzt »Panindische Kongreßpartei« genannten »Nationalkongreß« zu verschmelzen, wurde deren Präsident und brachte 1920 eine Konferenz zustande, an der erstmals Hindu und Mohammedaner teilnahmen und die die »Non-Cooperation«, die Ablehnung jedweder Zusammenarbeit mit den Engländern, beschloß.

Bei seiner Wahl hatte Gandhi 1919 gesagt: »England machte Indiens stumm leidende Millionen durch ein System fortgesetzter Ausbeutung und durch die verheerenden und untragbaren Ausgaben für seine Truppen und seine zivile Verwaltung zu Sklaven. Es verschüttete die Quellen ihrer Kultur und entmündigte sie geistig. An Leib und Seele gebrochen, wurden wir durch unsere Waffenlosigkeit in einen Zustand fast feiglinghafter Hilflosigkeit herabgedrückt. Aber feiglinghaft braucht diese Waffenlosigkeit nicht zu bleiben, sondern mutig eingesetzt, kann Gewaltlosigkeit unsere mächtigste Waffe werden.«

Gandhi war ein guter Kenner der britischen Mentalität, aber auch der britischen Wirtschaft, er kannte den Einfluß, den damals die Exportkaufleute auf die britische Regierung hatten. Er machte das Spinnrad zum Symbol seiner Bewegung. Bald gab es in zahllosen Dörfern Indiens hölzerne Charkas, einfache Spinnräder, und selbstgebaute Webstühle, und kein Nationalist trug mehr andere als grobe, einheimische Baumwollstoffe. 1914 hatte England mehr als 3 Milliarden Quadratyard Baumwollstoffe an Indien verkauft, 20 Jahre später nur mehr 280 Millionen.

Die jungen Leute, die die Bauern zur Wiederbelebung der Heimindustrie veranlaßten, waren in der »Nationalen Universität« ausgebildet worden, die Gandhi in Ahmedabad gründete, und hier wurden auch die Kader der Kampagne des Boykotts und der Gehorsamkeitsverweigerung geschaffen. Zehn Jahre lang arbeitete Gandhi fast nur im stillen. Am 2. März 1930 aber schrieb er einen Brief an den Vizekönig Lord Irwin, in dem er die Beweggründe der allgemeinen Widerstandsbewegung darlegte, die er nun auszulösen gedachte, und in dem er nicht nur eine Herabsetzung der Landsteuer forderte, sondern auch Gesetze, die die willkürliche Vertreibung der Pächter von ihrem Land untersagten; dazu eine »Generalrevision« des Steuerwesens überhaupt, weil damals »praktisch die gesamten Staatseinnahmen aus den Taschen der Ärmsten« stammten. Gandhi forderte die Nachprüfung der Schulden, »die im Namen Indiens gemacht« wurden, und eine Reform der Verwaltung, »die nachweisbar die teuerste der ganzen Welt ist«, und rechnete dem Vizekönig vor: »Ihr eigenes Gehalt beträgt über 21 000 Rupien im Monat, wozu noch eine Anzahl Zulagen kommen. Der britische Premierminister erhält im Jahre 5 000 Pfund, das heißt im Monat etwas mehr als 5 400 Rupien. Sie beziehen als Vizekönig täglich über 700 Rupien, während das Durchschnittseinkommen der indischen Bevölkerung 2 Anna beträgt. Der britische Premier bezieht täglich 180 Rupien, während das tägliche Durchschnittseinkommen in England nahezu 20 Rupien erreicht. Als Vizekönig beziehen Sie somit fünftausendmal soviel wie das Durchschnittseinkommen eines Inders, während der britische Premier nur das Neunfache des Durchschnittseinkommens in England erhält ... Vor Ihnen als Mensch habe ich eine viel zu hohe Achtung, als daß ich Ihre Gefühle irgendwie verletzen möchte. Ich weiß auch, daß Sie das Gehalt, das Sie beziehen, nicht brauchen, und vermutlich geben Sie den ganzen Betrag für wohltätige Zwecke aus. Aber ein System der Unterschiede wie die erwähnten verdient, summarisch abgeschafft zu werden ...«

Gandhi sorgte dafür, daß dieser Brief in die Weltpresse gelangte, und fand vor allem in den USA Leute, die ihm in zahlreichen Artikeln wie im Kongreß recht gaben. Aber bei papierenen Forderungen beließ er es nicht. Die etwa 70 Millionen Tonnen Kochsalz, die heute jährlich auf der Welt gewonnen werden, gehören zu den lebenswichtigsten Rohstoffen. Salz ist unentbehrlich für die Viehzucht wie zum Konservieren von Fischen oder Fleisch, wird von Gerbereien, Färbereien und der Glasindustrie gebraucht. Salz ist keineswegs nur ein Gewürz (und ein wichtiger Chemierohstoff), und so beschloß Gandhi, das Salzmonopol der Regierung zu brechen. Wichtigste Salzquelle ist das Meer. Und so zog er mit 79 Begleitern am 12. März 1930 von Ahmedabad zu Fuß zu dem Fischerdorf Dandi, um da selber Salz zu gewinnen.

Das waren 320 Kilometer, die zurückgelegt werden mußten. Und bald blickte nicht nur ganz Indien, sondern die ganze Welt auf diese Demonstranten. Das erste von Gandhi gewonnene Salz wurde versteigert und brachte bis zu 525 Rupien für 25 Gramm, damals rund 420 Mark. 50 Anhänger Gandhis wurden während der ersten Woche der Salzgewinnung verhaftet. Aber 50 000 nahmen ihre Stelle ein. In der zweiten Woche dehnte sich die Demonstration auf ganz Indien aus, und da die Regierung zögerte, Gandhi selber zu verhaften, drohte dieser mit der Besetzung der Salzpfannen von Dharasana. Nun wurde er am 5. Mai 1930 festgenommen, aber während er im Gefängnis saß, führte die Dichterin Sarojini Naidu die Salzaktion von Dharasana, 240 Kilometer nördlich Bombay, und es wurde dafür gesorgt, daß Webb Miller als Vertreter der United Press, Amerikas bedeutendster Nachrichtenagentur, sah, was da geschah.

Diese staatliche Salzgewinnungsanlage war mit Stacheldraht umgeben und wurde von 400 Mann eingeborener Surat-Polizei unter dem Kommando britischer Offiziere bewacht. Etwa 3 000 Gandhi-Anhänger hatten sich eingefunden. Schweigend zogen sie vor den Verhau, und ein Engländer machte sie auf die Verordnung aufmerksam, die jede Ansammlung von mehr als fünf Personen verbot. Sie ignorierten ihn, gingen langsam weiter, und als die Polizei mit ihren »*lathis*«, langen Bambusstöcken mit Stahlspitzen, auf sie einschlug, hoben sie nicht einmal den Arm zum Schutz. Mit Schädelbrüchen oder zerschlagenen Schultern sanken sie um, ihre weißen *Dhotis* färbten sich rot von Blut, aber außer dem widerlichen Geräusch der Hiebe auf die Schädel war nichts zu hören. In wenigen Minuten war der Boden mit Bewußtlosen bedeckt, und Trupps von Krankenträgern schleppten sie unter ein Strohdach, wo die wenigen Ärzte, die die Gandhi-Leute begleiteten, sie zu versorgen suchten. Die Masse der Demonstranten stöhnte, aber rührte sich nicht. Sarojini Naidu hatte ihnen gesagt: »Indiens Ruf liegt in eurer Hand. Ihr dürft unter keinen Umständen Gewalt anwenden und ihr dürft keinerlei Widerstand leisten.« Das Thermometer zeigte 47 Grad im Schatten. 322 Verwundete wanden sich in Schmerzen, zwei starben an Tritten in den Bauch. Aber sie starben nicht vergeblich. Im Herbst 1930 wurde in London die erste Konferenz abgehalten, Indien der Dominion-Status zugestanden wie neun Jahre zuvor Irland und Gandhi vom Vizekönig empfangen. Nach Unterzeichnung des »Paktes von Delhi« am 4. März 1931 brach er die Ungehorsamkeitsbewegung ab.

Im einzelnen durchzusetzen, was London im Prinzip zugestanden hatte, erwies sich jedoch rasch als unmöglich, die britische Bürokratie in Indien als mächtiger als die Politiker in England. Im September 1931 begann die Aktion der Gewaltlosigkeit erneut, und für England immer fühlbarer wurde nun die »Swadeshi-Bewegung«, die Propaganda für »aus dem eigenen Land stammende Waren« und den Boykott britischer. 1931 bis 1932 wurde ein System des »picketing«, des Aufstellens von Boykott-Posten vor allen Geschäften, die englische Waren verkauften, entwickelt. Und wenn diese Bewegung zahllose Konkurse verursachte und so Steuerquellen verstopfte, so ließ sie auch die Zolleinnahmen katastrophal sinken. Natürlich spielte auch die Weltwirtschaftskrise dabei eine Rolle, die die Preise für Indiens Exportartikel derart sinken ließ, daß zum Steuerstreik immer häufiger die Unmöglichkeit kam, Steuern zu bezahlen. Aber entscheidend war der neue Geist, der sich in dem ganzen riesigen Subkontinent ausbreitete und London Schritt für Schritt zum Nachgeben zwang. 1939 hatte die Kongreßpartei viereinhalb Millionen zahlende Mitglieder – Jahresbeitrag 36 Pfennig – und stellte die Regierung in sieben der indischen Provinzen, die nun weitgehend autonom waren. Acht Jahre vergingen noch, immer wieder wurde Gandhi verhaftet, immer mehr auch seiner Anhänger, aber nachdem der Vizekönig am 1. September 1946 eine indische Nationalregierung mit Nehru an der Spitze ernannte, erklärte am 20. Februar 1947 die Regierung Attlee, England werde sich definitiv aus Indien zurückziehen. In zähen Verhandlungen gewann Lord Mountbatten Gandhi für den Teilungsplan, der am 3. Juni verkündet wurde, und am 15. August 1947 wurden Indien und Pakistan frei.

Gandhi hatte über England gesiegt, doch vermochte er über seine eigenen Landsleute nicht zu siegen. Er konnte die blutigen Massaker zwischen Hindus und Mohammedanern, die der Teilung folgten, nicht verhindern und ebensowenig Massenaustreibungen, die schließlich mehr als 15 Millionen Menschen ihr Heim und meist all ihren Besitz kosteten. Am 13. Januar 1948 begann Gandhi zu fasten, um neues Blutvergießen zu verhindern. Aber am 30. Januar wurde er in Delhi, im Haus des Hindu-Multimillionärs Birla, bei dem er wohnte, von einem Hindu-Fanatiker ermordet.

Die langjährige Freundschaft mit dem reichsten und mächtigsten Hindu-

Industriellen und Bankier des Landes war kennzeichnend für den Organisator des indischen Unabhängigkeitskampfes. Gandhi errang die politische Selbständigkeit seines Landes, aber verhinderte jede echte Erneuerung. Wie bei der Französischen Revolution Geldinteressen eine überragende Rolle spielten, so auch bei Indiens Unabhängigkeitskampf, und hier wurden dazu noch systematisch die Priesterschaft und der Großgrundbesitz »geschont«. Eine Einkommensteuer gab es in Indien zwar schon seit 1860, die zu zahlen hatte, wer mehr als 1 940 DM jährlich verdiente, aber das waren 1940 nur 291 000 von rund 400 Millionen, denn »Einkommen aus der Landwirtschaft« unterlagen ausdrücklich nicht dieser Steuer, die Samindari hatten Grundsteuerabgaben zu entrichten, aber sonst keine Steuer zu bezahlen, und die Fürsten waren als »Souveräne« natürlich nicht nur steuerfrei, sondern erhoben selber Steuern.

Nationalisten, die gegen diese Privilegien auftraten, gab es genug. Aber als Indien 1922 am Rand einer echten Revolution stand, erklärte Gandhi: »Nichtzahlung der Pachtzinsen an die Samindari läuft den Entschlüssen des Kongresses zuwider und schädigt die Eigeninteressen Indiens. Der Arbeitsausschuß versichert den Samindari, daß der Kongreß in keiner Weise beabsichtigt, ihre Rechte anzugreifen.« Die »nationale« Bourgeoisie war nicht bereit, auf ihr Rentnerdasein zu verzichten, und Indien geriet nach der Selbstständigkeit immer tiefer ins Elend, weil der Erfolg die Kongreßpartei nun völlig korrumpierte und es zu keinerlei echten Reformen kam, zu einer wirtschaftlichen so wenig wie zu einer geistigen Erneuerung. Die neue Regierung kündigte »umfassende Bodenreformen« an. In Uttar-Pradesch zum Beispiel wurde auch am 30. Juni 1952 das Samindari-System abgeschafft. Die Ländereien von 2 Millionen Großgrundbesitzern wurden an 12,8 Millionen Pächter übergeben, die nun als »Ryots« dem Staat unmittelbar Abgaben zu zahlen hatten, aber statt der rund 63 Millionen DM, die die Samindari an Grundsteuern bezahlt hatten, 160 Millionen. Ministerpräsident Nehru feierte das als einen »Tag des Fortschritts und der Befreiung der Bauernschaft«. Aber sehr rasch stellte sich heraus, daß die Gesetze so formuliert worden waren, daß man sie leicht umgehen konnte. Im Rajastan zum Beispiel sollte der Bodenbesitz maximal 200 Hektar betragen, aber »pro Kopf«, und die Samindari-Familien zählten oft 30 oder 40 Köpfe. Die Großgrundbesitzer mußten außerdem mindestens das Zehnfache des Jahresnettoertrages ihrer Ländereien als Entschädigung erhalten, und dazu hätte der Staat 1951 mehr Geld gebraucht, als er in den nächsten 120 Jahren aufzubringen hoffen konnte. Die Samindari hatten mindestens die Hälfte und sehr oft zwei Drittel der Ernten kassiert, aber auch das Saatgetreide und die Ackerbaugeräte zur Verfügung gestellt, und dazu erwies sich nun der Staat keineswegs immer imstande. Nach wie vor blieben so die Dorfwucherer die wahren Herren; nach wie vor gaben die Bauern viel zuviel Geld für Hochzeiten und andere Familienfeste aus und blieben so in Abhängigkeit von den Geldverleihern, die meist mit den Samindari identisch waren. Der Höchstsatz der indischen Einkommensteuer wurde 1955 auf 88,6 und 1956 auf 91,9 Prozent erhöht. Aber niemand bezahlt diese Sätze, auch heute verfügt die Indische Union über kein wirksames Kontrollsystem, und 1955 zum Beispiel konnten (der »Reserve Bank of India« zufolge) nur die Bücher von insgesamt 752 Aktiengesellschaften geprüft werden. Deren Umsatz betrug damals 11 440 Millionen Rupien, der Reingewinn vor der Steuerzahlung 970 Millionen, nach der Steuerzahlung 600 Millionen, und das ermöglichte die Auszahlung von durchschnittlich 36 Prozent Dividende. Der Fiskus kassierte insgesamt 325 Millionen DM. Vermögen von mehr als 175 000 DM wurden nun mit 0,5 bis 1,5 Prozent besteuert, und da zum Beispiel der Steuerwert des Vermögens des Nizam von Haidarabad mit 665 Millionen DM angenommen wird, wären das immerhin 12 Millionen gewesen. Aber die erblichen »Apanagen«, die 562 Fürsten und Prinzen 1947 beim Aufgeben ihrer Hoheitsrechte erhielten, blieben wie ihre Vermögen und ihr Vermögensertrag »von allen Einkommen- oder anderen Steuern frei«, und der Maharadscha von Haidarabad erhält jährlich 2,65 Millionen DM »Apanage«, die Maharadschas von Mysore und Gwalior je 1,35 Millionen netto. Natürlich blieb auch der gesamte Tempelbesitz und alle Tempeleinkommen steuerfrei. Den längst zu krassem Aberglauben entarteten Hinduismus wagte niemand anzutasten. Und vor allem: Indien wurde durch »Gewaltlosigkeit« frei. Aber Gandhi selber wurde ermordet und allein 1962–1966 der Bestand der Armee der Indischen Union von 486 000 auf 825 000 Mann erhöht, während es 1939 in Indien und Pakistan zusammen nur 230 000 waren. Die Millionärseinkommen mitgezählt, hatte nun das Pro-Kopf-Einkommen Indiens 360 DM im Jahr erreicht. Aber für jeden indischen Wehrmachtsangehörigen wurden 1966 (dem Londoner Institut für Strategische Studien zufolge) 9 668 DM aufgewendet, jeder Soldat kostete, was 27 »Durchschnitts-Inder« zu verbrauchen hatten, und die Wehrmachtsausgaben waren nun um die Hälfte höher als der gesamte Erziehungsaufwand. Als Indien 1967 den 20. Jahrestag seiner Unabhängigkeit feierte, hatte es an Aufbauhilfe des Auslandes 69,3 Milliarden DM bekommen. Aber nach wie vor konnten mehr als drei Viertel der Bevölkerung nicht lesen und schreiben, und das reale Pro-Kopf-Einkommen war geringer als 1947, weil die Preise weit rascher stiegen als die nominelle Zunahme. Wie die amerikanischen Kolonien und Irland hatte England durch seine verfehlte Finanzpolitik Indien verloren. Aber Indiens Volk brachte Gandhis »Gewaltlosigkeit« kaum mehr Segen als die Guillotine den Franzosen, denn die eigene Regierung bedeutete (wie in so vielen andern neugebildeten Staaten) nicht zugleich eine bessere Regierung und neue Ideen.

Immer wieder machten Fiskalexzesse Geschichte, immer wieder führten staatliche und private Ausbeutungspraktiken zu Revolten und Bürgerkriegen – auch zur Französischen Revolution, und daß die Steuergerechtigkeit erzwungen wurde, bedeutete zweifellos eine der größten Umwälzungen aller Zeiten. Aber was geschah wirklich? War diese »Große Revolution« eine echte Volksbewegung und brachte sie tatsächlich »Gleichheit, Freiheit und Brüderlichkeit«, wie das nun auf allen Amtsgebäuden Frankreichs eingemeißelt steht? Kam es durch Frankreichs »Aufklärung« zu echten Fortschritten der staatlichen Menschenführung und menschlichen Finanzierungsmethoden der Gemeinschaftsaufgaben?

VIII

DIE ERZWINGUNG DER STEUERGERECHTIGKEIT DURCH FRANKREICHS »GROSSE REVOLUTION«

Die fiskalischen Errungenschaften der »Volksherrschaft«

»Die ›Große Revolution‹ erhielt ihre epochale Weltbedeutung durch die Kräfte, die sie entfesselte – Demokratie, Nationalismus, Sozialismus –, die das Antlitz Europas und der ganzen Erde veränderten und die noch heute wirksam sind ...«

Encyclopaedia Britannica
unter »French Revolution«

»Unsere glorreiche Revolution brach die Macht der Kirche – und machte unsere Kirchen zu Gefängnissen, in die Gott gesperrt wird, damit er nicht ins Alltagsleben eingreife.
Unsere glorreiche Revolution beseitigte die Privilegien des Adels wie die des Klerus – und in ihrer majestätischen Gerechtigkeit verbieten nun unsere Gesetze den Reichen gleich wie den Armen zu betteln, unter den Brücken zu schlafen und Brot zu stehlen ...«

Aus einer anonymen französischen Flugschrift
des Jahres 1810

Wenn heute die Vereinigten Staaten und die Sowjetunion die Geschicke der Welt bestimmen (oder zumindest das zu tun glauben), so gab im 17. und 18. Jahrhundert Frankreich den Ton an. Mit rund 550 000 Quadratkilometern der größte Staat Europas, ist es auch sein fruchtbarster und klimatisch begünstigtster, und Gallien besaß so schon unter Caesar etwa 7 Millionen Einwohner. Um 1685 hatte Frankreich 23 Millionen, England nur 5,5, Spanien 9, Italien etwa 11 Millionen, und im europäischen Rußland lebten damals etwa 13 Millionen Menschen, in Preußen nur 1,5. Dennoch herrschte in Frankreich nie Landmangel, denn es kann gut 100 Millionen ernähren. Aber nichtsdestoweniger begann Frankreich schon lange vor England sein Kolonialreich aufzubauen. Franzosen erforschten Kanada, und als »Neu-Frankreich« nahm, wie erwähnt, Jacques Cartier, der 1534 den Sankt-Lorenz-Strom entdeckte, ein Gebiet in Besitz, das zwanzigmal größer war als das Mutterland. Da auch Louisiana bis 1803 französisch war, gehörten allein in Nordamerika Frankreich zeitweilig mehr als 12 Millionen Quadratkilometer oder die eineinhalbfache Fläche der heutigen Vereinigten Staaten. Weit erfolgreicher als die britische war lange auch die französische Ostindien-Kompanie. Frankreich besaß reiche Inseln im Karibischen Meer wie in der Südsee und führte lange im Welthandel.

Aber wichtiger als die Kolonialexpansion und wichtiger als alles andere war, daß England von Königen aus der Normandie regiert wurde und diese auf dem Kontinent Erbschaften machten. Vor allem aus dynastischen Gründen gab es jahrhundertelange Kämpfe zwischen den französischen und den englischen Herrschern. Wie eine verlorene Schlacht gegen die Franzosen Johann ohne Land im Jahre 1215 zwang, die »Magna Charta« zu unterschreiben und damit die »demokratische« Entwicklung Englands begann, zwangen die ewigen Kriege Frankreichs Könige, das erste stehende Heer der Neuzeit zu schaffen, waren sie gezwungen, den französischen Zentralismus zu entwickeln und zugleich ihrem Adel und Klerus verhängnisvolle Zugeständnisse zu machen. Wiederholt sah es aus, als ob die aus der Normandie stammenden Fürsten ganz Frankreich erobern würden: Am 26. August 1346, in der Schlacht von Crécy und Poitiers, geriet Philipp VI. von Frankreich in die Gefangenschaft Eduards III. von England und erlangte seine Freiheit nur durch die Abtretung der Hälfte all seiner Dominien wieder. In der Schlacht von Azincourt schließlich, am 25. Oktober 1415, schlug Heinrich V. von England die Franzosen so vernichtend, daß er in Paris als König von Frankreich anerkannt werden mußte, alle Gebiete nördlich der Loire erhielt und Karl VII. von Frankreich bis Bourges zurückwich. Nun jedoch sandte der »Himmel« dem König nicht nur Jeanne d'Arc, die 1429 Orléans befreite und deren Hinrichtung durch die Engländer 2 Jahre später die nationale Wiedergeburt Frankreichs einleitete, sondern das Finanzgenie Jacques Cœur behob auch die Geldsorgen des Königs und machte Frankreich wirtschaftlich so potent, daß es jahrhundertelang England weit überlegen blieb.

Die Geldsorgen waren eine natürliche Kriegsfolge gewesen, aber ebenso eine Folge des fränkischen Feudalsystems, das die Staatseinnahmen – also damals die Einnahmen der Krone – auf den Ertrag der königlichen Domänen beschränkte und das Einheben von Steuern nicht gestattete. Natürlich genügten die Domänenerträge nicht für die Soldzahlungen eines stehenden Heeres und schon gar nicht, um die Kosten des »Hundertjährigen Krieges« zu decken, und so hatten die Räte Philipps IV., »des Schönen«, im Jahre 1295 als Sonderkriegssteuer eine Abgabe auf alle Verkäufe beschlossen. Aber das Volk nannte diese »maltôte«, das »unrechtmäßig Erhobene«, und es kam zu einem Aufruhr. Man half sich mit Münzverschlechterungen, und der König beschlagnahmte (wie im IV. Kapitel geschildert) Kirchengut, zog Abgaben vom Klerus ein und enteignete die Templer.

Um diesen Entscheidungen und vor allem seinen Argumenten im Kampf gegen die Päpste mehr Gewicht zu geben, war 1302 eine Versammlung der Vornehmsten des Reiches einberufen worden, die Prälaten als Führer der Geistlichkeit, der Adel und als Vertreter der Städte je 2 Bürger. Aus diesen Versammlungen, die vorerst als »Provinzialstände« getrennt tagten, wurden die »Etats généraux«, die »Generalstände«, als Vertretung des ganzen Reiches, die erstmals 1484 und zum letztenmal 1789 zusammentraten, und zwar auf Befehl des Königs, nicht um ein eigenständiges Recht auszuüben. Hauptaufgabe der Stände war von Anfang an die Bewilligung von Hilfsgeldern, und diese wurden auf zweierlei Art aufgebracht. Die Stände des Languedoc vereinbarten die Zahlung einer gewissen Gesamtsumme und teilten sie selber auf Grund der Feuerstellen auf ihre Dörfer und Städte auf. In den Gebieten französischer Sprache führten die Stände 1355 unter der Bezeichnung »aide« – »Hilfe« – Verbrauchssteuern, vor allem auf Getränke, ein, und die Einhebung dieser Steuern wurde verpachtet wie die »Gabelle«, die seit 1345 bestehende Salzsteuer. Aber stets mußte der König feierlich erklären, daß es sich nur um Notmaßnahmen handele, daß er kein

Recht zur Steuereinhebung besäße. Stets gab es natürlich Streit um die Höhe der Abgaben, und ewig litt die Krone unter Geldmangel.

Jacques Cœur änderte das, indem er Frankreich auswärtige Geldquellen erschloß. Als Zeitgenosse Heinrichs des Seefahrers, der die portugiesischen Entdeckungsreisen organisierte, war Cœur um das Jahr 1400 in Bourges als Sohn eines Pelzhändlers geboren worden. Er kam als Einkäufer seines Vaters weit herum, hatte Kunden auch am Hof des Königs, als dieser in Bourges residierte, und veranlaßte Karl VII. im Jahr 1446, einen Gesandten zum Sultan von Ägypten zu senden. 15 Jahre bevor die Venezianer das versuchten, konnten die Franzosen ein Konsulat in Alexandria errichten. Cœur organisierte von Alexandria aus den französischen Orienthandel und dehnte ihn durch ein Bündnis mit der Republik Genua aus, deren Macht im rapiden Absinken war und die seit 1458 einem französischen Gouverneur unterstand. Cœur reiste nach Syrien, hatte schließlich überall im Nahen Osten mehr als 300 Vertreter und wurde der bedeutendste Reeder des Mittelmeers. Und er wurde so rasch und so ungeheuer reich, daß man ihm den Besitz des alles in Gold verwandelnden »Steines der Weisen« nachsagte. Zeitweilig besaß Cœur drei Viertel des gesamten Barvermögens Frankreichs.

Das gelang ihm vor allem, weil er als erster die in der Levante und im Westen höchst unterschiedliche Preisrelation von Gold und Silber auszunutzen verstand. Er reorganisierte die Kupfer- und Silberbergwerke der Krone in Südfrankreich und verkaufte das hier billige Silber in der Levante, wo Gold billiger als in Frankreich war. Und das tat er nicht nur zum eigenen Nutzen, sondern auch zu dem Frankreichs. Cœur wurde Münzmeister des Königs und verschlechterte die Münzen nicht, sondern erhöhte ihren inneren Wert. Er gewann das Vertrauen des Volkes wie der Kaufmannschaft Dutzender Länder, und wenn er selber 30 Schlösser und Herrschaften besaß und davon eine einzige, St-Fargenau, 22 Pfarreien einschloß, wenn sein gotisches Stadthaus in Bourges noch heute eine Sehenswürdigkeit ist und er königlicher lebte als der König, so machte das doch niemanden arm, sondern immer mehr Franzosen reich. Vor allem auch, weil er mit dem Münzwesen zugleich auch das Steuerwesen reformierte und die »taille«, eine 1439 eingeführte kombinierte Grund- und Personalsteuer, durch Schiffahrtsabgaben und Außenhandelsabgaben ergänzte.

Aber natürlich hatte Cœur dem König auch Geld leihen müssen, und ebenso hatte der Hochadel bei ihm Geld geliehen. Er wurde der Günstling Agnès Sorels, der Geliebten des Königs – und das führte zu seinem Ruin. Denn 1450 ernannte ihn diese zu ihrem Testamentsvollstrecker, und als sie im Jahr darauf starb, wurde Cœur beschuldigt, sie vergiftet zu haben.

Diese Anklage war grotesk, und jedermann wußte das. Aber Cœur hatte nun so viele Schuldner unter den Mächtigen des Reiches, daß man ihn unter jedwedem Vorwand zu beseitigen und damit die Schulden zu »tilgen« trachtete. Und er hatte sich den König dadurch zum Feind gemacht, daß er 1450 die strikte Trennung von Hof- und Staatsausgaben forderte und den Ständen die Aufstellung verbindlicher Staatsbudgets übertragen wollte. Cœur wurde von einem Gefängnis ins andere verschleppt, und nur der Einspruch des Papstes rettete ihn vor dem Henker. Schließlich konnte Cœur fliehen, und Ludwig XI. rehabilitierte den Mann, der mehr zur Festigung des französischen Königtums und den Sieg über die britische Fremdherrschaft beigetragen hatte als alle Heerführer Frankreichs. Als Generalkapitän der Päpstlichen Flotte fiel Cœur im Kampf gegen die Türken. Er starb schon 1456 auf der Insel Chios, und mehr als 2 Jahrhunderte vergingen, ehe Jean-Baptiste Colbert »Generalkontrolleur der Französischen Finanzen« wurde und Cœurs Beispiel folgend erneut versuchte, die Finanzmisere durch erhöhte Produktivität und eine gewaltige Wirtschaftsexpansion statt durch das Ausbluten des Volkes zu überwinden. Und da war es zu spät...

Frankreichs Könige hatten das erste stehende Heer der Neuzeit schaffen müssen, um ihr Land von den Engländern zurückzuerobern – und dieses Heer wurde nie mehr abgeschafft und ständig teurer. Sie hatten neben sich keine andern Fürsten in Frankreich dulden können, weil immer wieder diese oder jene große Adelsfamilie zum Feind übergegangen war. Frankreichs Könige hatten zahllose innere Kämpfe ausgefochten, zahlreichen ihrer Lehnsleute aber auch die Hoheitsrechte abgekauft und den Adel und den Klerus durch Privilegien gewonnen. Nirgends zahlte der Adel Steuern, weil er ja Kriegsdienst leistete. Und bei der Steuerfreiheit blieb es, auch als keine Kriegsdienste mehr von den Rittern verlangt wurden, und hinzu kamen in Frankreich durch die besonderen Umstände Sonderrechte. Hier durften nur Adelige jagen und fischen, und nur sie durften Tauben halten (die das Getreide der Bauern fraßen), und so unantastbar waren sie wie das Wild, das sich auf den Feldern gütlich tat und enorme Schäden verursachte (deren Gutmachung auch nur zu verlangen undenkbar war). Den adeligen Grundherren standen wie überall Frondienste zu, und der Schloßherr von Chambord zum Beispiel ließ seine Felder und Wälder von »seinen« Bauern mit einer 33 Kilometer langen und 3 Meter hohen Mauer umgeben. Andere zwangen ihre Bauern, nachts mit Stangen die Schloßteiche in Bewegung zu halten, damit die Frösche nicht quakten. Der Adel in Frankreich besaß aber auch noch die »Bannrechte«: Mit dem Übergang des Bodens in die Hände des Schwertadels wurde der früher selbständige Müller oder Bäcker Herrschaftsuntertan. Der Herr verfügte den »Mühlbann«, das heißt im Umkreis einer schon laufenden Mühle durften keine anderen errichtet und alles Getreide dieses Gebietes durfte nur in ihr vermahlen werden. Jede Konkurrenz war so ausgeschlossen und das dem Grundherren zustehende Mahlgeld entsprechend. Ähnlich war es bei den Backöfen, bei den Schmieden und allen andern ehemals freien Gewerben. Aufseher wachten darüber, daß die Bauern nicht im geheimen eine kleine Handmühle betrieben oder selber Brot backten. Außerdem standen den Adeligen Abgaben von allen Verkäufen in ihren Dörfern und auf den Märkten zu, bei Getreide zum Beispiel 5,5 Prozent des Wertes, bei Getränken 20 Prozent. Und gelang es einem Nichtadeligen, ursprünglich adelige Güter zu erwerben, so hatte er nicht nur die normalen Steuern zu entrichten, sondern auch den »franc fief«: alle 20 Jahre einen vollen Jahresertrag. Einen weiteren Jahresertrag bei jeder Rechtsnachfolge. Selbstverständlich unterstand der Adel auch nur seinen eigenen Gerichten.

Die Privilegien des Klerus waren kaum geringer, und seit Karl IX. im 16. Jahrhundert verbot, irgendwelche Zwangsmaßnahmen zur Eintreibung von Schulden Geistlicher anzuwenden, zahlten diese nur, wenn sie Lust dazu hatten. Der kirchliche »Zehnte« betrug keineswegs nur 10 Prozent, sondern diese Abgabe schwankte je nach den »Bedürfnissen« der Geistlichkeit, und zu ihr zählten schließlich rund 140 000 Steuerbefreite, während etwa 160 000 Personen als adelig galten. Von je 100 Zentnern Getreide, die Frankreichs Bauern vor der Revolution ernteten, hatten sie im Durchschnitt 43 an Feudal- und Kirchen-»Zehnten«, an Kopfsteuer, Herdfeuersteuer und anderen Abgaben zu entrichten, und von den verbleibenden 57 Zentnern mußten 11 für Wege- und Verkaufsabgaben bezahlt werden: Steuersatz also 54 Prozent. Und dazu kamen Einquartierungen, Fuhr- und Wegebaupflichten.

Adel und Klerus besaßen so auf die Dauer untragbare Privilegien, für die das Volk aber nicht nur unmittelbar aufkommen mußte, sondern auch indirekt, durch seine Abgaben an den König, denn dieser hatte, wie gesagt, Hoheitsrechte »abgelöst«: Im Jahre 1614 zum Beispiel zahlte die Krone 5,7 Millionen Livres an »Adelspensionen«, damals rund 40 Millionen Goldmark. 1770 aber waren es bereits 28 Millionen (allerdings in ihrem Wert inzwischen gesunkene) Livres, die im »Roten Buch« der Bezugsberechtigten eingetragen waren, und dazu kamen nun 33 Millionen Livres, die die Hofämter den rund 4 000 Familien des Schwertadels einbrachten, die allein am Hof zugelassen waren, und die 46 Millionen Livres Sold der 12 000 Offiziere, die ebenfalls mindestens 4 Generationen Erbadel nachweisen mußten, ehe sie ihr Patent erhalten konnten. Unter Ludwig XVI. gab es keinen der damals 143 Bischöfe Frankreichs, der nicht adelig gewesen wäre, denn alle einträglichen Kirchenstellen waren den jüngeren Söhnen der »großen Familien« vorbehalten, die meist schon als Zwölfjährige die Tonsur erhielten. Insgesamt bezog der Adel von der Krone nun jährlich rund 220 Millionen Goldmark bei 400 Millionen Staatseinnahmen Frankreichs. Denn wie das Volk hatten ja auch Prinzen und Grafen Kinder, und die Zahl der königlichen »Pensionisten« nahm naturgegeben ständig zu.

Schon deren Kosten konnten auf die Dauer nicht aufgebracht werden, aber noch weit unheilvoller wirkte sich aus, daß es in Frankreich nicht nur wie anderswo den »Schwertadel« gab, sondern auch die »Noblesse de Robe«, den Beamtenadel. »Rat am Parlament«, das heißt, Richter an den Staatsgerichtshöfen zu sein, bedeutete in der dritten Generation automatisch den Adel, und dieser war ebenso mit zahlreichen anderen Stellen verbunden. Und seit die Beamtenstellen nicht nur käuflich waren wie seit langem schon die vom Papst verkauften hohen Kirchenämter, sondern auch erblich, wucherte der französische Beamtenadel nicht nur krebsartig, sondern nur noch das Geld entschied darüber, wer das Land verwalten sollte. Im Regierungsdienst kam es ebenso allein auf die Geburt an wie im Militärdienst.

Zu dieser äußerst verhängnisvollen Entwicklung kam es im Jahr 1604. Wie das Heer immer teurer geworden war und die an den Schwertadel zu zahlenden Pensionen ständig stiegen, erforderte die Hofhaltung der französischen Könige immer mehr Geld. Diese hatte unter Philipp von Valois im Jahr 1336 rund 2,2 Millionen Goldmark gekostet, unter Heinrich IV. das Fünfzigfache (und schließlich 1781 ein Fünftel der gesamten Staatseinnahmen) und längst war es nun »selbstverständlich«, daß »das Kalb im Leib der Kuh aufgegessen«, das heißt im laufenden Jahr bereits die Einnahmen des folgenden verbraucht wurden. Der Geldmangel der französischen Könige blieb chronisch, und so kam es schließlich zur »Paulette«. Der Königliche Sekretär Charles Paulet schlug Heinrich IV. im Jahr 1604 vor, die Finanz- und Justizbeamten jährlich ein Sechzigstel ihres Einkommens als Abgabe an den König entrichten zu lassen und ihnen dafür das Recht zu geben, ihr Amt zu vererben oder selber weiterzuverkaufen. Paulet pachtete diese Steuer, zahlte dem König 160 000 Livres jährlich – und war natürlich daran interessiert, daß es möglichst viele Ämter gab. Zwar hatten schon Franz I. und Ludwig XII. Ämter verkauft, aber diese waren nicht erblich. Die Vererbbarkeit und die Verkäuflichkeit durch die jeweiligen Inhaber erst machten den Ämterkauf zur »sichersten aller Kapitalanlagen« – und entzogen dem Handel und Gewerbe unentbehrliches Kapital, machten aus den wirtschaftlich potentesten Kräften Frankreichs Staatsrentner. Der Erwerb von Sinekuren bedeutete keineswegs nur, daß nicht mehr die Befähigung darüber entschied, wer zu regieren hatte, sondern er führte natürlich auch zu einer gefährlichen Aufblähung des Verwaltungsapparats. Ludwig XIV. verkaufte schließlich auch städtische Ämter, die bisher von den Bürgern Gewählten zustanden. 1664 gab es in Frankreich 45 780 Finanz- und Justizbeamte, während 6 000 vollauf genügt hätten. Es wurden Ämter gekauft, weil Frankreichs Beamte wie der Adel und der Klerus steuerfrei waren und reiche Kaufleute oder Bankiers nur ein Amt zu kaufen brauchten, um überhaupt keinen Belastungen mehr ausgesetzt zu sein. Und für wichtige Ämter wurden natürlich nur deshalb hohe Summen bezahlt, weil sie Bereicherungsmöglichkeiten boten, zum Beispiel stand 1648 in einem Venezianischen Gesandtenbericht über das Frankreich Kardinal Mazarins: »... Außer dem, was in den Königlichen Schatz geht, mästet sich eine unendliche Anzahl von Beamten noch selbst und wird fett dabei, so daß es scheint, als ob das Volk nur lebe und atme, um die Wollust und den Luxus dieser schlimmsten Harpyien seines Schweißes und Blutes zu nähren ...«

Zwangsläufig fühlten sich die reichen Bürger, die Ämter kauften, der Regierung und dem König so wenig verpflichtet wie dem Volk. Der König konnte von seinen Beamten keine genaue Ausführung seiner Befehle erwarten und keine wahrheitsgetreue Berichterstattung über die Zustände in ihrem Amtsbereich – und schließlich wurde die Bürokratie zum gefährlichsten Feind des Königtums. Auch hier kam es zur »Nemesis«, zum »Fluch der bösen Tat«. Die Monarchen ließen die Bürokratie wuchern, um mehr und mehr Ämter verkaufen zu können. Aber die Beamten wollten nicht von den Launen der Fürsten und Mätressen abhängig bleiben. Sie beseitigten den Absolutismus, um praktisch allein zu regieren. Sie überwucherten den Staat, entmachteten de facto mehr und mehr auch die Parlamente – und sind nun wie in der Sowjetunion dabei, die Partei zu entmachten, weil sie von Parteifunktionären so wenig überwacht werden wollen wie früher von Fürsten und Königen.

Natürlich war wiederholt versucht worden, diese fast zwangsläufige Entwicklung aufzuhalten. Schon 1614 traten Frankreichs »Generalstände« gegen den Ämterschacher auf, und der Schwertadel unterstützte das, weil er natürlich den Beamtenadel verachtete. Aber auf die Ämter, die ihm selber vorbehalten waren, wollte er so wenig verzichten wie auf seine Pensionen, und so warnte der damalige Präsident des »Dritten Standes«, Miron, schon 1614 den Erbadel wie den König: »Euer Leben, edle Herren, verläuft in verwegenem Spiel, in Völlerei, Verschwendung, öffentlichen und privaten

Gewalttätigkeiten, der alte Glanz eures Standes ist verdunkelt. Das Volk geht ächzend seines Weges, muß alles schaffen für Eure Majestät, für Adel und Geistlichkeit. Tiger, Löwen und andere Bestien tun nicht viel Übles an denen, die sie ernähren – wie anders euer Kriegsadel! Wenn Eure Majestät keine Abhilfe schaffen, so könnte es wohl sein, daß dem armen Vok die Schuppen von den Augen fallen und es begreift, daß ein Soldat nichts anderes ist als ein Bauer mit einer Waffe in der Hand; und es könnte dann geschehen, daß ein Winzer mit einer Hakenbüchse über der Schulter plötzlich erkennen würde, daß er nun daran ist, aus dem Amboß ein Hammer zu werden...«

Niemand kümmerte sich um diese Warnung, die einzige »Reform«, zu der es kam, war, daß schließlich alle Protestanten vom Ämterkauf in Frankreich ausgeschlossen wurden. Sie mußten sich auf Handel und Industrie beschränken und gewannen dort – nicht zuletzt auch durch die Glaubenslehren des Calvinismus – den vorherrschenden Einfluß. Als Ludwig XIV. 1685 das Edikt von Nantes aufhob – nicht um den Katholizismus an sich zu stärken, sondern um der Staatsreligion zur Alleinherrschaft zu verhelfen, deren Hierarchie er selber beherrschte –, wanderten die Hugenotten aus, mindestens 600000, nach anderen Quellen vielleicht sogar 800000. Die geplante Konfiskation der Flüchtlingsvermögen mißlang, und vor allem protestantische Bankiers – wie der Genfer Necker – waren es dann, die im 18. Jahrhundert das französische Königtum stürzten.

Und sie konnten das Volk dazu benutzen, weil dessen Lage immer trostloser geworden war. Die Bauern mußten nicht nur die Abgaben an den Adel und die Kirche aufbringen und ihre Pachten bezahlen, sondern auch Markt- und Wegegelder. Wenn Wein zum Beispiel aus dem Osten des Landes nach Paris gebracht werden sollte, waren einundvierzigmal Zölle und Mauten zu entrichten. Alle Städte erhoben an ihren Toren Abgaben, und allein die Abgaben an den Staat und die indirekten Steuern verschlangen 1760 zum Beispiel im Bordelais durchschnittlich 36 Prozent des landwirtschaftlichen Ertrages, im Limousin ein Drittel des Ertrages von guten und vier Siebentel des Ertrages mittelmäßiger Böden. Und der Hektarertrag von Weizen zum Beispiel betrug damals weniger als ein Zehntel des heutigen. Schließlich führte zur Revolution, daß die schwächsten Schultern die schwersten Lasten trugen – und der Staat dennoch nie genug Geld bekam, weil ja stets zwischen Brutto- und Nettoeinnahmen unterschieden werden mußte. Die Steuereinhebung war, wie gesagt, größtenteils verpachtet, und so betrug zum Beispiel 1661 der Rohertrag der Steuer 84 Millionen Livres, die Einhebungskosten aber 52 Millionen oder fast 62 Prozent, netto blieben also nur 32 Millionen, während die Staatsausgaben damals 60 Millionen Livres betrugen. 1718 war ein »Taille«-Eingang von 48,5 Millionen Livres vorgesehen, aber die Steuereinnehmer hatten sich eine Provision von 16 Millionen oder 33 Prozent gesichert. Ähnlich war es bei der »Gabelle«, der Salzsteuer, und diese schwankte in den verschiedenen Landesteilen zwischen 2 und 34 DM pro Kilo, denn wenn der König wieder einmal besonders dringend Geld brauchte, befreite er diese oder jene Provinz gegen einen Vorschuß von ihrer Zahlung. Weit ärger noch als der Steuerdruck war das Steuerchaos, das in Frankreich herrschte und die Wirtschaft lähmte. Im Jahr 1661 schrieb Jean-Baptiste Colbert: »Was dieses Königreich allen andern ›voraus hat‹, ist die ›Vielfalt‹ seiner Finanzmaßnahmen, die eine unübertreffliche Unordnung und Verwirrung zustande bringen. Hier wurde Meisterschaft darin errungen, etwas zu tun und das Getane wieder zunichte zu machen. Den alten Beamten neue Gehälter und neue Ehren zu gewähren und ihnen zugleich die Existenzberechtigung durch die Schaffung neuer Beamtenstellen aller Art zu nehmen. Da werden Rechte vergeben und Rechte beschnitten, auf alle Fälle aber unter jedwedem Vorwand Steuern erhoben und reale Ausgaben auf Grund erhoffter Einnahmen beschlossen ...«

Dennoch stand Frankreich damals auf dem Höhepunkt seiner Macht und seines Ansehens in der Welt. Ludwig XIV. war das leuchtende Vorbild fast aller Fürsten Europas, und es schien, als ob es dem Finanzminister des Königs, Colbert, gelingen könne, Einnahmen und Ausgaben dadurch in Einklang zu bringen, daß er Frankreichs Wirtschaft »ankurbelte« wie niemand zuvor und seither nicht einmal Jean Monnet. Der Geist Amenemhets III. schien wieder lebendig geworden. Männer wie Colbert und Vauban wurden berufen, um das Werk Jacques Cœurs in vervielfachtem Umfang fortzusetzen. Aber gegen die »Pyramiden-Mentalität« kamen schließlich auch sie nicht auf.

Als Sohn und Enkel angesehener Tuchhändler wurde Colbert 1619 in Reims geboren. Durch eine Familienverbindung mit Michel Le Tellier, dem damaligen Kriegsminister, kam er schon als Neunzehnjähriger in dessen Amt und wurde bald auch sein Privatsekretär. Dadurch wurde Kardinal Mazarin, der allmächtige Premierminister, auf Colbert aufmerksam, und als dieser während der Herrschaft der Condés 1651 Paris verlassen mußte, wurde er dessen Geheimagent und informierte ihn über alle Ereignisse. Nach der Rückkehr des Kardinals wurde er dessen Geschäftsführer und dadurch zum besten Kenner der französischen Staatsfinanzen und der Gesamtwirtschaft. Wenn Mazarin ihn auch je nach Laune seinen »Commis«

oder seinen »Bedienten« nannte, so war Colbert doch dessen alleiniger Vermögensverwalter – und der habgierige und zugleich verschwenderische Premierminister, der ebenso für seine eigene Tasche wie für die des Königs arbeitete, starb als einer der reichsten Männer Europas. Mazarin kaufte und verkaufte alles: Staatsämter und Bündnisverträge, Teppichwebereien und Edelsteine, Abteien, Viehherden und Schoßhunde, Möbel, Jungfrauen und Herzogtümer.

Auch Colbert selber starb als einer der reichsten Leute seiner Zeit. Er vergaß nie seinen eigenen Vorteil, ob man ihn nun fragte, zu welchem Preis das Amt einer Wäscherin am Königlichen Hof ausgeboten werden solle oder welche Steuerhöhe er für tragbar halte. Als Kardinal Mazarin 1661 starb, sagte seine Nichte Maria erleichtert: »Gott sei Dank, er ist verreckt!« Und als Colbert begraben wurde, bewarf das Volk den Leichenzug mit Steinen. Seine Leiche wurde aus dem Sarg gerissen, weil man ihn für neue Steuern verantwortlich machte. Aber zwischen Mazarin und Colbert gab es einen fundamentalen Unterschied: Der eine plünderte das Land aus. Der andere machte Frankreich – wie Jacques Cœur – unendlich viel reicher, als er es vorgefunden hatte. Er nahm an diesem Reichtum teil, aber ohne dadurch irgend jemanden ärmer zu machen.

Wie er das Vertrauen des Kardinals gewonnen hatte, gewann Colbert nach dessen Tod das König Ludwigs XIV. Vorerst ohne Amt, reformierte er das Finanzwesen und begann damit, daß er den Finanzminister Nicolas Fouquet stürzte. Dieser war zugleich Frankreichs mächtigster Bankier gewesen, und der Bankier Fouquet hatte dem Finanzminister Fouquet Geld zu geradezu phantastischen Wucherzinsen geliehen. Fouquets Schloß Vaux le Vicomte übertraf damals bei weitem die Hofhaltung des Königs, und Fouquet glaubte auch, den König an Macht übertreffen zu können. Als Mazarin starb, hatte Ludwig XIV. die führenden Männer Frankreichs zusammengerufen und ihnen erklärt: »Jetzt ist es Zeit, daß ich selber herrsche. Sie werden mich mit Ihrem Rat unterstützen – wenn ich Sie darum ersuche.« Das Amt des Premierministers wurde abgeschafft. Aber Fouquet sagte fremden Botschaftern, der Regierungseifer des Königs werde bald erlahmen, und dann werde er die Leitung der Geschäfte übernehmen. Die Botschafter berichteten das ihren Höfen. Colbert verschaffte sich Abschriften und legte sie dem König vor. Schon zu Mazarins Lebzeiten hatte er auch einen Geheimbericht »Wie es zur gänzlichen Zerrüttung der Königlichen Finanzen gekommen ist« angefertigt, und nun ergänzte er diesen fast täglich durch Beweise für die Übergriffe des Finanzministers.

Fouquet wurde verhaftet und starb 19 Jahre später im Gefängnis – einer der 37 Finanzminister Frankreichs, die zwischen 1315 und 1781 geköpft, gehängt, verbannt oder eingesperrt wurden. Der König beschränkte seinen Ministerrat auf drei Männer: Colberts Gönner Le Tellier als Kriegsminister, Lionne für die Außenpolitik und Colbert als Finanzintendant. Erst später erhielt er den Titel »Generalkontrolleur der Königlichen Finanzen«. Sofort nach dem Sturz Fouquets säuberte Colbert die Finanzverwaltung, indem er einen Sondergerichtshof schuf, der über 4 000 Beamte wegen Unterschlagung von Staatsgeldern zum Tod verurteilte. Den König aber veranlaßte Colbert, die Verurteilten zu begnadigen, falls sie den Schaden wiedergutmachten – und führte so der Staatskasse im heutigen Geldwert fast eine Milliarde DM zu. 1665 wurde der Sondergerichtshof wieder beseitigt und nun die Staatsschuld geprüft. Colbert hatte seit vielen Jahren emsig Material gesammelt und konnte nun genau den enormen Unterschied zwischen dem Nominale der Schuldverschreibungen und den tatsächlich ausgezahlten Summen nachweisen – und reduzierte die Schuld dementsprechend. Er legte auch Listen der Zinszahlungen vor und zog alle Zinszahlungen, die 6 Prozent überschritten, vom geschuldeten Kapital ab – und das waren ebenfalls Riesensummen, denn Fouquet und seine Freunde hatten bis zu 38 Prozent Zins genommen. Alles was Colbert tat, geschah, um »den Willen des Königs« durchzusetzen. Er wußte stets, was möglich und was unmöglich war, versuchte deshalb auch erst gar nicht, die Steuerprivilegien des Adels, der Beamtenschaft und des Klerus zu beseitigen. Er wußte auch, daß Ludwig XIV. nicht nur dem Namen nach der absolute Herr Frankreichs war und daß er ohne dessen Willen nichts auszurichten vermochte – und das war seine lebenslange Qual: Colbert wollte, daß es in der Wirtschaft so »majestätisch« zugehe, wie die Gärten von Versailles angelegt waren. Alles sollte großräumig, übersichtlich, klar geordnet sein. Der König aber war unberechenbar, immer wieder warfen seine Launen alle Pläne Colberts um. Und immer wieder weigerte er sich, wirklich durchgreifende Reformen zu erzwingen. 1664 konnte Colbert Schutzzölle durchsetzen, nicht aber die Binnenzölle abschaffen. Er vereinheitlichte diese Binnenzölle. Ein einheitliches Flüssigkeitsmaß für die Getränkesteuer, die Pariser Pinte, für das ganze Königreich durchzusetzen aber gelang ihm nicht. Der König wollte keine Schwierigkeiten mit den »Generalitäten« und anderen Binnenverwaltungen, und so blieben Colberts Maß- und Gewichts- und eine Münzvereinheitlichung Stückwerk. Noch weniger vermochte Colbert das Steuerwesen zu vereinheitlichen. Wie es über hundert verschiedene Verbrauchssteuern gab, so variierten die Erhebungsmethoden von Provinz zu Provinz, und erst 1681 setzte Colbert durch, daß eine »Generalsteuerpacht« eingeführt und von Paris aus scharf überwacht wurde. Er erteilte einer Gesellschaft von 40 Geldleuten gegen eine jährliche Pauschalsumme von 56,7 Millionen Livres, damals rund 198 Millionen Goldmark, das Alleinrecht zur Steuereinhebung. Wer seine Befugnisse überschritt, kam ins Gefängnis oder an den Schandpfahl. Wer die Vorschriften Colberts einhielt (oder nicht erwischt wurde), erwarb rasch soviel Geld, daß er in den Uradel einheiraten konnte.

Um die Finanzkraft zu stärken, zog Colbert Facharbeiter und Unternehmer aus dem Ausland nach Frankreich, gründete Staatsbetriebe wie 1667 die berühmt gewordene Gobelin-Manufaktur, gab Privatleuten Kredite und überwachte scharf die Qualität der Erzeugnisse und ihre rationelle Herstellung. Auch wer Schund anzubieten wagte, kam an den Schandpfahl. Aber Colbert versuchte alles zu genau zu regeln. Er gründete 1664 die französischen Ostindien- und Westindien-Kompanien, nicht nur um den Asien- und Amerikahandel zu fördern, sondern um den gesamten französischen Außenhandel reglementieren zu können, und seine Beamten waren den holländischen und britischen Privatkaufleuten nicht gewachsen. Colberts fanatische Sorge um die Zahlungsbilanz verleitete ihn dazu, die Qualität der französischen Exportgüter durch Staatseingriffe zu sichern, die schließlich groteske Ausmaße annahmen. Eine 1671 erschienene »Ordonnanz« über das Färben von Stoffen zum Beispiel umfaßte 317 Artikel. Zu den Körperschaften der Selbstverwaltung kam ein Heer von staatlichen Kontrolleuren, und in den staatlichen Manufakturen blieb nichts dem einzelnen überlassen. So war es den Arbeitern verboten, sich gegenseitig Spitznamen zu geben, weil das »die Autorität der Könner« untergrub; so war die Stunde des Händewaschens festgesetzt und die Stimmstärke, mit der bei der Arbeit gesungen werden durfte, »damit die Nachbarn nicht in der Arbeit gestört würden«.

Colberts Zentralverwaltung allerdings blieb winzig. Während Ludwig XIV., der »Sonnenkönig«, diamantenbedeckt auf hohen, roten Absätzen zwischen den Wasserkünsten und marmornen Göttinnen seines Versailler Parks einherstolzierte, saß Colbert in einem zugigen, kleinen Zimmer des Schlosses und schnitt das auf eingelaufenen Briefen und Berichten freigebliebene Papier ab, um es mit seinen Zahlen zu bedecken. Jeden Morgen um fünf saß er schon da und füllte Bogen auf Bogen mit seiner strengen, gedrängten Schrift, denn längst war er nicht nur Finanzminister, sondern leitete – von nur 8 »Commis« unterstützt – seit 1669 das Marineministerium, das Frankreichs Flotte erneuerte und zugleich sein Kolonialministerium war. Colbert war de facto Wirtschafts- und Verkehrsminister, Innenminister, Justizminister, Minister für den Königlichen Haushalt und Minister der

Schönen Künste. Wer heute die zwei winzigen, einstöckigen Anbauten des Schlosses von Versailles sieht, die »Ministerflügel« heißen, hält es nicht für möglich, daß hier alle zentralen Dienststellen der Regierung untergebracht waren, die es zur Zeit Colberts gab, zu einer Zeit, da Frankreich die führende Macht Europas und eine Weltmacht war.

In einem Brief an den Intendanten des Kriegshafens Rochefort umriß Colbert die Grundgedanken seiner Politik mit den Worten: »Eine gesunde, starke, aus sich heraus wachsende Wirtschaft und, daraus entspringend, ein intensiver Handel sind die Quelle der Staatsfinanzen. Und die Finanzen sind der Lebensnerv der staatlichen Macht im Krieg wie im Frieden.« Colbert weckte den Sinn der Franzosen für Seegeltung, machte die französische Handelsflotte zur drittgrößten ihrer Zeit. Alle kontinentalen Verwicklungen ablehnend, suchte er Frankreich durch Kolonien und den Überseehandel zur Weltmacht zu erheben, und während seiner Amtszeit vervierfachte sich die französische Bevölkerung Kanadas, verdoppelte sich die der Antillen. Alle für die Kolonien bestimmten Waren des Mutterlandes blieben abgabenfrei und ebenso – sehr zum Unterschied von der britischen Praxis – alle nach Frankreich gelangenden Erzeugnisse dieser Besitzungen. Aber Colberts großer Gegenspieler war der Sohn und Nachfolger Le Telliers, Ludwigs Kriegsminister François Michel Le Tellier, Marquis de Louvois geworden, und auf diesen hörte der König ungleich mehr als auf seinen Finanzminister. Während Colbert immer wieder Sparsamkeit predigte, sprach Louvois von »Ruhm«. Vergeblich beschwor Colbert den Monarchen, die Militärausgaben auf 60 Millionen Livres, damals etwa 200 Millionen Goldmark, zu beschränken – »auf dreimal so viel, wie Heinrich IV. jemals ausgab« –, der König aber erwiderte, der Krieg sei ihm zehnmal soviel wert als alle Finanzen, und so wuchs seit 1670 das Defizit des Budgets immer rapider. Im Jahr zuvor hatte Colbert einen Überschuß von 185 000 Livres erzielt, den ersten seit »undenklichen Zeiten«. Aber das nahm Ludwig nur zum Anlaß, alles zu bewilligen, was Louvois verlangte, und dazu noch Versailles derart auszubauen, daß es schließlich allein etwa 240 Millionen Goldmark kostete.

Colbert war dagegen machtlos, und niemand konnte Ludwig XIV. jetzt noch daran hindern, zu tun und zu lassen, was er wollte – und das wurde Frankreich zum Verhängnis und machte Colberts nimmermüdes Planen und Arbeiten sinnlos. In seinen Instruktionen an den Thronfolger hatte der König geschrieben: »Alles was sich im Bereich unserer Staaten befindet, gehört uns. Die Könige haben von Natur aus das volle und freie Verfügungsrecht über alle Güter, die im Besitz des Klerus und der Laien sind, um von diesen jederzeit nach dem Bedürfnis ihres Staates Gebrauch zu machen.«

Der König betrachtete nicht nur die Güter, sondern auch die Menschen Frankreichs als seinen unumschränkten Besitz, und er bestimmte, was sie zu glauben hatten. So wurde nicht nur rücksichtslos rekrutiert, allein von 1672 bis 1680 das Heer von 180 000 auf 400 000 Mann gebracht, und zeitweilig wurden alle anderen Bauten als die des Königs verboten, um die Maurer zum Militärdienst zu zwingen, sondern auch die Hugenotten aus dem Land getrieben. Längst schon hatten Frankreichs Könige versucht, allein zu herrschen. Aber bis Mitte des 17. Jahrhunderts war ihre Macht doch beschränkt geblieben, waren sie besonders im Hinblick auf die Steuererhebung von den Ständen und schließlich den Generalständen abhängig. Und nur wenn der Oberste Staatsgerichtshof in Paris als »Parlament« königliche Gesetze in sein Register eintrug, erhielten sie Gültigkeit. Dazu kamen die Sonderrechte des Hochadels, der Prälaten und der einzelnen Provinzen.

Minister wie Richelieu und Mazarin verstanden es, diese Rechte derart zu beschneiden, daß Frankreich zu einem straff zentralistisch regierten Einheitsstaat wurde, und Ludwig XIV., der als Zwanzigjähriger 1661 die Herrschaft antrat, war ein König mit praktisch unbeschränkter Machtvollkommenheit. Das Heer und die »Intendanten«, denen in den Provinzen die Polizei ebenso wie alle Beamten unterstanden, gaben den Ausschlag. Und da Frankreichs Staatseinnahmen vor allem dank der Maßnahmen Colberts rasch das Zehnfache der österreichischen erreichten, gelang es Ludwig XIV. trotz seiner Prunksucht und seiner Ausschweifungen, seinem Willen nicht nur in Frankreich uneingeschränkt Geltung zu verschaffen, sondern auch in Europa keinen andern Willen als den seinen aufkommen zu lassen. Der König gewann mächtige Anhänger unter den deutschen Fürsten und hatte österreichische und englische Minister in seinem Sold. Er besaß Einfluß im Kabinett von Stockholm und lenkte den Sultan nach seinem Belieben. Die Flotte Frankreichs wurde der Hollands und Englands ebenbürtig, und wenn Österreich mit 50 000 Mann die mächtigste Landmacht Europas gewesen war, so standen schließlich in Frankreich, wie gesagt, 400 000 Mann unter Waffen, und das waren auch für das damals reichste Land Europas zu viele.

Am rücksichtslosesten und maßlosesten erwies sich der König, und seine Hegemoniebestrebungen, sein Machthunger und sein grenzenloses Geltungsbedürfnis wirkten zusammen, um Frankreich in den Staatsbankrott zu treiben. Sie ließen die »Außerordentlichen Kriegsausgaben« von 1693 bis 1706 auf das Dreifache steigen. In den Jahren 1700 bis 1706 betrug der Fehlbetrag des Staatshaushalts zusammen 750 Millionen Livres, 1708 bis

1715 bereits 1 103 Millionen, und beim Tod Ludwigs XIV. im Jahr 1715 war Frankreichs Staatsschuld auf 2 936 Millionen Livres angewachsen, damals rund 10 Milliarden Goldmark, und die Zinszahlungen erforderten die Hälfte der gesamten damaligen französischen Staatseinnahmen von jährlich 160 Millionen Livres oder 544 Millionen Goldmark. Die Schuld machte mehr als 19 Jahreseinnahmen aus – sie war seit 1683 um 415 Prozent gestiegen, während im gleichen Zeitraum die Einnahmen um 37 Prozent sanken –, und so wurden Staatsschulden im Betrag von rund 6 Milliarden Goldmark kurzerhand gestrichen. Die Pariser bewarfen auch Ludwigs Leichenzug mit Steinen, erste Vorboten der Revolution, die zwei Generationen später des Königs Nachfolger auf das Schafott bringen sollte. Aber das half natürlich niemandem. Im Jahr 1715 war nicht nur die deutsche Pfalz verwüstet, sondern auch das einstmals blühende Elsaß eine verwahrloste französische Provinz. Die Provence war verödet, und der Zentralismus hatte dazu geführt, daß es außer Paris überhaupt keine Stadt mehr von Bedeutung und kulturschöpferischer Kraft gab. Bereits 1675 hatte der Gouverneur des Dauphiné, Lesdiguières, dem König geschrieben: »Es ist unzweifelhaft festgestellt (und ich berichte es, damit Sie recht unterrichtet sind), daß der größte Teil der Bewohner dieser Provinz während des Winters nur von Eicheln und Wurzeln gelebt hat und daß man sie gegenwärtig die Kräuter der Wiesen und die Rinde der Bäume verzehren sieht.« Der Gesandte Venedigs schrieb 1684: »Mit eigenen Augen habe ich Landstriche gesehen, die früher 700 oder 800 Heimstätten zählten und wo nun durch die fortwährenden Durchzüge der Kriegsleute kaum 30 übrig sind ...« Als Marschall von Frankreich stellte der Marquis von Vauban 1699 fest: »Ein Zehntel des Volkes bettelt. Von den andern neun Zehnteln können fünf den Bettlern kein Almosen geben, denn sie bedürfen dessen eigentlich selbst. Drei Zehntel sind auch noch überaus schlecht daran, und das letzte Zehntel umfaßt etwa 100 000 Familien, von denen vielleicht 10 000 ›à leur aise‹ – in relativem Wohlstand – leben.« Seit 1672 gab es eine Hungersnot nach der andern, und innerhalb eines Jahrhunderts ging die Landbevölkerung Frankreichs um mindestens 5 Millionen zurück. Die Entwurzelten schlossen sich Räuberbanden an oder wurden Tabak- und Salzschmuggler – und gehängt, falls man sie erwischte. Wie die Landflucht immer bedrohlichere Ausmaße annahm, so bauten immer mehr freie Bauern nur mehr das für den Eigenbedarf Nötigste an, um nicht noch höher besteuert zu werden. Schließlich waren zwei Fünftel der Bretagne Ödland. Und hier wurde selten mehr als das Fünffache des Saatgutes geerntet, im Limousin oft sogar nur das Vierfache.

Immer wieder war der König gewarnt worden, und es hatte Reformpläne gegeben. Colbert tat alles Erdenkliche, um Frankreichs Wirtschaftspotential zu entwickeln, und predigte zugleich immer wieder Frieden und Sparsamkeit. Der soeben zitierte Festungsbaumeister Ludwigs XIV., Sébastian le Prestre, Marquis de Vauban, hatte als erster französischer Vorkämpfer einer gerechten Steuerpolitik 1707 einen Finanzplan aufgestellt, der mit Sicherheit Frankreichs Staatsbankrott verhindert hätte. Er sah – wie Colbert – in der Stärkung der Wirtschaftskraft Frankreichs das wichtigste Ziel, und als bestes Mittel zur Erreichung dieses Zieles versuchte er, das Eigeninteresse der Bevölkerung an Produktivitätssteigerungen zu wecken.

Er wurde im Jahr 1633 als Sohn des Seigneur de Vauban in der Bourgogne geboren. Der spätere Marschall von Frankreich war im Elend und unter den Bauern von St-Léger-de-Foucheret aufgewachsen, weil er schon als Dreijähriger Vollwaise wurde. Mit 17 Soldat im Regiment Condé, war Vauban auf Veranlassung Kardinal Mazarins 1653 Offizier im französischen Ingenieurkorps geworden. Bereits 5 Jahre später leitete er als General die Belagerung von Gravelingen, Ypern und Oudenaarde und war seit 1669 Generalinspektor der französischen Festungen. Heute fast nur als Erneuerer der Festungsbaukunst bekannt, war Vauban aber vor allem ein hervorragender Wirtschaftsfachmann und weitschauender Finanzpolitiker. Er wurde von Colbert mit allen Mitteln gefördert, weil er wie dieser allein in der Verteidigung des Territoriums die Aufgabe der französischen Wehrmacht sah und nicht »in ungerechten und ruinösen Raubkriegen«. Durch zahllose Inspektionsreisen kannte Vauban Frankreich wie kaum ein anderer, und als einziger Führender hatte er selber das Elend der Bauern miterlebt. Vauban versuchte den König zu überzeugen, daß durch Aufhebung der Provinzialzölle und Entwicklung des Binnenhandels wie durch ein Wasserstraßensystem, das er entwarf und das die Rhone und den Rhein, die Seine, Saône und Loire miteinander verband, Frankreich zu einer Wirtschaftseinheit gemacht werden mußte, wenn sich die so mühsam errungene politische Einheit auswirken sollte. Als Ergebnis seiner einzigartigen Erfahrungen als Ingenieur und Organisator der Landesverteidigung entwarf Vauban schließlich eine Steuerreform, die »ein vernünftiges, ertragreiches und gerechtes Finanzsystem« zum Ziel hatte. Neben Zöllen und hohen Luxussteuern sowie der Salzsteuer sollte es die »dixième Royale« oder »Dîme Royale« geben, eine Ertragssteuer, die ohne Rücksicht auf den Stand und die Person von allen sichtbaren Einkünften erhoben werden sollte. Zur Erleichterung der Bezahlung (und um eine bessere und umweglose Verpflegung der Armee sicherzustellen) sollte die Landwirtschaft diese Einkommensteuer in natura statt in Geld entrichten. Und für alle Steuern sollte die Verpachtung abgeschafft werden.

Ludwig XIV. stimmte diesen Vorschlägen zu – und verhinderte ihre Verwirklichung. Er hatte in Vauban einen Berater besessen, der Frankreichs Geschichte – und damit die Europas – hätte ändern können, und diese Chance hatte auch noch Ludwig XVI., dessen Finanzminister Anne-Robert-Jacques Turgot nicht nur Reformen plante, sondern sie auch mit größtem Erfolg ausführte.

Als Sohn des Handelskammervorsitzenden von Paris 1727 geboren, hatte Turgot es abgelehnt, Priester zu werden, obwohl er schon als Kind die reiche Pfarre Brucourt erhielt, und war statt dessen in den Staatsdienst getreten. Als Sekretär des Handelsministers De Gournoy war er fast ebensoviel in Frankreich herumgekommen wie seinerzeit Vauban. Seit 1761 Intendant von Limoges, hatte Turgot diese Provinz in 13 Jahren zur Blüte gebracht, indem er die »corvée«, die Zwangsarbeit der Bauern beim Straßenbau, aufhob und ihre Steuerbelastung radikal senkte. Turgot bewies, daß Marcus Tullius Cicero recht gehabt hatte, als er 70 vor Christus schrieb: »Man macht sich keine Vorstellung davon, wie sehr die Steuereinnahmen durch Abgabensenkung erhöht werden könnten!« Er hatte aber auch noch hinzugefügt: »Und indem man dem Volk zeigt, daß der Staat nicht nur nimmt, sondern auch gibt!« Turgot schuf die »Bureaux de Charité«, die die Armen versorgten, begann einen staatlichen Gesundheitsdienst aufzubauen und richtete Mustergüter ein. Er erzielte Überschüsse, die die aller anderen Provinzen Frankreichs bei weitem überstiegen, und wurde so im August 1774 Finanzminister König Ludwigs XVI., der 3 Monate zuvor den Thron bestiegen hatte.

Als sein Programm stellte Turgot »Autorität für den König und Wohlfahrt für das Volk« auf. Er verlangte »Rückzahlung aller ehrlich entstandenen Schulden bei gleichzeitiger Verminderung der Ausgaben«, arbeitete ein »Sparbudget« aus und begann rücksichtslos alle Amtsstellen aufzuheben, deren Inhaber nicht »echte Staatsdiener mit nachweisbar unentbehrlichen Funktionen« waren. Turgot gewann das Vertrauen holländischer Bankiers, die Frankreich Geld zu 4 Prozent liehen – etwas »für völlig unvorstellbar Gehaltenes« –, und ging nicht nur daran, umwälzende Steuerreformen durchzuführen, sondern Frankreichs Wirtschaft »total« zu erneuern. Am 13. September 1774 hob Turgot alle Beschränkungen des Getreidehandels innerhalb Frankreichs auf und unterband damit die Spekulationen der »Société Malisset« (von der noch die Rede sein wird). Durch seine »Six Edicts« vom Januar 1776 schaffte der Finanzminister auch alle andern französischen Handelsmonopole ab, hob die Zünfte auf und führte die Gewerbefreiheit ein. Als Turgot aber auch noch die Steuerfreiheit des Großgrundbesitzes aufheben wollte, der dem »Ersten« und dem »Zweiten« Stand gehörte, der Kirche und dem Adel also; und wie seinerzeit in Limoges nun in ganz Frankreich jederlei Fronarbeit abzuschaffen und durch einen Grundsteuerzuschlag zu ersetzen gedachte, war es um ihn geschehen: Das »Parlament« von Paris weigerte sich, die entsprechenden Gesetze einzutragen. Diese Weigerung mußte aufgegeben werden, falls der König persönlich erschien und die Eintragung befahl. Ein solches »lit de justice« wurde tatsächlich am 12. März 1776 abgehalten, der König trat für Turgot ein. Aber 8 Wochen später entließ Ludwig XVI. seinen Finanzminister und hob alle Reformen wieder auf. Die 300 000 Franzosen, die den Ersten und Zweiten Stand bildeten, hatten über den Dritten, über die 24 Millionen des »Volkes« gesiegt. Adel und Klerus verbündeten sich mit den Geldleuten und mit Königin Marie Antoinette, die Turgot haßte, weil er verschiedene ihrer Günstlinge aus ihren Ämtern entfernt hatte – und gruben sich damit selber ihr Grab. Wie die schöne österreichische Kaisertochter, die als Fünfzehnjährige Wien verlassen hatte, 23 Jahre später mit gebundenen Händen und früh ergraut auf einem Karren zum Pariser Schafott fuhr und am 16. Oktober 1793 geköpft wurde, kamen Tausende der Gegner Turgots unter die Guillotine, denn Nachfolger des Reformators als Finanzminister Frankreichs wurde im Mai 1776 Jacques Necker, und dieser war seit langem der Financier der Revolutionäre, der Hauptorganisator des Regimewechsels, der die Bankiers zu den wahren Herren Frankreichs machen sollte, und er leitete bis 1781 und erneut 1788 bis 1790 sein Ressort so, daß es zum Blutrausch der Jakobiner kommen mußte.

Necker entstammte einer aus Brandenburg nach Genf emigrierten Protestantenfamilie und war als Fünfzehnjähriger in das Pariser Bankhaus Vernet eingetreten. Durch geglückte Getreidespekulationen war er mit 20 reich genug, um ein eigenes Bankgeschäft zu gründen. Seine öffentliche Laufbahn begann er als Gesandter der Republik Genf und Direktor der Französischen Ostindien-Kompanie. Er schrieb volkswirtschaftliche Abhandlungen, in denen er geschickt Politik und Lobhudelei vereinte, wurde dank seiner Verherrlichung Colberts 1773 Mitglied der Académie Française und gewann (nicht zuletzt durch massive Bestechung) so viele einflußreiche Freunde, daß er Turgot stürzen konnte, dessen Reformen die Revolution zu verhindern drohten. Neckers Gattin Susanne Curchod, die Tochter eines Pastors aus Lausanne, war krankhaft ehrgeizig, sammelte in ihrem Salon alle Leute, von denen sie glaubte, daß sie eines Tages mächtig werden könnten, und schon seit 1764 gab der Bankier »linken« Propagandisten Geld für den Druck ihrer Pamphlete und für ein Heer von Agenten, die im ganzen Land die Unzufriedenheit schürten.

Diese hatte längst »gutbürgerliche« Kreise ebenso erfaßt wie das »Volk«. Schon durch den Staatsbankrott, zu dem es unter Ludwig XIV. kam, waren ja Schulden im heutigen Wert von etwa 6 Milliarden DM gestrichen worden. Dem folgte der Bankrott, den 1720 der Aktienschwindel John Laws auslöste und der ebenfalls rund 6 Milliarden DM kostete und dem bis zum Ausbruch der Revolution 3 weitere folgten. Zwischen den Jahren 1600 und 1789 wurden Frankreichs öffentliche Verbindlichkeiten sechsundfünfzigmal nicht eingehalten. Die Zinsen der Staatsschulden stiegen von 1755 bis 1789 von 45 auf 206 Millionen Livres bei einem gesamten Ausfuhrerlös Frankreichs von damals 354 Millionen.

Natürlich drängten die Leute, die den Königen Geld liehen, immer energischer auf ein Mitspracherecht bei der Verwendung. Aber das war nicht zu erlangen, und wenn Frankreichs Städte zum Beispiel seit 1692 siebenmal eine Art Selbstverwaltung erhalten hatten, so wurde diese regelmäßig wiederaufgehoben, um den Rückkauf verlangen zu können. Ludwig XVI. war in nichts mit Ludwig XIV. zu vergleichen, aber ein absolut herrschender Monarch war auch er, und wenn er persönlich das Hofleben haßte, so kostete Versailles nun nichtsdestoweniger noch mehr als zur Zeit des »Sonnenkönigs«. Natürlich war nicht die irrsinnige Verschwendung der Herrschenden allein die Ursache der Französischen Revolution und nicht einmal das Finanzchaos allein. Die erwähnten Auswirkungen des amerikanischen Unabhängigkeitskampfes können kaum überschätzt werden, ebensowenig aber natürlich auch Frankreichs landwirtschaftlicher und technologischer Rückstand. Daß Ludwig XVI. noch eine Kartoffelblüte im Knopfloch trug und Kartoffeln in Frankreich nur als Zierpflanze angebaut wurden, während Friedrich der Große sie in Schlesien zum Massennahrungsmittel machte und sie längst auch in Irland Millionen satt machten, wirkte sich ebenso aus wie die Tatsache, daß nun in England immer mehr Maschinen taten, was hier noch Menschen tun mußten. Während neue Erfindungen in England Reichtum zu schaffen begannen, verkam Frankreichs einstmals hochentwickeltes Gewerbe. Da Handweber gegen mechanische Webstühle so wenig konkurrenzfähig sind wie Grobschmiede gegen Walzwerke, gab es in Frankreich durch die »Industrielle Revolution« zahllose Erwerbslose. Nicht zuletzt halfen Watts Dampfmaschine und Arkwrights mit Wasserkraft getriebene Spinnmaschinen des Jahres 1769, die Französische Revolution auszulösen. Und schließlich kamen auch noch Naturkatastrophen hinzu. Im

Jahr 1785 gab es in Frankreich eine furchtbare Dürreperiode. Und am 13. Juli 1788 wurde Westeuropa von einem Hagelunwetter heimgesucht, wie es furchtbarer keine Chronik je schilderte und niemand noch erlebt hatte. In zwei etwa parallelen Streifen vernichteten bis zu faustgroße Eiskörner von den Pyrenäen bis zur Ostsee alle Ernten. In Frankreich wurden 1 038 Gemeinden betroffen und der Schaden auf die damals riesige Summe von etwa 26 Millionen Mark geschätzt. Der Winter 1788–1789 war besonders hart, und so nahm die Not der Bauern unerträgliche Ausmaße an. Hypolite Taine meinte bestimmt nicht zu Unrecht, daß die Hagelkatastrophe sozusagen der letzte Anstoß zur Französischen Revolution war. 1789 erreichten die Getreidepreise den höchsten Stand seit 55 Jahren. Und in Reims, Lyon und der Picardie vor allem als Folge des 1786 mit England abgeschlossenen Handelsvertrages, der Frankreichs Textilindustrie ruinierte, entstand eine schwere Wirtschaftskrise.

Alles das nutzte Jacques Necker, als er 1788 erneut Finanzminister wurde und als erstes den freien Getreidehandel verbot, nicht, um die Spekulation zu unterbinden, sondern um sie »seinen« Leuten vorzubehalten. Nun war die Zeit »reif«. Aber zur Französischen Revolution »kam« es nicht, sondern sie wurde »gemacht« – und zwar von den persönlich interessierten Nutznießern des Regimewechsels. 1788 hatte die französische Staatschuld 5,1 Milliarden Livres, damals 10 200 Millionen Goldmark, erreicht, und die Zinsen für sie konnten nicht mehr bezahlt werden. Necker versuchte, durch »frisierte« Finanzberichte neue Kreditgeber zu finden, aber daß er das Königtum nicht retten wollte, war längst allen Eingeweihten bekannt, und so wurden zwei Anleihen, die er auflegte, nicht gezeichnet. Und damit waren die Staatsfinanzen Frankreichs so hoffnungslos geworden, daß der König zu allem bereit war und sich von Necker am 8. August 1788 überreden ließ, die »Generalstände« einzuberufen und durch sie die Steuerprivilegien des Adels und des Klerus abschaffen zu lassen. Und das war Neckers Meisterstück. Denn seit 1614, seit 175 Jahren, waren die »Etats Généraux« nicht mehr zusammengetreten, und inzwischen hatte sich rein zahlenmäßig ihre Zusammensetzung derart verändert, daß der »Dritte Stand« den Ausschlag gab, und auch dessen Struktur hatte sich gewandelt. Hier gaben nun Großkaufleute, Juristen und Intellektuelle den Ton an, Großbürger, die der »Gesellschaft der Freunde der Konstitution« angehörten und den Kern des »Bretonischen Clubs« bildeten, aus dem später der »Jakobiner-Club« hervorging, und die die Ständeversammlung zu einem Instrument der Revolution zu machen gedachten.

Der König hatte davon keine Ahnung. Leuten wie Necker oder dem Herzog von Orléans, der mit dem Bankier eng zusammenarbeitete, war er völlig hilflos ausgeliefert.

Philipp, Herzog von Orléans, war, wenn möglich, ein noch gefährlicherer Feind des Königs als der Genfer Geldmann. Er war der Enkel des gleichnamigen »Regenten«, der mit Hilfe des Pariser »Parlaments« nach dem Tod Ludwigs XIV. (seines Onkels) den im Testament des Königs vorgesehenen Regentschaftsrat beseitigte, selber für den unmündigen Ludwig XV. regierte und durch die Spekulationen seines Freundes Law Frankreichs Finanzen 1720 an den Rand des Zusammenbruches brachte. Der 1747 in St-Cloud geborene Herzog war zugleich Herzog von Montpellier und Herzog von Chartres und hatte die Tochter des Herzogs von Penthiève geheiratet, des Großadmirals von Frankreich. Er war unermeßlich reich und wurde in Paris dadurch populär, daß er in Notzeiten die Armen speiste und sein Palais, das heutige »Palais Royal«, dem Volk öffnete. Als ausschweifender Zyniker wollte der Herzog nicht nur so mächtig wie sein Großvater werden, sondern zuerst Generalleutnant – oberster Militärbefehlshaber Frankreichs – und später König. Er haßte Ludwig XVI. und noch mehr »die Österreicherin« Marie Antoinette, arbeitete deshalb außer mit Necker vor allem auch mit dem Grafen Mirabeau zusammen und hielt diesen aus. 1787 trat Philipp von Orléans offen für eine »konstitutionelle Monarchie nach britischem Muster« ein – und zwar für seine eigene. Und er wurde aus diesem Grund Englands Hauptagent in Frankreich. Ludwig XVI. hatte, wie geschildert, die amerikanischen »Rebellen« finanziell und militärisch unterstützt. Dafür revanchierte sich London, indem es den französischen Revolutionären half. Mit den gleichen Mitteln, mit denen Frankreich England zu schwächen trachtete, versuchte nun England, Frankreich zu schwächen, und fand im Herzog von Orléans ein williges Werkzeug. Wiederholt war er in London und ein intimer Freund des Thronfolgers, des späteren Königs Georg IV. Im Einverständnis mit Lafayette hielt er sich auch vom Oktober 1789 bis Juli 1790 in England auf und organisierte dort das Büro, das die Untergrundarbeit in Frankreich leitete. Denn die Revolution war für den Herzog ja nur Mittel zum Zweck; nicht das Königtum wollte er stürzen, sondern nur den König, auf dessen Thron er mehr Anspruch zu haben glaubte. Als sein Sohn Louis Philippe (der durch den von dem Bankier Laffitte zusammen mit Guizot und Thiers organisierten Umsturz von 1830 König wurde) mit General Dumouriez zu den Österreichern überging, wurde er verhaftet und in Paris am 6. November 1793 guillotiniert. Aber da war längst auch Ludwig XVI. geköpft, und der »Apparat« des Herzogs lief weiter.

Vorerst hatte er in den »Generalständen«, die am 5. Mai 1789 in Versailles zusammentraten, das schon zum Sturz Turgots geschlossene Bündnis zwischen Adel und Hochfinanz erneuert, die 47 Aristokraten angeführt, die am 20. Juni auf ihren Stand verzichteten und in den »Dritten Stand« eintraten. In dieser Adels-, Klerus- und Bürgerversammlung war endlos diskutiert, aber kein reales Resultat erreicht worden; noch immer dachten der »Erste« und der »Zweite« Stand nicht daran, ihre Privilegien aufzugeben, und so rief sich auf Antrag des Abbé Sieyès der »Dritte Stand« allein zur »Versammlung der Vertreter der Nation« aus, einer »Konstituierenden Nationalversammlung«. Am 20. Juni 1789 kam es zum »Schwur im Jeu de Paume«, zum »Ballhaus-Schwur«. Die Vertreter des »Dritten Standes«, denen sich der Herzog von Orléans mit seinen adeligen Freunden anschloß, gelobten, nicht eher auseinanderzugehen, als Frankreich eine Verfassung erhalten habe, und zwar eine, die gleiche Rechte für alle Franzosen, vor allem die gleichen Steuern und die gleiche Rechtssprechung garantiere.

Dieser Entschluß war die entscheidende revolutionäre Tat, denn wie der König allein das Recht zur Einberufung der Generalstände besessen hatte, so hatte er allein das Recht zur Auflösung dieser Versammlung. Da er die neue »Nationalversammlung« nicht gewaltsam auflösen ließ, hatte die »Souveränität des Volkes« über die des Königs gesiegt. Aber wie wichtig das auch staatsrechtlich sein mochte, die Massen waren durch solche Beschlüsse allein nicht zu beeindrucken, noch weniger in Bewegung zu bringen, und so organisierte Necker am 14. Juli 1789 den »Sturm auf die Bastille«, der seither als »Beginn der Französischen Revolution« gilt, und ließ das falsche Gerücht ausstreuen, der König plane die gewaltsame Auflösung der Nationalversammlung, die Verhängung des Kriegsrechts und die Rädelsführer verhaften zu lassen.

In dem 400 Jahre alten Staatsgefängnis der Pariser »Bastille« hatte es (den bis heute erhaltenen Akten zufolge) während der 55 Jahre dauernden Regierungszeit Ludwigs XIV. insgesamt 2 228 Gefangene gegeben, im Jahresdurchschnitt also 50. Unter Ludwig XV., von 1716 bis 1774, betrug die jährliche Durchschnittsbelegung 43, und als Necker die »Eroberung« organisierte, saßen noch 7 Gefangene in der Festung. Aber sie war ein »Symbol der Königlichen Tyrannei«, und die »Eroberung« (die keinerlei Widerstand zu überwinden hatte) entflammte den revolutionären Geist im ganzen Land.

Alles was Rang und Namen in Paris hatte, traf sich an der Bastille, auch alle fremden Botschafter besichtigten die Ruine – aber nur Necker, der Herzog von Orléans und ganz wenige der anderen Drahtzieher hatten die massenpsychologische Wirkung des »Volkssieges« und der »Selbsthilfe der

Unterdrückten« in Rechnung gestellt. Sie hatten den Sturm auf die Batille organisiert, damit er in ganz Frankreich zum Signal für die Erstürmung von Klöstern und Schlössern werde. Sie hatten sich nicht geirrt, überall kam es zu Brandstiftungen. Die Bauern begannen vor allem die Rechnungsbücher zu verbrennen, in denen die ihren Feudalherren gebührenden Abgaben verzeichnet standen, und überall kam es zu Plünderungen. Und damit war der Augenblick gekommen, den der Herzog von Orléans und seine Anhänger zur Machtübernahme zu nutzen gedachten. In der Nacht des 4. August 1789 erklärte der reichste der Grundherren, der Herzog von Aiguillon, er wolle auf seine Vorrechte verzichten, um Frankreich vor dem Chaos zu retten. Der Vicomte de Noailles beantragte »die allgemeine Beseitigung der Grundherrschaft und die Befreiung der Bauern«, und das wurde von der Nationalversammlung beschlossen. Aber hier gab, wie gesagt, das Großbürgertum den Ausschlag, und dieses hatte an der »Antastung von Eigentumsrechten« so wenig Interesse wie der Adel, der sich die Führung der unvermeidlich gewordenen Entwicklung sichern wollte, und so hieß es in den »Ausführungsbestimmungen« des 11. August: Aufhebung der Hörigkeit. Aufhebung der grundherrlichen Gerichtsbarkeit. Verzicht auf das freie Jagdrecht. Aber Weiterbestehen der Pachten und »Ablösung« der Grundrenten durch Vertrag mit den Grundherren in jedem Einzelfall und »Abfindungen« durch das Zwanzig- bis Fünfundzwanzigfache der jährlichen Abgaben.

Daß es dabei nicht blieb und 1792 auch die Pachtzahlung entschädigungslos aufgehoben wurde, ist eine andere Sache. Vorläufig fühlte sich der Adel sicher, und die Bürger benutzten den Ausbruch der Volkswut, der dem Sturm auf die Bastille folgte, um zuerst in Paris und dann in allen großen Städten »Bürgerwehren« aufzustellen. Die »Nationalgarde« in Paris trug blau-weiß-rote Kokarden, die Farben, die zum »Symbol des Neuen Frankreich« wurden, und ihr Kommando übernahm ein Hochadeliger, der fast ebenso reich war wie der Herzog von Orléans: Der 1757 auf Schloß Saint-Roque-de-Chavaniac in der Auvergne geborene Marie Joseph Paul Yves Gilbert du Motier, Marquis de Lafayette.

Er gehörte durch seine eigene Familie wie durch seine Heirat mit einer Noailles zum Uradel Frankreichs und war der Nachkomme eines Marschalls von Frankreich, der sich im Hundertjährigen Krieg auszeichnete, und zahlreicher Diplomaten und Hofwürdenträger. Lafayette verlor als Zweijähriger seinen Vater, der 1759 in der Schlacht von Minden fiel, und als Zwölfjähriger auch seine Mutter. So wurde er zum Erben eines der größten Vermögen Europas.

Seine Kollegen in der Nationalversammlung nannten ihn »Giles« – in Frankreich die Inkarnation pedantischer Dummheit. Sein Freund, der Bankier Laffitte, meinte, er sei »eine Statue auf der Suche nach einem Piedestal«. Aber für viele gilt er nach wie vor als Held, und nach dem Sturm auf die Bastille wurde er der mächtigste Mann Frankreichs und die Schlüsselfigur der Revolution, denn Revolutionen sind (wie Benito Mussolini das 1920 sagte) »Ideen, die über Bajonette verfügen«. Um die »Ordnung« wiederherzustellen, erlaubte Ludwig XVI. die Aufstellung der erwähnten »Nationalgarde« – und diese wurde zur Kerntruppe der Revolutionsheere, zog mehr und mehr junge Offiziere an und schützte nicht die »Ordnung«, sondern die Revolution.

Der König hatte Lafayette vertraut und untätig zugesehen, wie die Nationalversammlung seine Rechte immer mehr beschnitt:

Am 14. Juli 1789 war die absolute Monarchie gefallen, am 10. August 1792 die konstitutionelle, und folgerichtig folgte am 2. Juni 1793 die parlamentarische Republik, die schließlich am 9. Thermidor, dem 28. Juli 1794, in die Diktatur der Jakobiner überging. Diese Radikalisierung hatte vor allem der Kampf Österreichs und Preußens, seit 1793 auch Englands, Hollands und Spaniens gegen die Revolutionäre verursacht. Im Dezember 1792 forderte Robespierre den Konvent auf, den König zum »Verräter an der französischen Nation und zum Verbrecher gegen die Menschheit« zu erklären. Der Antrag wurde abgelehnt und wie seinerzeit von den Puritanern in England ein Schauprozeß beschlossen. Anklage: »Entfesselung des Bürgerkrieges«. Am 17. Januar 1793 – nicht mit einer Stimme Mehrheit, wie es oft heißt, sondern mit 36, aber wohl mit der des Bürgers Philippe Egalité, wie sich nun der Herzog von Orléans als Konventsmitglied nannte – zum Tod verurteilt, wurde Ludwig XVI. am 21. Januar 1793 geköpft, im Oktober auch die Königin.

Es folgte der Terror des »Revolutionstribunals« unter Robespierre und Danton. Es folgte im Oktober 1795 das fünfköpfige »Direktorium«, das General Napoléon Bonaparte am 9. November 1799 durch das dreiköpfige »Konsulat« ersetzte, dem er neben Siéyés und Ducos selber angehörte und mit dessen Hilfe er die Revolution liquidierte, um sich am 2. Dezember 1804 zum erblichen »Kaiser der Franzosen« krönen zu lassen. Und war das der Sinn der »Großen Revolution« gewesen?

Wie Ludwig XVI. gingen die Revolutionäre an ihrer Unfähigkeit zugrunde, das nötige Geld für ihre Regierung zu beschaffen. Vorerst waren die Franzosen opferwillig gewesen. 1789 stand es um die Staatsfinanzen so schlecht, daß keine Beamtengehälter mehr bezahlt werden konnten. Aber am 7. September dieses Jahres kam eine Frauenabordnung in die Nationalversammlung, weißgekleidet und mit Kokarden in den Nationalfarben an der Brust, die in Paris gesammelten Schmuck »der Nation« darbrachte. Dadurch wurde eine wahre Spendenwut ausgelöst, und im Herbst 1789 bestand der »Moniteur« fast nur aus Listen von Geschenken: Pferden und Tafelsilber und Pariser Mietshäuser, Bargeld und Kunstgegenstände, Lotteriebillets und Verlagsrechte, zahllose Schuhschnallen ebenso wie Brillantohrringe und goldene Busennadeln. Aber bis März 1790 waren auf diese Art doch nur insgesamt 1 042 170 Livres zusammengekommen und ein Jahr später etwa zweieinhalb Millionen Livres. Die Spendenlisten wurden bis zum November 1793 fortgesetzt, als der Konvent die Bürger aufrief, von je 6 Hemden mindestens eines für die Vaterlandsverteidiger zur Verfügung zu stellen. Kein Staat aber kam je mit Spenden aus. Die Nationalversammlung hatte die »Taille« abgeschafft, weil bei deren Einhebung »unerträgliche Willkür« geherrscht hatte, und die Salz- und Getränkesteuer wurde abgeschafft, weil die »gabelous«, besondere Steuerfahnder, »Haussuchungen durchführten, die in einem Rechtsstaat nicht geduldet werden können«. Die Binnenzölle wurden aufgehoben, und das war ein Segen, aber natürlich auch ein Einnahmeausfall. Als »Ausbeutungsobjekt des Staates« war das Tabakmonopol abgeschafft worden, und die Nationalversammlung strich die Abgaben auf Eisen und Leder, »weil sie den Gewerbefleiß einengten«. Insgesamt blieben 1791 so 110 Millionen Livres Steuereinnahmen, und dazu sollten die Domänen 148 Millionen einbringen. Für die dringendsten Staatsausgaben aber wurden 650 Millionen Livres gebraucht, und die Departments mußten weitere 60 haben. Das Defizit betrug also schon auf dem Papier 452 Millionen Livres. Was war zu tun? Der Graf von Mirabeau wußte einen Ausweg: Beschlagnahmt den Kirchenbesitz. Verkauft die geistlichen Güter und bildet mit dem Erlös eine Sonderkasse. Der Verkauf braucht seine Zeit. Also gebt auf diese Kasse Anweisungen aus, »Assignaten«.

Ob diese für die Revolution tödliche Idee des mittellosen Abenteurers Honoré Gabriel Victor Riquetti, Comte de Mirabeau, von ihm selber stammte, ist umstritten, ebenso seine Beweggründe. Rivarol sagte von ihm: »Für Geld ist er zu jeder Handlung bereit, selbst zu einer guten!« Aber völlig unzweifelhaft steht fest, daß Mirabeau zu den engsten Vertrauten des Herzogs von Orléans gehörte, ebenso zu den engsten Mitarbeitern des Bankiers Necker und daß er spätestens seit Mai 1790 im geheimen Dienst König Ludwigs XVI. stand, der 207 000 Livres – rund 330 000 Goldmark – Schulden für ihn bezahlen ließ und ihm ein Monatsgehalt von 6 000 Livres – 9 600 DM – aussetzte.

Mirabeau, der in 20 Monaten über 150 Reden in der Nationalversammlung hielt und (obwohl er sie ablas) durch sein eindrucksvolles Mienenspiel und seine mitreißende Diktion als deren »Star« galt, war 1749 als Sohn eines der Mitstreiter der Physiokraten geboren und zum Offizier erzogen worden. Pockennarbig und überhaupt ungewöhnlich häßlich, besaß er eine unwiderstehliche Vitalität, die die schönsten, geachtetsten und klügsten Frauen anzog, und heiratete als Dreiundzwanzigjähriger das reiche Fräulein von Marignane, die ihm rund 1 Million Goldmark Mitgift brachte. Aber in 12 Monaten war nicht nur diese Mitgift verspielt, sondern Mirabeau hatte auch noch 160 000 Livres – damals 256 000 Goldmark – Schulden gemacht. Es kam zur Trennung der Ehe, und der Graf wurde für bankrott erklärt.

Als Mirabeau daraufhin mit der Marquise von Monnier nach Holland flüchtete, erwirkte deren Ehemann ein Todesurteil, und das Bild des Entführers wurde an den Galgen geheftet. Aber zwei seiner ehemaligen Geliebten erreichten die Aufhebung des Urteils, und nachdem er Preußen vergeblich und England allem Anschein nach erfolgreich seine Dienste angeboten hatte, erhielt Mirabeau einen Geheimauftrag der französischen Regierung. Diesen benutzte er, um die Dokumente, die er dabei in die Hand bekam, zu veröffentlichen, dazu seine Erlebnisse und auch das Manuskript eines Freundes, das er als eigenes Werk ausgab. Daher konnte der Graf vorläufig nicht nach Paris zurückkehren, aber sein Vater ermöglichte ihm den Kauf eines Tuchladens in Avignon. Auf diese Art kam der Adelige als Vertreter des »Dritten Standes« 1789 in die »Generalstände« und sprach dort, als der König die Auflösung der Versammlung befahl, als Delegierter von Aix am 23. Juni die Worte, die Frankreichs Zukunft bestimmen sollten: »Wir sind hier durch den Willen der Nation und werden nur der Gewalt der Bajonette weichen!« Zwar gab es auch in der Nationalversammlung Leute, die – wie die Königin – Mirabeau mißtrauten und vor allem einen britischen Agenten in ihm sahen. Aber nichtsdestoweniger wurde er im März 1791 zu deren Präsidenten gewählt, und als er, kaum 42 Jahre alt, am 2. April 1791 starb, folgten mehr als 100 000 Menschen seinem Sarg zur Genoveva-Kirche, die später ins berühmte Panthéon umgewandelt wurde und nun die Inschrift trägt: »Den großen Männern das dankbare Vaterland.«

Am 7. November 1789 war auf Antrag Mirabeaus von der Nationalversammlung ein Dekret erlassen worden, das es Abgeordneten unmöglich machte, in die Regierung einzutreten. Dieses machte die Exekutive impotent und die Legislative verantwortungslos. Mirabeau hatte, wie erwähnt, auch die Ausgabe der »Assignaten« vorgeschlagen, und damit nahm das Schicksal der Revolution seinen Lauf. Am 2. Dezember 1789 wurde der Verkauf der einen Monat zuvor verstaatlichten Kirchengüter beschlossen, gleichzeitig die Errichtung einer »Sonderkasse« und die Ausgabe von 400 Millionen Livres »Anweisungen« auf sie. Diese waren nicht für den allgemeinen Verkehr bestimmt; es gab vorerst auch keinen Annahmezwang, und die Stücke lauteten auf je 10 000 Livres, für die 5 Prozent Zins versprochen wurden. Aber schon am 17. April 1790 mußten die Ausgabebedingungen radikal revidiert werden. Jetzt betrug das Nominale 200 Livres, der Zins nur mehr 3 Prozent, und vor allem erhielten die Assignaten nun einen Zwangskurs. Aus den Anweisungen auf einen durch Realbesitz gedeckten Sonderfonds war Papiergeld geworden. Auf Antrag Mirabeaus wurde am 27. August 1790 das Umlaufvolumen auf 1 200 Millionen Livres erhöht, am 8. Oktober 1790 die Verzinsung aufgehoben und bis auf 50 Livres heruntergestückelt. Als Mirabeau starb, hatte er vielleicht nicht *sein* Ziel, wohl aber das Englands, des Herzogs von Orléans und Neckers erreicht: Frankreich erlebte die erste galoppierende Inflation der Neuzeit. Die Steuern flossen immer spärlicher, und als die Revolutionskriege monatlich 200 Millionen Livres kosteten und für ausländisches Getreide monatlich 120 Millionen ausgegeben werden mußten, wurde die Höchstgrenze des Papiergeldumlaufes aufgehoben, und im Mai 1795 waren 10 Milliarden Livres Assignaten im Umlauf, und ihr Kurs war auf 7 Prozent gesunken. Über eine halbe Million Spitzel der Jakobiner versuchten Preissteigerungen und jeden Geldhandel zu verhindern. Aber auch Englands mit Hilfe des Herzogs von Orléans aufgebauter Agentenapparat lief nun auf Hochtouren und handelte schon damals nach dem Rezept, das Lenin im Jahre 1905 in die Worte faßte: »Die Zerstörung seiner Währung ist das sicherste Mittel, ein Land ins Chaos zu stürzen...« In einem damals abgefangenen Brief aus London hieß es: »Laßt den Wechselkurs auf 200 Franken pro Pfund steigen. Die Assignaten müssen entwertet, alle Banknoten, die nicht das Bild des Königs tragen, zurückgewiesen werden. Sorget dafür, daß die Lebensmittelpreise steigen, und kauft Talg und Kerzen auf... denn nichts demoralisiert mehr, als hungrig im Finstern zu sitzen...«

Von 1783 bis 1793 war der Fleischpreis auf das durchschnittlich Vierfache, der Zuckerpreis auf das Zwölffache gestiegen. Eine Kerze kostete nun bereits soviel wie 30 Laibe Brot. Niemand kümmerte sich um die amtlichen »Maximalpreise«, und so wurden sie 1794 wieder abgeschafft. Ende dieses Jahres waren 100 Franc in Papier 19 in Silber wert, im November 1795 aber nur mehr 75 Centime in Metall. Die Regierung suchte verzweifelt nach

Auswegen. Als Kirchengüter im Wert von 1 800 Millionen Livres verkauft waren, wurden die Staatsforsten zum Verkauf ausgeboten. Der Sieg der Kommune hatte am 25. und 28. August 1792 die restlose Aufhebung aller Grund- und Feudalrechte gebracht, und wenig später wurde die Einziehung der Emigranten-Güter verfügt, die dem Staat schließlich 6 Milliarden Livres brachten. Aber nicht rasch genug. Bis 1794 betrug der Erlös aus 452 000 Verkäufen von »Adelsgut aller Art« nur 1 297 Millionen Livres. Schließlich kamen nicht einmal mehr die Druckereien mit dem Geldbedarf mit. Am 7. September 1796 betrug der Umlauf von Assignaten 45 579 Millionen Livres. Die Regierung hatte versucht, das Vertrauen durch eine neue Währungseinheit wiederherzustellen und 1795 den »Franc« eingeführt, der seinen Namen von der Inschrift »Johannes Dei gracia Francorum rex« auf den 1360 von König Johann II. geprägten Goldmünzen trug. Aber wo sollte das Gold herkommen? Feierlich waren am 19. Februar 1796 auf der Pariser Place Vendôme die Druckstöcke der Assignaten verbrannt worden. Aber die Währung konnte erst stabilisiert werden, als am 7. April 1803 ein Franc gleich 0,29 Gramm Gold (und damit gleich 80 Gold-Pfennig) gesetzt wurde und – wie Carnot am 31. März 1794 offen zugegeben hatte – »das Land auf Kosten des Feindes lebte«. Frankreich brach nicht zusammen, weil die Revolutionsheere siegreich waren und den Rest Europas ausplünderten. Inzwischen aber hatten nur die höchsten Beamten, die Deputierten und einige wenige Günstlinge ihre Gehälter erhalten; das französische Volk hungerte wie nie zuvor. Die Revolution hatte die Fron abgeschafft – aber die allgemeine Wehrpflicht eingeführt. 1797 wurde vom Direktorium die Einhebung einer Verkehrsteuer beschlossen, und dazu errichtete man 12 000 Schranken. Nun gab es noch ungleich mehr Mauten als unter den Königen, die Gesamtwirtschaft war gehemmt wie noch nie.

Über die Ursachen dieser Katastrophe wird auch heute noch ungern geredet, weil ja nach wie vor »Freiheit, Gleichheit, Brüderlichkeit« die großen Schlagworte der Volksbeglückung sind und niemand zugeben will, wie illusionär die Hoffnungen waren, die man auf Frankreichs »Große Revolution« setzte. Da die deutsche Bauernerhebung von 1525 und die englische Revolution von 1641 reine »Lokalangelegenheiten« blieben, war die Französische Revolution die erste politische Umwälzung großen Stils im neuzeitlichen Europa und löste dementsprechende Hoffnungen aus. Der Breslauer Professor Henrik Steffens schilderte in seinen 1840 erschienenen Lebenserinnerungen, wie sein Vater bei der Nachricht vom Sturm auf die Bastille mit Freudentränen in den Augen seine Söhne zu sich rief, um ihnen den Anbruch eines neuen Zeitalters zu verkünden. Die Armut werde verschwinden, alle einengenden Verhältnisse des Standes, alle Privilegien überhaupt. Wer nun im Leben nichts mehr erreiche, könne nur sich selber dafür verantwortlich machen.

Theoretisch kam es auch zur »Rechtsgleichheit« und zu »Chancen für alle«. Aber in der Praxis erwies sich die Französische Revolution als »die größte Fehlgeburt der Geschichte«, denn sie war ein reiner Regimewechsel. An die Stelle des Geburtsadels trat die Plutokratie und an die Stelle der Höflinge die Berufspolitiker. Mit dem Sturz des französischen Königshauses kam eine Entwicklung zum Abschluß, die seit Jahrhunderten im Gange war und die Franz Grillparzer in seinem »Bruderzwist im Hause Habsburg« 1850 in wenigen Zeilen zusammenfaßte: »Der Reichsfürst will sich lösen vom Reich. Dann kommt der Adel und bekämpft die Fürsten. Ihn gibt die Not, die Tochter der Verschwendung, drauf in des Bürgers Hand, des Krämers, Maklers, der allen Wert abwiegt in Goldgewicht. Der dehnt sich breit und hört mit Spotteslächeln von Toren reden, die man Helden nennt. Von Weisen, die nicht klug für ihren eigenen Säckel. Von allem, was nicht nützt und Zinsen trägt. Bis schließlich aus den untersten Tiefen ein Scheusal aufsteigt, gräßlich anzusehen, das ruft: ›Auch mir ein Teil, vielmehr das Ganze. Sind wir die Mehrzahl doch, die Bessren doch, sind Menschen so wie ihr‹ ...«

Was 1789 begann und 10 Jahre später mit der Machtergreifung Napoleons nicht zu Ende ging, sondern seinen Höhepunkt erreichte, veränderte nicht nur Frankreich, sondern Europa und die Welt, denn diese Revolution brachte eine Wandlung des innersten Wesens des Reichtums, die nie und nirgends mehr rückgängig zu machen war. Stets waren Macht und Reichtum eng miteinander verknüpft. Aber die Könige, der Adel und die Kirche waren reich gewesen, weil sie mächtig waren, kraft ihrer Herrscherstellung in der Gesellschaft, und reich an Sachgütern, die meist ortsgebunden waren. Schon durch den Übergang von der Natural- zur Geldwirtschaft, vollends aber durch politische Umwälzungen wie die Französische Revolution verlieh nun der Geldbesitz als die abstrakte Form des Sachvermögens jedem, der ihn hatte, Macht. Macht, die weder von der Geburt noch von der gesellschaftlichen Stellung oder der Macht im Staat abhängt, sondern sich allein aus dem Geldbesitz ergibt. Waren die Mächtigen die Reichen gewesen, so wurden nun die Reichen die Mächtigen. Aus dem »Macht-Reichtum« wurde die »Reichtums-Macht«. Und die gab – und gibt – sich »demokratisch«, weil man die »Pressefreiheit« oder ähnliche Freiheitsrechte ja nur nutzen kann, wenn man über das entsprechende Kapital verfügt, weil Druckereien so teuer sind wie (in den USA) private Fernseh- oder Rundfunkstationen. Aber wirklich »demokratisch«, eine echte »Volksbewegung« war die Französische Revolution so wenig wie der amerikanische Unabhängigkeitskrieg oder der Kampf um das britische Steuerbewilligungsrecht. Frankreichs »Volk« folgte keineswegs den »Aufklärern« und den geistigen Vorbereitern der Revolution, sondern ließ sich von den Vertretern rein egoistischer Interessen mißbrauchen, verfiel nach wenigen Wutausbrüchen sehr rasch in Apathie. Als 1791 in Paris Stadtrats- und Bürgermeisterwahlen abgehalten wurden, nahmen von 80 000 Wahlberechtigten nur 3 380 oder nur jeder neunundzwanzigste an der Abstimmung teil. Und auch die »Volksvertreter« wurden rasch müde, Danton fand nur deshalb ein großes Publikum, weil er allen Teilnehmern an den Ausschußsitzungen des Konvents 40 Sous täglich auszahlen ließ, etwa den halben Taglohn eines Facharbeiters. Und er mußte Kontrollen einrichten, weil die für ihre staatsbürgerlichen Pflichten Bezahlten so spät wie möglich in die Versammlungen kamen und so früh wie möglich wieder heimgingen und keineswegs Lust hatten, die durchschnittlich 5 Stunden abzusitzen, die die Ausschußverhandlungen dauerten.

Die Macht des Geburts- und des Beamtenadels wurde wie die des Klerus durch die Französische Revolution gebrochen. Aber keineswegs hatten nur diese das Volk ausgeblutet und keineswegs nur sie keine Steuern gezahlt. Frankreichs Außenhandel war im Jahre 1788 viermal so groß wie beim Tod Ludwigs XIV. und brachte mehr als eine Milliarde Livres oder damals noch 2 Milliarden Goldmark ein. In Bordeaux und Marseille wie in Lyon und Paris waren dadurch Hunderte von Millionenvermögen entstanden – aber steuerlich waren sie nicht zu erfassen, denn die reichgewordenen Städte verhandelten mit dem Staat wie Macht zu Macht, verstanden ihren Steuerbeitrag weit unter dem zu halten, was sie leicht hätten zahlen können, und brachten diesen Steuerbeitrag nicht durch Abgaben der Reichen auf, sondern durch Belastung der Massen. Nicht nur der Schotte Law oder der Genfer Necker waren keine Adeligen und Bischöfe, sondern auch die immens reichen Steuerpächter und die Bürgermeister der Handelszentren nicht und ebensowenig Leute wie der erwähnte Pariser Bäckermeister Malisset, der typisch für Tausende aus dem »Volk« stammende Ausbeuter war.

Dieser Bäckermeister hatte im Jahre 1765 dem damaligen Generalkontrolleur der Finanzen L'Averdy vorgeschlagen, die Verwaltung der königlichen Getreidelager zu übernehmen. Diese waren von Colbert eingerichtet worden, um die periodischen Hungersnöte zu überwinden, und diese Lagerhäuser in Paris und Lille, Nancy, Rennes, Besançon und Bordeaux wurden von der »Getreideadministration des Königs« versorgt, die allein zum interprovinziellen Getreidehandel berechtigt war und ein Außenhandelsmonopol für Getreide besaß. Diese »Administration« belieferte auch die Bäcker, die verpflichtet waren, für 6 Monate ausreichende Mehllager zu unterhalten.

Colberts Absicht war die Verhinderung privater Getreidespekulationen gewesen. Aber sehr bald diente dieses Monopol dem König nur als Geldquelle, und nun schlug Malisset die »Reprivatisierung« dieses Staatsbetriebes vor, versprach er weit größere Gewinne als bisher, und am 28. August 1765 kam es zur Gründung der »Gesellschaft Malisset«, an der der Bäckermeister rund 40 der höchsten Staatsbeamten beteiligte und in der der König durch einen Herrn Mirlavaud vertreten war. Malissets Kompagnons waren die Finanziers Le Ray de Chaumont, Rousseau und Perruchet – ein Mitglied des Kleinadels und zwei Bürgerliche.

Innerhalb von 70 Tagen nach Abschluß dieses Gesellschaftsvertrages verdreifachte sich der Brotpreis in Frankreich. Malisset beschäftigte mehr als 3 000 Agenten, die sich als »Vertreter des Königs« legitimieren konnten, allein zum Aufkauf des Getreides berechtigt waren und so den Bauern weniger denn je bezahlten. Wie die »Société Malisset« arbeitete und welche Unsummen sie verdiente, hatte schon 1768 der Kirchenbeamte Leprevot de Beaumont durch eine notarielle Gewinnverteilungsliste erfahren, die ihm zufällig in die Hand geriet, und er hatte dem Bischof von Rouen Bericht erstattet und ihn um Intervention beim König gebeten. Aber das hatte einzig und allein seine Verhaftung zur Folge, 21 Jahre lang kam er von einem Gefängnis ins andere, erst 1789 wurde der »Denunziant« von der Revolution befreit und der »Hungerpakt« von 1765 bekannt.

Aber das Brot wurde deshalb nicht billiger, denn nun herrschten Leute wie Malisset allein, und es kam zur »hemmungslosen Entfaltung des Kapitalismus«. Für den Adel brauchte nun niemand mehr Fronarbeit zu leisten. Aber es gab nun bald so viele Fabrikarbeiter, daß sie weit hungriger schlafen gingen als die früheren Leibeigenen, genau wie Amerikas »share croppers« weniger zu essen bekamen als die Sklaven. Die Arbeit in den nordfranzösischen Bergwerken war ungleich härter und – vor allem durch das Fehlen aller Sicherheitsmaßnahmen – ungleich gefährlicher, als die Arbeit auf den Adelsgütern es gewesen war. Die »wohlerworbenen Rechte« der Besitzenden wurden rasch weit drückender als die von der Revolution beseitigten Privilegien; unter dem Deckmantel der »Freiheit« wurde die Ausbeutung der Schwächeren ein durchaus legaler Vorgang. Es rächte sich furchtbar, daß unter den »Volksführern« der Französischen Revolution kein einziger Finanzexperte, Wissenschaftler, Handwerker oder Bauer gewesen war, sondern nur Winkeladvokaten wie Danton und Robespierre und ruhmsüchtige oder verlotterte Hocharistokraten wie Lafayette und Mirabeau. Für keinen dieser »Führer« war die Revolution ein Aufbäumen gegen Ungerechtigkeit und Not gewesen wie für Coke oder Hampden, sondern nur eine einmalige Chance, politische Geltung oder ein Vermögen zu erlangen. Schon während der Revolution hatte sich eine große Zahl der Jakobiner bereichert, und Chabot, Barras, Boursault, Tallien und Barrère besaßen Schlösser und Landgüter. Allein im »Comité de l'an III«, dem Generalstab des »Parti thermidorien«, der 1794 Robespierre stürzte, findet man 1 zukünftigen Prinzen, 13 zukünftige Grafen, 5 zukünftige Barone, 7 zukünftige Senatoren und 6 zukünftige Staatsräte des Kaiserreiches. Im Konvent saß der spätere Herzog von Otranto wie der spätere Graf Regnault sowie 51 Politiker, die zwar nicht alle so reich wurden wie Fouché, der bei seinem Tod 15,4 Millionen Franc Vermögen – damals rund 14 Millionen Goldmark – hinterließ, aber alle ihre Titel, Wappen, Majorate, Schlösser und Stadthäuser erhielten. Wie für diesen »revolutionsgeborenen Adel« war die »Liquidierung« Ludwigs XVI. für zahllose neue »Großbürger« ein glänzendes Geschäft gewesen. Die beschlagnahmten Güter der Emigranten und des Klerus waren vom Staat zuerst gegen Bezahlung in 12 Jahresraten und aufgeteilt in Kleinbesitz verkauft worden. Aber bald zwang der Geldmangel die Regierung zum Verkauf en bloc und gegen Bargeld, und so fielen die Güter Spekulanten in die Hände, statt Bauernland zu werden, und 100 Jahre nach der Revolution besaßen der Staat und die Gemeinden in Frankreich außer einigen Wäldern so gut wie nichts mehr von dem ehemaligen Adelsbesitz, der in der zweiten Hälfte des 18. Jahrhunderts rund 35 Prozent der Gesamtfläche ausgemacht hatte; dazu 17 Prozent des Kirchenbesitzes. Von den 50,5 Millionen Hektar Frankreichs waren nur mehr 1,2 Millionen oder 2,4 Prozent in der öffentlichen Hand.

Der einzige Zweck der »Großen Revolution« war also die Wandlung des »Macht-Reichtums« in »Reichtums-Macht« gewesen. Zwar hatte der Bankier Necker nicht selber die Früchte seiner jahrzehntelangen »revolutionären« Tätigkeit zu ernten vermocht. Er fühlte sich in Paris nicht lange sicher, zog sich im September 1790 auf sein Gut Coppet bei Genf zurück, und als 1791 sein Agent Mirabeau starb, konnte er nur noch durch seine Tochter, Madame de Staël, Einfluß auf die Ereignisse ausüben. Der große Lieferant und Finanzier der Napoleonischen Kriege wurde nicht er, sondern Gabriel Julien Ouvrard, der »Berater« General Klebers wie Napoleons I. selber. Er »lieh« Napoleons Gattin Joséphine ebenso Geld wie allen Mitgliedern des »Direktoriums«, und dank der »Volksherrschaft« verfügte er nicht nur über riesigen Hausbesitz in Paris, sondern auch über 84 Güter in der Umgebung von Köln.

Ouvrard wurde in Clisson in der Bretagne 1770 als Sohn eines Papierfabrikanten geboren und hatte eine gute Erziehung erhalten. Er trat dann als Buchhalter in eine Kolonialwarenhandlung in Nantes ein und machte sich hier 1789 selbständig. Im Meinungsstreit, den die Französische Revolution auslöste, blieb Ouvrard »neutral«, aber als erster erkannte er die materiellen Möglichkeiten, die die Erklärung der »Menschenrechte« und die durch sie geschaffene Pressefreiheit bedeutete. Mit geborgten Anzahlungen und auf Kredit kaufte er die Papiervorräte fast aller Papierfabriken des Landes und schloß, wo er konnte, zugleich preisgebundene Lieferverträge für die Zukunft.

Zwei Jahre lang besaß Ouvrard praktisch ein Papiermonopol und dadurch im Jahre 1792 mehr als 300 000 Livres in Gold. Wie er mit steigenden Papierpreisen dank der Propagandaliteratur gerechnet hatte, so sah er die Entwertung der Assignaten voraus. Er gewann den Stadtkommandanten von Nantes, General Boivin, der ein alter Freund seines Vaters war, zum Kompagnon und konnte so risikolos große Vorräte an lebenswichtigen Waren anlegen und mit ungeheurem Gewinn verkaufen. Ouvrard heiratete eine der reichsten Kaufmannstöchter der Stadt, ließ sich zum Major ernennen und brachte Freiwillige nach Paris, die sich der Revolution zur Verfügung stellten. Dadurch lernte er Robespierre kennen, wurde Lieferant der Revolutionsheere und verdiente in 6 Monaten 1 Million.

Was natürlich nur ein zahmer Beginn war: Ouvrard wurde, da er mit Provisionen nicht sparte und stets nur in Gold bezahlte, Hauptlieferant der französischen Flotte, die damals einen Jahresbedarf von 64 Millionen Livres hatte. Ouvrard machte die Tochter Therese des spanischen Bankiers und Kriegslieferanten Francisco Cabarrus, die mit dem Revolutionär Jean Lambert Tallien verheiratet gewesen war, zu seiner Maitresse und erhielt so auch einen Liefervertrag für die spanische Flotte, an dem er über 20 Millionen Goldfranc verdiente.

Napoleon Bonaparte wollte zuerst von Ouvrard nichts wissen und ließ ihn im Jahre 1800 verhaften. Aber Ouvrard bezahlte 14 Millionen »Bußgeld« (dessen Verbleib mysteriös blieb), und bald war er dem Kaiser unentbehrlich, der ihm 2 Prozent Provision auf alle Einkäufe für das Heer zugestand. Ouvrard nahm den Belgier Van Lerberghe zum Kompagnon, der entsprechende Beziehungen in England besaß, und so stammte der Großteil der Ausrüstung der »Grande Armée« aus Birmingham und dem Yorkshire. Und Ouvrard verdiente nicht 2, sondern sehr oft 200 Prozent. Er liierte sich mit dem Bankhaus Labouchère & Hope in Amsterdam und mit dem Bankhaus Baring in London, und diese Beziehungen erwiesen sich für alle Beteiligten als so gewinnreich, daß Ouvrard auch durch den Sturz Napoleons nicht ärmer wurde. Er brachte 1816 bei seinen Freunden Baring und Hope eine französische Anleihe von 180 Millionen Franc unter, die zu 52,50 aufgelegt wurde, das heißt der Regierung de facto nur 90 Millionen brachte. Denn 2,5 Prozent Provision des Nominales gingen an Ouvrard...

Leute wie Ouvrard oder ein Freund Lafayettes, der erwähnte Bankier Laffitte, wurden die wahren Herren Frankreichs, denn nie und nirgends genügt es, Gerechtigkeit zu wollen, stets muß man genau wissen, wie das Bessere durchgesetzt werden soll, und das wußte in Frankreich keiner der echten Revolutionäre. Napoleon wollte es gar nicht wissen, denn seine Finanzpolitik beruhte auf der Schonung der Franzosen und der rücksichtslosen Ausbeutung der Besiegten. Diese hatten nicht nur die Heereslasten in Form der Einquartierungen und Kontributionen aufzubringen, sondern (wie ein amtliches Rundschreiben an die Präfekten vom 25. Oktober 1810 bestätigt) allein von 1806 bis 1810 mehr als eine Milliarde Franc nach Frankreich transferierte Steuern zu bezahlen, und wenn England 1815 eine Staatsschuld von rund 800 Mark pro Kopf hatte, so Frankreich nur von 40 Mark. Schon unter Napoleon I. erlebte der Finanzkapitalismus Frankreichs eine Blütezeit. Der Kaiser selber besaß bereits 1801 – G. Bourgin zufolge – 17 Millionen in Rentenpapieren, beteiligte sich insgeheim an Börsenspekulationen und hatte nichts dagegen, daß sein Sekretär Bourrienne aus der Kontinentalsperre 7 bis 8 Millionen Franc unerlaubte Einnahmen bezog oder daß Lagrange als Gouverneur von Frankfurt am Main eine Million Bestechungsgelder annahm. Für »Dotationen« – »Zuwendungen ohne Verpflichtung für besondere Verdienste um den Staat« – waren 1814 offen 37,7 Millionen vorgesehen. Die führenden Finanzleute schlossen sich in der »Compagnie des négociants réunis« zusammen, die die Heereslieferungen sowie die Diskontierung der Wechsel der Generalsteuer-Einnehmer übernahm – und die Gewinne erzielte, gegenüber denen die unter den Königen Frankreichs geradezu lächerlich gering erscheinen.

Noch verheerender aber wirkten sich – langfristig – die Steuerpolitik Kaiser Napoleons I. aus und die Übernahme revolutionärer Axiome in den »Code Napoléon«, die Anwendung der »Gleichheit« auf das bäuerliche Erbrecht vor allem, die – wie Viviani das voraussagte – zur »Entvölkerung Frankreichs; zur Entwertung und Zersetzung der Familie; und zum Auseinanderfallen des Grundbesitzes« führen mußte. Napoleon I. versuchte finanzpolitisch alles zu vermeiden, was seiner Popularität schaden konnte, und legte so das Hauptgewicht auf »unmerkliche« Abgaben. Wenn in Amerika, wie geschildert, direkte Steuern nicht eingehoben werden konnten, so wollten Napoleon I. und mehr noch Napoleon III. das Volk nicht »vergrämen«, und die bei den Revolutionären verpönten indirekten Steuern wurden zur Haupteinnahmequelle des Staates, ergänzt durch Monopolerträge. Schon 1804 wurden die Getränke-, 1806 die Salzsteuer wieder eingeführt, und 1810 folgte das französische Tabakmonopol. Bereits 1812 brachten indirekte Steuern vier Zehntel der gesamten Staatseinnahmen, und dieser Trend hielt unverändert bis zum Ersten Weltkrieg an. Während in allen andern Ländern der Anteil der direkten Abgaben zunahm, fiel er in Frankreich. Im Jahr 1850 machten hier direkte Steuern rund 30, indirekte 70 Prozent der Gesamteinnahmen aus. 1870 waren es 24 gegen 76 von Hundert, im Jahre 1900 stand das Verhältnis 20 zu 80, und 1913 machten indirekte Steuern und Monopolgewinne zusammen 86 Prozent aus, allein die Steuern und Zölle auf Nahrungsmittel 32 Prozent. Auch sonst konnte von »Steuergerechtigkeit« keine Rede sein. Die Besitzprivilegien waren nun ungleich größer als die Adelsprivilegien vor der »Großen Revolution«. Grundbesitz und bewegliches Vermögen wurden völlig unterschiedlich behandelt. Während die Landwirtschaft etwa 13 Prozent ihres Einkommens an Abgaben zu leisten hatte, war das bewegliche Vermögen nur mit 4 Prozent belastet. Nicht nur der Zinsertrag sämtlicher französischer Staatspapiere, sondern auch der aller Hypotheken, der Privatforderungen und Depositen blieb steuerfrei, und für die höchsten Arbeitseinkommen wurde nicht mehr bezahlt als für die niedrigsten, denn erst am 9. März 1909 nahm die Kammer den »Entwurf Caillaux« an, der eine von Proudhon bereits im Mai 1848 geforderte Einkommensteuer vorsah. Weitere 5 Jahre vergingen, ehe der Senat dieser Einkommensteuer zustimmte, die von den »Volksvertretern« im Lauf der Zeit nicht weniger als zweiundsiebzigmal abgelehnt worden war – und deren Höchstsatz dann 1914 auf 5 Prozent festgesetzt wurde. Ein Satz, der erst bei einem Jahreseinkommen von mehr als einer Million Goldfranken oder 800 000 Goldmark angewendet wurde.

Diese Entwicklung ging auf Napoleon I. zurück, und wenn die Verstaatlichung der Post im Jahre 1801 und die großen Einnahmen, die diese sehr rasch dem Staat brachte, so wenig Schaden anrichtete wie 1872 das französische Zündholzmonopol, so wirkte sich Napoleons »Alkoholpolitik« katastrophal aus. Frankreich ist seit Jahrhunderten das bedeutendste Weinbauland der Erde und liefert vor allem in seiner Qualität unübertroffene Getränke; Champagner oder Cognac wurden bekanntlich Weltbegriffe wie die Bordeaux-Weine, und schon 1789 brachte die Spirituosenausfuhr Frankreich 441 Millionen Franc, trotz aller Revolutions- und Kriegswirren auch 1806 über 464 Millionen. Dieses Exportes wegen, mehr noch aber wegen der

1804 eingeführten Getränkesteuer förderte Napoleon den Weinbau auf die verschiedenste Art, und der Ertrag stieg von 36 Millionen Hektoliter im Jahre 1812 auf 84 Millionen 1875. Das nun war weit mehr, als ausgeführt werden konnte, und so wurden auch immer mehr Ausschanklizenzen erteilt. Schließlich gab es eine auf je 60 Franzosen, als es eine auf je 246 Deutsche und eine auf je 430 Engländer gab. Das Trinken von einem Liter Rotwein täglich galt – und gilt – in Frankreich als »normal« – und das entspricht 36,5 Liter hundertprozentigem Alkohol jährlich; auf absoluten Alkohol umgerechnet wurden in Frankreich 1910 pro Kopf 23 Liter getrunken gegen damals 8,5 in Deutschland und 2,5 in Norwegen. Zu Napoleons Getränkesteuer kam ein staatliches Alkoholmonopol, und so wurden 1955 zum Beispiel in Frankreich für Alkohol 13,5 Milliarden DM ausgegeben oder mehr als für Kleidung. Im Durchschnitt der Jahre 1948 bis 1958 wurde ein Zehntel des Bruttosozialprodukts vertrunken und für Alkohol ebensoviel ausgegeben wie für den Wohnungsbau. Sieben Zehntel aller Irrenhaus-Insassen und vier Zehntel aller Krankenhauspatienten waren Alkoholiker, und das Alkoholmonopol trug zum Abfall von Frankreichs Kolonien bei. In Algerien wurde praktisch nur der Weinbau der Franzosen, nicht auch der der Eingeborenen gefördert – und so sehr, daß Nahrungsmittel fehlten. In Französisch-Indochina erließ der Präfekt des Regierungsbezirkes Quang-Ngai am 28. August 1934 folgenden Befehl: »Die Administration hat beschlossen, daß der Monatsverbrauch an Alkohol, umgerechnet auf hundertprozentigen, 7 Liter pro Familienoberhaupt zu betragen hat. Dörfer, die diese Menge nicht abnehmen, sind verdächtig, Schmuggel zu treiben, und zu bestrafen. Dörfer, die mehr konsumieren – oder bezahlen – sind zu beloben. . .« Außer dem Alkoholmonopol gab es in Indochina noch ein staatliches Opium- und ein staatliches Salzmonopol, das zum Beispiel für das von den Annamiten gewonnene Seesalz 40 Centimes pro Kilo bezahlte und für 6 Franc 80, den siebzehnfachen Preis also, weiterverkaufte.

Natürlich wurden und werden überall Alkohol- und Tabaksteuern als entscheidend wichtige Einnahmequellen des Fiskus betrachtet, und daher wird vor allem auch gegen das Rauchen praktisch nichts unternommen, obwohl die Gesundheitsschädlichkeit längst eindeutig erwiesen ist. Die Folgen der Napoleonischen Alkoholpolitik waren gering, verglichen mit denen der Opiumpolitik der »East India Company«. Aber in Frankreich wirkten verschiedene Faktoren zusammen. Hier trug der abnormal hohe Alkoholkonsum (der auch heute noch der höchste der Welt ist) zwar entscheidend zur Erhöhung der Staatseinnahmen bei, ebenso entscheidend aber zum Sinken der Geburtenzahlen, und die Bevölkerungs-Stagnation, die der Revolution folgte, wirkte sich am verheerendsten aus und beeinflußte die französische Mentalität ebenso wie die französische Wirtschaft und Politik. Beim Ausbruch der Revolution hatte Frankreich mit rund 25 Millionen ebenso viele Menschen gezählt wie das Russische Reich, um 7 Millionen mehr als die Großmacht Österreich. Es hatte viereinhalbmal soviel Einwohner wie Preußen und fünfeinhalbmal soviel wie die Vereinigten Staaten. Napoleon I. war sich dieser Überlegenheit bewußt und sagte nach einer verlorenen Schlacht: »Bah – eine Pariser Nacht gleicht diese Verluste wieder aus!« Aber die höchste, seither nie wieder erreichte Geburtenrate Frankreichs war die des Jahres 1805. Zu den »Großmächten« zählten damals neben Frankreich England, Österreich, Preußen und Rußland, und an deren Gesamtbevölkerung hatte Frankreich 1789 einen Anteil von 34 Prozent, im Jahre 1908 aber nur mehr von 7 Prozent, von weniger als einem Vierzehntel statt einem Drittel. Denn in manchen Jahren starben weit mehr Franzosen, als geboren wurden, und 1921 lebten auf dem gleichen Gebiet nur etwa 2 Millionen mehr als 1861, zwei Generationen zuvor.

Diese Entwicklung hatte viele Gründe, aber am verheerendsten wirkten sich die Napoleonischen Kriege aus, durch die riesige Ackerflächen verkamen, Dornstauden statt Weizen wuchsen und sich in den verfaulenden Fußböden der verlassenen Bauernhäuser Brennesseln ansiedelten. Und kaum weniger verheerend war der »Code Napoléon«, der zur Aufteilung der Bauernwirtschaften unter alle Kinder zwang und den Bodenbesitz derart zerstückelte, daß die meisten Erben keine Lebensmöglichkeit mehr auf dem Land hatten. Dazu kam die Agrarkonkurrenz aus Übersee. Obwohl zwischen 1880 und 1890 die Pachtsätze um ein Drittel fielen, mangelte es überall an Pächtern, und riesige Landstriche verwandelten sich in Rebhuhnreviere, denn die Jagdverpachtung trug den Grundbesitzern viermal soviel ein wie die als Ackerland. Ein Jahrhundert nach der Revolution lagen zwei Millionen Hektar besten französischen Bodens brach, bei Ausbruch des Ersten Weltkrieges waren es vier Millionen, 1940 schließlich sechs Millionen oder drei Viertel der heutigen Ackerfläche Westdeutschlands. Wie der »Gleichheits«- wirkte sich der »Vernunft«-Kult aus. Zum Beispiel stiftete die Stadt Versailles im Jahre 1827 einen »Mäßigkeitspreis« für Familien, die »eine mäßige Anzahl Kinder« hatten und dadurch bewiesen, daß sie »vernunftgemäß und nicht wie die Tiere« lebten. Wie die Landwirtschaft unter Leutemangel litt (die Zahl der Landarbeiter sank von 1862 bis 1895 um mehr als 800 000), fehlte in Frankreich durch die Bevölkerungsstagnation der Zwang, industrielle Arbeit zu suchen, und sie bedeutete natürlich auch Käufermangel, Stagnation des Binnenmarktes ebenso wie des Außenhandels. Wenn Frankreichs Außenhandel, wie erwähnt, lange der bedeutendste der Erde war und auch noch 1840 hinter dem Englands an der zweiten Stelle der Erde stand, so konnte es drei Generationen später mit Deutschland so wenig wie mit den USA, mit Japan so wenig wie mit der Schweiz oder den Niederlanden konkurrieren. Denn das »Prinzip Freiheit« hatte den Frauen Befreiung von der »Last der Familie« bedeutet, und 1939 mußte Frankreichs angesehenster Bevölkerungspolitiker, Charles Richet, schreiben: »Jedes Jahr tötet die Abtreibung mehr Franzosen, als es ein Jahr Weltkrieg tat.«

Das schwächte Frankreich derart, daß es im Zweiten Weltkrieg innerhalb von 38 Tagen besiegt werden konnte. Vorerst schienen wenige Kinder allerdings ein gewaltiger Vorteil, und die Franzosen konnten relativ mehr sparen als ihre kinderreicheren Nachbarn. Vom privaten Gesamteinkommen der Nation blieben im Durchschnitt der Jahre 1853 bis 1878 fast ein Achtel unverbraucht und 1904 bis 1910 noch immer 11,6 Prozent. Nach R. Pupin (»La Richesse de la France«) betrug der jährliche Vermögenszuwachs von 1853 bis 1878 durchschnittlich 1 760 Millionen Goldmark, und von 1853 bis 1911 stieg das Volksvermögen von rund 84 auf 213 Milliarden Goldmark. Aber Wertpapiere machten davon nun 88 statt 8 Milliarden Mark aus, während die Betriebsvermögen nur von 4,8 auf 14,4 Milliarden Goldmark stiegen. Der Wert der Häuser nahm während dieser etwa zwei Generationen von rund 15 auf 54 Milliarden Mark zu, der Geldbesitz von 0,8 auf 7 Milliarden, der Wert des Viehbestandes und der landwirtschaftlichen Geräte dagegen wuchs nur von 4,4 auf 8,4 Milliarden. Die Franzosen waren ein »Volk von Rentnern« geworden. Zwischen 1853 und 1911 stieg der Ertrag der Wertpapiere und der Bank- und Sparkassenguthaben auf das Elffache, von 480 auf 5 300 Millionen Franc. Die Franzosen galten nun als »enorm reich«. Sie waren aber zum unproduktivsten Volk Europas geworden, und der Staat partipizierte an diesem »Reichtum« nicht, weil die Zinseinkommen steuerfrei blieben.

Die »Rentnermentalität« ließ Frankreichs Landwirtschaft und Industrie zur rückständigsten Europas werden und es gegenüber Deutschland technologisch so weit zurückbleiben, wie es bei Ausbruch der Französischen Revolution hinter England zurückgeblieben war. Das war durch die Geburtenstagnation (und natürlich auch durch Frankreichs Naturbegünstigung) ermöglicht worden, und es wurde vor allem aber auch durch die Finanzpolitik Kaiser Napoleons III. systematisch gefördert. Denn mehr noch als Napoleon I. war er bestrebt, alles zu vermeiden, was seine Popularität vermindern konnte. Er wußte auch, daß es in Frankreich immer wieder Steuerrevolten gegeben hatte: 1358 erhob sich die »Jacquerie«, die verarmten Bauern, gegen die Ritter. 1595 rotteten sich die »Croquants« zusammen und verweigerten der Kirche den Zehnten. 1709 sperrten 3 000 bewaffnete Steuerzahler den Intendanten von Montauvan solange ein, bis ihre Abgaben ermäßigt wurden. Und wie gegen Ritter, königliche Beamte und den Klerus wurde gegen steuererhebende Republikaner revoltiert. Nach dem Umsturz von 1848 hatte der neue Finanzminister, Garnier-Pagès, verlangt, daß, wer bisher einen Franc Steuer bezahlte, fortan 1 Franc 45 Centime entrichtete. Das löste Unruhen in der Bretagne aus, im Périgord, in Anjou, um Lyon und in der Auvergne, und als der Steuereinnehmer Boudot am 7. Juni 1848 in der Gemeinde Ajain in der Creuse die 45 Centime Zuschlag einheben wollte, wurde er aus dem Dorf geprügelt. Den Gendarmen, die einige Tage später mit ihm zurückkamen, ging es nicht besser, und jedem, der die Steuer bezahlen wollte, wurde ebenso mit dem Aufhängen gedroht wie den Steuereintreibern. Es folgten die Besetzung des Bürgermeisteramtes und des Notariats von Ajain durch die Steuerverweigerer, schließlich ein Marsch zum Präfekten des Departements. Dieser setzte Truppen ein, und es gab an diesem 15. Juni 1848 42 Tote unter den Demonstranten und am Tag darauf Massenverhaftungen. Aber ein Schwurgericht in Limoges sprach am 13. August 16 der 20 angeklagten Rädelsführer frei.

Napoleon III. konnte also vorerst keine Steuererhöhungen verlangen oder gar neue Arten von Steuern einführen. Zum Unterschied von Napoleon I. standen ihm aber auch keine eroberten Länder zur Verfügung, die er ausbluten konnte, und so blieben ihm nur Anleihen. Frankreichs Staatsschuld betrug im Jahr 1853 rund fünfeinhalb Milliarden Goldmark, und diese 6 640 Millionen Franc erforderten 262 Millionen jährliche Zinszahlungen. Unter Napoleon III. kamen 6 Milliarden Franc im Frieden und weitere 9 Milliarden durch den Krieg mit Deutschland hinzu. So stand die Staatsschuld 1872 auf 17 Milliarden Goldmark. Bei Ausbruch des Ersten Weltkrieges war Frankreich das meistverschuldete Land der Welt – obwohl nicht zuletzt französische Anleihen an Rußland und andere politische Kreditgeschäfte diesen Krieg unvermeidlich gemacht hatten.

Napoleon III. war nicht blind in sein Unglück gerannt. Er hatte zum Beispiel 1833 geschrieben: »Steuerreformen sind unbedingt nötig geworden, und ihre Quintessenz muß sein, die Lasten der Armen zu vermindern.« In seinem Wahlprogramm von 1848 hieß es: »Die das Volk bedrückenden Steuern müssen gesenkt; die Arbeitslosen müssen beschäftigt und der Unternehmungsgeist derart angespornt werden, daß die Staatseinnahmen allen Erfordernissen genügen.« Aber von 1853 bis 1878 stiegen die Staatsausgaben um 117 Prozent, das französische Volkseinkommen nur um 78 Prozent. Schon 1869 mußten von 1 962 Millionen Franc Gesamteinnahmen 555 für den Schuldendienst aufgewendet werden, und 1905 machten Zinsen und Amortisationen 1 222 Millionen von 3 663 Millionen Gesamteinnahmen aus. Napoleon III. wußte, daß ihm nichts so sehr den Weg zur Präsidentschaft geebnet hatte wie die finanzpolitischen Mißgriffe der Revolutionsregierung von 1848, und so ließ er das längst veraltete Steuersystem in Geltung und gewann zugleich die Unterstützung der mächtigen Bankiers, indem er immer neue Anleihen aufnahm. Die Zahl der französischen Rentengläubiger stieg so von 207 000 im Jahre 1847 auf über eine Million 1855 und durch die Franc-Entwertung und den Verlust der Milliarden, die Rußland und anderen Verbündeten geliehen wurden, kamen schließlich mehr als 10 Millionen Franzosen um ihre Ersparnisse. Daß die 8 großen Anleihen, die während der Regierungszeit Napoleons III. aufgelegt wurden, stets Käufer fanden, wurde als nationale Kundgebung und als »Volksentscheid des Kapitals für die kaiserliche Politik« gewertet. Aber statt produktiv angelegt, wurden die Erparnisse durch Prestigebauten und Kriege vergeudet. Die Kreditbedingungen nach dem Zusammenbruch des zweiten waren nicht ganz so wucherisch wie nach dem des ersten Kaiserreiches. Aber die am 24. Oktober 1870 beim Bankhaus Morgan begebene Anleihe von 250 Millionen Franc wurde zu 85 aufgelegt; insgesamt bekam die Regierung 202 Millionen in die Hand, und diese kosteten, die Provisionen usw. berücksichtigt, 8 Prozent. Durchgreifende Steuerreformen schienen nun unaufschiebbar. Aber wiederum spielten innenpolitische Überlegungen die ausschlaggebende Rolle, wurden Getränke und Zucker, Zichorie und Salz, Öl, Kerzen und Papier schwerer belastet, nicht aber der Zinsertrag aus Hypotheken oder Staatsrenten besteuert. Frankreichs Steuern waren angeblich »unmerklich«, aber keineswegs niedrig. 1872 schon betrug die Belastung pro Kopf 53 Mark gegen 40 in England und 18 im Deutschen Reich. Zwischen 1870 und 1913 verdoppelten sich Frankreichs Staatsausgaben, und bei Ausbruch des Ersten Weltkrieges war die französische Besteuerung die schwerste Europas und der Welt; sie machte pro Kopf 117 Mark aus statt der 28 des Jahres 1813.

Das scheint allerdings lächerlich gering gegen die heutigen Steuern und »steuerähnlichen Abgaben«, vor allem die zwangsweisen Sozialversicherungsbeiträge. Nach dem Ersten Weltkrieg und besonders nach 1945 schlug das Pendel in die andere Richtung aus. War Frankreichs Steuerpolitik generationlang »asozial«, so war der Staat jetzt bestrebt, als »Super-Wohlfahrtsstaat« zu erscheinen, und die Sozialleistungen wuchsen weit rascher als die

Wirtschaft. Die Zahlungen der »Sécurité Sociale« (Altersbeihilfen, Familienzulagen, Kranken- und Unfallversicherung usw.) nahmen von 1960 bis 1967 von rund 57 auf 126 Milliarden Franc zu, um 121 Prozent also, während das Bruttosozialprodukt nur um 89 Prozent wuchs. Sozialleistungen erforderten 1968 rund 27 Prozent der wirtschaftlichen Gesamtleistung. Mehr als ein Viertel des Wertes aller Güter und aller Dienstleistungen fließt den Empfängern in Frankreich nun nicht als Direktentlohnung für geleistete Arbeit zu, sondern ist »Einkommenstransfer«, staatliche Einkommens-Umverteilung. Das französische Sozialbudget ist höher als der gesamte Staatshaushalt. Und dadurch stieg von 1937 bis 1968 die Pro-Kopf-Belastung durch Steuern und Sozialabgaben von 218 auf 3 072 DM, auf das mehr als Vierzehnfache innerhalb einer einzigen Generation. Sie war jetzt hundertzehnmal höher als 1813 – und die Franzosen waren aus Privatrentnern zu Staatsrentnern geworden.

Wie es lange dauerte, ehe die katastrophale Geburtenentwicklung allen Franzosen spürbar wurde, so dauerte es allerdings auch lange, ehe jedermann die Steuer- und Sozialabgabenbelastung merkte. Auch 1958 waren immer noch 60 Prozent aller französischen Steuern indirekte Abgaben, und nach wie vor waren zum Beispiel zahlreiche Staatspapiere von der Erbschaftsteuer befreit. Von 1956 bis 1966 jedoch stieg der Anteil der Steuern und Versicherungsbeiträge am französischen Bruttosozialprodukt von 38,7 auf 45,8 Prozent und war damit nach Schweden (mit 47 Prozent) der höchste der Welt. Insgesamt gab es nun 376 verschiedene Steuern in Frankreich. War der Maximal-Einkommensteuersatz 1914, wie gesagt, 5 Prozent gewesen, so betrug er jetzt 57 Prozent, und vor allem versuchte der Fiskus nach dem Zweiten Weltkrieg, die Steuergesetze auch wirklich anzuwenden. Als die Schuldenwirtschaft nicht mehr weitergetrieben werden konnte und der Franc stabilisiert werden mußte, war Frankreichs Steuerpolitik der aller andern Staaten angepaßt worden. Aber noch jahrzehntelang blinzelten sich hier Staat und Steuerzahler wie zwei Ganoven zu. Der eine setzte hohe Steuern fest, und der andere hinterzog sie. Ein 1953 gebildeter Sonderausschuß des Parlaments stellte amtlich fest, daß damals mindestens 10 Milliarden DM Steuern in Frankreich hinterzogen wurden, daß die Industrie mindestens ein Fünftel und der Handel 28 Prozent ihrer Einnahmen nicht versteuerten. Zahllose Kleinbetriebe führten überhaupt keine Bücher – und waren schon durch die Unkenntnis von Kosten zu keinerlei Rationalisierung imstande –, und alle Bücher zu prüfen, wäre auch unmöglich gewesen, weil der Staat kein entsprechendes Personal besaß.

Das wurde 1953 geändert, und zugleich stellte man ambulante Fahndergruppen auf und gründete ein Sonderinspektorat, das 1954 bereits 376 Experten zählte. Nicht durch lokale Rücksichten gebunden, »überfielen« sie die Fabrikanten und Gewerbetreibenden, diktierten schwere Steuerstrafen und konnten dem neuen »Ulver-Dorey-Paragraphen« zufolge Renitente ins Gefängnis bringen. Was der Fiskus unternahm, war nichts anderes als die Verwirklichung parlamentarisch beschlossener Finanzmaßnahmen. Aber Hunderttausende französischer Kleinbetriebe mußten »ohne Rechnung« wirtschaften; sie konnten nur bestehen, wenn sie praktisch keine Steuern bezahlten. Es gab zum Beispiel über 200 000 Baugeschäfte, die, den Unternehmer mitgezählt, nur 3 Leute beschäftigten. Es gab viele tausend Einzelhandelsgeschäfte, die nirgends außer in Frankreichs Provinz existieren konnten, Schuhgeschäfte zum Beispiel, die täglich nur zwei Paar verkauften. Über 66 Prozent der französischen Handelsunternehmen hatten 1954 einen Jahresumsatz von weniger als 12 000 DM, und vier Zehntel der französischen Bauernwirtschaften waren Familienbetriebe mit einem Bruttoeinkommen von 3 600 DM jährlich. Millionen Franzosen zogen das Darben als »Selbständige« der Arbeit in Fabriken vor, und kein Politiker wagte es, diesen »Mittelstand« gegen sich aufzubringen, denn er stellte ohne Familienangehörige 1,2 Millionen Wähler.

Als das Pariser Finanzministerium das ignorierte, kam es in Südfrankreich, in Saint-Céré, zu einer »Volksbewegung«, die Frankreich bis in die Grundfesten erschütterte und um ein Haar in eine echte Revolution ausgeartet wäre. Saint-Céré ist eine Landstadt am Südhang der Cevennen, etwa 140 Kilometer nördlich von Toulouse. Sie hatte 1953 rund 2 900 Einwohner, lebte vom Handel mit den umliegenden Dörfern und der eigenen Landwirtschaft und war arm wie das ganze Departement Lot. Ein gewisser Pierre Poujade besaß hier einen Papierwarenladen, arbeitete zugleich als Reisevertreter für Büroartikel und nannte sich später Buchhändler. Er war beliebt, Kapitän der Fußballmannschaft und für seinen Stammtischwitz bekannt. Er ernährte seine aus Algier stammende Frau, seine 4 Kinder und seine Mutter nicht allzu schlecht. Und außer in Saint-Céré und dessen nächster Umgebung kannte ihn 1953 niemand. Aber am 22. Juli dieses Jahres wurde 7 Ladenbesitzern der Stadt mitgeteilt, am nächsten Morgen würden Steuerbeamte eintreffen, um ihre Bücher zu prüfen. Das wurde natürlich ausgiebig diskutiert und bei reichlich Rotwein beschlossen, den »Eindringlingen« die Arbeit unmöglich zu machen. Mit Feldstechern ausgerüstete Späher überwachten am 23. Juli die Anfahrtstraßen, und als die Steuerprüfer vor den betreffenden Geschäften erschienen, fanden sie den Zugang durch eine undurchdringliche Menschenmenge blockiert. Der Bürgermeister erschien und erklärte den Beamten, er sehe keine Möglichkeit, sie zu beschützen, falls sie nicht gutwillig abzögen. Und das taten sie.

Durch ihren Erfolg angeregt, beriefen die unkontrolliert gebliebenen Händler eine Versammlung in die Auberge von Latoville unweit Saint-Céré ein und gründeten die »Union zur Verteidigung der Handwerker und Händler«. Der damals 33jährige Poujade wurde Präsident, ein 41jähriger Schankwirt erster Stellvertreter, und 5 weitere der insgesamt 14 Anwesenden wurden stellvertretende Präsidenten-Stellvertreter.

Was derart winzig begann, wurde innerhalb von zwanzig Monaten zu einer Massenbewegung, wie Frankreich sie seit der »Großen Revolution« von 1789 nicht mehr gesehen hatte. Pierre Poujade hielt in Südfrankreich über 500 Versammlungen ab, und am 24. Januar 1955 füllte er die riesige Messehalle an der Pariser Porte de Versailles mit seinen Anhängern. Lautsprecher kündigten ihn an: »Jetzt kommt der Chef! Erhebt euch! Begrüßt ihn!« Tosende Bravo- und »Vive«-Rufe empfingen ihn, als er den breiten, von Saalordnern eingerahmten Mittelgang entlangschritt, umgeben von seinen »Leutnants« in Regenmänteln und seiner stämmigen Leibwache in Monteursanzügen. »Vor ein paar Tagen«, begann er seine Rede, »fand man im Wald von Butte-Rouge die Leiche von Frau Berly, Kolonialwarenhändlerin in L'Hay-les-Roses. Die Unglückliche hatte sich selber das Leben genommen, denn einige Tage vorher erfuhr sie, daß man sie hochnehmen wolle. Wiederum hat der Fiskus einen Menschen gemordet. Wir aber wollen nicht sterben, und wir werden nicht sterben! Wir werden den Herren in Paris den Steuerhahn abdrehen! Die Parlamentarier versprechen vor jeder Wahl, daß sie uns helfen werden, aber sobald sie im Palais Bourbon sitzen, diesem stinkenden Misthaufen, vergessen sie alle Versprechungen. Damit ist jetzt Schluß. Jetzt nehmen wir unser Schicksal selber in die Hand. Wir, das Volk Frankreichs ...«

Der Saal tobte. Alle die Wein- und Gemüsehändler, die hierhergekommen waren, die Cafétiers und Handwerker sprangen auf und sangen die Marseillaise. Und damit war die Steuerstreikbewegung Poujades keine Lokalangelegenheit mehr. Sie hatte damit begonnen, daß die »Zentrale« in Saint-Céré überall dorthin, wo Steuerfahnder oder gar Zwangsversteigerungen erwartet wurden, Vertreter entsandte, die Protestversammlungen organisierten, und zum Entstehen einer Organisation geführt, die ein Postsparkassenkonto von mehr als zwei Millionen DM besaß und die UDAC-Zeitschrift »L'Union« mit einer Auflage von 600 000. Bei der Versammlung in Paris wurde die Stadt mit 800 000 Freiexemplaren der Poujade-Zeitschrift »Fraternité Française« überschwemmt, und wo immer Mitgliederlisten zur Einzeichnung aufgelegt wurden, waren sie sofort voll, obwohl die Einzeichnung 12 Mark kostete. Überall in Frankreich ging es nun den Steuerprüfern wie in Saint-Céré. Sie fanden den Weg zu den Geschäften oder Büros verstellt. Ein paar kräftige Burschen mit Armbinden in den Farben der Trikolore »rieten« ihnen heimzufahren. Kein Polizist war je zu sehen, und wo die Bürgermeister auftauchten, ihre blau-weiß-rote Amtsschärpe um den Leib, zuckten sie bedauernd die Achseln. Was sollten sie tun? Wie ein Steppenbrand breitete sich die Bewegung aus. Bei den Fischern der Bretagne hatte Poujade soviel Erfolg wie bei den Einzelhändlern von Lille, und überall war nun das Emblem der Bewegung zu sehen: ein roter, gallischer Hahn mit gesträubtem Kamm und gesträubten Federn auf der weißen Landkarte Frankreichs, von einem blauen Ring umgeben. Als Vierunddreißigjähriger – 1955 – hatte Poujade eine eingeschriebene Anhängerschaft von 800 000, von denen rund zwei Zehntel keine Steuererklärungen mehr abgaben und die fälligen Zahlungen nicht entrichteten. Poujade kündigte einen »allgemeinen Steuerstreik« an, falls das Finanzministerium nicht »sofort« die »Polyvalents«, die 376 Spezialisten entließ, die als Buchprüfer die Gewerbetreibenden »überfielen«. Und Premierminister Edgar Faure versprach das im März 1955 – denn die Hälfte der Abgeordneten liebäugelte mit der Poujade-Bewegung.

Heute ist sie weitgehend vergessen, obwohl die Wut gegen den Fiskus immer wieder aufflammt und am 5. März 1969 zum Beispiel die »kleinen Steuerzahler« in Bordeaux, Lorient, Lille und Lyon Unruhen verursachten, die Schaufenster der großen Warenhäuser einwarfen und der Polizei Schlachten lieferten. Auch in Paris schlossen alle Einzelhandelsgeschäfte aus Protest gegen die Mehrarbeit, die die Mehrwertsteuer verursacht, und die Ausdehnung der Versicherungspflicht auf den Kleinhandel. Poujade kam nicht gegen General de Gaulle auf und verlor seinen Anhang durch die Prosperität, die Frankreich von 1958 bis 1968 erlebte. Vor allem aber scheiterte seine Steuerstreikbewegung wie schon die »Große Revolution« am Mangel klarer Reformideen. Immer und überall war und ist es das gleiche und bei den heutigen Studentenunruhen nicht anders als zur Zeit der Guillotine: Totschlagen kann jeder, und Revolten anzetteln ist nicht schwer. Aber Besseres an die Stelle des Schlechten setzen, erfordert nicht nur die genaue Kenntnis der Ursachen dieses Schlechten und seiner Nutznießer; das erfordert nicht nur neue Ideen; sondern auch die praktischen Mittel, um sie durchzusetzen, und über diese verfügen heute nur die etablierten Gewalten. Wie es sich verheerend auswirkte, daß es unter den Revolutionären von 1789 keinen einzigen Finanzexperten gab, so verstand Poujade zwar den Haß der »Kleinen« zu schüren und die Gefühle der Massen gegen den Fiskus zu richten, aber es fehlten ihm alle Voraussetzungen zur Ausarbeitung eines gerechten Steuersystems oder irgendeines konkreten Reformplanes. Und so bleibt Frankreich das Musterbeispiel für die scheinbare Ausweglosigkeit, in der sich heute die westliche Welt befindet: Egoismus und Kurzsichtigkeit lösen Revolten aus. Die Revolutionäre versagen. Und so wird die Steuerschraube nur noch schärfer zugedreht und die Ungerechtigkeit nur noch größer. Wer sich mit der Geschichte Frankreichs im 16., 17. und 18. Jahrhundert beschäftigt, kann nur sagen: »Es mußte zur ›Großen Revolution‹ kommen!« Aber geht es einem nicht ebenso, wenn man sich mit der Geschichte der Vereinigten Staaten im 19. und 20. Jahrhundert beschäftigt? Wie gerecht ist dort die Besteuerung? Wie gerecht im übrigen »Westen«? Und müssen eines Tages die Folgen nicht noch weit furchtbarer sein als in Frankreich, das durch falsche Finanzpolitik entvölkert und aus einer Weltmacht zu einem x-rangigen Staat gemacht wurde? Auch der amerikanische Finanzminister Joseph W. Barr warnte am 19. Januar 1969 den Kongreß vor einer »Steuerzahlerrevolte gegen die Ungerechtigkeit des US-Fiskal-Systems«. Bürgerkriegsähnliche Revolten der Neger gab und gibt es bekanntlich bereits, denn diese erhielten ja noch nie einen gerechten Anteil an Amerikas enormen Steueraufkommen. Wie gerecht unsere Steuern sind, kann leicht zur Lebensfrage des »Westens« werden, denn unsere Finanzpolitik kann nicht allein Sklavenaufstände auslösen, sondern die passive Resistenz der Schöpferischen, der Unternehmer und Forscher und Erfinder, die unsere heutige Welt schufen und täglich neu schaffen müssen – und deren Leistungswillen gelähmt, deren Zukunftsglauben erstickt wird, wenn der Fiskus sie lebenslang zu Zwangsarbeitern macht, denen oft nur vier Hundertstel dessen gelassen werden, was sie selber verdienen, während Unproduktive alles behalten.

IX

WIE »GERECHT« SIND UNSERE STEUERN?

Das Phantom der »ehrlichen« Lastenverteilung

»Wer einen Bürger bestiehlt, beschließt sein Leben in Ketten; in Gold und Purpur aber, wer die Gemeinde bestiehlt.«

Marcus Portius Cato der Ältere
184 vor Christus

»Die einzig sichere Grundlage jeder Regierung ist Gerechtigkeit.«

George Washington
1789 als erster Präsident der Vereinigten Staaten

»Das amerikanische Steuersystem ist konfiskatorisch, rachsüchtig und ein Produkt schamloser Diskriminierung.«

T. Colman Andrews
1955 als Chef der amerikanischen Bundes-Steuerbehörde

Um das Jahr 1000 unserer Zeitrechnung erzählte man sich in Damaskus folgende Geschichte: Von drei Brüdern wurde der älteste als Waffenschmied wohlhabend und besaß unter vielem anderen dreißig Ziegen. Der zweite brachte es nur zum Lastträger, besaß aber immerhin auch drei Ziegen. Der dritte Bruder lernte nichts, tat nichts, besaß nichts und machte den andern nur Schande. Damit er die Stadt verlasse und in die Berge ziehe, schenkten Achmed und Ali diesem Omar sechs Ziegen. Und zwar der älteste Bruder Achmed fünf und der mittlere, Ali, eine.

Omar erwies sich als guter Hirte oder hatte besonderes Glück, jedenfalls hinterließ er bei seinem frühen Tod eine Herde von 132 Tieren, während seine Brüder nun nur 50 und 10 besaßen. Und wie sollten sich die das Erbe »gerecht« teilen? Sollte jeder je 66 Ziegen bekommen? Oder der Älteste mehr, weil er Omar fünf Tiere geschenkt hatte statt des einen, das Ali gab? Hatte er Anspruch auf 110 Tiere, Ali nur auf 22?

Ali wiederum konnte als Lastträger nicht annähernd soviel ersparen wie der Waffenschmied Achmed. Und er hatte seinem Bruder ein Drittel seines ganzen Besitzes abgetreten, Achmed nur ein Sechstel. Wurde das Erbe dem Kapitalrisiko entsprechend verteilt, mußte es in drei Teile geteilt werden und Ali zwei Drittel, also 88 Tiere, und Achmed ein Drittel, also 44 Tiere erhalten. Aber kann man mit einer Ziege eine Herde aufbauen? Natürlich nicht. Mit fünf Ziegen aber sehr wohl. Ali hatte also eigentlich nur Anspruch auf die Rückgabe einer Ziege, Achmed auf 131, denn er hatte diese Herde möglich gemacht.

Nach Omars Abzug in die Berge vermehrte Ali seine zwei Ziegen bis zum Tode Omars auf 10, verfünffachte also seinen Besitz. Achmed hingegen verdoppelte die 25, die ihm geblieben waren, nur auf 50. Ohne das Geschenk an Omar hätte Ali 15, Achmed 60 Ziegen gehabt. Man mußte gerechterweise also aus der Erbschaft zuerst Alis eine Ziege verfünffacht und Achmeds fünf verdoppelt ausscheiden, die restlichen 117 Ziegen dem übernommenen Wagnis entsprechend 78 zu 39 teilen. Insgesamt hatte Achmed also 83 und Ali 49 Tiere zu erhalten.

Und wie wurde nun wirklich geteilt?

Der Waffenschmied Achmed war mit dem Obersten Richter von Damaskus befreundet. Dieser erklärte Ali: Du weißt selber, wie klein dein Haus ist. Schon jetzt hast du Mühe, deine 10 Ziegen unterzubringen. Wo willst du Futter für noch mehr finden? Achmed hat mehr Platz, als er für seine Tiere braucht. Er besitzt Weiden. Bei ihm sind also die 132 Ziegen Omars gut untergebracht, sie liefern der ganzen Nachbarschaft Milch, sind also wertvoll für die Gemeinschaft – und du bist die Sorge um die vielen Tiere los. Sei vernünftig!

Und wie hätte Ali dem Richter 20 Ziegen schenken können, wie Achmed das tat, wenn er nur 10 besaß?

Die gerechte Verteilung der Lasten und der Vorteile blieb bekanntlich äußerst kompliziert, und auch unbestechliche Richter und Staatsmänner haben es sehr schwer, der alten Erfahrung »Tauben fliegen zu, wo es Tauben gibt« entgegenzuwirken. Das ganze 5. Buch der Nikomachischen Ethik des Aristoteles, die um 330 vor Christus entstand, ist dem Thema »Gerechtigkeit« gewidmet, und seither wurde immer wieder versucht, »gerechtes« Handeln zu definieren. Christian Wolff meinte 1740: »Gerechtigkeit ist der Wille zum rechtmäßigen Verhalten, zum Rechtsideal als Bedingung einer vollkommenen Gesellschaft. Dazu gehört, daß jeder nach seiner Würde als Mensch; als Mitglied der Gemeinschaft; nach seinem persönlichen Wert; und nach Leistungen und Opfern behandelt wird. Kurz also: Gerechtigkeit ist die Tugend, die ›Jedem das Seine‹ zukommen läßt.« Aber was ist das? Was gebührt dem einzelnen, was der Gemeinschaft? Und wie sollen innerhalb der einzelnen Gemeinschaften die Lasten verteilt werden? Auf Grund des Beitrages, den jeder einzelne zur Wohlfahrt dieser Gemeinschaft leistet oder ohne Ansehen der Person? Soll das Einkommen von Erfindern, die das Entstehen riesiger neuer Industrien und damit zusätzlicher Steuerquellen ermöglichen, und das Einkommen von schöpferischen Unternehmern, die oft das von Generationen zusammengebrachte Kapital für die Durchsetzung der Allgemeinheit zugute kommender Fortschritte riskieren, genau so besteuert werden wie das Einkommen von Schnapsbrennern oder Bordellbesitzern? Das Einkommen Selbstverdienender nicht anders als das der Erben, die nur ihre Coupons schneiden?

Praktisch scheint es unmöglich, die unendliche Vielfalt der Ansprüche und Leistungsunterschiede zu berücksichtigen, und so gilt als oberstes Prinzip das der »Rechtsgleichheit«: Kein Mensch ist irgendeinem andern gleich. Aber alle sollen die gleichen Startbedingungen erhalten und den gleichen Gesetzen unterliegen. Dieser Gleichheit wegen, die heute fast alle Staatsverfassungen garantieren, gab es jahrtausendelange Kämpfe, gab es die Französische Revolution wie Dutzende andere blutige Revolten. Und es gilt nun auch allgemein: Steuergerechtigkeit herrscht, sobald von jedermann ohne Ansehen des Standes und der Person, die seiner individuellen Leistungsfähigkeit entsprechenden Abgaben eingehoben und niemandem erlaubt wird, sich seiner Steuerpflicht zu entziehen.

Aber bereits vor drei Jahrtausenden, in den Manu zugeschriebenen Sanskrit-Gesetzen Indiens, hieß es auch: »Um die Steuerlast gerecht zu verteilen, genügt es nicht, sie proportional dem Einkommen anzupassen. Denn wer ein Zehntel von 100 Rupien Jahreseinkommen zu zahlen hat, wird ungleich schwerer getroffen wie der, der ein Zehntel von 1 000 oder gar von 10 000 Rupien abgeben soll ...«

Nicht gleiche Steuersätze für alle also, sondern höhere für die »Reichen«. Und wenn es auch bis 1891 und 1893 dauerte, ehe der Göttinger Rechtsanwalt und spätere Oberbürgermeister von Frankfurt, Johannes von Miquel, den Kaiser Wilhelm II. den »größten Finanzminister des Jahrhunderts« nannte, progressive Einkommensteuern praktisch durchsetzte und Englands Schatzkanzler Sir William Harcourt erst 1894 ein entsprechendes Gesetz durchbrachte, heute gibt es, was die Steuersätze angeht, praktisch nirgends mehr »Rechtsgleichheit«, und Harcourts Kollege, der ehemalige Schatzkanzler Goschen, behielt recht, als er die Neuerung prophetisch »eine Schraube ohne Ende« nannte. Steuern hatten jahrtausendelang nur den Zweck, den Königen oder Regierungen Geld zu bringen, jetzt dienen sie – angeblich – mehr und mehr der »sozialen Gerechtigkeit«; die vierbändige »Finanzwissenschaft« des »Katheder-Sozialisten« Adolph Wagner wurde zur Bibel der Steuerstrategen. Sie erschien von 1877 bis 1901 und machte die »steuerliche Umverteilungspolitik« populär: Steuern hatten nach Wagners These keineswegs nur die Gemeinschaftsbedürfnisse zu decken, sondern systematisch die Vermögensunterschiede auszugleichen, Arme und Reiche »einander näherzubringen«.

Nun läßt sich manches auch für die Steuerprogression sagen. Aber immer mehr »Schüler des Prokrustes« kamen an die Macht, die das Prinzip jenes mythologischen griechischen Riesen übernahmen, der nicht seine Betten den Reisenden, sondern diese den Betten »anpaßte«. Durch die Gleichmacherei wurde der Neid sanktioniert und institutionalisiert, und obwohl Soziologen wie der Mainzer Professor Helmut Schoeck (1966 in seinem Buch »Der Neid«) prophezeien, Gesellschaften dieser Art könnten auf die Dauer nicht lebensfähig bleiben, setzte sich die Progression nicht nur weltweit durch, sondern nahm geradezu phantastische Ausmaße an. Sie verbittert die Betroffenen und lähmt ihren Leistungswillen. Denn wer wird sich besonders anstrengen oder sein Vermögen riskieren, wenn ihm – wie nun in England in den höchsten Einkommensstufen – der Fiskus von 100 Mark

3,75 läßt und selber 96,25 kassiert? Ein amerikanischer Spitzenchirurg, der 2 000 Mark für jede Operation erhält, mag noch so sehr bestrebt sein, allen seinen Patienten ohne Ansehen der Person so gut wie nur möglich zu helfen. Aber muß er nicht müde werden, wenn er netto nur für die erste von 240 Operationen jährlich 2 000 Mark erhält, durch die Steuerprogression im Februar nur mehr 1 240, im Juni 560 und ab November 220 Mark? Er liefert dem Fiskus 1 780 seiner 2 000 Mark ab. So kassiert dieser den Großteil der 480 000 Mark Honorar, die die Kranken dem Arzt bezahlen, der bei jeder einzelnen Operation seinen Ruf aufs Spiel setzt und Jahrzehnte brauchte, um sein Können zu erwerben. In Deutschland und der Bundesrepublik wurden von 5 000 Mark Jahreseinkommen 1910 an Einkommensteuer 118 und 1955 durchschnittlich 633 Mark bezahlt, von 100 000 Mark 4 000 beziehungsweise 39 560 Mark. Für den zwanzigfachen Einkommensbetrag also ursprünglich das rund 33fache, 1955 aber das mehr als 62fache. Bei 40 000 Mark betrug die Progression 1910 das etwa Elffache der für 5 000 Mark zu bezahlenden Steuer statt des Achtfachen, 1955 aber das Zwanzigfache. Und das war harmlos, denn schon 1950 zahlte ein Verheirateter mit zwei Kindern in den Vereinigten Staaten bei 5 000 Dollar Jahreseinkommen 345 Dollar Steuer, bei 50 000 aber 16 060; nicht das Zehnfache, sondern das 47fache. In Südafrika waren es damals 317 und 28 950 Dollar, bei 50 000 Dollar Einkommen das 91fache des bei 5 000 fälligen Steuerbetrages. Und so unglaublich es klingt: Wer 1950 in Österreich 50 000 Schilling im Monat verdiente – rund 10 000 DM –, der zahlte nicht das 24fache an Steuern des 2 500 Schilling Verdienenden (bei dem die Steuerpflicht begann) und auch nicht das 240fache, sondern exakt das 2 297fache.

Zwar wurde das nicht zur Regel, aber überall übersieht heute der Fiskus die völlig verschiedenartige Funktion der kleinen und großen Einkommen: Werden kleine praktisch völlig verbraucht, so dienen große der Kapitalbildung. Ohne »Kapital« kommt der Nomade – der eine Zuchtherde braucht – so wenig aus wie heute die »Kommunisten«, die wie alle Wirtschaftenden die Zeitspanne zwischen Produktionsmittelherstellung und Gütererzeugung überbrücken müssen, und »Kapitalismus« ohne »Kapital« ist der Gipfel des Widersinns. Aber die »Gleichheit« geht vor, und so sucht man genialen Erfindern und erfolgreichen Wirtschaftsführern soviel wie nur möglich abzunehmen und großen Künstlern nicht mehr zu lassen als Playboys, und stets unter der Parole »soziale« Finanzpolitik. Längst aber ist das eine glatte Lüge. Denn hohe Einkommen werden derart hoch besteuert, daß durch Arbeit und durch eigene Leistung niemand mehr reich werden kann und wirklich »reich« nur Leute sind, deren Erblasser ihr Vermögen vor der konfiskatorischen Besteuerung zusammenbrachten, oder Privilegierte, die durch Steuervermeidung die Last, die sie tragen sollten, auf die »kleinen Leute« abladen. Nicht Wissen und Können, Initiative und Risikobereitschaft werden belohnt, sondern wie vor der Französischen Revolution ermöglichen nur der Zufall der Geburt oder schamloses Raubrittertum persönlichen Reichtum. Nach wie vor sind die nichterarbeiteten Einkommen die höchsten. Denn wenn die Einkommensteuerprogression des heutigen, konfiskatorischen Ausmaßes damit gerechtfertigt wird, daß sie »soziale Spannungen vermeidet oder vermindert« und sie der »Umverteilung der Vermögen« dient und dem »Wohlstandsausgleich«, so erreichte sie dieses Ziel nirgends. Dieser Theorie widersprechen klar alle Tatsachen. Das Geburtsland der Einkommensteuer ist bekanntlich England; sie wird dort – dauernd – nicht erst seit 1914 wie in Frankreich oder 1913 wie in den USA oder seit 1891 wie in Deutschland, sondern schon seit 1842 erhoben. 1913 besaß ein Prozent der über Fünfundzwanzigjährigen sieben Zehntel des britischen Gesamtvermögens. Fünf Prozent der Engländer gehörten damals etwa 85 Prozent des Volksvermögens. Im Jahr 1936 gehörten ihnen 80 Prozent. Und 1968 (nach Schätzungen der »Inland Revenue«, der Steuerbehörde) 78 Prozent. Stand diese »Umverteilung« in einem irgendwie erträglichen Verhältnis zum Schaden der steilen Progression und der Enteignungspolitik, die die britischen Erbschaftssteuern bedeuten?

In Preußen waren 1895 14,1 Prozent der Gesamtbevölkerung vermögenssteuerpflichtig und 1905 13,8 Prozent. Im gleichen Zeitraum stieg das Vermögen dieser Steuerpflichtigen von 42,4 auf 58,8 Milliarden Mark, und die ersten zehn dieser Milliarden gehörten 1896 2 957 Personen, 1905 1 502 Personen.

Eine im Auftrag der deutschen Bundesregierung durchgeführte Untersuchung von Professor Dr. C. Föhl, Tübingen (die das Bundesministerium für Arbeit und Sozialordnung im Oktober 1964 veröffentlichte), ergab: Rund 75 Prozent des Vermögenszuwachses entfielen von 1950 bis 1959 in Westdeutschland auf nur 17 Prozent aller Haushalte – die der Selbständigen. Der Steuerstatistik zufolge verdreifachte sich von 1957 bis 1960 das Vermögen der Personen mit je einer Million Vermögen und mehr, und wenn es in der Bundesrepublik 1960 insgesamt 9 217 Vermögensmillionäre gab, so drei Jahre später 11 663 solcher natürlicher Personen, die nun zusammen 37,7 Milliarden DM Vermögen besaßen gegen 1960 erst 29,4 Milliarden. Das Vermögen der nichtnatürlichen Steuerpflichtigen entwikkelte sich folgendermaßen:

	Pflichtige	*Millionen DM Gesamtvermögen*	*davon mit je 10 Millionen und mehr*	
			Pflichtige	*Gesamtvermögen*
1953	40 244	32 135	396	19 872
1960	45 947	65 670	801	48 606

In den Vereinigten Staaten erschien 1968 Ferdinand Lundbergs Analyse »The Rich and the Super-Rich«, deren Zahlen niemand in Zweifel zu ziehen vermochte. Danach waren im Jahre 1900 rund acht Zehntel des Gesamtvermögens der Nation in der Hand von 2 Prozent der Bevölkerung. 1967 verwalteten 2,7 Prozent der Gesamtbevölkerung 76 Prozent des Gesamtvolksvermögens, und 75 Prozent aller Dividendeneinnahmen wurden von 2 Prozent der Steuerzahler deklariert. 1967 wurden von den 200 größten Unternehmen des Landes 122 von einem einzigen Mann oder einer einzigen Familie kontrolliert. Zum Beispiel besitzen die Du Pont de Nemours Industriebeteiligungen im Wert von über 30 Milliarden DM, die Rockefellers von über 20 Milliarden, und das Vermögen der Mellons beträgt 19 Milliarden DM. Es gibt Reichtumsunterschiede wie in keinem anderen Land der Welt und wie niemals zuvor – und vor allem, weil es (außer als Kriegssteuern) Einkommen- und Körperschaftsteuern in den USA, wie gesagt, erst durch das 16. Amendement, die Verfassungsänderung vom 3. Februar 1913, gibt. Der Gründer der Standard Oil, John D. Rockefeller sen., besaß 1858 höchstens 2 000 Mark, 1910 versteuerte er ein Vermögen von 8 Milliarden Mark. Henry Ford konnte durch steuerfreie Selbstfinanzierung die Aktiven seiner Firma von 1903 bis 1913 von 112 000 auf 600 Millionen Mark steigern, und bei seinem Tod im Jahre 1947 betrugen die Aktiven der Ford Motor Co. 3 104 Millionen Mark oder das 36 000fache des Startkapitals.

Warum die »Umverteilung« mißlingen mußte, ist klar: Sie begann, als die wirklich großen Vermögen bereits bestanden und zusammengebracht waren – und behinderte die Bildung neuer. Verhinderte sie allerdings keineswegs, denn wer enteignet werden soll, wehrt sich, sucht nicht nur Möglichkeiten zur Steuerhinterziehung, sondern mehr noch zur Steuervermeidung. Und er findet sie, weil es heute Steuerprivilegien eines Ausmaßes gibt, wie es sich vor hundert oder zweihundert Jahren kein Privilegierter vorzustellen vermochte. Die »Ausgleichstheorie« mußte Theorie bleiben, weil unsere Steuergesetze keineswegs für alle gelten und es nicht *ein* Steuergesetz, sondern sehr viele verschiedene und völlig unkoordinierte auf der Welt gibt. Allein von 1945 bis 1968 stieg die Zahl der »souveränen«, über eigene Steuerhoheit verfügenden Staaten von 68 auf 128. Zwar büßten die Großmächte, die in ihren Kolonien oder abhängigen Gebieten Steuerprivilegien für ihre Staatsangehörigen erzwangen, manche dieser Privilegien ein, aber es kam auch dazu erst, nachdem bereits ungeheure Kapitalien angesammelt und außer Landes gebracht waren. Und weil an die Stelle der staatlichen Pauschalprivilegien immer mehr »individuelle« traten, die im Vergleich zu denen des Adels, des Klerus oder der Beamten vor der Französischen Revolution unermeßlich viel größer sind.

Frankreichs gesamte Staatseinnahmen stiegen zwischen 1715 und 1770 von 218 auf etwa 400 Millionen Mark, und damit war Ludwig XV. der finanzkräftigste Monarch seiner Zeit, denn Kaiser Joseph II. standen damals nur etwa 137 Millionen und Friedrich dem Großen nur etwa 69 Millionen Mark Staatseinnahmen zur Verfügung. Das Vermögen des Ölmagnaten Jean Paul Getty aber wird auf mindestens 15 Milliarden Mark geschätzt. Sein Nettoeinkommen beträgt gut 100 Millionen monatlich – und es bleibt wie alle amerikanischen Öleinkommen weitgehend steuerfrei. Im Jahr 1959 rechnete die dem Pentagon nahestehende Zeitschrift »US News & World Report« vor, daß die Bundessteuereinnahmen damals um 45 Milliarden Dollar oder 180 Milliarden DM höher gewesen wären, als sie es de facto waren, wenn alle Privateinkommen gleich besteuert worden wären. Seither wurden die amerikanischen Steuersätze gesenkt, und so kosten nach der Analyse Ferdinand Lundbergs Steuerprivilegien heute die Vereinigten Staaten jährlich »nur« 108 Milliarden Mark oder das 270fache der gesamten Steuereinnahmen Frankreichs vor der Revolution – und dabei blieben die Ausfälle, die durch »Wohltätigkeit« entstehen, unberücksichtigt.

Neu ist an diesen Privilegien, daß sie nicht an Rang und Stand gebundenen Vorrechten entspringen und es sich nicht um einen Einkommensverzicht des Fiskus, sondern um eine Lastenverlagerung handelt und daß diese Lasten nicht von einem fremden, sondern Teilen des eigenen Volkes getragen werden. Denn von Kolonialmächten erzwungene Steuerprivilegien gab es, wie gesagt, immer wieder, und sie führten nicht nur in China (wie noch geschildert werden wird) zu Umwälzungen, die die Welt veränderten. 1956 kam es bekanntlich zum Krieg Englands, Frankreichs und Israels gegen Ägypten, weil Nasser den Suezkanal verstaatlichte, aber niemand redete darüber, daß die Suezkanal-Gesellschaft nun im Ausland 226 Millionen Dollar »flüssige Aktiven« besaß oder um 73 Millionen mehr als die voll aufgewerteten Baukosten des Kanals und daß sie seit 1870 an Dividenden das mehr als Dreißigfache dieser Baukosten ausgeschüttet hatte, daß sie aber bis 1949 Ägypten keinerlei Anteil an ihren Gewinnen gewährte und auch keine Steuern bezahlte. Denn erst durch eine 1937 in Montreux unterzeichnete internationale Konvention wurden die »Kapitulationen« aufgehoben. Mit einer Übergangszeit von 12 Jahren und unter bestimmten Vorbehalten wurde Ägypten die Gerichtsbarkeit über Ausländer und das Recht zu ihrer Besteuerung gewährt. Auch nach 1949 erhielt Ägypten von der nun als ägyptische Gesellschaft mit Sitz in Alexandria eingetragenen »Compagnie Universelle du Canal de Suez« jährlich an Steuern, Abgaben und Beteiligungen nicht mehr als sieben Prozent der Bruttoeinnahmen. An die Aktionäre und Direktoren hingegen gingen durchschnittlich 30 Prozent, an den Reservefonds 20 Prozent.

Die Suezkanal-Gesellschaft aber war keineswegs die einzige, die Steuerprivilegien besaß, gegen die die des französischen Adels lächerlich gering erscheinen – und gegen die auch die Tribute verblassen, die das Römische Reich unterworfenen Völkern abnahm. Auch in Persien zahlte bis 1928 kein Ausländer Steuern. Und hier räumte die damalige »Anglo-Persian-Oil« und heutige »British Petroleum Co.« dem Staat bis 1932 auch keinerlei Beteiligung an ihren Gewinnen ein. Diese am 14. April 1909 mit 2 Millionen Pfund Kapital gegründete Gesellschaft, an der Winston Churchill 1914 den Staat mit weiteren 2,1 Millionen Pfund beteiligte, zahlte im Jahre 1950 in England selber rund 50 Millionen Pfund Steuern, in Persien aber an Royalties, Steuern und allen andern Abgaben zusammen 16 Millionen Pfund. und so versuchte auch hier 1951 der Premierminister Mohammed Mossadegh, die Gesellschaft zu enteignen, die 1913 insgesamt 80 000 Tonnen Öl gefördert hatte und nun 32,2 Millionen Tonnen förderte. Vergeblich bekanntlich, denn die britische Flotte brachte alle Tanker auf, die »gestohlenes Öl« von Persien auf die Märkte zu bringen versuchten. Erst durch das persische Ölgesetz von 1957 stieg der Anteil des Landes an seinem eigenen Ölreichtum von 1950 insgesamt 179 Millionen DM auf 1958 rund 986 Millionen. Die »British Petroleum« aber wies Aktiven von 484,3 Millionen Pfund oder damals 5 424 Millionen DM aus, des 242fachen ihres ursprünglichen Kapitals. Sie besaß nun eine der größten Tankerflotten der Welt, 13 Raffinerien außerhalb Persiens, Beteiligungen an Chemiekonzernen und Dutzenden anderen Firmen. Und diese 5,4 Milliarden Buchwert-Vermögen waren verdient worden, weil die Gesellschaft jahrzehntelang keinerlei Steuern oder irgendwelche anderen Abgaben bezahlte. Heute ist die »British Petroleum« das drittgrößte Unternehmen Großbritanniens. Ihre Aktiven betragen 1 218,4 Millionen Pfund oder rund 13 Milliarden DM; sie beschäftigt 60 000 Leute und hat einen Umsatz von rund 16 Milliarden Mark jährlich.

Es gibt viele ähnliche Firmengeschichten. Und stets geht es um Beträge, gegen die die Ausgaben der Könige oder Päpste und aller Regimes, die schließlich an ihrer Finanzpolitik zugrunde gingen, winzig erscheinen. Allerdings meist um Steuervorteile, die nicht länger bestehen, während nach wie vor enorme Gewinne dadurch gemacht werden, daß nicht überall so hohe Steuern wie in den »Kulturländern« erhoben werden und zum Beispiel die Weltschiffahrt, deren Überseetransportvolumen von 253 Millionen Tonnen im Jahr 1929 auf 1 640 Millionen 1965 stieg, immer mehr steuerfreie Dienste leistet und auch nach Einführung der Einkommensteuerprogression Karrieren wie die der Herren Onassis oder Niarchos ermöglichte.

Über »Ari«, Aristoteles Sokrates Onassis, wurde – besonders als er 1968 die Witwe Präsident Kennedys heiratete – mehr geschrieben als über alle andern reichen Leute unserer Zeit, aber kaum ein Wort über den wichtigsten Vorteil, den er sich zu verschaffen verstand, die Steuerprivilegien, die es ihm ermöglichten, aus den höchstens 10 000 Mark, die er 1923 besaß, mindestens 20 000 Millionen Mark zu machen und eine Flotte aufzubauen, die halb so groß ist wie die Handelsflotte Westdeutschlands.

Onassis wurde 1906 in Izmir geboren und entstammte einer reichen und angesehenen Kaufmannsfamilie, sein Vater war Handelskammerpräsident. Aber 1922 verlor Griechenland den Krieg, den es gegen die Türken führte, und wie zwei Millionen andere Griechen Kleinasiens mußte die Familie Onassis flüchten. Im Jahr darauf bekam Ari Onassis Streit mit seinem Vater und beschloß auszuwandern. Als Deckspassagier fuhr er nach Buenos Aires.

Onassis sprach kein Wort Spanisch, aber während er für 120 Mark im Monat in einer englischen Fabrik arbeitete, lernte er es. Er wurde Nachttelefonist und besuchte untertags, statt zu schlafen, Freunde seines Vaters. Es war nicht leicht, aber schließlich überzeugte er einen dieser Griechen, daß Tabakimporte aussichtsreich seien. Damals wurde in Argentinien nur der schwarze, spanische Tabaktyp geraucht, Orienttabake waren praktisch unbekannt. Onassis setzte den griechischen Tabak durch, und innerhalb von sieben Jahren war sein Anteil an der Firma seines Gönners statt 9 000 Mark 900 000 Mark wert. Und 1930, als Vierundzwanzigjähriger, war er griechischer Generalkonsul in Buenos Aires.

Diesen Posten hatte sich Onassis nicht wegen des Titels verschafft, sondern weil er so Einblick in alle erdenklichen Geschäfte und vor allem in die Schiffahrtsverhältnisse gewann. Praktisch das gesamte Exportgetreide Argentiniens wurde damals auf griechischen Schiffen verladen, denn deren

Frachtraten waren billiger als die aller andern. Als der 1. Weltkrieg die Schiffahrt im Mittelmeer zum Erliegen brachte, gingen Griechenlands Reeder nach Übersee, und als 1920 Schiffe aufgelegt wurden, kauften sie sie oft unter dem Schrottwert. Viele dieser Schiffe waren nun 30 oder 40 Jahre alt und langsam. Aber lange Reisezeiten bedeuten bei Getreidetransporten ersparte Lagergelder, und die Griechen zahlten ihren Seeleuten nur einen Bruchteil der sonst üblichen Heuer.

Noch bessere Gelegenheiten boten sich durch die Weltwirtschaftskrise, die der »Schwarze Freitag« der New Yorker Börse 1929 auslöste. Fast die Hälfte der Welthandelsflotte fand zeitweilig keine Beschäftigung, auch zahllose moderne Schiffe mußten aufgelegt werden, und nun verstand Onassis genug, um das zu nutzen, und war auch in der Lage, Kredite aufzutreiben. Er hörte von sechs kanadischen Frachtern, die der Regierung gehörten und verkauft werden sollten, bekam sie für 4 Millionen Mark und insgesamt 800 000 Mark Anzahlung, obwohl sie wenige Jahre zuvor für zusammen 52 Millionen Steuergeld gebaut worden waren. Diese Schiffe – als sein erstes die »Onassi Pinilope« – bemannte der junge Reeder mit billigen, arbeitslosen Landsleuten. Er ließ die Schiffe vor allem aber nicht unter griechischer und schon gar nicht unter der Flagge Kanadas fahren, sondern unter der Panamas. Onassis hatte Dr. Juan Demóstenes Arosemena kennengelernt, einen erfolgreichen Anwalt, der führend an der Ausarbeitung der panamesischen Steuergesetze von 1928 mitgewirkt hatte und 1936 zum Präsidenten der Republik Panama gewählt wurde. Von diesem ließ er sich bestätigen, daß er nur eine einmalige Einschreibegebühr und eine ganz geringfügige Jahrespauschale für seine Schiffe, sonst aber keinerlei Abgaben zu bezahlen brauchte, wenn er sie in Panama registrierte, und daß es auch keinerlei Lohn- oder Sozialvorschriften für seine Besatzungen gab. Panama hatte damals – 1932 – nur 467 000 Einwohner (und zählt heute etwa 1,2 Millionen), aber Onassis (und sehr bald dessen Konkurrenten) machten es zu einer der bedeutendsten »Seefahrtsnationen«. 1937 waren hier bereits 114 Hochseeschiffe mit zusammen 533 000 Bruttoregistertonnen registriert, und 1949 waren es 741 mit 3,2 Millionen Bruttoregistertonnen, davon 355, die vorher unter der Flagge der Vereinigten Staaten, und 59, die ursprünglich unter britischer Flagge gefahren waren.

Wie sich die Reeder »günstige Arbeitsbedingungen« durch die Matrikulierung ihrer Schiffe in Zwergrepubliken schufen und die Ölkonzerne Machtstellungen in Europa besitzen, so sicherten sie sich auch in den Vereinigten Staaten Steuerprivilegien, gegen die alle historischen verblassen. Einer im September 1967 veröffentlichten amerikanischen Untersuchung zufolge »sparen« die Ölkonzerne dort jährlich 24 bis 40 Milliarden DM an Abgaben, allein durch die »depletion allowance« heute etwa 12 Milliarden. In einer Ausschußdebatte des Senats erklärte Senator Edward Kennedy am 13. März 1969, die Subventions- und Import-Kontingentierungspolitik der US-Regierung zugunsten der Mineralölindustrie habe die amerikanischen Konsumenten während der letzten zehn Jahre 40 bis 50 Milliarden Dollar gekostet, und der Professor für Wirtschaftswissenschaften an der Universität Kalifornien, Walter Mead, erklärte dem gleichen Ausschuß, die von Senator Kennedy angeführte hohe Zahl umfasse nur einen Teil der durch Regierungsmaßnahmen ermöglichten Sondergewinne der Ölindustrie. Die größte Ölgesellschaft der Welt, die »Standard Oil of New Jersey«, zahlte zum Beispiel 1965 nur 82 Millionen Dollar oder 328 Millionen DM Bundessteuern, insgesamt acht Prozent ihres Reingewinns, und die »Sieben Großen« (»Standard of N. J.«, »Texaco«, »Gulf Oil«, »Mobil Oil«, »Standard of California«, »Standard of Indiana«, und »Shell«) von 1963 bis 1967 im Durchschnitt nur 4 Prozent. Die »Pure Oil« kam sogar mit 2 Prozent Steuer aus, und »Sinclair«, »Atlantic«, »Richfield« und »Sunray« zahlten überhaupt keine Steuern. Die durchschnittlichen Körperschaftssteuern aller anderen Unternehmen aber betragen in den USA 48 Prozent des Reingewinns. Da fast überall der Schiffbau subventioniert wird, genießen dadurch auch die Mineralölgesellschaften gewaltige Vorteile, und ihre Kunden tragen auch als Steuerzahler zur Anschaffung ihrer Tankerflotten bei, die dann zum größten Teil steuerfrei unter »Panhonlib«-Flaggen fahren. All das aber kommt natürlich nicht nur den »Super-Großen«, sondern auch tüchtigen »Außenseitern« zugute, und so ist nur zum Beispiel der amerikanische Ölmagnat Jean Paul Getty ebenso reich oder nicht wesentlich ärmer als Herr Onassis. Seine Gesellschaft erzielte 1966 bis 1967 eine Umsatzsteigerung von 1 236 Prozent. Und Mr. Getty ist typisch für die Nutznießer der »depletion allowance«.

Diese Sondervergünstigung bedeutet Steuerfreiheit für 27,5 Prozent des jährlichen Bruttoeinkommens einer Mineralölgesellschaft oder eines privaten Ölquellenbesitzers, oder Steuerfreiheit für 50 Prozent ihres Reingewinns, je nachdem, welche Summe höher ist. Für den Fiskus – und die Steuerzahler, die diese Einbuße wettmachen müssen – bedeutet diese »Erschöpfungs-Berücksichtigung« amtlichen Angaben zufolge 1968 rund 12 Milliarden DM Steuerverzicht, und durch die »depletion allowance« zahlten – was selbst Präsident Truman einen »himmelschreienden Skandal« nannte – schon von 1943 bis 1947 die zwölf reichsten der amerikanischen Ölmagnaten nur durchschnittlich 22,5 Prozent ihres Einkommens an

Steuern, um ein Prozent weniger, als damals der Satz für die ersten 2 000 Dollar steuerpflichtigen Einkommens betrug. 1968 zahlte ein Privater mit 56 Millionen DM Jahreseinkommen völlig legal insgesamt 120 000 DM Steuern, sechs Zehntel *eines* Prozents statt der 70 Prozent, die er hätte normal bezahlen müssen. Und dieses Privileg machte auch Mr. Getty zu einem der reichsten oder *dem* reichsten Privatmann der Welt.

In seiner 1964 veröffentlichten Lebensgeschichte erzählt dieser amerikanische Ölmagnat, wie er als Zweiundzwanzigjähriger für 1 200 Mark seine erste Öloption kaufte und daran 24 000 verdiente. Mit 23 besaß er vier Millionen Mark. Mit 25 ging er nach Kalifornien, pachtete drei Zehntel Hektar ölträchtiges Land für 2 000 Mark und gewann Öl, das ihm einen Reingewinn von 15 320 000 Mark brachte. Als einunddreißigjähriger heiratete Getty eine Schönheit. Aber nun hatte ihn das Ölfieber bereits derart gepackt, daß er seine junge Frau vernachlässigte und sie ihm davonlief. Vier weitere Heiraten endeten ähnlich. Aber er hatte nun vier Söhne, die alle »im Geschäft« sind.

Wie Getty sich als alter Mann mit dem »Apartement 801« des Pariser George-V.-Hotel begnügte, zwei winzigen Zimmern im obersten Stock, so hatte er jahrzehntelang nur eine Hilfskraft, eine Buchhalterin, die zugleich seine Briefe schrieb. Getty erklärte seinen Erfolg damit, daß er Glück hatte und stets »alles selber tat«, vor allem selber die meiste Zeit auf seinen Ölfeldern und »nicht in teppichbelegten Prunkbüros« verbrachte, *selber* dachte und so sein Vermögen durch die Krise der dreißiger Jahre nicht verlor, sondern vervielfachte. Als einer der ersten erkannte er die Möglichkeiten in den kleinen Scheichtümern am Persischen Golf; und nur selten gab er seinen Gefühlen nach (kaufte aber zum Beispiel das New Yorker Hotel »Pierre«, um einen anmaßenden Oberkellner hinauswerfen zu können).

Nun gibt es viele Selbstdenkende und Millionen Sparsame, und nicht wenige Unternehmer haben auch Glück. Weit wichtiger für Getty aber war, daß Ölleute in Amerika ihr verdientes Geld behalten, und das nicht nur durch die »depletion allowance«, die für die Ölförderung im Ausland ebenso gilt wie in den USA selber, sondern im Ausland tätige amerikanische Ölfirmen können bei der Besteuerung ihrer Gewinne in den Vereinigten Staaten auch die in den Produktionsländern gezahlten Förderabgaben, die Royalties, in Anrechnung bringen, und das bedeutet eine doppelte Bevorzugung. Einerseits mindern die Royalties als »Kosten« den in den Produktionsländern anfallenden Gewinn, andererseits werden sie bei der Bemessung der Steuerpflicht im Mutterland nicht als »Kosten«, sondern als bereits bezahlte »Steuern« betrachtet, und die internationalen Ölkonzerne brauchen so daheim nur die Differenz zwischen den auf Grund des Gewinnes eigentlich fälligen Steuern und den Royalties abzuführen. Gibt es Verluste oder ist der Gewinn gering, so erhalten sie vom eigenen Fiskus die im Ausland entrichteten Abgaben teilweise rückerstattet.

Man glaubt nicht richtig zu lesen. Aber so ist es. Und auch das sind noch nicht alle Privilegien, die die amerikanische Mineralölindustrie durchzusetzen vermochte. Sie beginnen schon bei den Abschreibungsbedingungen und Abschreibezeiten: Da werden zum Beispiel 400 000 DM in eine Ölbohrung investiert. Eine Ölquelle ist ein »Kapitalbestandteil« wie jeder andere, wie ein Fabrikgebäude oder Maschinen. Aber während Gebäude nur im Verlauf von 20 bis 30 Jahren und Maschinen in 10 bis 15 Jahresraten abschreibbar sind, können Bohrkosten zu 75 Prozent sofort, das heißt im Jahr des Aufwandes, vom steuerpflichtigen Einkommen abgezogen werden, der Rest (die wiederholt verwendeten Bohrwerkzeuge, Rohre, Maschinen usw.) in 5 bis 10 Jahren. Bei 400 000 DM Gesamtbohrkosten machen die »intangible drilling expenses« 300 000 DM aus. Diese, und nicht wie üblich 20 000 bis 40 000 DM, können steuerfrei abgebucht werden.

Nun fließt das Öl. Und nehmen wir an, auf einem Feld sind zehn Bohrungen niedergebracht worden, die zusammen vier Millionen Mark kosteten. Sie liefern zehn Jahre lang Öl im Wert von jährlich 20 Millionen Mark. Von diesem Bruttoertrag sind 27,5 Prozent als »depletion allowance« abziehbar, jährlich 5,5 Millionen DM, in 10 Jahren 55 von insgesamt 200 Millionen DM. Das heißt, das fast Vierzehnfache des investierten Kapitals bleibt steuerfrei. Dieses Kapital wird in rund zehn Wochen zurückverdient. Die Steuervergünstigungen aber laufen weiter, solange die Bohrungen Öl geben, viele Jahre und manchmal Generationen lang.

Das Milliardengeschäft der »depletion« wird damit begründet, daß Bodenschätze nicht nachwachsen und eines Tages erschöpft sind. Daß dieser Vermögensschwund steuerlich berücksichtigt wird, ist berechtigt. Aber Steuerbefreiung von 27,5 Prozent des Bruttoertrags? Niemand kann mehr als den Anschaffungswert seiner Produktionsmittel abschreiben. Für eine Drehbank, die 10 000 Mark kostete, können – in zehn Jahresraten – diese 10 000 Mark vom steuerpflichtigen Gewinn abgezogen werden, kein Groschen mehr. Die amerikanischen Ölleute aber können die hundert- oder zweihundertfachen Kosten ihrer Bohrung abschreiben. Wenn der Fabrikant schon nach drei Jahren eine neue Maschine kaufen muß, weil seine alte durch den technischen Fortschritt überholt wurde, und wenn die neue dreimal soviel kostet wie die frühere, so hat er eben Pech gehabt und muß den Unterschied aus seinem versteuerten Verdienst decken. Der Ölmann wird von den Steuerzahlern finanziert, denn er hat angeblich ein »außerordentlich großes Risiko« zu tragen. Aber »Dun's Review« zufolge gingen in den USA von 1925 bis 1965 von je 10 000 Firmen im Einzelhandel 400 jährlich in Konkurs, im Bauwesen 86 und in der Bekleidungsindustrie 51. Im Bergbau der Mineralöl- und Erdgasgewinnung aber nur vier.

Dennoch ist es ein riskantes Geschäft, Ölquellen zu erbohren, denn in unerschlossenen Gebieten der USA bleiben heute von neun Bohrungen acht trocken. Aber in bekannten Ölgebieten sind drei von je vier Bohrungen erfolgreich, und die »Großen« kaufen nur als rentabel erwiesene Felder, und nicht die Ölsuche wird durch die »depletion allowance« subventioniert, sondern nur die Ölförderung. Im Durchschnitt der Jahre 1958 bis 1968 kassierten so von je 100 Dollar der »depletion allowance« die Firmen mit mehr als 100 Millionen Dollar Kapital 70 Dollar, Firmen mit weniger als einer Million jedoch nur 30 Cent.

Und das ist nur »natürlich«, denn die »depletion allowance« wurde 1926 eingeführt, und zwar von Andrew William Mellon, der von 1921 bis 1931 Finanzminister der Vereinigten Staaten war und der auch den Besteuerungs-Unterschied von Einkommen und Kapitalgewinnen zum Gesetz machte.

Einer der bedeutendsten Ölmagnaten der Welt machte also die »depletion allowance« zum amerikanischen Gesetz. Und wie Amerikas Finanzminister von 1921 bis 1931 ein Ölmillionär und einer der reichsten Männer des Landes überhaupt war, so war Präsident Warren Gamaliel Harding unbestritten durch das Geld der Mineralölindustrie zum Präsidenten der USA gewählt worden und hatte das nicht nur durch die Ernennung Mellons zum Finanzminister, sondern auch durch die des Anwalts der Standard-Oil, Charles Evans Hughes, zum Außenminister der USA honoriert.

Dieser organisierte 1921 die »Flottenkonferenz« von Washington, auf der es unter anderem zum »Ölfrieden« zwischen den USA und England kam. Er sandte am 19., 22. und 25. April 1921 drei amerikanische Protestnoten an die Regierung der Niederlande, weil diese im damaligen Niederländisch-Indien, auf Sumatra, 1,6 Millionen Hektar Regierungsland der Royal-Dutch-Shell und nicht der Standard Oil, das heißt deren Tochtergesellschaft, der Nederlandse Koloniaale Petroleum Mij., verpachtete. Hollands Außenminister, Dr. van Karnebeek, erklärte am 10. Mai 1921 im Haager Parlament, die Felder von Djambi seien von der Volksvertretung der Royal Dutch zugesprochen worden, dabei müsse es also bleiben. Aber auch das störte Hughes keineswegs. Am 18. Mai ließ er erneut im Haag protestieren, und schließlich mußten die Niederlande nachgeben, auch der Standard Oil Konzessionen erteilen, und deren Koloniaale Petroleum Mij.

konnte so von 1923 bis 1936 ihre Produktion von 13 000 auf 2 050 000 Tonnen steigern.

Außenminister Hughes vertrat die Interessen der Standard Oil ebenso energisch in Iberoamerika, griff in Costarica wie in Mexiko und Kolumbien für seine »frühere« Firma ein, deren Anwalt er 1924 auch offen wieder wurde. Albert B. Fall verschacherte inzwischen die Ölfelder der amerikanischen Marine von Teapot Dome in Wyoming und von Elks-Hill in Kalifornien. Mit 260 000 Dollar bestochen, übertrug er sie dem Ölmagnaten Harry F. Sinclair, der, wie er vor Gericht aussagte, an ihnen 200 Millionen zu verdienen gedachte. Zwar kamen beide deswegen 1924 ins Gefängnis, denn Präsident Harding starb am 2. August 1923 höchst mysteriös und plötzlich »am Stich eines giftigen Insekts«. Aber der Staat brauchte 12 Jahre, um seine Ölfelder wieder zurückzubekommen. Mellon blieb Finanzminister und starb als »Wohltäter der Nation«. Er schenkte ihr nicht nur 110 Meisterwerke seiner eigenen, berühmten Kunstsammlung, sondern auch ein Marmor-Museum, in dem Platz für 1 600 Gemälde ist, die »National Gallery« in Washington. Mellon hatte 20 Hauptwerke der Leningrader Eremitage gekauft und neben fürstlichem auch musealen Besitz in Deutschland. Er bewohnte in Washington nur eine Mietwohnung und schlief in einem schmalen Messingbett. Aber darüber hing Raffaels »Madonna della Casa d'Alba«. Er besaß noch drei andere Bilder dieses Meisters, 21 Werke Rembrandts und fünf der besten Werke Vermeer van Delfts. Mellon hatte hervorragende Arbeiten Holbeins und Grecos und Tizians zusammengebracht – und als »Stiftungen« von der Steuer abgesetzt. Denn auch die entsprechenden Paragraphen der amerikanischen Steuergesetze über Kunstförderung stammen ja von ihm, das heißt aus der Zeit, als er Finanzminister war. Diese vor allem führten zur Ausbeutung der Kunst Europas, ließen die Museen der USA zu den reichsten der Welt werden – und boten und bieten reichen Amerikanern Möglichkeiten der Steuervermeidung einzigartigen Ausmaßes. Denn wer Museen oder anderen öffentlichen Institutionen Schenkungen macht, kann deren Wert sofort voll von seinem steuerpflichtigen Einkommen abziehen, braucht sie ihnen aber nicht gleich zu übergeben, sondern kann sie bis zu seinem Lebensende daheimbehalten. Der Stifter kann sogar einen Übergabetermin festlegen, den er selber nicht mehr erlebt – und so Einkommen- und Erbschaftssteuern sparen, ohne auf den Genuß seiner Erwerbungen zu verzichten. Hier gilt nicht, daß man einen Kuchen nicht zugleich essen und bewahren kann.

Wichtiger natürlich ist, daß Gewinne, die beim Verkauf von Kunstgegenständen erzielt werden, nicht der Einkommensteuer, sondern nur der Kapitalzuwachssteuer unterliegen (die jetzt 25 Prozent beträgt), und daß Kunstschätze nicht nur keine Personalsorgen mit sich bringen (und die Versicherungskosten von der Steuer abgesetzt werden können), sondern eine hervorragende Kapitalanlage ohne jeden besteuerbaren Ertrag bedeuten. Da das Angebot beschränkt ist und einmal in Museumsbesitz Gelangtes praktisch nie mehr auf den Markt kommt, werden gute Gemälde, Bücher oder Möbel immer rarer, und ein am 6. Mai 1968 veröffentlichter »Index« der Londoner »Times« und des berühmten Auktionshauses Sotheby zum Beispiel ergab folgende Preissteigerungen innerhalb einer halben Generation, während der Zeit 1950 bis 1952 und 1966 bis 1968:

Lebenshaltungskosten in Großbritannien: verdoppelt
Durchschnittskurse britischer Aktien: 3,2mal höher.
Durchschnittskurse amerikanischer Wertpapiere: vervierfacht.
Versteigerungserlöse: Alte Meister: versechsfacht.
Antikes englisches Silber: versechsfacht.
Kostbare alte Bücher: 7,6mal höhere Preise.
Gemälde der Impressionisten: 9,5mal höhere Preise.
Antike Meister-Graphik: verachtzehnfacht.

Ein Mitglied der Londoner Börse, Robert Sanderson, eröffnete deshalb 1966 ein Beratungsbüro für Kunstinvestitionen. Er rät seinen Klienten, mindestens ein Viertel, besser ein Drittel ihres verfügbaren Kapitals in gut ausgewählten Kunstwerken anzulegen – als »best-denkbaren Schutz gegen Inflation und gegen Steueramts-Übergriffe«. Und daß vor allem die westliche Steuerpolitik die Kunstpreise hochtrieb, ist unbestreitbar – und keineswegs ohne »Allgemeinbedeutung«. Denn das in Kunstschätzen angelegte Kapital ähnelt Gold im Strumpf, wird thesauriert, bleibt unproduktiv. Zwanzig Millionen DM in einen Leonardo da Vinci investiert, hätten 1 000 neue Arbeitsplätze zu je 20 000 Mark schaffen können. Und werden abzugsfähige Schenkungen gemacht, so bedeuten diese einen Steuerausfall, den andere decken müssen, weil ja der Fiskus überall seinen »Bedarf« deckt und sich nicht »nach der Decke streckt«, jede »Steuerersparnis« automatisch durch die Mehrbelastung anderer ausgeglichen wird.

Das gilt natürlich nicht nur für Schenkungen an Museen, sondern für Amerikas berühmte »Wohltätigkeit« überhaupt, für alle Art von »Spenden«, die hier 1925 sechsmal so hoch waren wie im Jahr 1900 und 1960 wiederum sechsmal so hoch wie 1925. Denn das amerikanische Steuergesetz von 1954 sieht vor, daß bis zu drei Zehntel des Gesamteinkommens für »wohltätige Zwecke« verwendet werden können und dann keinerlei

Steuern unterliegen. Bei 100 000 Dollar Jahreseinkommen sind heute durchschnittlich 60 480 Dollar Abgaben fällig. Verschenkt der Pflichtige 20 000 Dollar, so zahlt er (durch die Progression) auf die verbleibenden 80 000 Dollar nur 44 880 Steuer, seine Schenkung kostet ihn de facto also nicht 20 000 sondern nur 4 440 Dollar. Und eine Einkommensminderung brauchen Schenkungen überhaupt nicht zu bedeuten, im Gegenteil, sie können das Einkommen erhöhen: Aktien und Obligationen können in den USA für wohltätige Zwecke verschenkt und der Gesamtwert vom Einkommen abgezogen werden. Den Ertrag dieser Papiere aber kann man auf Lebenszeit – und sogar auf die Lebenszeit eines Erben – selber behalten. Das »Research Institute of America« empfahl 1959 (als die steuerbegünstigten Spenden hier 7,8 Milliarden Dollar ausmachten) diese Methode, durch die »nicht nur das De-facto-Einkommen des Stifters erhöht, sondern auch schon bei Lebzeiten das Ansehen gewonnen werden kann, das Schenkungen geben und das ein Erblasser nicht mehr zu nutzen vermag«. Zahlreiche amerikanische Kirchengemeinschaften und Universitäten schlossen sich 1960 zu einer Werbegruppe zusammen, die diese Art auf Jahrzehnte *nur* dem Spender zugute kommenden »Spenden« anregt und unter der Schlagzeile »Gib uns das Kapital, behalte die Zinsen!« propagiert. Wobei hinzuzufügen wäre: »Auf Kosten des Fiskus – und der übrigen Steuerzahler!«

Ungleich wichtiger als diese einzelnen Steuer-»Ersparnisse« sind natürlich die Milliardenbeträge, die der Staatskasse durch die von allen Steuern befreiten »Stiftungen« entgehen, die heute in Amerika ungleich reicher sind als die Kirchen und Klöster, aber wie diese zur »Toten Hand« zählen. Die weltbekannten, nach Carnegie, Rockefeller oder Ford benannten Stiftungen, leisten wie zahlreiche andere der Allgemeinheit in den USA und der Welt große Dienste. Die amerikanische medizinische Forschung zum Beispiel, aber auch viele berühmte Universitäten wären ohne sie undenkbar. Aber es ist wenig bekannt, wie viele Stiftungen es in den USA gibt und wie groß ihr unversteuertes Vermögen ist. Dem stellvertretenden Generalstaatsanwalt Julius Greenfield zufolge waren es 1967 allein im Staat New York rund 20 000, und sie besaßen gut 200 Milliarden Mark. Wie viele Stiftungen und andere steuerbefreite Organisationen es im ganzen Land gibt, weiß niemand, selbst der damalige Finanzminister Douglas Dillon mußte am 21. Juli 1964 einem Untersuchungsausschuß des Kongresses erklären: »Wir werden versuchen, die genaue Zahl der Stiftungen festzustellen, aber das bedeutet riesige Arbeit und sehr hohe Kosten, denn steuerbefreite Organisationen insgesamt gibt es Hunderttausende, zu ihnen gehören ja alle Religionsgemeinschaften und religiösen Orden, die Gewerkschaften und Arbeiter-Hilfskassen wie zahllose Fraternities und kleine Vereine.«

Immerhin stellte 1967 ein Kongreßausschuß fest, wie rasch und in welchem Ausmaß einige der amerikanischen Stiftungen wuchsen: die »Richard King Mellon Foundation« zum Beispiel verfügte 1947 über 1 000 Dollar, 17 Jahre später über 121 Millionen. Die Familie Mellon kontrolliert auch die »Bollingen Foundation« in New York, die 1945 ein Vermögen von 101 713 Dollar auswies und 1964 schon 5,1 Millionen. Die »Ford Motor Company Foundation« wurde 1949 eingetragen und besaß nichts, 1964 aber 38 Millionen. Von null 1952 wuchs die »Standard Oil Foundation Inc.« in Chicago auf 49 Millionen 1964. Als John D. Rockefeller sen. seine Stiftung eintragen ließ, wollte er, daß nicht nur das Zinseinkommen, sondern auch das Kapital verteilt werde, er wollte keine »ewige Stiftung«. Aber das liegt natürlich nicht im Interesse der Verwalter, und so war 1967 die »Rockefeller Foundation« 24mal reicher als 1913: sie besaß 860 statt 35,9 Millionen Dollar.

Auch der Untersuchungsausschuß von 1967 vermochte nur Stichproben zu machen, veranlaßte aber zumindest ein Gesetz, das nun die amerikanischen Stiftungen zum Nachweis ihrer Wohltätigkeit zwingt. Einmal – und meist durch entsprechende »Beziehungen« – als steuerbefreit anerkannt, hatten sie bis dahin praktisch tun und lassen können, was sie wollten, und auch heute sind sie keineswegs gezwungen, ihr ganzes Einkommen gemeinnützigen Zwecken zu widmen. Zwar gab die »Ford Foundation« 1967 das Doppelte ihres Einkommens aus, aber 574 andere Stiftungen, die der Kongreßausschuß von 1967 untersuchte, verschenkten von ihren 18,4 Milliarden DM Einnahmen der Jahre 1961 bis 1964 nur 8,8 Milliarden – wobei »Zuwendungen« berücksichtigt sind, die nicht immer zu Zahlungen führten, denn »viele Projekte können aus diesem oder jenem Grund nicht realisiert werden«.

In den Jahren 1951 bis 1964 hatten die Einnahmen dieser 575 Stiftungen – nur einem kleinen Teil aller US-Stiftungen also – zusammen 46 Milliarden DM betragen, und 10,8 Milliarden davon stammten aus Börsengewinnen. Denn auch dieser Kapitalgewinn der Stiftungen bleibt steuerfrei, und so besteht die Hauptbeschäftigung zahlreicher Stiftungsfunktionäre im Kauf und Verkauf von Wertpapieren. Das Stiftungseinkommen wächst daher ständig und war zum Beispiel 1961 bis 1964 um drei Zehntel höher als der nach der Steuerzahlung erübrigte Gewinn der 50 größten Banken der USA, die nur 3,6 Milliarden Dollar statt der 4,6

Milliarden der Stiftungen verdienten. Die Verwaltungskosten der Stiftungen betragen im Durchschnitt 11 Prozent ihrer Einnahmen, sehr oft aber auch 15 und 20 Prozent, und in 14 Fällen wurden über 50 Prozent festgestellt. Die Kontrolle bleibt völlig ungenügend, und so versorgen zum Beispiel zahlreiche Stifter ihre Familienmitglieder dadurch, daß sie sie zu hochbezahlten Stiftungsverwaltern machen. Es war auch völlig »normal«, daß der Millionär Spencer R. Collins die »St. Genevieve Foundation« gründete, die unter anderen ein großes Landhaus in Lake Oswego besitzt und in dem eine Freundin des Stifters mit 144 000 DM Jahresgehalt als »Verwalterin« lebt. Es ist völlig legal, daß Stiftungen ihren Stiftern Geld zu ein Prozent Jahreszins »leihen«. Oder daß ihr »Allgemeinnutzen« darin besteht, daß die »Standard Oil of Indiana Foundation« zum Beispiel 38 Prozent ihres Einkommens von 1961 bis 1964, rund 22 Millionen DM, zur »Förderung geologischer Arbeiten« verwendete, die allein ihrer Stifterin zugute kamen, weil sie »aus technischen Gründen« erst nach Jahren veröffentlicht wurden.

Dieser »Allgemeinnutzen« aber, der die Steuerbefreiung begründet, ist der wundeste Punkt. Die auf Initiative von Gouverneur Nelson A. Rockefeller gegründete und seit 1953 von Steuern befreite »Governement Affairs Foundation Inc.« in Albany zum Beispiel erhielt 1961 bis 1964 Geschenke von 310 469 Dollar, und zwar alle von Nelson A. Rockefeller, der sie von seiner Einkommensteuer absetzen konnte. Ihre Aufgabe ist, »die Qualität der Regierung zu verbessern und ihre Quantität zu verringern«. Aber dazu fand sich in diesen Jahren anscheinend keine Möglichkeit, denn sie schüttelte Null Komma null aus, zahlte dafür aber einem früheren stellvertretenden Gouverneur von New York, Frank C. Moore, 160 000 Dollar oder 640 000 DM Gehalt und verbuchte insgesamt 284 193 Dollar oder 1,14 Millionen DM Spesen. Sie war praktisch das Werbebüro Nelson A. Rockefellers ...

Wie viele ähnliche Fälle es gibt, wissen Amerikas Steuerzahler so wenig, wie sie bisher erfuhren, wie viele Stiftungen wieviel Geld vom CIA, der amerikanischen Spionageorganisation, für welche »internationale Aufgaben« bekamen. Daß sie es bekamen, gab die Regierung 1967 zu. Aber der Steuerausfall, den »Wohltätigkeit« in den USA alljährlich verursacht, wird auf minimal 32 Milliarden DM geschätzt – und der muß eben anderweitig gedeckt werden.

Wie jeder Ausfall und so natürlich auch der weit höhere, den der erwähnte Unterschied zwischen Einkommen- und Kapitalertragsteuer verursacht und den es bekanntlich nicht nur in den Vereinigten Staaten, sondenn auch in England und in Westdeutschland und in zahlreichen anderen Staaten gibt. Wer zum Beispiel im Jahre 1920 in den USA eine Million Dollar Jahreseinkommen hatte, behielt nach Zahlung aller Steuern durchschnittlich 850 000 Dollar übrig. Eine Generation später mußte er 91 Prozent Einkommensteuer bezahlen und behielt er selber 90 000 Dollar, während der Fiskus 910 000 kassierte, falls er die Million als »Einkommen« versteuerte. Aber 1921 wurde, wie erwähnt, von Andrew William Mellon (der 10 Jahre später ein Privateinkommen von 9,3 Millionen Dollar versteuerte) die »capital-gains-tax« eingeführt, eine Kapitalgewinnsteuer, die ursprünglich 15 Prozent betrug und heute 25 Prozent beträgt. 300 000 Dollar Gewinn durch einen Grundstücksverkauf kosteten so auch bis 1964, als der Maximalsatz der Einkommensteuer auf 83 Prozent gesenkt wurde, nicht 247 280 Dollar Einkommen-, sondern nur 75 000 Dollar Kapitalgewinnsteuer. Auch heute noch kann man in den USA Millionär werden, auch wenn man nicht zur Ölaristokratie gehört. Vernon Pick begann zum Beispiel mit 2 400 Mark Kapital auf dem Colorado-Plateau ein Uranvorkommen abzubauen. Als er für seinen Claim von der Atlas Corporation 9 Millionen Dollar oder 36 Millionen DM bekam, brauchte er nur ein Viertel an den Fiskus abzugeben und behielt 26,8 Millionen DM, während damals ein Erfinder für gleich hohe Patent- und Lizenzerlöse 29,9 Millionen Steuern zu zahlen hatte und nur 6,1 Millionen Dollar behielt. Wie der Fiskus Mr. Pick das mehr als Elftausendfache seines Startvermögens ließ, so bekam Charles Steen für sein Uranvorkommen von der Utex Corporation 160 Millionen Dollar, das mehr als Dreißigtausendfache, und ähnliche Fälle gibt es viele.

Dem Fiskus brachte in den USA die 50 Prozent übersteigende Einkommensteuer auch im Durchschnitt der Jahre 1958 bis 1963 nur rund eine halbe Milliarde Dollar ein, auch zur Zeit der höchsten Sätze nicht mehr als ein Hundertstel des Bundesgeldbedarfs. Aber sie ließ immer mehr Großverdiener ihr Einkommen in »Kapitalgewinn« verwandeln, und das ist einfach, denn was für Verkäufe von Grundstücken oder Kunstwerken gilt, erstreckt sich auch auf Aktien, sobald man sie länger als 6 Monate behält. 1 Million, an der Börse verdient, kosten so 250 000 und nicht 830 000 Dollar. Es kommt hinzu, daß man Wertpapiere ja auch auf Kredit kaufen und die Zinsen vom steuerpflichtigen Abkommen abziehen kann. Bis 1964 hatte eine Gehaltserhöhung von 100 000 auf 120 000 Dollar im Jahr einem amerikanischen Manager 13 Prozent des Mehrverdienstes, dem Fiskus 87 Prozent gebracht. 20 000 Dollar in Form von Aktiengewinnen verkehren das Verhältnis in 75 zu 25, und so zahlen heute die meisten amerikanischen Großunternehmen nicht nur ihren leitenden Angestellten Erfolgsprämien statt in bar in Form von Aktien, sondern hier werden nun regelmäßig Neu-Emissionen nur zu dem Zweck vorgenommen, dem Management Anteile zum Nominal- oder zu Vorzugszinsen zur Verfügung stellen zu können. Die festen Gehälter der amerikanischen Wirtschaftsführer blieben relativ gering. Aber 1960 hatten bereits 560 der 1 077 Gesellschaften, deren Aktien an der New Yorker Börse notiert wurden, »Optionspläne« für ihre leitenden Angestellten, und die Ford Motor Co. zum Beispiel stellte in 6 Jahren rund 200 ihrer Manager verbilligte Aktien zur Verfügung, für die sie 109 Millionen Dollar bezahlten – und die sie 6 Monate später mit »Kapitalgewinn« verkauften. Ernest Breech kam so nach Steuerabzug auf ein Jahreseinkommen von 508 846 Dollar, von rund 2 Millionen DM. Eigentlich hätte der Ford-Generaldirektor brutto rund 20 Millionen DM verdienen müssen, um diese zu behalten. Sein »Gehalt« betrug aber nur 600 000 DM. Alles andere lief unter »Kapitalgewinn«.

Schon 1956 stellte »Fortune« deshalb fest, daß die höchsten Einkommen damals zwar theoretisch mit 91 Prozent, de facto aber nur mit durchschnittlich 37 Prozent belastet wurden, denn wenn Kapitalgewinne nur mit einem Bruchteil des Einkommensteuersatzes belastet werden, so gibt es ja auch zahlreiche Bundes-, Einzelstaats- und Gemeindeanleihen, die völlig steuerfrei sind – und man kann bekanntlich »Spesen« abschreiben.

Amtlichen Zahlen zufolge verbuchten 1959 in den USA die Hälfte aller Gäste in Luxushotels und ein Drittel aller Theater- und Nachtlokalbesucher ihre Ausgaben als »Spesen«. Sie setzten zusammen 22 Milliarden DM ab – und das bedeutet keineswegs nur einen entsprechenden Steuerausfall, dieses »Spesendenken« zermürbt unsere fundamentalsten wirtschaftlichen Grundsätze, die des ständigen Rationalisierens und der Kostensenkung. Wenn bei den Spesen nicht gespart wird, weil sie der »Fiskus« zahlt, so wird bald nirgends im Betrieb mehr gespart, und schließlich geht jede Mißwirtschaft auf Konto Steuer. Und wenn »Sparen« unnötig oder »dumm« ist, dann beweist das doch nur, daß die Preise zu hoch sind, und wenn nun der Konkurrent plötzlich zu sparen beginnt, kann das den Ruin der »reichen« Firma bedeuten. Steuerprogression durch Spesenprogression bekämpfen, muß weiter dazu führen, daß die Steuersätze erneut erhöht werden, und schließlich bleiben weder Steuern noch Gewinn, sondern nur noch Spesen. Und nur noch Manager und Bürokraten.

Selbst Präsident Johnson gab deshalb im Januar 1967 offen zu: »Unsere Steuergesetze ersticken den Leistungswillen, belasten die einen zu schwer und gewähren den andern unfaire Vorteile.« Er versprach Reformen. Aber dem Kongreß wurden nicht einmal entsprechende Gesetzentwürfe unterbreitet, ganz abgesehen davon, daß sie keine Chance hatten, durchzukommen. Im Mai 1968 rechnete der Abgeordnete Henry Reuss seinen Kollegen vor, daß 16 Milliarden DM jährlich schon durch das Unmöglichmachen der eklatantesten Möglichkeiten der Steuervermeidung zu gewinnen wären. Reuss nannte drei Amerikaner mit je mehr als 20 Millionen DM Jahreseinkommen, die durch Nutzung dieser Möglichkeiten völlig legal keinen Groschen Einkommensteuer zahlten, 30 mit je mehr als 2 Millionen DM Jahreseinkommen, die diese ebenfalls steuerfrei bezogen, und 28 je 2 Millionen Verdienende, die nur 10 Prozent Steuer bezahlten. Aber Reuss erreichte so wenig wie Dutzende und Hunderte Abgeordnete vor ihm, die Reformvorschläge einbrachten. Und dabei hatte er das heißeste Eisen gar nicht angerührt, von der geschilderten »depletion allowance« der Ölmagnaten und anderer Bergbautreibenden gar nicht zu reden gewagt.

Die Zeche zahlen die »Kleinen«. Denn zum Unterschied zwischen Spesenverrechnern und Selbstzahlern und zwischen dem Kapitalgewinn- und dem Einkommensteuersatz kommt ja, daß die Preise ständig steigen, sich auch die Löhne und Einkommen vergrößern, die Freigrenze der Besteuerung aber gleich blieb. Spitzeneinkommen waren bereits mit dem Höchststeuersatz belastet. Durch das Wachsen des Sozialprodukts gerieten also nur die »Kleinen« in höhere Steuerklassen, und die Progression schöpfte weitgehend ab, was sie nominell an Einkommen gewannen. Die Folge war: Schon im Jahre 1960 stammten fünf Sechstel des gesamten Einkommensteueraufkommens der USA von Lohn- und Gehaltsempfängern. Diese können hier wie überall Rücklagen nur aus ihren voll versteuerten Einkünften bilden. Unternehmensgewinne hingegen sind in den USA steuerfrei, sobald sie neu investiert werden. Theoretisch unterliegen alle Bürger der gleichen Steuerpflicht. Aber da gibt es nicht zuletzt den Unterschied zwischen denjenigen, die Steuererklärungen abgeben und selber ihre Steuern bezahlen, und den vielen Millionen, die den Einkommensanteil, den der Fiskus beansprucht, gar nicht erst in die Hand bekommen, denen alle Steuern »an der Quelle« abgezogen werden.

Die Erfindung der »Quellensteuer« gilt als »eine der genialsten Verbesserungen des Fiskalismus« und stammt bereits aus dem Jahr 1803. Sie wurde von dem damaligen britischen Premierminister Henry Addington eingeführt. Die zur Finanzierung des Krieges gegen Frankreich erstmals 1782 bis 1802 eingehobene Einkommensteuer von 10 Prozent ergab nur 5,5 Millionen Pfund, denn Überprüfungsmöglichkeiten der individuellen Einkommenserklärungen gab es damals nicht. Nun aber hatten nicht die Einkommensbezieher, sondern die Einkommenszahler Erklärungen abzugeben. Die Pächter mußten die Steuer von der Pacht, die Hypothekenschuldner von den Zinsen abziehen; und diese hatten kein Interesse an der Verheimlichung und nahmen dem Fiskus zugleich eine gewaltige Buchhaltungsarbeit ab.

In Deutschland wurde »das Einbehalten der Steuern unmittelbar beim Zufließen eines steuerpflichtigen Einkommens oder Vermögenszuwachses« durch das Einkommensteuergesetz vom 10. August 1925 geregelt: Abzug der Lohnsteuer vom Arbeitslohn, vom Gehalt der Beamten usw., aber auch Einbehaltung der Kapitalertragsteuer »an der Quelle«. In den Vereinigten Staaten aber galt und gilt das als »unamerikanisch«, obwohl Präsident Lincoln, der hier als vorübergehende Kriegsmaßnahme erstmals Einkommensteuern einhob, schon 1862 die Zurückbehaltung an der Quelle verlangte und die Zahlmeister beauftragte, die Steuer allen Soldaten, Offizieren, Bundesangestellten und auch den Kongreßmitgliedern abzuziehen. Zwar wurde in den USA 1943 ein Gesetz erlassen, das die Unternehmen zum Abzug von 18 Prozent Steuer von allen Löhnen und Gehältern usw. zwang, nicht aber die Banken und Sparkassen zum Abzug der Steuern von Dividenden und Zinsen verpflichtete. Und alle Versuche, das zu ändern, scheiterten bisher, obwohl das »National Bureau of Economic Research« 1958 vorrechnete, daß damals mindestens 13 Prozent aller Dividenden und 61 Prozent aller amerikanischen Bank- und Sparkassenzinsen unversteuert blieben. Denn da gibt es die »United States Savings and Loan League«, die 4 800 Mitglieder besitzt, darunter Banken und Sparkassen mit rund 30 Millionen Einlegern. Als 1958 und 1963 versucht wurde, die Quellensteuer auch auf Kapitaleinkommen auszudehnen, wurden diese Einleger von der »Savings and Loan League« veranlaßt, ihren Abgeordneten und Senatoren Protestbriefe »gegen die neue Steuer« zu schreiben, obwohl keineswegs eine neue Steuer geplant war, sondern nur eine neue Art der Einziehung und nur eine Gleichstellung der Arbeits- und Vermögenseinkommen. Aber die Lobby erweckte systematisch den Eindruck einer zusätzlichen »Belastung des Kapitals«, und Senator Douglas zum Beispiel erhielt über 75 000, Senator John Sherman Cooper über 60 000 Protestbirefe empörter Wähler. Stephen Slipher, der Chef-Lobbyist der »Savings and Loan League«, registrierte die Stellungnahme der verschiedenen Senatoren und dirigierte die Kampagne so, daß die »Kapitalfeinde« unter Beschuß gerieten.

Der direkte Steuerabzug muß also eine sehr schwere »Benachteiligung« bedeuten, wenn man ihn so erbittert bekämpft, und ähnliche schreiende Ungerechtigkeiten gibt es in den USA zahllose. Zum Beispiel die »tax credits«, vom Steuerbetrag selber, nicht nur vom versteuerbaren Einkommen abziehbare Beträge bis zu 4 Prozent, wenn das Einkommen aus Dividenden stammt. Denn der Fiskus berücksichtigt das »Risiko der Kursverluste«, und 40 000 DM Zinseinkommen aus Wertschriften kosten so etwa zwei Zehntel weniger als ein gleich hohes Arbeitseinkommen. Es gibt auch den Unterschied zwischen »gewöhnlichen« und Rüstungsindustriellen: Wer in den USA zu denjenigen Unternehmern gehört, die »kriegswichtige Dinge« herstellen (oder sonstwie über genügend Einfluß verfügen) erhält »Steuer-Sonderzertifikate«, die seine Abschreibezeiten generell auf 5 Jahre verkürzen. Während des Korea-Krieges für Anlagen im Wert von 140 Milliarden DM eingeführt, bedeutete diese Verkürzung der Abschreibezeit für den Fiskus einen Einnahmeausfall von 18 Milliarden DM – ein Viertel der gesamten Kriegskosten in Korea –, für die Rüstungsbetriebe einen entsprechenden Gewinn, und was damals alles als »Rüstungsbetrieb« eingestuft wurde, ist erstaunlich.

Die Zahl der steuerlich Bevorzugten aber nimmt ständig zu, weil keineswegs »gleiches Recht für alle« gilt und immer mehr Einflußreiche die gleichen Vorteile wie andere fordern. Der Unterschied zwischen Einkommen- und Kapitalgewinnsteuern beträgt amtlichen Schätzungen zufolge heute in den USA jährlich mindestens 90 Milliarden DM, aber bald werden es 120 Milliarden sein, denn nun betrachten zum Beispiel auch die Viehzüchter ihre Herden (mit Recht) als »Kapital« und den Zuwachs nicht als »Einkommen«, sondern als »Kapitalzuwachs«, und bei Rindern, Pferden und Schweinen erkennt der Fiskus das bereits an, während die Vermehrung von Hühnern und Enten noch als »Einkommen« versteuert werden muß. Jetzt bringen auch Kohlezechen in den USA kein Einkommen mehr, sondern nur Kapitalgewinn, und natürlich wird auch die »depletion allowance« für die Allgemeinheit ständig teurer, denn was die Ölfirmen bekommen, verlangten sehr bald auch die Schwefel-, Kupfer- und Bleibergwerksbesitzer. Das verlangten alle Bergbauunternehmen, und es war nur eine Frage der Zeit, wann auch die Farmer dieses Privileg in Anspruch nehmen würden. Und 1959 zog Mavin Shurbet in Texas 377 Dollar 91 Cent von seiner Einkommensteuer ab, weil »der Wasserspiegel in der Southern High Plains Region sinkt, hier mehr Wasser zur künstlichen Bewässerung verwendet wird, als durch Niederschläge zu ersetzen ist, und so dieser Produktionsfaktor abnimmt«.

Das Finanzamt erkannte den Abzug nicht an. Farmer Shurbet klagte. 1 700 Seiten Zeugenaussagen sammelten sich an, und in der ersten Instanz siegte Shurbet. Der Fiskus ging in Berufung, weil im »Internal Revenue Code« unter »depletion« nur von »Mineralien« die Rede ist, nicht auch von Wasser. Aber 1965 bekam der Farmer auch in der höchsten Instanz in New

Orleans recht, und seine 17 252 Kollegen der High Plains Region nahmen nun alle die »depletion allowance« in Anspruch.

Aber was ist diese schon im Vergleich zu den amerikanischen oder gar den Agrar-Subsidien der ganzen Welt? Was überhaupt sind Steuerprivilegien überall im Vergleich zu der großen »Umverteilung«, die die staatlichen Subventionen bedeuten? Diese werden seit langem in Form von Zöllen gewährt, und sie werden in immer phantastischerem Ausmaß durch staatliche Preisgarantien oder bar kassiert. Steuern zu vermeiden, kann, wie gezeigt, sehr einträglich sein. Aber noch schöner ist es, wenn man ungleich mehr an fremden Steuergeldern erhält, als eigene bezahlt, und das gilt bekanntlich nicht nur für die amerikanischen Farmer, die den Staat 1967 bis 1969 pro Kopf der gesamten Landbevölkerung von rund 12 Millionen 5 100 DM kosteten, insgesamt innerhalb dieser 3 Jahre 15,3 Milliarden Dollar oder 61 200 Millionen DM. In Westdeutschland sank der Anteil der Landwirtschaft am Gesamtsteueraufkommen von 1950 bis 1966 von 5,4 auf 0,7 Prozent, die Ausgaben der öffentlichen Hand für sie aber nahmen von 974 auf 5 387 Millionen DM oder von 20 auf 90 DM pro Kopf der Gesamtbevölkerung zu. Diese Ausgaben betrugen nun das fast Zehnfache des Steuerertrags der Landwirtschaft.

Subventionen für die Landwirtschaft sind bekanntlich keineswegs die einzigen, und fast immer haben diese »Staatshilfen« ebenso internationale Auswirkungen wie nationale. Stets bedeuten sie Privilegien und durchbrechen den so lange umkämpften Gleichheitsgrundsatz. Sie belasten alle Steuerzahler und kommen nur wenigen zugute. Aber was ist dagegen zu tun? Es ist die ewige Tendenz der Völker, Unrecht zu erleiden und das erlittene Unrecht zur Institution zu machen. Und solange gültig bleibt, was Oswald Spengler 1924 sagte: »Politik ist die Fortsetzung des Privatgeschäftes mit anderen Mitteln«, besteht wenig Aussicht, daß sich das ändert. Aber wissen sollten wir zumindest, was mit unserem Geld geschieht.

X

DIE GROSSE STEUER-»RÜCKERSTATTUNG«

Die Einkommens-»Umverteilung« durch Subventionen

»Der Staatsschatz gleicht einem großen, offenen Sack, in den viele zugleich ihre Hände stecken – und wer die größte und härteste Hand hat, holt das meiste Geld heraus.«

Der Gesandte Venedigs in Paris, *Correro*, 1565

»Im allgemeinen besteht die Kunst des Regierens darin, einer Klasse von Bürgern soviel Geld wie nur möglich abzunehmen, um es einer andern zu geben.«

Voltaire, 1764
(unter »Geld« im »Dictionnaire Philosophique«)

»Der Staat, das ist die große Fiktion, mit deren Hilfe sich jedermann bemüht, von allen andern zu leben . . .«

Frédéric Bastiat, 1850

»Politik ist heute die Kunst, das Geld aus den Taschen der Anhänger der gegnerischen Partei in die der eigenen Parteianhänger zu praktizieren, um von dieser Kunst gut zu leben . . .«

William Ralph Inge, 1920
(als Dekan der Londoner Pauls-Kathedrale)

Dem Fiskus zu entkommen, ist heute in allen »Kulturstaaten« so gut wie aussichtslos. Steuern lassen sich vermeiden, aber nur wenn der Staat das will und es zu seiner politischen Tarnungstaktik gehört. Nichts ist bekanntlich auch schwieriger, als Geld zurückzuerhalten, das der Fiskus irgendwie in die Hände bekam. Aber das gilt nicht für alle Bürger. Einzelne oder Firmen, die den genau gleichen Steuerbetrag entrichten, sind keineswegs immer gleich belastet, denn die einen leben allein von der eigenen Leistung, die andern von der zahlloser anderer dazu, zahlen zwar Steuern, erhalten aber oft weit höhere »Rückerstattungen«. Stets bedeuten Steuern eine vom Staat vorgenommene Übertragung der Kaufkraft. Heute aber nicht nur die der Steuerzahler auf den Fiskus, sondern mehr und mehr auch wird Geld aus der rechten in die linke Tasche des gleichen Staatsbürgers (vor allem der Sozialbeiträge Leistenden) gesteckt – nur mit den Verlusten, die jeder Umweg und ganz besonders jeder bürokratische Umweg verursacht. Durch Besteuerung vereitelte Privatleistungen werden durch Staatsleistungen ersetzt, und in der Fachsprache heißt das: Es gibt »gruppenbezogene« und »gruppenindifferente« Staatsausgaben. Ausgaben, die von Parteien, Verbänden, Gewerkschaften oder irgendwelchen anderen Interessengruppen für sich oder zugunsten ihrer Klientel durchgesetzt werden; und Ausgaben, die im Prinzip allen Bürgern zugute kommen.

Die wichtigsten »gruppenbezogenen« Ausgaben sind die Subventionen oder »Transferausgaben« im Gegensatz zu den Sach- und Personalausgaben der öffentlichen Hand: Unentgeltliche finanzielle Leistungen eines Gemeinwesens an bestimmte Branchen, Unternehmen oder Regionen, denen keine unmittelbare oder gleichwertige Leistung der Empfänger gegenübersteht und die offen oder versteckt gegeben werden, »zurechenbar« oder »nichtzurechenbar« sind. Alle Subventionen sind Steuerprivilegien. Aber sie bedeuten zugleich Kostenverschleierung und Kostenverschiebung, lähmen das Rentabilitätsdenken und verfälschen die Grundlagen des freien Wirtschaftens. Unsere heutige Welt danken wir Menschen, die ihr Leben, zumindest aber ihr Vermögen einsetzten, um Neues und Besseres zustande zu bringen. Ob wir an die Entdeckungsreisen denken, an die Elektrifizierung der Welt oder an die Mechanisierung des Verkehrs, stets mußten enorme Risiken eingegangen werden, und das »kapitalistische System« kann nur bestehen, solange Verluste als ebenso selbstverständlich hingenommen werden wie Gewinne. Heute jedoch droht der »Kapitalismus« zu einer Wirtschaftsform zu entarten, in der nicht nur der Fiskus immer größere Gewinnanteile beansprucht, ohne irgendein Risiko zu tragen, sondern in dem auch die Verluste einzelner von der Gemeinschaft getragen werden, während diesen nach wie vor die Gewinne zufließen. Immer mehr gilt, was der gewiß nicht »rötlich« angehauchte Londoner »Economist« 1952 schrieb, als der zu zwei Dritteln mit Steuergeldern bezahlte aber privat betriebene amerikanische Luxusdampfer »United States« seine Jungfernfahrt machte: »Freies Unternehmertum scheint immer mehr zu einem System zu werden, in dem die Unternehmenden die Dinge kostenfrei erhalten.«

In welchem Ausmaß das heute geschieht, ist selten bekannt, aber dem »Finanzbericht 1966« des Bonner Bundesfinanzministeriums zufolge betrugen in diesem Jahr die westdeutschen Subventionen 29 Milliarden DM (gegen rund 23 Milliarden im Vorjahr), beim damaligen Volkseinkommen von 362 Milliarden also fast ein Zwölftel und pro Kopf 492 DM. Die »unsichtbaren« Subventionen, vor allem in Form von Steuererleichterungen, waren dabei berücksichtigt; die »sichtbaren« Finanzhilfen des Bundes an die Landwirtschaft, die gewerbliche Wirtschaft, das Verkehrswesen und den Wohnungsbau betrugen »nur« 5,5 Milliarden (davon die an die Landwirtschaft allein 3,9 Milliarden), die »nicht zurechenbaren« Leistungen 9 Milliarden DM. Die Zuschüsse an die Sozialversicherung erforderten 7,7 Milliarden, aber alles das waren nur Bundesausgaben. Insgesamt betrugen die Zuschüsse der öffentlichen Hand zum Beispiel allein zu den Sozialleistungen von 1967 schon 24 147 Millionen DM. Kohle, Stahl und Bundesbahn bekamen 1966 rund 1,25 Milliarden, und all das sind im Grunde nur »Beispiele«, denn was heute alles subventioniert wird und wie hoch im einzelnen die von den Steuerzahlern aufgebrachten Zuschüsse sind, läßt sich kaum feststellen, schon weil die »Zuordnung« überaus kompliziert und teilweise unmöglich ist. Denn kaum irgendwo gehen nun weniger als vier Zehntel des Bruttosozialprodukts durch die öffentlichen Haushalte, und niemand kann mehr die zahllosen Belastungen und Entlastungen der verschiedenen Wirtschaftszweige aufrechnen. Denn inwieweit sind zum Beispiel die Milliardenausgaben für den Straßenbau »Subventionen« für den privaten Güterverkehr, für die Automobil- oder die Mineralölindustrie? Wie hoch sind die Subventionen der Werbewirtschaft in Form verbilligter Drucksachentarife, und wieviel Steuergeld kommt zu den Vertriebskosten der Zeitungen und Zeitschriften hinzu?

Natürlich kommen zu den Subventionen selber stets noch die Verwaltungskosten, die sie verursachen. Englands Landwirtschaftsministerium zum Beispiel kam 1935 mit 1700 Leuten aus. 1968 waren es über 17000 oder zehnmal soviel, und nicht zuletzt, weil nun bei einem Agrarbudget von 376 Millionen Pfund 276 Millionen an Subventionen zu verteilen waren. Aber was genau kostete diese Verteilung? Niemand weiß es.

Die »Zuordnung« ist also überaus schwierig. Dazu kommt aber auch die systematische Verschleierung der »Staatshilfen«. In England zum Beispiel protestierte im August 1968 das »Public Accounts Committee« – der Rechnungsprüfer-Ausschuß – des Unterhauses gegen »versteckte Atomstrom-Subventionen von 110 Millionen Pfund« oder 1,1 Milliarden DM durch Nicht-Inrechnungstellen der Anteile an den Forschungs- und Entwicklungskosten. Nur so aber war der britische Atomstrom annähernd gleich billig wie Kohlestrom, und auf diese »Billigkeit« legten natürlich die Firmen, die Reaktoren bauen, ebenso Wert wie die britische Atomenergiekommission. Auch die deutsche Bundesregierung gab bekanntlich von 1956 bis 1966 über 4,3 Milliarden DM für die Kernforschung und die Reaktorentwicklung aus, aber das wird nur unter »Forschung« und kein Groschen unter »Subvention der Elektroindustrie« oder ähnlicher Posten verbucht. Ebenso wird die Uransuche als »Forschung« deklariert, und unter diesem Titel wurden auch die 125 Millionen DM »Bohrdarlehen« abgeschrieben, die für die – vergebliche – Suche nach Erdgas und Erdöl im deutschen Nordseeabschnitt erteilt wurden.

Diese oder jene Subvention wird absichtlich »vergessen«, und es ist, wie gesagt, so gut wie unmöglich, alle zu erfassen, zum Beispiel sind die Gewinne, die die Flugzeugindustrie durch Rüstungsaufträge erzielt, teilweise als Subvention der Zivilluftfahrt zu deklarieren. Aber nur Steuergelder ermöglichten die heutige Entwicklung der Luftfahrt und deckten 99 Prozent der Kosten des ersten halben Jahrhunderts Flugwesen. Diese Kosten berechnete erstmals 1950 Sir Richard Fairey, einer der erfolgreichsten britischen Flugzeugindustriellen, für die Londoner »Royal Aeronautical Society«, und er kam für die ersten 45 Jahre nach den erfolgreichen Flügen der Brüder Wright im Jahre 1903 auf 256 Milliarden Dollar oder 1024 Milliarden DM. Davon entfielen auf die Militärluftfahrt 980 Milliarden DM oder das etwa Siebzehnfache des Wertes der Weizenernte in der Welt von 1950. Das Verhältnis ist heute nicht anders. Und Amerikas Flugzeugindustrie wäre nie zur führenden der Welt geworden ohne die enormen Rüstungsaufträge, die sie erhielt und erhält, und indirekt ist so jedes Passagier- und Frachtflugzeug der Welt in Form von Rüstungskosten subventioniert. Direkt wurde dem Luftverkehr (wie früher der Schiffahrt) lange durch »Entschädigungen für die Beförderung der Post« geholfen, diese »Entschädigung« aber nie nach den tatsächlichen Transportkosten, sondern nach dem jeweiligen Defizit der Luftfahrtgesellschaften bemessen. Erst 1951 schrieb der US-Kongreß die getrennte Verbuchung der »Postzahlungen« und der »Luftfahrtsubventionen« vor, und noch heute ist das keineswegs überall so. »Prestige-Luftlinien« (wie etwa die »Ghana Airways«, die »Aethiopian-« oder die »Saudi-Arabian Airlines«) kosten Länder Unsummen, die für die Bekämpfung des Analphabetismus oder ähnlich essentielle Gemeinschaftsaufgaben kein Geld haben.

Aber schon die Eisenbahnbauten kamen ja die Steuerzahler kaum je billig zu stehen, und die Verbuchung der Staatsbahn-Defizite bleibt so undurchsichtig wie die fast aller Verkehrs- und Transportsubventionen. In Westdeutschland unterliegen die Binnenschiffahrts-, die Bundesbahn und die Straßentransporte der Beförderungssteuer. Die Rohrleitungstransporte hingegen sind steuerfrei, und da zum Beispiel der Erdöltransport über Pipelines von 1960 bis 1967 von 13 auf 59 Millionen Tonnen zunahm und demnächst 100 Millionen Tonnen erreichen wird, bedeutet das sehr wesentliche – und unverbuchte – Subventionen. Und diese steuerfreien Transporte fördert der deutsche Steuerzahler weiterhin dadurch, daß im August 1967 die Vertiefung des Fahrwassers nach Wilhelmshaven auf 18,8 Meter beschlossen wurde, um 150 000-Tonnen-Tankern das Anlaufen des Nordwest-Ölleitungs-Piers zu ermöglichen, was 174 Millionen DM kostet und ebenfalls eine indirekte – und unverbuchte – Ölsubvention darstellt.

Ähnliche Verschleierungen gibt es Dutzende, aber sie zu analysieren oder gar zu diskutieren ist heute in fast allen Demokratien tabu. Die Interessenvertreter sind so mächtig, daß kaum jemand zu sagen wagt, daß Subventionen nicht nur der »Marktwirtschaft« widersprechen, sondern fast stets auch die Inflation fördern, weil ihnen ja keine direkten Leistungen gegenüberstehen. Aber immerhin erklärten nach 4 Wochen Beratungen im Bonner Hotel »Margarethenhof« im April 1967 25 Professoren als Wissenschaftlicher Beirat des Bundeswirtschaftsministeriums, daß durch Subventionen die Risiken der Unternehmer auf die Allgemeinheit abgewälzt werden und diese »Gefälligkeitsdemokratie« der Bundesrepublik schade. Sie forderten, daß die Empfänger öffentlicher Hilfszahlungen öffentlich genannt werden und ein politisch unabhängiges Amt ähnlich dem Bundesrechnungshof die Subventionierungen kontrolliert.

Im Jahre 1959, 8 Jahre zuvor also, hatte der damalige Bundesfinanzminister Franz Etzel praktisch das gleiche festgestellt und wörtlich erklärt: »Subventionen sind grundsätzlich als systemwidrig abzulehnen... stets steht die Gefahr einer fortschreitenden Durchbrechung der marktwirtschaftlichen Ordnung hinter ihnen... Subventionen sind ein Krebsschaden der Demokratie...« Nur hatten damals die westdeutschen (zugegebenen) Subventionen erst 14,4 Milliarden DM betragen, weniger als die Hälfte von 1967. Bereits 1960 setzte der Bundestag einen Sonderausschuß zur »Streichung oder Abbau der Zuschüsse« ein, und 1966 forderte der Deutsche Industrie- und Handelstag kräftige Subventionsabstriche. Aber im April 1967 gab es in der Bundesrepublik 493 verschiedene Subventionen, durch die fast die Hälfte der gesamten Steuereinnahmen »umverteilt« wurden. Der 1960 gebildete Parlamentsausschuß trat nie zusammen. Und wie unter dem »Maßhalte-Kanzler« Ludwig Erhard die Subventionen um die Hälfte zunahmen, so verpflichtete sich sein Parteigegner Karl Schiller als Bundeswirtschaftsminister, der »Großen Koalition« nur alle 2 Jahre einen »Subventionsbericht« vorzulegen.

Subventionen sind natürlich nicht generell und a priori negativ zu beurteilen, denn der angebliche »Preismechanismus« funktionierte stets überaus mangelhaft und genügt heute allein weniger denn je. Durch zahllose Staatseingriffe mehr noch als durch Trusts, Kartelle und Gewerkschaften ist das »freie Spiel« von Angebot und Nachfrage beschränkt. Auch gab es nie und gibt es keine »freie« internationale »Marktwirtschaft«, und so ist staatliche »Hilfe zur Selbsthilfe« in Form von Zöllen oder Anpassungs- und Eingliederungssubventionen sowie als Hilfe bei Strukturwandlungen durchaus berechtigt. Aber das sollten vorübergehende Beihilfen sein, nie sollten sie den Leistungs- und Wettbewerbswillen mindern. Subventionen erfüllen ihren Zweck nur dann, wenn sie sich selber möglichst rasch unnötig machen. Sie sollen stimulierend und ausgleichend wirken – und in dem Augenblick aufhören, in dem die Wettbewerbsverzerrungen überwunden sind.

Aber das taten und tun sie nirgends. Auch in der Schweiz zum Beispiel stiegen sie ständig und während der Hochkonjunktur noch mehr als in Krisenzeiten. Hier standen sie 1950 mit 300 Millionen Franken im Bundeshaushalt zu Buch, 1968 mit über 1 700 Millionen, und das waren nun 27 Prozent der gesamten Bundesausgaben statt 18 Prozent. In der Schweiz war schon 1910 der Bundesrat beauftragt worden, »beförderlichst die Grundsätze prüfen zu lassen, auf denen das gesamte Subventionswesen aufgebaut ist...«, und die Experten hatten als »Beitragsmotivierung« finanzpolitische und allgemein wirtschaftliche, sozialpolitische wie ethische Beweggründe genannt – und »keine praktische Möglichkeit« gesehen, die Subventionen abzubauen; 1923, 1933 und 1936 war es ähnlich. Einhellig wurde festgestellt, daß die Vorteile fast ausschließlich auf »politischer« –

das heißt parteipolitischer – Ebene liegen und die wirtschaftlichen Nachteile der Subvention überwiegen. Denn »sie verlagern die Produktion auf unrentable Wirtschaftszweige und sind allgemein produktionshemmend«. Schließlich kam es in der Schweiz zum »Bericht Stocker«, der im Herbst 1966 veröffentlichten Analyse einer vom Bundesrat eingesetzten Expertengruppe. Sie fragte sich vor allem: Ist der ursprünglich durch die Subvention verfolgte Zweck noch sinnvoll oder inzwischen hinfällig geworden? War eine Subvention das beste Mittel, den verfolgten Zweck zu erreichen? War der Beitragsträger richtig gewählt? Mußte der Staat die Subvention aufbringen, oder hätte sie besser von den Kantonen oder Gemeinden getragen werden können? Und vor allem: Wie waren die Verhältnisse des Empfängers wirklich und nicht nur in seiner eigenen Sicht? Und ging es um reine »Konservierungshilfen« oder um gesamtwirtschaftlich wichtige Sparten?

Auch hier aber wurde die Grundfrage nicht gestellt, die nämlich, ob sich die Produktion den Verbrauchsbedürfnissen anzupassen hat oder die Nachfrage dem Angebot.

Die Antwort scheint nicht schwer. Aber sie ist überall »hochpolitisch«, und in der Bundesrepublik zum Beispiel ist mit fast 5 Millionen Wählerstimmen der Bauern zu rechnen. In den USA mit noch weit mehr Stimmen von Farmern, die durch die größte Subvention aller Zeiten Farmer wurden, dem Staat die Grundlage ihrer Existenz verdanken – allerdings auch der Staat die seine weitgehend ihnen.

Die Vereinigten Staaten sind überhaupt das Musterbeispiel dafür, welche enorme Bedeutung Subventionen haben und wie sehr sie weltweite Wirkungen ebenso wie lokale ausüben. Wenn die USA allgemein als Vorkämpfer der »freien Wirtschaft« und der Freiheit überhaupt gelten, so spielten hier staatliche Förderungsmaßnahmen vom ersten Tag ihres Bestehens an eine überragende Rolle, und es kam nicht erst zu gigantischen Subventionen, als Steuererträge umzuverteilen waren, sondern bereits, um sie zu schaffen.

Besteuerung setzt voraus, daß es etwas zu besteuern gibt. Die neugegründeten Vereinigten Staaten besaßen, wie geschildert, keine ausreichenden »Steuerobjekte«. Der Versuch, den Bund durch Landverkäufe zu finanzieren, mißlang, und so kam es hier zur größten Landschenkungsaktion der Weltgeschichte. Die amerikanische Regierung erkannte, daß billiger Boden die Voraussetzung zur Erschließung des Landes war und der kräftigste aller denkbaren Menschenmagnete; die Subvention der Urproduktion in Form kostenloser Bodenverteilung war das beste Mittel, große Mengen Einwanderer und damit Produzenten und Verbraucher und Steuerzahler ins Land zu ziehen. Zwar gab es auch in Amerika kaum »Niemandsland«, denn hier hatten seit jeher Indianerstämme gelebt, mit denen die ersten Kolonisten feierliche Verträge schlossen. Aber Vorwände für »Expropriationen« fanden sich, wie sie sich überall fanden. Und wie England und Frankreich, Holland und Belgien und schließlich Deutschland »Neuland« in ihren überseeischen Kolonien »gewannen«, so Rußland und Amerika durch »Erschließung« der angrenzenden Gebiete. Bei damals 5,3 Millionen Einwohnern hatte das Staatsgebiet der Vereinigten Staaten im Jahre 1800 insgesamt 2 310 521 Quadratkilometer umfaßt, es gab also 1 000 Hektar für je 23 Menschen, und das Land war, wie Präsident George Washington sagte, »groß genug, um für undenkliche Zeiten alle erdenklichen Bedürfnisse zu befriedigen«. Schon 1803 kamen durch Louisiana 2 292 000 Quadratkilometer hinzu; dann folgte 1819 der »Erwerb« Floridas von Spanien, 1845 die »Angliederung« von Texas mit 1 031 000 Quadratkilometern und ein Abkommen mit England über die Übernahme der 738 000 Quadratkilometer des Oregon-Territoriums. Es folgten der Krieg gegen Mexiko und der Kauf Alaskas von Rußland im Jahre 1867, und innerhalb zweier Generationen waren so die Vereinigten Staaten von 2,3 auf 9,5 Millionen Quadratkilometer angewachsen.

Nur waren diese zu neun Zehntel unproduktiv. Sie erhielten ihren Wert erst durch die 43 Millionen Einwanderer, vor allem die 36 Millionen Europäer, die zwischen 1820 und 1966 in die USA kamen, unter diesen wiederum führend 6,8 Millionen Deutsche. Die Not, die sie in ihrer Heimat litten, politische oder religiöse Unterdrückung ließen sie auswandern, sie kamen aber vor allem, weil es in Amerika für sie gab, was damals nirgends mehr zu haben war: Freiland, kostenlos verteilten Boden. Möglichkeiten, sich ein eigenes Heim zu schaffen, auch ohne Eigenkapital, nur dank Fleiß, Wissen und Können unabhängig und nicht selten reich zu werden.

Schon seit Mitte des vorigen Jahrhunderts waren in den USA vereinzelt »Homestead and Exemption Laws« erlassen worden, um die Mehrheit der Bevölkerung statt zu Pächtern zu Besitzern zu machen, die Gründung neuer Heimstätten zu fördern und sie vor dem Zwangsverkauf zu sichern. Aber solange es keine Eisenbahnen gab, waren die Industriellen der Oststaaten an einer solchen Politik so wenig interessiert wie die Südstaaten, die in einer freien Siedlerwirtschaft natürlich die gefährlichste Konkurrenz ihrer Sklavenwirtschaft sahen, und so kam es erst nach Ausbruch des Sezessionskrieges zu dem für den Aufstieg der Vereinigten Staaten wichtigsten aller Bundesgesetze, dem »Homestead-Act« vom 20. Mai 1862.

Dieses Gesetz sah vor, daß jeder amerikanische Bürger und jeder, der die Einbürgerung beantragte, Familienoberhaupt und älter als 21 Jahre war –

oder, falls jünger, mindestens 14 Tage lang an einem Krieg der Vereinigten Staaten teilgenommen hatte – Recht auf die kostenlose Zuteilung von 160 Acres – 64 Hektar – Staatsland habe, unter der Bedingung, mindestens die ersten 5 Jahre darauf zu wohnen und es zu bearbeiten. Eine Ergänzung des Gesetzes ermöglichte die Grundbucheintragung schon nach 6 Monaten, falls für jeden Hektar rund zwölfeinhalb DM (1,25 Dollar je acre) bezahlt wurden. Für irgendwelche vor der Eintragung eingegangene Schulden konnte eine »Homestead« nicht in Anspruch genommen, vor allem nicht zwangsversteigert werden. Im Jahre 1872 und 1901 erlassene Ergänzungen ermöglichten jedem, der mindestens 90 Tage am Sezessionskrieg, am Spanisch-Amerikanischen Krieg oder der US-Aktion auf den Philippinen teilgenommen hatte, den Erwerb einer kostenlosen »Heimstätte«, wobei die Dienstzeit von den 5 Jahren Karenz abgezogen wurde. 1912 wurde die Bewirtschaftungsperiode vor der endgültigen Registrierung auf 3 Jahre verkürzt, 1916 die Maximalgröße dieser Art Landschenkungen auf 640 acres – 256 Hektar – erhöht.

Rund 104 Millionen Hektar wurden bisher als »Homesteads« in den USA verteilt, soviel wie die landwirtschaftliche Nutzfläche der EWG- und der EFTA-Länder zusammengenommen umfaßt, die rund siebeneinhalbfache Westdeutschlands. Das war die wirkungsreichste »Agrarsubvention« aller Zeiten, und diese Freilandpolitik, die den Boden für Amerikas Kolonisten zu einem persönlichen Produktionsmittel machte, ließ nicht nur aus den 31 Bundesstaaten, die es 1850 gab, innerhalb einer einzigen Generation 44 werden und die Bevölkerung der USA von 1850 bis 1890 von 23 auf 63 Millionen oder in 4 Jahrzehnten um mehr steigen, als Deutschland 1870 überhaupt Menschen zählte; diese Politik veränderte Europa und die Welt. Denn nur die Agrarexporte der USA, die noch 1890 drei Viertel aller amerikanischen Ausfuhren ausmachten, ermöglichten die rapide Industrialisierung des Landes, finanzierten die amerikanische Entwicklung zur Großmacht.

Sie begann mit der Erschließung des »Fernen Westens«, diese wiederum mit dem Kauf von Louisiana im Jahr 1803. Um »Neu-Frankreich« vor England zu retten, trat Napoleon I., wie erwähnt, die Gebiete westlich des Mississippi und Missouri, Gebiete, fünfmal so groß wie Gesamtdeutschland, die heute das mittlere Drittel der USA bilden, für insgesamt 60 Millionen DM an die Vereinigten Staaten ab. Er bezeichnete das selber als eine seiner »zukunftsschwersten Handlungen« und erkannte: »Diese Gebietserweiterung befestigt für immer die Macht der Vereinigten Staaten. Man mag mir vorwerfen, daß die Amerikaner in zwei bis drei Jahrhunderten für Europa zu mächtig werden könnten, aber eine so entfernte Möglichkeit kann ich nicht im voraus in Anschlag bringen.«

Es dauerte bekanntlich nicht drei Jahrhunderte, sondern nur drei Generationen, ehe die USA Hegemonieansprüche auf die ganze Welt stellten, und vor allem, weil die riesigen Prärien des »Fernen Westens« durch Millionen europäischer Bauern erschlossen wurden, die als Folge der Napoleonischen Kriege und durch die kurzsichtige Politik ihrer Landesherren in Not gerieten, und denen weitere Millionen folgten, die durch die amerikanische Getreidekonkurrenz von ihren Feldern vertrieben wurden.

Überall war es im Gefolge der Französischen Revolution zu Bauernbefreiungen gekommen. Nicht aber zur Schaffung des nötigen Agrarkredits, und so ging zum Beispiel in Deutschland in der ersten Hälfte des 19. Jahrhunderts über eine Million Hektar Bauernland in die Hände des Großgrundbesitzes über. Die Agrarpreise sanken, die Steuerbelastung stieg. 1833 gab es rund 20 000 deutsche Übersee-Auswanderer, 1840 über 34 000, 1847 rund 110 000 und 1881 schließlich 221 000.

Wie die Bauern Reformen gefordert hatten, so forderten diese überall auch die Arbeitermassen, die Kleinbürger, die Intellektuellen. Als die englischen Sozialreformer, die »Chartisten«, 1792 den zweiten Teil ihrer »The Rights of Men« veröffentlichten, setzten sie bei damals nur 10 Millionen Gesamtbevölkerung Englands 200 000 Exemplare ab, und 1795 gingen 200 000 Londoner auf die Straße und pfiffen den König aus, als er zum Parlament fuhr. Die Unruhen hörten nun nirgends mehr auf; 1830 gab es einen blutigen Aufruhr und anschließend in Paris eine Wahlreform, die Belgier verjagten ihren holländischen König. 1831 folgte der Polenaufstand, und 1832 wurde die große Wahlrechtsausweitung in England durchgesetzt. 1834 und 1839 entstanden in Frankreich republikanische Revolten, und am 22. Juni 1842 führte Robert Peel in England die als »Enteignungsmaßnahme« bekämpfte Einkommensteuer ein. In den turbulenten vierziger Jahren erschien Etienne Cabets »Voyage en Icarie«, deren utopischer Kommunismus die Pariser begeisterte; und man verschlang Proudhons zündende Anklagen gegen den Kapitalismus. Auguste Comte begründete die Soziologie, die Lehre vom Menschen als »gemeinschaftsbildendes Geschöpf«. Schließlich kam es im Februar 1848 zur »Demokratischen und Sozialen Republik Frankreich«. König Louis Philippe wurde gestürzt und die Zahl der französischen Stimmberechtigten von einer Viertelmillion auf 9 Millionen erhöht. In Wien verlor der »Reaktionär« Metternich die Macht, in Prag und Budapest gab es Aufstände, das Frankfurter Parlament trat zusammen, und in London erschien das »Kommunistische Manifest« von Marx und Engels.

Die reichen Leute bekamen Angst. Immer mehr Fluchtkapital strömte der Bank von England zu. Und die Banken in Deutschland und Frankreich, Holland und Belgien versuchten, mehr und mehr Kapital in Übersee in »Sicherheit« zu bringen, vor allem im »unpolitischen Amerika«.

Die Amerikaner nutzten das: 1848 bis 1849 wurden Gesetze erlassen, die für Bahnbauten Kredite bis zum Fünfunddreißigfachen des Eigenkapitals zuließen, und so wurden zwischen 1840 und 1860 in den USA rund 44 000 Kilometer Eisenbahnen gebaut, Linien, länger als der Äquator. 1 700 der 4 112 Millionen DM, die sie kosteten, stammten aus Europa, der Großteil des Restes waren Steuergelder. Denn in den Jahren 1840 bis 1872 überließ der Kongreß den Bahnbauern nicht nur kostenlos 106 000 Quadratkilometer oder mehr als die Fläche Bayerns und Nordrhein-Westfalens zusammengenommen, sondern allein der Staat New York gab Bahnbauanleihen von 40 Millionen Dollar, von denen nur knapp 10 zurückbezahlt wurden. Als sich Leland Stanford, Collis P. Huntington und Charles Crooker mit Mark Hopkins zusammentaten, um die Pacific Railway zu bauen, besaßen sie insgesamt 200 000 Dollar. Sie benutzten sie nicht, um Schienen zu kaufen und Löhne zu bezahlen, sondern um Politiker zu bestechen, und so bekamen sie 2,1 Millionen »Zuschuß« vom Staat Kalifornien, 25 Millionen und 18 220 Quadratkilometer Gratis-Bodenbesitz vom Kongreß, 400 000 Dollar von der Stadt Sacramento. Alles, was es vor den kalifornischen Goldfunden des Jahres 1848 an »Innen-Kolonisation« gab, war nur ein schwacher Beginn gewesen, denn der »Gold-Rush« lockte Abenteurer aus der ganzen Welt an die amerikanische Westküste, und so erfolgte die Erschließung des Kontinents von zwei Seiten aus, vom Pazifik her ebenso wie von der amerikanischen Ostküste.

Die erste Verbindung – mit Postkutschen – zwischen dem Mississippi-Tal und Kalifornien kam 1858 zustande, und die Reise von St. Louis nach San Francisco dauerte 24 Tage. Dann unterzeichnete Präsident Lincoln am 1. Juli 1862 die »Pacific Railway Bill«, die Meilengelder für zwei private Gesellschaften vorsah, die sich von West und Ost entgegenarbeiten sollten. Wer rascher vorwärtskam, kassierte mehr, und so wurde der Bahnbau wie ein Krieg betrieben. Die »Central Pacific«, die von Sacramento aus ihre Geleise nach Osten legte, und die »Union Pacific«, die nach Westen vordrang, unterhielten Truppen, um die Indianer in Schach zu halten, aber auch Saboteure, um sich gegenseitig zu behindern. Im Gefolge der »Union Pacific« bewegte sich die halbe Unterwelt von Chicago und St. Louis, und als sich im Frühjahr 1869 die beiden Schienenstränge näherten, verging keine Nacht, ohne daß Materiallager in die Luft flogen und neugelegte

Schienenstränge zerstört wurden. Die Bautrupps lieferten sich regelrechte Schlachten, und schließlich mußte Präsident Grant eingreifen und Promontory Point zum Treffpunkt der beiden Gesellschaften bestimmen. Am 8. Mai 1869 wurde hier feierlich ein goldener Nagel in die letzte Schwelle geschlagen. Die Transkontinental-Linie war vollendet – und das Schicksal der Prärie-Büffelherden wie der Indianer besiegelt.

So hatte William Frederick Cody für die »Union Pacific« gearbeitet, der unter dem Namen »Buffalo Bill« weltberühmt wurde und der 1 200 Bahnarbeiter mit Fleisch zu versorgen hatte. In eineinhalb Jahren hatte er 4 280 Büffel getötet und mit 132 an einem einzigen Tag erlegten Tieren einen nie übertroffenen Weltrekord aufgestellt. Alle die neuen Bahnen brauchten Frachten, und in Europa wurde eine ungeheure Auswanderungspropaganda betrieben. Im »Fernen Westen« hatte es zuerst nur Trapper gegeben, ihnen folgten Händler und den Händlern Viehzüchter. Die Cowboys knallten die Büffelherden noch weit rascher ab als »Buffalo Bill« und entzogen so den nomadischen Indianerstämmen die Existenzgrundlage. Als diese sich wehrten, wurden sie systematisch »eliminiert«. Buffalo Bill diente den Unionstruppen nun als Kundschafter und Führer gegen die Komantschen und Kiowas. Wo immer sich ein Vorwand bot, wurden »Indianeraufstände« blutig niedergeschlagen – und so die Subventionen für die Kolonisten gewonnen. Dem US-Innenministerium zufolge gab es auf dem Gebiet der heutigen Vereinigten Staaten im Jahre 1600 etwa 850 000 Indianer, andern Quellen zufolge etwa 3 Millionen. Im Jahre 1860 waren es amtlich noch 244 000. Zwar war 1837 den aus dem Osten verdrängten Ureinwohnern Amerikas »für immer« das »Indian Territory« überlassen worden, das die heutigen Staaten Oklahoma, Kansas und große Teile von Nebraska, Nord- und Süd-Dakota einschloß und mit zusammen rund 540 000 Quadratkilometern so groß wie Frankreich war. Aber immer wieder wurden die »Reservationen« verkleinert, und 1921 waren noch 140 000 Quadratkilometer übrig. Insgesamt besaßen die Ureinwohner Amerikas 1870 etwa 6,3 Millionen Hektar bebaubaren Bodens, 1937 nur mehr 1,9 Millionen, und heute sind mehr als die Hälfte aller Indianer der USA besitz- und arbeitslos.

Die neuen Besitzer des Bodens aber arbeiteten wie nirgends sonst. Noch 1870 war zum Beispiel Dakota und der ganze westliche Weizengürtel Prärie, das Land westlich von Minnesota auf allen Karten als Trockengebiet eingetragen und galt nur an vereinzelten Stellen der Pazifikküste als bebaubar. Aber die Eisenbahn- und Schiffahrtsgesellschaften schilderten den Einwanderern die Steppen als Paradies. Die ersten hatten Glück, es gab gerade einen Feuchtigkeits-Zyklus, sie ernteten und nahmen Hypotheken auf, und so verschwand immer mehr Büffelgras, auch die letzten sumpfigen Senken wurden trockengelegt und die letzten Dornbüsche abgebrannt. Denn wenn man die natürliche Grasnarbe Süd-Dakotas durch Weizen ersetzte, konnte – bei Einrechnung des Arbeits- und allen anderen Aufwandes – leicht ein zehnfacher Ertrag erzielt werden. Der Boden von Mittel-Illinois, der ursprünglich hohes Präriegras trug, gab hervorragende Maisernten, hier gedieh auch die chinesische Sojabohne, und ebenso lieferten europäische Futterpflanzen in Amerika weitaus höhere Erträge als daheim.

Der Weizenexport der USA stieg zwischen 1830 und 1861 von 132 000 Tonnen auf 1,4 Millionen und erreichte 1879 bereits 4,2 Millionen Tonnen. Er stieg rapide weiter, und nun kam auch noch die Weizenausfuhr Argentiniens hinzu, die zwischen 1889 und 1893 von 23 000 auf eine Million Tonnen zunahm. Die Transatlantikfracht für eine Tonne Weizen hatte zu Ende des 18. Jahrhunderts – als die USA entstanden – durchschnittlich 100 Mark gekostet. Die Verfrachtung einer Tonne Weizen auf den 3 000 Kilometern Chicago–New York kostete 1872 noch 38,70 Mark, 1895 jedoch nur mehr 8 Mark, denn zuviel Eisenbahnen waren zu rasch gebaut worden, und die Konkurrenz war mörderisch. Inzwischen waren auch so viele amerikanische Eisenbahngesellschaften in Konkurs geraten, daß die neuen Besitzer sie praktisch umsonst bekamen. Zu rasch war auch die Transatlantikschiffahrt entwickelt worden. Staatssubventionen führten dazu, daß die Frachtraten für Weizen – 1868 gleich 100 gesetzt – 1898 nur mehr 29 betrugen, der Transport einer Tonne Weizen von New York nach Hamburg 1910 nur noch 5 Mark kostete. Der Preis der Tonne Weizen sank in Preußen von 235 Mark im Durchschnitt der Jahre 1871 bis 1875 auf 161 Mark 1896 bis 1900 und betrug zeitweilig – wie 1894 in Berlin – trotz 35 Mark Zoll nur noch 120 Mark. Von den Getreidepreisen hängen die Fleisch- und Fettpreise ab. Und zu den Getreideexporten der USA kam die Ausfuhr von Schmalz und Schweinefleisch. Im Jahre 1880 machten Agrarexporte acht Zehntel der Gesamtausfuhr der USA aus. Und diese Ausfuhr war nun 836 Millionen Dollar wert gegen 1850 erst 144 und 1791 ganze 19 Millionen. Nur die Kombination von Menschen und Kapital hatte die schnelle Erschließung Nordamerikas möglich gemacht, und diese löste schließlich einen Teufelskreis aus. Die Auswanderer, deren Hauptproduktionsmittel, der Boden, sie nichts kostete und Staats-»Subvention« auf Kosten der Indianer war, produzierten nicht nur konkurrenzlos billig, sondern ließen durch die amerikanischen Agrarexporte, die durch die von Europa finanzierten Eisenbahnen und Schiffahrtslinien möglich wurden, auch die Absatzmöglichkeiten der europäischen Produktion und den Bodenertrag in Europa derart sinken, daß erneut Millionen Bauern ihre Höfe aufgaben, in die Prärien zogen und hier die Produktion erneut stieg. Und wie Europa Millionen Menschen verlor, so auch sein Geld, denn schon während der Krise von 1873 waren rund 250 amerikanische Eisenbahngesellschaften in Konkurs gegangen, und ein Anlagekapital von 3 868 Millionen Mark ging verloren. Die Krise von 1893 bis 1895 war noch ärger, und zwischen 1856 und 1906 betrug Henry V. Poor zufolge die Konkurssumme der US-Eisenbahnen 42 Milliarden Mark, von denen mindestens die Hälfte europäisches Kapital war. Zum Ruin der europäischen Landwirtschaft trat eine unerhörte Geldverteuerung. Im Winter 1907 verlangte die Reichsbank zum Beispiel für Wechsel- und Lombardkredite 7,5 bis 8,5 Prozent Zins. Der Kurswert der an der Berliner Börse notierten Anleihen deutscher Staaten sank 1904 bis 1907 von 14,2 auf 12,7 Milliarden, die Kursverluste betrugen durch den Geldmangel also 1 532 Millionen Mark.

Was Europas Menschenverluste an Geldwert bedeuteten, ist kaum auszurechnen, denn wenn die USA nach dem Ersten Weltkrieg ihre Einwanderungspolitik radikal änderten, so leisteten noch 1925 im Ausland geborene Arbeiter 85 Prozent der Arbeit in den Schlachthäusern der USA; 70 Prozent der Arbeit in den Kohlebergwerken; 87 Prozent der Arbeit in den Wollwebereien und 90 Prozent der Arbeit in den Baumwollspinnereien. Einwanderer stellten neunzehn Zwanzigstel aller Kleider her, die in den USA fabrikmäßig erzeugt wurden, und raffinierten den gleichen Anteil allen Zuckers. Sie stellten vier Fünftel allen Leders her, vier Fünftel aller Möbel und die Hälfte aller Schuhe.

Europas Menschen machten Amerika reich – und wurden vor allem durch die größte Agrarsubvention aller Zeiten angelockt. Aber die rücksichtslose Ausbeutung der Prärien und die Ausrottung der Indianer rächten sich schließlich auch in den USA selber. Sie lösten furchtbare Naturkatastrophen aus. Das Jahr 1932 war außerordentlich trocken gewesen und der Boden im Mittelwesten so ausgedörrt, daß die Nordwinde aus dem Hudson-Tal, die ungehindert durch das kahlgeschlagene Mississippi-Tal brausten, sich mit den aus dem Süden kommenden zu Wirbeln vereinigten, die Ackerkrume der ungeschützten Ebenen hochhoben und gewaltige Staubstürme bildeten. Der fruchtbare Boden, in den Millionen ihre Arbeit und ihre Hoffnungen gesteckt, den sie aber nie gedüngt hatten, wurde bis nach Chicago und nach New York verweht, die zu Staub zerfallende Erde verfinsterte die Städte, und plötzlich stand das 18 Stock hohe Parlamentsgebäude von Bismarck, der Hauptstadt von Nord-Dakota, inmitten einer Wüste. Über Nacht spürte auch Amerika die Gewalt des Unsichtbaren, mußte es sich fragen, ob das

Grandiose zugleich das Bleibende ist. Die Staubstürme ließen ihre Last über fruchtbaren Äckern fallen und erstickten die keimende Saat. Sie ließen Millionen und aber Millionen Tonnen kostbaren Ackerbodens ins Meer fallen. Über Nacht wurde das Nationalvermögen um gut 20000 Millionen Mark gemindert. Es wurden Felder vernichtet, die größer als das Ackerland Frankreichs und Deutschlands zusammengenommen waren. Der Staub drang durch die feinsten Ritzen, drang Menschen und Tieren in den Mund, Kinder und alte Leute starben zu Tausenden an Lungenentzündung, und das Vieh wurde scheu, floh in die versandeten Ebenen und verdurstete dort.

An Warnern hatte es nicht gefehlt. Bereits 1844 schrieb Justus Liebig in seinen »Chemischen Briefen«: »Nirgends sind die Wirkungen der Raubwirtschaft sichtbarer und augenfälliger als in Amerika, wo die ersten Kolonisten in Kanada, im Staat New York, in Pennsylvanien, Virginien und Maryland Länderstreifen vorfanden, welche nach einmaligem Pflügen und Säen viele Jahre lang eine Reihe von Weizen- und Tabakernten lieferten, ohne daß der Landwirt daran zu denken brauchte, zu ersetzen, was er dem Boden durch das Korn und den Tabak genommen. Aber in weniger als zwei Menschenaltern waren diese so reichen Gefilde in Einöden verwandelt und in vielen Distrikten in einen Zustand versetzt, daß sie, selbst nachdem sie über ein Jahrhundert brachgelegen, keine lohnende Ernte von einer Halmfrucht mehr liefern.«

Der »Homestead-Act« war ein Segen gewesen, aber wie die Bauernbefreiung in Europa eine halbe Maßnahme. Nur die günstigsten Folgen wurden vorbedacht und nicht die Gefahren. Amerika zahlte einen hohen Preis dafür, daß es sich zu rasch entwickelte, und zahlt ihn weiter. Vor allem das Eigeninteresse der Einwanderer verwandelte die riesigen Prärien in Weizen- und Maisfelder – aber dieses Eigeninteresse entfaltete sich zu ungehemmt. Wenn die Weizenernten der USA zwischen 1860 und 1900 auf das Fünffache stiegen und der Wert der Agrarproduktion hier 1919 mehr als zehnmal so hoch war wie im Jahre 1889, so war das zuviel: Von 100 Milliarden Mark im Jahre 1919 fiel das Einkommen der Farmer in den USA auf 43,4 Milliarden 1929 und auf 17,6 Milliarden Mark 1933, auf weit weniger als den Durchschnitt der Jahre 1909 bis 1914, der rund 27 Milliarden betragen hatte. Wie überall sank in den USA der Anteil der Ernährungsausgaben am Volkseinkommen. Er betrug hier im Jahre 1775 rund 56 Prozent, 1931 nur mehr 31 Prozent. Aber auch der Anteil der Agrarexporte an der Gesamtausfuhr sank und wurden noch 1924 bis 1928 von der Baumwollernte der USA 55 Prozent und von der Weizenernte 21 Prozent exportiert, so 1934 bis 1938 nur mehr 30 beziehungsweise 5 Prozent.

Setzt man die amerikanischen Agrarpreise der Jahre 1901 bis 1914 gleich 100, hatten sie 1929 dann 146 betragen, im März 1933 standen sie aber auf 55, während der Index der Industriepreise nur auf 111 fiel. Vor allem um den Agrarexport zu fördern, wertete Präsident Franklin D. Roosevelt am 10. Juli 1933 den Dollar um 31 Prozent ab – und innerhalb von 5 Monaten stieg der Weizenpreis auch um 106 Prozent, der von Baumwolle um 69 Prozent. Aber schon im September gab es neue Preiseinbrüche. Und so begann eine neue Art Subventionspolitik einmaligen Ausmaßes. Die nicht zuletzt durch die Landschenkungen geschaffene amerikanische Steuerkraft wurde dazu benutzt, die Agrarüberproduktion zu finanzieren. Die »Umverteilung« zugunsten der US-Landwirtschaft betrug von 1930 bis 1968 mindestens 600 Milliarden DM. Und diese Subvention geht weiter, obwohl der Zweite Weltkrieg und der Hunger, den er mit sich brachte, auch die Farmer der USA reicher werden ließ als je zuvor. Der Index der Agrarpreise stieg zwischen 1939 und 1952 von 95 auf 288, das Agrareinkommen nahm um 276 Prozent zu, während das der nicht-agrarischen Bevölkerung nur um 189 Prozent höher war. Im Jahre 1965 betrugen die Bareinnahmen der amerikanischen Farmer über 39 Milliarden Dollar oder 156 Milliarden DM, und gab es 1930, als die Hilfsmaßnahmen begannen, 6,3 Millionen Farmen und eine »farm population« von 31 Millionen, so jetzt nur mehr 3,2 Millionen landwirtschaftliche Betriebe und eine Landbevölkerung von knapp 13 Millionen, 6,8 Prozent der Gesamtbevölkerung statt 1930 noch 22,6 Prozent.

Obwohl das Einkommen dieser Farmbevölkerung zwischen 1930 und 1964 von knapp 1 000 auf 12 000 DM pro Kopf stieg, hörten die Agrarsubventionen nicht auf. Sie wurden zum teuersten Stimmenfang aller Zeiten, und sie abzuschaffen scheint unmöglich, denn dazu wäre eine Wahlrechtsreform und für diese wiederum eine völlig neue Abgrenzung der Wahlbezirke, der »Counties« und Gemeinden nötig. Nach der amerikanischen Verfassung hat jeder Bundesstaat 2 Sitze im Senat, gleich, wie groß er ist oder wieviel Einwohner er zählt. Vermont zum Beispiel mit nur 400 000 Menschen ist gleich stark vertreten wie der siebenundzwanzigmal größere Bundesstaat Texas oder der fünfunddreißigmal mehr Einwohner zählende Bundesstaat New York. Aber auch in Vermont selber hat jeder der 246 Kreise, die es dort gibt, einen Vertreter im Parlament von Montpelier, der Hauptstadt dieses Bundesstaates, die rund 10 000 Einwohner zählt; auch Victory mit 47 Einwohnern, die ausschließlich »landwirtschaftlich tätig« sind und deren Vertreter (der daheim zugleich der Steuereinnehmer und der Konstabler ist) genausoviel zu sagen hat wie der der Stadt Burlington, der 34 000 Bürger vertritt.

Was praktisch heißt, daß in Vermont jede Stimme eines Farmers soviel wie 500 Städterstimmen gilt. Und das ist in Kalifornien nicht viel anders. Dessen Senat gehört zum Beispiel Charles Brown an, Besitzer des Warenhauses von Shoshone, der die 14 014 Einwohner der rein agrarischen Counties Inyo, Mono und Alpine vertritt. Seine Stimme gilt soviel wie die von Dick Richard, einem jungen Anwalt, den der »38. Distrikt« wählte, die »County of Los Angeles«, die (beim letzten Wahl-Census) 4 151 700 Einwohner hatte. Hier ist also die Stimme eines Farmers »nur« 300 Städterstimmen wert. Aber dieses System ist allgemein und verschlimmert sich immer mehr, denn durch die Rationalisierung der Landwirtschaft nimmt die Zahl der Farmer rapide ab, die politische Vertretung aber bleibt ortsgebunden. 8 unter 10 Amerikanern leben in Städten, und acht Zehntel des Sozialprodukts stammen aus städtischen Gebieten. Aber politisch geben nach wie vor die Farmer den Ton an. In Rhode Island sind heute 14 Prozent der Wähler in der Lage, die Stimmenmehrheit im Senat dieses Bundesstaates zu gewinnen; in Maryland sind es 16 Prozent; in Kansas 33 Prozent. Andererseits können die zwei Fünftel aller Wähler im Wayne County – in und um Detroit – nur ein Fünftel der Senatssitze besetzen. In Florida hatten 1960 10 Counties 78 Prozent der Gesamtbevölkerung des Staates. Sie zahlten acht Zehntel aller Grund- und Verkaufssteuern, konnten aber nur ein Viertel aller Abgeordneten wählen. Die 18 Prozent Landbevölkerung Floridas bestimmen die Majorität in der Legislative. In Georgia entsendet Fulton County (das durch die Stadt Atlanta mehr als eine halbe Million Menschen zählt) 3 Abgeordnete, ebenso viele wie Troup County mit 50 000. Die 14 000 Wähler in 4 ländlichen Counties haben mehr Stimmenmacht als die Einwohner von Atlanta. Und ähnlich ist – und bleibt es trotz aller Reformversuche – überall in den USA. Zwar schreiben die meisten Verfassungen der Einzelstaaten Neueinteilungen der Wahlkreise vor, aber in Delaware zum Beispiel wurde zuletzt 1897 die Volkszählung der Sitzverteilung zugrunde gelegt. In Alabama stammt die Einteilung aus dem Jahre 1901 – und in Vermont aus dem Jahre 1793.

Hauptzweck dieses Festhaltens an völlig überholten Gegebenheiten ist die Steuerverteilung zuungunsten der Städte und zugunsten des flachen Landes. Und die wichtigste praktische Folge, daß das erst 1889 gegründete Landwirtschaftsministerium der USA 6 Jahrzehnte später 85 000 Angestellte hatte, daß alle nennenswerten Agrarpreise wie die Preise der pflanzlichen und tierischen Fasern vom Staat gestützt werden und dieser alles kauft, was normal nicht abzusetzen ist. Die amerikanischen Farmer sind heute in 4 großen Organisationen zusammengefaßt: der »American Farm

Bureau Federation« mit etwa 1,3 Millionen Familien, der »National Grange« mit etwa 900 000 Männern und Frauen, der »National Farmers Union« mit rund einer halben Million Familien und dem »National Council of Farmer-Cooperatives«, die 111 Genossenschaften mit 2,6 Millionen Mitgliedern umfaßt. Viele Farmer gehören mehreren dieser Vereinigungen an, und ihre Bedeutung als Wähler ist aus den geschilderten Gründen so groß, daß die »Agrar-Lobby« bereits den McKinley-Zolltarif von 1890 durchsetzte, der nicht nur schwere Belastungen für alle Agrarimporte vorsah, sondern auch den Zuckerproduzenten der USA Jahressubventionen von 10 Millionen Dollar brachte. Bereits 1917 bis 1919 gab es dann eine Preisgarantie der Regierung für Weizen – 2,20 Dollar je Bushel –, und 1927 verlangte die Landwirtschaft den staatlichen Ankauf aller Überschüsse an Weizen, Mais, Baumwolle, Tabak und Schweinen. Ein entsprechendes Gesetz, die McNary-Haugen-Bill, wurde im Februar 1927 von beiden Häusern angenommen. Präsident Calvin Coolidge legte zwar sein Veto ein, aber leicht abgeändert ging das Gesetz im Frühjahr 1928 erneut durch – und der Präsident lehnte es erneut ab. Erst unter Herbert Hoover kam es am 15. Juni 1929 zur »Agricultural Marketing Bill«, die für Genossenschaftskredite 500 Millionen Dollar vorsah und einen »Federal Farm Board« schuf, der Überschüsse aufkaufen durfte. 378 Millionen Dollar wurden für Weizen und Baumwolle ausgegeben – und Ende 1931 mußten mehr als die Hälfte der Vorschüsse abgeschrieben werden, denn die ursprüngliche Gesetzgebung ermöglichte keinerlei Beeinflussung der zu erzeugenden Mengen, und so wurde mehr und mehr erzeugt.

Folgerichtig begann Washington 1933 auch die Erzeugung zu beeinflussen, bis heute aber mit äußerst geringem Erfolg, denn es gibt zahllose Ausweichmöglichkeiten, und so kam es nur zu einer Verlagerung der Überschüsse. Diejenigen Farmer, die dafür bezahlt wurden, keinen Weizen anzubauen, säten Gerste und verfütterten sie an ihr Vieh. Die Anbaufläche für Mais wurde beschränkt, und man baute Hirse und Sojabohnen. Der Staat mußte die Erzeugung von immer mehr Agrarprodukten reglementieren, und 1960 war das Stützungsprogramm bei vierzig verschiedenen angelangt. Die Farmer ließen natürlich die schlechtesten Böden brach liegen und steigerten den Ertrag der guten durch besseres Saatgut (für dessen Zucht die Regierung ja ebenfalls Millionen ausgab) oder durch Steigerung der Mineraldüngergaben. Es wurden Scraper eingesetzt, um die Ackerkrume von Feldern zu entfernen, die in die »soilbank«, die »Bodenbank«, kamen, das heißt, deren Nichtbebauung der Staat bezahlte, dieser »top-soil« wurde für die Gärten von Wohnsiedlungen verkauft oder auf bisher unfruchtbaren Gelände abgeladen, um dort neue Felder zu bilden. Vieh weidete auf den »aus der Produktion genommenen« Äckern, oder sie wurden mit Obstbäumen bepflanzt, die heranwuchsen, während die Steuerzahler bezahlten. Die zahllosen legalen Möglichkeiten zur Umgehung der Vorschriften demoralisierten Millionen Farmer und machten die Agrarhilfe längst zu einem »staatsbürgerlichen« ebenso wie zu einem Wirtschaftsproblem. Immer neue Gesetze mußten erlassen, immer neue Hilfsmethoden gefunden werden, und das führte zu den groteskesten Auswüchsen. Ein 1940 in Pennsylvanien erlassenes Gesetz zum Beispiel verpflichtete alle Unterstützung empfangenden Arbeitslosen, täglich für jedes Kind sechs Zehntel Liter Vollmilch zu kaufen. Die Molkereien bekamen entsprechende Adressenlisten, lieferten die Milch ins Haus, und der Preis wurde von der Unterstützung abgezogen. Bei durchschnittlich 11 Dollar wöchentlicher Unterstützung und 8 Dollar Miete waren 2,52 Dollar für Milch zu bezahlen – und so blieben täglich 25 Pfennig für alles übrige. Die »Milchrevolte« von Pittsburgh war die Folge: Volle, halbleere und leere Milchflaschen wurden in solchen Mengen im Wohlfahrtsamt abgelegt, daß dort jede Arbeit unmöglich wurde. Die Rattenplage nahm überhand, denn die Katzen von Pittsburgh bekamen soviel Milch, daß sie nicht mehr auf Jagd gingen.

Im Jahre 1950 wurden in den USA 1,88 Millionen Tonnen Kartoffeln zuviel geerntet. Der Staat kaufte sie zu 1,65 Dollar für je 100 Pfund, färbte eineinhalb Millionen Tonnen blau und überließ sie den Farmern für einen Cent je 100 Pfund als Dünger. Aber je 100 Pfund wurden auch in neue Säcke verpackt, die 17 Cent pro Stück kosteten, und zu einem Cent für den Export freigegeben. Die Steuerzahler kam jeder dieser für 4 Pfennig exportierten Säcke auf 8,78 DM zu stehen, denn zu dem an die Farmer bezahlten Minimalpreis kamen ja die Verpackungs- und Transportkosten. Und nicht wenige dieser Kartoffeln stammten nicht aus den USA, sondern aus Kanada, waren über die Grenze nach Maine (dem Hauptkartoffelproduzenten in den USA) geschmuggelt und dort direkt dem »Department of Agriculture« angeboten worden.

Natürlich war das nicht legal. Aber auch völlig gesetzestreu ließ sich, wie gezeigt, schön verdienen, und einem Bericht des »General Accounting Office« vom Mai 1959 zufolge hatte zum Beispiel ein Farmer in New Mexico 220 Hektar Staatsland gepachtet und bezahlte dafür jährlich 137,50 Dollar. Und er bekam von der Bundesregierung 4 950 Dollar jährlich dafür, daß er es brach liegen ließ. Denn das »Soilbank«-Programm galt für Pachtland ebenso wie für Eigenbesitz und ermöglicht solche »Geschäfte« noch heute.

Überhaupt kam und kommt die Agrarhilfe in Amerika (wie überall) nicht den wirklich Bedürftigen, sondern vorwiegend den Gerissenen zugute, ermöglicht sie im Kleinen wie im Großen geradezu unvorstellbaren Mißbrauch. Die Volksvertreter nahmen 1950 bis 1951 mit großer Mehrheit das »Central Arizona Project« an: Wasser des Colorado River sollte rund 300 Meter hochgepumpt und durch 480 Kilometer Kanäle zur Bewässerung von 90 000 Hektar Ödland in Arizona verwendet werden. Kosten: 2 520 Millionen Dollar, damals 10,6 Milliarden DM. Aber auch Schaffung zusätzlicher Lebensmöglichkeiten, blühender Äcker statt lebensleerer Einöden, 3 Ernten im Jahr. Ein großes Gemeinschaftswerk, denn da der Staat Arizona relativ arm ist, sollte er zu den Kosten dieser Arbeiten nur 10 Millionen Dollar beitragen, der Staat New York hingegen etwa 256 und Kalifornien 193 Millionen.

Die Frage war nur: 117 600 DM Steuergelder pro Hektar neubewässerten Landes in einer Zeit, da Milliarden und aber Milliarden Steuergelder zur Einschränkung der Agrarproduktion ausgegeben wurden und das Lagern damals unverkäuflicher Agrarerzeugnisse bereits Unsummen verschlang? Die Allgemeinheit hatte also keinen Vorteil von diesem Projekt. Wer also? Leslie Miller, Mitglied der erwähnten Hoover-Kommission, die 1955 die amerikanische Verwaltung rationalisieren sollte, kam zum Ergebnis, daß den Vorteil die Firmen hatten, die diese Arbeiten ausführten – daß der in Arizona neu zu befruchtende Boden aber auch zu 55 Prozent nur 420 Großgrundbesitzern gehörte. Jeder dieser Farmer besaß mehr als 200 Hektar. Jede dieser Farmen bekam also durch das »Central Arizona Project« eine Staatssubvention von 2 720 000 Dollar oder 11,4 Millionen DM. Was Millionen und aber Millionen Steuerzahler aufzubringen hatten, kam direkt nur weniger als 500 Leuten zugute. Natürlich den »richtigen« Leuten mit dem entsprechenden Einfluß auf ihre Senatoren ...

Auch diese Senatoren selber sind nicht selten Farmer, und so stellte zum Beispiel im Juni 1968 Senator John J. Williams aus Delaware fest: In Kalifornien erhielten 1967 3 Großbetriebe – der »Rancho San Antonio«, die »J. G. Boswell Company« und die »South Lake Farms« – 8 259 579 Dollar oder mehr als 33 Millionen DM staatliche »Unterstützung«. Jeweils mehr als 4,8 Millionen DM gingen an die »US Sugar Corporation« im Hendry County, Florida, und die »Hawaiian Commercial & Sugar Co.« in Honolulu. 15 weitere »Farmer« in 7 Bundesstaaten erhielten Subventionen von je 2 Millionen DM oder mehr und 400 je über 400 000 DM. Darunter der Senator James O. Eastland, der durch seinen Kampf gegen »verweichlichende Sozialprogramme« berühmt wurde, obwohl das Sunflower County in Mississippi, aus dem er stammt, zu den ärgsten Elendsgebieten der USA gehört.

1967 gab es hier deshalb auch sehr ausgiebig Staatshilfe – nur nicht für diejenigen, die sie brauchten: 157 930 Dollar bekam die »Eastland Plantation Inc.« dafür, keine Baumwolle auf ihrer Farm von 2 094 Hektar anzubauen. 8 andere Großfarmen dieser Grafschaft erhielten jede ebenfalls mehr als je 400 000 DM.

Senator Williams forderte, daß kein Farmer oder Farmbetrieb mehr als jährlich 40 000 DM Staatshilfe erhalten solle – was im Farmbudget 1969 rund zweieinhalb Milliarden DM Ersparnisse bedeutet hätte. Bei der Debatte im Repräsentantenhaus sagte der Abgeordnete William F. Ryan aus New York: »Stellen Sie sich einmal vor, eine New Yorker Arbeitslosenfamilie mit 12 Kindern bekäme jährlich 10 000 Dollar! Ist es wirklich ›Freie Marktwirtschaft‹, wenn ein Farmer 100 000 erhält?« Aber man nahm sich nicht einmal die Mühe, ihm zu antworten. Der Antrag wurde mit 129 gegen 79 Stimmen abgelehnt, und wie zum Beispiel auch im Bonner Bundestag während der Agrardebatte vom Frühjahr 1968 zeitweilig nur ein Zehntel der Abgeordneten im Plenarsaal zu sehen waren, so hier. Denn Parteienstreit über die Agrarsubventionen gibt es in den USA so wenig wie in der Bundesrepublik. Sie sind ein »Muß« für jeden, der wiedergewählt werden will. Und wenn alle bisherigen Landwirtschaftsminister der USA zusammen bis 1953 nur 27,6 Milliarden Dollar ausgaben, so Ezra Taft Benson allein von 1953 bis 1959 über 31 Milliarden, und während der drei Jahre 1967 bis 1969 betrug das Budget des Department of Agriculture 15,3 Milliarden Dollar. Allein die direkten Regierungssubventionen an die amerikanische Landwirtschaft stiegen von 1937 bis 1967 von 1 468 auf 12 400 Millionen DM.

Und das ist natürlich keineswegs nur eine »amerikanische Angelegenheit«. Wie der »Homestead Act« weltweite Folgen hatte, so auch der »Agricultural Trade Development and Assistance Act« des Jahres 1954, denn dieser leitete die amerikanische »Brotkorb-Diplomatie« ein. In 12 Jahren wurden »Überschuß-Nahrungsmittel« und Baumwolle im Wert von 56 Milliarden DM ausgeführt, verschenkt, verkauft oder getauscht. Allein 1964 wurde durch »Food for Peace«-Exporte ein Drittel der gesamten Auslandshilfe der USA geleistet und dadurch den Farmern 6,8 Milliarden DM zugeführt. Schon 1934 hatte die Regierung 6,5 Millionen Dollar als Exportprämien für Weizen bezahlt. 1968 aber bekam jeder amerikanische Farmer von seiner Regierung 377,80 DM für die Tonne Weizen, während sie für 200 DM exportiert wurde. 1966 wurden für 6 700 Millionen Dollar Agrarprodukte von den USA exportiert (größter Abnehmer war Japan), aber 108 Länder konnten in der Landeswährung bezahlen, während die Regierung den Exporteuren Dollars bezahlte. Drei Zehntel aller Agrarexporte waren nun subventioniert und damit klar »Dumping«. Die amerikanischen Agrarsubventionen zwingen auch andere Staaten, immer mehr Steuergeld für die »Marktordnung« aufzuwenden, obwohl die Hauptursache des Dirigismus natürlich der Hunger während der beiden Weltkriege war. 1915 bis 1919 verhungerten in Deutschland fast 800 000 Menschen. Wie die durch die Blockade der Alliierten ausgelösten Versorgungsnöte förderte dann der Preisverfall der Weltkrisenjahre die Agrarsubventionen, und heute gelten sie als »selbstverständlich«. Überall geschah, was in den USA vor sich ging. Was zeitweilig berechtigt und notwendig war, blieb aus parteipolitischen Gründen bestehen, auch als die Verhältnisse sich längst änderten.

Jahrtausendelang wurden die Bauern ausgeblutet, und wie sie noch in der jüngsten Vergangenheit die Hauptlast der Industrialisierung in der Sowjetunion trugen, so auch in Japan. Nach amtlichen Ziffern, die Hioye Ouchi 1930 dem Internationalen Statistischen Kongreß in Tokio vorlegte, zahlte zum Beispiel ein japanischer Bauer mit 1 200 Yen Jahreseinkommen 270 Yen Steuern, ein Geschäftsmann oder Fabrikant nur 126. Bei 10 000 Yen waren es 3 485 und 1 603, bei 30 000 dann 12 079 und 6 819. Aber rasch änderte sich das. Überall wurden die Stimmen der Landbevölkerung wichtig, und in Großbritannien zum Beispiel wurden schon 1896 die Steuersätze für landwirtschaftlich genutzten Boden auf die Hälfte der städtischen gesenkt, 1923 auf ein Viertel. Seit 1929 waren in England landwirtschaftlich genutzte Gebäude und landwirtschaftlich genutzter Boden völlig steuerfrei, und die entsprechenden Objekte wurden damals aus den Steuerlisten gestrichen. Damit aber war diese Maßnahme praktisch nicht mehr rückgängig zu machen, denn die Neuveranlagung wäre nicht nur überaus kostspielig, es gibt auch gar nicht genug Landmesser.

Bis in die jüngste Vergangenheit trugen die Bauern nicht nur die schwersten Lasten, sondern die Landwirtschaft stellte auch einen so hohen Anteil an der Gesamtbevölkerung, daß mit Recht gesagt wurde: »Hat der Bauer Geld, hat's die ganze Welt«, und Albrecht Thaer stellte 1801 völlig richtig fest: »Landwirtschaft und Manufakturen gehen nur Hand in Hand sicher vorwärts ... Um eins zu heben, das andere niederdrücken wollen, heißt: einen Fuß lähmen, damit der andere besser fortschreiten könne ...« Aber wenn (dem US-Landwirtschaftsministerium zufolge) jeder Hektar Weizenland 1830 von der Bestellung bis zur Ernte durchschnittlich 143 Arbeitsstunden erforderte, so 100 Jahre später nur mehr 8 Stunden. Heute machen die landwirtschaftlich Tätigen in Industriestaaten meist nur mehr ein Achtel bis ein Zehntel aller Erwerbstätigen aus, in manchen Ländern bereits weit weniger, und so hängt die Gesamtkaufkraft längst nicht mehr von der

Landbevölkerung ab. Aus vielerlei Gründen muß eine gesunde, eigene Agrarwirtschaft erhalten werden. Aber wie das zu geschehen hat, dürfte nicht allein von Parteigesichtspunkten abhängen, und es muß nicht nur die Einkommens-, sondern auch die Vermögenssituation der Landwirte berücksichtigt werden. Steuerlich gelten zum Beispiel in der Bundesrepublik die »Einheitswerte« von 1934. Aber durch die Allgemeinentwicklung, den Baulandbedarf der Industrie wie des Wohnungsbaus vor allem stiegen die Bodenpreise gewaltig, und nach dem heutigen Verkehrswert sind mittelbäuerliche Betriebe von etwa 50 Hektar an »Millionenbesitze« und die Besitzer von Gütern mit 100 Hektar oder mehr Multimillionäre. In der Bundesrepublik verfünffachten sich die durchschnittlichen Bodenpreise von 1943 bis 1968, und so sind zahllose Kleinbauern keineswegs gezwungen, Land- oder Industriearbeiter zu werden, wenn sie ihre unrentablen Betriebe aufgeben. 10 Hektar bringen leicht 150 000 DM – und dafür sind zum Beispiel in Frankreich 30 Hektar besten Bodens zu haben.

Wie die Bodenpreise änderten sich alle Produktionsbedingungen. Aber als 1964 die Getreidepreisregelung der EWG durchzusetzen war, verpflichtete sich Bundeskanzler Ludwig Erhard am 30. November dieses Jahres, der deutschen Landwirtschaft während der nächsten 5 Jahre zusätzlich 8 Milliarden DM Staatshilfe zu gewähren. Frankreichs Bauern hatten bisher 340 DM für die Tonne Getreide erhalten, jetzt bekamen sie 425, während der deutsche Preis von 475 auf 425 DM je Tonne gesenkt wurde. Dafür mußten die Bauern »entschädigt« werden. Aber die Regierung »übersah«, daß nur mehr 5 Prozent der landwirtschaftlichen Betriebe der Bundesrepublik vorwiegend vom Getreideerlös lebten und 95 Prozent regelmäßig Getreide kaufen. Die Weizenpreissenkung brachte ihnen also keinen Schaden, sondern rund 400 Millionen DM jährlichen Nutzen. Längst war Veredelung, waren tierische Produkte wichtiger als der Ertrag der pflanzlichen, und ein Blick ins Statistische Jahrbuch genügt, um das festzustellen. Aber 1964 war ja auch ein Wahlkampf in vollem Gange. Und so bekamen die Landwirte 1966 amtlich 4 745 Millionen DM. Dazu 800 Millionen »unsichtbar« in Form von Steuervergünstigungen. Dazu kamen Garantien des Absatzpreises, die mindestens 2 200 Millionen wert waren, insgesamt also fast 8 Milliarden oder mehr als ein Drittel der gesamten landwirtschaftlichen Wertschöpfung und ein Zehntel des Bundeshaushalts. Heute erhalten Westdeutschlands Bauern zu jeder Mark, die sie selber verdienen, 85 Pfennig Zuschuß der Steuerzahler. Angeblich um »fortschrittlichen Bauern beim Aufbau moderner Höfe« zu helfen, und das wäre gewiß eine wichtige Staatsaufgabe. Aber dazu müßte die Hilfe »gezielt« sein und dürfte schlecht wirtschaftenden Landwirten nicht ebenso zugute kommen wie rationell arbeitenden. Aus Wahlgründen aber wird in der Bundesrepublik auch Bauern geholfen, die in Nordbayern oder Württemberg ihre zersplitterten, steinigen und klimatisch benachteiligten Äcker mit Kühen als Zugkraft bearbeiten. Hier wie in England und überall führen die Mindestpreise und Mengensubventionen zu Qualitätsverschlechterungen. Da wird nirgends das Verbraucher- und natürlich schon gar nicht das Allgemeininteresse berücksichtigt.

Die nationalen Subventionssysteme sind schon kostspielig genug, aber dabei blieb es nicht; es gibt nun auch den Agrarprotektionismus der Europäischen Wirtschaftsgemeinschaft und den Brüsseler Agrarfonds, dessen Ausgaben schon in den ersten 3 Jahren seines Bestehens von 152 auf 937 Millionen DM stiegen, der 1968 bis 1969 ein Budget von 10 200 Millionen DM hatte – und der natürlich aus den Steuergeldern der 6 Mitgliedstaaten gespeist wird.

Zweck der EWG-Agrarordnung ist die Erhaltung eines politisch bestimmten Preisniveaus, der »Richt«- oder »Orientierungspreise«, die den Produzenten garantiert werden. Sie werden durch variable Einfuhrgaben, die »Abschöpfungen«, und gleicherweise veränderliche Exportsubventionen, die »Erstattungen«, sowie durch »Marktinterventionen« erreicht. Durch die beiden Außenhandelsmaßnahmen werden die Einfuhren aus Drittländern auf das innere Preisniveau der Gemeinschaft verteuert, die Exporte nach Drittländern auf das Weltpreisniveau verbilligt.

Die Steuerbeiträge an den Agrarfonds wachsen natürlich, wenn der Selbstversorgungsgrad der Teilnehmerländer wächst, denn dann sinken die »Abschöpfungs«-Erlöse aus den Importen: Die Zahl der in der EWG-Landwirtschaft Beschäftigten nahm zwischen 1960 und 1970 von rund 15 auf 10 Millionen ab. Die für die Marktstützung verwendeten öffentlichen Mittel vervierfachten sich im gleichen Zeitraum, nahmen also je landwirtschaftlich Erwerbstätigen um das Sechsfache zu. Und da das Abschöpfungssystem den Preiswettbewerb zwischen den Erzeugnissen der EWG und der Drittländer ausschaltet und absoluten Schutzcharakter hat, steigt die EWG-Produktion unaufhörlich und ist nun bei vielen Produkten weit größer als der Bedarf der 186 Millionen EWG-Bewohner. Und so muß immer öfter »interveniert« werden, das heißt, zur Aufrechterhaltung der garantierten Mindestpreise müssen »überschüssige Angebote eliminiert«, auf deutsch immer größere Mengen von Nahrungsmitteln vernichtet werden. Die Steuerzahler bezahlen nicht nur, was sie verbrauchen, weit teurer als ohne EWG-Festpreise, sie bezahlen auch, was sie nicht verbrauchen, übernehmen das

Unternehmerrisiko, aber natürlich ohne an den Gewinnen der Zeiten einer Hochkonjunktur teilzuhaben.

Das Ausmaß der »Eliminierungen« aber wird immer skandalöser. In allen EWG-Ländern waren im Spätsommer des Jahres 1968 lange Kolonnen von Lastwagen zu sehen, die Obst- und Gemüse-»Überschüsse« zu riesigen Abfallhalden brachten. Was in Monaten reifte, wurde in wenigen Stunden von Bulldozern und Schaufelladern zu ganzen Gebirgen gehäuft, mit Chemikalien besprüht, und so wurden im Wirtschaftsjahr 1967 bis 1968 – dem ersten Jahr des Interventionssystems – 452 600 Tonnen Obst und Gemüse vernichtet, für die die Erzeuger rund 220 Millionen DM Entschädigung bekamen.

Ursprünglich war die »Intervention« für witterungsbedingte Rekordernten gedacht gewesen. Aber bald wurde sie zum Anreiz für die systematische Überproduktion von Qualitäten, die im normalen Handel nicht abzusetzen sind. Da wurde zum Beispiel Industrieobst (das Fruchtsaftfabriken teilweise fehlte) billig in Südtirol aufgekauft und in Ferrara als »Klasse A« und »B« zur Vernichtung angemeldet, auch durch Umladen und Lagern entstandene »Verderbware« wurde voll entschädigt. Überalterte Baumbestände bleiben stehen, die Sortenwünsche der Verbraucher werden ignoriert, aber vor allem werden zu viele Tomaten oder zuviel Blumenkohl angebaut. Und Obst und Gemüse waren und sind natürlich nicht die einzigen »Überschuß«-Produkte. Der »Butterberg« wurde immer größer, denn der EWG-Interventionspreis betrug 6 940 DM pro Tonne. Durch Exportzuschüsse konnte ein Teil dieser Butter für 1 800 DM in Iberoamerika verkauft werden. Aber riesige Mengen werden auch umgeschmolzen und zu »Industriefett« verarbeitet.

Die EWG-Subventionen werden mit der Vertragsforderung begründet, den landwirtschaftlichen Produzenten »eine angemessene Lebenshaltung zu gewährleisten«. Aber nach Artikel 39 des EWG-Vertrages sollte das vor allem durch strukturpolitische Maßnahmen erreicht werden, durch Produktivitätsförderung, Flurbereinigung, Förderung des technischen Fortschritts, Landbau-Forschung und rationellen Einsatz der Arbeitskräfte. Als der Agrarfonds geschaffen wurde, machte man weiterhin die Erhebung von Zusatzabgaben zu den Zöllen davon abhängig, daß dadurch »ernstliche Marktstörungen« abgewendet wurden. Italien aber setzte 1964 durch, daß diese Beschränkung fiel und nun zusätzliche Taxen eingehoben werden, wann immer es Preisunterschiede zwischen den Einfuhrgütern und der Eigenerzeugung gibt. Rasch wurde das auch auf Verarbeitungserzeugnisse ausgedehnt, auch billige Konserven kommen so nicht mehr in die EWG-Länder.

Der Agrarpolitik dient der »Europäische Ausrichtungs- und Garantiefonds für die Landwirtschaft«. Die Abteilung »Garantie« zahlt die Marktstützungsaufwendungen aus. Die Abteilung »Ausrichtung« finanziert die Strukturverbesserung, und diese sollte ein Drittel der Garantiegelder erhalten. Aber 1967 wurde das Budget für Strukturverbesserung auf maximal 285 Millionen Dollar jährlich beschränkt, während die Marktstützung nun die Zweimilliarden-Dollar-Grenze überstieg. Insgesamt gab die Abteilung »Ausrichtung« in den 5 Jahren von 1962 bis 1967 rund 1 137 Millionen DM aus, die Abteilung »Garantie« hingegen in dem einen Jahr 1967 bis 1968 über 8 000 Millionen, und für 1969 bis 1970 wurden 12 Milliarden DM Preisstützungskosten veranschlagt – die Lohnsteuer von 15 Millionen Industriearbeitern. Denn wie die staatlichen »Überschuß«-Vernichtungsaktionen immer teurer werden, so auch die »Exportförderung«. Die 22 Millionen Kühe der EWG-Länder geben zuviel Milch. 1968 gab es 300 000 Tonnen unverkäuflicher Tafelbutter – das heißt unverkäuflich zu dem weit über dem Weltmarktpreis liegenden »Garantiepreis« –, und so wurde, wie erwähnt, bis zu 5 DM pro Kilo Ausfuhrsubvention bezahlt. Frankreich verkauft zum Beispiel Weizen nicht etwa an Italien, sondern dank der EWG-Subventionen an China, während Italien gegen Maschinenlieferungen Weizen aus der Sowjetunion bezieht. Im März 1969 schloß Paris einen Weizenlieferungsvertrag mit Peking, der für 800 000 Tonnen rund 212 Millionen DM Subvention kostet, »Erstattungen«, an denen die Bundesrepublik mit 65,7 Millionen DM beteiligt ist. Frankreich verkaufte 1968 zum Beispiel auch 375 000 Tonnen Weizen an Ägypten. Cif-Preis 213 bis 217 Mark die Tonne, »Exporterstattung« für dieses Geschäft also 57 Millionen DM – von denen die Bundesrepublik 19 Millionen bezahlte. Ihr Gesamtbeitrag an den Brüsseler Agrarfonds beträgt 31,2 Prozent: Was die Bundesrepublik 1968 *mehr* bezahlte, als sie aus diesem Fonds bekam, machte pro Einwohner rund 20 Mark aus und zwei Jahre später 70 DM. Und als Verbraucher haben diese natürlich keinerlei Vorteil aus der »Marktordnung«. Die »Abschöpfungen« verdoppeln zum Beispiel den Preis von dänischem Käse in der Bundesrepublik. Und wenn die Getreidepreise in der EWG auch vereinheitlicht wurden, so kostete 1968 nichtsdestoweniger ein Kilo Mischbrot in der Bundesrepublik 1,24 DM gegen 0,94 in Holland, die Bundesdeutschen zahlten pro Kilo Weißbrot 1,56 DM, die Franzosen 0,90.

Wie groß der Unterschied zwischen den Nahrungsmittelkosten der EWG-Bevölkerung ist, die tatsächlich aufgebracht werden und die aufgebracht werden müßten, wenn es keine »Richtpreise« gäbe; wie groß also die indirekte Agrarsubvention ist, kann schwer ausgerechnet werden, weil die

Weltmarktpreise starken Schwankungen unterliegen. Aber die Durchschnittsnotierung für Exportweizen in Winnipeg zum Beispiel betrug 1968 rund 194 Cent pro Bushel, rund 285 DM Tonne also. Der EWG-Preis betrug 425 DM und der EWG-Inlandsverbrauch beträgt jährlich etwa 28 Millionen Tonnen. »Indirekte« Weizensubvention also 3 920 Millionen DM und die Preisunterschiede bei Fleisch, Butter oder anderen Veredlungsprodukten sind weit höher. Die indirekten, das heißt also durch die Preisbindung der Landwirtschaft Europas gewährten Subventionen sind noch ungleich bedeutender als die unmittelbaren und klar feststellbaren.

Wie auf dem Agrarsektor sind überhaupt die indirekten und damit getarnten und weitgehend unkontrollierbaren »Staatshilfen« wichtiger als die verbuchten. Zum Beispiel die geschilderten Steuerprivilegien der amerikanischen Mineralölwirtschaft, die jährlich Dutzende Milliarden wert sind und die allein schon deutsche Mineralölfirmen gegenüber amerikanischen hoffnungslos ins Hintertreffen bringen, auch wenn sie – wie 1969 – Hunderte Millionen Steuergeldkredite erhalten.

Theoretisch sind dem internationalen Wettbewerb auf den Weltmeeren keinerlei Grenzen gesetzt. Als Verkehrswege stehen sie jedermann zur Verfügung, und in allen Häfen der Erde gelten für die Schiffe aller Flaggen die gleichen Bedingungen. Aber in der Praxis war es stets und bleibt es anders.

Durch Subventionen werden überdies oft internationale Spannungen verursacht, und sie werden längst auch als Mittel der Außenpolitik ebenso wie der Innenpolitik verwendet. In den Vereinigten Staaten wurde 1934 die »Sugar Bill« erlassen und der Schutzzoll auf Zucker durch ein Kontingentierungs- und Preissubventionssystem ersetzt, das nicht nur die seit jeher konkurrenzunfähigen Zuckerproduzenten der USA vor billigeren Importen schützte, sondern zugleich ein Druckmittel für außenpolitische Zwecke bot. Das Gesetz schreibt vor, daß der Zuckerbedarf der USA zu 60 Prozent im Inland zu decken ist, der Rest kann auf verschiedene Lieferländer aufgeteilt und diesen weit über dem Weltmarktpreis liegende Erlöse bewilligt werden, denn US-Firmen betreiben auch auf den Philippinen und betrieben früher auf Kuba große Zuckerplantagen. Offiziell diente der Aufpreis »dem Schutz der einheimischen Produzenten«, in Wirklichkeit wurde er zu »Belohnungen« und »Bestrafungen« verwendet, war – und ist er – ein Mittel der »Dollar-Diplomatie« vor allem in den mittelamerikanischen Republiken. Eine Regierung, die Washington nicht genehm ist, hat keine Chance, Kontingente für den Zuckerimport zu erhalten, und so wurde seit 1960 auch Kuba keine Einfuhrgenehmigung mehr erteilt.

Kuba war bekanntlich eines der größten Zuckerexportländer, und so gab es 1962, als der Weltmarktpreis für Zucker etwa 2,5 Cent je Pfund betrug und die USA 5,5 bezahlten, einen Lobbyskandal, weil die Aufteilung des Kuba-Kontingents auf 26 andere Lieferanten alles andere als unvoreingenommen erfolgte. Präsident Trumans ehemaliger Innenminister Oscar Chapman zum Beispiel war von der mexikanischen Regierung für 50 000 Dollar im Jahr angestellt worden, um ihr Zuckerlieferungs-Verträge zu beschaffen, und bekam auch noch 25 Cent für jede Tonne, die er Mexiko sicherte. Der Vorsitzende des Agrarausschusses des Repräsentantenhauses, Harold Cooley, entpuppte sich als Lobbyist der Dominikanischen Republik, und insgesamt erhielten die Vertreter von 24 Zuckerlieferanten eine halbe Million Dollar zur Beeinflussung der Einfuhrgenehmigungen. Die Lobbyisten wiederum »rieten« zu dieser oder jener Regierungsmaßnahme in ihren Auftragsländern, schlugen denen diese oder jene Konzessionserteilung an die »richtigen« Firmen vor.

Das brachte noch keine allzu großen internationalen Verwicklungen mit sich. Aber wahrhaft weltbewegend wirkte sich in den dreißiger Jahren die amerikanische Silbersubvention aus. Silber war im alten Ägypten wertvoller als Gold. Gold wurde dort oft mit Silber plattiert, nicht wie heute umgekehrt. Erst im 15. Jahrhundert wurde Gold weit teurer als Silber, und vor allem durch die »Erschließung« Amerikas, denn wenn von 1493 bis 1520 in ganz Europa insgesamt etwa 45 000 Kilo Silber gewonnen wurden, so kamen von 1593 bis 1620 etwa 630 000 Kilo aus Spaniens Amerika-Kolonien – und lösten eine schwere Inflation aus.

Wie in Mexiko gibt es in den Vereinigten Staaten reiche Silbervorkommen, und so hatten sie zeitweilig eine Silberwährung. Das »klassische« Wertverhältnis zwischen Gold und Silber hatte sich international auf etwa 15 zu 1 eingespielt und betrug in den USA im Durchschnitt der Jahre 1871 bis 1875 dann 16 zu 1. Aber 1911 bis 1915 fiel es hier auf 37 zu 1, und durch die Weltkrise mußten am 1. Juli 1933 in den USA 72 Kilo Silber für ein Kilo Gold bezahlt werden. Die Unze Silber war 1870 durchschnittlich 130 Cent wert gewesen, 1931 nur mehr 28 bis 29, und die »Silber-Staaten«, vor allem Montana, machten die schwerste Krise ihrer Geschichte durch. Die erwähnte Dollarabwertung Präsident Roosevelts vom Juli 1933 ließ wie die Agrarexporte auch die Kupferausfuhr der USA steigen, niemand aber wollte ihr Silber haben. Um seinen »New Deal« und seine außenpolitischen Pläne durchzusetzen, brauchte der Präsident die Zustimmung des Senats, in dem seine Partei aber nicht die Mehrheit besaß, und so sicherte er sich schließlich die Unterstützung der westamerikanischen »Silber-Senatoren«, indem er am 22. Dezember 1933 den Kauf von 100 Millionen Unzen Silber zu je 64 1/4 Cent oder um 35 Cent je Unze mehr als den Preis von 1931 und um 19 Cent mehr als den Tageskurs anordnete und im Sommer 1934 das Schatzamt anwies, 71,11 Cent zu bezahlen.

Das ließ den Silberkurs zeitweilig auf 90,6 Cent steigen, und in vier Jahren erreichte der Silberumsatz der US-Regierung über eineinhalb Milliarden Unzen bei einer Welt-Silbererzeugung von 1933 rund 170 Millionen. Nur 300 Millionen Unzen der amerikanischen Käufe und Verkäufe stammten aus dem eigenen Land, denn die Bergwerksgesellschaften besaßen außer Silbergruben in Montana oder Utah auch Silbervorkommen in Kanada und Mexiko, und sehr rasch führte Roosevelts Silber-Politik natürlich zu weltweiten Preissteigerungen und Spekulationskäufen. Wie Roosevelts Stützung der Agrarpreise und später seine Rüstungspolitik brachte ihm auch seine Silbersubvention die erwünschten innenpolitischen Erfolge. Aber sie brachte auch 450 Millionen Chinesen und 350 Millionen Inder in bitterste Not, denn »Rupie« bedeutet wörtlich »verarbeitetes Silber«. Die Inder zahlten mit Silbergeld, das nun durch Aufkäufer rarer und rarer wurde und dessen Einschmelzen sich nun in Dutzenden Ländern lohnte. In China war Silber die Währungsgrundlage überhaupt. Der Wert des Tael stieg über Nacht um ein Drittel, schließlich auf das Doppelte, während die Welthandelspreise gleich blieben. Der Verkauf riesiger Silbermengen nach Amerika führte also nicht nur zu Bargeldmangel und einer Deflationskrise, die das Wirtschaftsleben weiter Teile Asiens praktisch zum Stillstand brachten und den Zinswucher geradezu unvorstellbare Ausmaße annehmen ließen. China konnte durch Roosevelts Senatsbestechung auch nur dann exportieren, wenn es seinen Produzenten um ein Drittel und später um die Hälfte weniger als bisher zahlte. Chinas Bauern schuldeten Silber, schuldeten also plötzlich doppelt soviel als vorher. Sie hungerten bald ärger denn je und gaben natürlich ihrer Regierung die Schuld. Damals gingen ganze Provinzen zu Mao Tse-tung über. Damals schon verlor Tschiang Kai-schek das Vertrauen von Millionen und aber Millionen Chinesen, und es bahnte sich die Entwicklung an, die 1949 mit der Ausrufung der Volksrepublik endete. Was für Montana und Idaho, Utah und Arizona berechnet war, führte nicht nur zum Zusammenbruch zahlloser indischer und chinesischer Handelsfirmen, sondern zwang Nanking auch, seinen Wirtschaftsboykott gegen Japan aufzuheben, und ebnete dem »Yen-Block« den Weg. Roosevelts lokaler Stimmenfang schwächte China so sehr, daß Amerikas bitterster Feind Japan dort immer stärker wurde. In ihrem Jahresbericht für 1934 schrieb die Bank von China: »Weiß die Regierung der USA nichts über die Bedeutung des Silbers für die Kaufkraft Chinas, oder ist es ihre überlegte Absicht, den Wert des chinesischen Währungsgeldes in die Höhe zu treiben und so Chinas Ausfuhr zu vermindern und den amerikanischen Wettbewerb auf unserm Markt zu erleichtern?« Allein im Juli 1934 waren 30 Millionen Unzen chinesischen Silbers in die USA gegangen. In diesem Jahr stellten 64 Provinzialbanken Chinas ihre Zahlungen ein, Chinas Industrieproduktion sank 1933 bis 1935 um zwei Fünftel, seine Einfuhr um mehr als ein Drittel, der Fehlbetrag des Staatshaushalts verachtfachte sich. »National-China« erholte sich von der Silberkrise der dreißiger Jahre nie mehr, und wenn der Sieg des Kommunismus in diesem Riesenland viele Gründe hatte, Amerikas Subventionspolitik des Silbers trug unzweifelhaft dazu bei.

Subventionen wirken sich also nicht nur wirtschaftlich weltweit aus, sondern beeinflussen auch die Weltpolitik. Und noch mehr tun das natürlich Zölle, die Subventionen *und* Steuern sind, alle Verbraucher belasten, aber nicht einmal allen Erzeugern, sondern nur den besonders geschützten zugute kommen, und da Zollsätze bekanntlich höchst unterschiedlich sind, diesem Fabrikanten mehr, jenem weniger. Zölle sind Mittel der Interessenvertretung par excellence. Sie verursachten aber nicht nur, wie geschildert, den amerikanischen Sezessionskrieg, sondern mit einem Zollkrieg begannen die deutsch-englischen Spannungen, die entscheidend zum Ausbruch des Ersten Weltkrieges beitrugen.

XI

EIN ZOLLKRIEG WIRD ZUM WELTKRIEG

Vom Freihandel zur deutsch-englischen Export- und Flotten-Rivalität

»Schutzzölle und Patriotismus bedingen einander. Das beweist der Weg aller großen Nationen.«

J. C. Calhoun am 12. Dezember 1811
im amerikanischen Repräsentantenhaus

»Der Erste Weltkrieg war nicht ›made in Germany‹, aber made in ›Germany‹ war eine seiner Hauptursachen ... Zollfragen waren der Wetzstein, der die Schwerter des britisch-deutschen Antagonismus schärfte. Die ständige Drohung eines Zollkrieges war das ernsteste Hindernis einer deutsch-englischen Verständigung. Der Zollstreit führte auf beiden Seiten zu Äußerungen, die in England immer mehr den Glauben an die Feindschaft der Deutschen festigten und entscheidend zu den antideutschen Bündnissen Englands beitrugen ...«

Ross J. S. Hoffman, Chicago, 1933
in »Great Britain and the German Trade Rivalry 1875–1914«

»Zoll« ist vom griechischen »telos« abgeleitet, und das heißt »Finanzen«. Zölle sind beim Überschreiten einer Gebietsgrenze auf Waren erhobene Verkehrssteuern und waren wie die Mauten ursprünglich Gebühren für den Schutz der Ladungen und Gefährte, Beiträge zum Unterhalt der Straßen, Brücken und Wege. Sehr bald aber wurden sie eine der Haupteinnahmequellen des Fiskus und damit eine allgemeine Verbrauch- und im Grunde auch eine Einkommensteuer, denn wenn heute zum Beispiel ein Spanier für einen Volkswagen rund 11 000 DM Zoll, »Devisenausgleich« und andere Einfuhrabgaben, zu entrichten hat und er 12 000 DM jährlich verdient, dann ist seine Einkommensverminderung ebensogroß, als ob er (bei fünf Jahren Abschreibezeit des Wagens) 18 Prozent zusätzliche Einkommensteuer zu bezahlen hätte. Wie hoch heute in vielen Ländern die Zollbelastung ist, wissen die meisten Zahler nicht, weil es sich ja um »indirekte Steuern« handelt. Aber in Spanien muß der Preis eines ausländischen Automobils mit durchschnittlich 3,4 multipliziert werden, um die Inlandskosten zu errechnen. In England brachten Zölle dem Fiskus 1967 mehr als das Zehnfache aller Erbschaftsteuern ein, allerdings als Weltrekord 36,2 Milliarden DM und davon allein an Tabakzöllen 9 849 Millionen DM. In den Vereinigten Staaten wurden 8,4 Milliarden DM und in der Bundesrepublik von rund 31 Milliarden verzollter Einfuhr 2,5 Milliarden Zoll erhoben. Hier sank der Anteil der Zolleinnahmen an den gesamten Staatseinnahmen von 28 Prozent im Rechnungsjahr 1913 bis 1914 auf nun weniger als 4 Prozent. In der Schweiz ergaben Zölle 1913 nicht weniger als 85 Prozent des Bundesetats. Bei der Gründung des Bundesstaates im Jahr 1848 betrugen sie insgesamt 4 Millionen Franken, 1938 bereits 270 und 1968 über 1 934 Millionen. In Kanada machten Zölle 1913 rund 64 und in Brasilien 48 Prozent aller Staatseinnahmen aus, in den USA deckten sie 42 Prozent des Bundesbudgets und stiegen zwischen 1871 und 1967 von 206 auf 2 100 Millionen Dollar. Die Zolleinnahmen Großbritanniens wuchsen zwischen 1913 und 1967 von 35,5 auf 3 617 Millionen Pfund, auf das mehr als Hundertfache also, und in Deutschland machten die Zölle 1835 pro Kopf zwei Mark aus, 1905 etwa 11 Mark, 1938 bereits 23 und 1968 über 47 DM.

Zölle sind also Subventionen und Steuern; Zolltarife sind Steuersätze, die deshalb auch von den Parlamenten festgelegt werden, und wie eng Steuern und Zölle miteinander zusammenhängen, zeigt nicht nur die bereits geschilderte Entstehung der Vereinigten Staaten, das erwies sich zum Beispiel auch, als Präsident Woodrow Wilson am 7. April 1913 eine außerordentliche Tagung des Kongresses einberief, um aus dem amerikanischen Zolltarif alles zu streichen, »was einer Bevorrechtung oder einem künstlich geschaffenen Vorteil« gleichkam. Im Mai wurde der »Underwood-Tarif« angenommen, der Zollermäßigungen von durchschnittlich 16 Prozent brachte und einige Waren völlig zollfrei machte – und als Ausgleich für die Einbuße an Staatseinnahmen wurde der 16. Zusatz zur Verfassung erlassen, der dem Kongreß das Recht verlieh, »Einkünfte, aus welcher Quelle sie auch immer stammen mögen«, zu besteuern. Damit war auch in den Vereinigten Staaten die Einkommensteuer geschaffen, die damals bei einem Einkommen von 3 000 Dollar jährlich begann und 1 Prozent betrug, bei Einkommen, die eine halbe Million Dollar überschritten, 6 Prozent erreichte.

Der enge Zusammenhang und die Wechselwirkungen zwischen Zöllen und Steuern erwies sich aber nicht nur in Amerika, sondern mit entscheidender weltpolitischer Bedeutung schon Mitte des 19. Jahrhunderts auch in England. Denn wenn die Gegner des britischen Premierministers Sir Robert Peel die Dinge auch allzusehr simplifizierten, als sie ihm 1842 vorwarfen: »Der führt die Einkommensteuer nur ein, um selber billiger Baumwolle zu bekommen!«, ist es unleugbar, daß der Freihandel die Einkommensteuern zum dauernden Staatsfinanzierungsinstrument machte, denn auch in England mußte ja der Ausfall an Zolleinnahmen anderweitig ersetzt werden.

Die Abschaffung der Zölle war in England gefordert worden, seit sich im letzten Drittel des 18. Jahrhunderts die »industrielle Revolution« durchsetzte. 1688 waren noch vier Zehntel der Bevölkerung in der Landwirtschaft tätig, eineinhalb Jahrhunderte später nur mehr zwei Zehntel. Industrialisierung bedeutete für England weitgehend Veredlung, so daß zahlreiche Rohstoffe eingeführt werden mußten. Zwar stieg der Ausfuhrwert von 1688 bis 1840 von 4,3 auf 116,5 Millionen Pfund oder das 27fache, aber auch die Einfuhr nahm von rund 7 auf 68 Millionen zu, das fast Zehnfache. Der Importwert hatte 1688 nur 6 Prozent des Nettonationaleinkommens Englands betragen, bis 1880 stieg er auf 33 Prozent.

Schon William Pitt hatte deshalb als Schatzkanzler eine auf Freihandel abzielende Finanz- und Handelsvertragspolitik betrieben, und Premierminister Shelburne erklärte 1782: »Monopole zu erstreben ist unklug, und wer Monopole energischer als alle andern bekämpfen müßte, sind die Engländer. Da unsere Insel zwischen der Neuen und der Alten Welt liegt und zwischen Nord- und Südeuropa, brauchen wir freien Handel und Gleichberechtigung auf der ganzen Erde. Da wir eine besser entwickelte Industrie, größere Handelsunternehmen und mehr Kapital als alle andern Handelsnationen haben, müssen wir immer wieder eine offene Tür auf allen Märkten fordern ...«

Englands Industrielle (die damals praktisch keine Konkurrenz auf der Welt hatten) taten das im ersten Drittel des vorigen Jahrhunderts höchst energisch und erklärten immer lauter: »Die Regel, so billig wie möglich einzukaufen und so teuer wie möglich zu verkaufen, eine Regel, die jeder Kaufmann seit jeher bei seinem Geschäft befolgt, ist auch die beste Regel für den Handel einer ganzen Nation.« Vor allem Richard Cobden, Baumwollhändler und Teilhaber einer Kattunfabrik in Manchester, der dort Präsident der Handelskammer wurde, verlangte die Abschaffung der Zölle. Er gründete mit seinem Kompagnon John Bright 1838 die »Anti-Cornlaw-League«, die erste moderne Kampforganisation zur Vertretung wirtschaftlicher Interessen, stellte Wanderredner an und ließ Dutzende Propagandabroschüren drucken. Systematisch wurde versucht, das Volk davon zu überzeugen, daß sein ganzes Elend von den Schutzzöllen komme, vor allem von der Belastung des Getreides, und die Agenten Cobdens zeigten in Hunderten von Versammlungen drei Brotlaibe verschiedener Größe, die in drei verschiedenen Ländern, in Frankreich, Rußland und England, gleich viel kosteten: Der weitaus kleinste war der englische. Und wie wollte England mehr und mehr verkaufen, wenn es nicht mehr und mehr importierte?

So wurden in den vierziger Jahren des vorigen Jahrhunderts Zollfragen zum heftigst umstrittenen öffentlichen Diskussionsthema Englands; in Amerika waren sie es, wie geschildert, längst, und wie in den Vereinigten Staaten generationenlang der Ausgang der Präsidentschaftswahlen vorwiegend von der Zollpolitik abhing, die die jeweiligen Kandidaten versprachen, so waren und blieben Zollfragen überall Gegenstand heftiger Meinungsverschiedenheiten. Denn schon »technische Details« sind wichtig, die Frage zum Beispiel, ob »Wertzölle« (wie die heute in der Bundesrepublik geltenden) oder »spezifische Zölle« (Mengenzölle, wie die des deutschen Zolltarifs von 1902) besser sind: Die Schutzwirkung des Wertzolles sinkt, wenn die Preise sinken – gerade während Krisenzeiten also, wo der Schutz am dringendsten gebraucht wird. Gewichtszoll verliert während Hochkonjunkturen an Schutzkraft, fördert also das Wachstum des Welthandels (aber weniger gut Sonderinteressen). Die Stabilität vor dem

Ersten Weltkrieg wird nicht zuletzt der Tatsache zugeschrieben, daß damals die Handelsverträge langfristig abgeschlossen wurden, Zollpositionen meist 12 Jahre lang nicht geändert werden konnten und so der Absatz auf fremden Märkten während einer Zeitspanne gesichert war, die die Amortisation neuinvestierten Kapitals ermöglichte. Nach 1918 hingegen liefen die meisten Verträge nur 12 Monate, und so wurden die Risiken oft untragbar, und auch aus diesem Grund schrumpfte das Außenhandelsvolumen. Aber Hauptstreitgegenstand war und blieb natürlich, wie hoch die einzelnen Zölle sein sollen und ob Freihandel erstrebenswert ist oder nicht. Stets wollen die Agrarier hohe Zölle auf alles, was sie selber erzeugen, und zollfreie Einfuhr für ihren Bedarf. Die Industriellen wollen Schutzzölle auf Fertigfabrikate, dagegen billige Lebensmittel und zollfreie Rohstoffe. Die Außenhandelskaufleute wiederum fordern absoluten Freihandel. Es wird argumentiert, daß Zölle rückständige Betriebe schützen und daß es für die Gesamtwirtschaft sinnlose Mehrarbeit bedeutet, wenn auf Importe verzichtet wird, die durch eigene Exporte bezahlt werden können. Andererseits, daß nur ein großer Binnenmarkt konkurrenzfähige Exportindustrien ermöglicht und junge Industrien ohne Schutz keine Chance haben. Über Zollfragen gibt es eine riesige Literatur, aber kaum je wurde der Standpunkt des Schutzzolls besser vertreten als 1905 durch den Deutsch-Amerikaner Emil Schalk in seinem bei Gustav Fischer in Jena erschienenen Buch »Der Wettkampf der Völker«. Hier heißt es unter anderem: »Schutzzoll ist gleichbedeutend mit künstlicher und Freihandel mit natürlicher Züchtung. Die erste vollbringt in Dezennien und ohne Verlust für die Gattung, was die zweite nur in Jahrhunderten und nur mit großem Verlust für die Gattung erreichen kann. Schutzzoll beschützt den Produzenten, den Schöpfer von Reichtum, er beschützt das Entstehen, während Freihandel den Konsumenten, den Vertilger, den Verzehrer von Reichtum oder das Vergehen begünstigt. Um das Vergehen möglich zu machen, muß das Entstehen vorausgegangen sein, und wenn dieses nicht geschieht, so geht die Gattung zugrunde, weil sie schließlich nichts mehr zu verzehren hat.

Das beste Beispiel für das Gesagte ist das Verhalten zweier Völker zu dieser Frage, der Amerikaner und der Engländer. Amerika ermutigt das Entstehen durch enorm hohe Schutzzölle, während England das Vergehen begünstigt durch Entfernung aller Schutzzölle. Resultat: In Amerika höhere Löhne und billigere Waren; in England niedrigere Löhne und teurere Waren... Die Engländer zeigen mit Stolz auf ihren Handel und behaupten... daß sie den Vorsprung, welchen sie vor 50 Jahren vor anderen Nationen gehabt haben, nicht nur hielten, sondern in mancher

Hinsicht vergrößerten. Die Schutzzöllner behaupten dagegen, daß dieses nur wahr sei, wenn man die ursprüngliche Summe, aber nicht den Prozentsatz betrachte. Die folgende Tabelle wird dieses dem Leser klarmachen: Export und Import in Millionen Dollar:

	1850	1900	Zunahme in Prozent
Großbritannien	845	3 445	407
Frankreich	475	1 704	360
Deutschland	350	2 541	730
Vereinigte Staaten	310	2 221	710

Wie man sieht, hat der Handel Deutschlands und der Vereinigten Staaten viel rascher zugenommen als der Englands, und dies wird noch viel auffallender, wenn man die Ausfuhr der drei Länder allein vergleicht, denn der größte Teil der Zunahme des englischen Handels betrifft die Einfuhr, während es bei den beiden andern hauptsächlich die Ausfuhr ist... Die Engländer als die Hauptvertreter des Freihandels haben viel über die Segnungen desselben geschrieben ... und Phrasen erfunden wie ›Kaufen auf dem billigsten und verkaufen auf dem teuersten Markt‹ oder Argumente wie das folgende: Eine Eisenbahngesellschaft braucht 100 000 Tonnen Schienen. Der englische Preis ist 5 Pfund pro Tonne, der belgische dagegen nur 4 Pfund. Es ist daher besser, in Belgien als in England zu kaufen, denn das Land ist alsdann 100 000 Pfund reicher. Dieses heißt einfach, das Individuum mit der Gattung verwechseln. Natürlich, wenn es ein Land ist, das selber keine Schienen produziert und unter allen Umständen im Ausland kaufen muß, so ist es für die Gattung am besten, in dem billigeren Markte zu kaufen, vorausgesetzt, daß die Qualität dieselbe ist. Wenn dagegen das eigene Land die Schienen ebenso gut wie irgendein anderes Land produziert, so schließt allerdings die Eisenbahngesellschaft 100 000 Pfund besser ab, aber das Land hat dabei 400 000 Pfund nationales Kapital eingebüßt. Die Gattung hat viermal soviel verloren, als das Individuum (die Eisenbahngesellschaft) dabei gewonnen hat. Ein Schutzzoll von 1 Pfund die Tonne würde das Land vor diesem Verlust bewahrt haben. Der Schutzzoll ist deshalb diejenige künstliche Existenzbedingung, welche das Individuum verhindert, die Existenz der Gattung zu gefährden um des eigenen Gewinnes halber. Er beschützt alle, und zwar gerade in der wichtigsten Funktion des Lebens, nämlich der, sich selber und seiner Familie das tägliche Brot zu verdienen... Industrielle Staaten, welche die Rohstoffe für ihre Fabrikate selbst produzieren, können Nationen, welche diese Rohstoffe nicht selbst produzieren, im internationalen Wettbewerb immer unterbieten. Um sich im eigenen Hause gegen eine solche Konkurrenz zu schützen, gibt es nur ein Mittel, und dieses ist der Schutzzoll: Besteuerung der fremden Waren...«

Solche Überlegungen sind alles andere als inaktuell. Die amerikanische Schutzzollpolitik (die schließlich, wie geschildert, zum Sezessionskrieg führte und damit der »Gattung« ungeheure Verluste zufügte) beruhte aber nie auf grundsätzlichen Überlegungen, sondern stets auf den innenpolitischen und den Finanzerfordernissen der USA, und auch Alexander Hamiltons großer Gegner, der dritte Präsident der USA, Thomas Jefferson, machte der amerikanischen parteipolitischen Realität Konzessionen und schrieb zwischen 1789 und 1820 höchst unterschiedlich über Zollfragen. Er begann (jetzt in Band II seiner »Writings«) mit der Einsicht: »Es liegt in unserem Interesse, dem Handel die Türen weit zu öffnen, all seine Behinderungen zu beseitigen, jedermann freizustellen, was er in unseren Häfen ausladen will, und für uns in anderen Häfen das gleiche zu verlangen.« Aber der gleiche Jefferson schrieb auch: »Wir sollten die eigene Deckung unserer Bedürfnisse bei allem fördern, zu dem wir eigene Rohstoffe haben« (Band XII) und schließlich (in Band XIX): »Ich habe beschlossen – und hoffe, daß jeder gute Bürger das ebenfalls tun wird –, nie wieder einen ausländischen Artikel zu kaufen, der auch in Amerika hergestellt wird, gleich, wie groß der Preisunterschied sein mag.« Und bei diesem »Buy American!« blieb es bekanntlich bis heute.

Viel differenzierter, weltweiter und dennoch realistisch sah der große Wegbereiter des Deutschen Zollvereins, Friedrich List, die Dinge. Er schrieb 1841: »Niemand kann leugnen, daß der innere Markt einer Nation zehnmal bedeutender ist als der auswärtige, selbst da, wo letzterer in höchstem Flor steht... Aber es wird unterlassen, die naheliegende Folgerung zu ziehen, daß es zehnmal wichtiger ist, den inneren Markt zu kultivieren und zu sichern, als die Reichtümer im Ausland zu suchen, und daß nur bei Nationen, welche die innere Industrie auf einen hohen Grad der Ausbildung gehoben, der auswärtige Handel Bedeutung erlangen kann.«

Friedrich List schrieb aber auch 1844 – zehn Jahre nach Inkrafttreten des Vertrags über den Deutschen Zollverein: »Die politische Ökonomie muß in Beziehung auf den internationalen Handel ihre Lehren aus der Erfahrung schöpfen, ihre Maßregeln für die Bedürfnisse der Gegenwart und die eigentümlichen Zustände jeder Nation berechnen, ohne dabei die Forderungen der Zukunft und der gesamten Menschheit zu verkennen. Sie stützt sich demnach auf Philosophie, Politik und Geschichte.

Im Interesse der Zukunft und der gesamten Menschheit fordert die Philosophie: immer größere Annäherung der Nationen untereinander ... Übergang aus dem, was man jetzt Völkerrecht nennt, in ein Staatenbund-Recht, Freiheit des internationalen Verkehrs in geistiger wie materieller Beziehung ...

Im Interesse jeder besonderen Nation fordert dagegen die Politik: Garantien für ihre Selbständigkeit und Fortdauer, besondere Maßregeln zur Beförderung ihrer Fortschritte in Kultur, Wohlstand und zur Ausbildung ihrer gesellschaftlichen Zustände ...

Die Geschichte für ihr Teil spricht unleugbar zugunsten der Forderungen der Zukunft, indem sie lehrt, wie jederzeit die materielle und geistige Wohlfahrt der Menschen im gleichen Verhältnis mit der Ausdehnung ihrer politischen Einigung und ihrer kommerziellen Verbindung gewonnen hat und gewachsen ist. Sie bestätigt aber auch die Forderung der Gegenwart und der Nationalität, indem sie lehrt, wie Nationen, die nicht vorzugsweise die Beförderung ihrer eigenen Kultur und Macht im Auge gehabt haben, zugrunde gegangen sind ... Die Geschichte weist somit auf die Vermittlung und Ergänzung zwischen den beiderseitigen Forderungen der Philosophie und der Politik.«

Der EWG-Vertrag, durch den am 1. Juli 1968 ein europäisches Zollgebiet von 1,2 Millionen Quadratkilometern mit 186 Millionen Menschen zustande kam, geht von fast identischen Überlegungen aus. Er soll – der Präambel zufolge – »durch den Zusammenschluß der Wirtschaftskräfte Frieden und Freiheit wahren und festigen«. Die Handels- und Zollpolitik der EWG hat »der Entwicklung des Wirtschaftslebens im Innern« zu dienen, woraus sich ein gemeinsamer Zolltraif und eine gemeinsame Handelspolitik nach außen ergeben. Der Artikel 110 spricht aber auch vom »gemeinsamen Interesse, zur harmonischen Entwicklung des Welthandels beizutragen«. Auch hier ein Kompromiß also zwischen »Philosophie« und »Politik«, zwischen den Einzelstaats- und Regionalinteressen und denen »der gesamten Menschheit«.

Nur solch ein »Sowohl-Als-auch« kann dauernde Vorteile bringen und Katastrophen wie die Weltwirtschaftskrise der dreißiger Jahre verhindern. Auch in der Handels- und Zollpolitik darf es keinen »Totalitarismus« geben, aber wie in Amerika bestimmte im lange führenden Welthandelsland England die augenblickliche politische Situation und allein das nationale Eigeninteresse die Maßnahmen, und wenn es hier 1846 zum Freihandel kam, dann ebenfalls nicht auf Grund »tieferer Einsichten« und zum Zweck, die »Menschheit« voranzubringen, sondern aus innenpolitischen und innerwirtschaftlichen Gründen und durch das Zusammentreffen ganz besonderer persönlicher und allgemeiner Interessen.

Denn nicht die am freien Handel Interessierten, sondern die Vertreter des Schutzzolls waren zur Zeit Cobdens und Peels die in England maßgebenden Kreise: 1840 gehörten acht Zehntel allen Bodens etwa 7000 Adelsfamilien und anderen Großgrundbesitzern. 400 Mitglieder des Oberhauses besaßen sechs Zehntel aller Äcker, Weiden und Wälder Englands, 49 Peers je mehr als 15000 Hektar, 15 je mehr als 40000, und deren Pachteinnahmen überstiegen je 100000 Pfund. Wie sie das »House of Lords« beherrschten, so hatten diese »Konservativen« die Mehrheit im Unterhaus, und dementsprechend waren die Zollgesetze. Als England 1765 zum Importland für Getreide wurde und es im Jahr darauf zu Hungerrevolten kam, weil der Weizenpreis von 130 auf 266 Mark die Tonne stieg, wurde der »Kornzoll« zeitweilig aufgehoben. Sehr rasch aber wurden die 1660 eingeführten »gleitenden Zölle« wieder in Kraft gesetzt. Die Einfuhr wurde um so höher belastet, je niedriger die Importpreise waren. Und 1815 wurde die Einfuhr überhaupt verboten, solange der Inlandpreis nicht 80 Shilling für den Quarter (etwa drei Doppelzentner) erreichte, das heißt, der Minimalpreis pro Tonne wurde auf rund 270 Mark festgesetzt. 1816 wurde die von William Pitt dem Jüngeren als Kriegssteuer eingehobene Einkommensteuer wieder abgeschafft, und statt dessen wurden die Zölle derart erhöht, daß die Preise enorm stiegen. Und zwar mit der Begründung, die Einkommensteuer zwinge »achtbare Bürger, ihre sämtlichen Angelegenheiten vor einer ganzen Schar von Inspektoren und Spionen aufzudecken«. Selbst G. M. Trevelyan schreibt: »Mit einer gewissen Berechtigung sagte man damals, daß die Armen besteuert würden, um die Reichen zu erhalten ... und der Gegensatz zwischen den ›Steuerverzehrern‹ und den ›Steuerzahlern‹ wurde immer heftiger ...«

Denn wie die Industriellen und Kaufleute protestierten, gab es immer öfter Demonstrationen der Arbeiter. Auch Parlamentsreformen wurden immer lauter gefordert, und als 1819 eine Reformerversammlung in Peterloo bei Manchester vom Militär auseinandergetrieben wurde und es vier Tote und Hunderte Verletzte gab, erreichte die Volkswut einen gefährlichen Höhepunkt. Aber es dauerte bis 1832, ehe Reformen durchgeführt wurden, und sie änderten vorerst nichts an der Vormacht der »Tories«, der die Agrarinteressen vertretenden Konservativen, und so schienen die Chancen der Freihandelsvertreter nach wie vor gering. Aber zu den »Familiensitzen« gehörte auch der von Tamworth, den die Peels innehatten, und als 1809 Robert Peel als »Konservativer« ins Unterhaus kam, betrieb er schließlich die Politik seiner Gegner, der »Liberalen«. Er wurde der Begründer der Freihandelsära.

Robert Peel wurde 1788 in Lancashire geboren (und starb 1850 durch einen Sturz vom Pferd in London). Er entstammte einer Bauernfamilie aus Yorkshire, die um das Jahr 1600 nach Lancashire übersiedelte und dort zur Wollweberei überging. England war damals das Wolland, denn nicht nur klimatisch war es für die Schafhaltung hervorragend geeignet, sondern hier hatte es, wie geschildert, auch schon früh Bauernunruhen und Revolten der Pächter gegeben. Schafhaltung brachte hohen Ertrag bei geringem Arbeitskräftebedarf, und so verschwanden allein während der Regierungszeit Heinrichs VIII. zwischen 1509 und 1547 gut 50 000 Bauernhöfe, und zahlreiche Äcker verwandelten sich in Weiden. Lange wurde alle Wolle exportiert, aber Heinrich VIII. erließ ein Verbot der Wollausfuhr, weil zahlreiche Spinner und Weber als Glaubensflüchtlinge nach England kamen, und sie machten vor allem Manchester und Leeds zu Textilzentren. Bereits Königin Elisabeth I. ordnete an, daß der Lordkanzler im Oberhaus und der Sprecher im Unterhaus auf mit Wolle gefüllten Säcken sitzen sollten (was sie bis heute tun) »zur steten Erinnerung daran, wie sehr Englands Wohlstand von der Wolle abhängt«.

Aber Baumwolle war viel leichter zu verarbeiten und wurde weit billiger. Zwar blieb das Baumwollspinnen und -weben bis 1759 in England streng verboten (und Kaiser Joseph II. verbot noch 1770 das Tragen von Kattunkleidern für ganz Deutschland, um das Leinen zu retten). In England kostete die Erlaubnis, Kleider aus indischen Baumwollstoffen zu tragen (trotz aller Gegenbemühungen der »East-India Company«), 3 bis 10 Pfund, und mit 10 Pfund Strafe wurde belegt, wer einen Toten in einem Baumwollhemd begrub. Wolle und Leinen deckten den Textilbedarf Nordamerikas und Westeuropas 1783 noch zu 95,6 Prozent, Baumwolle nur zu 4,4 Prozent, und auch in den USA wurden 1791 nur knapp zwei Millionen Pfund Baumwolle geerntet; nur in Südkarolina und Georgia gab es kleine Pflanzungen.

Aber die »industrielle Revolution« begann mit der Textilrevolution. Im gleichen Jahr 1769, in dem James Watt sein Patent für die Kondensations-Dampfmaschine erhielt, bekam auch Richard Arkwright sein Patent auf den mechanischen Spinnstuhl. Zwar wurden die ersten Maschinenspinnereien noch von Wasserrädern getrieben, aber neben den Bergwerken wurden sie rasch die besten Kunden der 1775 von Matthew Boulton und James Watt gegründeten ersten Dampfmaschinenfabrik der Welt.

Der Großvater des späteren Premierministers Robert Peel hatte das genutzt. Er hatte zusammen mit seinem Schwager und einem reich gewordenen Gastwirt die Firma Haworth, Peel & Yates gegründet, eine Kattundruckerei, die auch selber Baumwolle verspann und verwebte. Er hatte die alte Wolltradition seiner Familie so rechtzeitig und so energisch aufgegeben, daß er als Millionär starb und sein ältester Sohn in Burton-on-Trent im Jahre 1800 bereits mehr bedruckte Baumwollwaren herstellte als alle Spinnwebereien und Kattundruckereien Londons zusammengenommen. 1803 beschäftigte er über 15 000 Leute, und seine Fabrik war die modernste der Welt.

Schon Robert Peel sen. saß im Unterhaus, war aber erst mit 40 Jahren Mitglied geworden, während sein gleichnamiger Sohn bereits mit 21 Politik betreiben konnte. Das Familienvermögen war nun schon so groß, daß er es selber nicht mehr zu vermehren brauchte. Aber daß er seinen Wohlstand der Baumwolle verdankte, vergaß Sir Robert natürlich so wenig, wie Cobden oder Bright vergaßen, daß auch sie durch die Baumwolle reich geworden waren. Englands Baumwolleinfuhr stieg zwischen 1781 und 1841 von rund 1,5 auf 490 Millionen Pfund; der Baumwollzoll aber war 1803 und erneut 1816 scharf erhöht worden. Durch die hohen Lebensmittelzölle waren die Lebenshaltungs- und dementsprechend die Lohnkosten hoch, und die Bevölkerungszunahme Englands von rund 6 Millionen 1740 auf 16 Millionen 1840 wirkte sich immer deutlicher aus. Liverpool und Manchester, die 1760 erst 35 000 und 40 000 Einwohner zählten, hatten bereits 1801 die 100 000 überschritten, und in 30 Jahren waren es erneut um 138 und 151 Prozent mehr, eine »hyperamerikanische« Wachstumsrate. So veranlaßten den als Konservativen gewählten Politiker Peel keineswegs nur persönliche Interessen, liberale Freihandelspolitik zu betreiben, aber nur weil er von der konservativen Mehrheit schon als Zweiundzwanzigjähriger zum Unterstaatssekretär für Krieg und Kolonien, mit 40 zum Innen- und mit 53 Jahren zum Premierminister gemacht wurde, konnte er Cobdens Ideen verwirklichen.

Bereits 1842 setzte Peel die Zahl der zu verzollenden Güter von 1 200 auf 750 herab, und 1845 wurden weitere 430 Zollpositionen beseitigt. Kein Rohstoff wurde nun mit mehr als 5 Prozent belastet, Halbfabrikate mit 10 bis 12 und Fertigfabrikate mit maximal 20 Prozent. Am 26. Juni 1846 wurden die »Kornzölle« beseitigt – und damit siegte Englands Industriegesellschaft endgültig über den »Feudalismus«, den konservativen Landadel. Es gelang den Anhängern der »Anti-Cornlaw-League« nicht nur, die »Freihandelsära« einzuleiten, sondern England auch die sozialen Erschütterungen zu ersparen, die zwei Jahre später Frankreich und Deutschland »an den Rand des Sozialismus« brachten. Denn diese trieben ihre Propaganda »im gemeinsamen Interesse der Arbeiter und Fabrikanten«, und daß die Getreidepreise auf ein Drittel fielen, lag im Augenblick unzweifelhaft ebenso im Interesse der Verbraucher wie der Lohnzahler. Langfristig zeigte sich aber, daß niedrige Nahrungsmittelkosten und durch sie begründete niedrige Löhne keineswegs einen Vorsprung des Außenhandels garantieren, und England wurde von Deutschland, das in den entscheidenden Jahren eine Schutzzollpolitik betrieb, ebenso überrundet wie von den USA, die das Vielfache an Lohnkosten zu tragen hatten. Aber vorläufig zog die Parole des billigen Brotes und ebenso des »Laissez-faire«, der »Selbstheilung der Wirtschaft« und des »Nachtwächterstaates«, und 1865 schrieb Stanley Jevons voller Stolz: »Die weiten Flächen Nordamerikas und Rußlands sind unsere Getreidefelder. Kanada und die Gestade der Ostsee unsere Nutzholz liefernden Wälder. Australien unterhält unsere Schafzüchtereien, und in den Pampas Argentiniens und den Prärien des amerikanischen Westens weiden unsere Rinderherden. Peru schickt uns sein Silber. Das Gold Südafrikas und Australiens fließt nach London. Die Hindu und die Chinesen bauen Tee für uns. Unsere Zucker- und Gewürzplantagen liegen in Indien. Spanien und Frankreich sind unsere Weinberge und die Länder des Mittelmeers unser Obstgarten. Unsere Baumwollpflanzungen, die früher nur den südlichen Teil der Vereinigten Staaten einnahmen, erstrecken sich heute über alle warmen Regionen der Erde...«

Eine stolze Bilanz. Und 1880 betrug das Außenhandelsvolumen 698 Millionen Pfund statt 1821 erst 81 Millionen, und indirekt ergaben sich weit höhere Staatsanteile an dieser Entwicklung als durch Zölle. Englands Zolleinnahmen waren 1820 bis 1840 von rund 12 Millionen Pfund auf 23,4 Millionen gestiegen. Sie mußten nach Beginn der Freihandelsära durch andere Staatseinnahmen wettgemacht werden, und so führte Sir Robert Peel am 22. Juni 1842 erneut – und diesmal für immer – eine Einkommensteuer von einem halben Shilling je Pfund, von 5 Prozent also, ein, und Königin Viktoria fragte sich, wie erwähnt, ob das »tragbar« sei, ob diese »Enteignungsmentalität« dem Land nicht Unheil bringen müsse. Auch bei den Verbrauchsteuern blieb es, und so stiegen Englands Staatseinnahmen rasch. Die Zölle machten im Durchschnitt der Jahre 1880 bis 1895 nur mehr 19 Millionen Pfund aus, die Staatseinnahmen insgesamt aber 106 oder das Doppelte von 1840.

Natürlich regten diese Erfolge andere Staaten zur Nachahmung an. Hamburg erhob seit 1866 Einkommensteuern, Preußen seit 1891, die Niederlande seit 1892. 1913 folgten schließlich die Vereinigten Staaten und 1914 Frankreich. Daß es zu diesen Steuern auch ohne Sir Robert Peels Baumwollinteressen und ohne Cobdens Freihandelsbewegung gekommen wäre, ist sicher. Aber daß aus den 5 Prozent Belastung Peels die heutigen 96 1/4 Prozent Englands und die 50 bis 83 Prozent anderer Industriestaaten wurden, liegt nicht zuletzt an den weltpolitischen Folgen des britischen Freihandels. Denn Richard Cobdens Prophezeiungen bewahrheiteten sich leider nicht. Im Jahr 1845 hatte er erklärt: »Der materielle Gewinn, den der Freihandel verspricht, ist die geringste aller seiner wohltätigen Wirkungen... Dieses große Prinzip wird die Menschheit vereinigen und den Antagonismus der Rassen, des Glaubens und der Sprache zerstören; es wird um die Menschheit das Band des ewigen Friedens schlingen. Ja, in der Ferne sehe ich, daß es eine ganz neue gesellschaftliche Ordnung bewirken und die Gestalt der Erde verändern wird. Das Streben nach Gründung großer und mächtiger Reiche wird aufhören; man wird keine Armeen, keine Flotten mehr halten, um sich wechselseitig die Schöpfungen der Arbeit zu zerstören; die ganze Menschheit wird das Bild einer einzigen Familie darstellen, die die Früchte ihrer Arbeit unter sich teilt und austauscht.«

Friedrich List antwortete 1846 auf diese Vision und schrieb im »Zollvereinsblatt«: »Wir fragen nur, was wird in der Zwischenzeit geschehen, solange noch die mächtigen Reiche und die großen Flotten und Armeen bestehen, denen Sie den Untergang prophezeien? In der Zwischenzeit werden die deutschen Fabriken von den englischen zerstört werden, Deutschland wird den mächtigen Armeen seiner Nachbarn unterliegen, und da es uns nicht vergönnt ist, in tausend Jahren wieder auf die Erde herniederzusteigen... werden wir daran denken müssen, daß nicht uns, wohl aber Herrn Cobden seine Träumereien sofort und auf der Stelle ansehnlichen Vorteil bringen...«

Wie recht List hatte, erwies ein Brief Cobdens, den sein Biograph John Morley 1903 publizierte und in dem der Apostel des Freihandels 1860 an Ministerpräsident Lord Russell geschrieben hatte: »Ich bin so weit davon entfernt, zu wünschen, daß wir unbewaffnet sein sollten... daß ich, wenn nötig, 100 Millionen Pfund aufwenden wollte, um ein unüberwindliches Übergewicht zur See... zu erringen...« Zur Propaganda des Freihandels kam es in England erst, nachdem das Inselreich einen uneinholbaren Vorsprung zu haben glaubte und die See ebenso beherrschte wie den Geldmarkt der Welt. Und als es sich herausstellte, daß Englands Vorsprung doch einholbar war, konnte es aus innenpolitischen Gründen seine Zollpolitik nicht ändern; es mußte beim Freihandel bleiben und hatte nicht die Möglichkeit, wie andere Staaten Handelskonflikte durch Zollkriege auszutragen, sondern mußte militärische Kriege führen. Cobdens Propaganda und Peels Gesetze hatten England reiche Handelsgewinne und Zinserträge gebracht. Aber die Vereinigten Staaten und Deutschland besaßen weit mehr Einwohner, und als auch sie sich industrialisierten, übertrafen sie Englands Produktionskraft. Ihre Industrie war nicht nur auf Veredlung angewiesen, sondern besaß auch eine viel breitere eigene Grundstoff- und Ernährungsgrundlage. Die Vereinigten Staaten trieben zudem nie und Deutschland nur kurz Freihandelspolitik; sie trieben »künstliche« Zuchtwahl, und außerdem wurde England bequem und hatte im 19. nicht annähernd so viele Erfindungen aufzuweisen wie im 18. Jahrhundert.

Daß vorerst nicht Amerika als Hauptkonkurrent Englands galt, sondern Deutschland, hat seinen Grund darin, daß die Amerikaner vor allem ihren Binnenmarkt zu entwickeln suchten und vorwiegend Nahrungsmittel und Grundstoffe exportierten, die Deutschen aber einer ebenso einseitigen Interessentenpropaganda erlagen wie die Engländer und begeistert dem Schlagwort Kaiser Wilhelms II.: »Unser Feld ist die Welt!« folgten. Es blieb aktuell, was der französische Soziologe und Nationalökonom Lévy-Bruhl 1915 über Deutschland schrieb: »Die einzigartige Industrieentwicklung diente vor allem dem Export. Deutschland wurde durch diesen Export rasch reich, geriet aber zugleich in eine Zwangslage: Es muß nun exportieren, und mehr und mehr, wenn es seine Wirtschaft weiterentwickeln will. Es lebt vom Außenhandel. Aber sobald der nicht weiterwächst, droht es zugrunde zu gehen, an seiner für den Binnenmarkt viel zu großen Produktion zu ersticken ...«

Genauso ging es später den Vereinigten Staaten, die immer öfter Kriege als »Konjunkturspritzen« brauchten. Genauso geht es heute der Bundesrepublik, nur daß sie keine Kriege führen kann, wenn sie nicht Selbstmord begehen will. Immer wieder und überall zeigt sich, daß der eigene Markt der entscheidende bleiben muß, daß Binnenmarktumsatz und Außenhandel im richtigen Verhältnis stehen müssen und daß das Industriepotential dem Friedensbedarf und nicht – wie in den USA – abnormalen Kriegsbedürfnissen entsprechen darf. Der damals führende deutsche Bankier, Dr. Georg von Siemens, sagte schon 1906 (als der gesamte Netto-Eigenhandel Deutschlands an Fabrikaten nur 2,5 Milliarden Mark wert war): »Die deutsche Industrie wird für sich selbst ein viel Größeres leisten, wenn sie es fertigbringt, an jedes deutsche Bauernfenster eine Gardine und in jede deutsche Bauernstube einen Teppich zu bringen, als wenn sie durch Poussieren des Ausfuhrgeschäftes die deutsche Industrie dauernd von der Kaufkraft und dem Wohlwollen des Auslands abhängig macht.« Noch 1894 war auch nur ein Achtel der deutschen Gesamtproduktion in den Export gegangen, denn Bismarcks Wirtschaftspolitik war eine der »weisen Beschränkungen« gewesen. Ursprünglich hatte er auch jede Kolonialpolitik abgelehnt. Exportieren, um zu leben, *mußte* bis ins letzte Viertel des 19. Jahrhundert hinein nur England. Aber der deutschen Reichsgründung von 1871 folgte bekanntlich die industrielle »Gründerzeit«. Der Staat zahlte mit Hilfe der französischen Kriegsentschädigung von 5 Milliarden Goldfranken zahlreiche seiner Anleihen zurück. Zu Dutzenden konnten Aktiengesellschaften gegründet werden – und auch das neugewonnene Elsaß-Lothringen »mußte« genutzt werden. Die deutsche Bevölkerungszunahme betrug nun etwa 800 000 jährlich. Aber diese neuen Verbraucher waren ja zugleich auch neue Produzenten, und das Lohnniveau entwickelte sich so, daß ungleich mehr erzeugt als verbraucht wurde. Alles wirkte zusammen, um die deutsche Industrieproduktion ungleich rascher wachsen zu lassen als den Binnenmarkt, denn auch der Staat verlangte nun immer größere Anteile am Volkseinkommen, immer mehr Geld wurde der Massenkaufkraft durch Steuern entzogen. Wenn 1875 die Gesamtausgaben des Deutschen Reiches 634,5 Millionen Mark betragen hatten, so 1912 schließlich 2 752 Millionen, denn nun kosteten allein Heer und Flotte 1 317 Millionen. Dazu kam, daß die deutsche Auswanderung auf ein Zehntel zurückging und immer mehr Fremdarbeiter ins Ruhrgebiet kamen. Vor dem Ersten Weltkrieg brachten jährlich rund 700 000 Saisonarbeiter die Ernte im Osten Deutschlands ein, während rund eine halbe Million deutscher Landarbeiter und Bauern jährlich in die Fabriken gingen. Bis 1870 hatte Deutschland für die Weltwirtschaft praktisch keine Rolle gespielt. Innerhalb wenig mehr als einer Generation jedoch wurde es zur zweitbedeutendsten Welthandelsmacht. Es übertraf England in der Eisen- und Stahlerzeugung, und seine Handelsflotte stand an dritter Stelle hinter der Englands und der der Vereinigten Staaten. Während der Kanalbau-Debatte der Jahre 1894 bis 1901 ging der Streit noch darum, ob Deutschland »ein Agrar- oder ein Industriestaat« sein solle. Aber allein von 1893 bis 1899 war der Roheisenverbrauch pro Kopf von 99 auf 155 Kilo gestiegen, der von Steinkohle von 1 940 auf 2 740, und von den 67 Millionen Deutschen des Jahres 1900 lebten nur mehr 17 von der Landwirtschaft. Die Städte waren – wie drei Generationen zuvor in England – in »hyperamerikanischem« Tempo gewachsen, 45 hatten nun schon mehr als je 100 000 Einwohner, und von »Arbeiterarmeen« zu reden war nun berechtigt, denn Krupp allein zum Beispiel beschäftigte jetzt 73 000 Leute. Aus dem sprichwörtlich »armen Preußen« war 1913 ein »Reich«

geworden, dessen Volksvermögen auf 320 Milliarden Mark geschätzt wurde, davon 27 Milliarden in Form von Sparkassen- und Bankeinlagen.

Damals spielte Deutschland die wirtschaftliche Rolle, die heute Amerika spielt. In der ganzen Welt wurden eigene Rohstoffquellen erschlossen, überall, wo Zollbarrieren oder andere Hindernisse unüberwindlich schienen, deutsche Fabriken gebaut, Hüttenwerke in der Normandie wie Textilbetriebe in der Schweiz oder Unternehmen der Feinmechanik und Optik in den USA. Wie heute manche Leute in der amerikanischen Wirtschaftsexpansion eine »Friedensgarantie« sehen, so wurde bis 1914 argumentiert: Welches Interesse kann Deutschland an einem Krieg haben, da es 20 oder 30 Milliarden Mark im Ausland investiert hat und für das der Welthandel so wichtig ist wie die Einnahmen der Hamburg-Amerika-Linie, des Norddeutschen Lloyds oder der Bagdad-Bahn? Das Reich ist ein Friedensfaktor.

Das mag es durchaus gewesen sein, aber die, auf die es ankam, glaubten das nicht. Deutschland und England befanden sich nun in einer Zwangslage. Von 1846 bis 1896 sank Englands eigene Weizenernte von drei auf eineinhalb Millionen Tonnen, während nun 10 Millionen importiert werden mußten. Ein Oberhausmitglied, Lord Georges Hamilton, sagte der »Royal Statistical Society« in London am 20. Februar 1894: »Wir sind in der Lage eines Mannes, der gezwungen ist, zu spielen und seinen Spieleinsatz fortwährend zu erhöhen, nicht weil er das Spiel liebt, sondern weil er jetzt nicht mehr aufhören kann zu spielen, ohne sich dem Verderben preiszugeben.« Ebenso aber meinte 1902 ein Sozialist, Robert Blatchford: »Der Kapitalismus, der die englische Landwirtschaft zerstört hat, hat zugleich auch die Unabhängigkeit des englischen Staates zerstört. Noch 20 Jahre des ›blühenden Handels‹ und des billigen Brotes wie bisher, und England ist rettungslos verloren!« England mußte exportieren, und Deutschland mußte exportieren – und beide mußten dazu mehr und mehr Rohstoffe einführen. Die deutsche Ausfuhr brachte 1913 die »Rekordsumme« von 10096 Millionen Mark (und damit etwa ein Neuntel des westdeutschen Exports von 1968), aber die Einfuhr erforderte 10770 Millionen. Noch 1875 hatte Deutschland mehr Nahrungsmittel aus- als eingeführt. Sechs Jahre später wurde um eine Milliarde Mark mehr importiert als exportiert, und 1913 waren es um 3 Milliarden mehr. Zwei von sieben Deutschen, insgesamt mehr als 20 Millionen, waren von fremden Ernten und fremdem Vieh abhängig. Ohne Angst vor einer britischen »Blockade« (die dann ja auch, wie erwähnt, 800000 Deutschen den Hungertod brachte) hätte der Reichstag nie die enormen Flottenanforderungen Admiral Tirpitz' bewilligt. Deutschlands Roheisenerzeugung stieg zwischen 1880 und 1912 von

2 auf 18 Millionen Tonnen. Aber nur durch Erzeinfuhren, die nun aus Lappland wie aus Bilbao kamen – und so leicht zu unterbinden waren wie alle deutschen Einfuhren, vor allem auch die von Baumwolle, die vor dem Ersten Weltkrieg mehr als eineinhalb Milliarden Mark jährlich kostete und die zum Beispiel ein »Corner« wie der Sullys im Jahre 1904 (eine spekulativ erzeugte Mangellage) um 117 Millionen Mark verteuerte.

Aber war die Welt nicht für Deutschland *und* England *und* Amerika *und* Japan groß genug und für alle, die ehrliche Leistungen anzubieten hatten?

Englands Außenhandelsvolumen betrug im Jahr 1913 rund 1 390 Millionen Pfund. Es betrug 1967 mehr als 11 468 Millionen Pfund, das Tausendfache von 1688, immerhin aber auch das mehr als Achtfache von vor dem Ersten Weltkrieg, obwohl der britische Anteil am Weltexport zwischen 1820 und 1968 von rund 50 auf 11 Prozent sank.

Deutschlands Außenhandelsvolumen betrug 1913 rund 21 Milliarden Mark. 1968 rund 181 Milliarden oder 3 016 DM pro Kopf seiner Bevölkerung statt der 32 Mark des Jahres 1842: Mußten sich diese beiden Nationen erst umzubringen versuchen, ehe sie Frieden halten lernten?

Kein Krieg »bricht aus«, jeder ist Menschenwerk, und daß es zum Ersten Weltkrieg kam, liegt nicht zuletzt daran, was Wilhelm Dibelius 1913 mit Recht über die Deutschen schrieb: »Wir kannten die englische Sprache, bis zu einem gewissen Grade auch die Literatur und die staatlichen Einrichtungen Englands, aber von dem ungeheuren politischen Willen Englands, der sein ganzes staatliches, wirtschaftliches und kulturelles Leben durchzieht, wußten wir kaum etwas.« Ebenso stellte Viscount Haldane 1920 in »Before the War« von Englands Außenminister, seinem Kabinettskollegen Sir Edward Grey, fest: »Von der Geschichte ... und den komplizierten Gedankengängen der Deutschen wußte er wenig ... und das hätte nichts geschadet, wenn die Mitarbeiter, auf die Grey sich verlassen mußte, ihn entsprechend informiert hätten. Aber deren Einstellung war zumeist deutschfeindlich ...«

Besonders galt das für Eyre Crowe, den obersten Beamten des britischen Außenministeriums, der mit einer Deutschen verheiratet war, eine deutsche Mutter hatte und ein »Über-Britentum« zur Schau trug, um ja nicht in den Verdacht zu geraten, Sympathien für das Land zu besitzen, dem er durch seine Abstammung ebenso angehörte wie England. Ähnlich wie Kaiser Wilhelm II. sich als »Über-Deutscher« gab, weil er ja eine englische Großmutter hatte. Manches wäre anders gekommen, wenn sich in Deutschland nicht Alfred von Tirpitz durchgesetzt hätte und der spätere Fürst Bülow nicht Reichskanzler geworden wäre, der 1899 im Reichstag sagte: »Im kommenden Jahrhundert wird die deutsche Nation entweder der Hammer oder der Amboß sein.« Und vor allem, wenn es Joseph Chamberlain nicht gelungen wäre, den »imperialen Gedanken« zu einer weltbewegenden Kraft zu machen und Englands Freihandelsära zu beenden. Wie Keith Hutchison, Mitherausgeber der »Nation«, es in seinem 1950 in New York erschienenen Buch »The Decline and Fall of British Capitalism« sagte: »Es ist tragisch, daß die Ablehnung des Chamberlain-Programmes durch die britischen Wähler im Januar 1906 nicht erfolgte, bevor die Flottenpolitik Deutschlands und Englands zu einem ›ununterdrückbaren Konflikt‹ führten. Denn wenn auch die Ursachen des Ersten Weltkrieges vielfältig sind, so wäre es unrealistisch, die Rolle zu ignorieren, die die Wirtschaftskonkurrenz spielte. Angst vor der deutschen Konkurrenz brachte Chamberlains Wirtschaftsimperialismus eine höchst lautstarke Anhängerschaft; Angst vor diesem britischen Wirtschaftsimperialismus ermöglichte dem Kaiser die Verwirklichung seiner Flottenambitionen; Angst vor Deutschlands Seemacht ließ England seinen Flottenausbau beschleunigen und auf dem Kontinent Verbündete suchen.«

Dennoch: War der Erste Weltkrieg die Folge eines Zollkrieges?

Daß aus Handelskämpfen unmittelbar »heiße« Kriege werden können, zeigte sich wiederholt schon im Altertum, und das beweist auch der erste »moderne« Zollkrieg zwischen Frankreich und den Niederlanden von 1664 bis 1672. Von Colbert eingeführte Wertzölle bis zu 366 Prozent hatten sechs Jahre später den blutigen Krieg folgen lassen. Offene Kämpfe, die 1678 der Frieden von Nijmwegen beendete, durch den Frankreich auf seine Prohibitivzölle verzichten mußte, die Holland aber so sehr geschwächt hatten, daß es seine Handelsvormacht in Europa nie wieder zurückzugewinnen vermochte.

Napoleon I. versuchte dann, durch prohibitive Zölle und schließlich eine totale Handelssperre England niederzuringen. Er erließ am 21. November 1806 von Berlin aus die Kontinentalsperre, die sieben Jahre lang dem britischen Außenhandel schweren Schaden zufügte. Sie ordnete an: »1. Die Britischen Inseln sind in Sperrzustand erklärt. 2. Jeder Handelsverkehr und jeder Briefwechsel mit den Britischen Inseln ist untersagt. 3. Jeder Staatsangehörige Englands, der sich in unseren oder von unseren Verbündeten Truppen besetzten Ländern treffen läßt, wird als Kriegsgefangener erklärt. 4. Der Handel mit englischen Waren ist verboten, und jede Ware, die England gehört, wird weggenommen. 5. Kein Fahrzeug, das unmittelbar aus England oder aus den englischen Kolonien stammt oder dort seit

Veröffentlichung dieser Verordnung gewesen ist, wird in irgendeinem Hafen aufgenommen.«

Die erste Folge dieser Maßnahmen, durch die Textilerzeugnisse und Kolonialwaren, Eisen-, Glas- und Ledererzeugnisse sowie rund 200 andere Artikel im Machtbereich Napoleons nur gehandelt werden durften, wenn ein Ursprungszeugnis ihre nichtbritische Herkunft bewies, waren Schmuggelorganisationen, wie die Welt sie noch nicht gesehen hatte. Natürlich war seit Jahrtausenden geschmuggelt worden, und da besonders der Merkantilismus zu willkürlichen, stets wechselnden und unüberblickbaren Zöllen und Gebühren führte, lebten zum Beispiel in England 1780 mindestens zwei Millionen Menschen direkt oder indirekt vom Schmuggel, und war 1786 in Frankreich die Einfuhr amtlich 13 Millionen Livres wert, so kamen mindestens für 24 Millionen Waren über die Grenzen. In England (wo vor allem drei Fünftel allen Tees Schmuggelwaren waren) wie in Frankreich gab es eigene Versicherungsgesellschaften, die das Risiko der Warenbeschlagnahmungen und der Strafzahlungen übernahmen. Aber all das war geringfügig im Vergleich zu dem Kampf, der gegen die Kontinentalsperre geführt wurde. Seit 1807 reichte eine Zollkette von Hamburg bis Travemünde und von Cuxhaven längs der Elbe bis zur Wesermündung. Holland war dreifach abgeriegelt, und Zollposten standen zwischen Osnabrück und Rees am rechten Rheinufer. 1810 waren 21 000 französische Grenzwächter eingesetzt, unterstützt von Spaniern und Preußen, und zwar derart, daß Spanier die Sperre an der Elbe hielten, Preußen die in Spanien. Die Küsten wurden nachts ebenso wie tagsüber bewacht. Aber all das half nicht, denn die Preise für Zucker und andere Kolonialprodukte stiegen natürlich entsprechend an. Vor dem Sperrgebiet entstanden englische Schmuggellager und Kommandozentralen für die Schmugglerbanden. Im Norden Helgoland (das damals britisch war), im Westen auf der Insel Jersey, im Süden auf Sardinien, Malta und Sizilien. Auf Helgoland unterhielten alle großen Handelshäuser Hollands, Deutschlands und Englands Filialen, und der Schiffsverkehr erreichte 300 bis 400 Ausfahrten täglich. Während der Neutralität Dänemarks war Altona das Schmuggelzentrum Norddeutschlands, und täglich gingen zwischen Altona und Hamburg 6 000 Leute mit Schmuggelgut hin und her. Immer schärfer wurden die Kontrollen, und so zogen die führenden Schmuggler nach Rußland und Österreich um, und schließlich kam Zucker aus Kuba auf englischen Schiffen nach England und von England nach Schweden. Dann auf schwedischen oder nordamerikanischen Schiffen von Schweden nach Rußland und auf russischen Fuhrwerken von Rußland nach Deutschland. Vor allem Frankfurt entwickelte sich zum Stapelplatz des Kolonialwarenschmuggels, und 1812 wurden hier für 40 Millionen Mark Waren beschlagnahmt und versteigert. Französische Zollfahnder führten regelmäßig Razzien durch, beschlagnahmten die Geschäftsbücher, und sehr oft wurden die beschlagnahmten Waren nicht versteigert, sondern verbrannt.

Schmuggel war also riskant, und die besten Geschäfte machten die neutralen Reeder, vor allem die Nordamerikas. Die Exportgüter der nahen westindischen Kolonien Frankreichs, Spaniens und Hollands wurden in den Häfen der Vereinigten Staaten auf amerikanische Schiffe umgeladen und erhielten so neue Papiere. Die amerikanische Handelstonnage versechzehnfachte sich zwischen 1789 und 1815, und riesige Vermögen wurden gemacht. Aber neutral zu bleiben, war natürlich schon damals nicht leicht. Die Durchsetzung der Kontinentalsperre trieb Napoleon zu immer neuen Kriegen und Annexionen, denn seine unfreiwilligen Trabanten und Bundesgenossen zeigten begreiflicherweise wenig Neigung, ihre eigene Wirtschaft durch die Absperrung zugrunde zu richten. Napoleons eigener Bruder, König Louis von Holland, protestierte, legte am 1. Juli 1810 die holländische Krone nieder und floh ins Ausland – und als »Anschwemmung französischer Flüsse« wurde Holland dem französischen Kaiserreich einverleibt. Am 13. Dezember 1810 geschah das gleiche mit Nordwestdeutschland. Nun verliefen Frankreichs Grenzen bei Hamburg und Lübeck. Bereits 1807 hatte Napoleon zur Durchsetzung seiner Handelsmaßnahmen Portugal besetzt, die dortige Dynastie des Thrones für verlustig erklärt und begonnen, Spanien in seine Gewalt zu bringen.

Das erwies sich als der Anfang vom Ende. Auf St. Helena schrieb Napoleon: »Der unglückliche Krieg in Spanien hat mich zugrunde gerichtet. Alle meine Niederlagen entspringen aus dieser Quelle ...« Aber endgültig zugrunde ging Napoleon I. bekanntlich an Rußland, und sein Rußlandfeldzug war eindeutig die blutige Fortsetzung eines »Zollkrieges«. Der Zar hatte kein Interesse, die Kontinentalsperre wirklich rigoros durchzuführen, und so schrieb ihm Napoleon am 23. Oktober 1810: »Die Engländer leiden außerordentlich unter der Einverleibung Hollands in Frankreich sowie unter der Sperre der mecklenburgischen und preußischen Häfen. Jede Woche gibt es in London Bankrotte; die Stadt ist darüber in der größten Aufregung. Die Fabriken haben nichts zu tun, und die Geschäfte stehen still. In Frankfurt und der Schweiz habe ich eine Unmenge englischer Waren beschlagnahmen lassen. 600 englische Handelsschiffe, die in der Ostsee herumirren, haben den Weg nach den Staaten Eurer Majestät eingeschlagen. Wenn Ihr sie in Euren Häfen aufnehmt, wird der Krieg fortdauern. Wenn Ihr aber ihre Ladung beschlagnahmt, so wird das ein empfindlicher Schlag gegen England sein... Es hängt also von Eurer Majestät ab, Frieden oder Krieg zu haben! Der Friede ist und muß Euer Wunsch sein! Eure Majestät ist gewiß, denselben zu erlangen, wenn Ihr die 600 Schiffe oder ihre Ladung beschlagnahmen laßt...«

Aber Zar Alexander tat das nicht. Er war mit dem Herzog von Oldenburg verwandt, den Napoleon im Dezember 1810 absetzte. Der Zar ließ sich überhaupt nicht gerne auf die Art Napoleons »raten«, und so beschloß dieser, den unzuverlässigen Verbündeten in seine Abhängigkeit zu bringen – und die Folgen sind bekannt.

Dutzende andere Beispiele beweisen ebenso eindeutig, wie immer wieder Zöllen und Zollkonflikten folgende Handelskriege in »heiße« Kriege ausarteten. Ein »Zollkrieg« war ja auch der geschilderte Konflikt der Vereinigten Staaten mit England von 1807 bis 1814, der ebenfalls 1812 zu einem offenen Waffenkrieg ausartete; der die Ausfuhr der USA von 108 auf 7 Millionen Dollar sinken ließ und seine Einfuhr von 139 auf 13 Millionen und der ebenfalls niemandem Vorteile brachte.

Zwischen 1885 und 1925 gab es nicht weniger als 19 erbitterte Tarifkämpfe. Zum Beispiel erhob die Schweiz während ihres Zollkrieges mit Frankreich von 1893 bis 1895 auf Seidengewebe einen Kampfzoll von 2400 Prozent des Wertes ein, und die Zollkonflikte zwischen Österreich-Ungarn und Rumänien 1886 bis 1891 und Serbien 1906 bis 1911 hatten so schwerwiegende weltpolitische Folgen wie der Zollkrieg zwischen Deutschland und Kanada 1898 bis 1910 oder später der zwischen Deutschland und Polen 1925 bis 1934.

Zum Streit mit Kanada war es gekommen, weil es diesem Ende des vorigen Jahrhunderts wirtschaftlich sehr schlecht ging. Es kam mit der Entwicklung seines übermächtigen Nachbarn nicht mit. Die Vereinigten Staaten besaßen eine viel leistungsfähigere Industrie und waren auch auf Kanadas Agrarexportmärkten nicht zu schlagen, und nun wurde zudem Rußland ein immer bedeutenderer Weizen- und Holzlieferant. Schließlich wurden die Schwierigkeiten so groß, daß nach 18 Jahren konservativer Parteiherrschaft 1896 die Liberalen in Kanada an die Macht kamen, und deren Parteichef, der Selfmademan Wilfried Laurier, sah die Rettung in enger wirtschaftlicher Zusammenarbeit mit England. Als er zur Reichskonferenz reiste, die am 20. Juni 1897 das sechzigjährige Regierungsjubiläum Königin Viktorias feierte, brachte er als eine Art Gastgeschenk einen neuen Zolltarif mit, der englischen Waren 25 Prozent (und später 33 1/3 Prozent) geringere Belastungen zugestand als allen anderen.

Langfristig wirkte sich das für Kanada ebenso günstig aus wie für England. Von 1871 bis 1921 stiegen die britischen Exporte nach Kanada von rund 48 auf 214 Millionen Dollar und die britische Einfuhr aus Kanada von 21 auf 313 Millionen. Aber vorerst führte die Jubiläumsgeste des zum Sir Wilfried erhobenen Premiers zu einem der längsten Zollkriege, die es je gab, einem erbitterten Handelskampf, der von 1898 bis 1910 dauerte, denn Deutschland protestierte gegen die England gewährten einseitigen Zollvergünstigungen. Im deutsch-englischen Handelsvertrag von 1865 war die Meistbegünstigung ausdrücklich auch für alle britischen Kolonien und Dominien vereinbart worden.

Nun schien ein deutsch-kanadischer Handelskonflikt keinerlei Weltbedeutung zu haben. Aber es war eine kritische Zeit, und um Kanada zu unterstützen, kündigte England kurzerhand seinen Handelsvertrag mit Deutschland und war zum Abschluß eines neuen nur bereit, wenn Berlin auf die Meistbegünstigung im ganzen Britischen Reich verzichtete. Gleichzeitig wurde eine Kampagne gegen den deutschen Handel überhaupt gestartet, und am 11. September 1897 erschien der berühmt gewordene Artikel der »Saturday Review«, in dem es heißt: »... In Europa gibt es zwei große, unversöhnliche Mächte, zwei große Nationen, die die ganze Welt zu ihrer Domäne machen und von ihr die Tribute ihres Handels einheben wollen... Wo immer ein Bergwerk zu nutzen, eine Eisenbahn zu bauen, ein Eingeborener von seiner Brotfrucht zu Konserven oder vom Quellwasser zum Schnaps zu bekehren ist, kämpfen Deutsche und Engländer darum, als erste das Geschäft zu machen. Eine Million kleiner Streitereien akkumulieren sich zum größten Kriegsgrund, den die Welt je sah. Wenn Deutschland morgen ausgelöscht würde, gäbe es übermorgen keinen Engländer auf der Erde, der dadurch nicht reicher wäre. Nationen kämpften jahrelang um eine Stadt oder um ein Erbfolgerecht: Müssen sie nicht um 150 Millionen Pfund jährlichen Handels kämpfen?«

Wie groß die Empörung Kaiser Wilhelms II. und seiner engsten Berater über die englische Handelsvertragskündigung wirklich war und inwieweit sie nur zum Vorwand für den Flottenbau genommen wurde, ist nicht festzustellen. Jedenfalls telegraphierte der Kaiser seinem Staatssekretär Bernhard von Bülow: »Dieser Schritt kommt einem Krieg bis aufs Messer gegen unsere sich gerade entwickelnde Produktion gleich... Wenn die Sozialisten nicht seit Jahren den Flottenbau bekämpft hätten... würden wir jetzt nicht praktisch wehrlos zur See sein und den Angriffen gegen unseren Handel schutzlos ausgeliefert... da wäre es zu dieser brüsken Vertragskündigung nie gekommen. Als Antwort können wir nur rasch und ausgiebig neue Schiffe bauen...« Ein Aktenvermerk Kaiser Wilhelms II. vom 31. Juli

1897 lautet: »Nach der Anerkennung der Überlegenheit der deutschen Industrie wird deren Vernichtung in Bälde von Albion angestrebt und unzweifelhaft erreicht werden, wenn nicht energisch und rasch ein starker Flottenbau bei uns dem Unheil vorbeugt...«

Vorbereitet war dieser Flottenbau längst, und daß vier Monate nach den Londoner Jubiläumsfeierlichkeiten und Sir Wilfried Lauriers Zollgeschenk Alfred von Tirpitz Staatssekretär des Berliner Reichsmarineamtes wurde, erwies sich als eine Ernennung von Weltbedeutung. Aber nur durch den Zollkrieg fand sich im Deutschen Reichstag eine Mehrheit für die Schutzzollpläne, die hier lange keine Chance hatten. Deren Durchsetzung wiederum brachte genug Stimmen für die Flottenvorlage von 1898 und machte Tirpitz zeitweilig zum mächtigsten Mann Deutschlands.

Tirpitz war in Küstrin als Sohn eines hohen preußischen Staatsbeamten 1849 geboren worden (und starb 1930 in Ebenhausen bei München). 1865 trat er als Kadett in die preußische Marine ein und wurde schon 1877, als nur Achtundzwanzigjähriger, mit dem Aufbau einer »küstenunabhängigen« Torpedowaffe betraut. Was er innerhalb eines Jahrzehnts auf diesem Gebiet schuf, wurde vorbildlich für alle Kriegsflotten der Welt. 1893 zum Chef des Stabes beim Oberkommando der Marine in Berlin ernannt, arbeitete Tirpitz Flottenpläne aus, deren Grundüberlegung war: »Die natürliche Bestimmung einer Flotte ist die strategische Offensive.« 1897 Chef des deutschen Kreuzergeschwaders in Ostasien, betrieb Tirpitz die Erwerbung Kiautchous als Bunkerstation, und da dieser chinesische Hafen (der 1913 eine halbe Million Tonnen Steinkohle lieferte und einen Handelsumsatz von 200 Millionen Mark hatte) 1898 deutsch wurde, machte sich das Reich – unter andern – Japan zum Feind. Nach seiner Rückkehr aus Ostasien wurde er 1897 Staatssekretär und im Jahr darauf preußischer Staatsminister. Tirpitz gelang es, die antibritische Stimmung zu nutzen, um noch 1898 die erste deutsche Flottenvorlage im Reichstag durchzubringen, und da diese britische Reaktionen auslöste, kam es zu den Flottenvorlagen von 1900, 1906, 1908 und 1912, durch die Tirpitz zum Schöpfer der ersten deutschen Hochseeflotte wurde – und zu einem der Totengräber des Zweiten Reiches. Denn wenn er tatkräftig und klug und ein hervorragender Marinefachmann war, außerdem ein geschickter Parlamentarier und ein Psychologe, der stets wußte, wie er Kaiser Wilhelm II. zu behandeln hatte, so alles andere als ein Staatsmann und unfähig, die britische und die Reaktion der Welt auf seine Programme vorauszusehen.

Schon das erste deutsche Flottenprogramm stellte Tirpitz unter den Leitsatz: »Stärkung unserer politischen Macht und Bedeutung gegen England«, und immer wieder erläuterte er seine »Risikotheorie«: Deutschland mußte der jeweils stärksten Seemacht so großen Schaden zufügen können, daß diese der jeweils zweitstärksten nicht länger gewachsen war. Diese Gefahr würde sie hindern, Deutschland anzugreifen. Schon im ersten Flottengesetz von 1898 verlangte Tirpitz deshalb den Bau einer »Ausfallflotte« von 14 Linienschiffen innerhalb von sechs Jahren. Im Jahr 1900 konnte er dann eine Kampfflotte von 38 Linienschiffen durchsetzen und bis 1913 schließlich die deutsche Kriegsflotte zur zweitstärksten der Welt machen. Tirpitz wie Wilhelm II. oder Bülow begriffen nicht den Unterschied zwischen einem Inselreich wie England und Deutschland als Kontinentalmacht, oder wie Winston Churchill es in einem Memorandum des Jahres 1914 sagte: »Die Deutschen bauen eine Flotte, um eine Rolle in der Welt zu spielen, für sie ist sie ein Sport. Für uns bedeutet sie Leben oder Tod!« Englands Flotte blieb der deutschen weit überlegen, und wer wen zu immer unsinnigeren Marineausgaben trieb, ist eine müßige Frage. Fest steht nur, daß die deutsch-englische Handels- und Schiffahrtsrivalität immer gefährlichere Formen annahm, und schon im Oktober 1904 erinnerte die »Army & Navy Gazette« an die Beschießung Kopenhagens im Jahr 1807 und schrieb: »Wir haben schon einmal einer Flotte das Lebenslicht ausblasen müssen, von der wir Grund hatten zu glauben, daß sie zu unserem Schaden verwendet werden könnte. Es fehlt in England wie auf dem Festland nicht an Leuten, welche jetzt die deutsche Flotte für die einzige und wirkliche Bedrohung des europäischen Friedens ansehen...« Tirpitz aber erklärte in seiner Denkschrift vom 29. April 1907: »... Der Zustand einer beständigen Gefahr eines Krieges mit England.. wird erst aufhören und direkt umschlagen in den Wunsch Englands, sich uns zu nähern, wenn unsere Flotte weiter erstarkt ist... Die Stimmung Englands gegen uns wurde geboren in der Schlacht bei Sedan und hat sich seither nur folgerichtig bis zu dem heutigen Stadium weiterentwickelt... Sie hat ähnliche Ursachen wie die, die zuerst zur Niederschlagung Spaniens, dann Hollands und zuletzt Frankreichs geführt haben... Darum muß der City-Mann dazu gebracht werden... in einem Krieg gegen Deutschland ein sehr großes Risiko und einen höchst unsicheren wirtschaftlichen Erfolg zu sehen...«

Diese Meinung teilten die damals maßgebenden Leute Deutschlands – und nicht zuletzt, weil sie für die Werften und Panzerplattenfabrikanten und zahllose andere ein ebenso gutes Geschäft bedeutete wie der rapid wachsende Handel für die Händler. Eine Reichstagsmehrheit für den Flottenbau hatte es nur geben können, wenn die Großagrarier und die Industriekreise ihre Interessengegensätze ausglichen, und dafür hatte der

Finanzminister Johannes von Miquel gesorgt, indem er beiden für 1903, nach Ablauf der geltenden Handelsverträge, Schutzzölle versprach, und nach heftigen Kämpfen und einer Obstruktionsrede von zwölf Stunden Dauer verabschiedete der Reichstag 1902 einen Zolltarif, der statt aus bisher 387 aus 946 Positionen bestand und unter anderem die Sätze für Weizen, die 1879 mit einer Mark pro Doppelzentner festgesetzt worden waren und im Jahr 1900 auf 5 Mark stiegen, auf 7,50 Mark hob und damit Kanada wie Australien konkurrenzunfähig machte. Wie Miquel arbeitete Bernhard von Bülow auf eine »Politik der Sammlung« hin, die »Koordination aller Besitzinteressen«, und er war dazu hervorragend geeignet, denn wie er einer der ältesten preußischen Adelsfamilien angehörte, so stand er zugleich in engen verwandtschaftlichen Beziehungen zu den Deutschlands Außenhandel beherrschenden Hansestädten, und zwar in höchst einträglichen Beziehungen, die sein Vater, Bismarcks langjähriger Staatssekretär, geschaffen hatte. Bülow war »der Mann der Marine«, und daß er im Oktober 1900 Reichskanzler wurde, verdankte er nicht zuletzt Admiral von Tirpitz. Bülow wiederum empfahl Tirpitz den Hamburger Millionärssohn Ernst von Halle als Propagandachef. In enger Zusammenarbeit mit dem »Deutschen Flottenverein« und der »Deutschen Kolonialgesellschaft«, an deren Spitze Legationsrat a. D. von Kusserow stand (der Schwager des Chefs der Disconto-Gesellschaft, die infolge ihrer Überseebeteiligungen lebhaft an der neuen Flottenpolitik interessiert war), machten Halle, Schiffbau- und Schiffahrts-, Handels- und Finanzinteressen das deutsche Volk »weltbewußt«. Von 1887 bis 1904 steigerte Deutschland seine Flottenausgaben von 4,2 auf 11,6 Millionen Pfund, England die seinen von 12,4 auf 42,4 Millionen Pfund, und in beiden Ländern gab es Leute, die wußten, wohin das führen mußte. Aber der Wettlauf ging weiter. Am 29. März 1909 sagte Sir Edward Grey als britischer Außenminister: »Die großen Länder Europas erheben riesige Steuern, und etwa die Hälfte davon wird für Heeres- und Flottenrüstungen verausgabt. Sie können das eine nationale Lebensversicherung nennen, aber es ist ebenso wahr, daß die Hälfte des Staatseinkommens der großen Länder Europas für Vorbereitungen verausgabt wird, die schließlich keinen andern Zweck haben, als sich gegenseitig umzubringen ...« Aber als 1909 Lloyd George sein Budget vorlegte, erklärte er: »Wir beabsichtigen nicht, die Vorherrschaft unserer Flotte in Gefahr zu bringen, denn sie ist notwendig, nicht nur zu unserer nationalen Existenz, sondern auch für die Lebensinteressen der westlichen Kultur ...«

Auch in Deutschland gab es Warner. In der Marokko-Debatte des Reichstages sagte August Bebel bereits 1911: »Es kann kommen, wie es zwischen Japan und Rußland gekommen ist. Eines Tages wird man sagen: Das kann nicht so weitergehen... und wenn wir länger warten, dann sind wir die Schwächeren statt die Stärkeren. Dann kommt die Katastrophe. Alsdann wird in Europa der große Generalmarsch geschlagen, auf den hin 16 oder 18 Millionen Männer, die Blüte der verschiedenen Nationen, ausgerüstet mit den besten Mordwaffen, gegeneinander als Feinde ins Feld rücken... Und hinter dem großen Generalmarsch steht der große Kladderadatsch... Er kommt nicht durch uns, er kommt durch Sie selber, Sie stehen heute auf dem Punkte, Ihre eigene Staats- und Gesellschaftsordnung zu untergraben...«

Sechs Jahre später gab es den bolschewistischen Umsturz, sieben Jahre später die deutsche Revolution. Aber das Reichstagsprotokoll verzeichnete »lautes Lachen«, »große Heiterkeit«, »Widerspruch rechts«. Und als Bebel schließlich sagte: »Hinter diesem Krieg steht der Massenbankrott, stehen das Massenelend und die Massenarbeitslosigkeit«, da wurde registriert: »Zuruf rechts: Nach jedem Krieg wird es besser!«

So nahm das Schicksal seinen Lauf. Und wie der Erste Weltkrieg keines der Probleme löste, die sein Anlaß waren, vermochte er die Mentalität der Regierenden nicht zu verändern. 1919 stellte das Unterhausmitglied Francis Neilson fest: »Nichts hat sich geändert. Ein furchtbarer Krieg ging zu Ende, aber nach wie vor wird versucht, dem Steuerzahler unter falschem Vorwand Geld zu entlocken: Er wird halbtot geängstigt, und dann raubt man ihn aus. Man zieht dazu den internationalen Haß und Streit groß...« Dieser Krieg aber hatte nicht nur nichts verbessert, sondern zusätzliche neue Probleme geschaffen. Er ließ vor allem die Staatsschulden derart anwachsen, daß die Inflationspolitik zu den üblichen Finanzierungsmethoden der Staaten wurde, die zu Enteignungen führte, angesichts derer die durch die Assignaten der Französischen Revolution und die Enteignungen durch die russischen Revolutionäre lächerlich gering erscheinen.

Da der Erste Weltkrieg auch die russische Revolution brachte und die USA zur Weltmacht werden ließ, begann zugleich die Entwicklung, die zum »Ost-West-Konflikt« und dem Rüstungsboom führte, der seither nicht mehr abflaute und so viel Geld verschlingt, daß keine annähernd genügende Entwicklungshilfe getrieben werden kann. Und da Waffen ohne Menschen wertlos sind, wurde rückgängig gemacht, was in Jahrhunderten herangereift war: die Ablösung körperlicher Steuerpflichten durch Geldzahlungen. Denn die allgemeine Wehrpflicht ist ja nichts anderes als körperliche Dienstleistung, Leibeigenschaft in neuer Form.

Vorerst allerdings kam es »nur« zur größten Wirtschaftskrise aller Zeiten; durch sie zum Sieg des Faschismus, des Nationalsozialismus und des Stalinismus; zugleich als »Ergänzung« der Zölle zur Devisenbewirtschaftung und damit zum Zusammenbruch des Weltwährungssystems. Denn wenn in Deutschland seit dem 15. Juli 1931 »die Verwendung ausländischer Zahlungsmittel« gesetzlich geregelt und jedermann verpflichtet war, sie der Zentralbank abzuliefern, die sie ihrerseits auf die verschiedenen »Bedarfe« je nach deren Dringlichkeit aufteilte, so hatten bei Ausbruch des Zweiten Weltkrieges 52 Länder Devisengesetze, die praktisch jede private Verfügung über Exporterlöse oder Kapitaleinkommen unmöglich machten. Der Staat erhob nicht nur Steuern und Zölle, sondern konfiszierte praktisch den gesamten Geschäftserlös aller am Außenhandel Beteiligten.

Wie es zu dieser Krise kam, wissen heute aber anscheinend nur mehr sehr wenige »Führende«. Und daß sie sich »niemals« wiederholen kann, ist ein Glaubenssatz, aber leider so wenig beweisbar wie der Glaubenssatz, es »könne« keine Inflation mehr wie die nach dem Ersten Weltkrieg geben. Wie anders aber könnten je die Schuldenberge abgetragen werden, die sich seit 1914 auftürmten? Und die so riesige Zinserfordernisse mit sich brachten, daß Staatsschulden zum Kern einer neuen »Finanzwissenschaft« wurden und heute das »deficit spending« allgemein üblich ist?

XII

ZÖLLE UND SCHULDEN LASSEN DIE WIRTSCHAFT ZUSAMMENBRECHEN

Die »Große Krise« der dreißiger Jahre, die finanziellen Ursachen des Zweiten Weltkrieges und die Steuerfolgen des »Ost-West-Konfliktes«

»Wir treten für die Beseitigung aller wirtschaftlichen Schranken ... und für die Herstellung gleicher Handelsbedingungen unter allen Staaten ein ...«

Präsident *Woodrow Wilson*
am 8. Januar 1918 in Punkt 3 seiner
»Vierzehn Punkte«

»Die Tragik der weltwirtschaftlichen Entwicklung nach dem Ersten Weltkrieg war und ist, daß die Vereinigten Staaten, die durch diesen Krieg ein Gläubigerland größten Ausmaßes wurden, immer noch an der Mentalität eines Schuldnerlandes festhalten ...«

Henry A. Wallace
(1941 bis 1945 Vizepräsident der USA)
1933 als US-Landwirtschaftsminister

»Nach dem Ersten Weltkrieg, als die Vereinigten Staaten die größte Gläubigernation der Welt geworden waren und andere Völker von uns Hilfe erwarteten, fügten wir ihren geschwächten Wirtschaftsstrukturen schwere Schläge zu ... wirkte sich unsere Zollpolitik im letzten Winkel der Welt aus und stürzte zahllose Gemeinschaften in Not und Verzweiflung ... Und diese Not, diese Enttäuschungen und der so entstandene Groll bahnten den Diktaturen den Weg, die schließlich die Welt in einen zweiten, allgemeinen Krieg stürzten ...«

Sumner Welles am 7. Oktober 1941 als
stellvertretender US-Außenminister

Der Erste Weltkrieg hatte vielerlei Ursachen und auch vielerlei Folgen. Aber daß das Jahr 1917 zu einer Weltenwende wurde, liegt daran, daß damals zwei neue Mächte die Bühne des großen Welttheaters betraten, daß dieser Krieg, den Georg Simmel am 25. März 1918 den »Selbstmord Europas zugunsten Amerikas« nannte, auch die Sowjetunion gebar und seither die russisch-amerikanischen Beziehungen Weltbedeutung gewannen, als Verbündete im Zweiten Weltkrieg wie als Gegner im »kalten Krieg«.

Daß die Vereinigten Staaten 1917 drei Wochen nach dem Sturz des Zaren offen in den Krieg eingriffen, war kein Zufall. Damals stand es sehr schlecht um die Sache der Alliierten, und der Zusammenbruch der russischen Front war der schwerste einer ganzen Reihe schwerer Schläge. Amerika mußte für Rußland einspringen, denn allein Englands Schulden an Banken und Lieferanten der USA betrugen im April 1917 mehr als 27 Milliarden Dollar. Dazu kamen die Verbindlichkeiten anderer Kriegsteilnehmer. 160 Milliarden Mark amerikanische Außenstände wären durch einen Sieg der Mittelmächte praktisch verloren gewesen, und das war – wie auch der Untersuchungsausschuß des amerikanischen Senats im Februar 1936 eindeutig feststellte – »die Hauptursache des amerikanischen Kriegseintritts«.

Mit diesem Kriegseintritt begann Amerikas weltpolitische Hegemonie, mit der russischen Revolution der Aufstieg der Sowjetunion zu einer Macht, die Amerikas Alleinherrschaft in Frage stellte – und damit der »Ost-West-Konflikt«. Amerikas Teilnahme am Ersten Weltkrieg trug aber auch entscheidend zum Ausbruch des Zweiten bei, denn die Regierung der Vereinigten Staaten paßte ihre Finanz- und Handelspolitik nicht den neuen Gegebenheiten an und löste dadurch die Weltkrise der dreißiger Jahre aus und diese wiederum die verhängnisvollen »Selbsthilfemaßnahmen« der »Havenots« Deutschland, Italien und Japan.

Als in Versailles »Frieden« geschlossen wurde, waren die Vereinigten Staaten ein Weltwirtschaftsfaktor, wie es ihn nie zuvor gegeben hatte, und Jahr für Jahr weiteten sie ihren Produktionsapparat weiter aus. Der Wert der gesamten amerikanischen Industrie- und Bergbauerzeugung hatte im Jahr 1790 höchstens 20 Millionen Dollar betragen, 1919 aber das 3 120fache, 62,4 Milliarden Dollar, und bei einem Achtzehntel der festen

Erdfläche und einem Siebzehntel der Weltbevölkerung stellten die USA 1929 gut 45 Prozent der Industrieerzeugung der Welt. Ihr Volkseinkommen war so hoch wie das Großbritanniens, Frankreichs, Deutschlands, Japans und das weiterer 19 Länder zusammengenommen. Auf die USA entfielen nun 16 Prozent der Weltausfuhr und 12 Prozent der Weltimporte. 1914 hatten sie rund 14 Milliarden Mark mehr Schulden als Guthaben im Ausland, fünf Jahre später 50 Milliarden Mark Überschuß. Aus einem Schuldnerland waren sie zur größten Gläubigernation der Welt und aller Zeiten geworden, etwa 40 Milliarden waren Kriegsschulden, aber auch die privaten Auslandsguthaben der USA hatten sich verdoppelt, während die amerikanischen Privatschulden auf die Hälfte schrumpften.

Dieser völlig veränderten Sachlage aber trug Washington nicht Rechnung. Die Zollmauern wurden nicht nur nicht abgebaut, sondern weiter erhöht. Und wie fremde Waren systematisch ausgesperrt wurden, so nun durch neue Einwanderungsgesetze auch die Menschen der Schuldnerländer. Seit es die Vereinigten Staaten gibt, spielten Zölle eine überragende Rolle, zuerst als Haupteinnahmequelle des Bundes, sehr bald auch als handelspolitisches Kampfmittel, und schließlich verursachten sie den Sezessionskrieg. Europas Freihandelspolitik war eine der Hauptursachen der Massenauswanderung nach Amerika – und damit des Aufstiegs der USA. Diese aber trieben nie eine liberale Handelspolitik. Sie forderten die »offene Tür« in China und »gleiche Rechte« in Afrika, die eigene Industrie und Landwirtschaft aber schirmten sie durch Hochschutzzölle, durch »administrativen Protektionismus« und durch »Buy-American«-Gesetze auch dann noch fast hermetisch gegen alle fremde Konkurrenz ab, als sie das nicht länger brauchten. Bereits 1860 wurde der Binnenmarkt der USA zu 89 Prozent durch die eigenen Produzenten versorgt, im Jahr 1900 zu 97 Prozent (und im Durchschnitt der Jahre 1960 bis 1968 dann sogar zu 98 Prozent). Der Gesamtwert der amerikanischen Ausfuhr hatte im Jahr 1791 nur 19 Millionen Dollar betragen, 1920 war er bereits 432mal so groß und betrug 8 228 Millionen Dollar bei einer Einfuhr von nur 5 278 Millionen. Also war der Ausfuhrüberschuß der USA mit fast 3 Milliarden Dollar 1920 fast zehnmal so hoch wie die amerikanische Gesamtausfuhr des Jahres 1860. Aber wenn von 1913 bis 1922 der relativ »milde« Underwood-Tarif galt, der die zollpflichtige Einfuhr mit durchschnittlich 27 Prozent des Wertes belastete und die zollpflichtige und zollfreie zusammen mit 9,1 Prozent, so führten die USA am 27. Mai 1921 Prohibitivzölle auf alle landwirtschaftlichen Produkte ein – und seither blieb, wie gezeigt, der politische Einfluß der Farmer maßgebend. Am 21. September 1922 wurde der

Fordney-McCumber-Tarif angenommen, das schutzzöllnerischste aller bisherigen Zollgesetze, das nicht sosehr durch die Durchschnittssätze als durch die gezielten Einfuhrbehinderungen verheerende Auswirkungen hatte, aber auch im Durchschnitt die zollpflichtige Einfuhr mit 38,5 Prozent, die zollpflichtige und zollfreie zusammen mit 15 Prozent belastete. Der Präsident – damals Warren Gamaliel Harding – erhielt außerdem erstmals das Recht, durch Sonderzölle »Unterschiede der amerikanischen Produktionskosten gegenüber denen ähnlicher importierter Artikel auszugleichen«. Und es wurde das – bis heute gültige – »Selling-Price-System« eingeführt: Die amerikanischen Wertzölle wurden nicht und werden nicht wie überall auf der Welt dem tatsächlichen Wert der Ware zufolge festgesetzt, sondern zufolge dem »üblichen oder zu erzielenden Verkaufspreis in den USA«, der damals mindestens doppelt, oft dreimal so hoch wie in Europa war. 40 Prozent Zoll bedeuteten – und bedeuten – also de facto 80 bis 120 Prozent Belastung. Das Recht des Präsidenten, ohne Parlamentsbeschluß höhere Zölle zu bestimmen, bedeutete durchschnittlich 50 Prozent Zollzuschlag. Die Hochschutzzölle von 1864 standen neben Einwanderungsbestimmungen, die den Zustrom fremder Arbeitskräfte entscheidend erleichterten, und ihnen kamen die geschilderten Vorteile der »Homestead-Act« von 1862 zugute. 1921 und 1924 aber wurde die Einwanderung rücksichtslos gestoppt. Zwischen 1905 und 1914 waren 10,1 Millionen Emigranten zugelassen worden. 1921 bis 1930 aber durften nur mehr 1,3 Millionen West- und Nordeuropäer ins Land. Wie die Waren wurden nun die Menschen der europäischen Industriestaaten ausgesperrt; wie die amerikanischen Farmer machten die amerikanischen Gewerkschaften ihre Macht geltend.

Das mußte zur Katastrophe führen, denn wie (der eingangs zitierte) Punkt drei der Friedensbedingungen Präsident Wilsons sich als Trug erwies, so alle andern. Deutschland hatte kapituliert, weil territoriale Veränderungen und finanzielle Zwangsmaßnahmen unterbleiben sollten. Aber bei den Pariser Friedensverhandlungen wurde Wilson von Clemenceau und Lloyd George überspielt, und was er vereinbarte, wurde nie vom Kongreß der USA ratifiziert. Und wirtschaftlich wirkte sich Versailles womöglich noch verheerender aus als politisch. Vor dem Ersten Weltkrieg gab es in Europa 26 Zollgebiete und 13 verschiedene Währungen. Durch die Versailler Verträge entstanden 1919 neue Grenzen von mehr als 11 000 Kilometer Länge, und die Zahl der Zollgebiete erhöhte sich auf 38, die der Währungen auf 27. Die neuen Staaten führten Hochschutzzölle ein, und dem Genfer Völkerbund zufolge betrugen 1925 die Wertzölle in Prozent

	aller Zoll-positionen	für Industrie-waren
Polen	23	32
Ungarn	23	27
Tschechoslowakei	19	27
Jugoslawien	23	23

Aber nicht nur in Europa wurden neue Zollmauern errichtet oder die Zollsätze rücksichtslos erhöht. In den Vereinigten Staaten betrug nun die Durchschnittsbelastung von 78 repräsentativen Einfuhrgütern 29 Prozent (gegen damals 4 Prozent in Großbritannien und den Niederlanden und 12 Prozent in Deutschland). Vom Gesamteinfuhrwert verlangten Zölle 1925 als niedrigste der Welt in den Niederlanden 2,4 Prozent, in San Salvador aber 39,4 Prozent und in Argentinien 28 Prozent.

Schon durch die höheren Zölle und durch die Kriegsfolgen sank Europas Welthandelsanteil von 1913 bis 1923 von 64 auf 52 Prozent, aber noch katastrophaler wirkten sich die finanziellen Strukturwandlungen aus. Die britischen Kapitalanlagen in Übersee mußten weitgehend liquidiert werden, um die Kriegskosten zu decken, die deutschen wurden entschädigungslos enteignet, obwohl es sich nicht um Staats-, sondern um »geheiligtes« Privateigentum handelte. Einnahmen, die früher zur Bezahlung von Importen verwendet wurden, fielen aus. Allein den USA schuldete Kontinentaleuropa 1924 bereits 51 Milliarden Goldmark, und ohne Reparationsforderungen betrugen nun Europas Schulden insgesamt 142 Milliarden Goldmark. Die Zinszahlungen verminderten das für Warenkäufe verfügbare Geldvolumen katastrophal. Diese Schulden fraßen buchstäblich die Wirtschaftskraft der Schuldner auf, denn eine der Grundregeln des Kapitalismus wurde verletzt, nämlich daß Verluste »abgeschrieben« und das nicht länger vorhandene Kapital in den Büchern gestrichen werden muß. Nur etwa 120 der 1 243 Milliarden Mark, die der Erste Weltkrieg gekostet hatte, waren durch Steuern aufgebracht worden, und wenn durch die Inflation in Deutschland, Österreich, Frankreich und Italien etwa 250 Milliarden »liquidiert« wurden, so blieben etwa 700 Milliarden innerer und 100 Milliarden äußerer Kriegsschulden übrig, die Zinsen kosteten. Die Wirtschaften hatten nicht nur den Schuldendienst für ihr produktives Kapital aufzubringen, sondern auch für längst zerstörte Werte.

Schon das allein hätte wahrscheinlich genügt, eine Wirtschaftskrise herbeizuführen, wie die Welt sie noch nicht erlebt hatte. Aber zur total verfehlten Schuldenpolitik und einer hemmungslos egoistischen Zollpolitik kam eine geradezu wahnwitzige Währungspolitik. Wie überall war während des Krieges in den Vereinigten Staaten weit mehr Geld in Umlauf gebracht worden, als der vorhandenen Gütermenge entsprach, und so stand der Preisindex (1913 gleich 100 gesetzt) bei Kriegsende auf 247, das heißt, die Preise waren auf das Zweieinhalbfache gestiegen. In England stand der Preisindex auf 324. Aber nicht nur Deutschlands Reparationsschulden und die Schulden der Alliierten an die USA wurden in Gold berechnet, sondern 1919 war Amerika auch selber zum Goldstandard zurückgekehrt und dazu zur Vorkriegsparität: Der in Waren ausgedrückte Wert des Dollars stieg so um 75 Prozent innerhalb eines einzigen Jahres – und Großbritannien ging 1925 den gleichen Weg, stellte die Vorkriegsparität von 4,80 Dollar pro Pfund wieder her. Die Folge dieser Maßnahmen war ein allgemeiner Preisverfall – und Millionen Arbeitslose. Die Folge war weiterhin, daß die Schuldner weder die Zinsen noch die Amortisation der Kredite aufbrachten, die die USA und England ihnen gewährt hatten. Und um so weniger, als ja die Vereinigten Staaten, wie gezeigt, eine Politik der Hochschutzzölle betrieben, wie es sie nie zuvor auf der Welt gegeben hatte, und gleichzeitig eine Kreditpolitik, die nur dem privaten Augenblicksnutzen diente und die vor allem aus den deutschen Reparationszahlungen »das Geschäft aller Zeiten« zu machen trachtete.

Deutschland hatte durch den Ersten Weltkrieg außer seinem gesamten Kolonialbesitz und allen Auslandsanlagen 70 588 Quadratkilometer seines Territoriums mit sechseinhalb Millionen Menschen verloren. Es hatte – vor allem durch die Abtretung Lothringens an Frankreich – die Hälfte seiner Eisenerzförderung eingebüßt und – im wesentlichen durch die Verluste an Polen – ein Viertel seiner Steinkohleförderung. Es büßte mit Oberschlesien acht Zehntel seiner Zinkgewinnung ein und verlor im Durchschnitt ein Sechstel seiner landwirtschaftlichen Erzeugung. Deutschland mußte durch den Artikel 264 des Vertrages von Versailles bis 1925 praktisch seine Zollhoheit aufgeben und seinen wichtigsten Handelspartnern ohne jede Gegenleistung die Meistbegünstigung einräumen. Und es sollte durch »Reparationen« die Kriegskosten der Sieger tragen, denn in Versailles war es feierlich als alleinschuldig am Ersten Weltkrieg erklärt worden. Und neben Amerikas Zollpolitik waren es vor allem diese »Kriegsentschädigungen«, die die Weltwirtschaft zusammenbrechen ließen.

Ein Ausschuß von Experten unter Vorsitz des damaligen Gouverneurs der Bank von England, Lord Cunliffe, hatte Deutschlands »Zahlungsfähigkeit« 1920 mit 22 Milliarden Pfund Sterling oder rund 450 Milliarden Goldmark berechnet, dem Eineinhalbfachen des damaligen gesamten Volksvermögens. Das schien anderen Fachleuten viel zu wenig, und so wurden in Versailles 36 Milliarden Pfund – 736 Milliarden Goldmark – in 30 Jahresraten gefordert. Der britische Delegierte John Maynard Keynes fand das so grotesk, daß er dem Schatzamt kündigte und die Konferenz verließ. Auch andere warnten. Und so begnügten sich die Alliierten schließlich mit 226 Milliarden Goldmark, zahlbar bis 1963. Die Zahlungen sollten mit 2 Milliarden jährlich beginnen, in 11 Jahren auf 6 Milliarden alle 12 Monate ansteigen. Da die Reichsregierung das für völlig unmöglich hielt und deshalb ablehnte, besetzten die Franzosen 1921 Düsseldorf und Duisburg, und durch das »Londoner Ultimatum«, das die Besetzung des ganzen Ruhrgebietes und des Rheinlandes androhte, wurden am 11. Mai 1921 von Berlin 123 Milliarden Goldmark Reparationszahlungen plus 26 Prozent des jährlichen Ausfuhrwertes anerkannt. Aber in drei Jahren stand Deutschland nicht nur vor dem Staatsbankrott, sondern vor dem Zusammenbruch der Gesamtwirtschaft. Eine Gläubigerkonferenz folgte der andern, und die Kommuniqués umfaßten 1924 bereits 3 Millionen Worte, die amtlichen Kommentare dazu über 94 Millionen, und schließlich wurde das »Dawes-Abkommen« geschlossen (dessen 49 972 Worte nach Amerika zu telegraphieren vier Transatlantikkabel 16 Stunden lang besetzt hielt). Aber auch jetzt wurde das Grundproblem mit keinem Wort erwähnt: die nüchterne Tatsache, daß Deutschland Fertigwaren liefern, nicht jedoch in Gold bezahlen konnte. Industrieprodukte aber wollte keiner der Sieger haben. Die 1922 in Genf abgehaltene »Weltwirtschaftskonferenz« hatte keinerlei Handelserleichterungen gebracht. Alle Bemühungen, die USA zur Änderung ihrer Zoll- und ihrer Einwanderungspolitik zu veranlassen, waren gescheitert.

So kam im Juni 1924 der New Yorker Finanzanwalt und spätere Morgan-Partner Parker Gilbert als »Generalagent für deutsche Reparationszahlungen« nach Berlin und organisierte von einem düsteren Büro in der Luisenstraße aus die im Dawes-Abkommen vereinbarten Barzahlungen von 8 Milliarden Goldmark in fünf Jahren. Diese Amtsstelle war ganz auf »international« frisiert, nur 15 der 130 Mitarbeiter Gilberts waren Amerikaner, 52 Engländer, 38 Franzosen, 11 Italiener, 8 Belgier und 5 Niederländer. Aber zu bestimmen hatte nur Parker Gilbert, und dieser vertrat klar und eindeutig die Interessen der Wallstreet. Im Auftrag der großen New Yorker Banken trieb er ein unsinniges Doppelspiel: Während Deutschland ständig Kapital abgezapft wurde, flossen ihm gleichzeitig immer neue Anleihen zu, in 6 Jahren 36 Milliarden Mark. Wenn es bar schließlich 17 Milliarden Mark an Reparationen bezahlte, so hatte allein Deutschlands öffentliche Hand an Krediten 27 Milliarden erhalten. Denn an diesen Krediten ebenso wie an Deutschlands Zahlungen verdienten ja die amerikanischen Banken: an den Ausgabeprovisionen gut eineinhalb Milliarden. An den Gebühren für das Zins- und Tilgungsinkasso jährlich gut 550 Millionen Mark. Jedermann wußte 1924, daß Deutschland die geforderten Reparationen aus eigener Kraft nie aufzubringen vermochte. Aber man sah in ihnen »das größte Geschäft aller Zeiten« und wollte neben den Reparationen auch noch Zinsen kassieren. Und nicht einige wenige Nachkriegsjahre lang, sondern Jahrzehnte und vielleicht Jahrhunderte lang sollte Deutschland die große Melkkuh bleiben.

Eine Zeitlang war es das auch. Aber als die amerikanische Krise zur Kündigung der Kurzfristkredite an Deutschland führte, brach das Kartenhaus zusammen, und am 13. Juli 1931 blieben mit einem Schlag sämtliche Bank- und Sparkassenschalter im Deutschen Reich geschlossen; zwei Tage später wurden die erwähnten Devisengesetze erlassen, und Deutschland schied praktisch aus dem internationalen Kapitalverkehr aus.

Aber auch in Amerika selber hatte es zur Krise kommen müssen. Der Großteil der europäischen Kapitalanlagen vor 1914 erfolgte in Nordamerika. Die dort verdienten Zinsen und die aktive Dienstleistungsbilanz vor allem durch Fracht- und Versicherungseinnahmen deckten das Defizit der Handelsbilanzen, und der Ausfuhrüberschuß der USA wiederum genügte für deren Schuldendienst. Seit 1919 zahlten die Amerikaner keine Zinsen mehr, sondern kassierten sie. Jetzt gaben sie aber ihren Schuldnern, wie sie es stets getan hatten, keine Möglichkeit mehr, ihre Verpflichtungen durch Exporte abzudecken. Diese mußten nun in Gold zahlen, und der Goldhort der USA verzehnfachte sich innerhalb von zehn Jahren; er stieg zwischen 1916 und 1926 von 1,9 auf 19 Milliarden Mark. Das ging im gleichen Tempo weiter, und so war sehr rasch der Punkt erreicht, wo die Schuldner nicht nur kein Gold mehr hatten, sondern auch keines mehr auftreiben konnten. Während das Zins- und Dividendeneinkommen der USA 1923 bis 1929 von 546 auf 656 Millionen Dollar stieg, nahm auch das Aktivum ihrer Handelsbilanz von 375 auf 842 Millionen Dollar zu, und so blieb Europa nur, ein Loch mit dem andern zu stopfen, immer neue Schulden zu machen, die die Produktivität nicht erhöhten, sondern völlig steril blieben.

Zuerst hatten die USA Langfristkredite gegeben, als sich die Krisenzeichen in Europa mehrten, nur mehr kurzfristige. Und diese wurden schließlich gekündigt, weil es auch in Amerika selber zu Geldmangel kam. Schon im Krieg war der Produktionsapparat weit über den Eigenbedarf hinaus ausgeweitet worden. 1919 bis 1929 hatte die Regierung von ihrer inneren Schuld 34 Milliarden Dollar abgetragen und 21 Milliarden Zinsen bezahlt, und diese 55 Milliarden Dollar waren erneut vorwiegend der Industrie zugeflossen, die sie zur Rationalisierung verwendete. Durch den Ersten Weltkrieg waren die Lohnkosten gewaltig angestiegen, mehr und mehr wurde versucht, die teuren Arbeitskräfte, die zudem immer häufiger streikten, durch Maschinen zu ersetzen. In den USA waren zum Beispiel für ein Auto 1904 durchschnittlich 1 291 Arbeitsstunden nötig gewesen und 1919 noch 313, 1929 nur noch 92. Die je Spindel versponnene Baumwollmenge stieg im gleichen Zeitraum auf das Elffache, und ähnlich war es bei allem. Immer mehr ersetzte Kapital den Arbeitseinsatz, und 1929 war die Industriearbeiterzahl in den USA um 1,3 Millionen geringer als 1925, die Produktion aber 85 statt 50 Milliarden Dollar wert. Der Durchschnitts-Lohn war bei 27 Dollar wöchentlich stehengeblieben und der Geldumlauf mit 8 Milliarden Dollar praktisch der gleiche. Immer mehr klafften die Erzeugung und die Kaufkraft auseinander, um so mehr, als auch der Exportertrag von 1920 bis 1929 von über 8 auf 5,2 Milliarden Dollar gesunken war.

Die Regierung ignorierte das, und das Publikum sah nur die Börse. Die vom Staat zurückbezahlten Anleihen waren vorwiegend zum Aktienkauf verwendet worden, und so stieg der Wert der an der New Yorker Börse notierten Papiere von Anfang 1925 bis September 1929 von rund 27 auf über 90 Milliarden Dollar. Zahllose Amerikaner glaubten, ihr Kapital in fünf Jahren verdreifacht zu haben; sie sahen nur die Produktionsausweitung und kauften immer weiter. Und sie kauften nicht bar, sondern meist auf Kredit. Sie zahlten zum Beispiel auf Industrieanteile, die 112 notierten, nur 30 Dollar bar, den Rest schoß die Bank vor. Als es zum »Schwarzen Freitag« des Jahres 1929 kam, als am 28. Oktober 13,4 Millionen Anteile und am nächsten Tag 23 Millionen allein an der New Yorker Börse verkauft werden sollten, bedeutete das für Millionen und aber Millionen den Ruin, denn als der Kurs des 112-Dollar-Papiers auf 60 sank, forderte die Bank natürlich nicht 30 Dollar Nachzahlung, sondern 82, denn es war ja zu 112 gekauft worden. Es sollte weit mehr nachgezahlt werden, als der Verkauf der Aktien brachte – und so mußten auch der Pelzmantel der Frau, das Auto oder das Haus verkauft werden.

Das heißt, es wurde versucht, sie zu verkaufen. Da es Millionen Amerikanern gleich ging, fanden sich keine Käufer. Auch Zwangsversteigerungen brachten nicht genug ein, und nicht Hunderte, sondern buchstäblich Tausende Banken gingen an den Krediten zugrunde, die sie ihren Wertpapierkunden (gegen guten Zins natürlich) gewährt oder im Ausland untergebracht hatten. Zwischen August 1931 und Januar 1932 brachen in den USA 1 852 Banken zusammen. Bis zum September 1932 weitere 757. In den Jahren 1921 bis 1934 sank die Zahl der Kreditinstitute in den Vereinigten Staaten von 30 800 auf 14 600.

Aber auch die Zahl der Fabriken verringerte sich in den USA zwischen 1929 und 1933 von 207 000 auf 139 000 – und im März 1933 waren hier bei einer Gesamtbevölkerung von damals 126 Millionen 13 Millionen oder jeder vierte Erwerbstätige arbeitslos. Und das löste eine Weltkrise aus, wie es sie bisher noch nie gegeben hatte. Sie führte nicht nur zur Kündigung der amerikanischen Kredite, sondern zu einer Senkung der amerikanischen Käufe, die zahllose Schafzüchter in Australien so arm machte wie die Kaffeepflanzer Brasiliens, die Arbeiter in Englands Baumwollindustrie so arm wie die Baumwollpflanzer Ägyptens, und schließlich vermochte sich dem niemand mehr zu entziehen. Zum erstenmal wurden die arbeitenden Massen unmittelbar getroffen, nicht nur wie bei allen bisherigen Krisen vorwiegend auf dem Umweg über die »Reichen«. Verglichen mit den wirtschaftlichen Verheerungen, die der New Yorker »Schwarze Freitag« anrichtete, erwiesen sich selbst die des Dreißigjährigen Krieges als gering.

Welches Ausmaß die Krise der dreißiger Jahre hatte, ist heute weitgehend vergessen – und wird systematisch vergessen gemacht. Aber von 18 Millionen arbeitsfähigen und arbeitswilligen Menschen feierten damals in Deutschland bis zu sechseinhalb, gut 5 Millionen in England, 2 Millionen in Frankreich. Von den damals etwa 120 Millionen Arbeitskräften der Industriestaaten hatte gut ein Drittel keinen Arbeitsplatz, und nur 26 dieser 40 Millionen wurden (dem Internationalen Arbeitsamt in Genf zufolge) unterstützt, davon 12 Millionen in 23 Ländern Europas. Das gesamte Lohneinkommen sank durch diese Krise in Deutschland um 63 Prozent, in den USA um 50, in Frankreich um 29 Prozent. Der Welthandelsumsatz war 1913 bis 1929 von 160 auf 284 Milliarden Mark gestiegen. 1935 betrug er 97 Milliarden oder wenig mehr als ein Drittel, und allein die Vereinigten Staaten verminderten 1925 bis 1935 ihre Einfuhr von 17,7 auf 4,9 Milliarden Mark. Die Industrieproduktion eines Jahres 1928 gleich 100 gesetzt, sank 1932 in den USA auf 57, in Deutschland auf 61.

In England betrug sie damals 88, denn London versuchte, seine »Arbeitslosigkeit zu exportieren«. Am 21. September 1931 gab es den Goldstandard auf und wertete das Pfund von 4,83 auf 4,03 Dollar ab. Als größter Nahrungsmittelkäufer der Welt schien es Vorteil davon zu haben, daß die Exportpreise, 1927 bis 1928 gleich 100 gesetzt (dem Internationalen

Agrarinstitut in Rom zufolge), im Jahresmittel 1934 für Butter 30, Reis 25, Zucker 23, Roggen 15 betrugen. Aber auch der Preis für Kuhhäute zum Beispiel, dem Grundstoff der Lederindustrie, sank 1928 bis 1932 von 25 auf 3 US-Cent pro Pfund, und das bedeutete wie das Schrumpfen der Fleischexporte den Ruin Argentiniens, das keine Zinsen mehr an London bezahlen konnte. Der Wollpreis fiel von 55 auf 15 Pence pro Pfund – und Australien konnte praktisch nichts mehr in England kaufen, denn statt 1923 noch 66 Millionen Pfund brachten seine Wollexporte zwei Jahre später nur mehr 36 Millionen. Ähnlich ging es Dutzenden Ländern. Das Welthandelsvolumen schrumpfte 1929 bis 1934 bei Nahrungsmitteln und Rohstoffen um etwa zwei Zehntel, bei Fertigwaren jedoch um zwei Fünftel, denn durch den Preisverfall konnte schließlich kein Rohstofflieferant mehr Industrieprodukte kaufen. Als 1930 34 Länder dagegen protestierten, daß ihnen der amerikanische Markt praktisch völlig versperrt wurde, beeindruckte das Washington nicht im geringsten. Den Fordney-McCumber-Tarif des Jahres 1922 hatte im Repräsentantenhaus Owen D. Young vertreten und ihn damals mit »Europas zerrütteten Währungen« und den dadurch »schandhaft niedrigen« Löhnen begründet, »die sie zu Dumping-Exporten verleiten«. Der gleiche Mr. Young war 1929 als Nachfolger Parker Gilberts »Reparationskommissar« in Europa geworden, aber er wurde dadurch nicht eines Besseren belehrt. Kein führender Amerikaner sah in der Weltkrise ein Werk der amerikanischen Zoll- und Finanzpolitik, sondern 1930 kam es zum (noch heute gültigen) Hawley-Smoot-Tarif, zu reinen Einfuhrsperrzöllen; und nicht nur zu einer Durchschnittsbelastung der zollpflichtigen Waren von 37,3 Prozent, sondern zu »Dumping«-Klauseln, die praktisch jede Art Einfuhr zu verhindern ermöglichten. Selbst der amerikanische Außenminister Cordell Hull nannte die damalige Handelspolitik »ein lautes Zuschlagen der Tür gegen alle ausländischen Lieferungen«. Bereits 1920 bis 1923 war der Wert der amerikanischen Gesamteinfuhr von 5,3 auf 3,8 Milliarden Dollar gesunken, 1932 betrug er nur noch 1,3 Milliarden Dollar oder 43 Mark pro Kopf. Die einzige Weltkrisenmaßnahme der USA zugunsten anderer bestand darin, daß Präsident Herbert Hoover 1931 ein kurz befristetes Moratorium für die Schuldenzahlungen an die USA erließ. Zu Lasten anderer aber wurden Dutzende Maßnahmen ergriffen und vor allem auch der Wirtschaftskampf gegen Japan derart verschärft, daß schließlich der Pazifikkrieg unvermeidbar wurde.

Das heutige Japan wurde bekanntlich von den Amerikanern »geschaffen«. Diese alte Kulturnation bestand im 17., 18. und in der ersten Hälfte des 19. Jahrhunderts für die Welt praktisch nicht, denn dessen Herrscher hatten gesehen, wie sich die portugiesischen und später die holländischen, französischen und englischen Entdeckungs- und Handelsreisen auf Asien auswirkten. Sie hatten die hermetische Abschließung Japans verfügt. Wie bei Todesstrafe allen Fremden das Betreten der Inseln verboten wurde, so wurde seit 1633 jeder Japaner zum Tod verurteilt, der ins Ausland zu reisen versuchte. Seit 1636 war der Bau aller seetüchtigen Schiffe bei Todesstrafe untersagt. Nur als eine Art Gucklock duldeten die Shogune, die Regenten Japans, eine zuerst portugiesische, seit 1641 niederländische Faktorei auf der kleinen Insel Deshima.

Im Jahr 1848 wurde bekanntlich in Kalifornien Gold gefunden. Durch ihren Krieg gegen Mexiko gelangten die Vereinigten Staaten an den Pazifik, und San Francisco, das im Jahr zuvor aus 200 Häusern mit insgesamt 800 Einwohnern bestand, zählte 1853 bereits 52 000 Menschen. Damals wurden hier bereits 4 200 Morde begangen, und 1 200 Glücksucher nahmen sich selber das Leben. Diese Wildwest-Stadt besitzt einen hervorragenden Hafen, und die Händler, die sich hier niederließen, gedachten sie zur »Königin des Pazifik« zu machen. Der damalige Präsident der Vereinigten Staaten, Millard Fillmore, konnte es nicht mitansehen, daß die Japaner von ihren mittelalterlichen Feudalherren daran gehindert wurden, an den Segnungen der westlichen Zivilisation und vor allem der amerikanischen Demokratie teilzunehmen. Er sandte unter Commodore Calbraith Perry vier Kriegsschiffe nach Japan. Am 8. Juli 1853 richteten diese ihre Kanonen auf Edo, das heutige Tokio, und am 31. März 1854 mußten die Japaner einen Handelsvertrag mit den USA unterzeichnen, im Oktober 1854 einen ähnlichen mit England, 1855 und 1856 Verträge mit Rußland und den Niederlanden, weil diese ja ebenfalls über Kriegsschiffe verfügten.

Die Samurai, die an Bord des amerikanischen Admiralsschiffes gekommen waren, trugen Kettenpanzer und waren mit Kurzschwertern und intarsierten Holzkeulen bewaffnet. Ihr kleines Fischerboot stank und leckte. Sie sahen, daß sie völlig machtlos waren, und dementsprechend waren die Verträge. Japan wurde behandelt wie irgendein afrikanischer Negerstamm. Es mußte den Fremden Zollfreiheit für ihre Waren und Steuerfreiheit für ihre Staatsangehörigen zugestehen, und diese unterstanden nicht japanischen Gerichten, sondern nur ihren eigenen Konsulaten. Der Handel mit Japan wurde daher sehr einträglich. Aber rasch hatten die Japaner die Möglichkeiten erkannt, die ihnen die Rivalitäten der Kolonialmächte und die damalige weltpolitische Situation boten. Sie hatten enge Beziehungen zu England hergestellt, das dafür sorgte, daß Japan 1894 »souverän« wurde und seine Zoll- und Steuerhoheit zurückgewann. Am 30. Januar 1902 kam es zu einem Bündnis zwischen England und Japan, weil die Japaner ideal geeignet schienen, die russische Expansion in Asien im Zaum zu halten. Als direkte Folge dieser Überlegungen kam es zum Russisch-Japanischen Krieg der Jahre 1904 bis 1905, durch Rußlands Niederlagen zur Revolution von 1905, die zwar niedergeschlagen werden konnte, aber weiterschwelte, bis das Zarenreich an ihr zugrunde ging und 1917 die Bolschewiken die Macht ergriffen.

Seit dem Sieg über die Russen übertrafen die Japaner ihre Lehrmeister auch in der kolonialen Expansionspolitik. Schon der Erste Weltkrieg ließ sie auch zu einer Weltwirtschaftsmacht werden und öffnete ihnen die von den Kriegführenden vernachlässigten Märkte. Japans Außenhandelsvolumen hatte im Jahr 1868 insgesamt drei Millionen Dollar betragen, doch 1929 wurde mit 1 300 Millionen das 433fache (und 1968 dann mit 104 Milliarden DM das 8 656fache) erzielt. Überall ließ diese Entwicklung Warnungen vor der »Gelben Gefahr« (die Kaiser Wilhem II. anläßlich des chinesischen Boxer-Aufstandes im Jahre 1900 an die Wand gemalt hatte) laut werden, denn geflissentlich wurde vergessen, daß Japan stets ebensoviel und sehr oft mehr kaufte, als es verkaufte, daß es für Amerikas Baumwollpflanzer oder Australiens Schafzüchter ein ebenso guter Kunde war wie für Deutschlands Maschinenfabriken oder Englands Banken. Ganz besonders laut wurde das Geschrei gegen »das japanische Dumping«, in den Vereinigten Staaten, obwohl diese stets einen Handelsüberschuß mit Japan erzielten, und durch die Weltkrise der dreißiger Jahre erhielt dieses Geschrei immer größere weltpolitische Bedeutung.

Japans Ausfuhr in die USA hatte im Durchschnitt der Jahre 1925 bis 1929 mehr als 43 Prozent der japanischen Gesamtausfuhr betragen. 1933 schrumpfte sie auf 21 Prozent, während die japanischen Käufe in Amerika praktisch gleichblieben, denn das waren unentbehrliche Importe wie vor allem Mineralöl, Baumwolle, Stahl, Schrott usw. Aber wie schon seit den zwanziger Jahren die »Dumping«-Bestimmungen gegen Japan angewendet wurden, so verschärfte man sie jetzt, und Washington erinnerte sich vor allem daran, daß die USA 1906 noch für 33 Millionen Dollar Baumwollwaren nach China verkauften, 20 Jahre später durch die Konkurrenz Osakas aber nur mehr für 183 000 Dollar. Nun wurde Amerikas Chinahandel mit allen Mitteln ausgeweitet, und es begann die intensive Zusammenarbeit mit Tschiang Kai-schek, die das Klima zwischen den USA und Japan, das nie gut gewesen war, immer mehr verschlechterte. 1932 bis 1935 baute der amerikanische Oberstleutnant John H. Jouett Chinas Luftwaffe auf.

China erhielt Kredite, die an Japan wurden gekündigt. Nicht zuletzt hatte Amerikas Handels- und Zollpolitik Japan zur Expansion nach China getrieben. Auch das Einwanderungsverbot des Jahres 1906, das 1920 derart verschärft wurde, daß sich praktisch überhaupt kein Japaner mehr in den USA niederlassen konnte, hatte das Inselreich zum Ausweichen in die Mandschurei gezwungen. In den Jahren der Weltkrise aber forderte Washington den Verzicht auf alle Handelsvorteile Japans in China. Wirtschaftlich wie politisch wurde es bekämpft, und schließlich war es eindeutig Präsident Roosevelts Embargopolitik, die zu Pearl Harbour und zum Pazifikkrieg führte. Ein halbes Jahr vor dessen Ausbruch, am 26. Juli 1941, wurden alle japanischen Guthaben in den USA blockiert und alle japanischen Schiffe in amerikanischen Häfen beschlagnahmt. Die Schrottausfuhr und die aller »strategischen Rohstoffe« nach Japan war gesperrt worden, und am 2. August 1941 verbot der Präsident die Ausfuhr von Benzin und Dieselöl, und er veranlaßte auch England und die Niederlande, jeden Export von Mineralöl und Mineralölprodukten nach Japan zu sperren. Als am 20. November 1945 der japanische Admiral Nagano als »Kriegsverbrecher« von den Amerikanern vernommen wurde, sagte er: »Ich bin überzeugt, daß einer der Hauptgründe des Pazifikkrieges dieses Embargo war ... Nicht nur die Wehrmacht, sondern auch die Privatwirtschaft Japans sah, seit die USA, Großbritannien und die Niederlande uns kein Öl mehr verkauften, in einer Südexpansion die einzige Rettung ...« Admiral Nomura, bis zum Krieg Botschafter Japans in den USA, fügte hinzu: »Unsere Treibstoffvorräte zur Zeit des Embargos von 1941 waren derart beschränkt .. daß das Öl Indonesiens, Borneos und Burmas für uns lebenswichtig wurde ...«

Natürlich trieb nicht nur Amerikas Handels- und Zollpolitik Japan zur Expansion nach China und in den Pazifikkrieg, aber unzweifelhaft war es der Handelsegoismus der USA, der Präsident Fillmore 1853 veranlaßte, Japan zur Öffnung seiner Häfen zu zwingen. So blieb dem Inselreich, das heute mehr als hundert Millionen Menschen zählt, kein anderer Weg als der zur Industrialisierung und zum Welthandel, denn selber besitzt es keine nennenswerten Rohstoffe, und nur ein Sechstel seines Bodens ist heute landwirtschaftlich zu nutzen.

Amerikas Zoll- und Handelspolitik wirkte sich im Fall Japans in einem geradezu phantastischen Ausmaß weltpolitisch aus, aber kaum weniger im Fall Deutschlands, das unter der Weltkrise noch weit mehr als das Inselreich litt und mehr als alle anderen Industriestaaten, weil seine damals 65 Millionen Einwohner durch die Reparationszahlungen schon vorher ausgeblutet waren. Die Exportziffern des Jahres 1913 gleich 100 gesetzt, lauteten sie

1925 für England 174,5, für die Vereinigten Staaten 120, für Deutschland aber nur 53. Die Weltkrise gab der deutschen Wirtschaft den Rest. Denn vor dem völligen Verhungern mußten die Millionen Arbeitslosen geschützt werden. Die Zinszahlungen liefen weiter, und so stieg der Reichsbankdiskont auf zeitweilig 15 Prozent, der Lombardsatz auf 20 Prozent, und gleichzeitig nahm die Steuerbelastung enorm zu.

Schon durch den Weltkrieg war diese überall gestiegen, denn in Mark umgerechnet wuchsen 1914 bis 1922 die Staatsausgaben pro Kopf:

	von	*auf*
Vereinigte Staaten	28	128
Großbritannien	88	448
Frankreich	100	1 056
Deutschland	52	2 912

Dieses 56fache innerhalb von acht Jahren bedeutete nicht den Höhepunkt der Belastung. Im Jahre 1932 beanspruchte der Staat von dem damals auf 50 Milliarden geschätzten Volkseinkommen Deutschlands mit 26 Milliarden mehr als die Hälfte. Statt 0,31 Mark im Jahr 1913 auf jeder Tonne absatzfähiger Kohle lag 1,35 Mark Steuern. Die Klöckner-Werke hatten 1930 bis 1931 an Steuern und sozialen Leistungen 10,42 Mark je Tonne erzeugten Rohstahls aufzubringen. Die Steuer- und Sozialaufwendungen der Gutehoffnungshütte stiegen pro Kopf der Belegschaft zwischen 1925 und 1932 von 365 auf 577 Mark – aber die Belegschaften schmolzen immer mehr zusammen, und so sanken 1930 bis 1932 durch Arbeitslosigkeit und Kurzarbeit die Monatsverdienste um durchschnittlich sechs Zehntel. 1929 hatte das deutsche Einkommen pro Kopf 1 187 Mark betragen (gegen die rund 9 000 DM Bruttosozialprodukt pro Kopf des Jahres 1969). Drei Jahre später waren es 696 Mark, 1932 um 70 Mark weniger als 1913, und die Not nahm Formen an, die 1932 den Amerikaner H. R. Knickerbocker in seinem Buch »Deutschland so oder so?« schreiben ließ: »50 000 Bolschewisten haben die Russische Revolution gemacht. In Deutschland gibt es schätzungsweise 6 Millionen Wähler der kommunistischen Partei. 200 000 Faschisten haben in Italien Mussolini zur Macht verholfen. Hinter der Nationalsozialistischen Partei Adolf Hitlers in Deutschland stehen möglicherweise 12 Millionen Wähler. Wie lange kann das Leben der deutschen Republik dauern?«

Knickerbocker begann seinen Bericht mit Berlin: »Hinter den Stäben des eisernen Gitters, welches das Büfett einfaßte, waren eine von Fliegen beschmutzte Schüssel mit angebratenem Pferdefleisch und ein paar Pferdewürstchen zu sehen. Die Gäste im Lokal hatten Hunger, sie saßen an ihren Tischen und starrten auf das Pferdefleisch hinter den Eisenstäben. Es war Essenszeit, aber niemand bestellte etwas. Der Hunger dieser Leute hatte nichts mit der Essenszeit zu tun. Vierzig Menschen waren im Gasthaus, und nur vor zweien von ihnen stand etwas auf dem Tisch ...«

Die Nationalökonomen betrachten Arbeitslosigkeit als »Bedarfsausfall und leistungslosen Verzehr«, und sie zeigen, daß dadurch »Vermögen entwertet und Betriebskapital zerstört« wird. Und es wurde ausgerechnet, daß die von der englischen Regierung verursachte damalige Deflationspolitik (die Festsetzung des Pfundkurses auf die Vorkriegsparität) Großbritannien von 1922 bis 1929 mehr kostete als der Erste Weltkrieg. Weiter wurde festgestellt, daß die Million Arbeitslosen, die es 1913 auf der Welt gab, eine Kaufkraftverminderung von etwa 3 Milliarden Mark bedeuteten, die 25 Millionen Vollarbeitslosen und die 16 Millionen Kurzarbeiter im Winter 1930 bis 1931 in der Welt eine Kaufkraftschrumpfung von 80 Milliarden Mark. Individuell bedeutet Arbeitslosigkeit, daß man sich ausgestoßen fühlt, unnütz, bei lebendigem Leib verfaulend. Für den einzelnen bedeutet das Ehetragödien, »Frustration« in jedem Sinn, Zwang, die unerträglich anwachsenden Minderwertigkeitskomplexe irgendwie abzureagieren. Und dadurch wiederum bedeuteten die 13 Millionen Arbeitslosen, die es bei Präsident Franklin D. Roosevelts Amtsantritt 1933 in den USA gab, und die 5,6 Millionen Erwerbslosen, die 1932 im Jahresmittel in Deutschland gezählt wurden, eine weltpolitische Gefahr, wie es sie nie zuvor gegeben hatte.

Im Februar 1932 waren in Deutschland 6 128 429 Arbeitslose öffentlich unterstützt worden, und das vor allem machte die Steuerlast untragbar. Die Unterstützung für einen Mann mit Frau und Kind aber betrug nur 51 Reichsmark im Monat. Davon gingen an Miete 12 bis 18 Mark ab, dazu Licht, Heizung und Fahrgelder. Für Nahrung blieben bestenfalls 5 Mark wöchentlich. Im Durchschnitt wurden gekauft:

4	Liter Milch	1,20
12	Pfund Kartoffel	0,65
11	Pfund Brot	1,50
2	Pfund Margarine	0,70
5	Pfund Kohl	0,50
2	Heringe	0,20
		4,75

Hätten die Millionen, die so lebten, 1933 fragen sollen, wie Hitler Arbeit schaffen wollte? Ob die Autobahnen nicht auch strategische Absichten verfolgten? Ob schließlich gerüstet wurde? 1936 gab es weniger als eine Million Arbeitslose in Deutschland, und das zählte bei den Massen, denen die Weimarer Republik nur geholfen hatte, indem sie die Not »ausglich«, den noch in Arbeit Stehenden die Arbeitszeit kürzte, die den Arbeitslosen zu helfen vermeinte, indem sie auch die Arbeitenden Not leiden ließ.

Wirtschaftlich warf die Krise der dreißiger Jahre die Welt um Jahrzehnte zurück, denn mit 96 Milliarden Mark stand der Welthandelsumsatz 1934 ja wieder dort, wo er bereits 1904 gestanden hatte. Moralisch warf diese Krise die Menschheit, wie sich nur allzubald zeigen sollte, um Jahrhunderte zurück. Und weltpolitisch löste sie die gewaltigste aller Umwälzungen aus. Sie trug ja den Keim des »Ost-West-Konflikts« ebenso wie den des Zweiten Weltkrieges in sich. Denn diese Krise zwang den Westen auch, der Sowjetunion bei ihrer Industrialisierung zu helfen, und Stalin erwies sein staatsmännisches Geschick, indem er die Arbeitslosigkeit und die Not in den Industrieländern nicht dazu benutzte, verstärkt kommunistische Propaganda treiben zu lassen, sondern sie systematisch einschränkte und dafür die Handelsbeziehungen mit den »Kapitalisten« intensivierte, »die Weltkrise für den Fünfjahresplan« nutzte.

Wie es am 16. April 1922 zum Rapallo-Vertrag gekommen war, »der Lahme und der Blinde« sich zusammentaten und die deutsch-sowjetische Wirtschaftszusammenarbeit begann, so gab es auch schon seit dem 28. Mai 1924 die »Amtorg-Trading Corporation« in New York, um den amerikanisch-sowjetischen Handel auszuweiten, und amerikanische Ölmilliardäre wie Sinclair waren die ersten gewesen, die den »Seuchengürtel« um Rußland durchbrachen. Aber erst durch die Weltkrise kam es zu größeren Umsätzen. 1930 arbeiteten über 800 Leute in den »Amtorg«-Büros, die Bergbaumaschinen wie Drehautomaten kauften, Laborausrüstungen wie Mikrometer und die 1 600 arbeitslose amerikanische Ingenieure in die Sowjetunion verpflichteten. Die Kreditmöglichkeiten waren beschränkt, denn es gab ja keine diplomatischen Beziehungen zwischen den USA und der Sowjetunion. Aber 1932 begann eine Industriellengruppe unter Führung von James D. Mooney, eines Vizepräsidenten von »General Motors«, eine entsprechende Kampagne. Eine Public-Relations-Firma wurde engagiert, und am 17. November 1933 war die De-jure-Anerkennung perfekt. Die Vereinigten Staaten und die Sowjetunion tauschten erstmals seit 1917 wieder Botschafter aus. Und den russischen Barkäufen von 1929 bis 1939 in Höhe von insgesamt 566 Millionen Dollar folgten schließlich »Pacht-

Leih-Lieferungen«, das heißt während des Zweiten Weltkrieges von den amerikanischen Steuerzahlern beglichene amerikanische Lieferungen an die Sowjetunion im Werte von 11 000 Millionen Dollar oder 44 Milliarden DM, die mehr zu »bolschewistischen Weltgefahr« beitrugen als irgend sonst etwas (und an denen »General Motors« tüchtig partizipierte).

Wie die Krise die Amerikaner dazu trieb, die Bolschewiken, die als Ausgeburt der Hölle gegolten hatten, als Kunden und schließlich als Verbündete zu sehen, so die Engländer und Franzosen, und 1929 bis 1933 baute auch die deutsche AEG den Dnjeproges, das größte Wasserkraftwerk Europas, und Dutzende und Hunderte deutsche Firmen arbeiteten in der Sowjetunion. Die deutsche Ausfuhr nach Rußland stieg zwischen 1923 und 1931 von 73 auf 762 Millionen Mark. Allein der Rußlandhandel verhinderte das Ärgste. Am 7. Juli 1932 zum Beispiel schrieb der »Berliner Börsenkurier«: »Die deutsche Eisenindustrie lebt ausschließlich von Rußlandaufträgen.« Aber die Nationalsozialisten sahen darin natürlich eine Gefahr. Sie sorgten auf ihre Art für die Wirtschaftsankurbelung und machten sich Rußland und Amerika zu Feinden. Zu immer umfangreicheren Einfuhrkontingentierungen traten immer schärfere Devisenregelungen, die zwar pure Selbsthilfe waren, aber in Amerika als »Diskriminierungsmaßnahmen« betrachtet wurden und dazu führten, daß die USA Deutschland von allen Zoll- und Handelserleichterungen ausschlossen. Die US-Behörden verlangten schließlich die Ausfüllung detaillierter Fragebogen, die nicht nur alle »staatlichen Verbilligungsmethoden«, sondern auch alle privaten Geschäftsgeheimnisse offenlegten, und so kam der deutsch-amerikanische Handel so gut wie völlig zum Erliegen. Deutschlands Ausfuhr in die USA nahm zwischen 1929 und 1936 von 991 auf 172 Millionen Mark ab, die deutschen Käufe in den Vereinigten Staaten sanken von 1 788 auf 232 Millionen.

In den Vereinigten Staaten hatte die Krise die republikanische Regierung hinweggefegt und den Demokraten Franklin D. Roosevelt an die Macht gebracht. Aber dessen »New Deal« war alles andere als eine durchgreifende Reform und im Grunde nur Selbstschutz der besitzenden Ober- und Mittelschicht, die allzu verlustreiche Liquidationen durch Staatskredite an die Farmer, die Eisenbahnen und die Industrie vermied. Arbeit gab es genug. Aber keine privatwirtschaftlich rentable. Und so wich Roosevelt in die Rüstung aus. Nachdem er am 8. September 1939 den »beschränkten nationalen Notstand« erklärt hatte, bewilligte der Kongreß die ersten 12 Millionen Rüstungsgelder. Die Arbeitslosigkeit, unter der nun noch immer 9 Millionen Amerikaner unmittelbar und etwa 36 Millionen mittelbar litten, mußte beseitigt werden, und so beschloß der Kongreß am 11. März 1941

– lange bevor die USA offiziell am Zweiten Weltkrieg teilnahmen –, das »Pacht-Leih-Gesetz«, von den amerikanischen Steuerzahlern finanzierte Hilfslieferungen an die Alliierten, die bis zum 30. Juni 1946 fortgesetzt wurden und insgesamt 50 692 Millionen Dollar ausmachten. Sie stellten eine Industrie und Agrar-»Subvention« dar, wie die Welt sie noch nicht gesehen hatte und die das mehr als Dreizehnfache der gesamten Staatsausgaben des Boom-Jahres 1929 ausmachte. Man begann den amerikanischen Stützpunktbau im Ausland, von Westindien bis Grönland wurden Riesensummen investiert, und im August 1941, 4 Monate vor Pearl Harbour und dem Kriegseintritt der USA, erforderten die Militär- und Rüstungsausgaben bereits 50 Milliarden Dollar. Auch der Zweite Weltkrieg hatte viele Ursachen, viele »Mächtige« machten sich an diesem Massenmord schuldig, warum vor allem aber dieser Krieg nicht vermieden wurde, enthüllt schon der bereits im 2. Kapitel zitierte Titel »Die große Krise 1929–1941« – »The Great Depression 1929–1941« –, den der dritte Band der Memoiren Expräsident Herbert Hoovers trägt.

Die Folgen des Zweiten Weltkrieges für die Welt wie für Europa oder Deutschland sind bekannt. Weniger leider in der Bundesrepublik die nach 1945 getragenen und auch in den kommenden Jahren noch zu tragenden »Kriegsfolgekosten«. Sie werden insgesamt etwa 700 Milliarden DM betragen. Sie betrugen 1949 bis 1963 an öffentlichen Mitteln 293 Milliarden und im Durchschnitt dieser Jahre 34,6 Prozent des gesamten öffentlichen Finanzbedarfes, in manchen Jahren aber mehr als die Hälfte der öffentlichen Gesamthaushalte. Bund, Länder und Gemeinden müssen weiterzahlen, denn allein die Kriegsopferversorgung kostete 1967 zum Beispiel 6 390 Millionen DM, obwohl sie alles andere als reichlich ist. Aber davon wird nicht gerne geredet, und seit Jahren wird auch der Steuergeldaufwand für die Beseitigung der Kriegsfolgen nicht mehr aufgeschlüsselt. Von den bis 1963 aufgebrachten Milliarden entfielen:

	Milliarden DM
Besatzungs- und Besatzungsfolgekosten	48
Soziale Kriegsfolgelasten, vor allem Kriegsopferversorgung, Renten und Beihilfen des Lastenausgleichsfonds	119
Lastenausgleichszahlungen für Sachschäden usw., Zahlungen auf Grund des Allgemeinen Kriegsfolgegesetzes usw.	35
Durch den Zusammenbruch bedingte Wirtschaftshilfen, Berlin-Hilfe, Saareingliederungskosten usw.	68
Wiedergutmachung an Israel	23

Diese Zahlen sind längst überholt. Vollständig waren sie nie, denn zum Beispiel fehlt ja die Zinsbelastung, die der Zweite Weltkrieg verursachte, auch wenn sie die »Währungsreform« 1948 auf Kosten von Millionen Gläubigen radikal verringert. Es fehlen die »Devisenausgleichszahlungen« an England und Amerika, und noch sehr vieles andere – aber die Schicksalsfrage ist: Wurde aus derartigen Bilanzen etwas gelernt? Treibt Bonn heute eine grundlegend andere Politik als Weimar oder das Kaiserreich? Und wenn die Deutschen anscheinend nicht viel aus ihrer Geschichte lernten, sahen die Amerikaner ihre früheren Fehler ein, und handeln heute zumindest die Vereinigten Staaten ihrer Führerrolle gemäß, die ihnen die beiden europäischen Bruderkriege brachten?

Wenn Zölle immer wieder Zollkriege auslösten, die nicht selten in blutige Kriege ausarteten, so waren sie nach dem Ersten und besonders nach dem Zweiten Weltkrieg der Hauptanlaß dazu, daß Großunternehmen immer mehr Tochtergesellschaften im Ausland gründeten, um so innerhalb der Zollmauern der verschiedenen Länder arbeiten zu können, und die Bedeutung dieser multinationalen Unternehmen wird täglich größer. England exportierte in seiner Blütezeit vorwiegend Kapital, baute Eisenbahnen und Häfen, selten aber Fabriken, die ja eine Konkurrenz für seine eigene Industrie bedeuteten, doch Amerika exportiert vor allem Organisation und Technologie, und durch die immer höheren Zollsätze gezwungen, gingen zahlreiche andere Industriestaaten den gleichen Weg. Der OECD zufolge waren 1968 von »multinationalen« Gesellschaften 85 Milliarden Dollar im Ausland angelegt, und von diesen 320 Milliarden DM direkter Auslandsanlagen stammten 216 Milliarden aus den USA, 124 Milliarden aus Europa und Japan. Allgemein wird angenommen, daß je 1 Mark Anlagekapital 2 Mark an Verkäufen bringt, und so bedeuten diese Auslandsinvestitionen 680 Milliarden DM jährlicher Welthandelsausweitung. Und das ist weltpolitisch natürlich ebenso wichtig wie wirtschaftlich und bedeutet immer weitergehende Interdependenz, gegenseitige statt einseitige Abhängigkeit, die den Trend zum Frieden und zur internationalen Zusammenarbeit stärkt. Multinationale Gesellschaften können produzieren, wo es am billigsten ist, und verkaufen, wo die besten Preise zu erzielen sind; sie können Geld im Land mit dem niedrigsten Zinssatz leihen und dort anlegen, wo es am teuersten bezahlt werden muß (auch wenn es Transferbeschränkungen gibt, denn Lieferungen können sofort oder erst nach Jahren zahlbar gestellt werden); und multinational und womöglich weltweit zu arbeiten, bringt – wie gezeigt – unter Umständen gewaltige Steuervorteile. »Fortune« zufolge stammten 1967 vor allem aus diesem Grund von den Gesamtverkäufen des amerikanischen Landmaschinenkonzerns Massey-Ferguson 90 Prozent aus dem Ausland, und dieser besaß Produktionsanlagen in 22 Ländern. Die »Standard Oil of New Jersey« erzielte 68 Prozent all ihrer Einnahmen im Ausland und besaß dort 45 Produktionsanlagen. Ähnlich war es nun bei Dutzenden Firmen und natürlich nicht nur amerikanischen. Auch die britisch-holländische »Unilever« ist bekanntlich ein Weltkonzern, der einen Umsatz von 24 Milliarden DM jährlich hat, und in der winzigen Schweiz entstanden Weltfirmen wie Brown, Boveri & Cie. oder Nestlé-Alimentana, in Holland der Philips-Konzern, der in über 100 Ländern arbeitet. Aber wenn die Schweizer wie die Holländer, die Deutschen wie alle andern ihre Auslandsunternehmen mit ihrem eigenen Geld finanzieren, so (wie noch gezeigt werden wird) die Amerikaner nicht. Sie versuchen andere zur Finanzierung ihrer Auslandsexpansion zu veranlassen, und sie änderten auch ihre Zollpolitik nur nominell, nicht wirklich. Im Jahre 1946 betrug der Produktionswert der USA 210 Milliarden Dollar, und für 16 Milliarden wurden Güter ausgeführt. Und das war das Doppelte des Einfuhrwertes. Eine 1947 durchgeführte Befragung ergab drei Viertel der amerikanischen Publikumsstimmen für reziproke Zollherabsetzungen. Aber diese wurden nicht nur nicht vorgenommen, sondern auch immer mehr »Import-Quotas« – Einfuhrkontingente – verhängt. Henry Ford II. erklärte im Februar 1953, Amerika könne leicht um 6 Milliarden Dollar jährlich mehr importieren, und er verlangte Zollsenkungen – auch die Abschaffung der damals 10 Prozent Zoll auf Autos –, die Abschaffung des Quota-Systems und aller andern Außenhandelsbehinderungen. Aber gegen die rund 60 Vereinigungen, die für Hochschutzzölle eintreten, kam er so wenig auf wie das Publikum. Diese wollen 2 Welten: eine, der sie Überschüsse teuer verkaufen können. Und eine zweite, die diese Überproduktion bezahlt, ohne irgend jemandem in Amerika das Geschäft zu erschweren. Wie die zitierten Warnungen des amerikanischen Vize-Außenministers Sumner Welles aus dem Jahre 1941 in den Wind geschlagen wurden, so die des Schweizer Verwaltungsratsvorsitzenden der Brown, Boveri & Cie. in Baden, der im Juli 1952 sagte: »Im Interesse der freien Welt muß einmal klar ausgesprochen werden, daß, falls die Vereinigten Staaten in ihrer gegenwärtigen Haltung gegenüber dem internationalen Handel verharren, sie erneut für eine Weltwirtschaftskrise verantwortlich sein werden, die derjenigen von 1930 in ihren verheerenden Folgen kaum nachstehen wird.«

10 Jahre später versuchte Präsident John F. Kennedy eine revolutionäre Neuerung. Zölle sind ein »unsichtbarer« Schutz gewisser Industrien. Kennedy schlug 1962 eine »adjustment assistance«, eine Anpassungshilfe des

Staates, für durch Importe bedrohte Unternehmen vor, Staatshilfe bei Produktionsumstellungen und bei der Überleitung von Arbeitnehmern in andere Firmen oder Berufe. Diese Staatshilfe sollte klar und offen im Budget erscheinen und jedermann sehen, wie teuer Protektionismus ist und wie sehr alle Steuerzahler für die Befriedigung privater oder lokaler Interessen aufzukommen haben. Aber natürlich wurde dieser Vorschlag glatt abgelehnt. Eine solche Offenlegung verschleierter Subventionen wird niemals eine Mehrheit im Kongreß oder im Senat der USA finden. Den »Trade Expansion Act« brachte Präsident Kennedy im Januar 1962 durch, ein Gesetz, das amerikanische Zollsenkungen für »gleichwertige« Konzessionen der »GATT«-Länder vorsah und zur sogenannten »Kennedy-Runde« führte. Aber gerade diese bewies erneut, daß sich an der Zollmentalität der USA nichts änderte.

»GATT« heißt »General Agreement on Tariffs and Trade«, und diese internationale Vereinigung wurde 1947 von 23 Ländern gegründet, um Handelshemmnisse abzubauen. Diese Zolltarif- und Handelskommission hielt wiederholt Konferenzen ab, und in Torquay gelang 1951 die Senkung von nicht weniger als 8 700 Zollsätzen. Aber das wichtigste Ergebnis dieser Verhandlungen war, daß die Meistbegünstigungsklausel, die bis dahin innerhalb des britischen Commonwealth nicht galt, nun auch hier allgemein angewendet wurde und so Zölle, die Australien oder Kanada auf amerikanische Waren legten, auch auf britische angewendet werden mußten. Diese Änderung hatten die USA durchgesetzt, und sie hatten den Hauptvorteil der in Torquay vereinbarten Verbesserungen. Und nicht anders bei der »Kennedy-Runde«: Als nach viereinhalb Jahren dauernden Verhandlungen am 30. Juni 1967 das »Kennedy-Abkommen« unterzeichnet wurde, waren Zollerleichterungen für ein Handelsvolumen von 160 Milliarden DM erzielt worden. Aber die Konzessionen, die die Vereinigten Staaten dafür machten, daß die wichtigsten europäischen Industriezölle von 1966 bis 1972 von durchschnittlich 17,5 auf 10,5 Prozent gesenkt werden, blieben nicht nur auf dem Papier, weil der Kongreß sie nicht ratifizierte, sondern es war auch der »administrative Protektionismus« der USA nicht zu überwinden gewesen. Vor allem blieb das bereits erwähnte, 1922 eingeführte »Selling-Price-System« in Kraft, das klar dem Artikel 7 des GATT-Abkommens widersprechende »Verkaufspreissystem«, durch das die nominellen amerikanischen Zollsätze alles andere als die wahre Belastung darstellen. Zum Beispiel nennt der Paragraph 28 des US-Zolltarifs einen Satz von 40 Prozent des Wertes für Steinkohlenteerprodukte aller Art und von 45 Prozent für einzelne Teerfarbstoffe. Aber es heißt in Kleindruck auch: »Die unter dieser

Nummer vorgesehenen Wertzölle werden nach dem (in Titel IV, Sektion 402 3) begrifflich festgelegten amerikanischen Verkaufspreis eines ähnlichen in den USA hergestellten Konkurrenzartikels berechnet ...« Ein deutscher Farbstoff im Wert von 3 Dollar je Kilo wird so nicht mit 45 Prozent, sondern mit 90 Prozent belastet, denn für die Zollberechnung gilt der amerikanische Preis von 6 Dollar je Kilo. Es gibt noch weit größere Preisunterschiede, und so kosten deutsche Chemieprodukte heute 220 Prozent Zoll und noch mehr. Und es gibt einen weiteren Trick, es heißt: »Den in Nr. 28 vorgesehenen spezifischen Zöllen für Farben, Farbstoffe, Beizen ... werden durch den Schutzsekretär festzustellende Normal-Stärkemuster zugrunde gelegt, und für alle importierten Artikel dieser Art, welche die Normalstärke überschreiten, wird der spezifische Zoll nach dem Gewicht berechnet, das der bis zur Normalstärke verdünnte Artikel aufweisen würde ...« Der Zollsatz beträgt angeblich 7 Cent pro Pfund eines gewissen Artikels. Aber dessen amerikanische »Normalstärke« wurde mit 10 Prozent festgesetzt, während die Importware 50 Prozent enthält, und so werden nicht 7 sondern 35 US-Cent je Pfund bezahlt, das Fünffache. Bei anderen Artikeln wiederum gilt nicht – wie überall üblich – der Großhandelspreis als Zollgrundlage, sondern der oft dreimal so hohe Verkaufspreis des Kleinhandels.

Die »Kennedy-Runde« brachte Zollermäßigungen. Aber längst sind ja Zölle nicht die einzigen Barrieren, die in Amerika gegen fremde Einfuhren aufgerichtet wurden. Bereits seit 1921 können alle Güter ausgesperrt werden, deren Exportpreis angeblich niedriger als der Herstellungspreis ist, und diese »Dumping«-Paragraphen, die sich ursprünglich vor allem gegen die Sowjetunion und gegen Japan richteten, wurden nicht nur ständig verschärft, sondern (auf Drängen der amerikanischen Stahl-Industrie) 1965 durch den »Herlong-Hartke-Act« ergänzt, der den amerikanischen Firmen vertrauliche Daten über Kosten und Preise ihrer ausländischen Konkurrenz zugänglich macht und dem amerikanischen Finanzministerium für die Feststellung, ob ein Einfuhrartikel unter dem »fair value«, dem Kautschukbegriff »redlichen Wert«, verkauft wird, nur elf Arbeitstage Zeit läßt. Kann der amerikanische Antragsteller in Revision gehen, so der betroffene Ausländer nicht, und geschützt wird nicht nur die US-Industrie, sondern auch der Handel. Auch der kleinste Einzelhändler kann »Dumping«-Verbote beantragen.

Zum »Selling-Price-System« (gegen das Bonn während des Besuches des neuen US-Handelsministers im April 1969 ebenso erfolglos protestierte wie 81 andere Regierungen während der letzten 40 Jahre) und den »Dumping«-Artikeln tritt schon seit 1933 das »Buy-American«-Gesetz. Praktisch alle

Käufe der öffentlichen Hand müssen in Amerika getätigt werden, wenn fremde Angebote nicht um mindestens 25 Prozent und in den meisten Fällen um 50 Prozent billiger sind. Alle Versuche, das zu ändern, scheiterten, und mehr und mehr gibt es überhaupt keinen Vorteil des Preisunterschieds mehr für fremde Lieferanten. Die Generatoren und Transformatoren zum Beispiel, die die »English Electric Co.« bei der Ausschreibung der Chief-Joseph-Damm-Installation anbot, waren um mehr als eine Million Dollar billiger als die billigsten amerikanischen. Aber es wurde »amerikanisch« gekauft, denn es waren »strategische Bedenken« angemeldet worden, und es hieß: »Wenn wir englische Generatoren aufstellen, werden wir dann im Kriegsfall Ersatzteile bekommen?« Da heute alles kriegswichtig ist, genügt schon der »Buy-American-Act«, um Zölle völlig überflüssig zu machen. Und so war – und ist – der Einfuhranteil am amerikanischen Bruttosozialprodukt nach dem Zweiten Weltkrieg noch geringer als vorher. 1929 machte die US-Einfuhr immerhin 5,2 Prozent der volkswirtschaftlichen Gesamtleistung aus. Im Durchschnitt der Jahre 1946 bis 1950 nur 3,3 Prozent. Und 1968 mit 33 Milliarden Dollar zwar das Sechsfache der Einfuhr von 1920, aber insgesamt 3,8 Prozent des Bruttosozialprodukts gegen die 15,5 Prozent, die Westdeutschlands Käufe von seinem Nationaleinkommen ausmachen.

Aber daß sich an Amerikas Zoll- und Handelspolitik praktisch nichts änderte und das vor allem die Entwicklungsländer so schwer trifft, daß das erneut eines Tages katastrophale Folgen haben muß, spielt natürlich im Vergleich zu andern finanziellen Kriegsfolgen nur eine geringe Rolle. Das bei weitem wichtigste Ergebnis des Zweiten Weltkrieges war ja, daß er die Vereinigten Staaten und die Sowjetunion so mächtig machte, daß sie seither um die Welthegemonie rivalisieren, was bekanntlich »Ost-West-Konflikt« heißt.

Echt »bedroht« kann sich dabei keine der beiden »Supermächte« fühlen, auch heute bleibt gültig, was der amerikanische Staatsmann Carl Schurz im Jahre 1900 schrieb: »Die Lage der Vereinigten Staaten von Nordamerika hat vor allen Nationen der Welt einen Vorteil von unschätzbarem Wert: das amerikanische Volk ist das einzige, das nicht in irgendeinem seiner Teile von mächtigen Nachbarn bedroht wird; das keine großen Rüstungen zu Lande oder zu Wasser aufrechtzuerhalten braucht... das alle Energien produktiver Beschäftigung zuwenden kann...« Aber wie die Amerikaner wirtschaftlich einen »überdimensionierten« Erfolgswillen bewiesen, so auch in ihrer Außenpolitik. Zwischen 1801 (als sie Truppen in Tripoli landeten) und 1965 (dem »Einwirken« auf die Dominikanische Republik) führten sie 148 militärische »Interventionen« durch. Seit die USA zur »Weltmacht«

wurden, stiegen ihre Militärausgaben ständig, schließlich zwischen 1939 und 1969 von 3,2 auf 79,8 Milliarden Dollar oder 43 Prozent der gesamten Staatsausgaben; von 13 auf 319 Milliarden DM, obwohl allein in den 3 Jahren 1966 bis 1968 das Budgetdefizit 152 Milliarden DM erreichte. Die Steuerzahler müssen nun Dutzende längst für den »Ernstfall« unbrauchbare »Schaustücke« wie den Atom-Flugzeugträger »Enterprise« unterhalten, mit 86 000 BRT das »größte Kriegsschiff der Welt«, dessen rund 5 000 Mann Besatzung täglich 13 verschiedene Kinovorführungen und zwei Fernsehprogramme geboten werden; denen ein Mormonen-Geistlicher und ein Rabbi ebenso zur Verfügung stehen wie ein katholischer Priester und ein Pastor und die täglich 13 800 Mahlzeiten bekommen. Betriebskosten alle 24 Stunden 220 000 DM. Als Vorsitzender des Außenpolitischen Ausschusses sagte William Fulbright schon am 13. Dezember 1967 im US-Senat: »Wirtschaft, Regierung und Universitäten der Vereinigten Staaten stellen sich mehr und mehr auf permanente Konflikte ein, auf den totalen, den begrenzten und den kalten Krieg. Die ganze Gesellschaft militarisiert sich, wird abhängig von Rüstungsaufträgen, Posten und Subventionen... und der Vietnam-Geist korrumpiert alles...«

Allerdings hatte nun die amerikanische Rüstung bereits weitgehend ihren militärischen Zweck verloren. Sie ist heute mindestens zur Hälfte reine »Wirtschaftspolitik« und der »Vietnam-Geist« im Grunde die alte »Pyramiden-Mentalität«. Im Mai 1963 von einer Arbeitsgemeinschaft amerikanischer Universitätsprofessoren unter Leitung von Seymour Melvin vorgelegte Daten ergeben, daß die USA die 140 wichtigsten Städte der Sowjetunion nicht einmal, sondern auch dann 78mal »auslöschen« könnten, wenn die Hälfte der »carrier«, der Raketen oder Flugzeuge, ausfallen. Die USA wenden jetzt rund ein Zehntel ihres Bruttosozialprodukts für Rüstungen auf. Mindestens 5 Prozent völlig zwecklos für »Overkill«, die Überkapazität ihrer Bewaffnung. Mehr als die Hälfte aller amerikanischen Forscher und Techniker sind nun für diese Militärmaschinerie tätig – und das kann morgen katastrophale wirtschaftliche Folgen haben. Aber da die USA nicht aufhören zu rüsten, hören auch die Russen nicht auf (die ja in allem die USA »überrunden« wollen und so in mehr und mehr Ländern »Möchtegern-Amerikaner« heißen). Der Melvin-Gruppe zufolge kann die Sowjetunion je 100 000 Stadtbewohner der USA rund 2,9 Megatonnen Nuklearsprengstoff »abladen« – das 145fache des zur Totalvernichtung Nötigen...

Im Mai 1968 zitierte Senator Fulbright eine Statistik der Wirtschaftsberater des Präsidenten der USA, aus der hervorgeht, daß seit 1958 kein Jahr verging, in dem nicht mehr für die Wehrmacht ausgegeben worden wäre als die Gesamteinnahmen an individuellen Einkommensteuern. Wobei nur die »reinen« Militärkosten berücksichtigt wurden und zum Beispiel nicht auch der Schuldendienst, den ebenfalls fast ausschließlich Kriege und Rüstungen verursachten, und nicht die Zahlungen an die »Veteranen« usw. Senator Fulbright sagte: »Wenn sich das amerikanische Volk darüber klar wird, daß jeder Groschen seiner Einkommensteuern kriegerischen Zwecken dient, wird es vielleicht seine politischen Führer zwingen, friedliche Lösungen zu suchen und Amerikas Teilnahme an fremden Konflikten zu reduzieren.« Er fuhr fort: »Das Staatsbudget einer Nation spiegelt die Dinge wider, die sie für wichtig und für weniger wichtig hält, enthüllt die wahren Werte. Uns gilt die Freiheit wichtiger als alles andere ... Aber der ›Agency for International Development‹ zufolge hatten wir 1945 bis 1966 ein ›Freiheitsbudget‹ von 122,3 Milliarden Dollar, und wir zahlten zum Beispiel 3,7 Milliarden Dollar für die ›Freiheit‹ in Griechenland, 2 Milliarden für die Spaniens, 519 Millionen für die ›Freiheit‹ in Portugal und 150 für die Südafrikas, während wir sie uns auf Haiti 108 Millionen kosten ließen – allerdings eine andere Art ›Freiheit‹ als die, die Martin Luther King meinte, als er 10 Milliarden für den Kampf gegen die Armut und die Rassendiskriminierung in unserem eigenen Land verlangte ... und werden das alles unsere Steuerzahler noch lange hinnehmen?«

Wie für Amerika gilt das für die ganze Welt, aber das hinderte leider nicht, daß der »Ost-West-Konflikt« die Militärausgaben und Rüstungskosten überall derart steigen ließ, daß sie nun im »Frieden« weit höher sind als früher während großer Kriege – und daß so die Schuldenwirtschaft der Staaten astronomische Ausmaße annahm und die Zinszahlungen einen immer größeren Anteil am Steueraufkommen erfordern.

Der Erste Weltkrieg hatte im Jahresdurchschnitt etwa 286 Milliarden Mark gekostet. Der Zweite kostete jährlich etwa 1 144 Milliarden Mark. Die »Friedens«-Militärausgaben des Jahres 1967 betrugen – amerikanischen Berechnungen zufolge – in Ost und West rund 825 Milliarden DM – im Durchschnitt 40 Prozent aller Staatsausgaben und pro Kopf der Weltbevölkerung 240 DM oder mehr als das gesamte Pro-Kopf-Einkommen einzelner Entwicklungsländer und nicht viel weniger als zum Beispiel die 320 DM pro Kopf, die nun in Indien für alle Bedürfnisse zur Verfügung standen. Paul Hoffmann, der Verwalter des UN-Entwicklungsprogramms, erklärte am 10. Dezember 1968 in New York: »Nichts charakterisiert unsere heutige Welt besser als dies: 4 000 Millionen Dollar jährlich für den Aufbau. 160 000 Millionen für die Zerstörung.« An 93 »Entwicklungsländer« war in diesem Jahr eine »Hilfe« von insgesamt 16 Milliarden DM (Kredite inbegriffen) geleistet worden. Die Militärausgaben betrugen allein im »Westen« 640 Milliarden. Sie erforderten (dem Presseamt der Bundesregierung in Bonn zufolge und so bestimmt nicht zu hoch gegriffen) im Jahre 1968:

	Milliarden DM	*gleich Prozent des Bruttosozialprodukts*
Vereinigte Staaten	324,8	10,5
BRD	23,1	4,5
Großbritannien	20,5	6,5
Frankreich	20,2	5,8

Militärausgaben werden als »Versicherungsprämie« betrachtet, doch 1875, als England ein Weltreich war, hatten sie knapp 2 Prozent des Volkseinkommens betragen, weniger als ein Fünftel des heutigen amerikanischen Anteils. Und nicht, weil das »Risiko« stieg, stiegen überall die Rüstungskosten, sondern durch die politische Unfähigkeit, das Risiko zu begrenzen und durch den »Strukturwandel« der Wehrmächte, die heute nicht nur einigen wenigen »Kanonenkönigen«, sondern vielen Hunderttausenden Firmen goldene Gewinne bringen, den Zulieferern der Luftfahrt- oder Raumfahrtindustrie ebenso wie den »eigentlichen« Waffenfabrikanten. Schon die Rüstungen, von denen unser Wort »Rüstung« stammt, waren nicht billig: Eine 1547 von Jörg Sensenhofer für Erzherzog Ferdinand von Österreich angefertigte Fußkampfrüstung zum Beispiel kostete 1 158 Gulden, damals 32 Kilo Silber und den heutigen Silberpreis zugrunde gelegt nur etwa 7 000 DM, kaufkraftmäßig aber mindestens 100 000 DM. Das erste Raketen-Atom-Unterseeboot hingegen kostete (1961) 480 Millionen DM, pro Tonne etwa 124 000 gegen die rund 1 000 Mark, die ein englischer Panzerkreuzer 1913 pro Bruttoregistertonne erforderte. Schon zwischen dem Deutsch-Französischen Krieg und dem Ersten Weltkrieg – 1873 bis 1914 – gaben die europäischen Mächte 170 Milliarden Goldmark für ihre »Verteidigung« aus. Aber dann wurde die Waffentechnik derart »verbessert«, daß die »reinen« Militärausgaben der Welt (dem Genfer Völkerbund und den UN zufolge) in Milliarden Goldmark betrugen:

1913	11
1938	40
1958	210

gleich 462 Milliarden DM oder rund 1 300 Millionen DM täglich. Und das entsprach nun etwa einem Zwölftel dessen, was die Menschheit insgesamt an Gütern und Dienstleistungen aufbrachte, weit mehr als damals alle

Grundstoff- und Fertigwarenexporte aller Länder der Welt zusammengenommen wert waren. Aber die Rüstungskosten und Militärausgaben stiegen weiter – in den USA zum Beispiel von einem Dollar pro Kopf der Bevölkerung im Jahre 1880 und 36 Dollar bei Ausbruch des Zweiten Weltkrieges auf 370 Dollar 1968. Dem »Institute of Strategic Studies« in London zufolge kostete jeder Armeeangehörige im Jahre 1966 durchschnittlich in DM:

Vereinigte Staaten	69 600
Großbritannien	53 976
Sowjetunion	47 336
Bundesrepublik	39 924
DDR	14 616
Schweiz	2 980

Unmittelbar und ohne den Produktionsausfall zu berücksichtigen, denn im Westdurchschnitt bindet heute jeder Soldat 4 Erwerbstätige für seinen Unterhalt und seine Bewaffnung; wie er selber unproduktiv ist, so diese, und schon vor dem Zweiten Weltkrieg beschäftigte zum Beispiel der Bau einer deutschen Lokomotive durchschnittlich 110 Arbeiter 1 Jahr lang, der einer 10,5 Zentimenter-Kanone hingegen 495, ein U-Boot 4 000 und ein Kreuzer 18 000. Für die USA ergab eine 1963 von dem Columbia-Professor Emile Benoit im Auftrag der »American Association for the Advancement of Science« durchgeführte Analyse einen Friedensarbeitskraftaufwand für die Wehrwirtschaft von 12,7 Millionen Menschen oder 18 Prozent aller Beschäftigten. Aber das schien Leuten wie dem damaligen Vizepräsidenten der USA, Hubert Humphrey, durchaus sinnvoll, denn er sagte in einer »Voice-of-America«-Sendung vom 31. März 1962: »Größere Rüstungsanstrengungen der USA zwingen die Sowjetunion auch, mehr für ihre Rüstungen auszugeben. Da die Sowjetunion kapitalschwach ist, gefährdet jede Rüstungsverstärkung ihre Wirtschaft, und gerät diese in Unordnung, so ergeben sich interne Spannungen, die dem Westen nur dienlich sein können ...«

Rüstungspolitik statt Außenpolitik also – und Ausspielen der amerikanischen gegen die sowjetische Steuerkraft. Rasch zeigte sich, daß die Russen nicht in die Grube fielen, die die Amerikaner ihnen gruben, sondern diese selber. Immer schwerere Negerunruhen gab es bekanntlich in den USA, denn auch hier können nicht Hunderte Milliarden für die »Verteidigung« und für die Städtesanierung ausgegeben werden; und wenn es in der Sowjetunion zu »internen Spannungen« kam, so spürten das 1968 vor allem die Tschechen und Slowaken. Aber stellvertretender US-Verteidigungsminister wurde im Dezember 1968 David Packard, einer der führenden Elektronik- und damit Rüstungsindustriellen der USA. Militärausgaben und »Wirtschaftsblüte« sind nun in vielen Länden so eng verquickt, daß in den Vollversammlungen der Vereinten Nationen nicht weniger als siebenmal vergeblich gefordert wurde, zumindest die Militärausgaben eines Tages im Jahr den UN-Sonderfonds zu überweisen, die den Hunger und das Analphabetentum bekämpfen. Immer wieder wurde die Diskussion »vertagt« und auch Weihnachten 1968 wiederum beschlossen, »vorerst« nicht in die Debatte dieses Vorschlags einzutreten.

Daß es keine ausreichende Entwicklungshilfe und damit keine langfristige Krisensicherung geben kann, solange selbst im »Frieden« vier Zehntel aller Staatsausgaben und damit aller Steuerzahlungen Militärausgaben sind, wurde bereits gesagt und ist klar. Aber diese Entwicklung machte auch zunichte, was in Jahrhunderten an »Menschenrechten« errungen wurde. Sie bedeutete 1968 für rund 38 Millionen auf der Welt zum »Friedens«-Wehrdienst gezwungene Menschen die Wiedereinführung der Fron, der körperlichen Steuerleistung. Der permanente Rüstungstaumel, der den beiden Weltkriegen folgte, ließ nun überall auch im »Frieden« die »Allgemeine Wehrpflicht« zum Gesetz werden, denn ohne »Menschenmaterial« ist auch das modernste Kriegsmaterial wertlos. »Wehrpflicht« aber bedeutet, wie immer man es dreht und wendet, persönliche Unfreiheit. Als »die gesetzliche Verpflichtung des Staatsbürgers zum Dienst in den Streitkräften eines Landes« definiert (und nicht nur seines eigenen, denn die Vereinigten Staaten zum Beispiel ziehen auch fremde Staatsbürger ein, die sich in den USA aufhalten), war und ist diese »Pflicht« überall Wehrzwang. Im deutschen Regierungsentwurf zum Wehrpflichtgesetz von 1956 wird ausdrücklich der »repräsentativen Demokratie des Parlaments, der Regierung und der Gerichte« allein die Entscheidung darüber zugesprochen, wie die Wehrpolitik zu gestalten ist, und ausdrücklich erklärt, auch der Kriegsdienstverweigerer aus Gewissensgründen dürfe »nicht die Verbindlichkeit eines einmal erlassenen Wehrpflichtgesetzes oder das Recht und die sittliche Pflicht des Staates zur Verteidigung in Frage stellen. Das wäre Widerstand. Ihn kann kein Staat erlauben; es sei denn, er gibt sich auf.«

Nun läßt sich natürlich auch für die Wehrpflicht manches sagen, und sie »allgemein« zu machen, entspricht angeblich dem »demokratischen« Prinzip. Aber wie schon während des Ersten Weltkrieges nicht alle die 24 Millionen 18 bis 45 Jahre alten Bürger der USA einberufen werden konnten, die 1917 wehrpflichtig geworden waren, so dienen heute nicht alle wehrpflichtigen Bundesdeutschen 18 Monate lang in der Bundeswehr – und es wird nicht anerkannt, daß ein vom Staat erzwungener Verzicht auf 20 000 DM Einkommen einer Steuerzahlung von 20 000 DM gleichkommt und so die Nichteinberufenen enorme Steuerprivilegien genießen.

Nie begnügten sich die Herrschenden mit dem Geld ihrer Untertanen, jahrtausendelang verfügten sie auch unmittelbar und ohne jeden Umweg über deren Arbeitskraft, und wie Sklaven und Leibeigene die Pyramiden Ägyptens bauten, so die Straßen des Römischen und Fränkischen Reiches und noch bis weit ins 19. Jahrhundert hinein die des Großteiles von Europa. Denn wenn heute alle Menschen als »frei« geboren gelten und niemand als Sklave, das heißt als »Mensch, der das Eigentum eines anderen Menschen ist«, so bildete die Sklaverei die Wirtschaftsgrundlage der antiken »Demokratien« oder des »freiesten aller Länder der Welt«, der 1783 entstandenen Vereinigten Staaten. Gesetzlich abgeschafft wurde sie erst:

1833	auf den britischen Antillen
1848	in den französischen Kolonien
1864	in den Vereinigten Staaten
1886	auf Kuba
1888	in Brasilien
1928	in Sierra Leone
1935	in Äthiopien – und im November
1962	in Saudi-Arabien

Es gibt bekanntlich auch heute noch sehr große Unterschiede zwischen »echter« und »nomineller« Freiheit, und es bleibt wahrer denn je: »Ausschalten des Denkens ist der Versklavung Anfang.« Aber de jure wurde die Sklaverei immerhin beseitigt und ebenso die Leibeigenschaft. Auch nicht seit so langem wie manche meinen. Denn wenn Kaiser Sigismund sie schon zu Beginn des 15. Jahrhunderts aufheben wollte, so setzte erst 1776 Kaiser Joseph II. ihr Verbot in Österreich durch. In Frankreich fiel die Leibeigenschaft durch die Französische Revolution, in Preußen 1810, in Kurhessen aber bestand sie bis 1831, in Hohenzollern-Sigmaringen war sie bis 1833 legal, und in Rußland hob Zar Alexander I. sie erst 1861 auf.

Die Bauern mußten ihren Grundherren körperlich Dienst leisten, jahrtausendelang alle »unfreien« Untertanen ihren Herrschern, aber Kriegsdienst wurde nur selten von ihnen verlangt. Er war der »Kriegerkaste« und später dem Adel vorbehalten. Die Könige und Fürsten boten ihre Vasallen auf, und diese führten – auf ihre eigenen Kosten – ihr persönliches Gefolge ins Feld. Diese Heere waren dementsprechend klein, und auch die mittelalterlichen Ritterheere blieben klein, schon weil die Ritterrüstungen, wie gezeigt, teuer waren. Auch blieben die Kriege naturgemäß kurz.

Als im 14. Jahrhundert die Kämpfe immer länger dauerten und sich auf fernen Kriegsschauplätzen abzuspielen begannen, stieg die Bedeutung der Söldnerheere, auch weil aus den Schlössern Festungen wurden, man Garnisonstruppen brauchte und der Adel zu solchem Dienst natürlich so wenig Lust hatte wie die reich gewordenen Bürger der Städte. Leute aber, die den Krieg als Handwerk betrieben wie jedes andere, gab es schon seit dem ersten vorchristlichen Jahrtausend. Das waren Griechen gewesen, die ihre eigenen Waffen – die ersten eisernen und damit allen andern überlegenen Schwerter und Spieße – mitbrachten und für ihre Dienste Bargeld forderten. Die allerdings meist auch Kredit gaben: Ihr Sold sollte in der Beute bestehen, die sie machten, der besiegte Feind also die Kriegskosten tragen. Das Wort »Söldner« ist vom spätromanischen »solidus« abgeleitet, einem »soliden«, vollwertigen Goldstück, und auch unser Wort »Soldat« hat den gleichen Ursprung. Stets wurden Söldner nicht einzeln verpflichtet, sondern wie es seit Jahrtausenden Steuerpächter gibt, gab es sehr früh schon »Heeresunternehmer«. Denn warum sollte der Staat mühsam Abgaben einheben oder den Ertrag von Steuerverpachtungen den Söldnern auszahlen, wenn diese doch selber viel »rationeller« die »Kriegskontributionen« einheben konnten und womöglich nicht im eigenen Land, sondern dem des Feindes? Die Landesfürsten »mieteten« also Regimenter von »Obristen« und schlossen mit ihnen »Kapitulationen«. Die Unternehmer ließen die Werbetrommel rühren, warben Söldner an und verkauften »Offizierspatente«, denn sie, nicht die Landesherren, besaßen die oberste Befehlsgewalt. Söldner wurden ausgeraubte Bauern, abenteuerlustige junge Leute, gescheiterte Existenzen. Da ihr »Kapital« die angeworbenen Leute waren, gingen die Söldnerführer mit ihnen behutsam um – solange sie nicht gegen die Disziplin verstießen. Das ihnen zugewiesene Operationsgebiet betrachteten die Obristen als ihre persönliche Einnahmequelle, gleich, ob sie als Feind oder als Verteidiger hier oder da standen. Natürlich wollten die Landesherren wissen, wofür sie bezahlten, und stellten jedem Obersten einen »Kriegskommissar« zur Seite. Aber diese wurden an der Beute beteiligt und sahen daher meist nur, was sie sehen wollten. Diese »Kommissare« hatten auch für die Truppenverpflegung zu sorgen und wollten an ihr verdienen. So kam es immer häufiger zu Plünderungen.

Nun kann man natürlich sagen: Die heutigen Staaten sind mit den Fürstenstaaten des 18. Jahrhunderts nicht zu vergleichen, aber ist die Mentalität unserer »Verteidigungsminister«, die früher wenigstens ehrlich »Kriegsminister« hießen, oder unserer Rüstungsindustriellen wirklich verschieden von der der Herzöge und Generäle der Vergangenheit?

Im 2. Akt von »Kabale und Liebe« schilderte Friedrich Schiller 1784 den Geist seiner Zeit durch das Gespräch der Mätresse des Fürsten mit einem alten Kammerdiener:

KAMMERDIENER: Seine Durchlaucht der Herzog empfehlen sich Mylady zu Gnaden und schicken Ihnen diese Brillanten zur Hochzeit. Sie kommen soeben erst aus Venedig.

LADY *hat das Kästchen geöffnet und fährt erschrocken zurück:* Mensch! Was bezahlt dein Herzog für diese Steine?

KAMMERDIENER *mit finsterem Gesicht*: Sie kosten ihn keinen Heller.

LADY: Was, bist du rasend? Nichts? – und *indem sie einen Schritt von ihm wegtritt* du wirfst mir ja einen Blick zu, als wenn du mich durchbohren wolltest. – Nichts kosten ihn diese unermeßlich kostbaren Steine?

KAMMERDIENER: Gestern sind siebentausend Landeskinder nach Amerika fort. Die zahlen alles.

LADY *setzt den Schmuck plötzlich nieder und geht rasch durch den Saal, nach einer Pause zum Kammerdiener*: Mann, was ist dir? Ich glaube, du weinst?

KAMMERDIENER *wischt sich die Augen, mit schrecklicher Stimme, alle Glieder zitternd*: Edelsteine wie diese da? – Ich hab' auch ein paar Söhne drunter.

LADY *wendet sich bebend weg, seine Hand fassend*: Doch keine Gezwungenen?

KAMMERDIENER *lacht fürchterlich*: O Gott – nein, lauter Freiwillige. Es traten wohl so etliche vorlaute Busch' vor die Front heraus und fragten den Obersten, wie teuer der Fürst das Joch Menschen verkaufe? – aber unser gnädigster Landesherr ließ alle Regimenter auf dem Paradeplatz aufmarschieren und die Maulaffen niederschießen. Wir hörten die Büchsen knallen, sahen ihr Gehirn aufs Pflaster spritzen, und die ganze Armee schrie: Juchhe, nach Amerika!

LADY *fällt mit Entsetzen in den Sopha:* Gott! Gott! Und ich hörte nichts? Und ich merkte nichts?

KAMMERDIENER: Ja, Gnädige Frau – warum mußtet Ihr denn mit unserm Herrn gerad' auf die Bärenhatz reiten, als man den Lärmen zum Aufbruch schlug? Die Herrlichkeit hättet Ihr doch nicht versäumen sollen, wie uns die gellenden Trommeln verkündeten, es sei Zeit, und heulende Waisen dort einen lebendigen Vater verfolgten, und hier eine wütende Mutter lief, ihr saugendes Kind an Bajonetten zu spießen, und wie man Bräutigam und Braut mit Säbelhieben auseinanderriß, und wir Graubärte verzweiflungsvoll dastanden und den Burschen auch zuletzt die Krücken noch nachwarfen in die Neue Welt. – Oh, und mitunter das polternde Wirbelschlagen, damit der Allwissende uns nicht sollte beten hören!

LADY *steht auf, heftig bewegt*: Weg mit diesen Steinen – sie blitzen Höllenflammen in mein Herz! *Sanfter, zum Kammerdiener* Mäßige dich, armer, alter Mann. Sie werden wiederkommen, sie werden ihr Vaterland wiedersehen.

KAMMERDIENER *warm und voll*: Das weiß der Himmel. Das werden sie. Noch am Stadttor drehten sie sich um und schrien: Gott mit euch, Weib und Kinder. Es leb' unser Landesvater – am Jüngsten Gericht sind wir wieder da!

7 560 dieser Hessen blieb nur die Hoffnung auf das Jüngste Gericht. Und die 25 267 Amerikaner, die 1961 bis 1968 in Vietnam starben? Hatten die eine andere? Zogen die 27 Millionen Soldaten, denen der Zweite Weltkrieg das Leben kostete, freiwillig in diesen Krieg, oder die 9 Millionen, die aus dem Ersten Weltkrieg nicht mehr heimkehrten? In der Sowjetunion heißt der Zweite Weltkrieg heute der »Vaterländische Krieg«. Aber der Londoner »Times« vom 16. Mai 1947 zufolge erklärte Sir Winston Churchill damals bei der Entgegennahme des Ehrenbürgerrechtes von Ayre: »Ich habe stets behauptet, daß der Zweite Weltkrieg am leichtesten von allen Kriegen zu vermeiden gewesen wäre. 1945 fragte Präsident Roosevelt, wie der Krieg benannt werden solle. Ich sagte: Nennen Sie ihn den ›Unnötigen Krieg‹ ...« Und war die Geldgier der Fürsten nicht ungleich harmloser als die gewisser heutiger »Interessenten«; die Dummheit der Könige nicht ungleich weniger verheerend als die unserer jetzigen Präsidenten und Minister und »Volksvertreter«?

Die »allgemeine« Wehrpflicht ist bekanntlich eine »republikanische« Errungenschaft. Im amerikanischen Unabhängigkeitskrieg (wie in dem der USA gegen England 1812 bis 1814) gab es nur Freiwillige (die durch Landversprechungen und Geldprämien angelockt wurden). Zwar hatte General Washington (wie im 16. Jahrhundert bereits Machiavelli und Moritz von Nassau) 1777 die Allgemeine Wehrpflicht gefordert, sie erwies sich aber durch den Einsatz französischer Hilfstruppen als unnötig.

Das waren Truppen der Armee König Ludwigs XVI., die dann 1789 schon dadurch kampfunfähig wurde, daß Offiziersstellen, wie geschildert, dem Adel vorbehalten waren und dieser in Massen emigrierte oder »liquidiert« wurde. Die Republik mußte also eine neue Art Wehrmacht aufstellen. Sie entwickelte sich aus der nach dem Sturm auf die Bastille in den Städten gebildeten »Nationalgarde«, die ursprünglich aus Freiwilligen bestand, deren Offiziere zu den Republikanern übergegangene Adelige waren und die seit 1790 auch Bürgerliche kommandierten.

Die Königliche Armee hatte 1789 insgesamt 173 000 Mann gezählt, die Miliz weitere 60 000 Mann. Die Revolutionäre verfügten 1792 über insgesamt 402 000 Freiwillige, von denen aber nur 112 000 an der Front standen. Und da die Revolutionskriege immer größere Ausmaße annahmen und den Republikanern die bisher übliche »Mietung« von Truppen von den deutschen Fürsten nicht möglich war, wurde am 11. Juli 1792 in Frankreich das erste Gesetz erlassen, das alle tauglichen Bürger zwischen 18 und 40 Jahren zum Kriegsdienst verpflichtete. Jetzt wurde »das Vaterland in Gefahr« erklärt, und Lazare Carnot organisierte das erste aller »Volksheere«.

Als Sohn eines Notars, der Ludwig XVI. als Ingenieur diente, war Carnot seit 1792 Mitglied der Nationalversammlung. Im August 1793 übernahm er im »Wohlfahrtsausschuß« die Leitung des Kriegswesens und schuf durch die »Levée en masse« das Werkzeug, das nicht nur die Republik rettete, sondern mit dem Napoleon I. fast ganz Europa eroberte und bis Moskau vordrang. Aber Begeisterung hatten seine Maßnahmen nie geweckt. Vorerst waren nur 30 000 Franzosen einberufen worden, der Konvent beschloß aber am 20. Februar 1793 die Einberufung von 500 000 Mann. Das löste in der Vendée eine Revolte aus, überall versteckten sich die Wehrpflichtigen. Erst als Carnot den Dienst auf die 18- bis 25jährigen beschränkte, hatte die Rekrutierung Erfolg, und am 1. Januar 1794 standen 770 000 Franzosen unter Waffen. Napoleon I. »perfektionierte« die Aushebungstechnik derart, daß ihm statt 60 000 Rekruten im Jahre 1801 4 Jahre später bereits 210 000 zur Verfügung standen, und insgesamt wurden von 1800 bis 1813 in Frankreich 2 613 000 Wehrpflichtige eingezogen – mit den langfristigen Folgen für das Land, die bereits im 8. Kapitel beschrieben wurden. Von der »Grande Armée« waren aber auch schon 1809 ein Drittel rein deutsch, 1812 von den 467 000 Mann der Rußland-Armee 280 000 Ausländer.

Die logische Folge der Einführung der Wehrpflicht in Frankreich war ein entsprechendes preußisches Gesetz, zu dem es am 3. September 1814 kam und in dem Gerhard von Scharnhorst das Prinzip des »Militärdienstes für alle ohne Unterschied der Klasse und ohne Möglichkeit des Freikaufens«

durchsetzte. Denn auch dort hatte der Fiskus wieder ein Geschäft machen und sich durch die »Barablösung der Wehrpflicht« Einnahmen verschaffen wollen. Scharnhorst jedoch schrieb 1810 dem Finanzminister: »Es kommt nicht darauf an, ein Heer zu schaffen, das nur der rohen Gewalt gehorcht, sondern ein Heer, das durch moralische Eigenschaften zusammengehalten wird. Macht man bei der Aushebung Standesunterschiede, so liegt die Gefahr nahe, daß das nicht bevorzugte Volk sagt: ›Nun gut, wenn ich alleine meine Söhne zur Verteidigung des Vaterlandes hingeben soll, so nehmet mir dafür auch alle Steuern ab und legt sie ausschließlich auf den, bei welchem ihr die Kraft des Reichtums findet ...«

Nach dem Krieg von 1866 übernahmen alle deutschen Staaten mit Ausnahme Bayerns, das 1868 folgte, diese »Allgemeine Wehrpflicht« und mit Ausnahme Großbritanniens schließlich auch alle europäischen Staaten. In Amerika hatten sich während des Sezessionskrieges so wenige Freiwillige gemeldet, daß die Südstaaten im April 1862 und der Norden am 3. März 1863 die Allgemeine Wehrpflicht einführten, aber nur als Kriegsmaßnahme und »gemildert« durch die Möglichkeit, (gekaufte) Ersatzleute zu stellen. Erst am 5. Juni 1917 kam es erneut zur Dienstpflicht in den USA, und jetzt gab es nun 24 Millionen Wehrpflichtige, von denen 4,8 Millionen mobilisiert wurden. Insgesamt mußten im Ersten Weltkrieg rund 60 Millionen und im Zweiten Weltkrieg 160 Millionen Staatsbürger Militärdienst leisten, und was das für sie – und was das für die respektiven Volkswirtschaften – an Verdienstentgang bedeutete, wurde und wird nie erwähnt, aber nicht wenige Deutsche zum Beispiel wurden zum Arbeitsdienst einberufen, anschließend gleich zur Wehrmacht – und kamen 1950 aus der Kriegsgefangenschaft: 12 bis 14 Jahre körperliche Besteuerung waren nicht selten. Schon beim durchschnittlichen Arbeitslohn Leistungen von gut 100 000 DM. Niemand rechnet auch je die Menschenkosten zu den Kriegskosten hinzu, immer ist nur von den reinen Geldkosten die Rede. Die im Zweiten Weltkrieg 27 Millionen im Kampf Gefallenen und die 25 Millionen Ziviltoten aber waren mindestens 520 Milliarden Dollar oder 2 080 Milliarden DM »wert«. Dieser »Preis« kam zu den 1 430 Milliarden Dollar Geldkosten hinzu, ohne den Wert der Zerstörungen zu rechnen.

Natürlich erschöpft sich keines Menschen Wert im Materiellen. Aber alle volkswirtschaftlichen Analysen bleiben unvollkommen, solange man nicht auch den Geldwert des Menschen berücksichtigt, solange man das »Kapital« verkennt, das er darstellt, seine beträchtlichen »Aufzuchtkosten« vernachlässigt und seinen Verbrauch nicht exakt mit seinen Leistungen vergleicht. Zwar betrachtete Adam Smith schon 1776 »die natürlichen und nützlichen Fähigkeiten der Einwohner eines Landes« als Teil des Nationalreichtums, und bereits Johann Heinrich von Thünen hob 1826 hervor, daß »die Anwendung des Kapitalbegriffes auf den Menschen diesen weder erniedrige noch in seiner Freiheit und Würde beeinträchtigt«. Aber erst 1934 stellte die Harvarduniversität entsprechende Berechnungen an, und erst 1940 wurde in Deutschland der »materielle Geburtswert der Bevölkerung« festgestellt.

Dieser Wert wird errechnet, indem man vom durchschnittlichen jährlichen Arbeitseinkommen eines gesunden Mannes und einer gesunden Frau ausgeht, davon abzieht, was sie für sich selber verbrauchen, den Rest mit 40 multipliziert (weil im allgemeinen 4 Jahrzehnte lang produktiv gearbeitet wird) und davon wiederum abzieht, was während der ersten 15 bis 20 Lebensjahre eines Menschen für ihn von seiner Familie und der öffentlichen Hand ausgegeben werden muß.

Schon diese »Aufzuchtkosten« sind alles andere als gering. Die Harvard-Experten kamen auf 10 000 Dollar pro Kopf bis zum 18. Lebensjahr, und heute rechnet man in den USA mit etwa 60 000 DM und in Westeuropa mit etwa 40 000. Die deutsche Berechnung berücksichtigte 1940 diese »Aufzuchtkosten« nur bis zum 15. Lebensjahr und kam so auf einen »Geld-Kapitalwert« von 29 400 DM je Mann und 11 000 DM je Frau. Eine für die Bundesrepublik 1956 aufgestellte Berechnung ergab rund 35 000 und 16 800 DM und damit ein »organisches Kapital« von damals 1 276 Milliarden DM oder dem rund Siebenfachen des Gesamtsozialprodukts von 1955. Versiebenfachen wir auch das Sozialprodukt von 1968, so kommen wir auf 3 710 Milliarden DM »Kapitalwert« der westdeutschen Bevölkerung.

Zu diesem »materiellen Geburtswert« des Menschen kommt der »generative«, das heißt seine Fähigkeit, Nachkommen zu zeugen, und ebenso der »kulturelle Wert«, die Fähigkeit, zu erfinden und zu entdecken, schöpferisch geistig tätig zu sein – und das stellt geradezu unermeßliche Werte dar. Aber schon ohne deren Berücksichtigung ist auch der »Leistungswert« des Menschen weit größer, als meist angenommen wird. Dem »US-Census-Bureau« zufolge verdiente in den Vereinigten Staaten 1963 ein Arzt während seines Lebens durchschnittlich 2,87 Millionen DM; ein Rechtsanwalt durchschnittlich 2,48 und ein Stahlarbeiter 1,54 Millionen DM.

Der Pro-Kopf-Durchschnitt der Löhne und Gehälter in der Bundesrepublik stieg 1956 bis 1966 von 4 844 auf 9 470 DM und beträgt jetzt rund 11 000. Bei 40 Jahren Arbeit ergibt das 440 000 DM oder das Elffache der »Aufzuchtkosten«.

Menschen sind also auch rein materiell sehr kostbar, denn die Einkommen machen ja nur einen Teil des volkswirtschaftlichen Leistungswertes aus: in der Bundesrepublik 1968 rund 67 Prozent. Im Durchschnitt ist jeder Deutsche jährlich gut 15 000 DM »wert« – und die Bundeswehr kostet daher nicht 24 Milliarden DM jährlich, sondern durch den Produktionsausfall, den rund eine halbe Million Soldaten bedeuten, 7 bis 8 Milliarden mehr. Und da, wie gezeigt, zur Erhaltung und Bewaffnung jedes Soldaten durchschnittlich 4 weitere Erwerbstätige unproduktiv werden, die westdeutsche »Verteidigung« also nicht rund eine halbe Million, sondern zweieinhalb Millionen Menschen für die Gesamtwirtschaft »paralysiert«, kostet sie jährlich mindestens um 37,5 Milliarden DM mehr, als im Budget aufscheint.

So oder so haben wir alle diese Kosten aufzubringen. Die zum Wehrdienst Einberufenen aber auch zusätzlich ihre unmittelbare Leistung. Achtzehn Monate Wehrpflicht für eine halbe Million Mann bedeutet eine körperliche Steuerleistung von 1 800 Millionen Arbeitsstunden und schon beim deutschen Durchschnitts-Arbeitseinkommen rund 17 000 DM pro Soldat zusätzliche Steuerzahlung. Da auch Leute eingezogen werden, die weit mehr als den Durchschnitt verdienen, kann diese »Sonderabgabe« leicht 30 000 bis 100 000 DM persönlicher Leistung an den Staat bedeuten. Ganz abgesehen vom Gesundheitsrisiko und der Möglichkeit, das Leben opfern zu müssen. Und »Steuergleichheit« gibt es dabei, wie erwähnt, natürlich überhaupt nicht, »Wehrgerechtigkeit« ist ein leeres Wort. Wer gesund und fit ist, wird gegenüber den »Untauglichen« benachteiligt und die de facto Eingezogenen gegenüber den nicht aufgerufenen Wehrpflichtigen, denn für alle diese »leibeigen« Gewordenen ist ja – bisher zumindest – in den Kasernen kein Platz. Und so zahlt, wer in dieser »Steuerlotterie« verliert. Und das Gesamtvolk natürlich.

Hat das wenigstens einen Sinn? Und wünscht es das »Volk«?

Deutschland kann »konventionell« nicht verteidigt und atomar nur zerstört werden. An die Stelle des »Hunderttausend-Mann-Heeres« der Weimarer Republik, eines Freiwilligenheeres, die Bundeswehr zu setzen, war völlig sinnlos und kein »Volkswille«. Im September 1964 fragte das Allensbacher Institut für Demoskopie einen »gewogenen« Durchschnitt der Deutschen: »Gibt es Ihrer Ansicht nach irgend etwas, für das es sich lohnt, sogar das Leben einzusetzen?« Von den Frauen antworteten 55 mit Ja, von den Männern 49 Prozent. Aber nur 3 Prozent der Männer und 1 Prozent der Frauen waren bereit, ihr Leben für Deutschland, für ihr »Vaterland« zu opfern. 29 Prozent und 42 Prozent der Opferfreudigen dachten an ihre Familien. Längst gab es keine »kriegerischen« Deutschen mehr – aber einen kriegerischen Staat, der zweimal innerhalb einer Generation entwaffnet wurde und trotz des Verlustes zweier Kriege zweimal wiederaufrüstete. Artikel 173 des Versailler Vertrages vom 28. Juni 1919 lautete: »Die Allgemeine Wehrpflicht wird in Deutschland abgeschafft. Das deutsche Heer darf nur im Wege freiwilliger Verpflichtung aufgestellt und ergänzt werden.« Aber bereits am 24. Februar 1920 hieß es in Punkt 22 des Programms der Nationalsozialistischen Partei Deutschlands: »Wir fordern die Abschaffung der Söldnertruppe und die Bildung eines Volksheeres.« Am 1. April 1933 lief das Panzerschiff »Admiral Scheer« vom Stapel, am 10. März 1935 wurde die Bildung einer neuen deutschen Luftwaffe bekanntgegeben, und am 16. März 1935 kam es zur Wiedereinführung der Allgemeinen Wehrpflicht. Das deutsche Friedensheer gliederte sich vorerst in 12 Korpskommandos und 36 Divisionen. Die Dauer der aktiven Dienstzeit wurde mit einem Jahr festgesetzt.

Als am 14. Februar 1939 das Schlachtschiff »Bismarck« vom Stapel lief, das 35 000 Bruttoregistertonnen verdrängte statt der 10 000 der »Admiral Scheer«, gab es 51 Divisionen. Im Zweiten Weltkrieg wurden dann rund 13 Millionen Deutsche zur Wehrmacht einberufen, fast jeder Fünfte – 2,85 Millionen – überlebte ihn nicht, und mit den in der Gefangenschaft Gestorbenen, den Luftkriegs- und andern »zivilen« Opfern kostete der Zweite Weltkrieg bekanntlich rund sechseinhalb Millionen Deutschen das Leben.

Nun wurde ganz Deutschland von den Siegern besetzt und so total »entmilitarisiert«, daß selbst der Besitz eines Jagdgewehrs streng verboten war, und auch die Deutschen fanden das in Ordnung. In der »Rheinischen Post« vom 30. Dezember 1946 erklärte damals zum Beispiel der spätere Bundeskanzler Konrad Adenauer: »Wir sind einverstanden, daß wir völlig abgerüstet werden ... Ja, ich will noch weitergehen: Ich glaube, daß die Mehrheit des deutschen Volkes einverstanden wäre, wenn wir wie die Schweiz völkerrechtlich neutralisiert würden ...« Im Wahlkampf für den ersten Bundestag (der mit 78,5 Prozent Beteiligung am 14. August 1949 gewählt wurde) löste der spätere Bundesverteidigungsminister Franz Josef Strauß donnernden Beifall mit seinem Wunsch aus: »Wer noch einmal ein Gewehr in die Hand nehmen will, dem soll die Hand abfallen!« Der erste Bundespräsident, Theodor Heuss, sagte am 8. September 1949: »Ich bin absolut gegen eine deutsche Wehrmacht, ganz gleich, unter welchem Kommando sie stehen würde ...« Und feierlich hatte schließlich der amtierende Bundeskanzler Adenauer am 4. Dezember 1949 erklärt: »Es muß ein für allemal in der Öffentlichkeit klargestellt werden, daß ich prinzipiell gegen eine Wiederbewaffnung der Bundesrepublik Deutschland und gegen eine Wiedererrichtung einer deutschen Wehrmacht bin ...«

Aber wie der »Generalanzeiger für Bonn und Umgebung« vom 26./27. Januar 1952 undementiert berichtete, hatte Konrad Adenauer »schon als Privatmann 1948... General Speidel beauftragt... Vorschläge für einen deutschen Verteidigungsbeitrag auszuarbeiten«. Am 29. August 1950 richtete Konrad Adenauer (ohne seine Minister zu befragen) ein Memorandum an die Hochkommissare, in dem er »deutsche Kontingente für eine westeuropäische Armee« anbot. Am 16. Oktober 1950 wurde die »Prüfstelle Godesberg« zur Auswahl der Führungskader der künftigen Bundeswehr eingerichtet, und am 30. Oktober 1950 der Posten eines »Beauftragten des Bundeskanzlers für die mit der Vermehrung und Unterbringung der alliierten Truppen zusammenhängenden Fragen« geschaffen. Das war das »Amt Blank«, das spätere »Bundesverteidigungsministerium«. Das Grundgesetz der Bundesrepublik Deutschland erlaubte keine allgemeine Wehrpflicht. Aber am 26. Februar 1954 beschloß der Bundestag mit 334 gegen 144 Stimmen eine Verfassungsänderung, die dem Bund das Gesetzgebungsrecht in allen Wehrfragen gab, und so konnte er am 16. Juli 1955 ein Gesetz erlassen, das die Einstellung von 6 000 Freiwilligen ermöglichte. Am 5. Mai 1955 erhielt die Bundesrepublik von den Alliierten die »Wehrhoheit«. Und am 6. Juli 1956 wurde die Allgemeine Wehrpflicht mit 12 Monaten aktiver Dienstzeit eingeführt. Nach zwei weiteren Änderungen des Grundgesetzes konnten innerhalb von 3 Jahren 40 Wehrgesetze erlassen werden, und schließlich beschloß der Bundestag am 25. März 1958 die Ausrüstung der Bundeswehr mit Atom-Trägerwaffen.

Die ersten 10 Jahre »Wiederbewaffnung« hatten (dem Bonner Bundesfinanzministerium zufolge) die deutschen Steuerzahler 220 Milliarden DM gekostet. 1968 betrugen die ausgewiesenen Wehrmachtskosten und »Nebenlasten« (vor allem die Zahlungen an die Alliierten) rund 21 700 Millionen oder 22,4 Prozent aller Staatsausgaben, und das waren keineswegs die gesamtwirtschaftlichen Kosten, auch Zinszahlungen, Luftschutz und alles mögliche andere wurden ignoriert. Aber nur 4 »Volksvertreter« störte das.

In echten Parlamenten sind die jährlichen Verabschiedungen des Staatshaushalts *die* großen Tage. Da muß die Regierung Rechenschaft ablegen, und die Opposition macht ihre Gegenvorschläge, und da werden für die nächsten 12 Monate die Grundlinien der Politik festgelegt. Besonders die 2. Lesung des Etats, die Detailkontrolle, ist entscheidend wichtig, denn dann wird darüber abgestimmt, wofür Geld ausgegeben werden darf und wofür nicht, das heißt, was die Regierung zu tun hat und was sie unterlassen muß. Mittwoch, den 19. März 1969 gab es solch einen »Höhepunkt des parlamentarischen Lebens« im Bonner Bundestag, und um 22 Uhr 25 abends wurde der »Entwurf des Gesetzes über die Feststellung des Bundeshaushaltsplanes für das Rechnungsjahr 1969, Einzelplan 14, Geschäftsbereich des Bundesministers der Verteidigung, Gesamtausgaben 18 789 752 000 DM« mit Mehrheit gegen die Stimmen der FDP angenommen. Das war der westdeutsche Wehretat ohne »Nebenlasten«. Und er wurde mit 17 Stimmen angenommen. Denn insgesamt nahmen an diesem entscheidenden Gesetzgebungsakt 21 der 496 stimmberechtigten Abgeordneten teil. Ebenso viele Abgeordnete, als es Regierungsmitglieder gab. Diese nannten das selber »eine erweiterte Ausschußsitzung«. Aber niemand – auch die 4 anwesenden Oppositionsvertreter nicht – focht die Beschlußfähigkeit des Hauses an. Nicht nur die 18 Milliarden DM, auch alles, was diese an Existenzgefahr für das deutsche Volk bedeuten können, interessierte 475 westdeutsche »Volksvertreter« so wenig, daß sie sich nicht einmal die Mühe machten, in den Plenarsaal zu kommen.

Wie die westdeutsche Bundeswehr ein Politikum allerersten Ranges ist, so sah auch in einer am 11. Februar 1965 veröffentlichten Analyse des deutschen Wiederaufstiegs die Londoner »Times« einen der wichtigsten Erfolgsfaktoren in der Entmilitarisierung. Und nicht nur in der »Möglichkeit, die gesamte Wirtschaftskraft produktiv einzusetzen«, sondern es hieß auch: »Überaus wichtig war, daß nun viele der besten Köpfe Wirtschaftskarrieren wählten, weil sie nicht mehr hohe Beamte werden konnten oder wollten und es den deutschen Generalstab nicht mehr gab ...« Deutschland gab das Atout seiner Ersparnis an Militärlast und Geisteskraft auf, Japan aber, das ja ebenfalls entmilitarisiert wurde, nicht, und wenn das auch nicht der einzige Grund des einmaligen Nachkriegs-Wirtschaftserfolges des Inselreiches ist, trug der Verzicht auf Wiederaufrüstung doch entscheidend dazu bei, daß Japan Deutschland im Schiffbau wie in der Stahlerzeugung, im Automobilbau wie in der Elektronik und auf Dutzenden andern Gebieten überholte und schließlich 1968 mit einem Bruttosozialprodukt von 538 Milliarden DM gegen Deutschlands 527 Milliarden die nach den USA (mit 3 444 Milliarden DM Gesamtleistung) zweitwichtigste Industrienation der Erde wurde. Und daß es 1968 mit 21 Prozent des Bruttosozialprodukts an Steuern und Abgaben auskam statt der 42 Prozent der Bundesrepublik. Nicht minder, daß Japans Staatsschuld nun 6 Milliarden DM betrug oder rund 58 DM pro Kopf gegen die 116 Milliarden, die Bund, Länder und Gemeinden der Bundesrepublik 1968 schon wieder schuldeten, gegen die hier rund 2 000 DM pro Kopf und deutschen Zinskosten von (1966) 4 229 Millionen DM.

Auch Deutschlands Schulden allerdings sind (vor allem weil 1948 ja alle früheren »abgeschrieben« wurden) geradezu lächerlich gering im Vergleich zu denen der »Sieger«, zu denen Englands oder gar der Vereinigten Staaten. Diese Schulden sind das Haupterbe, das die beiden Weltkriege der Menschheit hinterließen, und sie wurden schließlich durch den »Ost-West-Konflikt« und den Rüstungswettlauf, den er auslöste, so phantastisch hoch, daß nun allein die Zinsen weit mehr Steuergeld kosten, als noch vor wenigen Jahrzehnten die gesamten Staatsausgaben. Und so hoch, daß nur mehr Geldentwertungen riesigen Ausmaßes sie zu »tilgen« vermögen und daß der Raub, den seinerzeit die französische Assignaten-Wirtschaft bedeutete, geradezu harmlos erscheint, daß nun zu den Steuern auch in den »solidesten« Ländern 3 bis 8 Prozent »Zuschlag« in Form des Geldwertschwundes treten.

XIII

DIE BESTEUERTE ZUKUNFT

Das Wachstum der Staatsschulden und die furchtbaren Zwillinge Steuern und Zins

»Staatsschulden und Steuern, das sind nur zwei Namen für die gleiche Sache: beide verlagern sie private Kaufkraft auf den Staat, und ihre Wirkungen sind auch sonst identisch: Denn wer anders als der Steuerzahler soll für Zins und Amortisation der öffentlichen Schulden aufkommen?«

Sir Josiah Stamp, 1919
als Direktor der Bank von England

»Es gibt nichts in dieser weiten Welt, was an Macht dem Zinseszins gleichkommt ...«

Gordon Selfridge, London 1919

»Die Kosten des modernen Krieges wie des friedensmäßigen Lebens sind so enorm gestiegen, weil wir ein Gebäude der Verschuldung errichtet haben, das eine immense Gefahr für unsere gesamte Wirtschaftsstruktur und unser ganzes Wirtschaftssystem bildet.«

Bernard Manes Baruch, 1950
(im Vorwort zu William Vogts »Die Erde rächt sich«)

Stets und überall nahmen die Herrschenden den Produzierenden ungeheure Summen ab. Heute tun sie es in einem Ausmaß, das phantastisch scheint. Wenn auf dem Gebiet der Bundesrepublik Deutschland an Steuern und Sozialbeiträgen 1913 insgesamt 2,9 Milliarden Mark erhoben wurden, so waren es ein halbes Jahrhundert später fünfundfünfzigmal soviel. Für das Jahr 1967 lauten die amtlichen Ziffern:

	Millionen DM
Gemeinschaftliche Steuern vom Einkommen	43 869
Bundessteuern	46 886
Landessteuern	8 540
Gemeindesteuern	14 055
Sozialbeiträge der Versicherten und der Arbeitgeber	46 763
	160 113

Bei einem Volkseinkommen (Nettosozialprodukt) von nun 361,6 Milliarden DM waren das 44,3 Prozent. Da waren das bei einem Pro-Kopf-Volkseinkommen von 6 040 DM 2 674 DM Steuern und Sozialabgaben, während 1913 noch 11 Prozent des Volkseinkommens und 42,60 Mark pro Kopf genügt hatten.

In den Vereinigten Staaten betrugen die Bundes-, Länder und Gemeindesteuereinnahmen 1913 alles in allem 2,2 Milliarden Dollar – 22,70 Dollar pro Kopf. 1968 hingegen 170,2 Milliarden und 864 Dollar pro Kopf, 3 456 DM, schon Sozialbeiträge.

Ähnlich ist es, wie schon gezeigt, in allen »hochentwickelten« Ländern. Aber wie sehr die Steuern auch wuchsen, nirgends genügten sie, überall machten die Staaten auch Schulden – nahmen sie Anleihen auf zukünftige Steuereingänge auf, besteuerten sie auch die noch Ungeborenen.

Staatsschulden aber unterscheiden sich von privaten Schulden dadurch, daß sie gegen den Willen des Schuldners nicht einzutreiben sind und als Staatsschuld nur gilt, was diese oder jene Regierung anerkennt. Nicht selten kommt es zu neuen Regierungen, damit diese die Verpflichtungen ihrer Vorgänger als für sie »nicht verbindlich« erklären können, und keineswegs nur die Bolschewiken erkannten durch ein Dekret vom 28. Januar 1918 die

»Zarenschulden« von damals 66,7 Milliarden Goldmark nicht an, von denen rund 23 Milliarden aus dem Ausland stammten. Schon 1823 hatten die in Spanien an die Macht Gekommenen, 1832 in Portugal und 1867 in Mexiko neue Regierungen die Bezahlung der Schulden ihrer Vorgänger abgelehnt, und 1868 erklärten die Vereinigten Staaten durch eine Verfassungsänderung die Schulden der Konföderierten für nichtig, und es lösten sich 116,3 (vorwiegend europäische) Millionen Dollar in Luft auf. Nach dem Ersten Weltkrieg lehnte auch die »neue« Türkei Atatürks die Bezahlung von 761 Millionen Dollar Staatschulden ab, und insgesamt unbezahlt waren 1968 ohne Zinsen rund 220 Milliarden DM längst fälliger Staatsschulden, mit den vereinbarten Zinsen rund 400 Milliarden. Aber auch Zinszahlungen liegen natürlich ganz im Belieben der Schuldnerregierungen. 1931 setzten Australien, 1933 Argentinien die vereinbarten Zinssätze einseitig und willkürlich herab, und 1926 führte Belgien eine Zwangskonversion hochverzinslicher in niedrigverzinsliche Anleihen durch. Im gleichen Jahr machte Italien aus kurzfristigen Krediten langfristige Anleihen, 1933 strichen die USA die Goldklauseln ihrer Schulden, und all das sind nur einige wenige Beispiele. Die staatlichen Vertragsbrüche gehen in die Tausende. Allein die britischen Zeichner von Staatsanleihen verloren von 1890 bis 1940 mehr als 500 Millionen Pfund, den damaligen Kursen zufolge etwa 8 Milliarden DM. Und auch England selber ist kein vorbildlicher Schuldner. Es brachte nicht nur durch wiederholte Pfundabwertungen sehr viele Leute um sehr viel Geld und schuldet noch heute den USA fast alles, was es schon im Ersten Weltkrieg lieh, sondern sah auch nach dem Zweiten Weltkrieg die »Sterling-Balances«, die Schulden, die es im eigenen Währungsbereich machte, als »paper-debts which bequeath no assets« an, als »Papierschulden, die nichts Greifbares hinterließen«. Es benahm sich wie ein Mann, der seine Lebensmittel mit einem Scheck bezahlt, den nach dem Verzehr einzulösen er sich weigert, »weil ihm keine Warendeckung gegenübersteht«.

Da Staatsschulden und der Zins, den sie kosten, stets von den Steuerzahlern oder durch andere Abgaben der Staatsbürger aufgebracht werden müssen, sind sie – Jèze zufolge – »eine Finanzierungsmethode, durch die Steuererträge vorweggenommen werden«, und sie bedeuten »ein Pfandrecht auf das Einkommen der Steuerzahler«. Wie Sir Josiah Stamp festgestellt hat, ist, »von psychologischen Momenten abgesehen, Schuldenmachen des Staates und Steuereinheben austauschbar. Es gibt keinen äußerlich erkennbaren Unterschied zwischen staatlichem Borgen und staatlichem Besteuern, beide bedeuten, daß der Anleihezeichner oder der Steuerzahler selber weniger verbrauchen kann«.

Vor allem aber gilt: Die vorweggenommenen Abgaben bedeuten Riesensummen, die privaten und produktiven Zwecken entzogen werden, um sie unproduktiven und nicht selten zerstörerischen kollektiven Zwecken zuzuführen, und das wirkt sich noch verheerender aus als die Zinsen, die Staatsschulden (wie alle Schulden) kosten, wie ja auch der Produktionsausfall, den stehende Heere bedeuten, weit schwerer wiegt als die im Budget aufscheinenden »Verteidigungslasten«. Aber schon die Zinszahlungen bedeuten eine gewaltige Umverteilung. Sie erhöhen die Einkommen der Anleihezeichner zu Lasten der Einkommen der Steuerzahler und lösen zugleich einen Teufelskreis aus: Steuererträge, ergänzt durch Schulden. Schuldzinsen, die so hoch werden, daß sie aus den laufenden Einnahmen nicht gedeckt werden können und die Schuldsummen ständig erhöhen. Die »Bedienung« dieser Schulden macht höhere Steuern nötig. Auch sie genügen nicht, denn wenn die Zinsen wachsen, wird der »normale« Staatsbedarf deswegen ja nicht gesenkt, im Gegenteil, meistens wächst auch der. Weitere Schulden also. Um so kurzfristigere, je geringer das Vertrauen in die Rückzahlung wird. Zinseszins also, vor allem bei den maximal 12 Monate laufenden Schatzscheinen. Und was das schließlich kostet, scheint die Ausgeburt krankhafter Phantasie, steht aber dennoch eindeutig und amtlich fest: Englands Staatschuld wird als solche, als »National Debt« – statt der vorher Königlichen Schulden – seit 1689 verbucht. Sie betrug damals rund 0,7 Millionen Pfund und kostete 40 000 Pfund Zins jährlich. 1965 gab das Schatzamt die Verbindlichkeiten mit 30 441 Millionen Pfund an, die von den Steuerzahlern getragenen Kosten der »Bedienung« dieser Schuld mit 1 041 Millionen Pfund, damals 11,7 Milliarden DM. Innerhalb von 9 Generationen stieg Englands Staatsschuld also auf das 43 487fache. Die alljährliche Zinsbelastung war nun mehr als 26 000 höher.

Diese Zinsbelastung aber war nicht nur 45mal so hoch wie im Jahre 1900, nur 2 Generationen zuvor, sie war nun auch achtmal so hoch wie die gesamten britischen Staatsausgaben des Jahres 1900, Flotten- und Weltreichs- und alle andern Kosten inbegriffen. Und dabei waren diese nun 341 Milliarden DM britischer Staatsschulden des Jahres 1965 natürlich nicht alles, was die »öffentliche Hand« geborgt hatte. Dazu kamen die Schulden der »local authorities« und des »Public Works Loan Board«, und das brachte die Summe auf 44,5 Milliarden Pfund oder rund 498 Milliarden DM.

Diese Schulden wiederum aber waren »winzig« im Vergleich zu den amerikanischen. Bei der »Vorwegnahme des Wohlstandes« und der »Eskomptierung der Zukunft« schlugen und schlagen die Vereinigten Staaten alle Rekorde. Schon 1873 stellte das »Washington Journal« an Hand amtlicher Angaben fest, daß die USA »mehr Schulden als irgendein anderes Land der Welt« hatten – und heute haben die Vereinigten Staaten mehr Schulden als alle andern Länder der Welt zusammengenommen. Allein die Bundesschuld nahm von 1790 bis 1969 von rund 80 auf 377 000 Millionen Dollar zu, um das 4 712fache.

Netto in Milliarden Dollar betrugen die Schulden in den USA:

	insgesamt	*davon öffentliche*	*von diesen Bundesschulden*	*private Schulden*
1916	74,7	5,8	1,2	68,9
1940	166,4	52,9	36,7	113,5
1965	1 267,5	362,1	269,8	905,4

Im März 1969 wurde der »legal debt ceiling«, der »Plafond« der Bundesschuld, der vom Kongreß 1917 eingeführte und damals 11,5 Milliarden Dollar betragende höchste Schuldbetrag, auf 377 Milliarden festgelegt, und schon Ende 1967 betrug die öffentliche Schuld der USA pro Kopf 1 905 Dollar oder 7 620 DM statt der 41 DM des Jahres 1900. Jeder Amerikaner hatte nun allein an Schulden des Bundes, der Einzelstaaten und der Gemeinden zehnmal soviel zu tragen, als 1967 das Durchschnitts-Pro-Kopf-Einkommen von 1 880 Millionen Menschen betrug, das heißt mehr als der Hälfte der Weltbevölkerung. Allein die Zinskosten der amerikanischen Bundesschuld (ebenfalls also keineswegs aller öffentlichen Schulden der USA), die aber bereits seit 1960 den nach den »Verteidigungsausgaben« größten aller Budgetposten bilden, stiegen zwischen 1914 und 1968 von 22,8 auf 14 200 Millionen Dollar, in einem halben Jahrhundert auf das mehr als 622fache. Diese Schuld kostete nun 14,2 Milliarden Dollar jährlich, 56 800 Millionen DM oder 155 Millionen DM täglich. Nun kosteten die Zinsen allein um fast die Hälfte mehr als 1939 der gesamte Staatsaufwand, der damals 9 210 Millionen Dollar betrug.

Man glaubt nicht richtig zu lesen, aber die Zahlen stimmen leider, und auch die Zinssätze, um die es nun geht, sind »normal«. Sie übersteigen kaum je 5 oder 6 Prozent, während zum Beispiel Spanien, nachdem es 1557 und 1575 zum Staatsbankrott gekommen war, 1673 eine neue Staatsanleihe nur zu 40 Prozent unterbringen konnte und die englische Regierung für die zehn zwischen 1793 und 1801 aufgelegten Anleihen schon durch den Unterschied zwischen dem Nominale von 314,5 Millionen und dem Ausgabekurs von 202,4 Millionen Pfund 112 Millionen oder mehr als 35 Prozent einbüßte. In Frankreich war durch den Krieg mit England und das Lösegeld, das für die in den Schlachten von Crécy 1346 und Maupertuis 1356 gefangenen französischen Ritter bezahlt werden mußte, Geld so rar geworden, daß König Karl V. 1360 für kurzfristige Kredite 80 Prozent Zins bezahlte. Kaiser Karl V., der 1516 bis 1556 Spanien regierte, für den Cortez Mexiko und Pizarro Perú eroberten und dem so ungeheure Summen durch das Gold und Silber Amerikas zuflossen, der den größten Teil Italiens wie das damals reichste Land Westeuropas, die Niederlande, beherrschte und als der mächtigste Monarch seiner Zeit galt, zahlte nie weniger als 30 Prozent Zins jährlich, und als er 1556 ins Kloster ging, kosteten seine rund 20 Millionen Dukaten Schulden die gesamten Staatseinnahmen als Zins. Beim Tod Philipps II. von Spanien betrug die Schuldsumme rund 100 Millionen Dukaten, und für den Zins waren die Einnahmen der nächsten 4 Jahre verpfändet – und sehr viel besser wurde es seither nicht, und all das ist nicht »lange her«. Daß die Zinsen den Großteil der Staatseinnahmen oder des Exporterlöses erfordern, wird demnächst in allen »Entwicklungsländern« der Fall sein (Ländern, in denen im Jahre 2000 etwa 4 600 Millionen Menschen leben werden gegen nur 1 400 in den »entwickelten«). Diese erhielten in den Jahren 1956 bis 1966 vom »Westen« 363 Milliarden DM Aufbauhilfe. Aber ihr Außenhandelsanteil sank im gleichen Zeitraum von einem Drittel auf ein Fünftel, und sie können immer weniger kaufen, weil immer höhere Anteile ihres Exporterlöses für Zinsen und Schuldentilgung gebraucht werden. Die westliche Hilfe »frißt sich selber auf«. Der Weltbank zufolge betrug die staatliche Auslandsverschuldung von 97 Entwicklungsländern Ende 1965 rund 146 Milliarden DM, um rund 32 Milliarden mehr als 3 Jahre zuvor, und die Lasten des Schuldendienstes stiegen 1962 bis 1965 von 9,6 auf 14 Milliarden DM jährlich ohne Lieferantenkredite. Insgesamt mußten von diesen Ländern 1966 über 23 Milliarden DM für den Schuldendienst aufgebracht werden. Bereits 1967 wurden zwei Drittel der Hilfe dieses Jahres von den Empfängerländern für die Zinszahlung und die Amortisation früherer Hilfe gebraucht, und demnächst werden es vier Viertel sein.

Wie hier sind überall die Zinsen der springende Punkt. Man sollte meinen, die unzählbaren Staatsbankrotte und die stets wiederholten Inflations-»Tilgungen« und Abwertungs-»Gewinne« der Staaten hätten schließlich dazu geführt, daß niemand mehr Staatsanleihen zeichnete. Aber immer wieder fanden und finden sich neue Geldgeber, weil (wie der englische Warenhauskönig Selfridge 1923 sagte) »es in der großen, weiten Welt nichts Wunderbareres gibt als den Zinseszins«, der »der größte aller Geldmacher« ist. Das ausstehende Kapital verdoppelt sich in der gleichen Zahl von Jahren, wie der Zinsfuß in der Zahl 72 enthalten ist. Bei 6 Prozent Zins verdoppelt sich die Leihsumme in 12 Jahren. Bei 8 Prozent in 9 Jahren. Aus dem 2. Jahrtausend vor Christus besitzen wir babylonische Keilschrift-»Inhaber-Papiere«, Schuldscheine auf Tontäfelchen, die vom Gläubiger wie ein Wechsel nach Belieben weitergegeben werden konnten, und auf denen es zum Beispiel heißt: »Sechs Scheffel zinsbringendes Getreide – als Zins wird er ein Drittel Scheffel auf jeden Scheffel zahlen – haben von der Sonnenpriesterin Amat-Schamach, der Tochter des Warad-Enlil, Achumwakar, der Sohn des Sin-ikischam, und Salatum, seine Ehefrau, entliehen ...«

Mithaftung der Gattin also – und dreiunddreißigeindrittel Prozent Zins. Für Silber nahm der »Sonnengott« von König Hamurapi vor nun etwa 40 Jahrhunderten »nur« 25 Prozent Zins. Bei Zinseszins Verdopplung des Tempelkapitals also in weniger als 35 Monaten. Staaten, die praktisch nie ihre Schulden zurückzahlen, sondern alte durch neue abdecken und so praktisch, wenn auch nicht de jure, stets Zinseszins zahlen, können Banken also ziemlich gefahrlos Geld leihen, denn die paar Monate, die zum »Unterbringen« der Leihsumme nötig sind, halten sich die meisten Regimes, und auch der Geldwertschwund ist zu tragen, wenn man Schatzscheine zum Beispiel zu 7 Prozent und einem Ausgabekurs von 93,5 übernimmt, wie das Bankhaus Kuhn, Loeb & Co. in New York es 1904 bei den japanischen Staatstiteln tat. Vor allem, wenn man Staatsanleihen sofort an das »Publikum« weitergibt, selber nur die hohen Provisionen usw. kassiert und dem »kleinen Mann« das Risiko überläßt, wie das vor dem Ersten Weltkrieg mit den russischen Staatsanleihen geschah. Als diese von den Bolschewiken gestrichen wurden, hatten »England« etwa 12 Milliarden Goldmark und »Frankreich« etwa 9 Milliarden zu erhalten. Aber nicht deren »Regierungen«, sondern deren Steuerzahler; nicht deren Banken, Minister oder Abgeordnete, sondern deren Sparer und Käufer von Obligationen ...

Etwa zwei Fünftel der russischen Auslandsschulden waren während des Ersten Weltkrieges entstanden. Stets waren Kriege der Hauptanlaß des staatlichen Schuldenmachens gewesen, aber niemals zuvor hatte der Fiskus so astronomische Summen benötigt wie 1914 bis 1919, und so ließ der Erste Weltkrieg die Staatsschulden Englands von 706 Millionen auf 7 481 Millionen Pfund steigen, auf das mehr als Zehnfache also. Er ließ die Bundes-Verbindlichkeiten der Vereinigten Staaten von 1913 weniger als 1,2 Milliarden Dollar auf 1919 über 25,5 Milliarden anwachsen, auf das mehr als Zwanzigfache. In Deutschland schuldete das Reich nun 157 statt weniger als 5 Milliarden Mark, das mehr als 31fache.

Diese deutschen Schulden machten mehr als die Hälfte des gesamten

Volksvermögens aus, und so konnten die Sieger nicht – wie das bisher üblich gewesen war – ihre Kriegskosten abwälzen. Noch die 5 Milliarden Goldfranken, die Frankreich 1871 an Deutschland zu zahlen hatte, deckten die deutschen Kriegskosten reichlich, denn die eigentlichen Kriegsausgaben einschließlich der Mobilisierungskosten hatten nur 1 551 Millionen Mark betragen, und die Invalidenpensionen, Witwen- und Waisengelder kosteten 1 150 Millionen. Mit den Wiederaufbauausgaben usw. – und natürlich wie üblich ohne an die 49 000 deutschen Kriegstoten zu denken – waren knapp 3,5 Milliarden Mark ausgegeben worden, während Frankreich 4,05 Milliarden bezahlte.

Schon der Erste Weltkrieg jedoch war so teuer, daß rund 1 203 Milliarden Mark oder 97 Prozent seiner Kosten ungedeckt blieben, obwohl Deutschland bar und in Form von Kohle-, Koks, anderen Grundstofflieferungen und Eisenbahnmaterial, durch die Abtretung von Reichs- und Privateigentum im Ausland und an Schiffen usw. 39 521 Millionen Goldmark an Kriegsentschädigungen aufbrachte, 1 056 Mark pro Kopf gegen die 109 Mark pro Kopf, die die Franzosen 1871 bezahlten; und 23,5 Prozent seines Volksvermögens statt 2,4 Prozent.

Die Folgen wurden bereits geschildert. Der Erste Weltkrieg kostete statt der rund 6,5 Milliarden Mark des Deutsch-Französischen Krieges mit etwa 1 243 Milliarden das fast 200fache, der Zweite Weltkrieg aber allein Deutschland an reinen Geldausgaben 670 Milliarden; ohne alle Menschenverluste und ohne Zerstörungen, allein an Finanzmitteln 5 720 Milliarden DM. Diesmal wurde erst gar nicht versucht, die Lasten auf die Besiegten abzuwälzen. Deren Auslandsanlagen, Patente usw. wurden enteignet, es wurde bekanntlich demontiert, und die »Wiedergutmachungskosten« waren und sind ebenfalls nicht gering. Sie werden Deutschland schließlich etwa 70 Milliarden DM kosten. Aber im Vergleich zu den Ausgaben blieben die Einnahmen der Kriegführenden minimal und dementsprechend enorm die Zunahme der Schulden- und Zinsbelastung. Die Staatsschulden Englands, Frankreichs, der Vereinigten Staaten und Deutschlands hatten 1870 rund 37 Milliarden Mark betragen und jährlich etwa 1,6 Milliarden Zins gekostet. 1965 betrug die Schuldsumme 1 744 Milliarden DM, die Zinskosten alle 12 Monate 84 Milliarden.

Dennoch aber waren und sind Kriege und Krisen keineswegs die einzigen Ursachen des geradezu phantastischen Wachstums der Schulden während der letzten Jahrzehnte, sondern – was viel gefährlicher ist – auch eine allgemeine Wandlung der Mentalität. Sparsamkeit war in Jahrtausenden der Not zur großen Tugend der Menschen geworden, und mehr zu verbrauchen als unbedingt nötig galt allgemein als verdammenswürdig: Schulden galten als Schande. Nur Hochstapler lebten »über ihre Verhältnisse«, und nur Betrüger liehen mehr Geld, als sie mit Sicherheit zurückzahlen konnten. Allen Widrigkeiten des Lebens gewachsen war nur, wer hart gegen sich selber systematisch sparte – und sparsam wie der einzelne hatte der Staat zu sein.

Henry Ford setzte die industrielle Fließbandproduktion durch. Er erkannte als erster aber auch alle ihre Voraussetzungen und Folgen und erklärte schon 1908: »Käufer muß man schaffen!« Er setzte am 1. Januar 1914 nicht nur den Minimallohn in seinen Werken auf den damals unerhörten Betrag von 5 Dollar für den 8-Stunden-Tag fest (während 1 bis 2 Dollar für 10 bis 11 Stunden üblich waren), sondern er suggerierte erstmals den Massen systematisch neue Bedürfnisse und ließ sie mehr kaufen, als ihren Ersparnissen entsprach, indem er das Abzahlungsgeschäft ausweitete wie niemand zuvor. Kredite gab es immer. Aber nur auf Grund und Boden, auf Waren, auf bereits vorhandene Werte. Nun wurden Löhne und Gehälter bevorschußt, Kredite auf die zukünftige Massenarbeitskraft gegeben – und das wurde zu einer der Grundlagen der modernen »Konsumgesellschaft«. Ford fand Tausende und schließlich Millionen Nacheiferer. Sie propagierten den »Mut zum Verbrauch«, und heute gilt dieser weltweit als Zeichen des Optimismus, der Überzeugung, daß es einem morgen um soviel besser gehen wird als heute, daß die Raten gar nicht mehr zu spüren sind. Das »Vorwegnehmen« des Wohlstandes wurde »selbstverständlich« – und so auch den Staaten das Vorwegnehmen der künftigen Steuererträge erlaubt. Der Staat machte immer mehr Schulden. Aber tat man das nicht auch selber? In den USA wuchs die Bundesschuld 1945 bis 1965 um 42 Prozent, die privaten Schulden aber stiegen um mehr als 500 Prozent. Das amerikanische Volkseinkommen nahm 1957 bis 1961 im Jahresdurchschnitt um 102 Millionen Dollar zu. Die Gesamtverschuldung stieg um 230 Millionen. Jedem mehrverdienten Dollar standen zweieindrittel Dollar Schuldenzuwachs gegenüber. Allein die Verbraucherkredite stiegen hier von 1946 bis 1966 auf das Fünfzehnfache, und die jährlichen Zinskosten allein dieser Verbraucherkredite betrugen 1967 über 22 Milliarden Dollar – 88 Milliarden DM –, und dieser Zins entspricht dem gesamten Sozialprodukt der Schweiz und Dänemarks zusammengenommen.

Die allgemeine Änderung der Mentalität ist also schon seit gut zwei Generationen in Gang. Aber aus dem individuellen Schuldenmachen wurde die kollektive Verherrlichung der Schulden, und die »Wissenschaft« sanktionierte diese. Die »klassische« Volkswirtschaftslehre forderte möglichst rasche und vollständige Abtragung der Schulden, um die Kreditfähigkeit bei späterem Geldmangel zu erhalten; die Zinslast möglichst gering zu halten; und die Währungsstabilität zu gewährleisten. Aber Schulden wurden nicht nur immer mehr durch Geldentwertungen »annulliert«, sondern heute heißt es auch: Langfristige Staatsverschuldung gibt Zeit, das Sozialproduk derart zu steigern, daß die Zinslast – und damit der Betrag der für die Zinszahlungen benötigten Steuern – trotz der wachsenden Schuld abnimmt oder zumindest gleichbleibt.

Schon das stimmt nicht. Die Bundesschuld der Vereinigten Staaten zum Beispiel stieg 1914 bis 1944 von 3,5 auf 129 Prozent des Bruttosozialprodukts, die Zinsen wuchsen von 0,07 auf 2,5 Prozent des Nationaleinkommens.

Da heißt es: Ob die Schuld abgetragen wird oder nicht, für die Gesamtwirtschaft gibt es keine Veränderung, solange es sich um Inlandschulden handelt, wir leihen ja »von uns selber«. Aber das bedeutet, wie schon gezeigt, eine Umschichtung der Steuern aller auf das Zinseinkommen weniger – nicht zuletzt gerade deswegen aber kam zum »Fordismus« seit 1926 der »Keynesianismus« und die »Politik des billigen Geldes«, und damit zugleich erhielt die »Pyramidenbau-Mentalität« ihren »wissenschaftlichen« Segen durch einen britischen Schatzamtsbeamten, John Maynard Keynes, First Baron of Tilton.

Keynes stammte aus einer Normannen-Familie und war der Sohn des Registrators der Universität Cambridge und des ersten weiblichen Bürgermeisters dieser Stadt. Er wurde 1883, im Todesjahr von Karl Marx, geboren (und erlag 1946 einem Herzanfall). Nach klassischen Studien an der Universität seiner Geburtsstadt trat er in den Staatsdienst ein. Zuerst bearbeitete er Finanzfragen Indiens im Kolonialministerium und seit 1915 allgemeine Finanzprobleme im britischen Schatzamt, obwohl er bei der Aufnahmeprüfung in den »Civil Service« in Volkswirtschaftslehre die schlechteste Beurteilung aller Kandidaten erhalten hatte. Als Schatzamtsvertreter nahm Keynes an den Pariser Friedensverhandlungen teil und erkannte nicht nur, daß neues Unheil geboren wurde und die von Deutschland geforderten Reparationen zur Inflation »und als deren Folge zum deutschen Extremismus« führen mußten, sondern trat im Juni 1919 auch protestierend von seinem Amt zurück. Im Dezember ließ er auf eigene Kosten sein Buch »The Economic Consequences of the Peace« – »Die Wirtschaftsfolgen des Friedens« – drucken, in dem er rücksichtslos die »Drei Großen« Wilson, Lloyd George und Clemenceau kritisierte und vorrechnete, daß es zu einer Weltwirtschaftskrise kommen mußte, wenn man nicht der Tatsache Rechnung trug, daß sich nun alles überall auswirkte, wenn man statt »Lokalpolitik« nicht »Makroökonomie« trieb.

Seit 1920 Lehrer am Kings College in Cambridge, war Keynes zugleich Leiter einer Privatbank und gab seit 1922 die Wirtschaftsbeilagen des »Manchester Guardian« heraus, die dem »Wiederaufbau Europas« gewidmet waren. Keynes griff heftig die Deflationspolitik der Bank von England an, forderte (9 Jahre bevor es zu ihr kam) die Pfundabwertung und die der anderen großen Weltwährungen und verlangte mindestens 100 Millionen Pfund jährlicher Ausgaben der Regierung für Arbeitsbeschaffung und Investitionen der Londoner City in England selber statt in Übersee. Als 1925 der Goldstandard wiedereingeführt und das Pfund auf dem Dollarkurs der Vorkriegszeit stabilisiert wurde, trat er dagegen rücksichtslos auf.

Keynes verfaßte unzählige Kampfartikel und Dutzende Broschüren zu aktuellen Finanzfragen, und die Bibliographie seiner Veröffentlichungen füllte schließlich 22 Druckseiten. Aber nichtsdestoweniger war er auch Leiter einer der größten Versicherungsgesellschaften Englands, der »National Mutual Life Assurance Society«, und wenn er auf deren Generalversammlungen sprach, war die ganze City anwesend, denn seine Zinsfußprognosen trafen regelmäßig ein. Schon seit 1912 war Keynes Herausgeber des »Economic Journal« und Aufsichtsratsvorsitzender der »New Statesman and Nation«. Er errang rasch gewaltige publizistische Macht – und wurde zugleich reich. Jeden Morgen studierte er im Bett eine halbe Stunde lang die Entwicklung des Wechselkurses und der Warenpreise. Er kaufte und verkaufte dann entsprechend Aktien und erwarb in wenigen Jahren ein Vermögen von etwa 15 Millionen Mark. Aber er beschränkte sich nie auf die Wirtschaft. Er sammelte Newton-Manuskripte, gründete das Camargo-Ballett in London und das Arts-Theatre in Cambridge und heiratete Lydia Lopokowa, ein Mitglied der Diaghilew-Balletttruppe.

Keynes gilt heute als einflußreichster Wirtschaftstheoretiker seit Adam Smith und Karl Marx, weil er schon seit seinem Vortrag »The End of Laisser Faire« im Jahr 1926 und besonders in seinem Hauptwerk »General Theory of Employment, Interest and Money«, das 1936 erschien, allen Interessenten, Arbeitern und Unternehmern, dem Staat und der Privatwirtschaft zeigte, wie sie sich gewaltige Vorteile verschaffen konnten. In diesem Buch schrieb Keynes: »Die Ideen der Nationalökonomen und politischen Philosophen, sowohl wenn sie richtig, wie wenn sie falsch waren, üben mehr Macht aus, als allgemein angenommen wird. Selbst Praktiker, die sich frei von jedem intellektuellen Einfluß glauben, sind gewöhnlich die Sklaven irgendeines verstorbenen Wirtschaftstheoretikers.« Und kaum ein toter Volkswirtschaftler hat je mehr lebendige Sklaven gehabt als der 1942 von König Georg VI. zum Lord erhobene Börsenfachmann Keynes, denn er schrieb auch: »Der Motor des Unternehmungsgeistes ist nicht die Sparsamkeit, sondern der Profit«, und er versprach jedermann Profit, indem er die Wirtschaftswissenschaft zum »Instrument der Erhöhung des Volkseinkommens und der Vollbeschäftigung« machte, und das Streben nach staatlichem Budgetausgleich nannte er »leeres Schibboleth«. Keynes erklärte: Von allein bleibt die kapitalistische Wirtschaft nicht auf Hochtouren. Aber der Staat kann sie dazu bringen und hat dazu nicht nur das Recht und die Möglichkeit, sondern die Pflicht. Er muß durch seine Steuer-, seine Kredit- und seine Budgetpolitik den »kalkulierten Wohlstand« sichern; muß seine Macht dazu benutzen, ständig die Produktion und damit die Einkommen und die Zahl der Arbeitsplätze zu erhöhen – und das kann er ohne Einschränkung der bürgerlichen Freiheiten und ohne Aufhebung des Wettbewerbs. Millionen und aber Millionen, die nie den Namen Keynes hörten, werden heute nach seinen Maximen regiert. Staatsmänner, die nur ein paar Kernsätze aus seinen Werken kennen, sehen »Vollbeschäftigung« als ihr »selbstverständliches Ziel« an. Und wenn er selber den raschen Wechsel der Gegebenheiten erkannte und sich ihnen stets anpaßte, so tun das heute seine Anhänger nicht. In seiner Jugend suchte Keynes den »Bürger zu verblüffen«, »épater le bourgeois« machte ihm mehr Spaß als alles andere. Heute aber gilt jedes seiner Worte als höchste und unabänderliche Weisheit.

Adam Smith hatte das »freie Spiel der Kräfte« verlangt und die Wirtschaftsautomatik vertreten. Keynes glaubte nicht an »eine unsichtbare Hand, die alles zum Besten lenkt«, sondern wies nach, daß »von allein« Angebot und Nachfrage sich keineswegs ausgleichen, steigende Löhne nicht zu Massenentlassungen führen und sich das Lohnniveau so wenig »selber« korrigiert wie das Zinsniveau. Keynes analysierte die Weltwirtschaftskrise der dreißiger Jahre und zeigte, daß auch noch so hohe Zinsen Arbeitslose nicht zum Sparen anregen können und das »freie Spiel der Kräfte« Krisen nur verschärfen, nie aber sie beseitigen kann. Die Quintessenz der Theorie von Keynes ist:

Der Staat muß für Vollbeschäftigung sorgen. Und zwar nicht nur für den kompletten Einsatz der Menschen, sondern auch der Maschinen und aller erreichbaren Rohstoffe.

Der Staat muß in Krisenzeiten mehr ausgeben als in einer Hochkonjunktur, nicht weniger. Und er muß die Steuern ermäßigen, die Zinsraten bei Nachfragemangel senken, nicht umgekehrt.

Massives Geldausgeben des Staates ist nach Keynes eine Tugend, kein Laster, schon aus psychologischen und aus Zeitgründen: Verhungernden hilft Brot nur, solange sie noch leben. Hilft man ihnen, helfen sie sich auch selber. Die Wirtschaft muß dynamisch sein – auch wenn das gewisse Gefahren mit sich bringt, vor allem die der Inflation –, und Keynes rechnete schon 1945 (wie 1965 dann auch der Oxford-Professor Colin Clark) exakt vor, daß Steuern, die mehr als ein Viertel des Volkseinkommens beanspruchen, inflationär wirken. Denn eine leichte Geldentwertung wird (immer Keynes zufolge) durch die Vorteile der Vollbeschäftigung weitaus aufgewogen, und ihre Verschlimmerung kann der Staat durch Maßnahmen gegen die Preissteigerung verhindern. Auch vertrat Keynes schon 1930 eine »Euthanasie des Rentners« und 1936 eine »ziemlich umfassende Sozialisierung der Investitionen«, weil auch hier die positiven Wirkungen die negativen angeblich bei weitem übertreffen mußten.

Als »reiner Volkswirtschaftler« argumentierte Keynes:

Die Beschäftigung einer Volkswirtschaft hängt von der kaufkräftigen Nachfrage ab.

Diese Nachfrage hängt vom Umfang der Investitionen – der Verausgabung von Kaufkraft zur Ergänzung der Kapitalausstattung – ab.

Der Umfang der Investitionen wiederum schwankt je nach dem Zinsfuß, zu dem Leihkapital angeboten wird. Also kann durch Zinsfuß-Herabsetzung Beschäftigung erzeugt werden – vorausgesetzt, daß die Kapitalsuchenden überhaupt noch bereit sind, Zins zu zahlen.

Sind sie das nicht, muß der Staat an die Stelle der privaten Unternehmer treten und die Invesitionstätigkeit übernehmen. Der Staat muß dafür sorgen, daß keine »Lücke in der Nachfrage« entsteht, die fehlende Kaufkraft unmittelbar schaffen und so für Vollbeschäftigung sorgen. Und zwar gleich, ob er Geld dazu hat oder nicht; gleich, ob das Staatsbudget einen Überschuß aufweist oder ein Defizit. Denn der Staat – und nur er – kann ja jederzeit Kredit schöpfen und zusätzliche Zahlungsmittel schaffen.

Das bedeutet »Easy money policy« – »Politik des billigen Geldes« – und »governement deficit-spending« – staatliche »Schulden-Investition«. Keynes sah die Hauptaufgabe der Steuerpolitik darin, die Einkommen so umzuverteilen, daß sie »von den zum Sparen Neigenden zu den Ausgabefreudigen« gelangen – und wer war je ausgabefreudiger als die »öffentliche Hand«? Der Kern seines »deficit-spending« ist, während Depressionen den allgemeinen Pessimismus und seine sich selbst kumulierende Wirkung dadurch abzuschwächen, daß der Staat auch das Geld ausgibt, das er nicht hat.

Noch nicht hat, meinen manche gemäßigte Anhänger von Keynes, denn einmal wieder in Gang gebracht, bringt die Wirtschaft ja (wie im 15. Kapitel gezeigt werden wird) weit höhere Staatseinnahmen, kann das Defizit wieder vermindert oder beseitigt werden. Und »kann« ist richtig. Aber nirgends wurde und wird das getan, überall wachsen die Schulden weiter und immer weiter – bis eine galoppierende Inflation sie »tilgt«. Ständiges »deficit-spending« aber muß zur Inflation führen, denn massive Staatsaufträge sind entweder völlig unproduktiv wie die Rüstungs- und Wehrmachtsausgaben, die Raumfahrt usw. oder Langfrist-Unternehmen wie Straßen- und Hafenbauten, große Bewässerungswerke usw. Diese wirken weiter, nachdem zeitweilige Unterbeschäftigungskrisen überwunden sind. Und wie sehr, beweist ja am besten die Lage Englands, des Heimatlandes von Keynes. Dort wirken aber auch alle seine andern Verhaltensregeln auf die Inflation hin, denn was kann besser zusätzliche private Kaufkraft schaffen als steigende Löhne?

Keynes fand den Marxismus »überholt, unlogisch und langweilig«. Er besaß keinerlei Sympathie für die Gewerkschaften und sah in ihnen »die gefährlichsten Inflationstreiber«. Aber diese nutzten natürlich seine Theorien und bauten sie zur »expansiven Lohnpolitik« aus: Lohnerhöhungen führen zu Umsatzsteigerungen, denn das Geld drängt zum Markt. Das erhöht den Anreiz zur Investition, begünstigt die Mengen-Konjunktur und hält die Nachfrage hoch. Das wiederum löst einen neuen Produktionsanstieg aus.

Und das Geld drängt unzweifelhaft zum Markt. Aber bei Vollbeschäftigung werden die Löhne vom produktivsten Erwerbszweig bestimmt, die übrigen Branchen behalten ihre besten Arbeitskräfte nur, wenn sie ebenfalls mehr zahlen. Sobald nicht überall die Mehrkosten durch Rationalisierung aufgefangen werden können, steigen die Preise. Um so mehr, als die Gewerkschaften und die Unternehmerverbände ja weit mächtiger sind als die Konsumenten.

Die Kardinalfrage ist also, inwieweit die Kostensteigerung durch Rationalisierung aufgefangen werden kann. Und da Rationalisierung heute weitgehend Vollmechanisierung und Automatisierung bedeutet, inwieweit sie die Beschäftigtenzahl nicht herabsetzt und die Umsatzsteigerung die Arbeitsplatzzahl nicht mehr steigert.

Der wichtigste Streitpunkt zwischen den Unternehmern und den Gewerkschaften ist, ob der Reallohn nachträglich der volkswirtschaftlichen Entwicklung anzupassen ist oder ob (wie die Gewerkschaften es fordern) Lohnsteigerungen die wirtschaftliche Expansion »hervorbringen« sollen.

Bis etwa 1954 gab es in Deutschland zuerst Produktivitätssteigerung, dann Lohnerhöhungen:

Produktionsanstieg 1950	25,8 %
Lohnerhöhung 1951	14,7 %
Produktionsanstieg 1951	19,1 %
Lohnerhöhung 1952	7,5 %
Produktionsausweitung 1952	7,1 %
Lohnerhöhung 1953	2,5 %

Was praktisch hieß: erst die Ware, dann das Geld. 1954 aber forderte der DGB (und vor allem Theoretiker wie der damalige Chef des Wirtschaftswissenschaftlichen Instituts der Gewerkschaften in Köln, Dr. Viktor Agartz) die Umkehrung dieses Prinzips. Und zwar »auf Grund der allgemein anerkannten und unwiderleglichen Theorien von Keynes«.

Die Lebenshaltungskosten und die durchschnittlichen Stundenlöhne der Industriearbeiter 1938 gleich 100 gesetzt, betrugen die Lebenshaltungskosten 1952 in der Bundesrepublik 167, die Löhne 196, in den USA 186 und 267. Aber wenn 1950 bis 1964 die Löhne in den USA um durchschnittlich 70 Prozent stiegen, so in Westdeutschland um 180 Prozent und in Großbritannien um 170 Prozent. Der Lohnauftrieb in den USA betrug 1957 bis 1967 rund 5 Prozent, in England 17 und in der Bundesrepublik 34 Prozent, und unter Berücksichtigung der Soziallasten und der Urlaubskosten betrug der durchschnittliche Lohnaufwand 1967 in den Vereinigten Staaten nicht länger mehr als in England und Westdeutschland und sogar weniger als in Frankreich.

Das wäre natürlich höchst erfreulich, falls auch die Produktivität in den europäischen Ländern die der USA erreicht hätte. Bekanntlich ist das aber nicht der Fall, und zwar vor allem, weil die Kapitalausstattung in Europa weitaus geringer blieb. Jeder amerikanische Industriearbeiter hat nach wie vor viermal so viele »Eiserne Sklaven«, das heißt Maschinenkräfte, zur Verfügung wie der westeuropäische. Die Stromversorgung pro Kopf der Bevölkerung betrug zum Beispiel in den USA 1967 mit 6 570 Kilowattstunden weit mehr als das Doppelte der 3 135 in der Bundesrepublik.

Keynes selber hatte die Gefahren seiner Lehren durchaus erkannt und bereits im Jahr 1919 zum Beispiel vor dem »Zusammenbruch der Demokratie durch die Inflation« gewarnt. 1946, kurz vor seinem Tod, warnte er im »Economic Journal« auch vor den »Übertreibungen und der Maßlosigkeit«

seiner Anhänger. Im Jahr 1930 über übernahm Keynes eine Idee, die Sir William Petty bereits 1662 aussprach, als er zur Arbeitsbeschaffung den Bau von Pyramiden vorschlug, spitzte er seine Lehre auf den Satz zu: »Auch der Bau von Pyramiden kann unter Umständen den nationalen Wohlstand heben.«

Bei diesem »Pyramidenbau« sind wir bekanntlich: Nach US-Berechnungen betrug der Militäraufwand der Welt 1967, wie schon erwähnt, rund 825 Milliarden DM, im Durchschnitt vier Zehntel aller Staatsausgaben. Rüstungs- und Militärausgaben aber wirken selbst dann inflatorisch, wenn der Staatshaushalt durch Steuereinnahmen ausgeglichen ist, denn sie entziehen der Wirtschaft Arbeitskräfte und Produktionsmittel ohne Vermehrung des Güter- oder Dienstleistungsangebots.

Aber selbst von den wahnwitzigen Militärausgaben abgesehen, erfolgt die »Wachstumsfinanzierung« praktisch überall durch Schuldenmachen, selbst in der grundsoliden Schweiz: 1958 überstiegen dort die Ersparnisse die Investitionen noch um 895 Millionen Franken. 1965 wurden 16 750 Millionen gespart, 17 050 Millionen investiert. Das »Ersparnisdefizit« betrug also 300 Millionen, und 1961 bis 1965 wurden 6½ Milliarden Franken mehr neu angelegt, als gespart worden war; hier herrschte wie überall staatliche und private »Defizitwirtschaft«.

Und hier war sie relativ harmlos, weil die Schweizer Steuern niedrig sind und sich hier die Steuerpolitik dank des direkten Mitspracherechts der Besteuerten, das es leider nur hier gibt, weniger »inflationstreibend« auswirken kann als anderswo. Fast überall dürfen heute Zinsen als »Kosten« vom versteuerbaren Ertrag abgesetzt werden, Dividenden hingegen nicht. »Fremdkapital« aufzunehmen, lohnt also, und wenn die Steuerpolitik zum Schuldenmachen anreizt, so gewinnen die Schuldner durch Inflation; sie haben nichts gegen die Schuldenwirtschaft des Staates. Und so beträgt heute – der Bundesbank zufolge – das jährliche »Finanzierungsdefizit« der westdeutschen Unternehmungen mindestens 33 Milliarden DM, das heißt, diese 33 Milliarden werden nicht selber verdient, sondern der Wirtschaft von der »Allgemeinheit«, das heißt von den Sparern, vorgeschossen. Mit Bausparen, Hypotheken, Bauzuschüssen usw. beträgt das deutsche »Investitionsdefizit« nun gut 45 Milliarden DM jährlich. Von 1937 bis 1961 zum Beispiel stieg das Aktienkapital der westdeutschen Aktiengesellschaften von 14,8 auf 28,6 Milliarden Mark, die Verbindlichkeiten aber von 12,3 auf 55,7 Milliarden. Statt 84 Prozent machten diese nun 195 Prozent des Aktienkapitals aus. Bei vielen Großkonzernen (vor allem der Stahlindustrie) beträgt heute das Fremdkapital das Dreifache des Eigenkapitals, und das heißt: Zahlt ein Hüttenwerk 10 Prozent Dividende und 6 Prozent Zins, so kommt die Zinszahlung nochmals 18 Prozent Dividende gleich – nur daß diese von der Steuer abgezogen wird und diesen Zins die Allgemeinheit zahlt. Ähnlich war es in England, wo die Steuerpolitik ebenfalls zum Schuldenmachen anreizt. Seit 1965 wird auch hier die Körperschaftssteuer nach dem Gewinn bemessen, der nach Abzug aller Zinszahlungen übrigbleibt, nicht aber nach Abzug der Dividendenzahlungen. Bei 40 Prozent Körperschaftssteuer kosteten 6 Prozent Dividende bereits soviel wie mit 10 Prozent verzinste Schuldverschreibungen, und bei den jetzt 42,5 Prozent Steuern sind 6 Prozent Dividende gleich 10,5 Prozent Zins. Es werden also nicht wie früher Kapitalerhöhungen vorgenommen, das heißt neue Aktien ausgegeben, die zugleich den Aktionären ein Mitspracherecht sichern, sondern teure Obligationen-Anleihen aufgelegt oder Bankkredite genommen. Der Unterschied aber ist: Dividenden werden nur bezahlt, wenn ein Unternehmen Gewinne ausweist. Zinsen müssen bezahlt werden, gleich, ob etwas verdient wird oder nicht.

Für die Steuerpolitik ist Keynes nicht verantwortlich zu machen, wohl aber weitgehend für die heutige Politik der Staatsausgaben und dafür, daß sie toleriert wird. Daß er so gewaltigen Einfluß bekam, liegt daran, daß er als der richtige Mann zur richtigen Zeit am richtigen Ort predigte. Daß er riesige Staatsausgaben verlangte, sich aber gleichzeitig gegen den Staatsbesitz und die Staatsallmacht wandte und verlangte, die Ausführung der Maßnahmen gegen Krisen müsse der Privatinitiative überlassen werden. Bis Keynes war die gesamte Wirtschaft gegen hohe Steuern. Nun sah sie die Möglichkeit, noch mehr Steuergeld zu kassieren, als selber auszugeben, sah sie die enormen Möglichkeiten der geschilderten Subventionswirtschaft. Keynes stellte das bisherige Denken auf den Kopf und konnte das, weil die Not der Weltkrisenjahre die Herrschenden zu allem bereit machte und er zugleich die Jugend durch seinen »Optimismus« gewann und 1930 die Wirtschaftsmöglichkeiten der Zukunft als »geradezu ideal« schilderte – »falls sich die Vernunft durchsetzt und man überholte Dogmen« aufgab. Keynes versprach »Vollbeschäftigung«, während es 40 Millionen Arbeitslose auf der Welt gab, und gewann Anhang auch unter den Gewerkschaften durch die geschilderten Wirkungen seiner Kaufkrafttheorien auf die Löhne. Keynes gewann die Staats-, Länder- und Gemeindebeamten für sich, denn öffentliche Investitionen sichern deren Stellungen und erhöhen ihre Macht. Natürlich propagieren auch die Bankiers das »deficit-spending«, denn höhere Staatsschulden oder höhere Schulden überhaupt bedeuten mehr Zinsen und mehr Provisionen.

Und hier liegt natürlich der entscheidende Haken des »Keynesianismus«. »Deficit-spending« bedeutet das Ausgeben von Geld, das nicht »geschöpft«, sondern das »geliehen« wird und so, wie wir sahen, astronomische Zinsbeträge kostet und die Schuldenlast verewigt – falls sie nicht »inflationär getilgt« wird. Aber den Politikern kommt es ja auf den Augenblickseffekt an, nicht auf langfristige Wirkungen, ihr Hauptziel ist fast immer, »hier und heute« wiedergewählt zu werden, und wenn so Präsident Franklin D. Roosevelt, als ihm 1932 Keynes' Ideen vorgetragen wurden, schlicht sagte: »Ich verstehe kein Wort!«, so verstanden seine Berater sehr wohl, was Keynes wollte, und machten »deficit-spending« zur obersten Staatsmaxime der USA. Hier schuf schon im Februar 1932 die »Glass-Steagall-Bill« die gesetzliche Grundlage für seine Art der »Wirtschaftsankurbelung«, indem den Bundesreservebanken erlaubt wurde, zur Deckung ihrer Noten außer 40 Prozent Gold auch 60 Prozent Bundesanleihen zu verwenden. Gleichzeitig wurde die »Reconstruction Finance Corporation« gegründet, deren Kapital von 500 Millionen Dollar aus Schatzamts-Bonds, aus Zahlungsversprechen der Regierung also, bestand und die die Reservebanken zeichneten. Diese Staatsgesellschaft finanzierte durch Notstandskredite öffentliche Arbeiten im Wert von 1,8 Milliarden Dollar, wieder mit Hilfe von Schatzamts-Bonds, die die Bundesreservebanken übernahmen, um entsprechend mehr Banknoten zu drucken. Schließlich erklärte 1946 auch der US-Kongreß, die Regierung habe für »maximale Beschäftigung, Produktion und Kaufkraft« zu sorgen. Gleichzeitig wurde der »Council of Economic Advisers« gegründet, ein Expertengremium, das den Präsidenten dauernd wirtschaftlich zu beraten hat und ebenso völlig auf Keynes eingestellt war und ist wie (Arthur Schlesinger zufolge) Präsident John F. Kennedy. Dieser leitete bekanntlich die Steuersenkungen ein, die dann Präsident Johnson durchführte. Daß das Bruttosozialprodukt der USA 1964 bis 1965 von 628 auf 672 Milliarden Dollar stieg, wird »allein« der Befolgung der Keynes-Rezepte zugeschrieben: Es wurden Steuersenkungen von insgesamt 17,5 Milliarden Dollar beschlossen. Die Gewinne der amerikanischen Aktiengesellschaften stiegen 1961 bis 1965 von 44,2 auf 61 Milliarden Dollar, ihre Steuerzahlungen von 22,3 auf 26,5 Milliarden, aber das waren nun nur mehr 43,4 statt 50,4 Prozent, und so konnten die Gesellschaften 13 statt 6,7 Milliarden neu investieren, an Dividenden 21,5 statt 15,2 Milliarden Dollar ausbezahlen. So war die private Kaufkraft erhöht, Washington beschloß aber auch, die Staatsausgaben auf 121 Milliarden zu bringen. Sie betrugen 1969 dann 184 400 Millionen, aber das regte nun in Amerika niemanden mehr auf – und niemand glaubt, daß der Staat hier jemals seine Schulden bezahlen kann. Aber man ist mit den Zinsen zufrieden, erhält ja, wie gezeigt, auch in dieser Form sein Geld zurück. Das heißt natürlich das Geld anderer Steuerzahler.

Und der Steuerzahler der ganzen Welt, nicht nur der amerikanischen. Dafür zahlt nun jeder Deutsche ebenso wie jeder Engländer oder Franzose. Denn John Maynard Keynes, der Direktor der Bank von England und 1940 Berater des britischen Schatzkanzlers geworden war, nahm als britischer Delegierter 1944 an der Währungskonferenz von Bretton Woods teil und wurde auch Mitglied des Internationalen Währungsfonds-Direktoriums. Er veränderte die Welt nicht nur dadurch, daß er den Regierungen den bequemen Inflationsausweg aus ihren nationalen Staatsausgaben-, Kosten- und Lohnproblemen zeigte, sondern auch direkt durch seinen Einfluß auf die heutigen Währungspraktiken. Keynes-Schüler sitzen nun auf zahlreichen wirtschaftswissenschaftlichen Lehrstühlen, sie beherrschen die Mittel der öffentlichen Meinungsbildung, mehr und mehr aber auch die Währungsgremien. Und so wird der »Inflationsausweg« auch für die »Überwindung« internationaler Zahlungsschwierigkeiten gewählt. Unsummen werden heute national den Sparsamen durch die systematische Kaufkraftverminderung entzogen, aber auch international die Fleißigen und Erfolgreichen unter den Völkern von anderen geschröpft, ein Staat vom andern durch Währungsmanipulationen geschädigt. Dadurch vor allem, daß zwischen »gewöhnlichen« und zwischen »Leitwährungen« unterschieden wird und diese, angeblich »so gut wie Gold«, angeblich keinem Kaufkraftschwund unterworfen sind. Und durch die man sich gratis in fremde Volkswirtschaften einkaufen, fremde Steuerzahler die eigene Wirtschaftsexpansion oder die eigenen Hegemoniekosten bezahlen lassen kann.

»Dollar gleich Gold« wurde 1922 von der Weltwirtschaftskonferenz von Genua anerkannt; das machte also den Dollar zur »Leitwährung, »Pfund gleich Gold« machte seit 1925 auch das Pfund zum Zahlungsmittel des Welthandels – und dabei blieb es, obwohl bekanntlich 1931 das Pfund und 1933 der Dollar abgewertet wurden und sich schon damals klar erwies, daß diese beiden Währungen keineswegs vor Kaufkraftverlusten schützen und kein allgemeingültiger und stabil bleibender Maßstab waren. Trotzdem wurde der »Gold-Exchange Standard« von den 44 Alliierten, die am 22. Juli 1944 in Bretton Woods ihr »Internationales Währungsabkommen« schlossen, bestätigt und ausdrücklich vereinbart, daß Währungsreserven auch in Form von Devisenguthaben im Ausland gehalten werden können.

Die Einführung der »Leitwährungen« hatte schon nach dem Ersten Weltkrieg katastrophale Folgen gehabt. Durch den Dawes-Plan und Poincarés Franc-Sanierung der Jahre 1924 bis 1926 strömte amerikanisches und englisches Kapital nach Deutschland und Frankreich, aber nur auf dem Papier. Die Kredite schufen in den Empfängerländern Kaufkraft, ohne gleichzeitig die Kaufkraft der Kreditgeber zu verringern, denn es wurde nicht mehr wie früher Gold verschifft, sondern die Transaktionen wurden nur verbucht. Die Golddevisenwährung gestattete den Notenbanken Amerikas und Englands nicht nur die Schaffung von Zahlungsmitteln in der Landeswährung, sondern weltweit. Solange der »reine« Goldstandard Geltung hatte, bedeutete zum Beispiel eine deutsche Anleihe in England, daß Goldbarren aus den Kellern der Bank von England in die der Reichsbank verbracht wurden. Nun aber bildeten zum Beispiel 500 Millionen Pfund Kredit eine deutsche »Devisenreserve« in London, ein Guthaben in den Büchern der Bank von England, und diese konnte die gleichen 500 Millionen nach wie vor gegen Zins an ihre britischen Schuldner ausleihen. »Tote« Goldbarren wurden durch den »Gold-Exchange Standard« in zinstragende »Aktiven« verwandelt. Und damit jede reale Geldumlaufbeschränkung aufgehoben, denn wenn Gold sehr schwierig zu gewinnen ist, so ist Banknotendrucken bekanntlich sehr einfach. Die monetären Goldreserven der Welt nahmen 1867 bis 1967 nur von 10,6 auf 166,3 Milliarden Mark zu, während der Außenhandelsumsatz der Welt im gleichen Zeitraum von etwa 30 auf über 1 500 Milliarden Mark zunahm, auf das 50fache statt des wenig mehr als 15fachen der Goldreserven. Und der Geldumlauf stieg in den einzelnen Ländern noch ungleich rascher.

Nach dem Zweiten Weltkrieg konnte von einer Pfund- oder Dollar-»Stabilität« weniger denn je die Rede sein. Wie schon 1931 wurde das Pfund bekanntlich 1949 und 1967 abgewertet, und wenn ein Pfund 1913 20,43 Mark wert war und 1933 noch 13,96 Mark, so notiert es heute amtlich 8,70 DM. Ebenso amtlich betrug die Kaufkraft des Dollars, 1939 gleich 100 gesetzt, im September 1965 nur mehr 44 und beträgt heute 36. Aber bei der »Golddevisenwährung« blieb es, und sie bedeutet nicht nur ein »schmerzloses« nationales, sondern ein schmerzloses internationales Staatsdefizit. Da Zahlungsbilanzdefizite nicht real ausgeglichen werden, vermindern Auslandsinvestitionen, Truppenkosten im Ausland oder wie im Fall Englands Warenkäufe im Ausland, die über die eigenen Liefermöglichkeiten weit hinausgehen, nicht den Geldumlauf in den Vereinigten Staaten und England. Sie können neu anlegen, was sie zugleich verbrauchen, können den Kuchen essen und dennoch behalten.

Für die beiden »Leitwährungs-Länder« bedeutet das Inflation. Für die übrige Welt, daß sie nicht gewinnt, was England und Amerika angeblich verlieren. Denn wirklich gewinnen sie nur dann etwas, wenn sie ihre Dollars oder Pfunde »konvertieren«, das heißt in Gold umtauschen, und das können sie nicht nur durch politische Abmachungen nicht, weil Pfund und Dollar längst nur theoretisch so gut wie Gold sind und beide Länder längst nicht mehr genug Gold haben, um ihre Banknoten einzulösen. Schon 1964 gaben diese beiden Länder ohne reale Deckung Zahlungsmittel im Wert von rund 8 Milliarden Dollar aus, und um (damals und, wie sich zeigte, erfolglos) das Pfund zu retten, brachten zehn westliche Staatsbanken bekanntlich 3 Milliarden Dollar Stützungsgelder auf. Bereits von den 32 Milliarden Dollar, die England und Amerika 1963 für den Kauf ausländischer Güter ausgaben, wurden 4 Milliarden nicht real bezahlt, sondern mit Papier, das die Notenbanken der Lieferantenländer in ihre Tresore legten. Das heißt, das sie diese Gelder in Form von Dollar- und Pfundguthaben als »Währungsreserven« stehenließen.

Damit gewährten sie den USA und England Kredit, und das tut jeder, der seiner Bank oder Sparkasse Geld anvertraut. Aber er tut das freiwillig und kann sein Guthaben jederzeit abheben. Die Notenbanken können das nicht, die »Leitwährungsländer« kaufen daher mit Hilfe von Zwangskrediten sie genießen einen automatischen Kredit ohne jede Sicherheit und ohne jedes Mitbestimmungsrecht der Gläubiger. Dollar und Pfund gleich Gold zu setzen, war der größte internationale Betrug aller Zeiten und vor allem für die Vereinigten Staaten ein enormes Geschäft, denn wird das britische Defizit in der Zahlungsbilanz (allein in den fünf Jahren 1964 bis 1968 rund 20,4 Milliarden DM) vor allem durch Einfuhrüberschüsse hervorgerufen, so das der USA weitgehend durch Auslandsinvestitionen. Wie Dr. M. W. Holtrop, der Präsident der Nederlandschen Bank, das schon im April 1965 hervorhob, bedeutet dieses System »Inflation, da die Schlüsselwährungen nach nationalen und nicht den Weltbedürfnissen zufolge ständig ausgeweitet werden. Und einseitigen Vorteil der Schlüsselwährungsländer, die sich selber jeden beliebigen internationalen Kredit schaffen können: Die Reservewährungsländer wurden zu geldschöpfenden Bankiersländern, aber zum Unterschied von den nationalen Notenbanken keiner Währungsbehörde unterstellt.«

Nun kann nach wie vor Gold gehalten werden, und von den 67 655 Millionen Dollar oder 270,6 Milliarden DM Währungsreserven der westlichen Welt waren Ende 1968 etwa sechs Zehntel Gold, nur vier Zehntel »Golddevisen«. Aber diese sind nun praktisch »eingefroren« und nicht nur, weil die Regierung der USA 1961 von den westeuropäischen Regierungen verlangte, ihre Goldkonvertierungen auf ein möglichst geringes Maß einzuschränken. 1945 lagen in Fort Knox, der amerikanischen »Gold-Festung«, 55 Prozent allen monetären Goldes der Welt und bei Ausbruch des Koreakrieges, Mitte 1950, sogar 66 Prozent, doch Ende 1968 waren es nur mehr rund 24 Prozent. Der Wert des amerikanischen Goldhortes stieg 1913 bis 1958 von eineinhalb auf 84 Milliarden Mark, aber er sank bis 1968 auf 42 Milliarden, und nach der Pfundabwertung und der Goldspekulation vom November 1967 betrugen die kurzfristigen Verpflichtungen des US-Schatzamtes rund 64 Milliarden DM, während die frei verfügbaren Goldreserven nur mehr 11,6 Milliarden DM oder weniger als ein Fünftel wert waren. Von den damals 12 600 Millionen Dollar monetärer amerikanischer Goldreserven hatten ja 10 000 Millionen gesetzlich zur Deckung des eigenen Banknotenumlaufes zu dienen. Erst als diese Deckungsvorschrift vom Kongreß aufgehoben und der Dollar zu einer reinen Papierwährung gemacht wurde, konnte sich das US-Schatzamt wieder »etwas freier« bewegen, aber die Dollarguthaben ausländischer Nationalbanken, nicht zu reden von den privaten Dollarguthaben, sind nichtsdestoweniger heute dreimal so groß wie die gesamten amerikanischen Goldreserven: Gold und Dollar gleichzusetzen ist glatter Betrug. Und vor allem diese Gleichsetzung ließ die direkten amerikanischen Investitionen, das heißt Kapitalanlagen, die Amerikanern die Leitung oder zumindest ein entscheidendes Mitspracherecht bei den Firmen brachten, die sie kauften oder an denen sie sich beteiligten, 1950 bis 1968 von 1,7 auf 18 Milliarden Dollar steigen. Wenn »General Motors« zum Beispiel in Bochum ein neues Opelwerk errichteten und rund 2 Milliarden DM investierten, so lieferten die USA für diese 500 Millionen Dollar nicht Kupfer oder Mais, Maschinen oder sonst irgend etwas nach Deutschland, sondern sie wurden einfach in Frankfurt verbucht und erhöhten die »Dollarreserven« der Bundesbank. Die zwei Opel-Milliarden wie Dutzende andere förderten die deutsche Inflation, weil dem vermehrten DM-Umlauf ja keinerlei realer Gegenwert gegenüberstand. Ähnlich war es überall. Wenn Deutschland einer der Hauptleittragenden des internationalen »Keynes-Triumphes« ist, so weil es durch seine »Preisdisziplin« auf den Auslandsmärkten die meisten seiner Konkurrenten unterbieten konnte, andererseits viele Importgüter zu teuer waren. Es wurden also »Devisen hereingenommen«, und die Währungsreserven der Bundesrepublik wuchsen so 1948 bis 1968 von 1,26 auf 40,2 Milliarden DM – davon 22,2 Milliarden »Leitwährungs«-Guthaben, das heißt praktisch erzwungene und weitgehend zinslose Kredite an Länder, die weit über ihre Verhältnisse lebten.

Was allerdings schwer zu vermeiden war und alles andere als leicht zu ändern ist. Im Grunde nur dann, wenn es (wie Professor L. Albert Hahn 1968 als Voraussetzung für jede echte Währungssanierung und Finanzreform forderte) »auf jeden Mißbrauch der Papiergeld-Schöpfungsmacht der Staaten verzichtet wird«. Aber »stabiles« Geld gilt nun bekanntlich als »ein völlig veralteter Begriff« und als »Mythos« und »Ammenmärchen«, und wo »deficit-spending« nicht offen als »Staatsausgaben ohne entsprechende Deckung im Staatshaushalt« definiert wird, wird es zur Tarnung (vor allem in der Bundesrepublik) »antizyklische Konjunkturpolitik« genannt: »Sparen der öffentlichen Hand während der Hochkonjunktur. Ausgeben während der Krise.« Allein 1967 wurden von der Bundesregierung in Bonn 8 Milliarden DM mehr als die ordentlichen Einnahmen ausgegeben, und dieses Geld wurde von der Bundesbank vorgestreckt. Aber die Ausgaben wurden natürlich nie mehr vermindert, der Staatshaushalt 1968 und 1969 nicht wieder verringert.

Nie aber hat das »rein lokale« Folgen. Staatsschulden haben, sobald es zur galoppierenden Inflation kommt, verheerende Wirkungen im eigenen Land. Sie wirken sich aber fast immer auch direkt oder indirekt international aus. Daß Chinas Währungseinheit, der Yuan, 1949 nur mehr acht Trillionstel des Wertes von 1937 besaß und es eine Inflation gab, die unvorstellbare Not bedeutete, trug entscheidend zum Sieg Mao Tse-tungs bei – und dieser veränderte bekanntlich nicht nur China selber. Ebenso war die innere Unstabilität und schließlich der Zusammenbruch der Weimarer Republik nicht zuletzt eine Folge der Inflation, die (wie noch geschildert werden wird) damit endete, daß 1923 eine Billion Reichsmark auf eine Rentenmark zusammengestrichen wurde. Aber auch wenn der Währungszusammenbruch nicht derart offensichtlich wird, machten und machen Schulden immer wieder Weltgeschichte. Englands Schulden an die USA veranlaßten diese 1917 zum Kriegseintritt. Und schließlich war es Englands katastrophale Finanzlage, die über Deutschlands Schicksal nach 1945 entscheiden sollte und zur Annahme des Morgenthauplanes durch Winston Churchill im Jahr 1944 führte.

Englands Staatsschulden waren lange relativ gering geblieben. Aber im Siebenjährigen Krieg, durch den es zur Großmacht aufstieg, wurden es 147 Millionen Pfund, und daß London versuchte, seine amerikanischen Kolonien diese Schuldenlast mittragen zu lassen, führte, wie geschildert, zur Entstehung der Vereinigten Staaten. Der Kampf gegen die »amerikanischen Rebellen« wie die Napoleonischen Kriege kosteten weit mehr, als die Steuern einbrachten. Schließlich zwang der Erste Weltkrieg England zur Liquidierung von 46 Milliarden Mark seiner 1913 auf 76 Milliarden geschätzten Auslandsanlagen. Dementsprechend verschlechterte sich der Kapitalertrag, das chronische britische Handelsdefizit war durch Schiffahrts- und Versicherungseinnahmen allein nicht zu decken, und so betrug die britische Staatsschuld 1939 bereits nicht weniger als 8 301 Millionen Pfund, die Zinslast 230 Millionen oder das Hundertfache der Zinskosten des Jahres 1727. In den elf Jahren 1929 bis 1939 zahlten die britischen Steuerzahler 2 699 Millionen Pfund Zinsen. Und auch das war erst ein schwacher Vorgeschmack des Kommenden, denn im Zweiten Weltkrieg betrugen Englands Kosten bereits 1940 bis 1941 rund 50 Pfund pro Kopf, und im Jahr darauf machten sie das Vierfache dessen aus, was sich für sie vom Volkseinkommen abzweigen ließ. Auch von der Substanz zu leben war nun nicht mehr lange möglich, und 1945 stand so die britische Staatsschuld bei 22 500 Millionen Pfund. Daß England ohne fremde Hilfe – und das hieß nun amerikanische Hilfe – nicht weiter zu existieren vermochte, war jedermann klar.

In den Vereinigten Staaten waren inzwischen zahlreiche Nachkriegspläne gemacht worden, als für Deutschland wichtigster der nach Henry Morgenthau jun. benannte. Morgenthau war 1934 bis 1945 Präsident Roosevelts Finanzminister und einer seiner intimsten Berater. Bereits im August 1943 war Roosevelt völlig damit einverstanden, daß das besiegte Deutschland »reagrarisiert und zur Ziegenweide gemacht« werden solle, und der Präsident fand auch die andern Morgenthau-Ideen gut: Abtretung der Gebiete westlich des Rheins an Frankreich. Abtretung Ostdeutschlands an Polen und Aufteilung des Restes in zwei selbständige Staaten Nord- und Süddeutschland. Außerdem: Schließung aller deutschen Bergwerke. Wiederaufbau Europas und der Sowjetunion durch deutsche Zwangsarbeiter. Völlige Enteignung aller deutschen Auslandsguthaben und allen deutschen Auslandsbesitzes, gleich, ob privat oder staatlich, und Heimschaffung aller im Ausland lebenden Deutschen. Und noch einiges mehr in diesem Stil.

Wie Präsident Roosevelt mußten aber auch England und die andern Alliierten zustimmen. Und würden sie das tun? Morgenthau schien Geld das beste Argument. Auf der zweiten Konferenz von Quebec, die am 11. September 1944 begann, verband er seinen Plan mit einem Kreditangebot an England in Höhe von sechseinhalb Milliarden Dollar oder 27 Milliarden Mark. Über diese Konferenz berichtet Winston Churchill: »... Bei meiner Ankunft sah ich zu meiner Überraschung, daß der Präsident vom Staatssekretär des Schatzamtes, Morgenthau, begleitet war, daß aber weder der Außenminister noch Harry Hopkins da waren... Roosevelt und Morgenthau interessierten sich vor allem für die Behandlung Deutschlands nach dem Kriege. Sie waren fest überzeugt, daß die militärische Macht auf der industriellen Leistungsfähigkeit eines Landes beruht ... und versicherten, daß in einem so großen Land wie Deutschland, das sich in jeder Beziehung selber mit Nahrungsmitteln versorgen könne, eine bedeutende Industrie nicht erforderlich sei. Großbritannien hatte während des Krieges so viele überseeische Kapitalanlagen verloren, daß es sich nach Friedensschluß nur durch eine erhebliche Steigerung seiner Ausfuhr über Wasser halten konnte, so daß wir aus wirtschaftlichen sowohl wie aus militärischen Gründen für eine Beschränkung der deutschen Industrie und die Förderung der deutschen Landwirtschaft eintreten mußten ... Der sogenannte Morgenthauplan, den ich nicht in allen Einzelheiten zu prüfen in der Lage war, scheint diesen Gedanken bis zur äußersten logischen Konsequenz getrieben zu haben. Selbst wenn er durchführbar gewesen wäre, hätten wir nach meiner Ansicht das Lebensniveau Deutschlands nicht auf diese Weise herabsetzen dürfen; damals aber, als der auf der deutschen Industrie fußende deutsche Militarismus in Europa so fürchterliche Schäden angerichtet hatte, schien es kein unbilliges Verlangen, daß seine industrielle Leistungsfähigkeit nicht wieder über ein Maß hinaus hergestellt werden dürfe, das den Deutschen das nämliche Lebensniveau sicherte wie ihren Nachbarn ...«

Das schrieb Churchill 1953. Aber wenn er sich später auch nicht gerne daran erinnern ließ, am 15. September 1944 unterschrieb er den Morgenthauplan, genau wie Roosevelt »O.K.F.D.R.« daruntersetzte. Und dieser wurde durchgeführt – solange man Deutschland nicht als »Bollwerk gegen den Bolschewismus« brauchte. Die Ostgebiete gingen an Polen. Es wurde bekanntlich demontiert. Die Deutschen wurden aus dem Ausland »repatriiert«. Alle privaten ebenso wie alle Staatsguthaben wurden entschädigungslos enteignet. Die Beschlüsse von Quebec blieben keineswegs »reine Theorie«, wie es heute oft heißt, und über sie berichtete der US-Außenminister Cordell Hull 1948 in seinen Memoiren: »... Finanzminister Morgenthau kehrte von Quebec nach Washington zurück ... und war ganz außer sich vor Begeisterung über das von ihm Erreichte. Er rannte mit den neuesten Abschriften seines Planes zu Kriegsminister Stimson, zu mir und anderen. Am 20. September 1944 veranstaltete ich in meinem Amt eine Sitzung des Kabinettsrates zur Überprüfung dieser Angelegenheit. Anwesend waren Morgenthau und Stimson, Harry White vom Schatzamt, der stellvertretende Kriegsminister McCloy und H. Freeman Matthews vom Außenministerium. Ich gab mir keine Mühe, meine Bestürzung über die Dinge zu verbergen, die der Präsident und Churchill auf Betreiben

Morgenthaus in Quebec vereinbart hatten. Ich sah darin eine Tragödie für alle Beteiligten ... Morgenthau erging sich in einer langen Erklärung dessen, was in Quebec geschehen war. Er sagte, Churchill habe sich anfänglich der von ihm, Morgenthau, vertretenen Deutschlandpolitik heftig widersetzt. Der Premierminister habe geradeheraus gefragt, ob man ihn nach Quebec habe herüberkommen lassen, um über einen Plan zu diskutieren, der bedeuten würde, ›England an einen Leichnam (Deutschland) anzuketten‹ ... Morgenthau berichtete weiter, er habe darauf die Angelegenheit mit Lord Cherwell, dem persönlichen Mitarbeiter des Premierministers, in die Hand genommen und diesen anscheinend überzeugt. Cherwell seinerseits besprach die Sache mit Churchill und gewann ihn dafür. Offenbar sagte der Vorschlag dem Premierminister schließlich darum zu, weil England auf diese Weise eine große Anzahl von Deutschlands Eisen- und Stahlmärkten gewinnen und so einen gefährlichen Konkurrenten ausschalten konnte ... Stimson fragte Morgenthau geradeheraus, ob nicht ein Zusammenhang zwischen Churchills Zustimmung zu dieser Politik und seinem dringenden Wunsch, die ihm von Morgenthau angebotenen Kredite zu erhalten, bestanden habe. Morgenthau verneinte dies, gab jedoch zu, die Kredite seien offensichtlich das wichtigste nichtmilitärische Ziel des britischen Premiers gewesen ...«

Nach der Rückkehr Präsident Roosevelts nach Washington protestierte Außenminister Hull bei ihm gegen den Plan und berichtete darüber in seinen Erinnerungen: »Ich schloß meine Ausführungen mit dem Bemerken, ich sei überzeugt, die Engländer hätten in Quebec dem extremen Aushungerungsplan zugestimmt, um ... den von Morgenthau in Aussicht gestellten Kredit von sechseinhalb Milliarden Dollar zu erhalten. Ich war auf diesen Kredit ganz besonders schlecht zu sprechen ... denn es gab zahlreiche zwischen uns und Großbritannien schwebende Fragen ... über die wir zu verhandeln hatten ... und wir benötigten diese Kredite als einen Teil unserer Verhandlungsposition. Diese Erwägungen stellte Morgenthau beiseite und machte ein bedingungsloses Angebot von sechseinhalb Milliarden Dollar. Auch innenpolitisch könne dies, so schloß ich ... dem Präsidenten schweren Schaden bringen ... denn er stand damals ja mitten in der Wahlkampagne von 1944 für die Präsidentschaft ...«

Rein humanitär waren also auch Cordell Hulls Überlegungen nicht. Er gedachte Deutschland durch jeweils bessere oder schlechtere Lebensmöglichkeiten »umzuerziehen«, und er gedachte durch die Kredithilfe englische Konzessionen zu erreichen, wie er ja auch schon am 25. August 1940 die Verpachtung wichtiger Stützpunkte auf britischem Gebiet an die USA im

Zusammenhang mit amerikanischer Finanz- und Militärhilfe erreicht hatte. Aber er predigte immerhin Vernunft. Und auch das schon hatte das Ende seiner Karriere bedeutet: Zu Cordell Hulls Ausführungen wußte Roosevelt nichts zu sagen. Er sandte ihm nur am 29. September 1944 ein Memorandum, in dem er schrieb: »Es handelt sich bei der ganzen Situation im wesentlichen darum, England vor einem völligen Bankrott am Kriegsende zu bewahren.« Diesen Satz unterstrich er zweimal. Und Hull schloß daraus, Roosevelt meine, Deutschland müßten alle Exporte verboten oder unmöglich gemacht werden, weil sonst England die seinen nicht auszudehnen (und so nie seine Schulden an die USA zu bezahlen) vermöge. Auch er verfaßte ein Memorandum, das er am 1. Oktober Roosevelt persönlich überreichte. Aber das war seine letzte wichtige Amtshandlung als Minister. Seit 1933 Leiter des Außenamtes der USA, wurde er im November 1944 durch den Verwaltungsratsvorsitzenden der »United States Steel Co.«, Edward R. Stettinius ersetzt, der Deutschlands Industrie ähnlich beurteilte wie Morgenthau, wenn auch aus andern Gründen.

Wie Roosevelts Tod und der »kalte Krieg«, der Präsident Trumans Anspruch auf Alleinherrschaft folgte, Morgenthaus Pläne nicht zum völligen Reifen brachte, so half Churchills Nachgeben schließlich auch England wenig. Erst am 7. Dezember 1945 war der von John Maynard Keynes ausgehandelte britisch-amerikanische Kreditvertrag perfekt. Der Senat debattierte 146 Tage lang, ehe er ihn am 10. Mai 1946 mit 46 gegen 34 Stimmen ratifizierte, und aus sechseinhalb waren nun 4,4 Milliarden Dollar geworden, davon nur 3 750 Millionen bar, der Rest wurde auf »Lend-Lease« verrechnet, die amerikanischen Kriegshilfslieferungen, die ebenfalls Keynes' erreicht hatte. Die 4,4 Milliarden Dollar waren die größte Staatsanleihe aller Zeiten. Aber durch die amerikanischen Preissteigerungen war sie Ende 1946 bereits um ein Drittel weniger wert als beim Beginn der Finanzverhandlungen – und im Vergleich zu Englands Bedürfnissen viel zu gering und in wenigen Monaten verbraucht. Lord Beaverbrook erklärte damals: »Wir haben für ein Almosen das Imperium verkauft!« Denn England hatte unter anderem die Allgemeinanwendung der Meistbegünstigungsklausel, die bisher für sein Kolonialreich nicht gegolten hatte, versprechen müssen. Der amerikanische Finanzminister Vinson aber wußte: »Mit diesem Vertrag ist die Welt in zwei Blöcke geteilt!«, und der Abgeordnete Buffet aus Nebraska nannte die Anleihe »die Saat des Dritten Weltkrieges«.

XIV

DER »STILLE« RAUB DURCH »DIE ÜBELSTE ART ALLER STEUERN«

D e Staatsschulden-»Tilgung« durch Geldentwertung von Hippias von Athen zur deutschen Währungs-»Reform«

»Den Geldwert vermindern, heißt die Sparsamen betrügen... und jede Art von Geldverschlechterung ist eine üble Art von Steuer... ja, die übelste Art aller Steuern...«

Nikolaus Oresme, 1355
in »De mutatione monetarum tractandus«

»Nichts gibt es, was das arme Volk so quält wie das Verschlechtern der Münzen oder die Abänderung ihres Kurswertes. Reiche und Arme, jeder für sich und alle zusammen, erleiden dadurch unglaubliche Schäden und Verluste.«

Jean Bodin, 1576
im 6. Buch seiner »République«

»Die Zerstörung seiner Währung ist das sicherste Mittel, ein Land reif für den Kommunismus zu machen.«

Wladimir Iljitsch Lenin, 1905

»Die Ursachen der Inflation sind keineswegs mysteriös: Die Geldentwertung entspringt dem Bestreben der Politiker, ihren Wählern mehr Gunstbeweise zu bieten, als diese im Augenblick bereit sind zu bezahlen... und aus gelegentlichen Budgetdefiziten chronisch steigende Staatsausgaben zu machen...«

Richard Nixon, 1968
in seinen Wahlreden

Der erste »konstitutionelle« Staat, das heißt ein Staat, in dem die Ausübung der Staatsgewalt und die Eingriffe der Regierung in die »Grundrechte« der Bürger an die Rechtsschranken einer Verfassung gebunden wurden, war Athen unter Solon, der in der Antike als einer der »Sieben Weisen« galt, dem attischen Königsgeschlecht entstammte, aber durch wucherisch ausgenutzte Bürgschaften verarmte und als Kaufmann im Ausland ein neues Vermögen verdienen mußte. Solons Gesetze des Jahres 594 vor Christus suchten Adel und Volk, zwischen denen es zu immer heftigeren Kämpfen gekommen war, zu versöhnen, indem sie alle Vorrechte der Geburt abschafften. Die Herrschaft der »aristoi« – wörtlich der »Besten«, praktisch des Geburtsadels – wurde in eine »Timokratie« verwandelt, das heißt, denjenigen wurden die größten politischen Rechte gegeben, die die meisten Steuern bezahlten. Denn reich konnte ja (zumindest theoretisch) jeder werden. Und nun um so eher, als Solon zugleich eine Art neuen »Starts« dekretierte, die »seisachtheia« oder »Abschüttelung der Lasten«: Die Schuldknechtschaft wurde aufgehoben, die es damals in Athen wie später im Römischen und Fränkischen Reich gab, die erst im deutschen Mittelalter zur privaten oder öffentlichen Schuldhaft abgeschwächt wurde und als solche erst durch ein Gesetz des Norddeutschen Bundes vom 29. Mai 1868 verschwand und in England nach wie vor besteht. Als nun in Athen kein Gläubiger mehr das Recht hatte, seinen nichtzahlenden Schuldner als Sklaven zu verkaufen (und die derart in Sklaverei Geratenen wieder frei wurden), wurde auch der mit Beschlag belegte Boden wieder seinen früheren Besitzern zurückgegeben. Alle Schulden waren damals praktisch Hypothekarschulden, und diese strich Solon entschädigungslos. Da die Gläubiger fast ausschließlich Adelige und die Schuldner fast ausschließlich Leute aus dem »Volk« waren, galt Solon seither als »Volksbefreier«.

Ob zu Recht, bleibt umstritten. Zwar wird in Aristoteles' »Staat der Athener« als »Verleumdung durch Aristokraten« bezeichnet, daß drei Freunde Solons, die von seinen Reformplänen wußten, mit geliehenem Geld große Güter kauften und diese gratis behielten, weil Käufe rechtsgültig blieben, die Schulden aber aufgehoben wurden. Unbestritten jedoch ist, daß Solon nicht nur die Hypothekarschulden strich, sondern alle Schulden dadurch verringerte, daß er statt des bisher in Athen gültigen aiginetischen Talents, das etwa 6460 Goldmark entsprach, das euböische Talent einführte, das nur 4715 Goldmark wert war: Währungsabwertung um 27 Prozent also im Jahre 594 vor Christus.

Allerdings geschah das ebenfalls zum Vorteil des »Volkes« und nicht des Staates, der damals keine Schulden hatte – und zwar, weil er nur wenig Geld brauchte. Es gab kaum Gemeinschaftsaufgaben, die Ämter waren Ehrenämter und der Kriegsdienst Ehrendienst. Aber natürlich blieb das nicht so. Im Jahr 560 vor Christus übernahm ein Verwandter Solons, Peisistratos, als Führer der »Diakrier«, der extremen »Demokraten«, die Herrschaft, indem er mit seinen Anhängern die Burg von Athen besetzte, und wenn Peisistratos die Handels- und Kulturblüte Athens begründete, so auch dessen Schuldenwirtschaft. Der neue Herr Athens baute die erste öffentliche Bibliothek und ließ die Werke Homers aufzeichnen. Er schuf die musischen Wettkämpfe der »Dionysien«, mit deren dramatischen Aufführungen das antike Theater begann. Peisistratos baute die erste Wasserleitung der Stadt und ließ jonische Künstler nach Athen kommen, die mit der Errichtung der Prunkbauten begannen, die noch heute unsere Bewunderung erregen. Unter Peisistratos konnten die Athener bald in jeder Beziehung stolz auf ihre Stadt sein, denn auch sozial stand sie nun an der Spitze. Hier gab es zum Beispiel die ersten Pensionen für Kriegsopfer, von denen wir wissen. Aber alles das kostete sehr viel Geld. Der zweiprozentige Ein- und Ausfuhrzoll, der bisher in Athen eingehoben worden war, genügte nicht und ebensowenig der Ertrag der Silbergruben, die der herrschenden Familie gehörten. Peisistratos führte deshalb eine Umsatzsteuer von 10 Prozent ein, erhob Hafenabgaben, Fischereisteuern und Abgaben auf die Getreideverarbeitung. Das heißt, er ließ diese Steuern durch Pächtergenossenschaften einheben, versteigerte aber die Pachtrechte jedes Jahr neu, um Mißbrauch – und Machtansammlung in anderen Händen – vorzubeugen.

Diese Pächtergenossenschaften waren frühe Aktiengesellschaften und so gewinnbringend wie die Gesellschaften, die unter Peisistratos die Staatsbauten ausführten – und mehr und mehr auf Kredit ausführten, weil die laufenden Steuereinnahmen nicht genügten. Solange sich die staatliche Bautätigkeit in Grenzen hielt, hielten sich auch diese (natürlich zu verzinsenden) Kredite in Grenzen, aber rasch wuchs der Schuldenberg an, denn 527 vor Christus übernahm der älteste Sohn des Peisistratos, Hippias von Athen, die Regierung und dessen Bauten auf der Akropolis, der »Oberstadt« des Burgberges, und dessen Weihgaben an die Stadtgöttin Athena übertrafen die tollste Phantasie. Um 512 vor Christus waren Hippias'

Schulden so groß geworden, daß der Steuerertrag von 52 Jahren nötig gewesen wäre, um sie zu decken.

Hippias jedoch erfand eine Art der Schulden-»Tilgung«, die seither immer wieder angewendet wurde. Seit Solon bildete, wie gesagt, das euböische Talent die Währung Athens, das in 60 Minen unterteilt wurde, jede Mine in 100 Drachmen. Talente und Minen waren nur Rechnungseinheiten, ausgemünzt wurden allein Vierdrachmen-Stücke, und zwar aus schwerem Silber. Denn zur Zeit Solons kostete ein Stier nur vier bis sechs Drachmen, der Zentner Getreide eine, und noch unter Perikles galt als Existenzminimum einer Familie eine Drittel-Drachme täglich. Wie überall war bis Hippias der Geld- mit dem Metallwert in Athen identisch. Der älteste Handel war Tauschhandel, Waren wurden besonders gegen Vieh eingetauscht, und so heißt »Geld« im Lateinischen »pecunia«, abgeleitet von »pecus« – »Vieh«. Aber Viehherden herumtreiben ist mühsam, und so wurden mehr und mehr Metalle als Tauschmittel verwendet, und weil Silber das meistverwendete wurde, heißt ja noch heute »Geld« französisch »argent« – »Silber«. Zuerst wurde das Metall abgewogen. Auch das war unbequem, und so bekamen die Metallstücke eine bestimmte Größe und Form (auf Kreta schon im zweiten vorchristlichen Jahrtausend) und schließlich eine durch Prägestempel aufgedrückte Gütemarke, durch die der Staat die relative Reinheit und das Gewicht der Metallstücke garantierte. Damit war das eigentliche »Geld« erfunden, und von Griechenland aus eroberte es sich die Welt. Vorwiegend als Silbergeld, seit der Lyder-König Gyges um 670 vor Christus die ersten Goldmünzen prägte, auch als Goldgeld.

Da die Herrscher, die das Geld prägten (oder die Münzrechte verpachteten), eine Wert-Garantie übernahmen erkannten sie durchaus folgerichtig nur das Geld an, daß sie selber ausgaben, und verlangten zugleich, daß alle ihre Untertanen es an Zahlung Statt annahmen, denn Voraussetzung jeder höher entwickelten Arbeitsteilung ist ein allgemein anerkanntes Tauschmittel. Staatliche Münzmonopole und Geld mit Zwangskurs waren also eine logische Entwicklungsfolge, und gegen beide ist an sich nichts einzuwenden. Seit Hippias aber bot das »Münzregal« den Herrschenden Möglichkeiten, die praktisch auf Raub hinausliefen. Denn dieser erklärte im Jahr 512 vor Christus alles in Umlauf befindliche Geld Athens für ungültig und gab neue Tetradrachmen aus, die nur halb so schwer wie die alten waren. Er gewann aus der gleichen Silbermenge die doppelte Münzenzahl, und entsprach eine Mine unter Peisistratos etwa 78 Goldmark, so unter Hippias nur mehr 39. Und das hieß, daß er seine Schulden halbierte und seine Gläubiger um die Hälfte ihrer Guthaben betrog.

Da die Athener weniger fügsam waren als die heutigen großen »Staatsvölker« und sie Kleomenes I. von Sparta zur Hilfe riefen, kostete Hippias »Coup« ihn 510 vor Christus den Thron. Als er Athen mit Hilfe der Perser zurückzuerobern suchte, wurde er im Jahr 490 von Miltiades bei Marathon geschlagen und starb wenig später. Aber seine Methode machte Schule. 380 vor Christus zog Dionysos von Syrakus alles Silbergeld ein und verdoppelte den Wert durch einen Stempelaufdruck. Über Nacht wurde er so zum größten Gläubiger seines Reiches statt dessen größter Schuldner. Im Römischen Reich waren dann zeitweilig wieder Geld- und Metallwert identisch, sowohl bei den Silbermünzen wie bei den im ersten Jahrhundert vor Christi Geburt eingeführten Goldmünzen. Aber wenn der römische »aureus« unter Gnaeus Pompejus, Caesar und Crassus – dem 1. Triumvirat – rund 11 Gramm Gold enthielt, so unter Kaiser Augustus, eine Generation später, nur mehr 7,8 Gramm. Unter Mark Aurel wog er dann nur mehr 6 und unter Diocletian 5,25 Gramm, und ungleich mehr noch wurden die Silber- und Bronzemünzen verschlechtert. So sehr, daß es unter Kaiser Diocletian, der am 29. August 284 unserer Ära die Herrschaft über ein Reich antrat, das sich damals noch von der Sahara bis Köln und von der Grenze Persiens bis Schottland erstreckte, zu einer der furchtbarsten Inflationen aller Zeiten kam. Aber nur die Zahlungsmittel des Volkes verloren ihren Wert, der Staat versuchte weiter in gutem Geld zu kassieren, die Steuern mußten in Gold entrichtet werden, und das Verstecken von Gold und Silber wurde ebenso mit dem Tod bestraft wie nach und nach über sechzig »Wirtschaftsvergehen«. Schließlich erreichten das Wirtschaftschaos und die Not einen Grad, an dem das Römische Reich zugrunde ging.

Aber gab es nicht auch eine »Geldverschlechterung«, die sich segensreich auswirkte? Geld schützt niemanden vor Kälte, und niemand kann es essen. Es ist – und war immer – nur ein Mittel zum Zweck, nie brauchen wir das Geld selber, sondern allein die Dinge, die wir mit ihm kaufen, und die »Deckung« jeder Art Geld besteht in den Gütern und Dienstleistungen, gegen die wir es eintauschen. »Krisenfrei« ist eine Wirtschaft in dem Augenblick, in dem die Geldmenge dem Wirtschaftsumfang entspricht. Aber nicht die ausgegebene, sondern die umlaufende Geldmenge. Schon Diogenes wußte vor zweieinhalb Jahrtausenden, daß Gold und Silber kein idealer »Geldstoff« sind, weil sie ihren Wert »in sich« tragen, ein Anlagemittel bilden, das nicht erst investiert zu werden braucht und gefahrlos gehortet werden kann. Er verlangte deshalb Geld, das aus einem wertlosen Stoff besteht und dessen Umlauf so gesichert scheint. Auch im Talmud steht: »Fünfzig Geldstücke, die arbeiten, sind mehr wert als 200, die nichts tun.« Und Papst Bonifatius VIII. erließ im Jahr 1301 eine Bulle, in der es heißt: »Wir schließen aus der Gemeinschaft der Kirche alle jene aus, die ihr Geld untätig schlafend bei sich liegenlassen.« Die menschliche Arbeitskraft steht, da der Mensch essen und sich kleiden und für seine Familie sorgen muß, unter Angebotszwang, wie verderbliche Waren unter Angebotszwang stehen. Für das Geld hingegen gibt es keinen Angebotszwang, man kann nur das Geldhorten kostspielig machen, und deshalb gilt heute der Kapitalzins als unentbehrlich.

Es gibt aber auch andere Methoden der Sicherung des Geldumlaufs, und im Mittelalter kam es zu einer Abwandlung der Hippias-Idee, die nicht nur dem Fiskus zugute kam. Seit die Obrigkeiten Geld prägten, gaben sie neue Münzen (außer wenn sie es auf den geschilderten Raub abgesehen hatten) nur aus, wenn die alten Münzen zu sehr abgegriffen waren und nicht mehr das vorgeschriebene Gewicht hatten. Wurden zu Ehren eines neuen Herrschers neue Münzen ausgegeben, so blieben fast immer auch die alten gültig. Wer diese uralte Gepflogenheit zuerst durchbrach und welche Absichten er dabei hatte, steht eindeutig nicht fest. Wahrscheinlich war Erzbischof Wichmann von Magdeburg der Erfinder der »Brakteaten«, des Geldes der Frühgotik, einer der einflußreichsten Berater Kaiser Friedrichs I. Barbarossa, der einem sächsischen Grafengeschlecht entstammte und 1149 Bischof von Naumburg-Zeitz wurde. Wichmann, der Markgraf Albrecht dem Bären bei der Erschließung Brandenburgs und des Gebietes zwischen der Elbe und Havel unterstützte, ließ das älteste Magdeburger Stadtrecht aufzeichnen, das schließlich bis Nowgorod und Kiew, Budapest und Warschau Geltung erlangte. Er war in jeder Beziehung ein hervorragender Organisator – und brauchte wie alle Fürsten stets Geld. Er mag also sehr wohl der Erfinder der »Renovatio monetarum«, der Münzerneuerung statt der Münzverschlechterung, sein. Jedenfalls wurde seit etwa 1140 das Geld bei jedem Wechsel der Herrschaft eingezogen und für ungültig erklärt. Es wurden dann neue Münzen ausgegeben – aber nicht kostenlos, sondern gegen eine »Münzgebühr« von 10 bis 20 Prozent. Da das ein sehr gutes Geschäft für die Inhaber des Münzregals war, wurden die Münzen sehr bald nicht nur beim Todesfall des Landesfürsten, sondern schließlich fast jedes Jahr einmal und vereinzelt noch öfter ausgetauscht.

Die meisten dieser Münzen waren »Brakteaten« – von lateinisch »bractea« – »dünnes Blech« – und bestanden aus dünnem, nur mit einem Stempel einseitig geprägtem Silber, das durch Nuten in zwei und vier Teile gebrochen werden konnte. Sie waren im 12. Jahrhundert im Harz und in Thüringen in Umlauf, in Niedersachsen und Preußen, in Südwestdeutschland, der Schweiz, Ungarn und Polen, bald auch überall in Skandinavien. Und nur dieses neue Geld ermöglichte Fischerdörfern wie Wismar oder Stralsund, gotische Dome zu bauen, und den Soziologen der Harvarduniversität zufolge, die 1952 eine entsprechende Studie veröffentlichten, war das mittelalterliche Geld »der Anstoß zur Kulturblüte der Hochgotik und zur positivsten Zeit der Menschheit«.

Wenn das nicht allgemein bekannt ist, so gibt es dafür sehr handgreifliche Gründe. Sicher aber ist, daß um 1140 ein völlig neuer Wirtschaftsmotor in Gang kam und völlig neue Finanzierungsmethoden sich durchsetzten und daß zur Zeit der Brakteaten die wirtschaftliche Verfallsperiode zu Ende ging, die im 4. Jahrhundert begann. Dem Zusammenbruch des Römischen Reiches war die Völkerwanderungszeit gefolgt, Jahrhunderte der Unfreiheit und des Kampfes aller gegen alle, eine Zeit des Raubens und Mordens und des allgemeinen Elends. Um das Jahr 600 unserer Ära war die einstige Millionenstadt Rom zu einem Konglomerat kleiner Campagna-Orte herabgesunken, die zusammen kaum 30 000 Einwohner zählten. Die Wasserleitungen waren verfallen; man war auf das Tiberwasser angewiesen, und so zog die Bevölkerung von den Hügeln in das ungesunde Tal. Die Straßen waren verschlammt oder fußhoch mit Staub bedeckt. Die Umgebung eine Steppe mit wenigen, halbverhungerten Tieren. Die antiken Bauwerke, von Erdbeben erschüttert, waren zu einem ungeheuren Steinbruch geworden, der nicht nur für die spärlichen Neubauten verwendet wurde, sondern dessen Material man auch an andere Städte verkaufte. Das Kapitol hieß nun »Ziegenberg«, das Forum »Rinderfeld«. Dann kamen die Araber. Im Jahr 840 plünderten sie die Abtei Subiaco in den Sabinerbergen, 846 erschienen sie, den Tiber hinauffahrend, vor Rom, und 878 faßten sie in Saracinesco bei Tivoli dauernd Fuß.

Plötzlich aber, zu Beginn des 12. Jahrhunderts, entstanden nie gesehener Wohlstand, Frieden und allgemeiner Fortschritt. Vor allem eine Wohlstandsstreuung, wie es sie nicht nur niemals zuvor, sondern auch seither nie wieder gab. Völliger Kulturverfall. Und nun plötzlich Dutzende große Namen, Thomas von Aquino, Roger Bacon, Albertus Magnus, Alexander von Hales, Vincent von Beauvais, Universitäten mit Zehntausenden Hörern, Schulen überall. Plötzlich wunderbare Gemälde und Dichter wie die des Nibelungenliedes und der Artussage, wie Dante oder der Cid. Der Minnesang der Troubadoure Frankreichs und die einmaligen Goldschmiedearbeiten Flanderns und von Burgund. Nicht selten werden »Mittelalter« und »Zeit finsteren Aberglaubens« gleichgesetzt. Aber aus dieser Zeit stammt nicht nur die »Magna Charta«, sondern auch die Staatslehre des

Marsilius von Padua, der eine verfassungsrechtlich beschränkte Wahlmonarchie und die Volkssouveränität empfahl, und es entstand die altschweizerische Demokratie der Eidgenossenschaft. Aus dieser Zeit stammen die Anwendung des Schießpulvers, das die Macht des Ritterstandes brach, die ständische Ordnung der Städte, das Hufeisen und das Kummet, die die Nutzung der Tierkraft ermöglichten, und noch manches andere. Und daß die »Renovatio monetarum« dabei eine entscheidende Rolle spielte, ein neues Fiskalsystem also, ist evident.

Denn wurde das Geld nicht fristgerecht umgetauscht, verlor es völlig seinen Wert. Und wurde es umgetauscht, so kostete das jedesmal 10 bis 20 Prozent. Die ewige Geldverschlechterung hatte zur Hortung der guten Münzen geführt und zum Vergraben der Schätze, zu immer neuen Deflationskrisen, und schon zur Zeit Diocletians war das Römische Reich auf den Stand primitiver Naturalwirtschaft zurückgesunken. Jetzt wurde das Horten sinnlos und jetzt brachte jeder sein Geld so schnell wie möglich in Umlauf. Und das führte nicht zur Geldentwertung, zur Inflation, denn nicht die Geldmenge, sondern nur die Umlaufgeschwindigkeit der Zahlungsmittel wurde erhöht. Noch nie hatte der Fiskus so leicht Einnahmen erzielt. Der Erzbischof Wichmann von Magdeburg, der im Jahr 1192 starb, zog zuletzt zweimal jährlich das Geld seines Herrschaftsbereiches ein. Johann II. von Frankreich ließ zwischen 1350 und 1364 86mal seine Münzen verändern, aber nicht verschlechtern – und in Wien gab es innerhalb von 150 Jahren 150 verschiedene »Pfennige«. Das scheint ein Höhepunkt der Ausbeutung. Aber der Fiskus konnte durch die »Münzgebühr« auf alle andern Steuern verzichten, und sie führte zugleich dazu, daß nur produktive, schöpferische Arbeit Früchte trug, daß es keine Zinseinkommen gab, denn niemand fiel es ein, Zinsen zu bezahlen, niemand machte Schulden, stets wurde bar oder im voraus bezahlt, um die Verluste plötzlicher Ummünzungen zu vermeiden. Es gab kein Spargeld, sondern nur Tauschgeld, denn niemand wußte ja, wann dieser oder jener Herzog starb, später erfuhren nur ganz wenige, wann diese oder jene »renovatio« geplant war. Und so entstanden in Städten von nur 10 000 oder 15 000 Einwohnern Dome, entstanden Bürgerhäuser von einmaligem Reichtum, wurden kostbare Kleider getragen und die Künstler verwöhnt. Das Geld mußte rollen, und die Vollbeschäftigung, die die Folge war, verhinderte die Ausbeutung der Arbeitenden. Diese Vollbeschäftigung aber beruhte nicht auf einer allgemeinen Schuldenwirtschaft wie unsere heutige, sondern stets hieß es: hier Geld, hier Ware. Trotz gewaltiger Leistungen brauchten im 12. und 13. Jahrhundert die Handwerksgesellen nur durchschnittlich vier Tage in der Woche zu arbeiten, da die Zahl der streng eingehaltenen Feiertage 90 betrug. Und auch an diesen vier Tagen war für geregelte Arbeitszeit gesorgt.

Natürlich hatte das System auch seine Nachteile. Statt der willkürlichen Einziehung hätte es feste Termine der Münzänderungen geben müssen, und wenn die Vorsorge für Alte und Kranke oder sonstwie Arbeitsunfähige auch nicht völlig fehlte, so war sie ungenügend. Aber die Vorteile überwogen die Nachteile bei weitem, und zur »Renovatio monetarum« war zudem eine andere Neuerung gekommen, die kaum weniger wichtig war: die Barablösung der körperlichen Steuerpflicht.

Weit älter als Geldsteuern waren, wie geschildert, überall Naturalabgaben, und noch älter die unmittelbare Verfügung der Herrscher über die Arbeitskraft ihrer Untertanen. Nicht immer war die »Fron« selbstverständlich gewesen, im Deutschland des 12. Jahrhunderts aber war sie es, und daß nun einzelne Städte sie »ablösten«, veränderte die Welt und ließ unter anderem die deutsche »Hanse« entstehen.

Kaum irgendwo gab es bis zum 12. Jahrhundert in Europa Siedlungen, die den Namen Stadt verdienten – und damit Kulturzentren sowenig wie Wirtschaftszentren, Bibliotheken wie die der Antike sowenig wie Sportarenen oder Theater. Auf dem Höhepunkt seiner Entwicklung soll Babylon etwa eine Viertelmillion Einwohner gehabt haben, und für Karthago nimmt man eine halbe Million an. Rom hatte zeitweilig etwa 800 000 Einwohner, aber durch die Verlegung der Residenz von Rom nach Konstantinopel im Jahr 330 nach Christus wie durch die Plünderungen der Jahre 410, 455, 472, 546, 549 und 552 verfiel es völlig. Ähnlich war es Dutzenden Römerstädten ergangen. Mit dem Zusammenbruch des Imperiums wurde Europa wieder ländlich.

Auch die fränkischen und deutschen »Kaiserpfalzen«, Aachen oder Worms, Forchheim oder Frankfurt waren, wie schon der Name es sagt, nur befestigte »Paläste« mit einem Gutshof und den nötigen Landarbeiter- und Dienstwohnungen ringsum. Und so blieb es, bis Kaiser Heinrich V. von Deutschland dringend Bargeld brauchte.

Im Jahr 1081 geboren und in Utrecht 1125 gestorben, hatte der durch Verrat und die Gefangensetzung seines Vaters Heinrich IV. im Dezember 1105 dessen Thronverzicht erreicht. Er kam als »Pfaffenkönig« an die Macht, lehnte dann aber (wie sein Vater) das Investiturverbot ab und trennte durch das Wormser Konkordat vom 23. September 1122 Kirche und Staat. Womit zwar der Herrschaftsanspruch des Papstes bestritten, aber auch die Einheit zwischen Königtum und Kirche, Weltanschauung und Politik aufgehoben und Heinrichs ganze Regierungszeit erfüllt war vom

Kampf gegen die Päpste und gegen die deutschen Kirchenfürsten (die Adalbert I. von Mainz anführte). Der Kaiser vereinte politische Klugheit mit brutaler Tatkraft, und so suchte er vor allem auch eine sichere finanzielle Grundlage des Reiches zu schaffen, indem er Papst Paschalis II. (durch ein mächtiges Ritterheer, mit dem er in Italien erschien) im Jahr 1111 »veranlaßte«, der Säkularisation des Kirchengutes in Deutschland zuzustimmen. Bischöfe und Äbte sollten dem Reich alle Güter zurückgeben, die sie im Laufe der Zeit vom Staat erhalten hatten, und sich in Zukunft mit dem Zehnten, milden Gaben und privaten Vermächtnissen begnügen.

Natürlich taten sie das nicht, sondern verteidigten ihre »erworbenen Rechte« mit Zähnen und Klauen. Otto I., »der Große«, der von 936 bis 973 Kaiser war, hatte der Umwandlung des Beamtentums in eine erbliche, Grund besitzende Aristokratie, deren Abhängigkeit von der Krone ständig geringer werden mußte, entgegenzuwirken versucht, indem er die katholische Geistlichkeit in seine Dienste zog. Er stattete auch die Prälaten mit Grundbesitz aus – aber hier gab es ja keine Gefahr der Vererbung, und der Kaiser behielt sich das Recht der Neubesetzung vor. Otto I. gab den Bischöfen auch Marktrechte, das Recht, Zölle einzuheben und Münzen zu prägen, erhob aber nicht – wie seine Nachfolger – die Bischofssitze zu Fürstentümern. Und er verlangte von ihnen so erhebliche Abgaben, daß er unabhängig von den Landesfürsten sein Heer unterhalten konnte. Aber wenn auch die Prälaten ihren Besitz nicht zu vererben vermochten, so gehörten sie einer internationalen Organisation an und sahen im Papst ihr Oberhaupt. Solange starke Persönlichkeiten wie Otto I. regierten und schwache Männer Papst waren, hatte das wenig Bedeutung. Im Augenblick aber, wo es umgekehrt war, oder im Augenblick, wo auch der Papst keine Autorität mehr über die Kirchenfürsten besaß? Obwohl Paschalis II. widersetzlichen Bischöfen mit dem Bann drohte, dachten diese nicht daran, ihren weltlichen Besitz aufzugeben. Die deutschen Kirchenfürsten wurden von den deutschen Landesfürsten unterstützt, die kein Interesse an der finanziellen Selbständigkeit des Kaisers hatten, und so war Paschalis' Verzicht so wenig durchzusetzen wie Heinrichs V. Anspruch.

Als Ersatz versuchte er, die Annahme einer Reichssteuerverfassung zu erlangen. Er war mit einer englischen Königstochter, Mathilde, der Enkelin Wilhelms des Eroberers, verheiratet. Nach dem zentralistischen normannischen Vorbild schuf er eine einheitliche Kanzlei für die drei großen Reichsteile Deutschland, Burgund und Italien und eine zentrale Finanzverwaltung, die vor allem Abgaben von Siedlungen einhob, die er zu »Freien Städten« erklärte und deren Aufstieg und Blüte dadurch gesichert wurde, daß Heinrich V. im Jahr 1114 erstmals die Einwohner der Stadt Worms gegen eine feste Pauschalsteuerzahlung von der Leibeigenschaft befreite. Seither machte »Stadtluft frei«, und, wer sich in einer freien Stadt niederließ und hier ein Handwerk betrieb, war nicht länger zur Fron verpflichtet. Natürlich war das ein gewaltiger Leistungsansporn – und eine der Voraussetzungen der modernen Technik, denn zahllose große Erfinder waren Handwerker. Dieses Privileg machte mehr als alles andere die Städte groß, reich und mächtig und ließ nicht nur bestehende Siedlungen rapide wachsen, sondern auch neue entstehen. Adolf II. von Schaumburg zum Beispiel gründete im Jahr 1143 Lübeck – und innerhalb von zwei Jahrhunderten errang diese Neusiedlung Weltgeltung als Führerin der Hanse. 1188 schuf Adolf III. von Schaumburg den Hafen Hamburg. Und wenn auch Ende des 15. Jahrhunderts, als das Reichsgebiet etwa 700 000 Quadratkilometer mit 12 Millionen Menschen umfaßte, nur eine halbe Million in Orten städtischen Charakters wohnte, sich zwar rund 3 000 Siedlungen »Städte« nannten, aber nur 15 mehr als je 10 000 Einwohner hatten, 40 mehr als 2 000, so waren darunter Gemeinschaften, die an wirtschaftlichem Einfluß und an »Weltgeltung« mit Venedig und Genua, Florenz und Mailand wetteiferten, war das größte Bankhaus seiner Zeit das der Fugger in Augsburg und waren die Fugger und Welser Kolonialpioniere, wie es die Hansestädte gewesen waren.

Während Frankreichs und Englands Städte ein starkes Königtum hinter sich hatten, mußten die deutschen sich selber helfen. So entstand die Hanse. Sie vor allem erschloß den Osten und gründete – wie seinerzeit die Städte des antiken Griechenlands – »Ableger« an der Ostseeküste und im heutigen Polen und Rußland. Die Ostsee war ein skandinavisch-slawisches Binnenmeer gewesen, wer hier Handel treiben wollte, mußte sich verteidigen können, und so stand Lübeck als Beherrscherin des Ostseehandels 1293 an der Spitze eines Bundes von 24 Städten und war mit Köln ebenso wie mit Reval alliiert. Dieser Bund überzog mit seinen Niederlassungen zwei Drittel des Deutschen Reiches. Die Hanse organisierte den Heringsfang, dessen Zentrum im Mittelalter Rügen war, versorgte den deutschen Binnenmarkt mit Seesalz, Holz und Pelzen, Wachs und Honig, unterhielt aber vor allem auch genossenschaftliche Niederlassungen – in London den »Stahlhof«, die »deutsche Brücke« in Bergen, den »Peterhof« in Naugard-Nowgorod und das »Haus der Osterlinge« in Brügge. Die Hanse genoß dort Gleichberechtigung mit den Einheimischen und erwarb günstige Verkehrsrechte, indem sie die inneren Streitigkeiten der nordischen Reiche ausnutzte, den Gegensatz zwischen Dänemark und Schweden wie den zwischen Dänemark und Schleswig-Holstein und vom Kampf zwischen England und Frankreich profitierte. Vor allem aber war die Hanse finanzkräftig genug, um immer wieder den Königen aus ihren finanziellen Nöten zu helfen, und die Krönungsinsignien der englischen und der nordischen Herrscher waren wiederholt als Pfand in ihren Händen. Im Durchschnitt der Jahre 1362 bis 1400 betrug der Handelsumsatz der Hanse 120 Millionen Mark. In Köln aber stieg er 1368 bis 1464 von 37 auf 210 Millionen, und immer bedeutender wurden auch die Messen in Frankfurt und Hamburg, Lüneburg und Braunschweig, Danzig und Leipzig. Die Steuerzahler Dresdens hatten 1488 ein Durchschnittsvermögen von 129 Gulden, die einer heutigen Kaufkraft von etwa 20 000 DM entsprechen, die von Nürnberg aber durchschnittlich 110 000 DM und die Nördlingens von 40 000. In Basel besaßen um das Jahr 1400 zwei Drittel der Bürgerschaft mindestens 2 500 und maximal 36 000 Mark Vermögen, während die Höchstbesteuerten 21 000 Gulden, d. h. 3,1 Millionen Mark angaben.

Daß die Hanse nur mehr in den »Hansestädten« Bremen und Hamburg weiterlebt und die »Mercatori Imperii Romanum«, wie sich die Kaufleute vom Rhein und aus Westfalen nannten, die Lübeck wie Wisby, Reval wie Dorpat oder Riga gründeten und dann ihre Bedeutung verloren, hat vielerlei Ursachen. Daran war die furchtbare Pestepidemie der Jahre 1349 bis 1350 ebenso schuld wie die politische Schwächung des Reiches durch die »Goldene Bulle« Kaiser Karls IV. aus dem Jahre 1356 oder die Eroberung Nowgorods durch den Moskauer Großfürsten Iwan III. im Jahr 1478. Aber entscheidend waren die Entdeckung des Seeweges nach Indien und die Entdeckung Amerikas zu Ende des 15. Jahrhunderts, die die Ostsee (wie das Mittelmeer) zu bedeutungslosen »Nebenmeeren« und den Atlantik zum »Meer der Entscheidungen« machten. Und nicht minder entscheidend war, daß die Renaissance das Ende der ständigen Gelderneuerung und des Geldumlaufzwanges brachte, nun »ewiges« und »sicheres« Geld erstrebt wurde. Die Renaissance eiferte der Antike nach und sah im Mittelatler das »Zeitalter der Barbarei« und nicht das einer fiskalischen und währungspolitischen Revolution. Die Mathematiker des 15. Jahrhunderts und die Naturwissenschaftler des 16. legten mit den Grund zu unserer heutigen Welt. Schon die Wahrscheinlichkeitsrechnung bot den Menschen neuen Halt, neue Sicherheit. Aber alles sollte nun fest umschlossen und klar überschaubar sein, die himmelwärts gerichtete Gotik wurde abgelöst von den nach oben streng abgegrenzten Renaissancebauten. »Unwandelbar« sollte auch das Geld sein, aller Nutzen vorausberechenbar. Wie Florenz silberne »Dickpfennige« auszugeben begann, die nicht der Ummünzung unterlagen, so schufen seine Handelskonkurrenten »stabile« Währungen. Jetzt wirkten sich die riesigen Edelmetallmengen aus, die die Spanier aus Amerika nach Europa brachten – und an denen, wie gezeigt, Englands und Hollands halbstaatliche Seeräuber partizipierten. Die Kapitalanhäufung lohnte wieder, und die Banken wurden rasch wieder wichtiger als die Faktoreien und Handwerksbetriebe. Die Fiskalpolitik der Jahre 1150 bis 1450 blieb ein Zwischenspiel, das zeigt, was »echtes« Geld vermag, das aber wenig Chancen hat, erneuert zu werden. Denn selbst von den Interessenten an der Schulden- und Zinswirtschaft abgesehen, wo begnügt sich die Obrigkeit heute mit 10 oder 20 Prozent oder auch nur mit 20 bis 40 Prozent Teilhaberschaft am Arbeitsertrag ihrer Untertanen? Gewollt oder ungewollt war die Münzerneuerung der Gotik eine Maßnahme zur Förderung der Produktion, ebenso aber auch des Massenverbrauchs. Längst jedoch wollen nun die Staaten so viel für sich, daß sie den Privatkonsum hemmen.

Für den einzelnen bedeuten alle Steuern und Abgaben Zwangssparen, denn was man der öffentlichen Hand abliefert, kann man nicht verbrauchen. Immer wieder aber heben die Staaten auch noch zusätzliche Zwangskredite ein. Privates Sparen wurde und wird nicht nur durch die Rationierung von Gütern in Kriegszeiten oder die extreme Besteuerung von Genußmitteln usw. erzwungen, sondern auch unmittelbar. Und das wiederum nicht allein durch die Sozialabgaben, sondern auch durch Anleihen, die dem Staat gewährt werden müssen. Diese sind zwar theoretisch den Steuern nicht gleichzusetzen, weil ihre Rückzahlung und meist auch ihre Verzinsung versprochen wird. Fast immer aber (und stets erfolglos) dienen sie der Inflationsbekämpfung und werden dann durch diese »getilgt«. Ein typisches Beispiel ist das deutsche Zwangsanleihegesetz vom 20. Juli 1922, das allen Vermögensteuerpflichtigen die Zeichnung von bis zu 10 Prozent ihres Vermögens vorschrieb. Als dieses Gesetz erlassen wurde, stand der Dollar auf 402 Mark. Als es im September 1923 außer Kraft trat, auf 9,7 Millionen Mark. Und zur Rückzahlung kam es nie.

Durch 1934 und 1937 erlassene Gesetze mußten in Deutschland dann alle über 6 Prozent und in einzelnen Fällen über 8 Prozent hinausgehenden Dividenden der Golddiskontbank zugeleitet werden, die sie »treuhänderisch« in Reichspapieren anlegte. Während des Zweiten Weltkrieges mußten alle deutschen Kreditinstitute Reichsschuldtitel übernehmen, und diese »Geldanlage« stellte 1944 rund 84 Prozent der »Deckung« aller öffentlichen und privaten Guthaben bei diesen Instituten. Diese Staatspapiere waren 1945 völlig wertlos, denn einen »Rechtsnachfolger« des Dritten Reiches gab es zwar durch den »Alleinvertretungsanspruch« der Bundesrepublik einseitig-juristisch für die Politik, nicht aber was die deutschen Forderungen dem Staat gegenüber betraf, verbrieft oder unverbrieft, alle Schulden des »Dritten Reiches« wurden bekanntlich 1948 durch die Währungs-»Reform« für null und nichtig erklärt.

Und so haben wir den Bolschewiken wenig vorzuwerfen. Um ihren neuerrichteten Staat zu sichern und um den Bürgerkrieg zu finanzieren, verstaatlichten sie 1917 die Banken und annullierten 1918 alle öffentlichen Schulden. Sie gaben wie nach einer gewonnenen Schlacht des Altertums den Besitz der russischen Bourgeoisie zur allgemeinen Plünderung frei. Lenin gebot: »Raubt das Geraubte!«, und wenn die Bauern den Boden »in Besitz« nahmen und die Schlösser des Landadels ausplünderten (und dann meist niederbrannten), so heißt es im Bericht des Volkskommissariats für Justiz, daß in Petrograd vom 1. Januar 1918 bis 25. März 1918 – in weniger als drei Monaten also – 44 207 Privatwohnungen und 26 317 Lagerräume ausgeplündert wurden und es 574 315 bewaffnete Überfälle gab. Aber durch diesen Raub wie durch die »legalen Enteignungen« und die Massenemigration wurden natürlich auch die Einkommen- und Vermögensteuern praktisch illusorisch. Die 11 834 Millionen Sowjetrubel, die 1918 noch an Steuern erhoben werden konnten, machten nur 17 Prozent der Staatsausgaben aus, und zwei Jahre später waren nur mehr 471 Millionen aufzubringen, die ein Fünftel Prozent des Budgets deckten. Da die Produktion nicht im entferntesten mit den Bedürfnissen Schritt hielt, kam es auch in Rußland zur galoppierenden Inflation. 1921 besaß der Rubel nur mehr das 3,2millionstel der Kaufkraft von 1913, und Lenin schrieb: »All unsere Reformen sind zum Scheitern verurteilt, wenn wir keinen Erfolg in der Finanzpolitik haben... und der hängt weitgehend von der Währungsstabilität ab... ohne die ist das von uns geplante gewaltige Werk der sozialistischen Umgestaltung der Gesellschaft nicht zu erreichen...« Schon Lenin selber setzte 1922 bis 1924 eine radikale Währungserneuerung durch. Er führte den auf Gold basierenden »Tscherwonetz« ein (und er konnte das, weil die »Tschechische Legion« zusammen mit Admiral Koltschak den Bolschewiken am 16. Januar 1920 den Teil der Goldreserven der zaristischen Staatsbank im Wert von 1 360 Millionen Goldmark auslieferten, den sie nicht selber als Provision forderte). 50 000 Millionen »alte« Rubel wurden am 15. Februar 1924 gegen einen neuen »Goldrubel« umgetauscht.

Zwar war die Währung nun stabil, doch lebte die Sowjetregierung dennoch auch weiterhin nicht von Steuern (deren Grundlage nach wie vor fehlte), sondern von den Preisunterschieden zwischen staatlichen »Käufen« und Verkäufen (von denen noch die Rede sein wird). Auch heute beträgt der Maximalsatz der sowjetischen Einkommensteuer, wie erwähnt, 13 Prozent, aber dazu erfand der Sowjetfiskus die »selbstauferlegten« Steuern: »Freiwillige« Lohnverzichte und Geschenke an den Staatsschatz, die zum Beispiel 1928 bis 1931 über 523 Millionen Rubel ergaben, damals rund 600 Millionen Mark. Und von Anfang an waren auch die sowjetischen Staats-»Anleihen« eine verschleierte Form direkter Besteuerung: Durchschnittlich 4 Wochenlöhne im Jahr wurden den Arbeitern automatisch abgezogen und als »Anleihen« gutgeschrieben, und wenn das etwa 8 Prozent Abgaben entsprach, so waren von höheren Einkommen 10 Prozent »üblich«. Denn wenn sie de jure auch nicht gezeichnet werden mußten, so war es doch höchst ratsam, sie zu zeichnen, denn es war ein Gesetz in Kraft, in dem es heißt: »Die Volkskommissare der UDSSR haben das Recht, Ingenieure, Techniker, Vorarbeiter, technische Zeichner, Buchhalter, Planer und gelernte Arbeiter von der sechsten Lohngruppe aufwärts von einem Betrieb oder Büro zu einem andern zwangsweise zu überführen, ohne Rücksicht auf die geographische Lage des Werkes oder Büros.« Nicht-Zeichnen von »Anleihen« konnte so leicht Nordsibirien bedeuten, und so wurden 1928 bis 1941 rund 50 Milliarden Rubel gezeichnet. Im Krieg kamen 76 Milliarden hinzu, und der erste Fünfjahresplan der Nachkriegszeit sah 130 Milliarden vor. Als es am 15. Dezember 1947 zu einem drastischen Währungsschnitt kam, der auch hier – wie ein halbes Jahr später in der Bundesrepublik – amtlich Währungs-»Reform« hieß, waren Staatsanleihen im Wert von damals rund 246 Milliarden DM zurückzubezahlen.

Diese Anleihen wurden (je nach der Höhe des Einzelbesitzes) 3 zu 1 und 5 zu 1 umgetauscht, und die 1947 ausgegebene »Staatsanleihe zur Wiederherstellung und Entwicklung der Wirtschaft« fiel überhaupt nicht unter die Umtauschbestimmungen. Da die Banknoten ohne Unterschied des Umtauschbetrages zu 90 Prozent abgewertet wurden und auch die Inhaber von Bank- und Sparkassenkonten schlechter als die Anleihezeichner behandelt wurden, schienen diese privilegiert, und dementsprechend eifrig wurden die neuaufgelegten Anleihen gezeichnet. Die Zahl der Anleihebesitzer stieg bis 1952 auf 70 Millionen, und wenn im Frühjahr dieses Jahres innerhalb weniger Tage 35,7 Milliarden Rubel neue Staatsanleihen untergebracht wurden, damals rund 36 Milliarden DM, so natürlich auch, weil in den meisten Fabriken die Belegschaften »einmütig« beschlossen, 3 bis 4 Wochenlöhne zu zeichnen. Die Anleihen wurden meist in 10 Monate laufenden Raten bezahlt und zu drei Vierteln in den Städten untergebracht, und der Reiz lag nun darin, daß die etwa 4 Prozent in Form von Auslosungsgewinnen bezahlt wurden, deren höchste 50 000 Rubel betrugen.

Hauptzweck dieser Anleihen war, offen zugegeben, »die Kaufkraft mit der Produktion in Einklang zu halten«. Durch Preisherabsetzungen nahm zum Beispiel 1952 die Kaufkraft amtlich um 28 Milliarden gegenüber dem Vorjahr zu. Aber 42,5 Milliarden Staatsanleihen wurden neu aufgelegt. Und diese deckten 8 Prozent des gesamten Budgetbedarfs, während direkte Steuern 9 Prozent stellten (und Umsatzsteuern 60 Prozent). Aber wenn die Anleihezeichner geglaubt hatten, später kaufen zu können, worauf sie vorläufig verzichteten, so erwies sich das 1957 als Irrtum. Die bis zum 20. April 1957 ausgegebenen Staatsanleihen von insgesamt 260 Milliarden Rubel wurden durch eine gemeinsame Verfügung des Zentralkomitees der Kommunistischen Partei und des Ministerrates der Sowjetunion »eingefroren«. Ohne zusätzliche Verzinsung sollen sie erst zwischen 1977 und 1997 in Jahresraten von je 13 Milliarden zurückbezahlt werden. Für die Zeichner also praktisch eine Enteignung, für deren Erben bestenfalls eine vage Hoffnung. Dafür wurde versprochen, nach 1958 keine Zwangsanleihen mehr aufzulegen, und der für 1957 budgetierte Anleihebetrag wurde von 26 auf 12 Milliarden Rubel reduziert. Die Laufzeit dieser »letzten« Anleihe wurde auf 5 Jahre beschränkt, und Verdienste unter 500 Rubel monatlich befreite man von der Zeichnungspflicht. Für Mehrverdienende sollten höchstens zwei Wochenlöhne in Form von Anleihezertifikaten ausbezahlt werden.

Durch den Erlaß von 1957 gewann die Sowjetregierung also einen zinsfreien und ungebundenen »Fonds« von 260 Milliarden DM, das etwa Doppelte des erwähnten »Abwertungsgewinns«, den die deutsche Reichsregierung 1923 erzielte, und etwas weniger als die Hälfte dessen, was den Deutschen 1948 an Geld abgenommen wurde, das sie dem Staat geliehen hatten. Denn das Regime spielt keinerlei Rolle: Zur Inflation – vom lateinischen »inflare« – »aufblasen« oder »aufblähen«, nämlich der Geldmenge – kommt es, sobald Erzeugung und Verbrauch auseinanderklaffen, kommt es vor allem durch unproduktive Staatsausgaben und so vor allem durch Kriege. Es scheint grotesk, daß die Steuerbelastung und die Raubmethoden der Staaten ihre skrupellosesten Ausmaße erreichten, als nach jahrhundertelangen Kämpfen der Finanzabsolutismus beseitigt, das Budgetrecht der Parlamente durchgesetzt war und die Regierenden nicht länger Geld aus eigener Machtvollkommenheit einheben konnten. Aber was sollten die Volksvertreter tun, wenn diese Regierungen in Kriege schlitterten?

Nun entschieden die Parlamente über die Steuerbelastung. Aber überall waren auch Staatsbanken gegründet worden, und man erfand die »Schatzanweisungen«, 3, 6 oder höchstens 12 Monate vordatierte Zahlungsanweisungen der staatlichen Finanzverwaltungen an die Staatskassen, die vom Erwerber diskontiert, das heißt unter Abzug der Zinsen für die Zeit bis zum Fälligkeitstag übernommen werden. Sie galten nicht als »Kredit« und unterlagen nicht der parlamentarischen Bewilligungspflicht, denn der Umlauf der Schatzanweisungen war wie der Banknotenumlauf gesetzlich beschränkt. Im Deutschen Reich betrug er 1913 maximal 375 Millionen Mark. Aber dann »brach der Erste Weltkrieg aus«. Da herrschte »höhere Gewalt«. Der Reichstag »konnte« doch nicht anders, als am 4. August 1914 ein Gesetz zu verabschieden, das Schatzanweisungen ebenso wie Handelswechsel und Schecks zur Notendeckung der Reichsbank zuließ – und so wurde mehr und mehr Papiergeld gedruckt. Rund 50 Milliarden der Kriegskosten wurden nicht durch Steuern, sondern durch Anleihen gedeckt, für die 5 Prozent Zins versprochen wurden – und schließlich lockte eine »Prämienanleihe« mit Millionengewinnen: »Zeichne tausend Mark, und du wirst Millionär!« hieß es im deutschen Kaiserreich genau wie später in der bolschewistischen Sowjetunion. Zwar waren das langfristige Staatsschulden, aber 1918 betrug auch die »schwebende« kurzfristige Schatzscheinschuld statt 375 Millionen 55 200 Millionen Mark.

Diese in langfristige Anleihen umzuwandeln, erwies sich als unmöglich. Als 1918 der Waffenstillstand geschlossen wurde, war Deutschland wirtschaftlich ausgeblutet. Es gab keinerlei Vorräte mehr, keine Devisen, um Rohstoffe zu kaufen, Millionen demobilisierte Soldaten fanden keinen Arbeitsplatz. Und so gab der Staat weiter »Schatzanweisungen« aus. Am 15. November 1923 waren von diesen Zahlungsversprechen, die spätestens in 12 Monaten eingelöst werden sollten, 191,6 Milliarden in Umlauf, das 511-fache des ursprünglichen gesetzlichen Maximums. Und diese vor allem verursachten eine Inflation, wie sie niemand für möglich gehalten hatte. Wenn der deutsche Geldumlauf nun auch Trillionen-Ziffern erreichte, so entsprach er doch nur einer realen Kaufkraft von 80 bis 90 Millionen Mark der Vorkriegszeit, das heißt etwa eineinhalb Mark pro Kopf der Bevölkerung oder dem Verdienst von knapp 2 Arbeitsstunden. Natürlich verloren nicht nur die Schatzwechsel, sondern auch die Banknoten, deren »Deckung« sie ja zu 99 Prozent bildeten, jeden Wert – und damit alle Sparer ihr Geld. Im Juli 1914 hatte ein Dollar 4,20 Mark gekostet und im Juli 1919 rund 14 Mark, im Juli 1922 mußten bereits 493 Mark bezahlt werden, und am 15. November 1923 war ein Dollar die unvorstellbare Summe von 4,2 Billionen Mark wert, 4 200 Milliarden Mark, und auf dem »freien Markt« 12 Billionen. Ein Brief kostete 20 Milliarden Porto und eine Schachtel Zündhölzer damals zweieinhalb Milliarden, und wer ein Mittagessen um 5 Milliarden bestellte, mußte 8 bezahlen, weil inzwischen der Geldwert entsprechend gefallen war. Nicht nur als Spar-, auch als Zahlungsmittel hatte das Geld seine Funktion völlig verloren. Und auch der Staat war zum betrogenen Betrüger geworden wie zur Zeit der Assignaten in Frankreich, denn das Reichsgericht entschied, daß Mark gleich Mark bleibe: Auch Steuern wurden also in entwertetem Geld bezahlt, und der Staat lebte schließlich allein von der Notenpresse.

Die am 15. Oktober 1923 gegründete »Rentenbank« tauschte dann eine Billion Reichsmark gegen 1 Rentenmark ein. Die »konsolidierte« Reichsschuld war von 1913 bis 1920 von 4,9 auf 185 Milliarden Mark gestiegen, die Inflation »tilgte« davon 163 Milliarden und ließ insgesamt 22 übrig, in Vorkriegskaufkraft hatte der Staat rund 130 Milliarden »verdient«. Von allen alten und neuen Schulden wurden sieben Achtel »gestrichen« und 2 Milliarden Goldmark jährlich an Zinsen »gespart«. Jede deutsche Familie kostete die Inflation im Durchschnitt 5 000 Vorkriegsmark. Dennoch war sie bekanntlich nicht die letzte, denn Aristoteles wußte das schon im Jahr 330 vor Christus: »Der Mensch ist das dümmste aller Tiere, weil er stets in die gleiche Falle läuft.« Die Zahl der deutschen Sparbücher stieg 1924 bis 1937 doch wieder von 1,7 auf 34 Millionen, und 1944 gab es 56 Millionen Sparbücher und Sparkonten, auf denen rund 96 Milliarden Mark standen. Nicht nur durch das kurze Gedächtnis der Sparer natürlich, sondern vor allem durch den Warenmangel, durch die kriegsbedingte Unmöglichkeit, das Geld auszugeben, also zum allergrößten Teil durch staatlichen Zwang gespartes Geld.

Das mußte bekanntlich so gut wie völlig »abgeschrieben« werden und noch ungleich mehr dazu, denn der Geldbedarf der deutschen Regierung während des Zweiten Weltkrieges betrug 637 Milliarden Mark, davon 394 Milliarden an reinen Wehrmachtsausgaben. Zum Unterschied von 1914 bis 1918 wurde diesmal »still« finanziert. Es wurden keine Kriegsanleihen aufgelegt und keine Sondersteuern erhoben, sondern die Banken gezwungen, Schatzscheine und andere Regierungschuldverschreibungen als »Deckung« der Einlagen und Kredite zu verwenden. »Unmerklich« stieg so die Reichsschuld, die 1932 nur 8,5 Milliarden oder etwa 15 Prozent des inländischen Geldvermögens betragen hatte, bis zum Kriegsende auf 377,3 Milliarden oder 95 Prozent des gesamten Geldvermögens. Der Bargeldumlauf, der 1939 rund 9 Milliarden betrug, erreichte 1948 mehr als 75 Milliarden und, das Buchgeld hinzugerechnet, gab es nun etwa 200 Milliarden Mark Zahlungsmittel bei einem Nationalprodukt, das statt 1938 etwa 56 nur mehr 50 Milliarden betrug. Schon 1936 waren Preiserhöhungen verboten worden. 1939 kam die Rationierung der Lebensmittel und aller wichtigen Gebrauchsgüter hinzu, und die Devisenbewirtschaftung verhinderte jedes Ausweichen der Kaufkraft auf fremde Märkte. Ein gewaltiger Kaufkraftüberhang entstand also; und da nach der Besetzung durch die Alliierten der Preisstopp in Deutschland bestehenblieb, die Sieger zwar für ihre eigenen Ausgaben die Mark ganz erheblich abwerteten, ein Dollar nun 10 Reichsmark galt, für die Deutschen aber die längst fiktiv gewordenen Preise und Löhne bestehenblieben, konnte auch nach 1945 die Kaufkraft legal nicht untergebracht werden.

Das bedeutete den Rückfall in die Naturalwirtschaft, das Ende jeder Übereinstimmung zwischen privatwirtschaftlichen und volkswirtschaftlichen Interessen. Das zwang erneut zu einer Massen-Enteignung: 1948 erloschen bekanntlich alle Ansprüche an das Reich, die NSDAP und ihr angegliederte Verbände, an die Reichsbank und die Kriegsgesellschaften. Wer für den Staat gearbeitet, ihm Geld geliehen, ihm irgend etwas geliefert hatte, verlor seine Guthaben hundertprozentig, gleich ob er das gewollt hatte oder sonstwie tun mußte.

Daß die Währungs-»Reform« von 1948 nicht nur wirtschaftliche Folgen hatte, sondern Deutschlands Teilung besiegelte, ist bekannt, denn nur in den Westzonen erhielt ja die DM Geltung, und der Gründung der Bundesrepublik folgte die der DDR. Hier erhielt die Bevölkerung auf Grund des »Militärbefehls Nr. 111« am 17. September 1948 neue Banknoten. In Einzelheiten war hier die »Reform« verschieden, aber ausgeraubt wurde die Bevölkerung ebenfalls. Kommunismus oder Kapitalismus, der Unterschied für die Steuerzahler ist gering, und ebenso ist es für sie ziemlich gleichgültig, ob sie in Europa oder in Asien leben, in einem »hochentwickelten« oder in einem »Entwicklungs«-Land.

War also die »Renovatio monetarum« die einzige Fiskalmaßnahme, die wenigstens vorübergehend und wenn auch ungewollt Segen brachte? Es gab anderes Positives, von der Steuerpolitik Amenemhets III. und den Finanzüberlegungen Mohammeds bis zu den Kämpfen und Siegen von Coke und Hampden. Und es gab schließlich das »Deutsche Wunder«. Auch gegen diese Nachkriegsperiode der deutschen Geschichte läßt sich manches sagen, denn sie führte zur »Besitzstands-Demokratie« und zu Außenhandelsüberschüssen, die Gratis-Arbeit für Fremde bedeuten. Aber wo wäre heute nicht nur Deutschland, sondern ganz Europa ohne dieses »Wunder«? Der bei weitem wichtigste Faktor beim Zustandekommen dieser »Wiedergeburt« aber war die Steuer-Politik Fritz Schäffers.

XV

STEUERERLEICHTERUNGEN VOLLBRINGEN DAS »DEUTSCHE WUNDER«

Die Rolle der Finanzpolitik beim Wiederaufstieg Westdeutschlands nach 1945

»Eigentum verpflichtet. Sein Gebrauch soll zugleich dem Wohle der Allgemeinheit dienen.«

Abs. 2 des Art. 14 des Grundgesetzes
der Bundesrepublik Deutschland, 1949

»Der Weg zur Inflation führt über meine Leiche...«

Fritz Schäffer, 1950
als Bundesfinanzminister

Es mußte vielerlei zusammenwirken, um den rapiden deutschen Wiederaufstieg nach 1945 zu ermöglichen. Mindestens ebensoviel wie die Deutschen selber trugen ihre Feinde zu diesem »Wunder« bei, und zwar nicht durch den »Marshallplan«, wohl aber durch ihre Bombardierungstaktik während des Zweiten Weltkrieges, die die Städte vernichtete und die Produktionsgrundlagen weitgehend intakt ließ; durch die Vertreibung der Deutschen aus den Ostgebieten und die »Repatriierung« der Deutschen aus aller Welt, die 15 Millionen Schaffende ohne »Aufzuchtkosten« bedeuteten, Menschen, die die Not im Nacken zu außerordentlichen Leistungen zwang; durch die Entmilitarisierung, die es der Bundesrepublik bis 1955 ermöglichte, all ihre Energien produktiv einzusetzen; durch den Korea-Boom, der sie verlorene Märkte wiedergewinnen ließ, und durch noch vieles andere. Aber nie wäre das »Wunder« zu finanzieren gewesen ohne die ganz auf rapide Kapitalbildung ausgerichtete Steuerpolitik Fritz Schäffers, der 1949 bis 1957 Bundesfinanzminister war und der durch Härte und Zähigkeit die Geldforderungen der Besatzungsmächte wie der deutschen Regierung in Grenzen hielt und das deutsche Volk dazu brachte, zuerst zu investieren und erst das Verdiente zu verbrauchen. Deutschland verdankt seinen Wiederaufstieg der Härte und der Zähigkeit von Millionen Deutschen. Aber Schäffer war es, der die Eigenfinanzierung des deutschen Wiederaufbaus ermöglichte. Der aus den substanzzerstörenden und alle Schaffenskraft lähmenden Steuern der Alliierten ein Abgabesystem machte, das die Produktion förderte – und der zugleich die Lohnforderungen in Zaum hielt, indem er das deutsche Volk überzeugte, daß Inflation »der innere Feind Nummer eins« ist. Er machte Diskussionen über den Geldwert zum Stammtischgespräch und erreichte, daß 1964, als das Allensbacher Institut für Demoskopie feststellte, wovor die Deutschen am meisten Angst haben, nur 19 Prozent einen möglichen Weltuntergang fürchteten, 23 Prozent aber einen weiteren Kaufkraftverlust der Deutschen Mark.

Dem Bonner Finanzministerium zufolge hatten die Steuereinnahmen des Reiches, der Länder und der Gemeinden 1913 insgesamt 7,5 Prozent des Bruttosozialprodukts ausgemacht. Sie stiegen durch den Ersten Weltkrieg auf 14,3 Prozent im Jahre 1925 und erreichten 1938 dann 22,7 Prozent. Auch die Nazis waren beim Steuereinheben nicht zimperlich gewesen, und wenn 1932 bis 1942 das deutsche Volkseinkommen von 45,2 auf 125 Milliarden oder das etwa Zweieinhalbfache stieg, so die Steuern von 6,6 auf 35 Milliarden, sie nahmen also auf das mehr als Fünffache zu. Aber auch diese 35 Milliarden (bei denen es bis Kriegsende blieb) machten knapp 28 und nicht 58 Prozent des Verdienstes aus, wie sie nun die Sieger forderten.

Die Alliierten hatten die Steuern des Dritten Reiches für viel zu gering befunden. Sie erließen durch das »Kontrollratsgesetz Nr. 12« im Februar 1946 neue Steuervorschriften und legten diesen die bereits zitierte Erkenntnis des Amerikaners John Marshall zugrunde, der als Oberster Richter 1819 gesagt hatte: »Daß die Macht, Steuern einzuheben, zugleich die Macht zu zerstören bedeutet, ist unleugbar.« Die neuen Steuern sollten zerstören; sollten jede wirtschaftliche Gesundung verhindern, und sie waren weit wirksamer als die damaligen Produktionsbeschränkungen und Demontagen, denn sie trafen ja nicht nur einzelne Unternehmen, sondern alle arbeitenden Deutschen und bedeuteten »Dauer-Daumenschrauben«. Der höchste Einkommensteuersatz im Dritten Reich hatte 67 Prozent betragen – für Alleinstehende, die mehr als 130 000 Mark im Jahr verdienten –, jetzt wurden von allen Einkommen über 24 000 Mark 90 Prozent und von allen Einkommen über 60 000 Mark 95 Prozent eingehoben. Ebenso radikal wurde die Steuerbelastung der kleinen und mittleren Einkommen erhöht: Ein Verheirateter mit 4 Kindern, der 1946 ein Jahreseinkommen von 4 800 Mark hatte (womit damals »unter der Hand« 4 Paar Schuhe zu kaufen waren), bezahlte nun um 288 Prozent mehr Steuern als 2 Jahre zuvor. Wer 9 600 Mark verdiente, zahlte um 477 Prozent mehr, und zur Einkommensteuer kam nun eine Vermögensteuer, die es weder in den USA noch in England gab und die 1 bis 2,5 Prozent der Substanz betrug. Das heißt, es wurden von einem fünfprozentigen Kapitalertrag unter dem Titel »Vermögensteuer« vorweg 20 bis 50 Prozent erhoben, die von der Einkommensteuer nicht abgezogen werden durften. Wer also zum Beispiel als gewerblicher Einzelunternehmer oder als Mitglied einer Personengesellschaft aus einer Fabrik im Steuerwert von 425 000 Mark 60 000 Mark Gewinn zog, zahlte 46 383 Mark Einkommensteuer plus 6 375 Mark Vermögensteuer, dem blieben also von 60 000 ganze 7 242 Mark.

Und er war glücklich dran, denn er hatte nur 1,5 Prozent Vermögensteuer zu bezahlen. Schon bei einer halben Million Vermögen stieg die Abgabe auf 2,5 Prozent. 80 000 Mark Gewinn aus 550 000 Mark Vermögensbesitz ergaben nicht weniger als 79 693 Mark Steuer; insgesamt blieben 307 Mark übrig, um 557 Mark weniger, als die Arbeitslosen bekamen. Und von da an überschritt die Besteuerung 100 Prozent. Nicht nur der Lebensunterhalt, sondern auch die Steuerleistung mußte aus der Substanz entnommen werden. Und das war auch der Zweck der Übung.

Denn nach Artikel VIII des Kontrollratsgesetzes Nr. 12 waren zum Beispiel auch alle Abschreibungen auf Grund von Kriegszerstörungen und Kriegsverlusten verboten, und es spielte keine Rolle, ob das Vermögen einen Ertrag abwarf oder nicht, auch zerstörte Fabriken oder Fabriken, die keine Produktionserlaubnis erhielten, mußten die volle Vermögensteuer bezahlen. So unglaublich es klingt, dieser Artikel VIII lautete: »Bei Veranlagung zur Einkommensteuer und zur Besteuerung außerordentlicher Gewinne für natürliche oder juristische Personen und bei der Errechnung der Steuerschuld dieser Personen für die verflossenen Jahre dürfen keine Gutschriften und keine Ermäßigungen für aus folgenden Ursachen entstandene Verluste gewährt werden:

a) Wehrmachtsaufträge
b) öffentliche Schuld
c) durch den Krieg verursachte Zerstörungen oder Beschädigungen
d) Steuer-Gutscheine.«

Eine Strafmaßnahme also: Wer für das Deutsche Reich gearbeitet hatte, sollte nicht nur durch die Streichung seiner Guthaben bei der Währungsumstellung büßen, sondern auch steuerlich benachteiligt werden. Wer Kriegsschäden erlitt, hatte sich das als kollektiv am Kriegsausbruch schuldiger Deutscher selber zuzuschreiben. Und was das für eine Firma, deren Betrieb in Trümmern lag und die so nichts verdiente, bedeuten mußte, ist klar: Sie hatte zu versteuern, was sie »in den verflossenen Jahren« fiktiv durch Wehrmachtsaufträge usw. verdiente. Da diese Aufträge zum Teil oder überhaupt nicht bezahlt wurden, hieß das, Verluste zu versteuern. Das Geld dazu mußte sie sich leihen. Oder ihr Trümmergrundstück verkaufen. Oder liquidieren. Und um die Liquidation der deutschen Wirtschaft ging es, keineswegs nur um »Abschöpfen des Kaufkraft-Überhanges« oder das »Aufbringen der Besatzungskosten«. An die Schwarzmarktgewinne kam der Fiskus nicht heran. Aber die letzten Mittel aller ehrlichen Kaufleute, Handwerker und Fabrikanten wurden eingezogen, und im Winter 1947 wurde durch das Kontrollratsgesetz Nr. 61 die Steuererfassung noch »wesentlich verbessert«. Nun wurden vor allem auch die in freien Berufen Tätigen bis zum äußersten ausgepreßt und die Finanzämter gezwungen, rücksichtslos alle Steuerrückstände aus den Kriegsjahren einzuziehen. Im April 1948 hieß es in der britischen Zone: »Das Finanzamt hat Sie an die Entrichtung der rückständigen Steuerbeträge – öffentlich – erinnert. Sie haben der Erinnerung nicht entsprochen. Die Vollstreckungsstelle des Finanzamtes hat mich beauftragt, nunmehr die folgenden Beträge einzuziehen...«

Es handelte sich dabei zum Beispiel um die Abschlußzahlungen auf die Einkommensteuer 1942 und 1943. Der Steuerpflichtige war viermal ausgebombt worden und hatte inzwischen zwei Zonengrenzen überschritten, beide Male erst nach unendlichen bürokratischen Schwierigkeiten. Aber Steuerrückstände »haften an der Person«, und das Finanzamt hatte ihn aufgespürt. Eine der Forderungen war bestimmt längst beglichen. Aber die Quittung war verbrannt wie alles, was er besessen hatte. Das Finanzamt aber schien seine »Beweismittel« gerettet zu haben.

Und dennoch wurde gearbeitet, dennoch wurde aufgebaut. Und das scheint nun wirklich ein »Wunder«. Denn welchen Sinn hatte es noch, Geld zu verdienen? Es war Fritz Schäffer, der das Arbeiten in Deutschland wieder sinnvoll machte. Der Finanzminister hatte als Student gehört: »Mehr als 25 Prozent Einkommensteuer sind nicht einzutreiben. Auch durch Gefängnisstrafen nicht.« Das war lange her, und bei 25 Prozent konnte es auch Schäffer nicht belassen. Aber er wußte, daß die Sätze der Alliierten das Ende der deutschen Wirtschaft bedeuten mußten, und er feilschte mit ihnen um jedes Prozent Steuersenkung wie ein Roßtäuscher. Und er war nicht nur zäh, sondern auch ein eminenter Fachmann. Er schmuggelte 1950 in sein »Erstes DM-Einkommensteuergesetz« und 1953 in seine »Kleine Steuerreform« Paragraphen ein, deren Wirkung die Hochkommissare zu spät erkannten. Er setzte keineswegs nur großzügige Steuererleichterungen durch, sondern brachte erstmals nach dem Krieg wieder Ordnung in das Finanzwesen der deutschen Länder und der mehr als 25 000 Gemeinden. Und Schäffer schuf vor allem die steuerliche Grundlage für die Finanzierung des Wiederaufstiegs ohne Inflation. Fritz Schäffer gelang das Einmalige, das die Londoner »Times« meinte, als sie in ihrer Deutschland-Sondernummer vom 24. April 1965 schrieb: »Ein Wirtschaftswunder vollbringen ist eines. Es zu halten und weiterwachsen zu lassen etwas völlig anderes. Und Deutschland gelang beides...«

Immer wieder wurde und wird im Ausland gefragt: Wie gelang das? Und wo nahmen die Deutschen die Riesensummen her, die der Neubau ihrer Wirtschaft kostete? Die Notenpresse lieferte sie nicht, denn sonst hätte die DM nicht binnen 10 Jahren zur »härtesten« Währung der Welt gemacht werden können. Und Auslandskredite? Wenn die 3,5 Milliarden Dollar, die Westdeutschland 1948 bis 1960 an amerikanischen Regierungskrediten bekam, auch keineswegs zu verachten waren, so wurden während dieser Jahre (dem Bonner Finanzministerium zufolge) in der Bundesrepublik 448

Milliarden DM oder 112 Milliarden Dollar investiert, das 128fache. Als Deutschland zu prosperieren begann, suchten auch ausländische Firmen am »Deutschen Wunder« teilzunehmen, denn amerikanische Firmen zum Beispiel konnten in der Bundesrepublik durchschnittlich dreimal soviel verdienen wie mit dem gleichen Kapital daheim. Aber dieses Kapital spielt doch im Vergleich zum deutschen Gesamtkapital keine Rolle, auch mit ausländischem Privatkapital wurde das »Wunder« nicht finanziert. Durch wen also?

Die Finanzierung erfolgte über den Preis. Das heißt, alle Deutschen finanzierten den deutschen Wiederaufbau. Ob sie ein Stück Seife kauften oder einen Kühlschrank, ein paar Schuhe oder ein Auto, stets war im Preis inbegriffen, was die neuen Fabrikbauten und die maschinelle Neuausrüstung kosteten, und nicht nur Löhne, Rohstoffkosten, Gewinnmargen und Steuern. Die Kreditmöglichkeiten waren lange äußerst beschränkt. Deutschlands Banken mußten 1948 ebenso neu beginnen wie alle Deutschen, und so betrug zum Beispiel 1949 bis 1953 der Gesamtwert der neu untergebrachten Industrieaktien nur 498 Millionen DM, während 1909 bis 1913 durch Neuausgaben 562 Millionen RM Kapital aufgebracht worden waren. Nur die Selbstfinanzierung ermöglichte den neuen Start.

Diese war in Deutschland lange schwierig gewesen, weil zurückbehaltener Gewinn genausoviel Steuer kostete wie ausgeschütteter, und vollends die alliierten Steuergesetze von 1946 bis 1947 machten sie praktisch unmöglich. Sie beschränkten die Abschreibungssätze so, daß an eine Erneuerung des Produktionsapparats durch selbstverdientes Geld nicht zu denken war. Fritz Schäffer aber setzte am 29. April 1950 das »Gesetz zur Änderung des Einkommensteuer- und des Körperschaftsteuergesetzes« durch, das zwar – dem Veto der Hochkommissare zufolge – nur geringfügige Steuersenkungen brachte, aber den Begriff »Sonderausgaben« derart ausweitete, daß der Wiederaufbau der deutschen Wirtschaft durch zurückbehaltene Gewinne und eine »Selbstfinanzierung« gewaltigen Ausmaßes möglich wurde. Bis zur Hälfte des Gewinnes blieb nun als »Sonderausgabe« steuerfrei. Maschinen, Anlagen, Geräte und Fahrzeuge konnten unter Ziffer 7a des Paragraphen 7 zu 50 Prozent innerhalb von zwei Jahren abgeschrieben werden, das heißt, die Hälfte des Kaufpreises durften die Käufer nun binnen 24 statt bisher 120 Monaten vom Einkommen abziehen. Da sie weit länger brauchbar blieben, wurde das durch Abschreibungen »zurückgelegte Geld« für andere Investitionen frei, und es gab die Absätze c, d und e dieses berühmten Paragraphen 7, die die Investition von Steuergeldern in Schiffen, Fabrikgebäuden, Lagerhäusern und Wohnbauten ermöglichten. Insgesamt nahm durch Abschreibungskonzessionen der Bund (Lothar Weichsel zufolge) 1952 bis 1964 um 21,7 Milliarden DM weniger Steuern ein als »normalerweise«. Fritz Schäffer setzte also eine gewaltige Umschichtung von staatlichen auf private Ausgaben durch, und diese wurden so viel rationeller und produktiver vorgenommen, daß diese Steuerpolitik einen der entscheidendsten Wiederaufstiegsfaktoren bildete – und die Amerikaner sie schließlich übernahmen. Als Präsident Kennedy 1963 die Herabsetzung der amerikanischen Steuern um 11 Milliarden Dollar vorschlug, ging er davon aus, daß jeder Dollar in Privathand durch Geschäftsinvestitionen und Verbrauchsausgaben das Bruttosozialprodukt um durchschnittlich 3,50 Dollar erhöht und daß diese Steuersenkung also ein volkswirtschaftliches Plus von mindestens 38 Milliarden Dollar bedeutete und mindestens eineinhalb Millionen zusätzliche Arbeitsplätze.

Natürlich hatte Schäffer gewußt, daß seine Politik riskant war. Besatzungskosten und Soziallasten mußten vom Staat getragen werden, und an ihnen konnte man nicht sparen. Wenn der Staat dennoch die Wirtschaft weitgehend für sich selber statt für den Fiskus arbeiten ließ, dann mußte – wie die Hochkommissare und die SPD immer wieder hervorhoben – die Staatsschuld rapide anwachsen und es schließlich zum Staatsbankrott kommen. Aber Schäffer verließ sich auf die »Ankurbelungswirkung« seiner Maßnahmen und behielt recht. Stieg die deutsche Staatsschuld 1933 bis 1938 von 11,8 auf 27,2 Milliarden RM, so betrugen die Inlandsschulden des Bundes 10 Jahre nach der Währungsumstellung nur 12,2 Milliarden DM, und die damals noch 9,2 Milliarden betragende Auslandsschuld wurde in 5 Jahren halbiert. Denn gerade durch Schäffers Steuerbefreiung und später durch seine Steuersenkungen nahm das Wirtschaftsvolumen derart zu, daß sich auch die Steuereinnahmen 1950 bis 1965 mehr als verdreifachten.

Und zur Wirkung der steuerlichen Förderung der Selbstfinanzierung war die nicht minder belebende Wirkung des DM-Bilanzierungsgesetzes gekommen, das alle Kapitalgesellschaften zwang, bis spätestens 30. Juni 1951 ihre Aktiven neu zu bewerten. Schäffer ermöglichte diese Neubewertung ohne steuerliche Nachteile und erreichte so die Mobilisierung des »papierenen Goldes«, die Schaffung von Milliarden und aber Milliarden Industriekapital »aus dem Nichts«. Der Kurswert der deutschen Aktien (von damals 624 an sieben Börsen gehandelten Dividendenpapieren) betrug Ende 1949 insgesamt 4,9 Milliarden DM, 20 Jahre später 193 Milliarden oder das mehr als 38fache.

Natürlich war das nicht durch Schäffers Maßnahmen allein möglich, sondern ebenso durch das Ende der Demontagen und die allgemeine Wirtschaftsentwicklung. Aber Schäffers Maßnahmen machten aus »stillen« Reserven produktives Geld, schufen Finanzierungsmöglichkeiten, die zugleich Dutzende Milliarden Kaufkraft abschöpften und so der Markstabilisierung dienten. Schäffer setzte auch durch sein Bilanzgesetz den Wirtschaftsmechanismus in Gang.

»Stille Reserven« bestehen aus alledem, was in den Bilanzen nicht mehr erscheint, weil es bereits »abgeschrieben« wurde, oder was nur mehr mit nominellen Beträgen in den Büchern steht, de facto aber noch durchaus vorhanden ist. Und die »stillen Reserven« der deutschen Wirtschaft waren enorm, weil die Aktiengesetze die Unternehmen zu »vorsichtiger Anlagebewertung und konsequenter Abschreibung« zwangen und einer »Krisenmentalität« entsprangen. Als 1929 bis 1931 so angesehene Großunternehmen wie die »Berliner Seehandlung« oder die »Nordwolle« zusammenbrachen und breite Bevölkerungsschichten schwere Verluste erlitten, suchte man durch verschärfte Vorschriften die Aufstellung allzu günstiger Bilanzen und jede »Schönfärberei« unmöglich zu machen. An allzu »vorsichtige« mit zu umfangreichen »stillen« (das heißt im Grunde verheimlichten) Reserven aufgestellte Bilanzen dachte niemand.

Zu denen kam es sehr bald aber auch durch die börsenfeindliche Mentalität des Nationalsozialismus. Dieser haßte das »anonyme« Kapital, sah im Aktionär weitgehend einen »couponschneidenden Parasiten« und ließ die Hitlerjugend ein Lied singen, in dem es hieß: »Börsengauner und Schieber knechten das Vaterland; wir aber wollen ehrlich verdienen, fleißig, mit schaffender Hand!« Das Dritte Reich erhöhte die Körperschaftsteuern und begrenzte die Dividendenausschüttungen, wie erwähnt, auf 6 Prozent. Wie die Aktienrechtsverordnung von 1931 nur Bewertungsgrenzen nach oben, nicht aber nach unten setzte, so behielt auch das Aktiengesetz vom 20. Januar 1937 die Höchstbewertungsgrenze bei, ohne daß eine Mindestgrenze eingeführt worden wäre, und so brauchten die durch Selbstfinanzierung geschaffenen Werte nicht deklariert zu werden. In den Bilanzen waren Maschinen abgeschrieben, die noch in vollem Betrieb standen. Grundbesitz war mit 5 Mark pro Quadratmeter eingesetzt, als er schon gut 200 wert war, und man trug »möglichen Kursverlusten« dadurch Rechnung, daß man Aktienpakete zum Bruchteil ihres Börsenwertes verbuchte. Es gibt zahllose Möglichkeiten, »stille« Reserven zu bilden, und so hatten zum Beispiel die Mannesmann-Röhrenwerke 1943 mit 129,3 Millionen Mark ein um 6 Millionen geringeres buchmäßiges Anlagevermögen als 10 Jahre zuvor, obwohl das Werk inzwischen völlig modernisiert und bedeutend erweitert worden war und sich die Erzeugung verdreifachte. Bei Krupp stieg 1933 bis 1943 das ausgewiesene Anlagevermögen um 32 Prozent, die Belegschaft aber um 400 Prozent, und ähnlich war es bei Dutzenden großen Werken, die nun alle ungleich reicher waren, als sie es schienen. Deren Anteile aber dennoch relativ billig blieben, weil der Börsenkurs ja auch vom Dividendenertrag abhängt und dieser »gestoppt« war.

Deutsche Aktien waren während des Krieges billig, aber 1945 schienen sie wertlos. »Die kleben wir als Tapeten an die Wand, falls wir es je wieder zu einer Wohnung bringen«, sagten die meisten Kleinaktionäre, denn kaum jemand glaubte, daß Deutschland je wieder hochkommen werde, und selbst zu schlechten Preisen war das Verkaufen von Aktien schwierig. Den Banken war monatelang jede Tätigkeit verboten, und die deutschen Börsen blieben bis Dezember 1945 geschlossen. Dann wurden die von Hamburg und München wieder eröffnet, aber es gab so gut wie keine Käufer, denn sie sahen nur die Trümmerhaufen und nicht, was diese nur zeitweilig begruben. Die größte Nachkriegsbörse war die Hamburgs, wo etwa sieben Zehntel aller Werte gehandelt wurden. Aber ein Tagesumsatz von einer Million Reichsmark galt auch hier lange als Sensation. München setzte zum Beispiel im ganzen Juni 1946 für knapp 440 000 RM Industriepapiere um, wobei Siemens & Halske mit 156 000 und Daimler-Benz mit 53 000 führten, es der Stahlverein nur auf 46 000 und Mannesmann auf 39 000 Mark Umsatz brachten. Amtlich wurden insgesamt 22, im Freiverkehr 24 Aktienwerte notiert. Denn jeder Verkauf von »Effekten mit Auslandskapital-Anteil« war verboten. Diese mußten dem Militärgesetz Nr. 53 zufolge abgeliefert werden, auch dann, wenn die Auslandsbeteiligung an dem betreffenden Unternehmen nur den Bruchteil eines Prozents betrug.

Dementsprechend waren die Kurse. Zum Beispiel betrugen:

	Stoppkurs vom 23. März 1945	*Börsenkurs vom 25. Oktober 1946*
IG-Farbenindustrie	177 1/2	80
Daimler-Benz	159 1/4	112
Mannesmann	164 1/2	176
DEMAG	139	141

Die letzten Reichsmarkkurse gleich 100 gesetzt, betrugen die Durchschnitts-DM-Notierungen 1948 dann 21, denn auch nach der Währungsumstellung gab es kaum Käufer. Wo sollten sie das Geld hernehmen? Nur wer große Warenlager gehabt hatte, besaß Bargeld, und er ging vorsichtig damit um. Lieh er es aus, so bekam er 10 Prozent Zins im Monat und manchmal noch mehr. Und an Aktien kann man zwar Geld verdienen, aber auch verlieren: 1948 bis 1950 betrug der Durchschnittskurs für Aktien im Nennwert von 1 000 RM deshalb nur 150 DM.

Wenn sich das änderte und jeder, der 1945 Aktien im Nennwert von 100 000 RM besaß, 10 Jahre später im Durchschnitt 480 000 DM für sie bekam und dazu in diesem einen Jahr 8 000 DM Dividende, so war dazu wiederum eine Maßnahme Fritz Schäffers die Voraussetzung gewesen. Wie die Steuergesetze der Alliierten praktisch jede Selbstfinanzierung unmöglich machten, so die Neubewertung der Aktiven. Denn hätte eine Firma nun statt 100 Millionen RM 100 Millionen DM in die Bilanz eingesetzt, so hätte sie 90 Millionen DM als »Gewinn« versteuern müssen. Eine reine Buchhaltungseintragung hätte sich in Barzahlungen an den Fiskus verwandelt, die sich auch die potentesten Unternehmen nicht leisten konnten.

Schäffer machte »Umstellungsgewinne« steuerfrei. Er mobilisierte so die »stillen Reserven«, und von 1 873 deutschen Aktiengesellschaften, die 1951 ihre DM-Bilanzen vorlegten, konnten so 1 000 ihr Grundkapital unverändert lassen, das heißt je eine Reichsmark in eine Deutsche Mark umwandeln. 286 Firmen konnten ihr Kapital 10 zu 15 erhöhen, das heißt ihren Besitz in DM um die Hälfte höher bewerten, als sie ihn seinerzeit in RM auswiesen. Schließlich waren Umstellungen 1 zu 2 und 1 zu 3 nicht selten. Aus einer Reichsmark Nennwert wurden so nicht 10 Pfennig wie bei Obligationen oder Pfandbriefen oder sechseinhalb Pfennig wie bei Bankguthaben und Sparkonten, sondern 200 bis 300 neue Pfennige. Und beim Nennwert blieb es natürlich nicht. Da die DM-Bilanzen klar und deutlich zeigten, wie solide die deutschen Wirtschaftsfundamente trotz allem geblieben waren, stiegen die Aktienkurse rapide. Alle deutschen Aktien zusammen waren 1943 rund 16,4 Milliarden Mark wert. 1949 nur 4,9 Milliarden. Ende 1951 aber bereits wieder 9,98 und im August 1960 schließlich, wie erwähnt, 193 Milliarden.

Das machte einige wenige Spekulanten reich, das vervielfachte aber auch den Wert der Aktienpakete, die Tausende deutsche Unternehmen besaßen, und versorgte sie mit Aufbaukapital. Durch diese Kurssteigerungen wurden die Banken liquide, vervielfachten sich deren »Aktiven« und damit ihre »Kredit-Plafonds«, das gesetzlich an die Aktiven gebundene Ausmaß der Wechseldiskontierungen. Mit den Börsengewinnen »kleiner Leute« wurden Tankstellen eröffnet und Selbstbedienungsläden eingerichtet. Dank des »Steigens« von Daimler oder Mannesmann wurden Wohnhäuser und Villen gebaut, junge Leute auf Hochschulen geschickt, und mit Hilfe von ein paar ererbten Wertpapieren wurde die Eröffnung einer Arzt- oder Anwaltspraxis möglich. Schon die viereinhalb Milliarden DM Kursgewinn des Jahres 1951 begründeten zahllose neue Existenzen. Jedes gefährliche Börsenspiel aber verhinderte Fritz Schäffer dadurch, daß alle Aktien bar bezahlt werden mußten und die Banken erst sehr viel später wieder einen gewissen Prozentsatz des Aktienkaufpreises kreditieren durften. Bei Kurssenkungen brauchte also nicht »nachbezahlt« zu werden. Krisen wie die des Jahres 1929, die von der New Yorker Börse ausgehend die ganze Welt ins Elend stürzten, waren so ausgeschlossen. Auch in Deutschland stiegen die Kurse nicht nur: Ende 1964 betrug der Kurswert der deutschen Aktien nicht wie im Sommer 1960 rund 193 und nicht wie Ende 1962 noch 121 Milliarden, sondern »nur« 88. Aber auch hier war die »Ankurbelungswirkung« das Entscheidende gewesen.

Sobald sie sich bemerkbar machte, führte Fritz Schäffer 1953 seine »Kleine Steuerreform« durch, die Ermäßigungen bis 27 Prozent brachte, senkte dann 1956 und 1957 erneut die Steuern. Er formulierte seine Steuervorschriften aber stets so, daß sich nur Produzieren rentierte und nicht Verbrauchen und daß dadurch zu einer Zeit, da in England weniger als ein Sechstel des Erarbeiteten neu investiert wurde, es in Deutschland mehr als ein Viertel war. Die Alliierten legten ihr Veto ein. Als sie das seit 1955 nicht mehr offen konnten, übte die Opposition heftige Kritik, die SPD nannte die »Kleine Steuerreform« ein »Geschenk von 800 Millionen an die besitzenden Klassen«. Aber auch das Geld, das für Sozialleistungen ausgegeben wird, muß zuerst verdient werden, und nur durch Schäffers Steuerpolitik wurde es verdient. Fritz Schäffer wußte sehr wohl, was der Staat der »breiten Masse« des Volkes schuldete. Er holte nach, was die Währungs-»Reform« versäumt hatte. Ihm vor allem ist eine soziale Tat ohne vergleichbares Beispiel, der deutsche »Lastenausgleich«, zu danken – und damit zugleich eine gewaltige Ausweitung des Binnenmarktes, die die Industrie- und Handelsumsätze und natürlich auch die Steuereinnahmen erneut steigerte. Schäffer setzte gegen den allgemeinen Nachkriegstrend und gegen den oft erbitterten Widerstand seiner eigenen Partei – der CSU und vor allem der CDU – wie der Opposition Prinzipien praktisch durch, die vor mehr als einem Jahrhundert auch Abraham Lincoln vertrat. Er wußte: Man kann die Schwachen nicht dadurch stärker machen, daß man die Starken schwächt. Wohlstand ruht nicht auf geborgtem Geld. Mut und Charakter sind nicht zu erhalten, wenn die persönliche Initiative und Leistung, wenn Fleiß und Sparsamkeit nicht belohnt werden.

Diesen Einsichten entprechend handelte Schäffer. Aber er blieb nur bis 1957 Finanzminister, denn strikt lehnte er jede »Gefälligkeitsdemokratie«

und erst recht jedes »deficit-spending« ab, nur über seine »Leiche« sollte es zur Inflation kommen. Schäffers großer Gegenspieler Ludwig Erhard wurde Bundeskanzler. Dieser glaubte an die »interventionslose Selbstregulierung« der spätkapitalistischen Wirtschaft, als die Vereinigten Staaten und England, Frankreich wie Schweden und die Niederlande längst gesamtwirtschaftlich koordinierte Mittel- und Langfrist-Pläne aufstellten. Er verketzerte jede Art Planung als »kommunistisch«. In der Bundesrepublik hieß es nun: »Hie Marktwirtschaft, hie zentrale Verwaltungswirtschaft« – und so taten nicht nur die Länderregierungen und die Gemeindeverwaltungen, was sie wollten, sondern auch die einzelnen Ministerien.

Und alle wollten sie vor allem mehr Geld. Schäffers Nachfolger sahen in seiner sprichwörtlichen Sparsamkeit »mangelndes Verständnis für die moderne Wirtschaftsentwicklung«. Wenn es 1966 mit den »Wunderjahren« vorbei war, so vor allem, weil die Steuerpolitik nicht länger den Wirtschaftsbedürfnissen angepaßt, zwar Keynes' Verschuldungsratschläge, nicht aber seine konjunkturpolitischen Regeln übernommen und die Staatsausgaben während der überhitzten Konjunktur nicht nur nicht gebremst, sondern maßlos gesteigert wurden. Der Bundeshaushalt hatte im Jahr 1949 insgesamt 12 Milliarden DM betragen und bei Schäffers Rücktritt 32 Milliarden, 1969 erreichte er bekanntlich 82,4; nun wurde in sieben Wochen ausgegeben, was zwei Jahrzehnte zuvor für ein ganzes Jahr genügt hatte.

Fritz Schäffer hatte eine »große« Steuersenkungsaktion vorbereitet, die 1958 in Kraft trat. Aber wenn 1958 bis 1963 das westdeutsche Bruttosozialprodukt um 55 Prozent wuchs, so die Steuereinnahmen des Bundes und der Länder um 82 Prozent. Wenn das Arbeitnehmereinkommen um 70 Prozent stieg, so das Lohnsteueraufkommen um 133 Prozent, denn immer mehr Deutsche waren in »höhere Progressionszonen« gekommen. Die Unternehmer verdienten um die Hälfte mehr, zahlten aber fast das Eineinhalbfache an Steuern. Das heißt, beim westdeutschen Steueraufkommen waren die Zuwachsraten zwei- bis dreimal so groß wie beim Einkommen der Steuerzahler, und wenn am 25. Oktober 1964 die Freigrenze der Einkommensteuerpflicht von 636 auf 936 und bei Arbeitern auf 1 176 DM im Jahr hinaufgesetzt wurde, so war das reine Augenauswischerei, denn wer verdiente jetzt noch weniger als 200 Mark im Monat?

Wie Schäffers Anpassungspolitik und wie Keynes' wirtschaftspolitische Einsichten ignoriert wurden, so die Vorschriften des westdeutschen Grundgesetzes. Der Artikel 106 schreibt vor, »die Deckungsbedürfnisse von Bund und Ländern ... so abzustimmen, daß eine Überlastung der Steuerpflichtigen vermieden wird«. Artikel 113 gibt der Bundesregierung die Möglichkeit, überhöhten Ausgabebeschlüssen des Bundestages die Zustimmung zu verweigern, und wenn dieses Vetorecht auch nur aufschiebende Wirkung besitzt, so ist es nichtsdestoweniger eine sehr scharfe Waffe, vor allem durch die Einspruchswirkung auf die Wähler. Nur wurde praktisch nie von ihr Gebrauch gemacht. Vor allem 1965, als die parlamentarischen Wahlgeschenke jedes Maß verloren, lehnten Regierung und Opposition gemeinsam die Anwendung des Artikels 113 ab. Und es wurden auch immer mehr »Tricks« angewendet, um zu Geld zu kommen. 1966 besaß zum Beispiel die Bundesanstalt für Arbeitslosenversicherung über 6 Milliarden DM Rücklagen. Die Arbeitslosigkeit war geringer denn je, der Mangel an Arbeitskräften nahm ständig zu, und die Geburtenentwicklung ließ einen immer größeren Mangel erwarten. Aber die Beiträge wurden nicht herabgesetzt, denn durch die steigenden Rücklagen konnte der Bund bequem und unauffällig seine Kreditbedürfnisse befriedigen. Die Bundesanstalt für Arbeitslosenversicherung übernahm zum Beispiel mittelfristige Schuldverschreibungen der Bundesbahn.

Wenn weder die Regierung noch die Volksvertreter bremsten, so wurden deren Etatrechte schließlich aber auch noch durch die obersten Gerichte der Bundesrepublik beschnitten. Am 3. Oktober 1967 kam es zu einem Urteil des Oberverwaltungsgerichtes in Münster, das unabsehbare Folgen haben kann. Denn als Verfassungsgericht bekräftigte es: Der Finanzminister (in diesem Fall der des Landes Nordrhein-Westfalen) kann in eigener Verantwortung und ohne Mitwirkung des Parlaments Ausgaben tätigen, wenn er sich des sogenannten »Notbewilligungsrechtes« bedient, das der Höhe nach nicht begrenzt ist. Dieses lautet in Form des Artikels 85, Absatz 1 der Landesverfassung von Nordrhein-Westfalen: »Haushaltsüberschreitungen und außerplanmäßige Ausgaben bedürfen der Zustimmung des Finanzministers. Sie darf nur im Falle eines unvorhergesehenen Bedürfnisses erteilt werden.« Das schien dem Landesfinanzminister im Juni 1967 gegeben, als er ein Programm zur Konjunkturförderung aufstellte, das 886 Millionen DM kosten sollte und das er dem Landtag als einfache »Drucksache Nr. 308« mit der »Bitte, zustimmend Kenntnis zu nehmen«, bekanntmachte. Die Opposition forderte Abstimmung über einen Nachtragsetat und wurde überstimmt. Sie klagte, weil die Landesverfassung in ihrem Artikel 81 bestimmt: »Alle Einnahmen und Ausgaben ... für jedes Rechnungsjahr müssen veranschlagt und auf den Haushaltsplan gebracht werden ...« Aber die höchste Rechtsinstanz hieß die 886 Millionen DM Ausgaben laut Artikel 85 gut, vor allem, »weil sich die Ausübung des Notrechts als ständige Praxis erwies« und bereits 1960 bis 1966 in Nordrhein-Westfalen zweieinhalb Milliarden Haushaltsüberschreitungen mit Hilfe des »Notbewilligungsrechtes« erfolgten. Da der Bund die gleichen Rechtsnormen hat, bedeutet das Urteil also praktisch freie Hand für jederlei Etatüberschreitung. Für Deutschland scheinen die Verfasser der Magna Charta wie Coke oder Hampden nie gelebt zu haben.

Ganz abgesehen davon, daß der westdeutsche Verwaltungsapparat heute derart aufgebläht ist, daß zahllose Zuständigkeiten sich überschneiden, die Ausgabenposten sich derart vervielfachten, daß niemand mehr sie zu übersehen und damit zu kontrollieren vermag. Zwar gibt es den Bundesrechnungshof. Aber falls dieser einmal protestierte, so geschah es – zum Beispiel im berühmten Fall des Schützenpanzers HS-30 – zehn Jahre nach den unverantwortbaren Ausgaben. Und es dauerte sechs Jahre, ehe das Geheimabkommen Adenauer–Ben Gurion, das amtlich zugegeben 300 Millionen DM deutsche Zahlungen bedeutete, ans Licht kam, und was wirklich geliefert wurde, ist noch heute unbekannt.

Vor allem aber hatte Fritz Schäffer eine »antizyklische Finanzpolitik« betrieben und während der Wirtschaftsblüte fünfeinhalb Milliarden nicht sofort benötigte Steuereingänge als zinsloses Bundesguthaben bei der Bundesbank angesammelt, um während Rezessionen die Steuern senken zu können. Seine Nachfolger aber kassierten nicht nur mehr und mehr Steuern, sie standen, als das »Wunder« vorbei war, mit leeren Händen da und hatten kein Geld für »Ankurbelungs«-Ausgaben, sie hatten nicht nur Schäffers »Juliusturm« aufgelöst, sondern auch noch mehr und mehr Schulden gemacht. Wie durch die Inflation nach dem Ersten Weltkrieg wurden durch den Währungsschnitt von 1948 praktisch alle Staatsschulden »liquidiert«. Aber Ende 1968 schuldeten Bund, Länder und Gemeinden doch wieder 116 Milliarden DM, gleich 21 Prozent des Bruttosozialprodukts, und allein im Jahr 1967 nahmen diese Schulden um 11,3 Milliarden zu. Dazu kamen die Schulden der Bundesbahn – und diese zahlte nun rund 100 000 DM Zins jede Stunde Tag und Nacht und hatte nun einen Tilgungsbedarf von 1,9 Milliarden jährlich. Die Deutsche Bundespost zahlte 1968 bei rund 11 Milliarden DM Umsatz 2,7 Milliarden für Zinsen und die Tilgung von Fremdkapital. Dazu kamen die Schulden der Sozialversicherungsträger und des Lastenausgleichs usw., und auch der Zinsaufwand der Lufthansa zum Beispiel betrug nun mehr als 30 Millionen DM jährlich, während sie nur 12 Millionen Steuern zahlte und nur 13 Millionen Bilanzgewinn auswies. Amtlichen Bonner Zahlen zufolge betrugen 1968 die Schulden der öffentlichen Hand 1 540 DM pro Kopf der Bundesbürger – und für 1970 wird mit 1 884 pro Kopf gerechnet, während es 1938 nur 480 Mark gewesen waren. An Zinsen kostete schon 1968 die westdeutsche öffentliche Schuld rund 16 Milliarden DM jährlich – so viel, wie die Gesamtschulden des Deutschen Reiches und all seiner Bundesstaaten im Jahre 1906 betrugen, das mehr als Fünffache der Gesamtschuld von 1874 – und um 4 Milliarden mehr, als, wie erwähnt, 1949 der gesamte Bundeshaushalt betragen hatte.

Wie schon geschildert, waren aber auch die Privatschulden enorm gewachsen. Nun war in der Bundesrepublik das Verhältnis des Eigenkapitals zum Fremdkapital weit ungünstiger als in andern Industrieländern, und die Reserven und das Betriebskapital entsprachen nicht den steuerbegünstigten Sachinvestitionen. Auch seine Investitionsförderung hatte Schäffer als Ankurbelungs- und nicht als Dauermaßnahme gesehen. Aber da die westdeutschen Steuergesetze den veränderten Umständen nicht angepaßt wurden, blieb es dabei. Genügende Barreserven zu bilden war aus steuerlichen Gründen unmöglich. Die Selbstfinanzierung von Sachinvestitionen jedoch wurde nach wie vor gefördert, und so wurden diese schließlich zu hoch. Professor Bruno Gleitze (der zeitweilig Wirtschaftsminister von Nordrhein-Westfalen war) stellte 1968 in seiner Studie »Sozialkapital und Sozialfonds als Mittel der Vermögenspolitik« fest: Die unternehmerische Selbstfinanzierung verdoppelte sich zwischen 1950 und 1955; sie verdreifachte sich 1955 bis 1960; und sie vervierfachte sich 1960 bis 1965. Allein im Jahr 1965 wurden 60,3 Milliarden DM durch Selbstfinanzierung für Neuinvestitionen aufgebracht, während die 1948 bis 1956 nicht entnommenen Unternehmergewinne in der Bundesrepublik nur 73 Milliarden betragen hatten, im Jahresdurchschnitt nur etwa 10 Milliarden. Nur weil es steuerliche Anreize zu Investitionen gab, kam das »Wirtschaftswunder« zustande. Aber wie Bonn Sparprämien zahlt, obwohl das längst nicht mehr nötig ist, so wurden Investitionsprämien gewährt, auch als der Produktionsapparat teilweise schon zu groß für die Bedürfnisse war, und so mußte der westdeutsche Außenhandelsumsatz 1968 auf 181 Milliarden DM oder 3016 DM pro Kopf steigen, damit auf das rund Doppelte des gesamten westdeutschen Bruttosozialprodukts des Jahres 1952, das Doppelte des Wertes aller damals erzeugten Güter und aller Dienstleistungen. Die Bundesrepublik war von fremden Märkten und Lieferungen und vor allem von den fremden Zahlungsmöglichkeiten und dem Zahlungswillen der Käufer gefährlich abhängig geworden. Um so mehr, als dieser Export wie das hektische Wirtschaftswachstum überhaupt nicht selten mit Methoden finanziert wurden, die sich im Winter 1966 bis 1967 als Vabanquespiel erwiesen.

Was sechs Wochen lang unter der Code-Bezeichnung »K« Staatsgeheimnis gewesen war, wurde im März 1967 publik. Deutschlands größte Einzelfirma, Fried. Krupp in Essen, vermochte nur durch eine Staatsgarantie von 300 Millionen DM ihre Zahlungsschwierigkeiten zu überwinden. Das traf die »Wunder-Deutschen« wie ein Keulenschlag. Denn Krupp war zum Symbol des Wiederaufstiegs geworden, und mit Recht hatte der Bundespräsident 1961 Alfred Krupp zur Hundertfünfzigjahrfeier seines Unternehmens telegraphiert: »In der Geschichte Ihrer Firma spiegeln sich in schicksalhafter Weise Höhen und Tiefen unseres Volkes wider ...« Krupp hatte nun wieder einen Jahresumsatz von rund 5 Milliarden. Aber zweieinhalb schuldete er 263 Banken und Versicherungsgesellschaften, und mit Schuldscheindarlehen und den Verbindlichkeiten an Lieferanten hatte Krupp gut 3 Milliarden Schulden. Die Firma hatte jährlich 300 Millionen Zinsen aufzubringen.

Der Bund und das Land Nordrhein-Westfalen mußten Krupp helfen, denn es ging um über 100 000 Arbeitsplätze. Die Krise wurde überwunden – aber heute machen die Bundesbürgschaften gut 60 Milliarden DM aus, Hunderte von Firmen mußten sie in Anspruch nehmen. Denn die westdeutschen »Kapitalmarkt-Förderungsgesetze« kamen vorwiegend dem Geld-, nicht dem Kapitalmarkt zugute, Tages- und nicht Langfrist-Bedürfnissen. Die steuerbegünstigten Rentenpapiere, die Pfandbriefe, Staats- und Kommunalschuldverschreibungen, die einen ungleich höheren Effektivzins brachten als private Obligationen, wurden nicht von einer breiten Schicht des Mittelstandes aufgenommen, die es nicht mehr gibt, sondern von Banken und Versicherungsgesellschaften, die sie sofort nach Ablauf der Sperrfrist weiterverkauften. Mehr Geld aber bedeutet nicht mehr Kapital, und die Schwierigkeiten der Firma Krupp entstanden vor allem dadurch, daß Kurzfristkredite zu Langfristinvestitionen oder zur Finanzierung von Exporten verwendet wurden, die Zahlungsziele von bis zu 15 Jahren vorsahen. Und ebensowenig darf privates Sparen mit dem des Staates oder der Unternehmungen verwechselt werden. Wenn es, wie erwähnt (und der Bundesbank zufolge), in der Bundesrepublik 1967 rund 77 Millionen Sparkonten mit 144,7 Milliarden DM Einlagen gab, so war das sehr erfreulich. Aber das individuelle Sparen ist fast immer Zwecksparen; es dient dem Kauf eines Kühlschranks oder eines Autos, dem Bau eines Hauses und allzuoft nur der nächsten Urlaubsreise. Es dient dem Konsum, nicht produktiven Langfristanlagen. Und diese wiederum dürfen nicht nur in einem neuen Maschinenpark bestehen. Ebenso wichtig ist langfristig zur Verfügung stehendes Betriebskapital, vor allem Kapital zur Kreditgewährung an die Kunden. Am besten entsprechendes Eigenkapital. Denn Bankkredite, Obligationenanleihen usw. wurden in Deutschland zu teuer. Vor allem, weil 1968 sieben Achtel des auf den Kapitalmarkt gelangenden Sparaufkommens von der öffentlichen Hand beansprucht wurden, nur ein Achtel verblieb der westdeutschen Privatwirtschaft.

Wieso aber nahm diese das hin? Wieso nahmen die deutschen Steuerzahler immer neue Belastungen hin, im Winter 1968 bis 1969 zum Beispiel Exportbelastungen, die nichts anderes als erneut erhöhte Staatseinnahmen bedeuteten?

Allzu vielen Deutschen war das Improvisieren von Tag zu Tag zur Gewohnheit geworden. Jahrelang ließ sich nichts voraussehen. Alles hing von Besatzungsvorschriften ab, die heute so und morgen anders lauteten, nur im engsten Umkreis konnten Auswege gesucht und Hilfe organisiert werden, nur das Zunächstliegende konnte man tun. Die nächste Mahlzeit, die nächste Nacht, der nächste Winter waren die Probleme.

Das war längst überwunden. Aber in der Alltagsarbeit aufzugehen ist bequem, »weitermachen«, ohne viel darüber nachzudenken, ob es Sinn und Zweck hat, ist einfacher, als die immer komplizierteren Zusammenhänge zwischen Wirtschaft und Politik, zwischen den nationalen und internationalen Maßnahmen zu durchdenken, und das erfolgreichste deutsche Nachkriegsschlagwort wurde so: »Keine Experimente!« Aber diese Art »Gleichgewichtspolitik« der Parteien bedeutete Stillstand in einer Welt, die sich fast stündlich wandelte, das Abseitsstehen stützte die gerade Herrschenden.

Und diese konnten schließlich tun und lassen, was sie wollten. Wenn in England der Tag, an dem die Regierung ihren Haushaltsplan vorlegt, als der wichtigste des Jahres gilt, so interessieren in der Bundesrepublik Haushaltsdebatten praktisch niemanden, und meist gibt es sie gar nicht, denn hier werden ja die Milliardenausgaben in den Bundestagskommissionen hinter verschlossenen Türen »abgesprochen«, im »Plenum« schenken sich die meisten Abgeordneten diese »Formalität«, auf der der Parlamentarismus beruht, und bei der Verabschiedung des westdeutschen Wehretats von 1969 zum Beispiel fehlten, wie geschildert, 96 Prozent der »Volksvertreter«.

Und sie konnten das ungestraft tun, weil auf die Frage: »Interessieren Sie sich für Politik?« im Jahr 1952 nicht weniger als 73 Prozent und auch 1962 noch 63 Prozent »Gar nicht« oder »Nicht besonders« antworteten und eine Repräsentativumfrage des Allensbacher Instituts für Demoskopie im Juni 1965 ergab, daß nur vier Prozent der erwachsenen Bundesbevölkerung in irgendeiner Form aktiv Politik betreiben wollten, 78 Prozent sich in keiner Form »politisch zu engagieren« wünschten. Wie viele Abgeordnete es »ungefähr« in Bonn gibt, wußten bei der letzten Umfrage 10 Prozent der deutschen Wähler. Den Namen ihres Abgeordneten kannten in England 67 Prozent, in der Bundesrepublik 28 Prozent der Befragten.

Dem politischen Desinteresse entspricht die katastrophale Unwissenheit in finanz- und wirtschaftspolitischen Dingen. Deutschlands »weltberühmte« und angeblich vorbildliche »soziale Marktwirtschaft« war einer Repräsentativumfrage des Allensbacher Insituts für Demoskopie zufolge 1950 etwas, unter dem sich neun Zehntel der Westdeutschen nichts vorzustellen vermochten. Presse, Rundfunk und alle Mittel der Wahlpropaganda beschäftigten sich daraufhin mit diesem Begriff, aber eine erneute Befragung im November 1952 ergab das gleiche Resultat. Und als im Juli 1959 das Institut wissen wollte, wer etwas gegen die steigenden Preise tun solle, antworteten 67 Prozent »die Regierung in Bonn«; 31 Prozent »die Verbraucher und Käufer selber«; 15 Prozent »die Industrie und die Geschäftsleute«; 12 Prozent »die Gewerkschaften«. Vom »freien Spiel der Kräfte« und dem »Preisausgleich durch Angebot und Nachfrage« die (angeblich) der »Marktwirtschaft« zugrunde liegen, wußten oder hielten die Befragten nach wie vor nichts. Ebenso bejahten 1957 den »Wohlfahrtsstaat, der allen in allem hilft«, 79 Prozent aller Westdeutschen, den Staat, der nur in Notfällen hilft, nur 14 Prozent. »Soziale Marktwirtschaft« war und blieb ein inhaltsloses Schlagwort. Und als es schließlich zur »Großen Koalition« kam, galt das nicht minder für die westdeutsche »Demokratie«.

Deutschland scheint heute reicher denn je. Aber nur weil es nichts für seine Zukunft tat und tut und wie ein reicher Verschwender allein seiner Gegenwart lebte. Deutschlands Schulkinder blieben seine Stiefkinder. Die Kasernen überschatteten die Universitäten, und die »Verteidigung der Kultur« zerstörte ihre Wurzeln. Wissenschaft und Entwicklung wurden vernachlässigt, und die jungen Talente wandern aus. Der Exportüberschuß scheint enorm. Aber ebenso enorm wurden die Bündniskosten und die der Gastarbeiter und Auslandsreisen, der Entwicklungshilfe und Währungshilfe. Konsumbetört und illusionshörig machte ihr wirtschaftlicher Leistungsfanatismus die Deutschen blind für den rapiden Umweltwandel, und so folgte dem Rausch des »Wirtschaftswunders« nicht nur der Katzenjammer der »Rezession«, sondern 1967 wurde die Bundesrepublik jäh aus ihrem Schlaraffenschlummer geschreckt, als die Jugend nicht länger mitverfetten wollte und von ihren »Vorbildern« verlangte, statt ihren individuellen Augenblicksinteressen endlich die Interessen der Nation zu sehen.

Zwar wurde die »Rezession« rasch wieder von einer neuen westdeutschen Hochkonjunktur abgelöst. Aber die allgemeine Unrast wuchs und wächst, die Massen merken immer deutlicher, daß die groß angekündigten Ideale nicht allzu ernst zu nehmen sind und daß sie trotz ihres Wahlrechts keine wirkliche Entscheidungsgewalt besitzen, von fremden Völkern ebenso abhängig sind wie von den »souveränen« Entscheidungen ihrer eigenen Staatsmänner, Parteibosse und Beamten. Und so resignieren sie politisch, verlangen aber als Steuerzahler mehr und mehr »Ware« für ihr Geld, verlangen, daß der Staat ihnen alle materiellen Sorgen abnimmt. Und setzen sich durch, denn Wählerstimmen werden seit Jahrtausenden gekauft, und wenn die »Demokratisierung der politischen Willensbildung« den Massen kein echtes Mitspracherecht brachte, die Möglichkeit, »Subventionen« zu erlangen, haben sie heute nicht minder wie die »Reichen«.

XVI

VOM ARMENHAUS ZUM WOHLFAHRTSSTAAT

Die Entwicklung der Sozialabgaben und Sozialleistungen

»Den Unzufriedenen gelten und galten Staaten und Regierungen stets nur als Besteuerungsmaschinerien. Für die Zufriedenen sind sie eine Maschinerie zur Wohlstandssicherung und waren das auch schon vor Jahrtausenden.«

Thomas Carlyle, 1837

»... Jede Wahlkampagne in den USA zeigt erneut, daß die Politiker aller Parteien in Wahrheit die Mitglieder einer einzigen, großen Bruderschaft sind, trotz ihrer Feindschaften an der Oberfläche. Ihr wichtigstes, ja einziges Ziel ist der öffentliche Posten, mit allen Vorteilen und Gewinnen, die damit verbunden sind. Sie erringen sich diesen, indem sie Stimmen mit dem Geld anderer Leute fangen. Kein Berufspolitiker ist jemals wirklich für öffentliche Sparsamkeit. Ein sparsamer Staat wäre sein unversöhnlicher Feind ...«

H. L. Mencken
in »Minority Report«, New York, 1956

Wenn die Blütezeit Athens seinen großen Staatsmännern und Philosophen, seinen Künstlern und Gelehrten zugeschrieben wird, so geschieht das gewiß mit Recht. Aber keine geringe Rolle spielten auch die Silberbergwerke von Laurion. Etwa 40 Kilometer südlich von Athen, in einer düsteren Einöde und nahe dem antiken Kap Sunion, dessen Athene-Tempel die nach Attika heimkehrenden Seefahrer grüßte, liegen mehr als 2 000 Stollen und Schächte. Seit etwa 800 vor Christus schon wird hier Silber, Blei und Zink, Kupfer und Eisen gewonnen, und bis etwa 200 vor Christus bildete das Silber von Laurion nicht nur die Währungsgrundlage Athens, sondern fast der ganzen, damals bekannten westlichen Welt; aus diesem Silber wurden die Tetra-Drachmen geprägt.

Der Ertrag dieser Silbergruben war lange weit höher als die Staatsausgaben gewesen, und wie später Mohammed die Budgetüberschüsse des Araberreiches unter die Gläubigen verteilen ließ, wurde in Athen das überschüssige Silber unter die Vollbürger verteilt. Aber dann wurden, wie geschildert, auch hier die Fiskalansprüche weit höher als die Einnahmen, und wenn die Athener nach der Vertreibung Hippias' auf die Wiederaufnahme der Silberverteilung gehofft hatten, so mußten sie im Jahr 485 vor Christus diese Hoffnung anscheinend für immer begraben. Themistokles verwendete nicht nur den gesamten Ertrag von Laurion für den Bau der Flotte, mit der fünf Jahre später bei Salamis die Perser besiegt wurden, sondern er bestimmte, daß auch in Zukunft alle Bergwerkseinkünfte der Flotte zu dienen hätten.

Das machte Themistokles zum bestgehaßten Mann seiner Zeit, und Perikles wurde der populärste Politiker der Antike, denn er ergänzte den laufenden Ertrag von Laurion durch das Silber und das aus den Bergwerken von Pangaion stammende Gold, das seit vielen Jahrhunderten in die Tempel Attikas strömte. Seit jeher erhielten diese den Zehnten der Kriegsbeute. Sie wurden am Ertrag geglückter Handelstransaktionen beteiligt, bekamen Spenden bei allen möglichen anderen Gelegenheiten, und, wie erwähnt, der Tempel von Delphi hatte durch das Orakel 53 Millionen Goldmark zusammengebracht. Je größer der Ruf ihrer Heiligkeit, desto sicherer waren die Tempel aber auch, um private und öffentliche Reichtümer aufzubewahren, und so wurde zum Beispiel im fünften vorchristlichen

Jahrhundert der Apollo-Tempel von Delos zur Schatzkasse des Attischen Seebundes bestimmt, hier wurden die Mitgliedsbeiträge und Fiskalreserven hinterlegt.

Der Staatsschatz Athens lag im Athene-Tempel, und »aus technischen Gründen«, vor allem, um die Finanzverwaltung zu »zentralisieren«, verlegte im Jahr 450 vor Christus Perikles auch den Bundesschatz von Delos auf die Akropolis. Natürlich hatten dem die Priester ebenso erbitterten Widerstand geleistet wie Athens Bundesgenossen. Aber Perikles »mobilisierte« das thesaurierte Kapital, ließ das bisher ungenutzt in den Tempeln liegende Silber und Gold ausmünzen und verwandelte den Athene-Tempel in Athens Staatsbank. Er gab langfristige Handelskredite, finanzierte Handelsschiffsbauten und machte den Piräus zum größten Hafen der damaligen Welt. Am Zinsertrag beteiligte er die Priester und Athens Verbündete, und diese 10 bis 12 Prozent jährlich wirkten Wunder. Freiwillig wurden nun – gegen »Depotbescheinigungen« – aus fast allen Tempeln Attikas und ganz Griechenlands große Beträge zum »Arbeiten« nach Athen transferiert, und dessen Handwerk und Handel blühten wie nie zuvor. Die Staatseinnahmen stiegen ständig, und so konnte Perikles die Silberverteilung wiederaufnehmen.

Aber er tat das auf neue Art – und eine, die sich bis heute erhielt. Er nutzte die Staatsgelderverteilung zum Wahlstimmengewinn. Ursprünglich hatten alle Vollbürgerfamilien am Bergwerksertrag partizipiert, jetzt band Perikles die Staatszahlungen an die politische Tätigkeit. Er hatte bereits im Jahr 462 vor Christus begonnen, Ämter, die bisher unbezahlte Ehrenämter gewesen waren, zu bezahlten Staatsstellungen zu machen, und je mehr Geld er zur Verfügung hatte, desto mehr »armen Bürgern« machte Perikles Ämter zugänglich, und seine »Besorgtheit um das Volk« hatte den gleichen Beweggrund wie die unserer heutigen Politiker. Er kaufte Wählerstimmen und sicherte mit Staatsgeld die Herrschaft seiner Partei.

Athens Parlament war die »Volksversammlung«, oberste Rechtsprechungsinstanz das »Volksgericht«. Deren Mitglieder wurden aus den etwa 40 000 Vollbürgern gewählt, die es zur Zeit des Perikles unter den rund 300 000 Einwohnern des Stadtstaates gab, und diese hatten jahrhundertelang weder Gehälter noch Tagegelder erhalten. Daher konnte sich der Politik nur widmen, wer für seinen Unterhalt nicht auf eigene Arbeit angewiesen war, und auch die 6 000 Geschworenen, die alljährlich ausgelost wurden, mußten an etwa 300 Gerichtstagen jährlich frei sein. Perikles ließ nun den Geschworenen für jede Sitzung eine halbe Drachme auszahlen, drei Obolen oder nominell nur 40 Pfennig, mit denen aber damals

25 Kilo Getreide oder das Zehntel eines Stiers zu kaufen waren. Ratsherren bekamen nun 5 Obolen täglich, jeder der neun Archonten täglich vier, die Teilnehmer an der Volksversammlung zuerst drei, später neun Obolen täglich. Rund ein Sechstel der Staatseinnahmen Athens wurden für Tagegelder ausgegeben, und zur Zeit des Aristoteles, um 350 vor Christus, gab es mehr als 20 000 Diätenempfänger. Die Hälfte aller freien Bürger wurde vom Staat bezahlt, und dieser war ein vorbildlicher »Wohlfahrtsstaat« geworden.

Perikles veränderte die politische Struktur Athens durch die Bezahlung der Volksvertreter, aber auch dadurch, daß er den Seehandel mit allen Mitteln förderte und Athens Kriegsflotte ausbaute, in der »der gemeine Mann« diente, während die Pferde und schweren Waffen, die sich nur die obersten Klassen leisten konnten, immer unwichtiger wurden. Wie es in Aristoteles' »Staat der Athener« gesagt wird: »Perikles wies den Staat vornehmlich auf die Seemacht hin, infolgedessen stärkte er die Volkspartei und zog das ganze Staatswesen an sich.« Und er machte, um seine Stellung zu behaupten und seine Wiederwahl zu sichern, dem »Volk« immer neue Geschenke zu Lasten der Staatskasse, verschaffte den Schwerarbeitern eine Art bezahlten politischen Urlaubs und führte auch die »Schau- und Festgelder« ein, die den Minderbemittelten die Teilnahme an den Dionysien, den staatlichen Festspielen, ermöglichten. Bisher hatten reiche Athener wie Perikles' Gegner Kimon den Massen durch »Spenden« die Festteilnahme ermöglicht, und Kimon hatte auch (wie Aristoteles berichtet) als »Besitzer eines königlichen Vermögens zahllose Athener an den Ernten seiner riesigen Besitzungen, die er nicht einzäunen ließ, teilnehmen lassen«. Das war Wahlbestechung, gegen die Perikles, der weit ärmer war, nicht aufkam, die er aber dadurch wirkungslos machte, daß er den Staat an die Stelle der individuellen Spender setzte, das Geld der Steuerzahler an die des eigenen.

Perikles verfolgte mit seinen Diätenzahlungen rein parteipolitische Ziele; diese sollten aber auch eine Art Arbeitslosenfürsorge sein, denn durch zahlreiche Siege war die Zahl der als Sklaven nach Athen gebrachten Kriegsgefangenen ständig gestiegen. Perikles ließ Großbauten errichten, um den freien Handwerkern Verdienst zu verschaffen, gleichzeitig aber auch die Volksversammlung immer öfter zusammentreten. Er unterteilte den Volksgerichtshof in mehrere Spezialgerichte, während die Ämterkumulierung sonst verboten war, konnten die Bürger gleichzeitig Mitglieder der verschiedenen Gerichtshöfe sein und von jedem Tagegelder kassieren, und hatte ein Gerichtshof normalerweise 501 Mitglieder, so wurden nun immer öfter Gerichtsfälle als »staatswichtig« erklärt und so die erforderliche Mitgliederzahl auf 1 001 und 1 501 erhöht. Bei Zivilprozessen mußten ebenfalls 201 bis 401 Mitglieder entscheiden, die ausgelost wurden. Jegliche Auslese der Tauglichkeit fiel weg.

Da Perikles die reine Auslosung auch für alle Beamtenstellen einführte, um »alle Privateinflüsse und Rücksichten auszuschalten«, wurde die Demokratie »radikalisiert«, und Platon läßt in seiner »Gorgias« Sokrates sagen, Perikles habe durch die Einführung der Tagegelder die Athener »feige, träge, schwatzhaft und habsüchtig« gemacht, den Staat sich »aufblähen und innerlich vereitern« lassen. Und schließlich wurde Perikles von Kleon gestürzt, dem Urbild des »Demagogen«.

Als Sohn eines Gerbers hatte Kleon zahlreiche Sklaven geerbt, die ihn reich machten, und war zum Führer der »polloi«, der »Vielen«, geworden, indem er systematisch Neid entfachte und ihn zur Triebfeder der Politik machte. Den Haß der Aristokraten nutzend, die in Perikles einen Verräter seines Standes sahen, brachte er Phidias und schließlich Perikles selber vor das Volksgericht und fragte: »Wie kann Perikles mit dem Volk Athens fühlen, da er niemals unten war? Er sitzt auf dem Giebeldach des Parthenon und sieht die Athener als Ameisen, während es Löwen sind, mit beschnittenen Klauen und ausgezogenen Zähnen. Ich aber oder mein Freund Anytos, wir sind dort unten geboren, wir verstehen unsere schwitzenden Brüder. Das Volk, das urbar machende, hervorbringende, liegt zuunterst auf dem Boden wie das Gold. Die Vornehmen, die Bummler, schwimmen oben wie Korke ...«

Der Inbegriff der »Aristokratie« war für Kleon Sparta. Er vor allem hintertrieb immer wieder alle Friedensbestrebungen während des Peloponnesischen Krieges, den Athen und Sparta von 431 bis 404 vor Christus führten und der als »Dreißigjähriger Krieg der Antike« von niemanden gewonnen wurde, Griechenland aber so sehr schwächte, daß es schließlich unterging und ein Teil des Römischen Reiches wurde.

In Rom herrschten ursprünglich die »Patrizier«, die Angehörigen der ältesten Adelsfamilien, von denen es nur etwa 55 gab. Nur Patrizier gehörten dem Senat an und verwalteten das »Konsulat«; sie stellten die zwei höchsten Regierungsbeamten. Im Jahr 367 vor Christus jedoch erreichten die Plebejer die Gleichberechtigung, und schließlich wurden alle wichtigen Amtsstellen durch Volkswahl besetzt. Jetzt entschied nicht länger die Geburt, sondern allein die »Popularität«, und diese wieder hing nicht von den Leistungen ab, sondern davon, was die Bewerber ihrer »Klientel« an materiellen Vorteilen zu bieten hatten. Dem Tribun Philippus zufolge gab es im Jahr 104 vor Christus in Rom nur mehr 2 000 Bürger mit eigenem

Vermögen, und diese versorgten alle ihre Wähler mit Brot, Kleidung und Wohnungen und sorgten auch für die Zirkusspiele. Diese »Oberen Zweitausend« herrschten praktisch absolut, gerieten aber natürlich auch oft untereinander in Streit um die Beute, und das heißt in unseren Geschichtsbüchern »Römische Bürgerkriege«. Der »Volkswille« aber war auch in Rom längst eine Ware wie jede andere, und derjenige setzte sich durch, der am meisten bezahlte.

Meist war das nicht ein einzelner, sondern »sodaliciae« – »Wahlgesellschaften« –, denn seit dem dritten vorchristlichen Jahrhundert, als die »Getreidespenden« an das Volk begannen, war nicht nur die Zahl der Wähler ständig gestiegen, sondern auch deren Ansprüche. Es wurde immer mehr Bargeld gefordert, und wenn eine »Wahlgesellschaft« (deren Mitglieder gemeinsam für die Wahlanleihen bürgten) mit den Banken verhandelte, stieg oft an einem einzigen Tag (zum Beispiel dem 15. Juli des Jahres 54 vor Christus) der Zinssatz in Rom von 4 auf 8 Prozent.

Daß die Wahlkosten zurückverdient werden mußten, ist klar. Ein Gesetz des Jahres 167 vor Christus hatte die Besteuerung der römischen Bürger aufgehoben und alle Lasten den Provinzen des Reiches aufgebürdet, und so gab es drei Wege, um zu Geld zu kommen. Als Statthalter einer Provinz, als Steuerpächter einer Provinz oder als römischer Kaufmann und Geldverleiher in einer Provinz. Am ergiebigsten war natürlich die Statthalterschaft, aber dazu mußte man in Rom bereits Konsul oder Prätor gewesen sein, vorher Zensor oder Aedil, mußte man also bereits mindestens zweimal die Stimmen der Volksversammlung gekauft haben. Und nur wenige Amtsanwärter fanden Helfer wie Crassus, der ein riesiges Vermögen erbte, es durch Grundstücksspekulationen vervielfachte und neben riesigen Mietskasernen in Rom vor allem ein Bankhaus besaß, das aus den Provinzen Zinsen bis zu 48 Prozent jährlich zog. Seinen Freunden im Senat dagegen gab Crassus zinsfreie Kredite – allerdings unter der Bedingung, daß er sie jederzeit zurückfordern konnte. Daß diese Schuldner stets taten, was er wollte, ist selbstverständlich. Und zu ihnen gehörte zum Beispiel auch Julius Caesar.

Das Geld war in diesem Fall gut angelegt, denn als Caesar Statthalter in Spanien wurde, konnte er nicht nur alle seine Verpflichtungen abdecken, sondern brachte auch noch ein Vermögen mit, das Crassus verwaltete und so »fruchtbringend« anlegte, daß Caesar im Jahr 46 vor Christus anläßlich seiner vier Triumphe das römische Volk an 22 000 Tischen bewirten, mit Geld und Getreide beschenken und mit Spielen zerstreuen konnte, wie es sie bisher nicht gegeben hatte. Und nun gab es in Rom bereits 320 000

»Kornempfänger«. Aber dafür wurde Caesar auch auf Lebenszeit zum Diktator mit dem Titel »Imperator« gewählt, wurde Zensor und Pontifex maximus, der höchste Priester, und erhielt als Tribun das Vorschlagsrecht der Gesetze. Und das wiederum war so einträglich, daß Caesars Großneffe und Adoptivsohn Octavianus, der später als Augustus der erste römische Kaiser wurde, nach seinen eigenen Angaben 2 100 Millionen Mark erbte und damit der reichste Mann des griechisch-römischen Altertums war.

Allerdings blieb er das nicht lange, denn auch Kaiser Augustus war nicht imstande, den Stimmenkauf abzuschaffen. Schon in den Jahren 73 bis 46 vor Christus waren die Kosten der Getreideverteilung von etwa fünfeinhalb auf 42 Millionen Mark jährlich gestiegen, und sie stiegen weiter, obwohl Augustus eine eigene Getreideflotte bauen ließ, um billiges Getreide aus Ägypten heranzuholen. Dazu mußte er – wie schon Perikles – riesige Staatsbauten zur Arbeitsbeschaffung ausführen lassen. Er machte »Rom aus einer Ziegelstadt zu einer Marmorstadt«, aber weniger aus Prunkliebe als aus sozialpolitischen Gründen, und so hinterließ er selber schließlich nur etwa 75 Millionen.

Der Untergang Roms hat viele Gründe, die zum Teil bereits geschildert wurden. Aber daß es zugleich ein »Wohlfahrtsstaat« und ein Räuber- und Ausbeuterstaat war, trug entscheidend zum Verfall des Römischen Reiches bei. Wie anders aber sollten die Konsuln und Statthalter die Wahlgelder aufbringen als durch Ausbeutung? Durch Cicero wurde der Fall des Verres berühmt, aber solche »Amtsträger«, die das »Volk« einsetzte, gab es Dutzende: Verres, der im Bürgerkrieg des Jahres 82 vor Christus die Kriegskasse unterschlug, sich Sulla anschloß und so straffrei blieb, dann Quästor wurde und genug Geld erpreßte, um Prätor zu werden, sprach als Stadtprätor Recht, und zwar je nachdem, wer ihn oder seine Geliebte bezahlte. Dann zog er als Statthalter nach Sizilien und brachte hier in 12 Monaten 21 Millionen Mark zusammen. Und zwar durch so viele Verbrechen, daß die Verlesung des von Cicero beigebrachten Beweismaterials neun Tage dauerte. Kaum viel besser als der »verabscheuungswürdige Verres« aber benahm sich in Asien der »ehrenwerte Brutus«, und wer Senecas Lob der Tugend und der Menschenwürde liest, vermutet nicht, daß auch dieser Philosoph in Britannien schamlosen Wucher trieb.

»Längst vorbei« aber ist das alles leider nicht. Natürlich haben sich die Methoden geändert, und in unseren »Rechtsstaaten« werden die »Umverteilungen«, wie gezeigt, subtiler vorgenommen. Aber die Wahlkosten blieben enorm, und für sie muß nach wie vor etwas getan werden. Wie Präsident Hardings Wahl finanziert wurde, damit die »depletion allowance«

und der Unterschied zwischen Einkommensteuersätzen und Kapitalertragsteuersätzen Gesetz werde, so wurden die 150 oder 200 Millionen Mark, die die Wahl Präsident Nixons 1968 kostete, nicht aus platonischer Liebe für seine Partei aufgebracht. Heute ist die »kollektive« Bestechung der Wähler auf Staatskosten genauso wie zur Zeit Perikles' üblich, das heißt, überall werden Subventionsversprechen oder Versprechen anderer Gruppenvorteile in den Parteiprogrammen und Wahlreden der Kandidaten gemacht, aber die individuelle Bestechung, vor allem die Ämterpatronage spielt nach wie vor eine große Rolle.

Die Praktik, möglichst viele, möglichst wichtige oder einträgliche Staatsstellungen an die eigenen Parteianhänger zu vergeben, ist uralt, und auch heute ist es selbstverständlich, daß durch den Wahlsieg dieser oder jener Partei die Minister und alle politisch Verantwortlichen wechseln. Aber in den Vereinigten Staaten erwarten alle wichtigeren Parteiförderer Regierungsposten und erhalten sie auch ganz unabhängig von ihren beruflichen Fähigkeiten, weil die US-Verfassung dem Präsidenten das Recht der Ernennung der Bundesbeamten zugesteht und er nur für die Besetzung der höchsten Ämter die Zustimmung des Senats braucht und auch alle Beamten ohne Angabe von Gründen entlassen kann.

Die ersten Staatsoberhäupter der USA taten das nicht; sie betrachteten die Amtsdauer als lebenslänglich und entließen Beamte – damals eine Elite – nur aus sehr gewichtigen Gründen. Im Jahr 1820 jedoch setzte der Kongreß die Amtsdauer für alle wichtigeren Posten mit vier Jahren fest. So wurde die »rotation in office« eingeführt, »um kein Berufsbeamtentum aufkommen zu lassen und zugleich die Verwaltung geschmeidig zu erhalten«. Und die Folge war, daß Andrew Jackson, der 1828 bis 1836 der siebente Präsident der Vereinigten Staaten war, diese Vorschrift zur Schaffung seiner »Parteimaschine« benutzte. Diese »Interessengemeinschaften« ermöglichen bis heute den Präsidenten die Kontrolle des Parlaments, den Senatoren die Kontrolle ihrer Volksvertretungen in den Einzelstaaten. Jackson, der eine kleine Farm geerbt hatte und durch Grundstücksspekulationen in Tennessee reich geworden war, als »radikaler Demokrat« in den Senat kam und 1821 der erste Gouverneur des den Spaniern abgenommenen Florida wurde, verschaffte 1829 all seinen Parteifreunden Staatsstellungen, indem er deren Inhaber kurzerhand absetzte. Jackson erfand das System der »Beutefelle«, das »spoils system«, entfernte 1829 durchschnittlich 200 Staatsbeamte pro Monat, während 1789 bis 1828 im Jahresdurchschnitt nur 11 Staatsbeamte abgesetzt worden waren. Noch heute ist es selbstverständlich, daß Botschafter der USA in London, Paris, Rom und auf andern

»beliebten« Posten wird, wer der siegreichen Partei die höchsten Wahlbeiträge spendete, und auch 1968 noch waren von 80 US-Botschaftern nur 57 Karrierediplomaten, 23 für Parteiverdienste Ausgezeichnete. Angeblich gibt es jetzt in den USA nur mehr 2 860 mit Parteianhängern des Präsidenten zu besetzende Ämter, aber weit interessanter als diese sind ja nun Fernsehkonzessionen oder Regierungsaufträge, und in dieser abgewandelten Form setzte sich das »spoils system« überall durch. Seit der Staatsbesitz wucherte, besetzen die politischen Parteien die Aufsichtsrats- und Direktorenposten der dem »Volk« gehörenden Unternehmen mit ihren Leuten. Wie in Frankreich jahrzehntelang die Posten der Suezkanalgesellschaft »verdienten« Politikern »zustanden«, so gibt es heute in Österreich den »Proporz« in den verstaatlichten Industrien, je einen »roten« und einen »schwarzen« Direktor, die sich selten durch Sachkenntnis auszeichnen, um so mehr aber durch Parteitreue. Jackson beseitigte aber nicht nur das Berufsbeamtentum, sondern ließ »seine« Leute auch ein oder zwei Jahresgehälter an die Parteikasse zahlen – und machte sie schon dadurch korrupt, denn wie seinerzeit die Kirchenfürsten oder die Beamten, die von den französischen Königen ihre Stellen kauften, mußten sie ja ihre Kosten wieder hereinbringen. Durch den Sieger im Sezessionskrieg, Ulysses S. Grant, der 1869 bis 1877 als 18. Präsident die Vereinigten Staaten regierte, auf einen neuen Höhepunkt gebracht, ließ das »spoils system« die Korruption schließlich in das organisierte Gangstertum Amerikas ausarten. Die von ihnen bezahlten Politiker sorgten für die Wahl von Staatsanwälten, Richtern und Polizeichefs, die den Verbrechern freie Hand ließen, und so war 1933, 100 Jahre nach Jacksons Regime, die Zahl der Morde in den USA die höchste der Welt, rund 11 je 100 000 Einwohner gegen die damals 0,5 in England. Damals wurde alle 45 Minuten ein Amerikaner gewaltsam ins Jenseits befördert, obwohl die Verbrechensbekämpfung die Steuerzahler 13 Milliarden Dollar jährlich kostete. 1955, als »General Motors« erstmals mehr als eine Milliarde Dollar Gewinn auswies, wurde das in den USA als »größter Wirtschaftserfolg aller Zeiten« gefeiert. Aber J. Edgar Hoover, dem Direktor des »Federal Bureau of Investigation«, zufolge, waren damals die Einnahmen der amerikanischen Unterwelt mindestens zehnmal so hoch, und 1960 verdienten – wie »Life« berichtete – Gangster allein am illegalen Glücksspiel mindestens 9 Milliarden Dollar oder 36 Milliarden DM jährlich. Allerdings gingen davon – nach den amerikanischen Quellen – etwa 16 Milliarden DM als Bestechungsgelder weiter an die Polizei, an die Lokalbehörden und Politiker.

Heute hat das amerikanische »spoils system« nicht mehr die frühere

Bedeutung, weil die professionellen Anforderungen an die Bürokratie größer wurden; weil abtretende Regierungen Gesetze durchdrückten, die ihren Nachfolgern hinderlich sein sollten; und weil sich die alte Erfahrung bestätigte, daß es neben jedem durch ein Amt zum Anhänger gemachten 100 Enttäuschte gibt. Aber die etwa 32 000 Posthalter und die 30 000 ländlichen Briefträger, die es 1969 in den USA gab, bekamen ihre Posten genauso durch »Patronage« wie zur Zeit Benjamin Franklins (der als Generalpostmeister dieses System einführte). Jedermann wußte und weiß in Amerika, daß vor allem das Einstellen völlig ungeeigneter Leute den Postbetrieb der USA zum schlechtesten der Welt machte, in vielem selbst der Thurn-und-Taxis-Post unterlegen. Präsident Nixon kündigte am 5. Februar 1969 an, daß fortan für die entsprechenden Ernennungen allein der »Civil Service« zuständig sein solle und er auch den »völlig sinnlosen Zopf« der Bestätigung der Posthalter und Briefträger durch den Senat abzuschaffen gedenke. Aber ob die Senatoren ihm da folgen? Und ob, falls es zu dieser Reform kommt, nicht noch wichtiger gewesen wäre, den alten Brauch abzuschaffen, daß der wahlpolitische Berater eines neugewählten Präsidenten automatisch Generalpostmeister (Postminister) wird und dadurch Kabinettsrang erhält? Die Post aber ist ein Riesenbetrieb, den ein Amateur nicht führen kann.

Nur weil es schließlich viele Ämter gegeben hatte, die mit Parteitreue alleine nicht auszufüllen waren, wurde die korrupte Dilettantenverwaltung der USA nach und nach wieder gesäubert, aber das war sehr mühsam gewesen. Die 1860 eingebrachten Reformvorschläge fielen durch. Erst 1871 bekam der Präsident das Recht, eine Kommission zur Eignungsprüfung der Beamten anzustellen, aber diese mußte 1875 wieder aufgelöst werden, weil der Kongreß zwei Jahre hintereinander die Bewilligung von Geldern für sie ablehnte. Erst 1881 kam es zur »National Civil Service Reform-League«, und als Präsident Garfield von einem abgewiesenen Postenaspiranten ermordet wurde, konnte schließlich 1883 der »Pendleton Act« verabschiedet werden, wurde die »US-Civil Service Commission« gegründet und führte New York Prüfungen für gewisse Ämter ein, im Jahr darauf Massachusetts. Auch 1943 aber galt nur in 20 Bundesstaaten das »merit system«, entschieden Wissen und Können und nicht länger (oder zumindest nicht allein) die Parteizugehörigkeit über die Anstellung. Und wenn 1920 bis 1940 über ein Viertel aller Bundesbeamtenstellen an »Veteranen« vergeben worden waren, so brachte der »Veteran Act« von 1944 ehemaligen Kriegsteilnehmern erneut umfassende Anstellungsprivilegien.

Die »Veteranen« aber sind ein Kapitel für sich, und wenn sie Amerikas

Steuerzahler im Jahr 1937 insgesamt 580 Millionen Dollar kosteten, so 30 Jahre später 6 400 Millionen, allein in den 3 Jahren 1967 bis 1969 über 81 Milliarden DM. Und diese Kosten sind noch nicht das wichtigste. Vor allem durch die Veteranenverbände hängen in den Vereinigten Staaten die Lasten vergangener Kriege eng mit den Rüstungen für neue zusammen.

Aus reinen Wahlgründen, wie offen zugegeben wurde, hatte der US-Kongreß im Jahr 1836 erstmals den überlebenden Kämpfern des Unabhängigkeitskrieges Pensionen bewilligt, und das war vorwiegend eine Maßnahme der Altersversorgung. Aber rasch wurden die Pensionen höher als die Kriegskosten selber. Der spanisch-amerikanische Krieg von 1898 hatte insgesamt 570 Millionen Dollar gekostet. An die Teilnehmer dieses Krieges wurden im Lauf der Jahre 4,8 Milliarden ausbezahlt, denn 381 000 galten als »Veteranen« dieses Krieges. Der Erste Weltkrieg kostete – unmittelbar – die US-Steuerzahler 26 Milliarden. Die Pensionszahlungen aber 60 Milliarden, und nicht etwa, weil die zu Krüppeln Gewordenen oder die, die wirklich litten, so großzügig versorgt worden wären, sondern weil in den USA als »Veteran« gesetzlich jeder jeden Alters gilt, der aus der Wehrmacht entlassen wurde – gleich, ob er an einem Krieg aktiv teilnahm oder nicht, heil blieb oder verwundet wurde. 90 Tage Wehrdienst bereits machen zum »Veteranen«, ob der Betreffende über das Ausbildungslager hinauskam oder nicht, ob er in seinem eigenen Betrieb »mobilisiert« oder zum »Dienst« in ein Washingtoner Büro eingezogen wurde. 1960 gab es in den USA 23 Millionen »Veteranen«, und 1970 werden es (durch den Vietnamkrieg) rund 28 Millionen sein. Schon 1968 kosteten die Veteranen mit ihren rund 78 Millionen Familienangehörigen den Staat über 7 Milliarden Dollar bar, das heißt ohne die verschiedenen Vergünstigungen in Rechnung zu stellen.

Denn am 15. März 1919 hatten sich auf Einladung des Rechtsanwaltes Maurice K. Gordon, der als Major der amerikanischen Armee in Frankreich stand, im Haus Nummer 14 der Rue Ernest Psichari (das heute eine entsprechende Marmor-Gedenktafel trägt) 439 amerikanische Wehrmachtsangehörige zusammengefunden, um eine »die ganze Nation umfassende, alle Parteien, Glaubensbekenntnisse und alle Ränge umschließende Organisation zum Lebendigerhalten der im Militärdienst erlangten Gemeinschaft« zu gründen. Das war die »American Legion« gewesen, und sie besaß bei ihrer Fünfundzwanzigjahrfeier 15 700 über alle Bundesstaaten verteilte »Posten« mit 3,3 Millionen Mitgliedern. In wenigen Wochen hatte ihr Major Gordon die amtliche Anerkennung durch den Kongreß als »offizielle Vertretung der Kriegsteilnehmer« verschafft, und Präsident Franklin D. Roosevelt gab ihr 1942 die gleichen Rechte zur Vertretung der Teilnehmer am Zweiten Weltkrieg. Rechte, die zum Beispiel die »Congressional Medal of Honour-Society«, die Vereinigung der Träger der höchsten amerikanischen Tapferkeitsauszeichnung, bis heute nicht besitzt. Mit der »American Legion« muß jeder rechnen, der sich um ein öffentliches Amt bewirbt. Sie kann jeden Kandidaten überall in den Staaten ruinieren und hat ihre Mitglieder so fest in der Hand wie die Farmer-Organisation die ihren, weil sie ihnen stets neue Vorteile verschafft. Nach dem Zweiten Weltkrieg zum Beispiel das Vorkaufsrecht auf alle »Überschußgüter«, nicht nur auf Zelte oder Autos, sondern auch auf Frachtflugzeuge und Großtanker sowie ungeheure Mengen Rohstoffe. Sie sicherte den Veteranen zinslose Kredite zum Hausbau und Hauskauf oder »freie Umschulung«, die vom Staat bezahltes Universitätsstudium bei vollem Unterhalt von Student und Familie einschließt. Die »American Legion« ist die bei weitem wichtigste, dazu aber nicht die einzige Organisation der Kriegsteilnehmer. Andere versuchen es ihr gleichzutun oder sie zu übertrumpfen, und so melken sie alle die Steuerzahler. So gibt es die »Veterans Administration«, die schon der Hoover-Bericht des Jahres 1955 »die unrationellst arbeitende aller Verwaltungen« nannte, denn hier war zum Beispiel ein Angestellter für je 450 Versicherungspolicen der Veteranen tätig, während die privaten Versicherungsgesellschaften damals mit einem für 1 760 auskamen. Aber Ex-Präsident Hoover wurde sofort als »Volksfeind« gebrandmarkt. Die »Veteranenverwaltung« arbeitet nach wie vor geradezu phantastisch unrationell, denn hier bringen die Verbände ihre Protektionskinder unter, und der Kongreß wagt sich nicht zu wehren. Als zum Beispiel 1956 ein neues Veteranengesetz zur Beratung stand, das im Lauf der Jahre 542 Milliarden DM oder das Dreifache des damaligen westdeutschen Gesamteinkommens erforderte, wiesen die Abgeordneten in anonymer Abstimmung die Vorlage an den Ausschuß zurück, weil ihnen das denn doch zuviel schien. Aber die Initiatoren setzten eine namentliche Abstimmung durch. Und da hatten nur mehr 51 Abgeordnete den Mut, das Gesetz zu teuer zu finden, und es ging mit 365 Stimmen triumphal zum Senat. Der zögerte ebenfalls. Aber im Sommer 1959 wurden 483 Milliarden DM für neue Veteranenpensionen bewilligt.

Verbände wie die »American Legion« aber gibt es viele in vielen Staaten. Die »Pressure Groups«, die auf die Politiker »Druck« ausübenden Gruppen, vervielfachten sich keineswegs nur in den USA, und daß die Forderungen an den Fiskus immer maßloser werden, liegt an der Art unserer Staaten *und* der Art der »Bürger«, die ihn überfordern wie er sie.

Stimmenfang, Macht der Nutznießerverbände und die immer innigere Verflechtung zwischen den Interessen der Parlamentarier und der Bürokratie stellen natürlich nur eine Seite des Wohlfahrtsstaates dar, und dieser ist keineswegs nur eine Folge innerpolitischer Mißstände, sondern vor allem eine Folge der »industriellen Revolution« und der gesellschaftlichen Umschichtungen, die das »Maschinenzeitalter« mit sich brachte. Die staatliche Fürsorge wurde unentbehrlich, als die Industrialisierung mehr und mehr Menschen zur Selbsthilfe unfähig machte und es immer mehr Arbeitende gab, die nicht wie die Bauern Land oder wie die meisten Handwerker ein eigenes Haus besaßen, die sich eine Rücklage nur durch Verbrauchsverzicht schaffen konnten und dazu sehr lange nicht imstande waren, weil die Löhne praktisch nur ein Existenzminimum darstellten und weitgehend darstellen mußten, weil anders die Industrialisierung nicht zu finanzieren war.

Sozialpolitik wird deshalb als »Einwirken des Staates auf die sozialen Verhältnisse zugunsten der wirtschaftlich Schwächeren« definiert, aber Gemeinschaftshilfe bei Not, Unfällen und Krankheit, bei Arbeitslosigkeit, Invalidität und im Alter gab es natürlich immer schon, und so war von Anfang an und bleibt umstritten, inwieweit der Staat, Länder und Gemeinden und inwieweit private Organisationen helfen sollen. Auch heute treiben Arbeitgeberverbände und Gewerkschaften, Kirchen und Stiftungen »Sozialpolitik«.

Ursprünglich bot die Großfamilie Schutz und Hilfe, daneben schon im Mittelalter die Handwerkerinnungen und Kaufmannsgilden, die Armenhäuser und Hospitäler. Im 18. Jahrhundert kam die private Versicherung hinzu, und deren Entwicklung war geradezu märchenhaft. Die erste Lebensversicherungsgesellschaft, die sich halten konnte, war die 1762 gegründete Londoner »Society for Equitable Assurance on Lives and Survivorships«. 200 Jahre später gab es 13 000 Versicherungsgesellschaften, und die privaten Prämieneinnahmen betrugen auf der Welt rund 260 Milliarden DM jährlich. In den 18 Ländern, in denen die Versicherungssummen jeweils mehr als 5 Milliarden DM ausmachten, erreichten allein die in Kraft befindlichen Lebensversicherungen 4 280 Milliarden DM (davon in den USA 676 Milliarden), und heute sind über 700 Millionen oder ein Fünftel der Menschheit privat versichert. Sie erhalten bei Krankheiten, Unfällen oder dem Tod Hilfe. Symptomatisch ist die Entwicklung der größten Versicherungsgesellschaft der Welt, der New Yorker »Metropolitan Life«. 1866 wurde sie mit 200 000 Dollar Vermögen gegründet und besaß 2 Generationen später Aktiven von rund 4 Milliarden Dollar oder das Zwanzigtausendfache ihres Gründungsvermögens. Nicht viel langsamer war das Wachstum anderer Gesellschaften, und von ihnen stammt nun auch etwa die Hälfte der vom Kapitalmarkt der Vereinigten Staaten bezogenen Investitionskredite der Industrie. Eine ähnlich wichtige Rolle als Kreditgeber spielen die europäischen Versicherungsfirmen, deren Buchwertvermögen in den EWG- und EFTA-Ländern 1962 über 164 Milliarden Mark betrug. Auch in Deutschland entwickelte sich die private Versicherung natürlich gewaltig, allein an Lebensversicherungsverträgen laufen heute rund 55 Millionen, und 1967 betrug der Versicherungswert allein dieser Sparte 148 Milliarden DM. Die Prämieneinnahmen betrugen 6630 Millionen, und das Vermögen der 99 Versicherungsgesellschaften erreichte über 33 Milliarden DM.

Aber wie heute private Versicherungen allein nicht genügen (schon weil sie keinen Schutz bei Arbeitslosigkeit und gegen Geldentwertung bieten), so noch weniger in der Frühzeit der Industrialisierung, als die Löhne praktisch keinerlei Sparmöglichkeiten, auch nicht in Form von Prämienzahlungen, boten. Und es kam hinzu, daß es bei der Sozialgesetzgebung ja nicht nur um Geld, sondern auch um die Regelung der Arbeitsbedingungen usw. geht.

Mit dieser Regelung begannen im 19. Jahrhundert die Staatseingriffe, und da die Industrialisierung von England ausging, wurde hier auch das erste eigentliche Sozialgesetz der Welt erlassen – 1802, eine Generation nach der Einführung der Dampfmaschine –, und dieses beschränkte die Arbeitszeit für Kinder in der Textilindustrie auf 12 Stunden täglich. 1819 wurde dann die Arbeit von Kindern unter 9 Jahren verboten, 1833 der Arbeitsschutz auf Frauen ausgedehnt und eine staatliche Gewerbeaufsicht geschaffen.

In Preußen war das »Regulativ über die Beschäftigung jugendlicher Arbeiter« von 1839 das erste Sozialgesetz, und lange bestand überall die staatliche Fürsorge allein in der Beschränkung der Arbeitszeit und der Überwachung der Arbeitsbedingungen. Wie die Klöster, die Zünfte und die Knappenvereine für Alte und Kranke sorgten, hatten früh große Unternehmen für ihre Leute gesorgt. Schon 1836 hatte zum Beispiel Alfred Krupp eine Betriebskranken- und Sterbekasse gegründet, und noch heute sind in der Schweiz die privaten Sozialaufwendungen der Industrie fast halb so hoch wie die der Pflichtversicherungen des Bundes, der Kantone und der Gemeinden. Die erste staatliche Krankenversicherung der Welt aber wurde erst 1883 eingeführt, und zwar in Deutschland. Sie sah Versicherungszwang unter Beitragspflicht von Arbeitgebern und Versicherten vor, Sachleistungen, die im Erkrankungsfall die Wiederherstellung der Gesundheit bringen sollten, und Barleistungen, die die wirtschaftliche Existenz während der Dauer des Verdienstausfalles sicherten. Der Versicherungszwang wurde schrittweise durchgeführt, erst 1914 die Landwirtschaft einbezogen, schließlich, als letzte, wurden 1927 auch die Seeleute geschützt. Über den eigentlichen Rahmen hinaus ging der Krankenschutz, als 1934 auch Rentner und Kriegshinterbliebene erfaßt wurden. 1884 war zur Kranken- die Pflicht-Unfallversicherung getreten und 1889 die Invaliden- und Altersversicherung des Reiches.

Der Initiator dieser Gesetze war der Reichskanzler Otto von Bismarck gewesen, sein Ziel »Gerechtigkeit«: Längst pensionierten die Staaten ihre Beamten. Warum aber sollten diese größere Rechte haben als die Bürger, von denen sie lebten? 1881 sagte Bismarck zu seinem Mitarbeiter Moritz Busch: »Der Staat muß die Sache in die Hand nehmen. Nicht als Almosen, sondern als Recht auf Versorgung, wo der gute Wille zur Arbeit nicht mehr kann. Warum soll nur, wer im Kriege oder als Beamter erwerbsunfähig geworden ist, Pension haben und nicht auch der Soldat der Arbeit?« Am 11. September 1887 erklärte Bismarck: »Den Satz, daß man nicht die Gesamtheit der Steuerzahler zugunsten einzelner Klassen der Bevölkerung belasten dürfe, vermag ich als richtig nicht anzuerkennen. Die Alters- und Invalidenversicherung ist ein allgemeines und nationales Bedürfnis, welches daher aus dem Nationalvermögen befriedigt werden sollte.«

Zuerst war die Sozialversicherung nur für diejenigen gedacht, die nicht sparen konnten, als Sondermaßnahme also für die wirtschaftlich schwächsten Teile des Volkes, jedoch wandelte sie sich sehr rasch, vor allem, weil man die Staatszuschüsse durch die Beiträge reichlich Verdienender verringern wollte. Die Pflichtversicherung für Angestellte, die in Deutschland 1911 eingeführt wurde, erfaßte die Jahreseinkommen bis 5 000 Mark, für damalige Verhältnisse also auch hohe Einkommen, und 1928 wurde die Beitragspflicht auf Gehälter bis 8 400 Mark jährlich erhöht, obwohl mehr als 7 000 Mark damals nur weniger als ein Fünfzigstel aller Einkommensbezieher verdienten. 1938 waren schließlich rund 25 Millionen Deutsche pflichtversichert statt der rund viereinhalb Millionen des Jahres 1883.

Die Sozialversicherung hatte aber auch ständig ausgeweitet werden müssen, weil zu den Sparunfähigen und den Sparunwilligen die vielen Millionen kamen, die zwar brav Geld beiseite gelegt hatten, die aber durch Kriege und Inflationen alles verloren. Die gewaltigen Fortschritte in der Seuchenbekämpfung wirkten sich aus. Auch heute steigen die Sozialkosten ständig weiter, weil die Zahl der zu versorgenden Alten in allen Industriestaaten stark zunimmt. Wenn zum Beispiel in den Vereinigten Staaten im Jahr 1900 rund 4 Prozent der Gesamtbevölkerung über 65 Jahre alt waren, so 1968 fast 11 Prozent. Auch in der Sowjetunion waren nun 11 Prozent älter als 60 Jahre, und da hier das Pensionsalter für Männer 60 Jahre und für

Frauen 55 Jahre beträgt, wird die Zahl der Pensionisten 1970 bis 2000 von rund 40 auf 80 Millionen steigen.

Überall ist es ähnlich, und überall wirkt sich, wie gezeigt, auch die »Demokratisierung der politischen Willensbildung« aus, und so kam es fast zwangsläufig zum »Wohlfahrtsstaat«, der nicht von Fall zu Fall hilft, sondern der die Sozialversicherung zu politischen Zwecken benutzt. Bismarck wollte die Erhaltung der bestehenden Gesellschaftsform durch (paternalistische) Gerechtigkeit. Die Weimarer Republik suchte eine »bessere Gesellschaft« zustande zu bringen, und noch radikaler taten das in England Lord Beveridge und die Labour-Regierungen mit dem Ziel einer »Sozialisierung der Einkommensverwendung«. »Alles in einen Topf – alles aus einem Topf« wurde zum Ideal, nur eines wurde nicht gleichgemacht: die immer utriert-progressiveren Einkommensteuern, die alles finanzieren müssen. Staatsleistung als Form der Bedürfnisbefriedigung aber bedeutet äußerst kostspielige Umwege, einen Verwaltungsapparat, durch den die Leistungen trotz ständig steigender Beiträge nicht oder nur unwesentlich besser werden.

In Deutschland wurde lange versucht, die Umwandlung der Sozialversicherung in eine allgemeine Versorgung der Staatsbürger zu verhindern. Man wollte keine aus Steuergeldern gespeiste Wohltätigkeit und nicht die Gleichmacherei eines Rentnerstaates, sondern eine durch Beiträge erworbene Hilfe, und dementsprechend wurden die Leistungen nach Verdienst und Arbeitsdauer abgestuft. Aber es kam hier wie überall: Wahlgeschenke verfälschten die ursprünglichen Absichten. Das Gesellschaftsgefüge wurde bewußt beeinflußt, und zum Beispiel wurde durch Mietgesetze eine politisch schwache Minderheit, die Hausbesitzer, zu sozialen Sonderleistungen gezwungen.

Die Wohnungskosten gehören wie die der Ernährung und der Kleidung zu den naturbedingten Zwangsausgaben, und mit besserem Wohnen beginnt jedes bessere Leben. Aber wenn die Bevölkerung überall und ständig steigt, bleibt das Areal unverändert. Da steigen also die Bodenpreise und da erhöhen sich durch die ständig steigenden Löhne auch die Baukosten, denn erst in der jüngsten Vergangenheit kam es zu grundlegend neuen Baumethoden. Die Rationalisierungsmöglichkeiten sind hier wie in der Landwirtschaft begrenzt, und das Bauwesen ist kaum weniger witterungsabhängig wie diese. Allgemein gilt, daß ein Mietaufwand, der ein Fünftel des Einkommens übersteigt, »untragbar« wird und daß er in Arbeiterhaushalten womöglich 15 Prozent nicht übersteigen sollte. Selbst in der Sowjetunion aber, wo die Bauplatzkosten unberücksichtigt bleiben und es keine

Hausbesitzerrente gibt, ist heute keine Zweieinhalbzimmer-Wohnung unter 19 000 DM Baukosten zu erstellen. Bei 2 Prozent jährlichen Unterhalts- und Verwaltungskosten und 30 Jahren Lebensdauer der Häuser würde das 200 DM Miete monatlich bedeuten. Bezahlt aber werden (mit Heizung, Warmwasser usw.) 60 bis 90 DM. Die Differenz zahlt der Staat, das heißt alle Produktiven des Landes.

Da es in England schon im 18. Jahrhundert die Probleme der Slums gab, kam es hier auch zu den ersten Sozialhilfen für das Wohnen. Schon vor dem Ersten Weltkrieg brauchten gemeinnützige Wohnbaugesellschaften für die Zinseinnahmen aus ihren Krediten keine Steuern zu bezahlen. Hier wurden auch bereits 1915 die Mietpreise beschränkt und nach dem Ersten Weltkrieg – wie nun fast überall – mehr und mehr Wohnungen von der öffentlichen Hand erstellt und weit unter den Kosten vermietet. Mit Steuergeldern wurden in England und Wales 1919 bis 1929 über eine Million oder 72 Prozent aller Neubauwohnungen geschaffen. Im gleichen Zeitraum kamen in Norwegen 65 Prozent und in den Niederlanden 40 Prozent aller neuen Wohnungen auf Staatskosten oder durch die Hilfe der öffentlichen Hand zustande, und in Deutschland wurden 1920 bis 1929 von 1,8 Millionen Neubauwohnungen 1,3 Millionen oder 75 Prozent mit Hilfe öffentlicher Mittel errichtet, was die Steuerzahler rund 4 Milliarden Mark kostete, während die Wohnbausubventionen in England 2,2 Milliarden Mark betragen hatten.

Dabei blieb es bekanntlich nicht. Im Jahr 1950 gaben Bund, Länder und Gemeinden für die Wohnbauförderung 1 584 Millionen DM aus oder 33 DM pro Kopf der Gesamtbevölkerung, 1966 bereits 5 206 Millionen oder 87 DM pro Kopf. Auch in England werden nicht nur Wohnungen vom Staat, den Kreisen und Gemeinden gebaut und billig vermietet, sondern auch unmittelbar Mietzuschüsse gezahlt, und diese stiegen schon 1938 bis 1952 von 23 auf 82 Millionen Pfund und kosten die Steuerzahler heute rund 2 Milliarden DM jährlich.

Ob das berechtigt ist oder nicht, ist sehr schwer zu entscheiden, eindeutig Raub aber ist es, wenn in England – und wie hier in Dutzenden Staaten – nicht alle Steuerpflichtigen, sondern allein die Hausbesitzer zum Aufbringen der Mietsubventionen gezwungen werden. Schließlich kam es in 78 Staaten zu Mietpreis-Verordnungen, und 1937 bis 1939 gleich 100 gesetzt, betrugen zum Beispiel im Jahr 1953 die Indexzahlen:

	Baukosten	Mieten
Italien	6 975	990
Frankreich	2 667	945
Österreich	831	334
Großbritannien	301	122
Westdeutschland	220	112
Schweiz	199	114

Das bedeutete, daß sehr oft die Reparatur- und Unterhaltskosten von den Hausbesitzern nicht aufzubringen waren, zahllose Häuser verfielen. Das bedeutete Hilfe für Bedürftige, aber auch, daß sich zahlreiche begünstigte Mieter von Altwohnungen Autos und Fernsehgeräte kaufen konnten und teure Urlaubsreisen machten und daß sich deren Lebensstandard durch die »soziale Mietzins-Politik« und auf Kosten der praktisch entrechteten und enteigneten Hausbesitzer wesentlich verbesserte, denn in Prozent des gesamten Privatverbrauches machten Mieten 1953 in Italien zum Beispiel durchschnittlich 2,8 Prozent aus, während es in den USA 12,2 und in Belgien 13,2 Prozent waren. Die französische Durchschnittsfamilie wendete im Jahr 1914 rund 16 Prozent ihrer Gesamtausgaben für die Wohnungsmiete auf, nach dem Zweiten Weltkrieg nur mehr 1,5 Prozent, und sie zahlte für die Miete oft nicht mehr als für die tägliche Zeitung.

Hier wie überall wurde natürlich versucht, die Mißstände zu beseitigen, und es gibt nun die verschiedensten – und gerechtere – Methoden der Wohnbauförderung und Mietsenkung. Aber alle haben sie gemeinsam, daß sie ständig teurer werden, und das gilt für alle Sozialmaßnahmen. Dr. Zachers »Leitfaden zur Arbeitsversicherung des Deutschen Reiches« zufolge betrug zum Beispiel 1906 der Beitrag zur Kranken-, Unfall- und Invaliditätsversicherung jährlich pro Versicherten (und an Arbeitnehmer-, Arbeitgeber- und Reichsbeiträgen) 30,71 Mark. Die gleichen Beiträge machten 1967 in der Bundesrepublik 1 067 DM pro Versicherten aus, das mehr als 34fache. Die Leistungen der deutschen Altersversicherung stiegen 1913 bis 1967 von 223 auf 42 947 Millionen DM, das fast 200fache, obwohl in der Bundesrepublik heute bekanntlich rund 9 Millionen weniger Menschen leben als vor dem Ersten Weltkrieg im Deutschen Reich, und diese Versorgungsleistungen waren auch mehr als 26mal so hoch wie die 1 596 Millionen Mark des Jahres 1935. Von den 82,4 Milliarden DM des Bundeshaushalts 1969 machte der »Sozialhaushalt« 22,6 Milliarden oder 27,5 Prozent aus, und dem »Sozialbudget« zufolge, das im Januar 1969 vom Bonner Arbeitsministerium veröffentlicht wurde, stieg die »Soziallastquote«, das heißt der Anteil der gesetzlich vorgeschriebenen Sozialleistungen am Bruttosozialprodukt, 1955 bis 1967 von 11,4 auf 16,1 Prozent und wird 1972 mindestens 16,5 Prozent erreichen, während es 1938 erst 6 Prozent waren. Der Anteil der öffentlichen Mittel an der Finanzierung dieser Sozialleistungen, der 1955 noch 40,8 Prozent betrug, sank bis 1968 auf 28,7 Prozent und soll 1972 nur mehr 27 Prozent betragen. Auch in Form von »Versicherungsbeiträgen« wird die Last der Steuerzahler ständig größer. Die Sozialbeiträge erforderten in Deutschland 1913 durchschnittlich 11 Tage Arbeit der Versicherten, 1960 bereits 50, und 1972 werden es voraussichtlich zwei volle Monate sein. Dann werden die Sozialleistungen etwa 110 Milliarden DM betragen. Denn schon 1950 bis 1968 stieg zum Beispiel die Zahl der gesetzlichen Rentenversicherten von 4,4 auf 25,8 Millionen. 1950 kamen auf 1 000 Pflichtversicherte 240 Rentenbezieher, 1965 waren es bereits 407, und 1974 werden es (als voraussichtlicher Höhepunkt) 481 sein. Der Beitragssatz stieg dementsprechend 1949 bis 1969 von 5,6 auf 16 Prozent des Einkommens. Und so werden die Fragen immer wichtiger: Selbstverantwortung des Menschen? Oder immer mehr von der Gemeinschaft gebotene Sicherheit? Die Familie als »Inbegriff des individuellen Daseins«? Oder »Familienpolitik«, die Familie als Mittel staatlicher Zwecke? Die heutigen Einkommensverhältnisse sind von denen der industriellen Frühzeit völlig verschieden. Dennoch aber immer höhere »Umwegkosten«? 1968 kamen in der Bundesrepublik auf rund 45 000 Krankenkassenärzte 68 000 Krankenkassenangestellte. 1951 wurde zum Beispiel der Bau eines neuen Krankenhauses in Berlin beschlossen, und die Kosten veranschlagte man mit 8 Millionen DM. Als im Oktober 1968 dieses »Klinikum der Freien Universität Berlin« eingeweiht wurde, war es zwar »Europas modernstes medizinisches Behandlungszentrum«, aber da hatte es auch 302 Millionen DM Steuergelder gekostet, das rund 38fache des ursprünglichen Voranschlags.

Insgesamt betrugen 1967 in Westdeutschland die öffentlichen Sozialleistungen 83 535 Millionen DM, das heißt mehr, als im Jahr 1938 im ungeteilten Deutschen Reich die gesamte Gütererzeugung und alle Dienstleistungen wert waren, denn damals betrug das Bruttosozialprodukt knapp 80 Milliarden Mark. Wenn die Sozialleistungen 1967 pro Kopf 1 415 DM ausmachten, so hatte 1938 das gesamte Volkseinkommen nur 1 216 Mark pro Kopf betragen (und 1925 nur 953 Mark). Und natürlich muß stets auch daran gedacht werden: Wenn die Sozialausgaben des Bundes 1950 bis 1967 von rund 5 auf 21 Milliarden DM stiegen, so bringen die Versicherten selber und ihre Arbeitgeber doch weit mehr als zwei Drittel der Sozialleistungen auf. Die Beteiligung der öffentlichen Hand betrug 1967 insgesamt

24 Milliarden, die der Versicherten, der Arbeitgeber und der von ihnen angesammelten Fonds aber 59,5 Milliarden.

Natürlich ist es anderswo nicht viel anders. Obwohl zum Beispiel in den Vereinigten Staaten erst ein Gesetz vom 30. Juli 1965 eine begrenzte Pflichtkrankenversicherung einführte, die nur Leuten über 65 Jahren zugute kommt und hier die erste aller staatlichen Versicherungen aus dem Jahr 1935 stammt, machten die unter »Health, Labour and Welfare« verbuchten Sozialleistungen der Bundesregierung allein in den drei Jahren 1967 bis 1969 über 551 Milliarden DM aus. Die Altersversorgung hatte in den USA 1950 erst 3 200 Millionen DM gekostet, 15 Jahre später 15 962 Millionen Dollar oder 64 Milliarden DM. Bei einem Einkommen von 20 000 DM jährlich stiegen in den Vereinigten Staaten die Sozialbeiträge 1940 bis 1966 von 240 auf 1 536 DM, ein Arbeiter mit Frau und zwei Kindern, der 4 800 Dollar oder 19 200 DM jährlich verdient, zahlt an Sozialbeiträgen ebensoviel wie an Einkommensteuer.

In den Niederlanden gab es 1969 neun gesetzliche Zwangsversicherungen, und diese kosten 37,6 Prozent des durchschnittlichen Jahreseinkommens aller weniger als 16 200 Gulden – rund 17 820 DM – Verdienenden. 20,55 Prozent zahlen davon die Arbeitgeber, 17,05 Prozent die Arbeitnehmer, 62,4 Prozent die Gesamtheit der Steuerzahler.

In Frankreich betrug 1968 der Anteil der Sozialleistungen am Bruttosozialprodukt 27 Prozent. Hier stiegen, wie erwähnt, die Zahlungen der »Sécurité Sociale« 1960 bis 1967 von 27 auf 126 Milliarden Franc, um 121 Prozent also, während das Sozialprodukt nur um 89 Prozent stieg.

Alle Rekorde schlägt, was »soziale Betreuung« angeht, natürlich England, wo sich schon 1910 bis 1950 die Sozialleistungen der öffentlichen Hand verzwanzigfachten, während die Bevölkerung um weniger als ein Zehntel stieg. Hier wuchsen (ohne Miet- und Nahrungsmittelsubventionen) die Sozialausgaben von 58 Millionen Pfund 1910 bis 1911 auf 5 087 Millionen 1968 bis 1969 zwar »nur« von 2,9 auf rund 17 Prozent des Bruttosozialprodukts, aber davon waren nur 30 Prozent Prämienzahlungen und 70 Prozent Zuschüsse aus allgemeinen Steuererträgen und Kommunalabgaben, während in der Bundesrepublik Versicherte und Arbeitgeber direkt und indirekt selber 71,3 Prozent der »Vergünstigungen« bezahlen, die öffentliche Hand nur 28,7 Prozent. Denn als »Vater des Wohlfahrtsstaates« gilt ja bekanntlich Lord Beveridge, der als Sohn eines Kolonialbeamten 1879 in Rangpore in Indien geboren wurde und 1963 starb.

In Oxford erzogen, war William Henry Beveridge Leitartikler der stockkonservativen Londoner »Morning Post« geworden, arbeitete aber auch in der »Toynbee Hall«, dem Volksbildungswerk der Londoner Slums, und so lernte er das Elend der Proletarier im Eastend kennen. Er forderte die Errichtung von Arbeitsämtern in ganz England und wurde von Winston Churchill, der damals Schatzkanzler war, 1910 mit der Verwirklichung seiner Ideen beauftragt. 1919 bis 1937 Leiter der »London School of Economics«, begründete Beveridge die Weltgeltung dieses Universitätsinstituts und arbeitete 1942 als Vorsitzender einer Expertenkommission im Auftrag der konservativen Regierung Churchill den nach ihm benannten Plan aus, den die Labour-Regierung Attlee 1946 verwirklichte.

Diese Sozialgesetze brachten erstmals eine »allgemeine Volksversicherung«, Kinderbeihilfen und unentgeltliche medizinische Betreuung und bedeuteten die erste echte Revolution Englands. Denn hier galt stets eine durchaus individualistische Sozialauffassung, schon durch die puritanische Überzeugung, daß alle Glücksgüter, die der Mensch in dieser Welt erwirbt oder verliert, nicht vom Zufall oder seinen eigenen Fähigkeiten, sondern von Gottes unerforschlichem Ratschluß herrühren. Reichtum kann also nicht als eigenes Verdienst, Armut nicht als fremde Schuld angesehen werden. Zwar schließt ein gottgefälliges Leben Müßiggang und Völlerei aus, aber für andere zu sorgen ist nicht Aufgabe des Menschen.

Diese Anschauungen teilte weitgehend auch die englische Arbeiterpartei, die den Begriff »Proletarier« scharf ablehnte und überzeugt war, daß Karrieren wie die eines Arthur Henderson, der vom Handarbeiter und Laienprediger zum britischen Außenminister aufstieg, keine Ausnahme bleiben würden. Als im Februar 1943 der 550 Druckseiten umfassende »Beveridge-Bericht« im Unterhaus diskutiert wurde, führte er zu einer Spaltung der Labour-Party – und die private Versicherungswirtschaft, die damals 43 ihrer Direktoren im Unterhaus und 35 im Oberhaus sitzen hatte, lehnte ihn erbittert ab. Natürlich äußerten auch neutrale Finanzexperten ihre Bedenken, denn der Plan sollte im ersten Jahr seiner Verwirklichung 697 Millionen Pfund kosten, nach Einführung der staatlichen Altersversicherung 875 Millionen jährlich, und das waren 75 Millionen mehr als das gesamte letzte Friedensbudget Großbritanniens. Allerdings wollte der Staat nur die Hälfte dieser Wohlfahrtslasten tragen, 30 Prozent sollten die Versicherten selber, 20 Prozent die Unternehmen zahlen. Insgesamt sollte der Plan 1945 nur etwa 10 Prozent des Sozialprodukts, 1965 dann 13 Prozent beanspruchen.

Während des Krieges war an eine Verwirklichung des Beveridge-Planes nicht zu denken, aber dieser Krieg trug viel dazu bei, daß er schließlich angenommen wurde. Denn mit den staatlichen hörten die privaten Expansionsmöglichkeiten weitgehend auf, die »Pioniere« wurden selten und das Sicherheitsbedürfnis immer ausgeprägter. Nach althergebrachter britischer Überzeugung hatte der einzelne für sich und seine Familie zu sorgen, zu wagen, um zu gewinnen. Aber wo konnte er das nun noch?

Im Jahr 1942 ausgearbeitet, waren die finanziellen Voraussetzungen des Beveridge-Planes natürlich schon 1948 völlig andere und alle Kostenschätzungen sehr bald völlig überholt. Allein die Ausgaben für den staatlichen Gesundheitsdienst stiegen 1948 bis 1968 von 247 auf 1 540 Millionen Pfund, auf rund 15 Milliarden DM jährlich, und dieser Dienst, den es seit dem 5. Juli 1948 gibt, ist typisch für die Entwicklung der britischen Sozialdienste.

Lange hatten die Ärzte den Plan bekämpft, aber nun traten 19 000 der 21 000 praktizierenden Mediziner und 14 000 Apotheker dem Dienst bei, praktisch auch alle 10 000 Zahnärzte. Der »National Health Service« hatte 12 Monate nach seinem Inkrafttreten rund 41 Millionen Patienten, 95 Prozent der Bevölkerung, denen nun 3 300 verstaatlichte Krankenhäuser zur Verfügung standen. Und die den Dienst so intensiv benutzten, daß schon im ersten Jahr seines Bestehens die Kosten doppelt so hoch waren als veranschlagt. Dazu kam, daß in England 1955 bis 1965 um eine Million Kinder mehr geboren wurden, als die Sozialpolitiker angenommen hatten, und es 1965 bis 1980 voraussichtlich um 4,2 Millionen mehr sein werden, als einkalkuliert wurden. Das bedeutete, daß die Zahl der Familien mit sechs und mehr Kindern, die »Family Allowances« erhalten, schon 1956 bis 1964 um 40 Prozent wuchs und daß bereits 1965 der Staat 770 Millionen Pfund allein für Kinderzuschüsse und 30 Millionen für Mütterbeihilfen ausgab. Das bedeutete natürlich aber auch eine entsprechende Mehrbelastung des Gesundheitsdienstes. Dieser beschäftigte zwei Jahrzehnte nach seiner Gründung rund 1 Million Leute, und war 1948 geplant, etwa ein Fünftel seiner Kosten durch Beiträge zu decken, so deckten diese 1968 bis 1969 nur 10,5 Prozent, neun Zehntel der Last des »National Health Service« trägt der Steuerzahler. Statt der von Lord Beveridge veranschlagten 697 und später 875 Millionen Pfund werden nun für das Jahr 1980 in England 10 500 Millionen Pfund oder 103 Milliarden DM Sozialleistungen angenommen, bei der dann zu erwartenden Bevölkerung etwa 1 755 DM pro Kopf statt der 20 Mark des Jahres 1910.

Daß 20 Mark vor dem Ersten Weltkrieg zuwenig waren, bezweifelt niemand, aber ob nicht schon 1 500 zuviel sind, ist nicht so sicher. Denn der verstaatlichte britische Kohlenbergbau zum Beispiel erlitt 1967 durch Feierschichten eine Fördereinbuße im Wert von 510 Millionen DM, und nicht zuletzt deshalb, weil in den unteren Lohnstufen das Krankengeld um bis zu

30 DM höher war als der durch Arbeit zu verdienende Wochenlohn, und es so zahllose Krankenscheine mit der vagen Angabe »Rückenschmerzen« gab. Da lautete zum Beispiel ein Bericht der Londoner »Times« vom 6. November 1960: »Jack Cooper, 34 Jahre alt, Schacht-Verladearbeiter in Chesterfield, stand gestern vor Gericht, weil er seit dreieinhalb Jahren nicht in der Zeche erschien, und sagte aus: ›Es kostet mich zuviel Geld, wenn ich Arbeit annehme. Schon weil ich da Sozialversicherungsbeiträge und Steuern zahlen muß ...‹ Seine Frau Joyce erklärte: ›Wenn Jack arbeitet, bedeutet das »weniger Geld für uns alle ...‹« Und das Gericht stellte fest: Daheimbleiben bringt Cooper 10,18 Pfund wöchentlich plus gratis eineinhalb Liter Milch pro Tag. Er bekommt Arbeitslosenunterstützung, Familienzuschuß als Vater von sieben Kindern, National Assistance usw., damals netto 122 DM. Dazu kann er »schwarz« hinzuverdienen und seiner Frau im Haushalt helfen. Arbeitet er, verdient er brutto 106,40 DM die Woche.

Hier liegt die Gefahr des »Wohlfahrtsstaates«. Alle Sozialleistungen bedeuten »verlagerte« Einkommen. Löhne und Gehälter sind Zahlungen für persönliche Leistungen. Sozialleistungen sind unabhängig vom persönlichen Einsatz, auch dort, wo die Renten teilweise von den eigenen Prämienzahlungen abhängen, Leistung und Lohn fallen zeitlich wie personell auseinander, und das muß zwar nicht weniger arbeiten heißen, bedeutet aber de facto leider nur allzuoft eine Leistungsverminderung. Die Stuttgarter Robert Bosch AG wurde weltberühmt durch ihre vorbildlichen Arbeitsbedingungen und freiwilligen Sozialleistungen, aber ihr damaliger Personalchef, Otto Debatin, schrieb schon 1929: »Wenn die Menschen von Selbständigkeit und eigener Verantwortung mehr und mehr entbunden werden und sich auf eine allumfassende Fürsorge verlassen können, werden viele, leider sehr viele verantwortungslos und handeln dementsprechend.« Die allgemeine Abwertung der Eigenverantwortung nahm erschreckend zu; die moralische Verwahrlosung, die einen alten Vater oder eine hilflose Mutter auf die öffentliche Wohltätigkeit verweist, während die Kinder leicht für sie sorgen könnten, ist ungleich häufiger als früher; immer mehr Leute vergessen, daß man auch selber für sich sorgen kann, und das ist überall so, denn »sozialer Ausgleich« wurde weltweit zur Parole.

Wie kann dem entgegengetreten werden? Mit Einzelverbesserungen längst nicht mehr, sondern nur durch grundlegende Wandlungen unseres Staatsdenkens. Und hier welchen?

XVII

VOM HERRSCHAFTSSYSTEM ZUM LEISTUNGSVERBAND?

Die Steuerpolitik der Zukunft und ihre Anpassung an die pluralistische Konsumgesellschaft

»Welche Regierungsform die beste ist?
Das Königtum artet in Tyrannei aus; die Aristokratie wird zur Oligarchie; und aus der Demokratie entwickelt sich die Mob-Herrschaft...«

Polybios, 155 vor Christus

»Die Schulden, die der Mensch – unter welchem Regime immer – am wenigsten gerne bezahlt, sind die Steuern, denn was bekommt er für die? Tabak und Opium aber haben breite Rücken und tragen freudig die Last großer Armeen – und sind so nicht die Laster die besten Patrioten?«

Ralph Waldo Emerson, 1844

»Irgendwo gibt es noch Völker... doch nicht bei uns, meine Brüder: Da gibt es Staaten. Staat, was ist das? Staat heißt das kälteste aller Ungeheuer. Kalt lügt es auch; und diese Lüge kriecht aus seinem Munde: ›Ich, der Staat, bin das Volk!‹
Lüge ist's! Schaffende waren es, die schufen die Völker und hängten einen Glauben und eine Liebe über sie hin: also dienten sie dem Leben.
Vernichter sind es, die stellen Fallen auf für viele und heißen sie Staat: Sie hängen ein Schwert und hundert Begierden über sie hin. Wo es noch ein Volk gibt, da versteht es den Staat nicht und haßt ihn als bösen Blick und Sünde an Sitten und Rechten... Denn der Staat lügt in allen Zungen – und was er auch hat, gestohlen hat er's...«

Friedrich Nietzsche, 1874

»Was die Menschen heute wollen, das ist nicht länger Gütererzeuger zu sein, sondern Menschen.
Die wirkliche Revolution, die an die Wurzel fassende Revolution, wird kommen, wenn die Leute das einsehen.« *Paul Ernst,* 1919

Seit es Staaten gibt, wird danach gefragt, was sie sind und was sie sein sollten, welche Rechte und Pflichten sie haben. Die Offenbarung des Johannes nennt den Staat »das schreckliche Tier«, und Aurelius Augustinus fragte im Jahre 420: »Was sind Staaten anders als große Räuberbanden?« Der Apostel Paulus aber, der um 64 nach Christus in Rom als Märtyrer starb, lehrte: »Wer sich der Staatsgewalt widersetzt, widersetzt sich den Anordnungen Gottes!« Bei diesen Widersprüchen blieb es. Wie es zahllose Theorien über die Entstehung der Staaten gibt, so über ihr Wesen, ihren Zweck und ihre sittliche Berechtigung, und ebenso unterschiedlich blieben die Antworten auf die Frage: Hat der einzelne im Staat aufzugehen oder der Staat dem einzelnen zu dienen? Ist der Staat ein »Mittel zum Zweck« oder ein »Wert an sich«? Wenn August Ludwig von Schlözer in seinem »Allgemeinen Staatsrecht« 1787 erklärte: »Der Staat ist eine Erfindung, Menschen machten ihn zu ihrem Wohle, wie sie Brandkassen erfanden«; so war Professor Dr. Adolf Süsterhenn, CDU-Minister a. D. und Beiratsvorsitzender des Würzburger Instituts für Staatslehre und Politik, 1963 überzeugt: »Nationen sind keine Erfindung menschlicher Willkür, sondern ein Ausfluß des Willens Gottes, den wir als Herrn der Geschichte anerkennen.«

Die Staatsrechtler und Philosphen werden weiterstreiten und die an dieser oder jener Lesart Interessierten sie hochloben oder totschweigen. Die überwiegende Mehrheit aller denkenden Staatsbürger aber sieht längst überall in den Staaten den Ausdruck menschlicher Bedürfnisse, und als die zwei fundamentalsten Staatsfunktionen gelten heute so gut wie allgemein der Schutz der Bürger gegen äußere und innere Feinde und die Sicherung ihres ausreichenden Unterhalts.

Damit ergibt sich als äußere Idealform eines Staates: Ein dicht bevölkertes Zentrum mit genügend Ackerland und möglichst vielen Bodenschätzen. Womöglich klimatische Unterschiede, die eine Vielfalt landwirtschaftlicher Erzeugnisse ermöglichen, und Naturgrenzen, die von vornherein Streit mit den Nachbarn verhüten. Ideal ist also ein meerumgebener Staat, der so zugleich zu weltweitem Austausch angeregt wird. Nicht England oder Japan, die zu arm an Grundstoffen sind. Wohl aber Nordamerika und weitgehend auch ein geeintes Europa. Denn ein »nationaler Einheitsstaat« (der kaum je anders als durch Unterdrückung fremder Völker zustande kam) braucht solch ein Idealstaat ebensowenig zu sein wie »souverän«.

»Souverän« heißt »unbeschränkt herrschend«, und »Souveränität« gilt als Voraussetzung der Eigenstaatlichkeit, bedeutet oberste Staatsgewalt nach innen und »Unabhängigkeit« nach außen. In der internationalen Politik bedeutet »souverän« die Möglichkeit, auf sich allein gestellt zu handeln. Aber wer kann das heute noch? Längst ist »volle Souveränität« der Staaten zu leerem Gerede geworden, die gegenseitige Abhängigkeit so groß, daß selbst die USA und die Sowjetunion nicht länger allein und ohne Rücksicht aufeinander tun können, was sie wollen. Die »Staatsgewalt« nach außen ist längst überall beschränkt, »absolut« nur mehr von Selbstmordkandidaten beanspruchbar.

Und »unbeschränkt herrschend« nach innen, seinen eigenen Bürgern gegenüber? Auch als derartiges »Herrschaftssystem« ist der Staat überholt und auch von den Kommunisten auf die Dauer nicht durchzusetzen. Der wichtigste Staatsdienst ist heute die Sicherung der Ordnung durch die Garantie gleichen Rechts für alle. Das heißt, der moderne Staat muß sich auf eine Gesetzgebung beschränken, die ohne Ansehen der Person und nach gleichen Bedingungen und nach gleichen objektiven Regeln entscheidet und willkürliche Zuteilungssysteme an herrschende Schichten ausschließt, gleich, ob diese sich aus kommunistischen Parteien oder dem Besitzbürgertum rekrutieren. Tritt der reine »Wohlfahrtsstaat« an die Stelle solch eines Rechtsstaates und wird materielle »Gleichheit« ebenso gefordert wie Gleichheit vor dem Gesetz und gleiche Aufstiegs- und Bildungschancen, dann geht das auf Kosten der Gerechtigkeit, dann muß es früher oder später zum »totalen« Staat kommen, zum bürokratischen Dirigismus und dem Verlust der in jahrhundertelangen Kämpfen errungenen Freiheit.

»Volle Souveränität« der einzelnen staatlichen Gemeinschaften aber ist zu echter Freiheit keineswegs nötig. Nur »Angehörige einer unabhängigen Nation« haben angeblich die Möglichkeit, über ihr eigenes Geschick zu bestimmen, »ihrer Art angemessene Gesetze« zu erreichen. Aber auch wo wirklich frei gewählt wird, sind Volk und Verwaltungsapparat nicht identisch. Nur weil die Leute, die die Gesetze formulieren und die Beamtenstellen besetzen, die gleiche Nationalität oder die gleiche Hautfarbe der Regierten haben, garantiert (wie auch in diesem Buch immer wieder gezeigt wurde) keineswegs, daß sie auf Sonderinteressen verzichten, integer und intelligent genug sind, um ihr Amt zum Besten der Allgemeinheit auszufüllen. Nur eine hauchdünne Schicht ist an »uneingeschränkter Souveränität« ihrer Staaten interessiert, und nur diese spricht dem Staat auch einen

»Eigenwert« und seinen Institutionen ein »besonderes Gewicht« zu. Die Völker leben – wie keineswegs nur die Schweiz beweist – in Staaten, die keine »nationalen Einheitsstaaten« und keine »Machtstaaten« sind, keineswegs schlechter als in diesen, und was sie wirklich brauchen, ist überall nur ein Optimum an Sicherheit und Ordnung, die mit einem Minimum von Aufwand erzielt werden. Und damit reduziert sich die Frage, ob ein bestimmter geographischer Bereich das Gebiet eines »selbständigen« Staates bilden soll oder nur den Teil einer umfassenderen Organisation, auf die Frage, welche Variante bessere Leistungen verspricht.

Diese Frage bleibt in zahlreichen Herrschaftsbereichen tabu. Aber wie die Europäische Wirtschaftsgemeinschaft durch die technisch-wirtschaftliche Entwicklung erzwungen wurde, so wird es mit Sicherheit zu weiteren vereinheitlichten und zu immer größeren Wirtschaftsräumen kommen. Die Wandlung der einseitigen Abhängigkeiten (vor allem die der »Kleinen« von den »Großen«) zur Interdependenz, der durch die wachsende Arbeitsteilung, Markt- und Rohstoffabhängigkeit herbeigeführten gegenseitigen Abhängigkeit, wird schließlich aber auch (und trotz des erbitterten Widerstandes der um ihre Posten und ihre Macht besorgten Regierenden und Bürokraten) zu den neuen Realitäten entsprechenden Staatsformen führen. Voraussichtlich zu Staatenbünden, aus denen eines Tages Bundesstaaten werden, wie das bereits wiederholt geschah.

Natürlich setzt das voraus, daß auch der Fiskus seine längst überholten Methoden aufgibt und er sich vor allem den zwei größten Wandlungen anpaßt, die wir miterleben: der grundlegenden Änderung der Bevölkerungs- und der ebenso grundlegenden Änderung der Berufsstruktur. Vereinfacht gesagt, der rapiden Verstädterung und der ständig wachsenden Bedeutung der Dienstleistungen. Und als deren Folge wiederum dem Überhandnehmen der »unrentablen«, das heißt privatwirtschaftlich nicht zu lösenden Aufgaben.

Um einen Menschen notdürftig zu ernähren, wurden im 18. Jahrhundert durchschnittlich eineinhalb Hektar Ackerland gebraucht. Im 20. Jahrhundert genügt in Westeuropa ein Viertelhektar reichlich. Noch im Jahre 1800 waren in den Vereinigten Staaten 9 Farmer nötig, um sich selber und einen Städter zu erhalten. 1969 ernährte jeder amerikanische Farmer außer sich selber 34 weitere Verbraucher. Zum Beispiel erntet jeder Mähdrescher in den USA durchschnittlich 48 Tonnen Weizen pro Stunde, genug für 100 000 Laibe Brot.

1910 kam auf je drei Amerikaner ein landwirtschaftlich Tätiger, 1969 aber stand das Verhältnis 17 zu 1. Dieser Trend gilt für alle Industriestaaten. In Deutschland waren 1882 noch 43 Prozent aller Erwerbstätigen landwirtschaftlich eingesetzt, 1968 nur mehr 11 Prozent, und in Großbritannien sank der Anteil der agrarisch Erwerbstätigen sogar auf 4 Prozent.

Die Verminderung der Landbevölkerung ist ein Rationalisierungs- und Erfolgsbeweis, denn bekanntlich werden ja nicht weniger, sondern weitaus mehr Nahrungsmittel als früher erzeugt, aber der geringere Arbeitskraftbedarf der Landwirtschaft schafft natürlich zahlreiche Probleme und war die Hauptursache der Verstädterung. Zwar begann diese in Europa, wie geschildert, nicht zuletzt durch die Freiheit, die die Städte seit dem Jahre 1114 zu bieten hatten, aber auch im Jahre 1800 machte die städtische Bevölkerung Deutschlands nur ein Sechstel der Gesamtbevölkerung aus, und von der Weltbevölkerung waren damals nur 2,4 Prozent Bewohner von Siedlungen mit je mehr als 20 000 Einwohnern.

Im Jahre 1950 gab es 21 Prozent solcher Städter auf der Welt, für das Jahr 2000 werden 45 Prozent angenommen und in den hochindustrialisierten Ländern 80 bis 85 Prozent. Und das nicht des weiteren Wachstums der Industrie wegen. Denn wenn die Fabriken ursprünglich an die Energieträgervorkommen, vor allem die großen Kohlenreviere gebunden waren und in deren Nähe auch die Arbeitskräfte konzentrieren mußten, so macht schon seit Ende des 19. Jahrhunderts, seit der Entwicklung der Hochspannungsübertragung großer Strommengen, die Technik die Dezentralisierung der Industrie möglich. Die Landwirtschaft nahm vor der Industrialisierung sieben bis acht Zehntel aller Arbeitskräfte in Anspruch, der Industrieanteil wird nirgends dieses Ausmaß erreichen. Er stieg von 10 bis vereinzelt 65 Prozent an. Aber heute sind in der Schweiz und der Bundesrepublik etwa 48 Prozent aller Erwerbstätigen industriell eingesetzt, in Großbritannien und Belgien 46 und 45 Prozent, und der Anteil wird sich durch die Automatisierung voraussichtlich wieder auf 10 bis 15 Prozent zurückbilden. In Frankreich rechnet man für 1985 mit etwa 3 Millionen mehr Erwerbstätigen als 1962. Die Landwirtschaft wird 1,4 Millionen verlieren, die Industrie etwa ebenso viele neue aufnehmen, der ganze Zuwachs aber vom »tertiären Sektor«, von den Dienstleistungen absorbiert werden. In den Vereinigten Staaten sank 1947 bis 1967 der Arbeitszeitbedarf der Gütererzeugung (der Landwirtschaft, der Industrie und des Bauwesens) um 6 Prozent, obwohl die Produktion enorm stieg, während der Arbeitszeitbedarf der persönlichen Dienste um rund 50 Prozent und der der öffentlichen Dienste um mehr als 100 Prozent wuchs. Bereits 1963 betrug der Anteil der Dienstleistungen am Bruttosozialprodukt in Belgien 51 Prozent, in den Niederlanden 50 Prozent und in der Bundesrepublik 42 Prozent, und 1968 waren hier von 20,5 Millionen nichtlandwirtschaftlichen Arbeitnehmern nur mehr 9,2 Millionen in der Industrie und im Handwerk tätig. Die öffentlichen, gewerblichen und privaten Dienste erforderten erstmals mehr Menschen.

Nun gehört aber zu den wichtigsten Dienstleistungen der Handel, und als Märkte und Handelszentren entstanden die meisten Städte. Die Städte sind auch die Banken-, Versicherungs- und Verwaltungsbrennpunkte, hier gibt es nicht nur die meisten Warenhäuser, sondern auch die meisten Krankenhäuser, Schulen und Forschungseinrichtungen. Vor allem die Ausdehnung des Dienstleistungssektors bedeutet also weiteres Wachstum der Städte, und das wird tiefgreifende Folgen haben, denn die großstädtische Lebensführung ist von der ländlichen grundverschieden. Sie bedeutet das Aufhören der Nachbarschaftskontrolle, ermöglicht die Emanzipation von der Familie und weitgehend von der Gemeinschaft überhaupt. Das Leben in Millionen-Agglomerationen, von denen es im Jahre 1800 keine einzige auf der Welt gab, 1965 aber 82, und in denen um das Jahr 2000 voraussichtlich 2 220 Millionen oder 37 Prozent aller Erdbewohner leben werden statt heute rund 400 Millionen, fördert die »Säkularisation« der Gedanken und steigert den Einfluß der »Massenmedien«, nicht zuletzt der Werbung.

Aber der Trend ist unaufhaltsam, und besonders in Amerika droht er Katastrophen auszulösen, denn hier wie überall ignorierte der Fiskus diese Entwicklung. Die amtlichen Vorausberechnungen nehmen eine Steigerung der Einzelstaats- und Lokalausgaben in den USA von 74 600 Millionen Dollar im Jahr 1965 auf 164 000 Millionen 1975 an. Aber rund 93 Prozent der Einkommensteuern gehen an den Bund, der so 64 Prozent aller Steuereinnahmen kassiert, während für die Bundesstaaten nur 19 und die Gemeinden nur 17 Prozent bleiben.

Die amerikanische Entwicklung aber ist typisch für den »Hoch-Kapitalismus« oder die »Konsum-Gesellschaft«, und an ihr ist abzulesen, was nur leicht abgewandelt anderswo zu erwarten ist. Die Bevölkerung der Vereinigten Staaten, die 1790 knapp 4 Millionen betrug, überschritt im November 1967 die zweihundertste Million. Aber das Land war leer geblieben, die Durchschnittsdichte betrug nur 21 je Quadratkilometer gegen die 365 der Niederlande oder die 230 der Bundesrepublik. In Manhattan dagegen kamen 26 000 Menschen auf den Quadratkilometer. 125 Millionen Amerikaner lebten 1968 auf einem Zehntel der Gesamtfläche, mehr als 40 Millionen auf den 1,4 Prozent des Territoriums, das sich den Atlantik entlang zwischen den 720 Kilometer auseinanderliegenden Städten Boston und Washington erstreckt. Schon heute entfallen auf diesen schmalen Streifen 50 Prozent aller Finanzoperationen, 30 Prozent der Industrieproduktion, 27 Prozent der Einkommensteuer der USA. Und 1980 werden in dieser Megalopolis »Boswash« mindestens 80 Millionen Menschen leben. Da wird es »Chipitts« geben – Chicago-Pittsburgh – mit 40 Millionen; wird aus San Francisco »Sansan«, die San Francisco-San Diego-Region mit 45 Millionen Einwohnern geworden sein. Acht Zehntel aller Amerikaner werden in Städten leben statt des Zwanzigstels, das 1790 »städtisch« war, und für das Jahr 2000 rechnet man mit 300 bis 350 Millionen »Städtern« in den USA.

In allen Industriestaaten ist die »Verstädterung« unaufhaltsam – und eines der am schwierigsten zu lösenden aller Steuerprobleme. Aber noch nirgends ein so akutes wie in den USA, denn hier war die Städtewucherung der letzten 150 Jahre am wildesten, und hier ist, wie gezeigt, die Macht der Farmer *noch* größer als anderswo. Chicago hatte 1830 ganze 550 Einwohner. 1960 mit 5,5 Millionen zehntausendmal soviel, und schon 1860 bis 1870 und erneut 1880 bis 1890 verdoppelte sich hier die Bevölkerung. In New York nahm 1790 bis 1900 die Einwohnerzahl von 33 000 auf 3,4 Millionen zu, und heute wohnen in der »Metropolitan Area« New Yorks 13 Millionen Menschen oder mehr als in ganz Australien. Ähnliche Entwicklungen gab es Dutzende, aber erst 1965 wurde das »Department of Housing and Urban Development« der Bundesregierung in Washington geschaffen, eine Art Städtebau- und Landesplanungsministerium.

Viel zu spät, denn heute ist allein schon das Problem der amerikanischen Negerslums fast unlösbar geworden, und bürgerkriegsartige Revolten wie die von New York oder Detroit im Sommer 1967 werden zur Regel werden, denn in naher Zukunft ist mit 40 statt heute 24 Millionen Negern in den USA zu rechnen. Breits am 23. August 1966 erklärte der Bürgermeister von Detroit als Vorsitzender der Vereinigung amerikanischer Stadtoberhäupter einem Senatsausschuß, während der nächsten 10 Jahre müßten »für die Sanierung zerfallender Stadtteile und der Negerghettos Amerikas« 250 Milliarden Dollar – 1 000 Milliarden DM – ausgegeben werden, »wenn es nicht zu Katastrophen kommen soll«. In New York allein – wie Bürgermeister John Vliet Lindsay sagte – 200 Milliarden DM. Aber viel zuviel Geld wurde für Wahlgeschenke und Rüstungen, den Krieg in Vietnam und den Wettlauf zum Mond ausgegeben. Für die Bekämpfung der Slums in 67 Städten der USA brachte der Bund 1967 insgesamt 674 statt der notwendigen 25 000 Millionen Dollar auf und für Mietbeihilfen insgesamt 12 Millionen. Eine Stadt, die »blüht« und deren Bevölkerung entsprechend zunimmt, mußte in den Vereinigten Staaten schon 1960 für jede neu zuziehende Familie etwa 52 000 DM für Straßen, Kanalisation, Schulen, Feuer- und Polizeischutz-Einrichtungen anlegen; durchschnittlich 5 200 DM bereits in den ersten Wochen nach der Neuankunft, während diese erst in Jahrzehnten an Verkaufs-, Grundstückssteuern usw. wieder hereinzubringen sind. Damals lebten bereits 100 Millionen US-Bürger in Städten, und die Farmbevölkerung betrug nur etwa 20 Millionen. Aber diese wurde mit 5,9 Milliarden Dollar oder 4 640 DM pro Kopf subventioniert. Die Städte hingegen bekamen (auf Grund der geschilderten Stimmenverteilung) für »urban renewal« (was der höfliche Amtsausdruck für die Beseitigung der Slums ist) ganze 100 Millionen Dollar oder weniger als 10 Mark pro Familie. Städte wie New York scheinen so dem Verfall ausgeliefert, und diese Stadt ist schon heute ein Warnzeichen, das weltweit beachtet werden sollte.

New York wurde zum Sinnbild der Krise, in die die Stadtkultur geriet. In den vergangenen drei Jahren verdreifachte sich hier der Sozialaufwand der Gemeinde und beträgt nun 2 240 Millionen DM jährlich. Der Erfolg aber ist null. Während die Industrie abwandert, weil sie hier nicht genug Facharbeiter findet, wächst die Zahl der arbeitslosen Ungelernten ständig, und früher oder später schließen sie sich Gangsterbanden an. New York muß saniert werden, muß sich Geld beschaffen. Aber schon 1966 hatte die Stadt täglich 6 Millionen DM für ihren Schuldendienst aufzubringen, mehr als für den Gesundheitsdienst, die Polizei und die Feuerwehr zusammen aufgebracht werden konnte. Bei 3,9 Milliarden DM Gesamtausgaben überschritt das Gemeindedefizit New Yorks 1966 bis 1967 bereits 2 Milliarden ohne das Sanierungsprogramm, das, wie erwähnt, 20 Milliarden DM jährlich erfordern würde, und ähnlich unerträglich wurden die Zustände in dutzenden amerikanischen Städten.

Geld war und ist das Hauptproblem und eine Städtesanierung nur denkbar, wenn es in Amerika (und nicht nur hier) zu einer grundlegenden Finanzreform, das heißt zu einer Neuverteilung der Steuereinnahmen kommt. Aber mit mehr Geld allein ist es nicht getan. Zwar arbeiten in den USA zahlreiche Fabriken mit dem höchsten Nutzeffekt der Welt, aber zahllose Kommunalverwaltungen versagen völlig. Die Polizei ist so unrationell organisiert wie die Wasserversorgung, und sind die sanitären Einrichtungen fast aller Einzelhaushalte vorbildlich, so ist zum Beispiel der Potomac, der die Bundeshauptstadt Washington durchfließt, eine stinkende Kloake; praktisch gibt es nirgends in den USA moderne Abwasserbeseitigungsanlagen. Die Brücke zwischen San Francisco und Berkeley ist ein technisches Wunderwerk, aber wer sie benutzt, muß sich die Nase zuhalten, so verdreckt ist eine der schönsten Buchten der Erde. Die Wohnungen sind sauber, aber die Straßen der amerikanischen Städte fast ausnahmslos unvorstellbar schmutzig, und der Michigan-See zum Beispiel ist kilometerweit mit Papier bedeckt, das der Wind aus den Straßen Chicagos weht.

Europas Gemeinden geht es heute im allgemeinen noch besser als den amerikanischen. Aber die Städteplaner Hollands sehen zum Beispiel für das Jahr 2000 ein Städte-Dreieck Rotterdam-Dortmund-Dünkirchen als europäisches »Kerngebiet« voraus, eine »Megalopolis von 45 Millionen Menschen« und den entsprechenden Erholungsgebieten. An jedem Wochenende sollen dann »zwischen Ruhr und Nordsee mehr Menschen unterwegs sein als während der ganzen Völkerwanderung«. Dem Deutschen Städtetag zufolge waren 1968 die nur 980 Gemeinden der Niederlande im Durchschnitt fünfmal so groß wie die deutschen. Auf den Stand der holländischen vergrößert, würde die Zahl der westdeutschen Gemeinden von rund 25 000 auf 4 700 sinken, und deren Entwicklung zu koordinieren, wäre entsprechend leichter. Im Rahmen des westdeutschen Raumordnungsgesetzes will zum Beispiel Niedersachsen 4 200 Gemeinden zu 365 Großgemeinden zusammenlegen, von acht Regierungsbezirken drei auflösen. Die Planer fordern, daß Bund, Länder und Gemeinden 1965 bis 1990 jährlich 10 Milliarden – insgesamt 250 Milliarden DM – aufbringen, um 60 »Verkehrsregionen« zu schaffen und in allen Städten über 500 000 Einwohner die Schnellverkehrsmittel unter oder über die Straßen zu verlegen. Aber ob das politisch möglich ist und diese enormen Mittel durch eine Neuverteilung der Steuereinnahmen aufgebracht werden können? Ob nicht der gesamte westdeutsche Verwaltungsapparat ebenso an essentiellen (wenn auch anderen) Konstruktionsfehlern leidet wie der amerikanische?

Stärken und Schwächen aller Staaten und aller Gemeinschaften überhaupt sind an ihren Finanz- und Steuergesetzen abzulesen, und stets wurde die »große« Politik von der Finanzpolitik mitbestimmt und umgekehrt. Dementsprechend wurde die Finanzpolitik der Bundesrepublik »föderal« und »marktwirtschaftlich« ausgerichtet und von den Besatzungsmächten jeder »Zentralismus« systematisch verhindert. 1945 wurden nicht nur die deutschen Industriekonzerne zerschlagen und die Großbanken regional »atomisiert«, sondern auch die einheitliche Reichsfinanzverwaltung beseitigt, die es seit 1919 gab. Seither betätigen sich der Bund, die 11 Länder und die 24 476 Städte und Dörfer der Bundesrepublik voneinander unabhängig als Steuereinnehmer. Überschüsse der reichen Landstriche sollen zwar den armen zugute kommen. Aber dieser »Ausgleich« genügt nicht nur nicht, sondern ist so kompliziert, daß er ungeheure Mehrarbeit verursacht. Der

Bund Deutscher Steuerbeamter nannte das »Töpfchenwirtschaft« und kritisierte, daß Tausende seiner Mitglieder nichts anderes tun, als »Gelder von einer öffentlichen Hand in die andere und wieder zurück zu schieben« – 1968 rund 45 Milliarden DM. Natürlich unterliegen immer die schwächsten: Von den gesamten deutschen Steuereinnahmen erhielten 1913 das Reich 39 Prozent, die Länder (ohne Hansestädte) 20,4 Prozent und die Gemeinden (einschließlich der Hansestädte und der Gemeindeverbände) 40,6 Prozent. Schon die »Steuerreform« vom 21. September 1919, die die Finanzverwaltung erstmals zur »Reichsbehörde« (und die Länder zu »Kostgängern des Reiches«) machte, änderte das Verhältnis, 1925 lauteten die Anteilzahlen 42,3 Prozent für das Reich, 23,9 für die Länder und 33,8 für die Gemeinden. 30 Jahre später kassierte der Bund 56,2 Prozent aller Steuern, die Gemeinden nur mehr 13 Prozent. Von rund 114 Steuer-Milliarden entfielen 1967 auf den Bund 63, die Länder 36 und die Gemeinden 15, obwohl diese die teuersten Gemeinschaftsaufgaben zu erfüllen haben, auf die mehr als die Hälfte aller öffentlichen Investitionen entfallen. Die Folge waren – wie in Amerika – immer höhere Gemeindeschulden. 1967 erreichten sie 33 Milliarden DM oder drei Zehntel aller öffentlichen Schulden. Vereinzelt brauchten Gemeinden schon drei Generationen zum Abzahlen ihrer Verbindlichkeiten. Wie der Deutsche Städtetag feststellte: Den Kommunen stand nun das Wasser »bis zum Rathausturm«, und viele bekamen keine Kredite mehr.

Natürlich wurde wiederholt versucht, das zu ändern. Unter Vorsitz von Heinrich Troeger, des Vizepräsidenten der Bundesbank, arbeiteten fünf unabhängige Finanzsachverständige ein 1966 veröffentlichtes Gutachten aus, das Bund und Länder bestellt hatten und das den Gemeinden höhere Einnahmen bringen sollte. Bisher stand ihnen ja nur die Getränke- und Vergnügungssteuer, die Grund- und Gewerbesteuer zu, und da die Gewerbesteuer vom Reinertrag der Betriebe erhoben wird (etwa 380 bis 540 DM je 10 000 Mark Jahresertrag beträgt), ist sie überaus konjunkturempfindlich, während Schulen und Krankenhäuser nicht nur gebaut, sondern auch unter allen Umständen weiterbetrieben werden müssen; darüber hinaus haben gleich große Städte auch höchst unterschiedliche Gewerbesteuereinnahmen. Die Opel-Stadt Rüsselsheim zum Beispiel die siebenfachen der gleich großen Universitätsstadt Marburg; die Volkswagenstadt Wolfsburg pro Kopf rund 900 DM gegen die knapp 200 Heidelbergs. Die Gewerbesteuer (die 1967 den Gemeinden insgesamt 10 Milliarden brachte) sollte deshalb gestrichen, und die Kommunen müßten an den bisher nur Bund und Ländern zustehenden Lohn- und Einkommensteuern beteiligt werden. Da zum

Beispiel allein die Sparförderung – eine völlig überholte Vergünstigung – Bund und Länder 1967 rund 7 Milliarden kostete, konnten sie den Gemeinden durchaus etwas abgeben. Aber sie wehrten sich, und die »Große Finanzreform«, zu der es schließlich 1969 kam, blieb Stückwerk und brachte keinerlei echte Verbesserung. Und so könnte es sehr wohl sein, daß es in Westdeutschland zu Entwicklungen wie in Amerika oder wie in Italien kommt, wo 1965 von 8 046 Gemeinden rund 4 000 (die zusammen 32 Milliarden DM schuldeten) mit ihren Zinszahlungen oder anderen Zahlungen im Rückstand waren. In Messina sperrte im Juli 1965 die staatliche Elektrizitätsgesellschaft allen städtischen Gebäuden mit Ausnahme der Krankenhäuser, des Wasserwerks und des Schlachthofes die Stromzufuhr, weil seit drei Jahren keine Stromrechnung mehr bezahlt worden war. Längst waren hier alle Kraftwagen der Gemeinde – auch die Polizeiautos – gepfändet, und im Durchschnitt erhielt die Gemeinde täglich 11 Zahlungsbefehle. Jede Besserung aber schien ausgeschlossen, weil die Viertelmillionenstadt 600 Millionen DM Schulden hatte und allein die Zinslast stündlich um 5 000 DM wuchs – Bürgermeister Saija starb in der Stadtratssitzung an einem Herzschlag, als er diese Misere schilderte. Nicht viel anders ist es in anderen italienischen Städten, auch nicht in Rom. Hier trat im April 1969 der gesamte Stadtrat zurück, weil die Finanzsituation ausweglos geworden war.

Die deutsche Gemeinde-Misere wurde nicht behoben, und auch das Geraufe um die Steueranteile von Bund und Ländern geht weiter und gefährdet, wie der Troeger-Ausschuß feststellte, »das ungeordnete Nebeneinander der öffentlichen Aufgabenerfüllung ... das Gefüge der bundesstaatlichen Ordnung«. Auch sind Länder wie Schleswig-Holstein, Niedersachsen oder Rheinland-Pfalz nicht in der Lage, die ihnen vom Grundgesetz zugewiesenen Aufgaben zu finanzieren, weil weder die eigenen Steuereinnahmen noch die durch den »Länder-Finanzausgleich« von den wohlhabenderen Bundesländern überwiesenen Ausgleichszahlungen ausreichen, und 1966 schlug deshalb die Troeger-Kommission vor, das Grundgesetz durch einen Artikel 85 a zu ergänzen, in dem es heißen sollte: »Bei der Erfüllung staatlicher Aufgaben, deren Ausführung Sache der Länder ist, wirken Bund und Länder zusammen, wenn die Aufgaben für die Gesamtheit bedeutsam sind und einer langfristigen gemeinsamen Planung bedürfen (Gemeinschaftsaufgaben).« Die Kosten sollten Bund und Länder je zur Hälfte tragen. Aber der bayrische Ministerpräsident Alfons Goppel meinte, das mache »die Länderregierungen zu weisungsgebundenen Vollzugsorganen des Bundes«. Die ständige Konferenz der Kultusminister lehnte in ihrem

Bereich solche »Gemeinschaftsaufgaben« glatt ab, und ebenso warnten die Landesfinanzminister. Und daran änderte auch die »Große Koalition« gar nichts, denn wenn die Parteien in Bonn Reformen zustimmten, lehnten die gleichen Parteien in den (»reichen«) Ländern sie ab, und deren Ministerpräsidenten unterscheiden sich in nichts von den Kurfürsten des Barock.

Natürlich bleibt es so auch sinnlos, die Bundesausgaben einzuschränken, wenn dafür die Länderregierungen um so mehr ausgeben. Zahlreiche Verpflichtungen laufen nun jahrzehntelang, und so müßten die jährlichen Haushaltspläne längst durch langfristige Gesamtetats ergänzt werden, die aber ebenfalls nur in enger Zusammenarbeit zwischen Bund, Ländern und Gemeinden aufgestellt werden können und denen ein klarer politischer Wille zugrunde liegen muß. Dieser wiederum müßte auf Tatsachen basieren, und deshalb forderte der Wissenschaftliche Beirat beim Bundeswirtschaftsministerium schon am 3. Juni 1956 eine »Nationale Buchführung«, eine Übersichtsrechnung über den wirtschaftlichen Ablauf einer bestimmten Zeitperiode. Sozialprodukt, Zahlungsbilanz, Beschäftigtenzahl, Lohn- und Preisentwicklung, Kapitalbildung und Kapitalverwendung sollten so klar in ihrem Zusammenhang gezeigt werden, daß aus der Vergangenheit Anhaltspunkte für die künftige Wirtschafts-, Finanz- und Sozialpolitik gewonnen und diese drei vor allem erstmals koordiniert werden konnten. Die Gutachter sagten: »Eine erfolgreiche Konjunkturpolitik bedarf einer einheitlichen Konzeption, nach der alle ihre einzelnen Maßnahmen ausgerichtet und koordiniert werden müssen. Die Reichhaltigkeit des heutigen konjunkturpolitischen Instrumentariums führt dazu ... daß das Bundeswirtschaftsministerium, das Bundesfinanzministerium und die Bundesbank ... in mehr oder minder ausgeprägtem Maße eigene konjunkturpolitische Maßnahmen entwickeln können. Dazu kommt, daß auch die Maßnahmen der nicht primär mit der Konjunkturpolitik befaßten Stellen keineswegs konjunktur-neutral sein können. Das gilt nicht nur für das Finanzministerium, sondern auch für das Landwirtschaftsministerium, das Wohnungsbauministerium, das Verkehrsministerium, das Arbeitsministerium, das Verteidigungsministerium, das Auswärtige Amt u. a. ...«

Die Regierung sollte also nach dem Gutachten von 1966 verpflichtet werden, mindestens einmal jährlich ein wirtschaftliches Gesamtbild in Form eines konkreten Wirtschaftsprogramms dem Parlament und der Öffentlichkeit vorzulegen, wie zum Beispiel auch in den USA der Präsident zur Vorlage solch einer Gesamtübersicht verpflichtet ist. Aber dieser hat einen Beraterkreis, der sich mit den Sachverständigen des Kongresses ins Einvernehmen setzt und die Experten der einzelnen Wirtschafts- und Sozialkreise hört. Ein ähnlicher, kollegial aufgebauter, unabhängiger Ratgeberausschuß aber kam in Deutschland so wenig zustande wie eine Zentralbehörde für volkswirtschaftliche Gesamtrechnungen – und zwar aus einem sehr einfachen Grund. Die westdeutsche »Demokratie« wurde, wie gezeigt, immer mehr zu einer »Gefälligkeits-Demokratie«. Die Einzelinteressen überwucherten immer mehr das Gesamtinteresse, und wer Sondervorteile erstrebt, ist an einer »Gesamtrechnung«, die zeigt, wie teuer die Steuerzahler diese Wahlgeschenke oder Schweigegelder zu stehen kommen, nicht interessiert.

Alles bleibt also beim alten, und anderswo ist es nicht viel besser. Die Grundströmungen, die dabei sind, unser Leben total zu verändern, werden ignoriert, und kaum jemand will noch in einem Auto fahren, das älter als zwei oder drei Jahre ist, stört sich aber nicht im geringsten daran, daß unsere Steuerpolitik aus dem vorigen Jahrhundert stammt und zum Teil noch auf Ideen basiert, die dem monarchischen Absolutismus entsprangen. Vor allem wird ignoriert, daß wir in einer pluralistischen Massenkonsumgesellschaft leben und daß nicht mehr die Gütererzeugung, sondern die Güterverteilung und andere Dienstleistungen das meiste Geld in Umlauf bringen und so nicht wie bisher die Produktion, sondern der Verbrauch die Hauptsteuerquelle werden, nicht das Verdienen, sondern das Ausgeben belastet werden muß.

Das aber ist das Problem Nummer eins unserer Zeit und der Zukunft, denn es bedeutet zwei gegenläufige Bewegungen: Zwang zu produzieren bedeutet Zwang, den Konsum zu steigern. Andererseits wachsen die Gemeinschaftsaufgaben ständig, ob es sich nun um die Infrastruktur oder soziale Bedürfnisse handelt, um die Städtesanierung oder die Forschungsförderung.

Der Zwang zu produzieren bedeutet, daß die Privatwirtschaft die Massen zu immer neuen »Bedürfnissen« zu verleiten versucht, die im Grunde gar keine sind. Heute werden auf der Welt gut 120 Milliarden DM jährlich für Werbung ausgegeben, und gleichzeitig ist, wie geschildert, das Abzahlungsgeschäft enorm ausgeweitet worden, um den privaten Absatz ständig und im Grunde abnormal zu erhöhen.

Die Privatwirtschaft steht unter dem Zwang, zu produzieren und zu verkaufen, der Staat, die Länder und Gemeinden aber unterliegen dem Zwang, immer mehr »unrentable« Aufgaben zu übernehmen. Die »gewinnlosen Sektoren« der Gemeinschaften wuchern; es müssen mehr und mehr Schulen und Krankenhäuser gebaut, es muß die Luftverunreinigung und die Verschmutzung der Flüsse bekämpft werden, Müllabfuhr und dutzenderlei anderes werden ebenso immer teurere Gemeinschaftsaufgaben wie die Nachwuchsschulung und das Erziehungs- und Bildungswesen überhaupt, an die Stelle der Hausmusik sind staatliche Rundfunk- und Fernseheinrichtungen getreten, die Milliarden kosten, die Theater kommen so wenig ohne Zuschuß aus wie die Verkehrsbetriebe. Privatunternehmen müssen Gewinne erzielen, sonst gehen sie in Konkurs. Die meisten Gemeinschaftsaufgaben können nicht rentabel gestaltet werden, und so muß die Steuerpolitik »umverteilen« – aber völlig anders, als das heute geschieht. Sie muß die Investitionen derart lenken, daß die Privatwirtschaft und die Gemeinwirtschaft genügend Kapital erhalten, die »rentablen« ebenso wie die »unrentablen« Bedürfnisse gedeckt werden. Heute »wuchert« der private Sektor ebenso, wie der staatliche Sektor »wuchert«, sind die Prioritäten falsch gesetzt, ob man an die Gemeindefinanzen denkt oder an die privaten Ausgaben. Wir haben relativ zu viele Autos und zu wenig Schulräume. Zu viele Fernsehgeräte im Verhältnis zu den Spitalbetten und weitaus zu viele Soldaten im Verhältnis zu den Lehrern.

Daß keine Wirtschaft bestehen oder gar sich entwickeln kann, wenn Verbrauch und Investitionen nicht im richtigen Verhältnis stehen, ist altbekannt, und langsam wird auch begriffen, wie wichtig es ist, daß die Ersparnisse nicht nur der Erneuerung und Vermehrung der materiellen Produktionsmittel, sondern auch der Erneuerung und Vermehrung des »Bildungskapitals« dienen, zur Erziehungs- und Forschungsförderung und zur »Fortschrittsfinanzierung« verwendet werden. Erleichterungen der Abschreibung und Selbstfinanzierung wie die westdeutschen nach 1945 genügen nicht mehr. Denn die modernste Maschine ist wertlos, wenn sie überholte, konkurrenzunfähige Produkte herstellt. Das am prachtvollsten eingerichtete Betriebslabor ist wertlos, wenn die Hochschulstruktur veraltet ist und es keinen wissenschaftlichen Nachwuchs gibt.

Zur Abstimmung des Gegenwarts- auf den Zukunftsverbrauch, zum richtigen Verhältnis zwischen Sofortausgeben, Sparen und Schuldenmachen muß also die Abstimmung der »materiellen« auf die »geistige« Ausrüstung treten, und das heißt weitgehend: Das richtige Verhältnis zwischen Privat- und Gemeinschaftsverbrauch muß gefunden werden und das Steueraufkommen wiederum richtig zwischen Bund, Ländern und Gemeinden aufgeteilt, die wirklichen Gemeinschaftsbedürfnisse gegenüber den angeblichen bevorzugt gedeckt werden.

Steuerlich bedeutet das: Wir müssen von unseren heutigen Steuern, die die Leistung bestrafen, zu Steuern kommen, die den Verbrauch belasten. Die Gemeinschaftsaufgaben stellen eine »finanzielle Grundlast« allgemeiner Art dar, durch die die herkömmlichen Umverteilungsmethoden des Einkommens ihren Sinn verlieren. Diese Gemeinschaftsaufgaben können auf die Dauer nur durch breitenwirksame Steuerquellen, das heißt durch Verbrauchssteuern finanziert werden, die heutigen, komplizierten Systeme der direkten Besteuerung wurden sachlich wie moralisch unberechtigt; diese willkürlich festgesetzten Einkommensabgaben und die ebenso willkürlich gewährten Begünstigungen widersprachen allen Gleichberechtigungsforderungen ebenso wie den marktwirtschaftlichen Bestrebungen. Wir müssen einen Unterschied zwischen Einkommen, die gespart werden, und Einkommen, die ausgegeben werden, machen, die Einkommensteuer so in eine Konsumsteuer verwandeln, und diese ist heute gerechter als alle anderen Formen, denn deren Höhe hängt davon ab, wieviel jeder Steuerträger aus dem Volkseinkommen für seinen persönlichen Bedarf verwendet.

Unser heutiges Progressionsprinzip, das, wie gezeigt, nirgends die angeblich angestrebte »Ausgleichswirkung« hatte, entsprang dem bürgerlichen Schuldgefühl der Gründerzeit und war eine Konzession an den Marxismus. Heute ist es überholt, denn früher gingen hohe Einkommen zu Lasten des Volkes, heute entspringen sie fast ausschließlich produktiven Tätigkeiten zugunsten der Massen, und wenn Mut und Initiative, Wissen, Können und Wollen prohibitiv besteuert werden, so kostet das die »Mehrheit« noch ungleich mehr als die direkt Betroffenen. Wie die Entmachtung der Gemeinden und deren Ausplünderung aufhören muß, so die Ausplünderung der Schöpferischen und Produktiven, müssen endlich an die Stelle vager sozialer Theorien klare Tatsachen treten. Die aber zeigen, daß das Schlagwort »Laßt die Reichen zahlen!« völlig überholt ist, denn in den USA zum Beispiel ergaben, wie erwähnt, die 50 Prozent übersteigenden Einkommensteuern auch im Durchschnitt der Jahre 1958 bis 1963, als Sätze bis zu 91 Prozent galten, niemals mehr als eine halbe Milliarde Dollar, nie mehr als ein Hundertstel des Bundes-Geldbedarfes. »Soak the Rich!« ist auch in England längst völlig sinnlos geworden, denn hier gab es 1967 bis 1968 eben insgesamt nur 109 Personen, die Einkommen von mehr als einer Million Mark jährlich versteuerten, nur 477 Steuerzahler besaßen eine halbe Million Einkommen, und insgesamt 5 172 oder weniger als jeder zehntausendste Engländer verdiente 200 000 DM. Die »Surtax« beginnt schon bei 100 000. Aber auch diese brachte insgesamt nur 239 Millionen Pfund oder 6 Prozent der 4 053 Millionen Pfund ein, die in diesem Finanzjahr in Großbritannien an Einkommensteuer bezahlt wurden. Bereits im Januar 1940 hatte Keynes vorgerechnet, daß zwei Drittel aller Verbrauchsausgaben auf Engländer entfielen, die weniger als 250 Pfund – damals rund

2 500 Mark – Jahreseinkommen hatten. Im Jahre 1968 verdienten 95 Prozent aller Engländer weniger als 2 000 Pfund, und zwei Drittel aller Einkommen entfielen auf Leute mit weniger als 1 000 Pfund oder jetzt 9 600 DM jährlich. Will man die Verbrauchsausgaben drosseln, so muß man die Einkommen hoch besteuern, aus denen diese Ausgaben vorwiegend bestritten werden, und das sind die Masseneinkommen, in England die Leute, die heute von ihren 1 000 Pfund jährlich nur 6 Prozent und von ihren 1 000 bis 2 000 Pfund durchschnittlich 12 Prozent bezahlen. Die 5 758 Engländer, die 1967 bis 1968 bis zu 96 1/4 Prozent Einkommensteuer bezahlten, spielen beim Verbrauch keinerlei Rolle gegenüber den 56 Millionen anderen Engländern. Wohl aber hängt von ihnen entscheidend die Produktion ab, denn das sind die »Wirtschaftsführer«, auf deren Risikobereitschaft und Einsatzwillen es ankommt.

Ähnlich ist es auch anderswo. Solange Großbritannien wie im Jahr 1968 (und nur noch übertroffen von den USA mit 82,2 Prozent) von seinem Bruttosozialprodukt 81,7 Prozent verbraucht, kann es seine Schwierigkeiten nicht überwinden, denn im Durchschnitt der Jahre 1963 bis 1965 betrug (der OECD zufolge) der Verbrauchsanteil am Gesamtprodukt in den EWG-Ländern nur 76,3 Prozent, in Westdeutschland 72,3 und in Japan 63,8. Japans außerordentliche Leistungen beruhen nicht zuletzt (und wie bereits geschildert) darauf, daß von diesem Gesamtverbrauch nur 9,2 Prozent Regierungsverbrauch waren, der dagegen in den USA 18,4 Prozent, in Großbritannien 16,6 und in der Bundesrepublik 15,3 ausmachte. Wie der Verbrauch insgesamt, ist der relative Anteil des privaten und des staatlichen Verbrauchs am gesamten Wirtschaftsprodukt lebenswichtig, und so müssen aus »Machtstaaten« Dienstleistungsorganisationen werden und aus leistungsbelastenden Steuern den übermäßigen Verbrauch hemmende.

Heißt das, daß der Trend von den »direkten« zu den »indirekten« Steuern geht?

Handelsabgaben und Zölle waren lange die wichtigsten Bareinnahmequellen zahlreicher Staaten, und schon im 16. und 17. Jahrhundert spielten – besonders in Holland – auch »Akzisen« eine wachsende Rolle, Abgaben auf den Inlandsverbrauch. Finanzsachverständige wie Seckendorff oder 1685 der Halberstädter »Steuerrat« Tenzel in seinem Buch »Entdeckte Goldgrube der Accise« traten für sie ein, weil »infolge ihrer Indirektheit Verbrauchssteuern nicht als so lästig empfunden werden wie Grund- und Kopfsteuern ... und die Steuerzahler nicht die volle Höhe ihrer Belastung bewußtwerden lassen ...« Mindestens ebenso wichtig wie damals aber ist auch heute die Steuerpsychologie: Für »direkte« Steuern wird kein sichtbarer Gegenwert geliefert – und sie sind daher seit jeher »die Schulden, die am wenigsten gerne beglichen werden«. Sie zwingen zu immer komplizierteren Steuererklärungen, bringen Buchprüfer und Steuerfahnder ins Haus. Für »indirekte« Steuern erhält der Zahlende »Ware«: Zigaretten, Benzin oder Getränke werden durch Steuern so enorm verteuert wie Kaffee oder Tee. Um wieviel jedoch, weiß der Käufer praktisch nie, und auf alle Fälle erhält er etwas für sein Geld. Hier wird auch kein Steuerzwang empfunden, denn auf Rauchen und Trinken kann man verzichten.

Vom gesamten Steueraufkommen der Bundesrepublik zum Beispiel waren 1968 rund 35 Prozent indirekte Steuern, und das bedeutete, daß jede vierköpfige Familie monatlich 248 DM indirekte Steuern bezahlte. Aber das merkte sie als »Fiskalbelastung« nicht. Die Lohnsteuer merkt der Arbeiter jede Woche, und ebensogut merkt jeder Angestellte den Abzug seiner Einkommensteuer – und der Anteil der »lohnabhängigen Bevölkerung« an der Gesamtzahl der Erwerbstätigen stieg in der Bundesrepublik 1950 bis 1967 von 68,4 auf 80,6 Prozent.

Allein dadurch schon ist auch der Kampf gegen die »ungerechten indirekten Steuern« völlig überholt, der in Deutschland damit begonnen hatte, daß am 10. Juni 1848 das »Zentralkomitee der Berliner Arbeitervereine« forderte: »Aufhebung der indirekten Steuern, Einführung progressiver Einkommensteuern mit Steuerfreiheit derjenigen, die nur das Nötigste zum Leben haben.« Seither gehört der Kampf gegen Verbrauchssteuern zu den »traditionellen« Zielen der westlichen Arbeiterparteien, »weil sie die Armen ungleich schwerer als die Reichen treffen«. Aber als die Löhne stiegen, fielen auch immer mehr Arbeiter unter die Steuerprogression, und dem Bonner Arbeitsministerium zufolge nahm die Durchschnittsbelastung der Löhne und Gehälter in der Bundesrepublik durch den Aufstieg in höhere Steuerklassen 1960 bis 1967 von 13 auf 19,3 Prozent zu; 1972 werden ohne Satzerhöhungen 22 Prozent angenommen. Auch vom Lohnsteueraufkommen zahlen die Mehrverdienenden immer größere Anteile, 1968 zum Beispiel stammte in der Bundesrepublik ein Drittel des Aufkommens von einem Fünfzehntel der Verdiener. In England hatten bei 56 Millionen Einwohnern 1968 nur mehr weniger als zwei Millionen Lohn- und Gehaltsempfänger keine Einkommensteuer zu bezahlen, und ähnlich ist es überall. Indirekte Steuern als »unsozial« abzulehnen, ist längst leeres Gerede, ganz abgesehen davon, daß sie nie aufgegeben wurden und stets neben den Einkommensteuern bestehenblieben. Angeblich die »geringsten indirekten Steuern der Welt« haben heute die Vereinigten Staaten. Aber hier bringt zum Beispiel der Bau eines Einfamilienhauses dem Fiskus 478mal »unsichtbare« Steuern. Mindestens 212mal werden indirekte Steuern bezahlt, ehe ein Auto fertig ist, und wenn dieses 2 000 Dollar kostet, so sind davon 614 Dollar oder 31 Prozent indirekte Steuern. Sobald es fährt, verdient der Staat bekanntlich an jedem Liter Benzin, und wenn es in den Vereinigten Staaten 1902 erst in einem Bundesstaat Steuern für Motortreibstoffe gab, so 1912 bereits in 42 und 1949 in allen. In der Bundesrepublik brachte die Mineralölsteuer dem Fiskus 1968 über 9,8 Milliarden DM ein, allein Benzin ergab 5,8 Milliarden oder 510 DM je Autobesitzer. Der Benzinpreis an den Tankstellen war 1968 praktisch der gleiche wie 1948, obwohl die Oktanzahl von 68 auf 94 stieg. Aber an diesem Preis war der Staat nun mit 68 Prozent statt mit 33 Prozent beteiligt. Er kassierte nun von jedem Liter Benzin 41 Pfennig statt 20, während der Bruttoerlös der Mineralölgesellschaften 12 und die durchschnittliche Provision der Tankstellenhalter 7,5 Pfennig betrug – und sich in den Vereinigten Staaten der Fiskus mit 11 Pfennig Steuer pro Liter Benzin begnügte. Die enormen Treibstoffabgaben aber kamen nur sehr beschränkt dem Straßenbau zugute, dem sie angeblich dienten. Schon 1964 hätte zum Beispiel die westdeutsche Automobilproduktion 4 000 Kilometer Autobahn – alle vier Fahrbahnen dicht mit ihr vollgestellt – gefüllt. Der Zuwachs in diesem Jahr betrug ganze 100 Kilometer. 1968 bewegten sich auf jedem Kilometer Straße im Durchschnitt 7 Personenautos in Frankreich, 17 ein England, 26 in der Bundesrepublik.

Ähnlich »zweckentfremdet« werden Verbrauchsabgaben überall verwendet, und überall stiegen und steigen die Staatseinnahmen aus »indirekten« Abgaben.

Der Kampf gegen die indirekten Steuern aber blieb nicht nur wirkungslos, sondern scheint heute geradezu grotesk, weil ja »indirekte« Steuern die Haupteinnahmequelle aller kommunistischen Staaten bilden und die Verwirklicher des Marxismus sie keineswegs ablehnen. Und das heute nicht deswegen, weil sie ursprünglich keine andern als Verbrauchsabgaben einheben konnten, sondern weil die Sowjetunion ihre Steuerpolitik klar und eindeutig auf Leistungssteigerung ausrichtete und die andern »Volksdemokratien« ihrem Beispiel folgten.

Was natürlich nicht heißt, daß die Finanzpolitik der Sowjetunion, die ja der zynischste aller Machtstaaten ist, dem Westen als Vorbild dienen könnte. Aus ihr ist aber durchaus sehr viel zu lernen, und man muß sie auf alle Fälle genau kennen.

Bis auf die jüngste Vergangenheit unterscheidet sich die Steuergeschichte Rußlands nicht wesentlich von der westlichen, nur daß hier die Naturalabgaben und Fronleistungen länger in Kraft blieben und die Leibeigenschaft von 37 Millionen Bauern, die bisher verkäuflicher Privatbesitz der Grundeigentümer gewesen waren, wie erwähnt, erst am 3. März 1961 von Zar Alexander II. abgeschafft wurde. Zum »Inventar« aller großen Güter und Klöster hatten »Waldbienenzüchter« und »Falkner«, »Biberfänger« und »Jagdhundabrichter« ebenso gehört wie Landarbeiter und dutzenderlei Handwerker, und diese wie alle Diener der Fürsten und Gutsherren hatten die Bauern mit Speise und Trank zu versehen. Ebenso hatten sie die Pferde aufzuziehen, die Straßen, Festungen und Häuser zu bauen.

Geldleistungen in Form von Kopfsteuern verlangten erst die Tataren, die Rußland von 1238 bis 1480 beherrschten. Natürlich wurden sie nie wieder abgeschafft, aber als »ordentliche« Staatseinnahmen galten nur die Pachten sowie der Ertrag von Handels- und Gewerbemonopolen; Steuern waren hier (wie lange ja auch im Westen) »außerordentliche« Abgaben und stets zweckgebunden. Es gab die »Jamskije Dengi«, die zum Unterhalt der Post bestimmte Abgabe, die »Streliyzkij«- oder »Kriegersteuer«, »Pulver«- und »Kanonen«-Sonderabgaben. Aber der Ertrag blieb stets gering, denn man brauchte nur den »Schutz« eines Klosters oder eines Bojaren zu erwerben, um steuerfrei zu bleiben, denn diese waren nicht nur selber von allen Abgaben befreit, sondern auch deren Leibeigene und »Schutzbefohlene« brauchten nichts zu zahlen. Nicht an den Staat zumindest, denn natürlich gab es auch diesen »Schutz« nicht umsonst. Aber er war billiger als die Steuern.

Außer dem Ertrag der Staatsgüter bildeten dann seit Mitte des 17. Jahrhunderts vom Staat verpachtete Monopole dessen Haupteinnahmequelle. Sie wurden für den städtischen Einzelhandelsverkauf von Butter, Speck und Hanföl eingeführt, für den von Hopfen, Malz, Stroh, Strohmatten und Bastschuhen, von Kohle, Teer, Talg und Seife. Der Ertrag ist nicht bekannt, denn das erste russische Staatsbudget, das veröffentlicht wurde, ist das des Jahres 1863. Es betrug 432 Millionen Rubel, damals etwa 870 Millionen Mark gegen 440 Milliarden DM hundert Jahre später (und 6,8 Milliarden Mark 1913).

Die revolutionäre Bewegung, die nie wieder völlig erstickt werden konnte und 12 Jahre später zur Machtergreifung der Bolschewiken führte, begann als Folge der Niederlage im Russisch-Japanischen Krieg im Jahr 1905, und damals schrieb Lenin: »Je reicher jemand ist, desto geringer ist der Anteil indirekter Steuern an seinem Einkommen. Dadurch sind indirekte Steuern die ungerechtesten. Indirekte Steuern sind Armensteuern!« Und tatsächlich waren sie damals die Haupteinnahmequelle der zaristischen Regierung. Insgesamt stand ihr 1905 ein Steueraufkommen von rund 2 Milliarden Rubel, damals 4 Milliarden Mark, zur Verfügung. Das Spritmonopol lieferte davon 1,2 Milliarden Mark, andere indirekte Steuern und die Zölle weitere 1,3 Milliarden. 1 230 Millionen Mark brachten die Staatsgüter, die staatlichen Bergwerke usw. ein, während der Gesamtertrag direkter Steuern nur 270 Millionen Mark betrug, weniger als 7 Prozent der gesamten Staatseinnahmen also.

Im Jahr 1960 machten Einkommensteuern 7,4 Prozent der Gesamteinnahmen der Sowjetregierung aus, und im Mai dieses Jahres kündigte Nikita Chruschtschow im Namen des Präsidiums des Obersten Sowjets für den 1. Oktober 1962 die teilweise und für 1965 die völlige Abschaffung aller Einkommensteuern an, »um eine entsprechende Erhöhung der Löhne und Gehälter zu erzielen, und zwar 1965 um 7,4 Milliarden Rubel«.

Zwar wurde am 23. September 1962 eine »Verschiebung dieser Maßnahme auf unbestimmte Zeit« angekündigt, aber wenn die direkten Steuern 1918 immerhin schon 17 Prozent ausgemacht hatten, so stellten sie auch jetzt nur 8,6 der 79 Milliarden Rubel des damaligen Staatsbudgets, und der Höchstsatz der sowjetischen Einkommensteuer war und blieb, wie erwähnt, 13 Prozent. Am 1. Oktober 1961 war die Einkommensteuer für Monatsverdienste bis 600 Rubel – 2 664 DM -- abgeschafft und die für Einkommen zwischen 600 und 700 Rubel monatlich gesenkt worden, und so stammten von den rund 124 Milliarden Rubel oder 550,6 Milliarden DM Staatseinnahmen des Jahres 1968 ganze 5 Prozent (oder 27,5 Milliarden DM) aus Einkommensteuern; Umsatzsteuern und andere indirekte Steuern sowie Gewinnabführungen der Betriebe stellten 95 Prozent.

Diese Gewinnabführungen machen den Hauptunterschied zwischen der sowjetischen und der westlichen Finanzpolitik aus. Den amtlichen Moskauer Ziffern zufolge stiegen die gesamten sowjetischen Staatseinnahmen 1950 bis 1965 von rund 188 auf 449 Milliarden DM. Die Steuereinnahmen aber betrugen nur 205,7 Milliarden DM (davon die direkten Steuern 32,4 und die indirekten 173,3 Milliarden) oder 892 DM pro Kopf der Bevölkerung, statt der rund 2 600 DM, die jeder Westdeutsche aufzubringen hatte, denn dazu kam ja die Gewinnabführung der Staatsbetriebe, der Kolchosen und genossenschaftlichen Betriebe, der Forstwirtschaft, des Handels usw. und der Erlös aus dem Goldverkauf.

Die Gewinnverteilung wird seit 1966 folgendermaßen vorgenommen: Vom Plangewinn behält der Betrieb 60 Prozent, erhält der Staat 40 Prozent. Von den Überplangewinnen verbleiben dem Unternehmen 30 Prozent, und der Staat beansprucht 70 Prozent. Von den autonom verwalteten

Plangewinnen der Betriebe gehen 40 Prozent in den Sozialfonds, aus dem die Kantinen, Wohnsiedlungen und Kindergärten, die Freizeitanlagen und die ganze übrige »soziale Infrastruktur« bezahlt werden; 40 Prozent in den Prämienfonds, der das »Prinzip der materiellen Interessiertheit betriebsindividuell zu verwirklichen hat«; 20 Prozent in den Entwicklungsfonds, der dem Unterhalt des Maschinenparks usw., aber ebenso den Neuinvestitionen dient. Und statt die Betriebe mit zinsfreiem Investitionskapital auszustatten, erhalten sie nun langfristige Staatsbankkredite zu 6 Prozent, um den »rationellen Mitteleinsatz« zu gewährleisten.

Die wichtigste Steuer der Sowjetunion bleibt die 1930 eingeführte »differenzierte Umsatzsteuer«, die hier aber keine Allphasen-Steuer ist, sondern nur beim Eingang der Ware in den Konsum erhoben wird. 1935 ergab sie 75,4 Prozent aller Staatseinnahmen, im Durchschnitt der Nachkriegsjahre 54 Prozent. Wenn die Summe der Steuern, die sie ersetzte, nur 2,4 Milliarden Rubel betragen hatte, so ergab sie 20 Jahre später 187 Milliarden, und der Steuersatz war, berechnet auf den Einzelhandelsumsatz, von 18 auf 213 Prozent gestiegen. 1950 wurden auf Waren im Wert von 88 Milliarden Rubel 187 Milliarden Rubel Steuern aufgeschlagen und so der Bruttoumsatz des Einzelhandels auf 275 Milliarden gebracht. Die Umsatzsteuern sind hier der entscheidende Preisbildungsfaktor und das wichtigste Wirtschaftslenkungsmittel. Während der Maximalsatz bei Maschinen zum Beispiel 12 Prozent beträgt und die meisten nur mit 2 bis 4 Prozent Umsatzsteuer belastet sind, werden Massenverbrauchsgüter mit 40 bis 80 Prozent und vereinzelt noch mehr belegt. Da bei der Vergesellschaftung der gesamten Produktion, des Transportes und des Handels Steuern auf Produktionsmittel oder Dienstleistungen nur »Umbuchungen« bedeuten, kann nur die Besteuerung des persönlichen Verbrauches dem Fiskus echte Einnahmen bringen, aber hier steigt der Preis natürlich sehr rasch prohibitiv an, denn schon 20 Prozent Steuer bedeuten ja eine Preissteigerung um 25 Prozent, bei 50 Prozent Steuer verdoppelt sich der Preis, und bei 75 Prozent steigt er auf das Vierfache. Werden – was nicht selten ist – 90 Prozent Umsatzsteuer eingehoben, so verzehnfacht sich der Preis.

Voraussetzung dieser Besteuerungsform war und ist also das staatliche Außenhandelsmonopol, die Möglichkeit, alle Konkurrenzimporte zu verhindern. Überall gibt es Zusammenhänge zwischen Steuern und Zöllen, aber nur Wirtschaftsdiktaturen wie die kommunistischen liefern den Binnenmarkt völlig der Steuerherrschaft und dekretierten Preisen aus. Zölle braucht die Sowjetunion also nicht, und so stand noch 1956 in der Sowjet-Enzyklopädie: »In der Sowjetunion gibt es keine Zölle ... die eine üble Erscheinung des Kapitalismus sind ... letzten Endes der Ausplünderung der werktätigen Massen dienen ...« Auf Beschluß des Ministerrates vom 28. Juli 1961 aber wurde das »revidiert«, und auch in der Sowjetunion wurden Zölle eingeführt, und zwar Minimaltarife für Länder, die Moskau Meistbegünstigung gewähren, und Maximaltarife für alle andern mit dem Zweck, die EWG- und EFTA-Länder zu »bestrafen«, die der Sowjetunion und den Ostblockstaaten »diskriminierend« nicht die gleichen Vorteile wie den eigenen Mitgliedern einräumen. Die Minimalzölle (die zwischen 1 und 25 Prozent schwanken) tragen die staatlichen sowjetischen Importgesellschaften, den Unterschied zu den Maximalzöllen (die zwischen 15 und 40 Prozent des Wertes liegen) muß der ausländische Verkäufer bezahlen. Insgesamt umfaßt der sowjetische Zolltarif aber nur 244 Positionen. Zollähnliche Abgaben auf ausländische Geschenksendungen allerdings wurden schon seit den Dreißigerjahren, und zwar stets in Devisen eingehoben, und sie betrugen seit 1958 zum Beispiel auf kosmetische Erzeugnisse der USA 250 Prozent des Wertes, auf Fertigkleidung 100 Prozent.

Wenn die Umsatzsteuern in der Sowjetunion erst 1930 eingeführt wurden, so hat das natürlich ebenso seinen guten Grund, wie die niedrigen Einkommensteuern ihren von der Parteipolitik unabhängigen Grund hatten. Nach der Revolution und in den ersten Jahren nach dem Bürgerkrieg gab es keine besteuerbaren Umsätze, und damals waren ja auch, wie geschildert, alle nennenswerten Einkommen verschwunden, und Gewinnabführungen waren natürlich auch unmöglich. Die verstaatlichte Industrie wie die Eisenbahnen und die Binnenschiffahrt brachten dem Staat nicht nur kein Geld ein, sondern hatten enorme Defizite, das enteignete Kapital wurde praktisch aufgefressen. 1918 hatte die Industrie noch 4,4 Milliarden Rubel »verdient«, im Jahr darauf verbuchte sie ein Defizit von 40,4 Milliarden, und 1920 überschritten die Ausgaben die Einnahmen um 186 Milliarden. Die Verkehrsmittel hatten in der gleichen Zeit Verluste von 5,8, 23 und 104 Milliarden.

Woher kam also das Geld, das jede Art Regierung braucht, und vor allem die Riesensummen, durch die die Sowjetunion zur zweitbedeutendsten Industrienation der Erde wurde; die Investitionen, die 1968 eine industrielle Bruttoproduktion von 309 Milliarden Rubel oder 1 372 Milliarden DM ermöglichten?

Die Bolschewiken waren 1917 zu Naturalabgaben zurückgekehrt. Jederlei Überschuß der Bauern wurde vom Staat eingezogen, und was diese als Existenzminimum behalten durften, hing ganz von der Laune der Steuereintreiber ab. Viele Jahre lang lebte die Sowjetunion davon, daß sie den

Agrarertrag beschlagnahmte oder für die Ernten nur ganz wenig bezahlte, die Verbraucher aber exorbitante Preise bezahlen ließ. Das heißt, die Sowjetregierung lebte vom Brotwucher und schließlich von der Liquidierung der »Kulaken«.

Denn zum Unterschied von den Revolutionären, die die Bauernschaft idealisierten, sahen Lenin und seine Anhänger in der Landbevölkerung von Anfang an (und mit Recht) »ein typisch kleinbürgerlich-kapitalistisches Element«, und auch die von der Sozialrevolutionären Partei vertretene »Sozialisierung des Bodens« zwecks »gerechter Verteilung unter die Bauern« vertraten sie nur aus taktischen Gründen. Zwar wurde auf dem III. Parteikongreß im Januar 1918 eine »Deklaration des werktätigen und ausgebeuteten Volks« erlassen, in der es heißt: »In Verwirklichung der Bodensozialisierung wird der Grundbesitz aufgehoben, der gesamte Bodenvorrat zum volksgemeinwirtschaftlichen Gut erklärt und den Werktätigen ohne jegliches Entgelt auf der Grundlage einer ausgleichenden Bodennutzung übergeben.« Aber die Liquidierung des Großgrundbesitzes war fast überall schon im Sommer 1917 eine Tatsache. Die Bauern selber und nicht die KP verteilten die Äcker, und durch diese Enteignungen wie die vom Hunger ausgelöste Stadtflucht nahm die Zahl der bäuerlichen Einzelwirtschaften 1917 bis 1929 von etwa 16 auf 26 Millionen zu. Aber natürlich dachten alle diese Bauern nicht daran, ihre Erzeugnisse gegen wertlose Rubelscheine abzugeben. Sie forderten Fabrikwaren, die es nicht gab. Der Hunger in den Städten wuchs, und so wurde am 13. Mai 1918 ein Dekret erlassen, das dem Volkskommissar für Ernährung alle erdenklichen Vollmachten gab. Neben den Arbeiterkommandos, die in die Dörfer zogen, wurde eine besondere »Ernährungsarmee« von vorerst 14000 Mann gegründet, die alle Vorräte zu beschlagnahmen hatte. Um diese aufzuspüren, spalteten die Bolschewiken die Bauern in zwei sich gegenseitig bekämpfende Gruppen, die »Dorfarmen« und die »Kulaken«, und ein Dekret vom 11. Juni 1918 schuf die »Kombed«, »Dorfarmen-Ausschüsse«, die am Ertrag der Beschlagnahmungen beteiligt wurden und bekamen, was es an Industriewaren gab.

Den Durchführungsbestimmungen vom 20. August 1918 zufolge mußten dann die »Ernährungsabteilungen« aus mindestens 75 Mann bestehen, und jedem Trupp standen drei Maschinengewehre zu. Bis zum 1. Januar 1920 waren diesen Steuereintreibungskommandos 30534 Mann zugeteilt, und was diese nicht einfach raubten, wurde mit entwerteten Rubeln bezahlt: im August 1920 zum Beispiel für ein Pud – 16,4 Kilo – Roggen 13,50 Rubel, während der Schwarzmarktpreis damals in Petersburg 5800 und in Moskau 1780 Rubel betrug.

Was in der Ukraine, in Turkestan, Aserbeidschan und der Krim aufgebracht wurde, ist nicht bekannt, in der übrigen Sowjetunion aber betrug der »requirierte Steuerertrag« 1917 bis 1918 rund 800 000 Tonnen Getreide, im Jahr darauf 1,8 Millionen Tonnen, 1920 bis 1921 insgesamt 4,7, in den Jahren 1926 bis 1927 dann 11,5 und 1931 schließlich 19,8 Millionen Tonnen. Dazu kamen Kartoffeln und Fleisch, Gemüse, Fette und Öle, Pilze und Honig, Früchte und Textilfasern, Fische und alles, was es sonst auf dem flachen Land zu holen gab. Wieviel, ist nicht mehr festzustellen, nur für Getreide wurden amtliche Zahlen veröffentlicht, und diese ergeben, daß in den fünf Jahren 1923 bis 1927 den Bauern 38,7 Millionen Tonnen abgenommen wurden, etwa die heutige Jahreserzeugung von Deutschland und Frankreich zusammengenommen. In Prozent der Bruttoernten betrugen die Abgaben im Jahr 1928 rund 17 Prozent, sechs Jahre später 29,5 Prozent.

Der Staat bezahlte nichts oder nur lächerlich wenig für die Agrarprodukte, aber seine eigenen Dienste ließ er sich sehr teuer bezahlen. Zum Beispiel waren vor dem Krieg für das Dreschen 1 bis 4 Prozent des Getreides abgegeben worden, jetzt verlangten die staatlichen Maschinenstationen 7 Prozent. Und vor allem hatten, wie erwähnt, die städtischen Verbraucher Wucherpreise zu bezahlen. Der Übernahmepreis für Roggen betrug 1934 durchschnittlich 6,4 Kopeken pro Kilo, für Weizen 10 Kopeken. Roggenmehl aber kostete 66, Weizenmehl 72 Kopeken pro Kilo. 1937 brachte ein Kilo Roggen den Bauern 8 Kopeken. Der staatliche Verkaufspreis für ein Kilo Roggenbrot betrug 90 Kopeken, und im freien Handel waren eineinhalb, für ein Kilo Weizenbrot drei Rubel zu bezahlen. Die gesamten sowjetischen Staatseinnahmen betrugen 1935 66 Milliarden Rubel. Davon ergab die Umsatzsteuer 52, und von dieser wiederum waren 24 Milliarden Rubel Abgaben vom Brotverkauf. 1937 waren 77 der insgesamt 98 Milliarden oder 78,5 Prozent der Staatseinnahmen Umsatzsteuer. Damals wurden 9 Milliarden für die Landwirtschaft ausgegeben, und diese stellte mit 58 Milliarden 74,3 Prozent aller Staatseinnahmen, während das Volkskommissariat für Schwerindustrie nur 9 Milliarden Abgaben verbuchte.

Natürlich hatte diese staatliche Raubpolitik von Anfang an ihre Folgen gehabt. Selbst das Statistische Zentralamt in Moskau gab zu, daß sich die Anbaufläche katastrophal verminderte und in der Russischen Sowjetrepublik 1913 bis 1922 von 88 auf 50 Millionen Hektar sank. Bereits 1921 hatte Lenin erkannt, daß »der Kommunismus vom Hunger erwürgt« zu werden drohte, und er hatte die NEP, die »Neue Ökonomische Politik«, eingeführt und die Beschlagnahmungen durch eine Naturalsteuer ersetzt. Gleichzeitig wurden freie Märkte zugelassen, auf denen die Bauern ihre Überschüsse verkaufen konnten. Gleich nach Lenins Tod im Jahr 1924 aber kam es wieder zu »Getreide-Bereitstellungen«, zu festen Preisen, das heißt zu Zwangsablieferungen, und der passive Widerstand, den das auslöste, wurde durch Stalins »Ent-Kulakisierung« gebrochen, die Dörfer wurden »kollektiviert«.

»Kulak« bedeutet »Faust« und bezeichnete ursprünglich die Dorfwucherer. Die Bolschewiken nannten »Kulaken« alle, die fremde Arbeitskräfte beschäftigten, später alle wohlhabenden Bauern überhaupt. Die »Liquidierung« des Kulakentums wurde auf Antrag Stalins vom XV. Parteitag im Oktober 1927 beschlossen. Den »Dorfreichen« wurde das aktive und passive Wahlrecht zu den Dorfsowjets entzogen, damit jeglicher Einfluß auf die Verteilung der Steuerlasten und der Ablieferungskontingente. Diese wurden für sie nun so hoch angesetzt, daß sie nur durch den Verkauf der Zugtiere, der Ackergeräte und meist auch des Hausinventars zu decken waren. Den Kulaken blieb kein Saatgut mehr, und so »liquidierten« sie sich selber und mußten ihren Hof als Bettler verlassen. Da Betteln verboten war, kamen die Kulaken als Zwangsarbeiter in die Waldgebiete des hohen Nordens oder wurden bei Kanal- und Bahnbauten eingesetzt. Der Eintritt in Kolchosen war ihnen verboten.

Den Kolchosniki ging es, wie gezeigt, bald nicht viel besser, denn sie hatten Stalins Industrialisierungspläne zu finanzieren – und sie hatten zum Teil selber ihre Lage verschlechtert, indem sie lieber ihr Vieh abschlachteten und aufaßen, als es in die Kolchosen »einzubringen«. Die Getreideablieferungen waren so hoch, daß kein Futter übrigblieb, und so mußte Stalin auf dem XVII. Parteitag im Jahr 1934 zugeben, daß sich 1929 bis 1933 der Pferdebestand der Sowjetunion um 17,4 Millionen, der an Schafen und Ziegen um 97 Millionen Stück vermindert hatte und es nun um fast 9 Millionen weniger Schweine gab. Zwar hatte er im Januar 1933 stolz berichten können, 61 Prozent aller Bauernwirtschaften seien nun bereits »sozialisiert« und in 220 000 Kolchosen und 5 000 staatlichen »Getreidegütern« zusammengefaßt, aber Dr. Otto Schiller, Landwirtschaftsexperte der deutschen Botschaft in Moskau, warnte: »Bei der Durchführung der Kollektivierung hat ein Produktionsfaktor völlig versagt: der Mensch.« Schon die Ernte des Jahres 1932 war katastrophal niedrig gewesen, denn die abgeschlachteten Zugtiere hatten nicht durch Traktoren ersetzt werden können, es fehlte an Saatgut wie an Mineraldünger, und vor allem waren alle Tüchtigen liquidiert worden, alle »Kulaken« und Mittelbauern, und übriggeblieben waren die wirtschaftlich schwächsten Elemente, die Denunzianten und in den Dörfern Gescheiterten. Allein aus Moskau waren 30 000 junge Fabrikarbeiter als Betriebsleiter in die Kolchosen gesandt worden. Viele setzten sich mit Begeisterung ein und arbeiteten von morgens bis nachts – aber wo sollten sie das nötige Fachwissen hernehmen? Und so begann 1933 der »Große Hunger«. Malcolm Muggeridge, der damals für den alles andere als antibolschewistischen »Manchester Guardian« die Sowjetunion bereiste, schrieb im März: »Daß in den fruchtbarsten Gebieten Rußlands eine Hungersnot besteht, heißt weniger als die Wahrheit sagen. Es herrscht hier nicht nur Hunger – und das trifft auch auf den Norden zu – sondern ein Zustand des Krieges und der militärischen Okkupation. In der Ukraine wie im Nordkaukasus erfolgt die Aufbringung des Getreides mit einer derartigen Rücksichtslosigkeit und Brutalität, daß die Bauern nun gänzlich ohne Brot dastehen ... Nur das Militär und die Funktionäre der GPU haben genügend zu essen ... Wer kann, sucht in den Städten Rettung. Doch auch da wird ihm keine Hilfe zuteil, im Gegenteil, Tausende und aber Tausende, deren Anwesenheit in den Städten man als unnütz empfindet, werden aufs Land, das heißt praktisch in den Tod getrieben ...«

Der ersten Hungerphase – Herbst 1932 bis Herbst 1933 – folgte die vom Herbst 1933 bis zum Herbst 1934 und schließlich die des Jahres 1934 bis 1935. Und verglichen mit diesen Hungerkatastrophen war die des Bürgerkriegsjahres 1921 bis 1922 harmlos. Aber auch die Devisennot der Sowjetunion war so groß, daß im November und Dezember 1934 noch 780 000 Tonnen »Hungergetreide« ausgeführt wurden. Wie viele Russen verhungerten oder an den Folgen von Mangelkrankheiten, an Hungertyphus oder anderen Seuchen starben, wurde nie exakt festgestellt und noch weniger je amtlich bekanntgegeben, aber auf 5 Millionen lautet die wohlmeinendste Schätzung.

Nur, war es je anders gewesen? Hatte nicht auch der Parlamentsadvokat Bertrand Barrère 1790 gesagt: »Mit der Guillotine prägen wir Geld!«, und wurden nicht immer wieder Machtlose »liquidiert«, um diesen oder jenen »Plan« der Mächtigen zu verwirklichen? Wurden die Indianer Amerikas nicht ebenso Fiskalinteressen geopfert wie die Kulaken Rußlands? Immanuel Kant schrieb schon im Jahre 1795: »Für die Allgewalt der Natur ... ist der Mensch nur eine Kleinigkeit. Daß ihn aber auch die Herrscher seiner eigenen Gattung dafür nehmen und als solche behandeln, indem sie ihn teils tierisch als bloßes Werkzeug ihrer Absichten benutzen, teils in ihren Streitigkeiten gegeneinander aufstellen, um ihn schlachten zu lassen – das ist keine Kleinigkeit, sondern Umkehrung des Endzweckes der Schöpfung selbst.«

Aber diese Feststellung änderte bekanntlich nichts. Zwar versuchten die Engländer, »Steuergerechtigkeit« unblutig und demokratisch zu erreichen. Sie unterwarfen die Ausgabenpolitik ihrer Könige der Parlamentsabstimmung – und so suchten die Könige andere Einnahmequellen. Heinrich VIII. säkularisierte den Kirchenbesitz, damit baute er Englands Kriegsflotte auf, und die Gründung des britischen Weltreichs bedeutete Raub und Mord, Krieg und Blut, wie die Ausbreitung des Römischen Weltreiches sie bedeutet hatte. Die Geschichte Frankreichs und der Französischen Revolution ist scheinbar so entmutigend wie die Entwicklung der Vereinigten Staaten. Fünf Jahrtausende Kampf gegen den Fiskus scheinen ergebnislos geblieben zu sein. Aber immer wieder wurde auch versucht, das Leben zu fördern statt der Vernichtung. Darin war Amenemhet III. ebenso erfolgreich wie die mittelalterlichen Erfinder der »Renovatio monetarum«. Stalins Methoden wurden überwunden, und wie das Ausbluten der Landbevölkerung aufhörte, ist das ganze Sowjetsystem in einer tiefgreifenden Wandlung begriffen, trotz Rückfällen wie der Invasion der Tschechoslowakei, deren Ursachen aber politischer, nicht wirtschaftlicher Natur sind.

Hier – wie stets und überall – beginnt sich der Zwang der Notwendigkeiten auszuwirken. Und er wird dafür sorgen, daß die fünf Jahrtausende Kampf um die »Menschenrechte« der Steuerzahler doch nicht zwecklos war. Er wird niemals ein Paradies auf Erden zustande bringen, aber aus den Menschen die Menschheit machen und aus dem Wort »Welt« eine Realität. Denn dieses stammt ja von »weralt«, und das bedeutet »Gemeinschaft der Menschen«.

PERSONEN- UND SACHVERZEICHNIS

Günter Dietmar Roth

3000 Jahre Soll und Haben

Wie sie reich und mächtig wurden.

498 Seiten, 24 Abbildungen, Leinen 24 DM

Aus dem Inhalt:
Die Welt am Mittelmeer / Mercator Cursorius / Von Krämern und Kaufherrn / Kaufleute erobern die Welt / Schiffahrt, Handel und Gewinn / Das Jahrhundert des Freihandels / Das 20. Jahrhundert

Diese Weltgeschichte der Kaufleute ist ebenso die Geschichte des kleinen Einzelhändlers, wie die Geschichte der Warenhäuser und der weltweiten Großunternehmen. Der uralte Beruf des Kaufmanns erfüllte zu allen Zeiten und in nahezu allen gesellschaftlichen Systemen bedeutende Aufgaben, denn er blieb nie auf die Rolle des wirtschaftlichen Verbindungsmannes beschränkt. Vielfach war er politischer Informationsträger zwischen den Ländern, oft auch Diplomat mit großer Vollmacht. Als Informant und Finanzier wirkte er auch hinter den Kulissen der großen Politik, wie dieser fesselnde, amüsante und lehrreiche Rückblick auf drei Jahrtausende Kaufmanns- und Handelsgeschichte beweist.

Econ Verlag · Düsseldorf · Wien